방의 역사

Histoire de chambres by Michelle Perrot
ⓒ Editions du Seuil, 2009
Korean translation copyright ⓒ Geulhangari, 2013
This Korean edition was published by arrangement with Editions du Seuil
through Sibylle Books Literary Agency, Seoul

이 책의 한국어판 저작권은 시빌에이전시를 통해 Seuil사와 독점 계약한 (주)글항아리에 있습니다.
저작권법에 의해 한국 내에서 보호를 받는 저작물이므로 무단 전재 및 무단 복제를 금합니다.

방의 역사

Histoire de chambres

미셸 페로 지음 | 이영림·이은주 옮김

글항아리

1장 방들의 실내악 _ 009

2장 왕의 침실 _ 048
왕의 난간 | 왕의 침전시종들 | 모든 것이 한눈에 보이는 방 | '사소한 편애' | 왕의 사생활 | 왕의 병과 죽음

3장 잠자는 방 _ 092
공동의 방 | 공동 주거지 | 부부 침실 | "모든 증인에게 닫혀 있는" | 부부 침실의 황금기 | 색깔과 장식 | 침대 예찬 | 침대 한가운데

4장 사적인 방 _ 140
비밀을 품을 권리 | 혼자 잠자기 | 잠자기 | 사랑하기 | 기도하기 | 읽기 | 쓰기 | 문인들의 침실 | 탐미주의자들과 수집가들 | 침실, 세상의 눈초리 | 오블로모프 혹은 잠자는 인간

5장 어린이의 방 _ 238
요람과 침대 | 프랑스 어린이들의 방 | 계보들 | 정성이 깃든 방 | 벽지, 벽의 언어 | 소녀의 방 | 루치아의 방 | 소년의 방 | 어린이 특유의 경험

6장 여인들의 방 _ 288
만들어진 침실의 여성성 | 할당된 방들 | 수녀원과 독방 | 방에서의 일상 | 푸른 침대와 재녀들의 침대 옆 실터 | 하녀와 가정부들의 방 | 재택 여성 노동자들 | 매춘을 위한 밀폐된 방 | 궁정 여인과 정부들 | 자기만의 방 갖기 | 시몬 드 보부아르의 방들 | 침실에서 나가기

7장 호텔 방 _ 356

아서 영의 "비참한 소굴" | 스탕달: 밖이 내다보이는 방 | "위생적인 방" | 호화 호텔들 | 사랑, 죽음 | 독특한 경험들 | 여성들의 경험 | 프로이트의 방 | 호텔 방에 관한 소설 | 호텔의 카프카

8장 노동자의 방 _ 414

무질서한 생활 | 노동자들의 실상 | 공동 침실 | 가구가 갖춰진 호텔들, 가구 딸린 방들 | 내 세간을 갖춘 집에 살고 싶다 | 노동자들의 집 안 | 노동자의 생활 방식 | 노동자의 숙소 제공 | 일시적인 주거 형태

9장 임종과 병자의 방 _ 476

조르주 상드의 죽음 | 임종 | 병상 | 병실 또는 환자가 간호를 받는 방 | 간호인 | 병원의 독실들 | 전지 요양소에서 | 창조와 관련된 병: 조에 부스케의 방 | 예고된 죽음의 일지: 앨리스 제임스의 일기 | 죽음의 방

10장 닫힌 방 _ 552

사랑의 닫힌 방 | 갇힌 여인 | 감금 상태 | 격리 치료 | 은둔생활을 하는 여성들 | 테레즈 다빌라 또는 영혼의 성 | 영혼의 중심 | "네 방으로 가!": 벌 받은 아이들 | 감옥의 독방들 | 감방의 경험들 | 숨기기와 숨기

11장 사라진 방들 _ 620

아주 작은 자취들 | 오늘: "용도가 정해지지 않은 방들"

에필로그 _ 640
주 _ 644
참고문헌 _ 722
옮긴이 해제 _ 727
찾아보기 _ 736

일러두기
이 책의 1~6장은 이영림이, 7~11장은 이은주가 옮겼다.

1장 방들의 실내악

왜 이 책을 쓸까? 내가 방들에 관한 책을 쓰는 이유는 무엇일까? 이 이상한 주제는 나와 대화를 나누던 여러 사람을 놀라게 했고, 그들은 그처럼 수상쩍은 장소에 정신이 팔려 있는 나를 은근히 걱정스럽게 여겼다. 나로서도 이해가 잘 되지 않는 개인적인 이유를 들자면, 틀림없이 내가 쓸 만한 책을 조사하던 모리스 올랑데의 요구를 내가 덥석 받아들였기 때문일 것이다. 약간 내면적 성향을 지닌 이 책은 다음의 요소들에서 착안했다. 수녀원 부속 기숙학교의 신비주의(물론 나는 나중에 그러한 신비주의가 일정 부분 고전주의 시대의 영향을 받은 것임을 깨달았지만 말이다), 동화에 나오는 상상의 세계와 닫집 달린 멋진 침대들, 체호프의 작품에 등장하는 대저택의 지독한 외로움 속에서 전쟁이 일어나는 동안 앓았던 병, 에스파냐처럼 무더운 푸아투 지방 어느 곳에서 즐기던 오수午睡 시간의 시원한 그늘, 사랑하는 사람과 함께 침실로 들어갈 때 갖게 되는 강한 욕망, 무의미하거나 알아들을 수 없는 말들로 인해 혼잡하고 부산한 하루를 지낸 후 어느 지방이나 이국의 호텔 방에서 문을 닫는 순간의 기쁨 등. 이 모두가 수많은 이야기와 추억거리로 가득한 장소를 선택하게 만드는 심오하거나 혹은 경박한 동기들이다. 침실에서의 내 개인적인 경험을 토대로 나는 그 이야기를 풀어내고자 한다. 우리 모두 제각각 침실에서의 경험을 지니고 있으며, 이 책은 그러한 경험을 재발견하는 기회를 줄 것이다.

침실에 이르게 하는 길은 수없이 많다. 휴식, 잠, 출산, 욕망, 사랑, 명상, 독서, 집필, 자아의 추구, 신, 자의 혹은 타의에 의한 칩거, 병, 죽음……. 출산에서 임종의 순간에 이르기까지 침실은 존재의 무대이거나, 아니면 적어도 무대 뒤이다. 가면과 옷을 벗고 걱정과 슬픔, 쾌락에 자신을 내맡기는 그런 곳 말이다. 우리는 침실에서 인생의 거의 반을 보낸다. 불면과 번민, 무의식과 내세로 넘어가는 창문인 꿈에 사로잡혀 가장 관능적이고 가장 고요하며 가장 적극적으로 야간활동을 한다. 그러한 밝음과 어두움은 침실의 매력을 한층 더해준다.

그러한 시각들은 내 주요 관심사들과 일치한다. 예를 들어 나이에 따라 다양한 방식으로 침실에 파고드는 사생활의 역사, "도시에서 방"을 얻으려고 아등바등대는 노동자들과 숙소의 사회사, "자신만의 방"을 추구하는 여성들의 역사, 독방이 양쪽으로 늘어선 감옥의 역사, 물체와 이미지 수집과 장식의 변화를 통해 그 속에 공존하는 시간의 변화를 해독하는 미각과 색깔의 미학사. 칸트의 표현에 따르면 흘러가는 것은 시간이 아니라 사물들이다. 방은 공간과 시간의 관계를 구체화한다.

방의 소우주는 미셸 푸코가 강조한 정치 고유의 차원에서도 내 관심을 끌었다. "공간들에 관한 통사를 써야 할 것이다. 그와 동시에 그것은 지정학地政學의 대전략에서부터 주거 형태, 제도화된 건축 양식, 교실이나 병원 구조에 관한 자질구레한 계획까지 포함하는 권력의 역사가 될 것이다. 공간적인 정착은 구체적으로 연구될 필요성이 있는 정치 구조다."[1] 게다가 그는 필리프 아리에스의 영향을 받아 방들의 전문화 사례를 새로운 인식 탄생의 징조로 간주했다. 그러한 "거주 형태의 자질구레한 계획들"에서 방은 주택 단지와 주택, 빌라, 건물, 아파트들로 정비된 도시의 촘촘한 조직망을 상징하는 것일까? 공적 영역과 사적 영역, 가정과 정치, 가족과 개인의 장구한 역사에서 방은 무엇을 의미하는 것일까? 방의 "정치적"인 구조는 무엇일까? 원자이자 세포인 방은 각각이 그 일부이며 또 작은 농포와 유사한 입자를 이루는 모든 것을 상기시킨다. 파스칼은 아주 작은 것 중에서도 작은 그곳에 매료되었다. 방의 사상가인 그에게 방은 평온(혹은 행복)에 필수적인 은신처의 동의어다. "인간의 모든 불행은 방에서 휴식을 취하며 지낼 수 없다는 오직 한 가지 사실에서 비롯된다."[2] 방과 방의 존재를 정당화하는 철학과 신비주의, 그리고 윤리가 있다. 은둔의 권리는 무엇인가? 인간은 혼자서 행복할 수 있을까?

　방은 실재적인 동시에 상상의 공간이다. 네 개의 벽과 천장, 바닥, 문, 창문이 방의 물질적인 측면을 이룬다. 방의 규모와 형태, 장식은 시대와 사회 환경에 따라 갖은 방식으로 나타난다. 방의 밀폐성은 마치 성사처럼 집단과 남녀, 그리고 개인의 내밀성을 보호한다. 따라서 문과 방의 마스코트인 열쇠, 그리고 신전의 장막과도 같은 커튼이 상당히 중요하다. 방은 자신과 자신의 생각, 편지, 가구, 물건들을 보호한다. 방은 침입자를 물리치는 성벽이다. 방은 누군가를 맞이하는 은신처이다. 방은 무언가를 쌓아놓는 창고다. 모든 방은 수집품에 탐닉한 17세기 군주들

「롤라」, 앙리 제르베, 캔버스에 유채, 173×220cm, 1878, 보자르 미술관

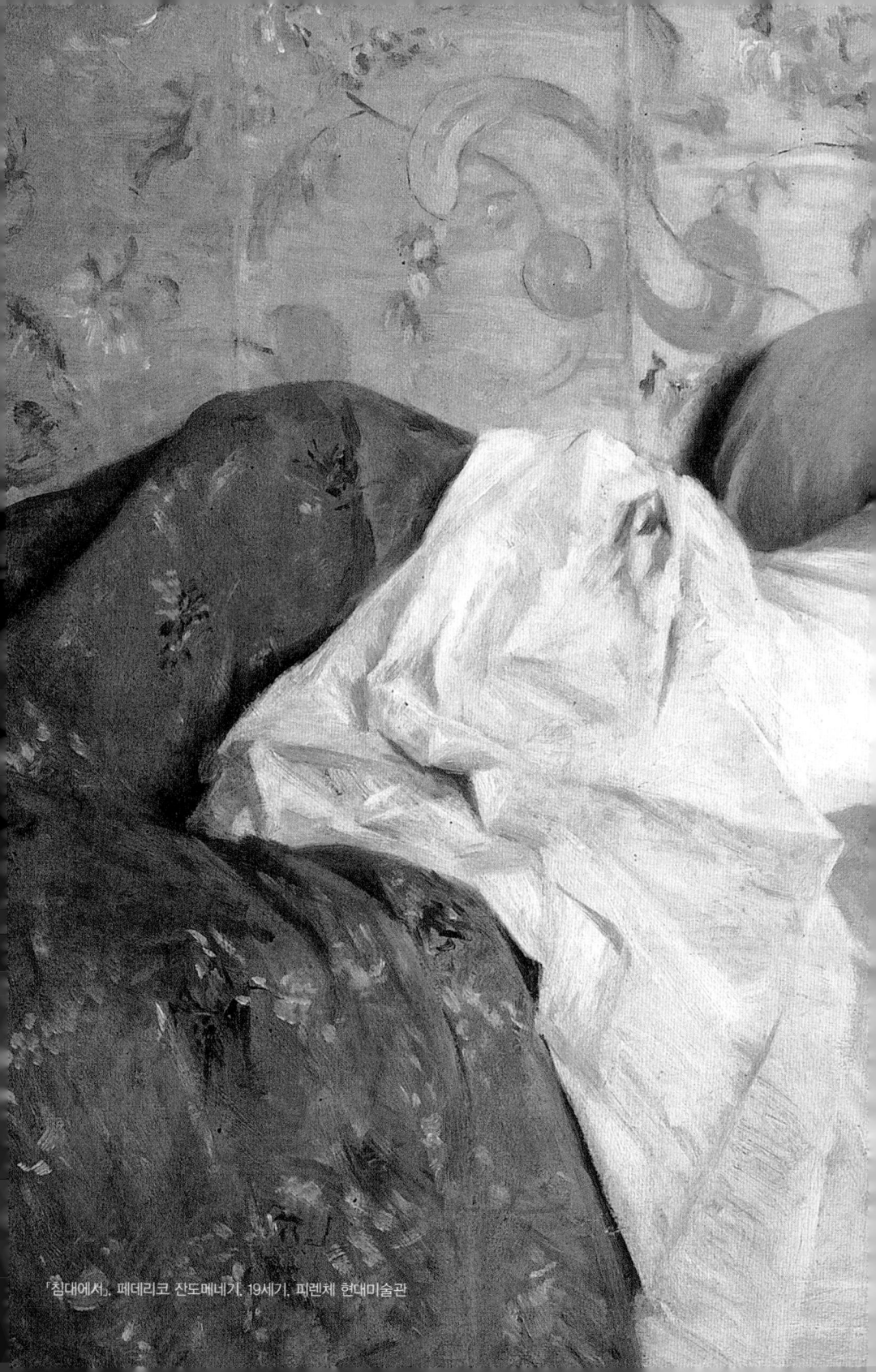

「침대에서」, 페데리코 잔도메네기, 19세기, 피렌체 현대미술관

의 방과 마찬가지로 어느 정도는 "경이로운 물건들의 방"이다. 보통 방의 수집품들은 그보다는 훨씬 보잘것없다. 앨범, 사진, 복제품, 여행 기념품 등으로 인해 방은 수많은 키치 스타일의 성격을 띤다.|3 방은 이미지들로 가득 찬 19세기의 박물관이다. 세계를 축소시킨 그런 모델들을 통해 우리는 한눈에 모든 것을 간파할 수 있다. 그자비에 드 메스트르*는 『내 방 안에서의 여행』|4에서 직접 돌아다니진 못했지만 자기 나름대로 질서를 부여한 세계를 자유롭게 구사하는 데 몰두했다. 에드몽 드 공쿠르**는 자신의 방을 양탄자들로 둘러싸인 상자처럼 묘사했다. 방 안에 있는 물건들 중에는 할머니 소유였던 작은 상자 하나가 있다. 할머니는 그 상자를 캐시미어 숄로 꼭꼭 싸놓으셨다. 그는 그 상자에 개인적인 추억을 간직하고 있다.|5 "모든 거처에 대한 상상은 주택이 아니라 작은 상자 안에 담긴 삶의 모습이다. 그 상자는 그곳을 차지한 사람의 흔적을 간직하고 있다."|6

 방은 내면성, 뇌, 기억(여기서는 "기록된 침실"을 가리킨다)의 은유이자, 낭만적이며 나아가 상징적인 상상에서 비롯된 위풍당당한 수사다. 공상적이고 시적인 서술 구조인 방은 경험을 간접적으로 표현함으로써 때로는 경험을 이해하기 어렵게 만든다. 그럼에도 불구하고 그러한 경험들이 이 책의 핵심을 이루며 각 장은 경험들을 중심으로 구성되었다. 도망자들, 이방인들, 여행자들, 방 한 칸을 구하는 노동자들, 도심의 지붕

---

*1763~1852. 사르디니아 귀족 출신의 군인이자 작가로 1794년에 출판된 독특한 작품 『내 침실 안에서의 여행』으로 널리 알려졌다. 토리노에서 결투를 벌인 일로 체포되어 6주간 감금되었을 당시의 경험을 토대로 쓴 이 작품에서 그는 마치 이상한 나라에서 여행하듯이 감옥 이곳저곳의 가구와 조각품, 관습 등을 기행문 형식으로 세밀히 묘사했다.

**1822~1896. 프랑스 작가이자 문학비평가로 1903년 전 재산을 출연해 공쿠르 상을 제정했다.

밑 방을 원하는 학생들, 호기심 많은 어린이들과 도박꾼들, 오두막집의 아마추어 화가들, 안정된 생활을 영위하는 부부들이나 혹은 흔들리는 부부들, 자유를 갈구하거나 고독에 빠진 여자들, 절대적인 것을 갈망하는 수사와 은자들, 침묵을 지키며 문제의 답을 찾는 학자들, 병적일 정도로 책을 탐하는 독서가들, 저녁 시간의 평온함에서 영감을 얻는 문인들 모두가 왕과 마찬가지로 이러한 방의 무용담에 등장하는 배우들이다. 방은 시체들과 잠자는 사람들, 연인들, 은자들, 불구자들, 환자들, 죽어가는 사람들의 증인이자 소굴, 은신처, 덮개다. 각각의 계절은 방에 두드러지게 혹은 숨은 듯이 흔적을 남긴다. 그와 마찬가지로 하루의 시간들도 방을 다양한 색깔로 물들인다. 그러나 한밤중이 가장 중요한 시간임에 틀림없다. 이 책은 밤의 역사[7]를 다룬다. 밤에 실내에서 경험한 은밀하게 들려오는 사랑의 한숨 소리, 애독가의 책장을 넘기는 소리, 사각거리는 펜글씨 소리, 가볍게 컴퓨터 자판을 두들기는 소리, 몽상가의 중얼거리는 소리, 고양이의 울음소리, 아기의 울음소리, 실랑이를 벌이는 여자들의 목소리, 실제 혹은 상상 속 희생자들의 외침 소리, 한밤중에 벌어진 범죄의 고함, 환자들의 신음 소리와 기침 소리, 죽어가는 사람의 헐떡거리는 소리 등 말이다. 방에서 나는 잡음들은 기묘한 음악을 이룬다.

그러나 『대백과사전Grand Encyclopédia』부터 『프랑스어 보감寶鑑』과 같은 주요 사전들에서 방은 무엇보다도 하나의 단어이자 일종의 탐험이다. 그러한 사전들은 방이라는 단어의 용법을 여러 단락에 걸쳐 길게 열거하고 놀랍게도 특히 고대의 기원에 대해 상세히 설명한다. 그리스어로 카마라kamara는 "동료들"과 공유하는 휴식의 공간을 가리킨다. 여기서 동료들 간의 자세는 군대식에 가까운 것으로 여겨지며, 이때 방이란 한마디로 군대 내무반이다. 더 복합적인 것도 있다. 라틴어의 카메라camera는 건축 용어로 "고대인들이 아치 모양의 건축물을 위해 만든 둥근 천장을 가리키는 단어"다. 둥근 천장은 바빌론에서 유래한 것이다. 그리스에서는 무덤을 제외하고 둥근 천장은 거의 활용되지 않았다. 마케도니아에서는 "무덤 안에 대리석 침대를 갖춘 방이 있는데, 시신들은 그 위에 눕혀져 있다가 결국은 부패하도록 방치되었다."18 요컨대 그것은 지하창고였던 셈이다. 로마인들은 에트루리아인들에게서 둥근 천장을 받아들였다. 그들은 유쾌하게 건배하기 위해 반원아치cameraria를 만들고 가벼운 재료와 갈대로 빌라의 회랑을 덮었다. 게다가 이 빌라에는 부부생활을 위한 공간을 포함해서 "침실"은 존재하지 않는다. 은둔이나 휴식, 혹은 사랑을 위한 공간을 가리킬 때 로마인들은 쿠비쿨룸cubiculum이라는 단어를 썼다. 그것은 특별한 공간이 아니라 단어의 어원인 "침대"를 놓기 위한 좁고 작은 장소를 뜻한다. 플로랑스 뒤퐁의 표현에 의하면,19 후미지고 작고 각이 지고 포석이 깔리고 낮이건 밤이건 밤에 열쇠로 잠글 수 있는 방은 성적性的이고, 그렇기에 비밀스런 방이다. 그것은 성행위 그 자체가 아니라 성행위의 노출에 대한 비난으로 인한 수치심 때문이다. 성적 수치심은 단지 기독교적인 것만이 아니다. 로마인들은 양쪽 끝이 막힌, 흔히 무덤이나 심지어 지하 묘소를 마련하기 위해 돌로 된 카메라를 만들었다.

 헤로도토스에 따르면, 카메라는 넓은 의미에서 지붕이 있는 짐수레로 불렸다고 한다. 그것은 "일종의 천막이나 밀폐된 방이 딸려 있는 신비로운 탈것으로, 부유한 바빌로니아 사람들은 밀리타 여신*의 신전에

갈 때 타고 갔다." 그것은 틀림없이 천으로 가려진 둥근 틀 모양으로 "오늘날 갱내와 농촌에서 사용되는 수많은 탈것의 일종"이다. 『고대문명 사전』의 공동 편찬자 레옹 외제는 카메라가 19세기 말 농촌에서 그런 목적으로 쓰였다고 덧붙였다. 또한 사람들은 아메리카 대륙 서부의 이주자들이 사용한 짐마차를 연상하기도 한다. 스파르타의 소녀들도 아미클라이에서 열리는 히아킨티아 축제**에 가기 위해 그런 종류의 짐수레를 탔다. 라틴어의 카메라라는 단어는 그와 비슷한 뜻에서 "고대에 특히 지체 높은 사람들을 태우기 위한 일부 선박 뒤편에 만들어진 반원천장 모양의 둥근 선실"에도 적용되었다.[10] 실제로 트라야누스 기념주***에서 우리는 카메라의 모습을 엿볼 수 있다. 이렇게 해서 배의 선실과 침실 사이에는 "'선장실' 및 부선장실과 "지도실' 및 기계실을 통해 이어져온 매우 유구한 공통점이 존재하게 되었다. 19세기에 대형 여객선을 이용한 여행의 사치가 극에 달하면서 선실은 안락함과 내밀성의 꿈을 실현시켰다. 프레데리크 모로는 아르누 부인과 함께 공상에 잠겼다. "그들은 단봉낙타 등 위에서, 코끼리의 작은 텐트 안에서, 푸른 군도群島 사이에 떠 있는 요트의 선실에서 함께 여행했다."[11] 그곳은 포옹하기에 적절한 아주 작고, 은밀하고, 가볍게 흔들리는 공간이다.

    천막이나 돌로 덮인 방, 예컨대 둥근 천장, 요람, 정자 건물, 작은 지하실 방 이곳저곳에서 일어나는 모든 일은 우리에게 잘 알려져 있다. 그

---

* 수메르인들이 숭배하는 달과 풍요의 여신.
** 아미클라이에 살던 미소년 히아킨토스는 아폴론의 총애를 받았지만 어느 날 투원반을 즐기던 중 아폴론의 원반에 맞아 숨졌다. 히아킨토스가 피를 흘린 곳에서는 히아신스가 피어났고, 이 도시에서는 그를 기리는 제사를 지냈다. 훗날 이 제사는 아폴론 축제로 바뀌었다.
*** 로마 5현제 중 2대 황제로 98~117년에 재위했으며, 113년에 오늘날의 루마니아에 속하는 다치아를 정복한 기념으로 당시의 전투 광경을 상세히 묘사한 이 원주가 세워졌다.

쿠비쿨룸, 기원전 40~30

것은 휴식, 밤잠이나 긴 잠, 이동, 죽음과 관련된 것들이다. 이 모든 경우에서 소녀와 여인들, 지체 높은 사람들, 고인들을 보호하는 경계, 울타리, 안전성, 나아가 비밀의 관념이 드러난다.

중세에 더 과도한 언어적 탐험이 이루어지고 근대에는 가정 안에 정치가 침범하면서 상황은 더 복잡해졌다. 디드로와 달랑베르가 편찬한 『백과전서』는 이런 측면에서 특히 상세하다. 『백과전서』에 따르면 "샹브르chambre라는 단어만큼 풍부한 의미를 지닌 용어는 거의 없다." 디드로와 건축가 장프랑수아 블롱델이 공동 집필자였다. 블롱델은 물질적인 측면을, 디드로는 수사적인 측면을 다루었다. 블롱델은 옥좌의 방, 닫집의 방, 참사회실, 공동의 방 등 다양한 유형의 방에서 "잠자는 침실"이 탄생하는 과정을 묘사했다. "일반적으로 샹브르라는 단어는 잠을 자기 위한 용도로 쓰이는 방을 가리키며 그곳에 거주하는 사람들의 품계와 의복 장식에 따라 침실이라 불린다." 이러한 침실의 기나긴 발달 과정에 대한 설명을 통해 블롱델은 이 시기에 이루어진 거처의 비약적인 발전을 형상화하는 데 기여했다. 그는 우리의 안내자 가운데 한 사람이다.

디드로는 여러 의미의 중첩 현상에 주의를 기울이며 샹브르의 사법적·정치적 위치를 밝히는 데 몰두했다.[12] "샹브르라는 단어는 다양한 일 때문에 사람들이 모이는 장소에서 회동하는 사람들 자체를 가리키는 단어로 바뀌었다. 또한 그 단어는 벽으로 둘러싸이고 문과 창문들이 뚫려 있는 단순한 형태의 공간에서 그와는 전혀 다른 공간에 적용되었다. 실제 거처의 일부로 사용되었건 수사에 불과하건 간에 예술작품들 속에 약간의 유사성을 지닌 채 등장하는 그런 공간에 말이다." 뒤이어 사법, 경찰, 재정(보조세 법원, 회계 법원[13], 동업조합[14] 정치[참사회의실]) 등과 관련된 공간으로 각 방의 기능에서 유래한 명칭들의 목록이 무수히 나열되었다. 광학 암실, 시력검사실, 포실砲室 등 기술과 과학에 관련된 방들도 빠지지 않았다. 수많은 방에는 제각각 차지하고 있는 장소, 나아가 그 방의 장식을 본뜬 이름이 붙여졌다. 예를 들어 파리 고등법원의 대법정은 매우 넓은데, 이 방은 일명 "대大궁륭"이라 불렸다. 왜냐하면 그 방 아래와 위쪽이 둥근 지붕 모양의 궁륭형으로 만들어졌기 때문이다. 또한 그 방은 루이 12세 시대에 입힌 금박이 더 이상 남아 있지 않음에도 불구하고 "금박의 방"이라 불리기도 했다. 별이 총총한 천장으로 인해 시조실始祖室이라는 이름이 달리기도 했다. 화형재판소에는 검은 장막이 쳐지고 횃불이 밝혀졌는데, 그곳에서 저명한 가문 출신의 국사범들이 재판을 받았다. 방의 이름에는 도덕적이거나 위계적인 뜻이 담겨 있기도 하다. 영국의 중신들을 위한 방은 "상"원, 코뮌 대표들을 위한 방은 "하"원으로 불렸다. "상급" 법원과 "하급" 법원도 그러한 맥락에서 일컬어진 것이다.

  용어 사전은 가정과 정치 사이의 복잡한 관계, 그리고 무엇보다도 그 둘의 뒤엉킨 공간들에 대해 설명한다. 영주들은 자신들의 방, 심지어 침대 위에서 재판을 진행했다. 이 침대가 있는 방이 이른바 "친림親臨 법정"이 되었다. 이어 휴식을 위한 "후미진" 침실과, 공적인 알현 및 공식 이벤트를 위한 "귀빈실" 혹은 "접견실"이 구분되었다. 병약했던 샤를 5세는 자신의 "토끼굴"에서 웅크리고 지냈다. 임종 직전 그는 왕으로서의 품위를 지키며 숨을 거두기 위해 "접견실"로 옮겨졌다.[15] 그럼에도 불구하고 부르봉 왕조는 방에서 궁정인들을 맞아들이고 그곳에서 참사회를 열며 회의 도중 길게 드러누운 자세를 취함으로써 왕권의 절대성과 인신적 우위성을 재확인하는 경향을 보였다. 18세기 말까지 왕은 파리 고등법원의 전원이 모이는 집회에 누운 채로 참석할 수 있었다. 그때 왕은 닫집 아랫자리를 차지했다. 이 경우 방은 공적인 역할을 했다. 닫집은 권력의 중추였다. 아니면 베르사유가 그랬듯이, 적어도 권력의 상징이었다.

이러한 틀 속에 민주주의가 끼어들었다. 영국의 하원이 국회의사당에 자리잡았으며, 프랑스에서 하원은 샹브르 데 데퓌테Chambre des députes에서 오늘날에는 아상블레 나시오날Assemblée nationale로 불린다. 디드로가 지적했듯이 외형물(방)에서 내용물(집회)로 옮겨간 셈이다. 국민의 대표 기구인 의회의 행위는 실용적인 것은 물론이고, 도덕적이고 이데올로기적인 이유에서 선택된 건축 공간에서 이루어진다. 원형은 오랫동안 평등주의의 기대에 부응하는 것으로 여겨졌으나 혁명가들은 원형보다 반원형을 선호했고, 마침내 1795년 오늘날의 모습처럼 반원형이 채택되었다. 그곳에서 정치활동의 개념을 설명하려는 토론은 끊임없이 되풀이되었다.[16] 반원형 공간에서는 혁명의회들의 웅변에 적절한 연단이 중시되었다. 혁명의회들은 앙시앵 레짐기에 지나치게 부각되었던 '방'이라는 어휘를 거부했다. 왕은 그런 방들을 통합했다. 시민들은 모여 집회를 열었다. 복고왕정기에 "방들"이 제자리를 찾고 연단의 적절한 위치에 관한 이의가 제기된 것은 조금도 놀라운 일이 아니다. 하원의원 데무소 드 지브레는 1828년 의회에서 발언하던 중(그리고 7월 왕정기인 1839년에 다시 한번) 이 점을 명확히 밝혔다. "제가 지적한 두 번째 곤란한 점은 지금 손으로 잡고 있는 이 방의 연단입니다. 의원 여러분, 부디 연단과 방이 두 표현을 연결지어보시기 바랍니다. 미라보는 여러분께 그 두 단어

는 바로 함께 결합하자는 외침이라고 말했습니다."|17 연단은 의회를 공연장으로 변모시켰다. 논의 과정이 공개되면서 감동은 더해졌다. 그런데 "의회 안에서는 민중 앞에서처럼 말하지 말아야 했다."|18 우리는 실제로 의회에서 고함치는 미라보를 상상하지 못한다. 대의제란 "구체적으로 말하면 민중적 토론을 공적인 토론으로 대체하는 것이다. 또한 의회의 규정은 공개적인 장소가 아닌 바로 의회 안에서 벌어지는 이러한 토론의 절제를 위해 마련된 것이다." 데무소 드 지브레는 연단의 연극적인 성격을 거부했다. 영국 하원에서처럼 의원들은 각자의 자리에서 말할 수 있어야 할 것이다. 대화술의 연장선상에서 순전히 "사적인" 웅변술을 활용해야 할 것이다. 대화란 소통이다. 다시 말해 대화는 반대파들이라기보다는 전문가인 동료들 사이에서 이루어지는 것으로, 대결이라기보다는 의논이다.|19 토론은 결코 무의미한 것이 아니다. 토론은 서로 상이한 영국과 프랑스 의회활동의 두 개념을 잘 보여준다. 방은 공공 집회가 열리는 광장과 다르다. 방이라는 단어에는 앙시앵 레짐과 시적 영역의 두 가지 의미가 함축되어 있기 때문에 공화주의자들은 그 단어에 과민 반응을 보였다. "방"은 "집회"를 포함하지 않는다. "샹브르 데 데퓌테"와 아상블레 나시오날은 동일하지 않다. 비록 우리가 이러한 갈등을 망각하고 흔히 두 단어를 혼용하고 있지만 말이다.

이렇듯 가정 혹은 최소한 사적인 영역에서 정치로의 점진적인 변화 중 프로방스의 "같은 방을 쓰는 사람들chambrées"이라는 단어는 우리에게 고전적인 예를 제시해준다. 작은 방chambro(혹은 chambrette)에 자리잡은 "남자들의 집"은 지중해 세계 특유의 남자들의 사회성이 이루어지는 공간이다. 이 공간이 비밀스런 논의와 남부의 공화주의 반대파가 모이는 비밀집회 장소가 되었다.[20] 이 장소는 공적인 영역에서 "서클"로 불렸으며, 둥글게 모여 대화를 나누는 규범을 지키고 존중했다.

『프랑스어 보감』은 인용문을 토대로 이런 다양한 의미를 설명하고 있다. 우선 집회의 논의 장소와 집회 자체가 구분된다. 숲속의 사슴의 방이나 뇌강腦腔에 이르기까지 누군가를 위해 혹은 무언가를 보관하기 위해 특별히 개조된 공간들이 있다. 방은 높거나 낮고, 흔히 친구들을 위해서는 아름답고, 좋거나 나쁘고, 차갑고, 견고하고, 어둡고, 밝고, 캄캄하고, 풍성하고, 물건들로 가득 차고, 가구가 딸려 있고, 상속물로 꽉 채워질 수도 있다.[21] 문학작품에서 방은 파랑, 하양, 빨강, 노랑 등 온갖 색깔로 묘사된다.[22] 침실 노동자인 시종은 그곳에서 일을 하고, 환자는 방을 "지키고", 멍청이는 방 안에 갇혀 속아 넘어가고, 포도주는 방 안에서 숙성된다. 바람둥이들 덕분에 "방에 정착한" 매춘부들이나 마찬가지로 "방 안에 칩거하는" 전략가들은 사람들에게 불신의 대상이다. 방의 일은 특히 여자들 몫이다. 하비下婢, 하녀, 시녀 등은 왕비에게 소속된 시녀들 사이의 위계를 보여준다. 남자들의 위계는 그보다 더 높아 궁정 체계에서 남자들은 반드시 귀족들이다. "침전시종valet de chambre"과 "시랑감chambellan"은 "수도원의 집사chambrier du couvent" 혹은 교황의 "시종camerier", 교황청의 "재무담당관camerlingue"처럼 맡은 임무만큼이나 높은 직책이다.

우리가 다룰 방은 어떤 의미에서건 사적인 방이다. 성서, 신비주의적인 종교, 호텔, 병원, 수도원, 감옥과 구치소 등을 포함한 방의 모든 형태와 기능을 살펴보면 침실은 잠을 자기 위한 공간이지만 반드시 그런 것만은 아니며, 또한 공동의 방이자 부부의 방이요, 혼자만의 방이다. 방은 점차 확대되고 전문화되었으며 예절, 내밀성의 의미, 가정생활의 변화, 사생활의 변화를 통해 구축되었다. 그와 더불어 문학작품과 이미지에서 드러나듯이 침실은 근대의 주거생활에서 의미심장한 위치를 차지한다. 우리는 민족지학[23]과 이미 다른 곳에서 개괄적으로 서술된 방의 역사[24]보다는 침실의 다양한 족보, 다시 말해 종교와 권력, 건강과 병, 육체와 정신, 성과 사랑이 혼합되는 선율선을 추적하고자 한다. 특히 침실의 고전주의 시대, 즉 르네상스에서 오늘날까지 위대한 침실의 시기에서 유래한 몇몇 초상을 유쾌하면서도 겸허하게 묘사하고자 한다. 서구의 역사가 주를 이루겠지만 다른 지역의 역사도 흥미진진하게 이어질 것이다. 우리는 동양의 유산으로 터키 제국의 "깊숙한 어전회의실"의 매력, 셰에라자드의 목소리에 속아 넘어간 1001일 밤을 어느 정도 살펴볼 것이다. 그러나 나는 아프리카나 극동 지방에서 침실 혹은 그것에 상응하는 것이 의미하는 바에 대해서는 잘 모른다.

    따라서 서구의 방, 주로 프랑스의 경우가 다루어질 것이며, 독일은 약간, 이탈리아는 부부 침실, 에스파냐는 종교적인 차원의 방이 신중하게 서술될 것이다. 두 가지 의미를 지닌 영어의 룸room은 프랑스어로 번역 불가능한 만큼 영국의 침실은 신중하게 언급될 것이다.[25] 프랑스의 방에 대한 설명은 아쉽게도 거주 형태를 연구한 사회학자들에 의해 관찰된[26] 것으로 전시물[27]과 책이 주 대상이다. 책의 경우 반드시 프랑스에 초점을 맞추었다기보다는 전체적으로 살펴보았지만, 고문서는 자주 거론하지 않을 것이다. 잠시 지나치는 세계이자 숨겨지고 작은 공간인 방은 고문서를 거의 남기지 않았다. 통상적으로 행정기구와 경찰은 이 사생활의 성역에 침투하지 않는다. 심지어 프랑스 혁명조차 일몰과 일출 사이에는 가택수사를 금지함으로써 밤의 사생활에 대한 불가침성을 인

정해주었다. 그럼에도 불구하고 두 가지 예외가 있다. 첫 번째 예외는 사후 유산 목록을 공증하는 공증인이다. 집행관들에 의해 작성된 사후 유산 목록은 동산의 내역을 상세히 제공해줄 유일한 단서이다.[28] 또다른 예외는 "침실의 비밀"을 해독하며 범죄에 가담했는지 그 흔적을 추적하는 예심 판사와 그의 감정인들이다.[29] 경우에 따라 범죄의 공간이 되는 침실은 조사관들의 관심 영역에서 벗어날 수 없었다. 그러나 근대 기술의 성과로 관찰의 정확도가 열 배나 증가했음에도 불구하고 그들은 시각적인 관찰보다는 피, 침, 정액, 땀 등의 체액 채취와 실험실에서의 분석에 집중한다.[30]

인쇄물은 그보다 훨씬 더 풍부하다. 방은 책과 긴밀한 관계를 맺는다. 건축이나 장식미술 개론서, 실내장식에 관한 잡지, 예의범절과 위생학 입문서, 주거지에 관한 의학적·사회적 설문지, 여행일기, 방 그 자체가 생산에 긴밀하게 관련된 개인적인 문학작품들(편지, 내밀한 일기, 자서전 등)은 방의 형태와 용도를 설명해준다. 도서관에는 방에 관한 책이 수없이 많지만 이곳저곳에 흩어져 있다. 꼬마 푸세*가 숲속 길에 뿌린 조약돌처럼 말이다. 복잡하게 뒤엉킨 수많은 텍스트 사이에서 방을 찾아내는 것이야말로 이 연구의 가장 중요한 즐거움이다. 대화에 따라 이 책에서 저 책으로 이 저자에서 다른 저자로 종횡무진하는 내게 방은 아리아드네의 실이요 알리바바의 동굴이다. "어떤 방?" "하원?" 하며 처음에 놀랐던 내 대화 상대들은 "~에 대해 생각해본 적이 있나요?"라며 넌지

---

*1697년 샤를 페로가 출판한 프랑스 전래동화의 제목이자 주인공 이름이다. 계속되는 기근으로 더 이상 7남매를 부양할 수 없게 된 나무꾼 부부는 탄식하며 대화를 나누던 중 7남매를 숲속에 버릴 수밖에 없다고 의견을 모은다. 이 이야기를 엿들은 막내 푸세는 밤새 몰래 하얀 조약돌을 모아 주머니에 넣었다. 이튿날 아버지 뒤를 따라 숲속으로 가던 도중 푸세는 조약돌을 하나씩 떨어뜨렸다. 7남매는 아버지와 헤어지고 길을 잃었으나 조약돌을 따라 집에 돌아오는 데 성공한다.

시 과거의 흔적들을 암시하고, 이따금 인용해도 좋다며 자신들의 경험을 이야기해주었다. 결과적으로 이 책에는 그들의 흔적이 담겨 있고 어떤 면에서 이 책은 그들의 것이다.

시는 보들레르의 표현처럼 "환하게 밝혀진 창"을 열어준다. 소설은 무궁무진한 샘이다. 19세기에 소설은 사교계와 가정적인 이야기의 무대인 사적 영역에 의미심장한 지위를 부여했다. 발자크, 플로베르•, 졸라, 모파상, 공쿠르 형제 등은 등장인물들의 성격과 품행, 운명에 대한 묘사와 마찬가지로 이 사적 영역을 그림처럼 생생할 뿐 아니라 훨씬 섬세하고 길게 묘사했다.[31] 『인간희극』, 『레미제라블』의 불행, 보바리 부인의 고통, 루공마카르의 비극••의 저자들은 방에 대한 은유적, 이데올로기적, 사회적, 심리적 해석을 시도했으며 그 책들은 방에서 읽혔다. 얼굴 생김이 그 사람의 기질을 말해주듯이, 그들은 방 주인의 사회적인 지위, 성격, 불행, 야망을 폭로했다. 얼굴에 관한 것처럼 방에 관한 관상학[32]이 존재한다. 세습 재산에 관한 고고학과 마찬가지로 그것은 "가족 유물"에 관한 고고학이다.[33]

사회적인 성공과 마찬가지로 악과 선도 흔적을 남긴다. 발자크의 작품에서 상황의 변화는 반드시 거처의 변화 혹은 개조로 표현된다. 『세자린 비로토』는 이런 묘사로 가득 차 있다. "술탄의 연고"라는 향수를 발명한 행복한 향수 제조인은 무도회를 열기 위해 자신의 집을 완전히 뒤집어엎었다. 여성의 공간을 바꾸는 일도 잊지 않았다. 그는 "당신 방

• 1821~1880. 『보바리 부인』(1857), 『감정교육』(1869) 등의 작품으로 잘 알려져 있는 프랑스 소설가.

•• 에밀 졸라가 1868~1893년 발표한 '루공마카르 총서' 20권의 중심 주제. 제2제국 시대에 루공마카르 가문의 다양한 인생을 묘사한 이 총서에는 '제2제국 시대 한 가정의 자연적·사회적 역사'라는 부제가 붙여졌으며 졸라의 대표작 『목로주점』(1877), 『나나』(1880), 『제르미날』(1885), 『대지』(1887) 등이 포함된다.

도 새로 꾸미겠소"라고 아내에게 말했다. "당신에게 규방을 마련해주겠소. 그리고 세자린(딸)의 방도 예쁘게 만들어주지." 아무렇게나 처진 커튼, 전날 밤 식사로 지저분해진 2인용 식탁과 냅킨 등이 묘사된 가짜 은행가 클라파롱의 더러운 침실은 그가 난봉꾼임을 말해준다. 그와는 반대로 "대기실, 응접실, 침실로 이루어진 삼촌 필레로의 아파트 실내 배치에서는 순결하고 소박한 그의 삶이 드러난다. 그것은 근처에 있는 어느 수사나 늙은 군인의 방처럼 간소한 샤르트르 수도회 수사의 독방이었다."|34 『성 우르술라 수녀회의 미루에Ursule Mirouët』에서는 침실을 중심축으로 하는 장소의 상징체계가 활용되었다. 휘장으로 뒤덮인 고故 포르탕 뒤에르의 침실은 "그가 사망한 날의 상태" 그대로였다. "우르술라 수녀회의 젊은 수녀의 침실에서 사람들은 천국의 향기를 맡는다."|35

졸라는 아파트 계단과 층계참 주변에 『스튜냄비』*를 설치했다. 『목로주점』에서 제르베즈와 쿠포의 살림이 좀 나아졌다가 파국으로 치닫는 과정은 그들이 거처를 옮기고 사생활을 포기하고 결국 혼숙 상태로 돌아가는 과정을 통해 묘사되었다. 『이권 쟁탈전』에 등장하는 르네의 침실은 방탕한 그녀의 성생활을 대변한다. 나나**의 타락은 호텔에서의 죽음으로 귀결된다. 플로베르는 침실 공간을 섬세하게 활용했다. 펠리시테***의 방이나 보바리 부인의 방은 그들의 삶과 꿈을 구체적으로 보여준다. 플로베르가 은유적인 주택을 묘사하기 위해 기록한 초안을 살펴보자. "비교적 수준이 떨어지는 1층에는 응접실과 간단하고 편리한 가구들이 있다. 그곳은 보통 사람들이 쉽게 접근할 수 있도록 친절함을

---

* '루공마카르 총서' 10번째 작품으로 졸라는 1880년대 주택 건설과 장식에 몰두한 파리 부르주아의 위선을 고발하기 위해 화려한 겉모습 뒤에 숨겨진 지저분한 이면을 상세히 묘사했다.
** 에밀 졸라의 소설 『나나』의 주인공.
*** 플로베르의 작품 『소박한 마음』의 주인공 이름.

베푸는 공간이다. 그리고 부엌은 안뜰을 향해 있다. 그곳은 가난한 사람들의 공간이다. 그러면 식당은? 손님을 환대하며 공적인 삶을 누리는 곳이다. 주택의 중심은 분명 잠을 자는 침실일 것이다. 뒷면에 위치한 그곳에서 여러분은 증오, 원망, 분노 등 온갖 천박한 감정을 폭발시킬 것이다."[36] 이러한 예는 수없이 많다. 그 예를 통해 우리는 침실이 무엇인지, 나아가 침실이 수많은 이야깃거리의 근원이자 의미심장한 구조로서 무엇을 대변하는지를 파악할 수 있다. 다양한 이미지를 만들어내고, 또 그런 이미지로 가득 찬 상상 속의 이러한 침실이야말로 다른 침실들의 모태이자 우리의 관심사다.

도상학은 여기에 또 하나의 영역, 이를테면 상징의 영역을 덧붙이며 훨씬 더 복잡한 방식으로 이러한 이중적인 범주를 표현한다. 침실의 도상학을 위해서는 별도의 책이 쓰여야 하는데, 그것은 단순히 실내장식을 위한 것이 아니다. 반 고흐의 충격적인 침실은 무엇을 의미하는가? 화가는 무엇을 말하려고 했던가? 고유의 상징체계로 묘사된 중세 회화 작품에서 성모는 침실과 깊은 연관관계를 지닌다. 성모의 탄생, 수태고지, 승천 등은 항상 침대가 놓여 있는 침실을 배경으로 이루어진다. 우선 해산한 엘리자베트가 커다란 침대에서 산파들에 둘러싸여 있고 갓 태어난 마리아는 요람에 누워 있다. 그리고 가브리엘 천사가 방문한 어린 소녀의 좁은 침대가 있다. 마지막으로 눈을 감은 채 등을 대고 누워 있는 성모 마리아의 임종의 침대가 있다. 그녀는 아픈 것이 아니라 천사들에 의해 잠이 들어 환희에 가득 찬 모습이다. 천사들이 그녀를 하늘로 데려가고 그곳에서 깜짝 놀란 사도들이 지켜보는 가운데 그녀는 아들을 다시 만날 것이다. 그림에서는 아기의 요람, 긴 베개, 작은 술 단

「아를의 침실」, 빈센트 반 고흐, 캔버스에 유채, 72×90cm, 1888, 반 고흐 미술관

「마리아의 탄생」, 아퀴스그라나의 대가, 1485, 아헨 대성당 보물실

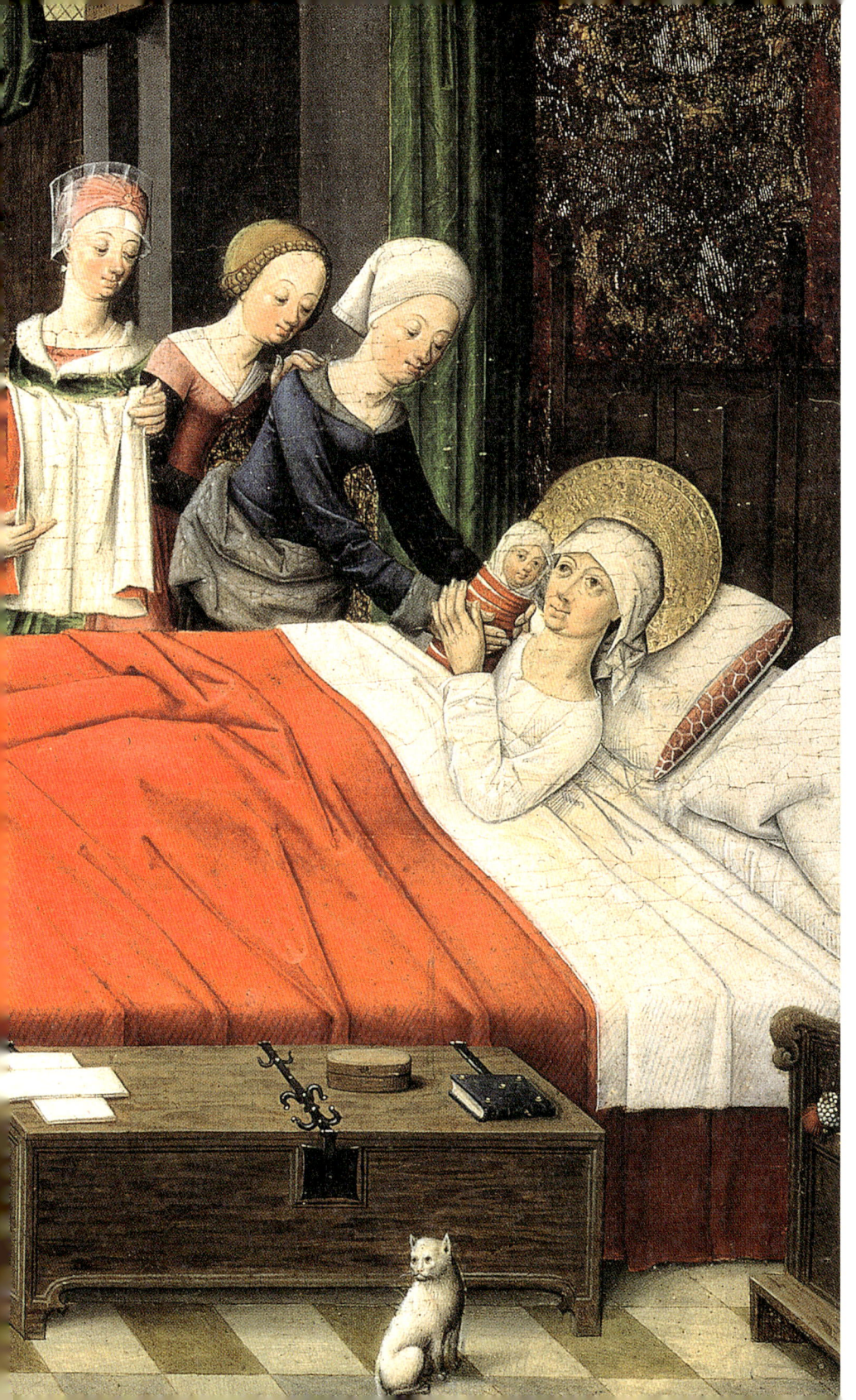

지, 암노새 등 일상생활에서 볼 수 있는 평범한 사물에서 착안한 이러저러한 정황이 상세하고 객관적으로 묘사되어 있다. 그럼에도 불구하고 성모 마리아의 처녀성을 암시하려는 이런 회화작품들에는 사실주의가 결여되어 있다. 성모 마리아는 침실과 동일시되는 여성 고유의 밀폐된 영역과 관련이 있다. 19세기 오리엔탈리즘 회화의 주요 주제인 하렘의 도상학적 표현 역시 그와 유사한 경향을 보인다.[37] 우글거리는 육체들, 사치스런 옷감을 헐렁하게 걸치고 방석과 치렁치렁 주름 잡힌 천 위에 늘어져 있는 육체의 풍성함, 출입이 금지된 축축한 방에 있는 나른한 모습의 하렘 여인들은 우리를 술탄 궁전에서 펼쳐지는 에로틱한 공상의 세계로 이끈다.

네덜란드의 회화작품, 17세기의 판화(아브라함 보스), 18~19세기의 내면파 화가들(샤르댕, 그뢰즈, 파테, 부알리, 로랭스 등), 인상파 화가들과 후기 인상파 화가들(예를 들어 보나르) 등은 실내 장면 묘사에 좀더 주의를 기울였다. 마리오 프라츠의 『실내 장식의 역사』는 그들의 작품에서 상당한 영향을 받았다.[38] 이 책에서 그는 피터스$^{P.F.\ Peters}$, 빌헬름 뒹켈, 페르낭 펠레 같은 일부 화가의 전문 영역인 실내 수채화를 활용했다. 그는 그 화가들의 암시 능력을 높이 평가했다. 1880년대의 침실 장식을 상세히 묘사한 작품에 관한 설명에서 그는 "이 방은 우리가 직접 발로 밟았던 수많은 방보다 우리 기억 속에 더 생생하게 남을 것이다"라고 언급했다.[39] 마리오 프라츠는 이러한 수채화들을 수집했다. 그 수채화들 속의 집들은 실내를 축소시킨 인형의 집들처럼 병적일 정도로 세세하게 묘사되었다. 그는 퍼즐 같은 끼워 맞추기를 높이 평가했다.

사진은 사실성을 입증하며, 롤랑 바르트가 잘 설명했듯이 촉감을 느

「수태고지」, 얀 판 에이크, 목판에 유채, 1435~1440

'성모의 죽음', 안드레아 델 카스타뇨, 1445~1448

「촉각」, 아브라함 보스, 17세기경, 투르 미술관

「남편이 불참한 부인들의 대화: 저녁식사」, 아브라함 보스, 17세기경, 국립 르네상스 미술관

「오달리스크」(혹은 「알제의 여인」), 들라크루아, 캔버스에 유채, 69×123cm, 1870, 워싱턴 국립미술관

「집 안에 있는 알제의 여인들」, 들라크루아, 캔버스에 유채, 180×229cm, 1834, 루브르 박물관

낄 수 있게 한다. 그럼에도 불구하고 사진을 더 훌륭한 조사 자료로 볼 수는 없다.[40] 정지 자세와 포즈를 취한 사진은 우리에게 무엇보다 먼저 사물에 대한 사진사의 시선을 전달해준다. 이렇듯 외젠 아제는 자신이 좋아하는 주제들 중에서 '실내'를 선택했다.[41] 1905년에 그는 여성용 모자 제조공, 영세 임대업자, 종업원의 주택 사진들을 토대로 파리의 주거용 건물들의 유형학적인 목록 작성 작업을 시도했다. 그는 우리에게 남성 노동자, 여성 노동자, 문인의 비어 있는 방 그 자체보다는 아마도 그 자신이 파악하고 고정시키려 했던 듯한 상투적인 유형의 방을 보여준다. 그럼에도 불구하고 그런 진부한 자료들은 매우 귀중하다. 그 자료들에는 사진사의 관심에서 벗어난 물건들이 가득 차 있으며, 그 물건들은 사진사에도 불구하고(동시에 사진사 때문에) 실재성을 지닌다. 그 사진 자료들이 지닌 시각적인 가치는 노동자 가정의 실내에 대해 풍부한 지식을 제공하는 프레데리크 르플레*의 가정에 관한 연구 논문들에 견줄 수 있다.

일부 문인은 침실, 좀더 넓은 의미로는 밀폐된 작은 공간을 집필실로 쓴다. 그곳은 사색과 회상의 장소다. 마르셀 프루스트, 프란츠 카프카, 조르주 페레크 등이 그런 부류의 위대한 방 주인들이다. 침실은 『잃어버린 시간을 찾아서』의 핵심 주제다.[42] 카프카의 작품에 등장하는 "땅굴"에 사는 정체불명의 동물의 머릿속에서는 침실에 대한 생각이 떠나지 않는다. 그는 침실을 꺼리는 만큼이나 고독을, 인적이 드문 공간을 원하기 때문이다.[43] 침실은 그곳에서 잠자던 주인공이 사람들이 죽이는 벌레가 되는 악몽 같은 "변신"의 무대를 은폐시킨다. 침실은 '무수한 종류의 공간'의 "단세포"이다.[44] 페레크는 자신이 잠자던 침실들을 떠올리며

*1806~1882. 프랑스 사회학자이자 경제학자.

「장식미술가의 집안」, 외젠 아제, 1910

"나는 기억한다"고 말한다. 그는 자신이 어머니가 사망한 가스실을 결코 찾지 않을 것임을 잘 안다.

이제 역사의 중심 무대가 되고 역사에 의해 둘러싸이고 또 사라진 무수한 방들 속으로 들어갈 차례다.

2장

왕의

침실

1701년 루이 14세가 왕령으로 왕의 침실을 선포했듯이, 이제 왕의 침실을 통해 역사 속으로 당당하게 들어가보자. 부속 성당이 궁전의 핵심을 차지한 엘에스코리알*과는 달리, 루이 14세의 침실은 궁극적으로 왕의 필요에 따라 건축된 부속 성당의 주변 공간을 북쪽으로 밀어내고 "위압적인 본채 건물에서 동쪽을 향한"[1] 대리석 안뜰 한가운데에 자리 잡았다. 왕의 침실은 군주정의 절대주의와 신성화를 대변한다. 침실이라는 밀폐된 공간에서 왕은 신을 대신한다.

이른바 "우주의 축소판"인 베르사유의 거처는 전체와 세부가 모두 태양의 상징체계에 의해 지배된다. 1671~1681년에 개조된 공식 처소의 상징체계와 장식은 르브룅**이 구상한 것이다. 일렬로 늘어선 7개 방에는 저마다 별자리 이름이 붙여졌다. 이탈리아 군주들의 거처에서 발견되는 이러한 배치 방식은 페테르스부르크***에서 러시아의 차르 예카

---

*에스파냐의 펠리페 2세가 승전을 기념하기 위해 건축한 궁전으로 수도원을 겸한 건물.
**1619~1690. 프랑스의 화가 겸 실내장식가로 마자랭과 콜베르의 후원을 받아 왕립 회화 및 조각 아카데미 창설에 주도적인 역할을 하고 베르사유의 실내장식을 도맡았다.
***오늘날의 상트페테르부르크.

테리나 대제에 의해 다시 채택될 것이다. 군주의 궁전은 당대인들에게 널리 퍼지고 또 인지되고 있던 알레고리와 표상의 문화로 가득 차 있다. 1674년에 『묘사Description』를 발표한 앙드레 펠리비앵*처럼, 당대 사람들은 베르사유를 유창하게 해석해냈다.[2]

대로大路들은 성, 나아가 왕의 침실에서 시작된다. 쥘리앵 그린에 의하면 침실이 그런 방식으로 자리잡았기 때문에 "왕은 어느 한 곳에서 다른 곳으로, 자신의 침실에서 다른 방으로 가려면 마치 태양에서 다른 별로 가는 거리만큼이나 많이 걸었다." 이집트 기제에 있는 피라미드에서나 발견될지 모르는 천문학 원칙들에 따르듯이 말이다.[3]

과장된 것임에 틀림없는 이러한 우주 질서의 의지론은 상식을 벗어난 해석이다. 엘렌 이멜파르에 의해 그 오류가 지적되었듯이, 이 우주 질서의 의지론은 역사에, 그리고 왕의 주요 행적을 체계화한 웅장한 의식 거행에 자리를 양보하며 점차 후퇴했다. 특히 왕의 부속실을 다른 방식으로 작동하는 권력의 중심지로 부상시킨 일상생활의 필요에 의해 뒤로 밀려났다.[4]

그래도 왕의 침실은 건재했다. 베르사유는 계속해서 개조되고 항상 공사 중이었으며, 사망과 직무 이동 및 총애의 변화에 따른 왕실 가족과 궁정인들의 이사로 인해 대소란이 빚어졌음에도 불구하고 말이다.[5] 베르사유의 심장인 왕의 침실은 불변의 지점이며 오늘날에는 신비스런 기억의 저장소이다.[6]

*1619~1695. 프랑스 최초의 미술사가이자 루이 14세의 궁정 역사가.

왕의 난간

왕의 침실은 하나의 영역인 동시에 시중들기 그 자체다.[7] 그곳으로 가는 통로와 마찬가지로 실내 역시 상징체계에 따라 형상화된 물질적인 영역이다. 문, 대기실, 통로, 계단(왕의 계단) 등은 교묘하게 위계화되고, 생시몽이 탁월하게 분석해낸 "왕의 기제"의 정교한 톱니바퀴들인 문지기와 시종들에 의해 통제되는 일종의 여과 장치들이다.

그럼에도 불구하고 침실의 물질적인 영역은 빠져나가고 사라졌다. 고가구들이 전혀 그 가치를 인정받지 못하던 시대였던 만큼 실내장식과 가구들은 끊임없이 다른 것으로 대체되고 또 흩어졌다. 따라서 침실의 물질적인 영역은 잘 알려져 있지 않다. 궁정인들이 사망하면 흔히 그들의 가구는 하인을 포함한 측근들에게 증여되었다. 맹트농 부인*이 베르사유를 떠나 생시르**로 향했을 때도 마찬가지였다. 왕의 가구들은 어떻게 되었을까? 왕은 무엇을 고려했을까? 오늘날 사람들이 방문하는 왕의 침실은 역사적 재구성물이며, 일부는 상상의 산물이다. 알다시피 그 방은 금으로 장식된 진홍색 벨벳 양탄자들로 덮여 있었다. 1785년에 양탄자들에서 떼어낸 금의 무게는 자그마치 60킬로그램이나 되었다.[8]

침실은 일종의 약식 연극 무대였다. 그 한가운데 있는 난간은 그곳이 성역이자 신전임을 뜻했다. "신성화는 성벽으로 둘러싸는 것을 뜻한다. 공간의 일부를 확보해서 울타리나 창살, 받침기둥으로 에워싸는 것이다."[9] 외교사절들처럼 왕으로부터 알현권을 부여받은 사람들과 수석 시

---
*1635~1710. 시인 스카롱과 결혼했으나 그의 사망 후 궁정에 출입하다 루이 14세의 눈에 띄었으며, 1682년 왕비의 사망 후 그와 비밀결혼을 했다.
**맹트농 부인이 루이 14세의 후원을 받아 1686년 베르사유 인근에 있는 생시르에 세운 여학교로 주로 가난한 귀족의 딸들이 수학했다. 루이 14세의 사망 후 맹트농 부인은 이곳에서 여생을 보냈다.

「태양왕 루이 14세」, 이아생트 리고, 캔버스에 유채, 277×194cm, 1701, 루브르 박물관

종들만이 그 안으로 들어갔다. 그들 역시 양탄자로 경계를 표시한 제한 구역을 넘어서는 안 되었다. 1699년에 외교사절 아브달라 빈 아이샤를 접견할 때 왕은 브르퇴유 남작*에게 그 모로코 군주의 밀사를 "단의 디딤판 밑 가까이 양탄자 가장자리에 멈추어 서게" 하라는 명령을 내렸다. 왕은 안락의자에 앉아 "잠시 모자를 벗었다가 곧바로 다시 썼을 뿐이다."|10 이는 왕과 왕의 침실에 접근하는 방식을 상세하게 체계화한 수백 가지 규정 가운데 한 예다.

난간 안으로 들어가는 것은 이례적인 경우다. 영국 왕의 특사로 베르사유에 온 포틀랜드 공작(1647~1709)에게 그러한 특권이 부여되었다. 왕은 약을 먹고 나서 그를 맞아들였다. "그것은 엄청난 특혜였다. 침대 받침기둥 안에 그를 들어오게 한 것은 그야말로 특혜의 절정이었다. 외교사절들의 공식 알현 절차 때를 제외하고는 어떤 신분과 어떤 부류의 외국인도 그 안에 들어간 적이 없었다."|11

난간 기둥에 기대는 것은 신성모독이나 마찬가지였고, 루이 14세 치세에는 상상할 수도 없는 일이었으며 항상 문지기가 그것을 감시했다. 하지만 점차 규율이 느슨해지고 자세도 해이해졌으며 삐걱거리는 소리가 나기도 했다. 루이 16세 시대에 크레키 후작이 그런 자유를 누리자 문지기는 "나리, 왕의 침실을 모독하고 계십니다"라며 비난했다. 그러자 크레키 후작은 "당신의 주도면밀함은 칭찬받을 만하군요"라고 대꾸했다. 루이 대왕의 시대에는 상상할 수도 없는 이 일화에 궁정 사람들은 웃음을 터뜨렸다. 의례가 웃음거리가 되면 만사가 두려워진다.

교회에서 성가대석의 난간이 제단과 신자들 사이를 구분짓듯이 왕의 침실에서 난간은 성막聖幕의 경계선이었다. 난간기둥은 왕의 침대를

---

*1648~1728. 1699년부터 루이 14세가 사망할 때까지 외교사절 및 외국 군주 의전 담당관 직을 맡은 국왕 시종.

격리시켰다. 그 침대는 화려한 무늬로 장식되고, 두툼한 커튼이 쳐져 있으며, 시종들은 밤이건 낮이건 항상 침대 곁을 지켰다. 수석 시종은 침대 밑에서 잠들었다. 왕이 잠을 자도 그는 결코 그곳을 나가는 법이 없었다. 그는 왕을 지켰다. 또 그는 왕의 겉옷과 내의류가 보관된 옷장의 열쇠를 지니고 있었다.

"권력의 공간 안에 있는 왕의 거처는 육체적인 존재로서의 왕이 신비스런 존재로서의 왕에게 부여된 임무를 수행하기 위해 매일매일 건강을 회복하는 장소였다."[12] 왕의 침실은 "절대 권력의 상징물인" 에티켓이 중시되는 장소였다. 시간과 공간을 치밀하게 활용하는 에티켓은 "모든 사소한 일상에서의 왕의 허약함"에서 착안한 것이다.[13]

왕의 침대는 왕의 육체적인 몸이 신비스런 몸으로 전환되는 제단이었다. 그곳에서 궁정생활에 리듬을 주는 고정불변의 의식 중 주요 의례 두 가지가 거행되고, 전국은 궁정생활에 박자를 맞출 것이었다. 기상의례와 취침의례는 모든 시간과 몸짓, 그리고 배우들의 가장 미세한 부분들마저 극도로 체계화한 관례다.[14] 기상의례 때 수석 침전시종은 의복의 오른쪽 소매를 들고 수석 의상 담당 시종은 왼쪽 소매를 들었다. 저녁에 촛대를 드는 특권을 부여함으로써 왕은 이러저러한 사람들을 차별대우할 수 있었다. 예를 들어 확실히 왕의 총애를 받은 포틀랜드 공작이 그렇다. "어느 날 저녁 왕은 그에게 침실에서 휴대용 촛대를 들게 했다. 이는 왕이 가장 경의를 표하고 각별하게 대우하고 싶어하는 인물들에게만 부여하는 총애의 표시였다. 외교사절들이 그 시간에 궁정에서 머무는 것은 매우 드문 일이었다. 혹 그곳에 있다 해도 외교사절이 그런 영광을 누린 적은 거의 없었다."[15] "친견권"은 다양한 구경거리를 제공했다.

　이처럼 정확한 시계장치에서 시종과 문지기들은 중요한 역할을 했다. 문을 지키고 사람들의 접근을 통제하고 왕에게 청원서를 전달해주고, 이러저러한 사람들로 하여금 왕에게 다가가는 길을 터주고, 심지어 왕에게 말을 건넬 수 있도록 해주는 것은 바로 그들이었기 때문이다. 왕에게 말을 거는 것은 침실 밖이나 실외 등 다른 곳에서 이루어졌다. 왕이 부속 성당이나 마차로 가는 도중의 짧은 시간, 외출할 때 어쩌다 나는 틈새 시간에 간단히, 그리고 "가발을 쓰는" 도중이 그런 경우였다.

　이러한 의례들이 끝나고 나면 침실 밖에서 왕의 하루 일과가 시작되었다. "푸른 제복의 시동"들은 실내장식가들의 도움을 받아 왕의 침대를 정리했다. 침전시종들 중 한 명이 하루 종일 "침대간의 난간 안에 있는 연단 위에 머물며" 침대를 지켰다. 왕이 부속실에 있을 때를 제외하면 왕의 침실은 사람들에게 공개되었다. 신자들이 제단 위에 있는 성체 앞에서 무릎을 꿇는 것처럼 방문객들은 왕의 침대 앞에서 경의를 표했다. 그리고 시종은 그것을 감시했다.

왕의 침전시종들

　　　　　　공적 영역인 침실은 여러 의미가 내포된 용어다. 침실은 궁정과 왕국에서 가장 중요한 시중을 드는 장소들 중 하나였다. 고문헌 연구에 나타난 침실의 장치들과 기능을 면밀히 분석한 윌리엄 뉴턴은 공적 영역에 대해 상세히 설명했다.[16] 어느 누구도 따라갈 수 없고 또 통제 불가능한 호화로움의 전형을 완성시킨 베르사유를 모방한 궁정들은 훗날 그러한 복잡성을 본받을 것이었다.

시랑감의 역할은 "왕의 수석 침전시랑"으로 인해 전시용으로 전락했다. 수석 침전시랑의 직책을 부여받은 4명이 분기별로 기능을 담당했기 때문이다. 시랑감은 왕 앞에서 친견권을 통제했다. 그는 시종들, 수석 시종들(분기별로 4명씩)과 일반 시종들(모두 32명으로 분기별로 8명씩)이 담당하는 내밀한 봉사를 감독했다. 수석 시종들은 실질적인 권력과 상당한 물질적 이권들(봉급, 상여금, 거처, 양초) 또는 사회적인 지위 향상의 기회를 열어주는 인간관계의 혜택을 누렸다. 왕의 침실로 통하는 길목은 목적 달성을 위한 발판이나 혹은 최고의 지위 그 자체로서 항상 유익하며 인기가 있었다. 수석 시종들은 자신들의 직책을 대대로 물려주었다. 일반 시종들의 혜택은 그보다 못했다. 그들은 왕의 침실 가까이에 있는 작은 방을 차지했으며 적어도 벽난로쯤은 요구할 수 있었다. 그들은 6명의 "왕의 침전시동", 때로는 그들의 제복에서 연유한 일명 "푸른 제복을 입은 시동들"의 보조를 받았다. 그다음에 '일반 문지기들'이 있었다. 그들은 거처 초입에서 방문자들을 선별하는 일을 했다. "왕의 침실을 지키는 문지기들"(분기별로 16명씩)은 난간을 감시하며 침실로의 접근 자체를 통제했다. 왕의 침실에 접근하려면 궁정과 궁정의 법도, 그리고 특권에 관해 상당한 사전 지식을 지녀야 했다.

왕의 침실에 속한 다른 관리들 중에는 이발사들과 이동식 옷장에 있는 외투를 받드는 사람들이 있었다. 또한 의자형 변기를 책임지는 "변기 담당자들"이 있었다. 이 상황을 더 이상 견디지 못한 루이 15세가 "영국식 화장실"을 도입했는데, 이는 문명화 과정에서 가장 필수적인

왕의 기상 및 취침 의식은 왕에게 중요한 하루 일과였다. 20여 명의 시종과 이발사, 시계 담당자 등이 왕의 아침 준비를 도왔다.

태도였다.|17 그 밖에도 시계 수리공, 양탄자 제조업자, 숯노새 혹은 개 담당관 등 일련의 전문화된 시종들이 있었다. 의상 담당관은 보완적인 역할을 했다. "의상 담당관장"은 기상의례와 취침의례에서 왕의 의복을 책임졌다. 왕의 의복은 그 전날 셔츠의 소매에서 밤에 사용하는 손수건까지 하나하나 미리 정해졌다. 이 모든 사람이 왕의 몸에 매우 가까이 있었다.

왕은 이 점을 상당히 의식했다. 그는 침실에서 일하는 사람들을 존중해주었다. 그런 신하들이 누리던 불가항력의 권력에 대해 불만을 토로한 생시몽에 따르면 "그는 시종들, 특히 내실 시종들에게 친절히 대했다. 그들과 함께 있을 때 왕은 가장 편안함을 느꼈다. 특히 그 우두머리들에게 왕은 허물없이 마음을 털어놓았다. 그들의 호감과 반감은 종종 중대한 결과를 초래하기도 했다." 마티외 다 비나는 그러한 시종들, 특히 네 명의 "수석 시종"의 중요성을 잘 보여주었다.|18 그들 중에서도 루이 13세의 죽음을 목격한 마리 뒤부아, 야밤에 치러진 루이 14세와 맹트농 부인의 비밀결혼의 증인 알렉상드르 봉탕, 루이 14세의 고뇌와 죽음의 증인 루이 블루앵 등이 그 주인공이다. 그들은 왕의 절친한 친구였으며, 나아가 회고록의 저자이자 감시자였고, "소문들"을 전달해주는 군주의 비밀 정보원들이었다. 그들의 능력은 바로 침실 문에서 차지하는 위치와 관련이 있다. 봉탕에 대해 생시몽이 언급한 것을 보자. "모든 명령과 비밀 지령들, 몰래 왕에게 소개되는 비밀 알현의 기회들, 왕에게 보내고 또 왕이 보내는 비밀 편지들, 그 밖의 비밀스런 모든 일은 바로 그를 통해서 이루어졌다." 시종들의 권력은 사람들과 장소의 상태, 예를 들어 베르사유에서는 아주 귀한 존재인 거처의 상태에 대한 그들의 놀

라운 지식에서 비롯되었다. 그들은 왕에게 사용 가능한 모든 공간을 주지시키고 왕이 원하는 바에 따라 이러저러한 용도로 그 공간을 사용케 했다. 궁전에 거주하는 것은 특권으로 여겨졌다. 1700년경까지 거처의 분배는 거의 행정적인 차원에서 이루어지지 않았다. 공간의 정치는 총애와 상여금의 정치였다. 침실 담당자인 시종들은 침실이 구현하고 만들어내는 권력에 동참했다.

시종들은 공과 사의 불분명한 경계에서 왕의 두 몸을 받들었다. "내실 시종들"은 금고의 열쇠를 지녔다. "잠자리 시종들"은 왕의 침대 밑에서 잠을 잤다. 그들은 왕이 잠자는 시간의 증인으로 아마도 왕의 꿈과 생리적인 욕구, 야밤의 고통을 지켜보았을 것이며 합법적인 사랑의 행위와 혼외정사의 공범자들이었다. 당번 시종들은 왕비가 죽을 때까지 왕이 밤 시간을 함께 보낸 왕비의 처소로 왕을 수행했다. 시종들은 왕을 그곳으로 안내하고 아침 일찍 기상의례를 수행하기 위해 그곳에서 왕을 모셔왔다. 이는 침실의 공식적이고 공적인 성격을 강조하는 것이었다. 어느 왕도 침실에서 사랑을 나누지 않았다. 전시용 침대는 그런 유의 행위에 적합하지 않았다. 성 아우구스티누스로 하여금 부부 행위를 위한 별도의 밀폐된 침실을 필요토록 만들었던 수치심처럼 육체 행위에 대한 기독교의 혐오감이 계속해서 부담을 주었던 것이다.

모든 것이 한눈에 보이는 방

침실은 권력 체제, 다시 말해 전체가 한눈에 보이

는 팬옵티콘 구조*의 중심에 위치했다. 그것은 자신의 실재를 제외한 모든 것을 보고 모든 것을 알기 원하는 루이 14세의 의지에 따른 것이었다. 왕은 시선과 말의 이중 장치에 의존했다. 왕의 시선은 날카로웠다. "그는 모든 사람을 주시했다. 어느 누구도, 심지어 눈에 띄는 것 자체를 기대하지 않았던 사람들조차 그의 눈을 피하지 못했다"고 생시몽은 말한다. "짐은 그를 모르오. 짐은 그를 한 번도 본 적이 없소"라는 왕의 유명한 독설은 우리에게 잘 알려져 있다. 왕은 궁정인들에게 할당된 서열과 시간에 따라 출석할 것을 요구했다. 친견권의 동작은 기상의례, 저녁 식사, 취침의례의 리듬에 맞추어 이루어졌다. 친견에는 "대친견", 대친견 바로 다음에 이루어지기 때문에 "두 번째 친견"이라 불리기도 한 "첫 번째 친견", 마지막으로 "단순" 친견이 있다. '가족' 친견은 침대에 있는 왕을 보고 그의 생리적 욕구를 처리했다. '대친견권'을 지닌 사람들은 왕이 침대에서 일어났을 때 왕에게 다가갔다. 왕이 '실내복'을 입을 때쯤 '첫 번째 친견권'을 지닌 사람들이 들어왔다. 왕이 화장대 앞에 앉을 때 '단순' 친견권을 지닌 사람들의 입장이 허용되었다. 취침의례 때는 이런 순서가 거꾸로 진행되었다. 왕이 옷을 벗고 침대 속으로 들어가는 단계마다 다양한 종류의 친견권을 지닌 사람들이 참석했다. 이러한 등급화는 왕의 몸으로부터 떨어진 거리에 따라 정해졌다. 왕의 몸과의 근접성은 명예로운 지위를 요구하거나 아니면 그러한 지위를 수여했다. 낭독자의 직책은 그 자체로서는 보잘것없고 왕도 독서를 좋아하지는 않았지만,

---

* 영국의 철학자 벤담이 제안한 일종의 감옥 건축 양식. "진행되는 모든 것을 한눈에 파악할 수 있는 능력"을 의미하는 팬옵티콘의 어원은 그리스어로 '모두'를 뜻하는 'pan'과 '본다'를 뜻하는 'opticon'을 합성한 것으로 소수의 감시자가 자신을 드러내지 않고 모든 수용자를 감시할 수 있는 형태를 뜻한다. 이 단어는 미셸 푸코가 『감시와 처벌』에서 근대 권력을 설명하는 개념으로 차용하면서 일반화되었다.

1701년 당시 왕의 침실 모형, 샤를 아르키네, 나무, 마분지, 석고, 금박, 종이, 직물 및 거울,
85×81.5×69.5cm, 1958, 루브르 박물관

왕의 몸과의 근접성으로 인해 높이 평가되었다. 라신•이 바로 그 역할을 수행했다.

그러나 눈으로 감시하는 데에는 한계가 있었다. 그럼에도 왕은 "각 가정과 사교 모임에서 일어난 일, 그리고 가족과 남녀관계의 비밀들"을 포함해서 모든 것을 알기를 원했다. 그는 아들인 세자에게 "신하들이 우리에게 애써 감추고 있는 것을 간파해야 한다"[19]고 충고한 바 있다. 이런 목적을 달성하기 위해 그는 모든 수단을 동원했다. 그중 하나가 편지 뜯어보기다. 그는 편지를 중간에서 가로채고, 필요할 경우를 대비해 담당 부서원들로 하여금 베껴 쓰도록 했다. 서신 왕래에서 비밀은 존재하지 않았다. 또한 "이따금 비밀리에 뒷방을 통해 부속실에 와서 왕에게 비밀을 전하는"[20] 비열한 궁정인들이 있었다. 이른바 이 '뒷방'이야말로 왕권의 내막을 이루었다. 공적으로 연애 사건에 관한 염탐 임무를 맡은 스위스 군인들에게 의존하기도 했다. 무엇보다도 시종들의 공모가 중요했다. 그들은 청원서 제출과 알현권 요구 등의 중개 역할을 했으며 몰래 숨어서 풍문과 소문, 왕이 지나칠 정도로 관심을 기울이는 험담을 엿들었다. 봉탕은 그런 행위에 뛰어난 인물이었다. "그로 인해 그는 비밀에 익숙해진 나머지 지극히 하찮은 일조차 숨겼다. 사람들은 그런 그를 비웃었다."[21]

주시받는 인물이 되고 심지어 염탐의 대상이 되고 있다는 느낌은 스스로를 숨기고 싶어하는 욕구를 불러일으켰다. 시선을 피하기 위해 사람들은 비밀 계단을 이용해서 몸을 숨겼다. 남들이 엿들을까봐 사람들은 목소리를 낮추고 웅얼거렸다. 생시몽은 트라피스트 수도원의 원장 랑세 신부에게 자신의 회고록을 읽어본 뒤 의견을 달라고 부탁하면

•1639~1699. 『앙드로마크』, 『페드르』 등 비극작품으로 명성을 얻은 극작가로 1677년 국왕의 역사편찬관이 되어 궁정에 거주했다.

서 그와 성에서 만날 것을 약속했다. 그러나 이때 그는 무척 신중한 태도를 보였다. "당신께 방 바깥에서 글 읽는 소리가 들리지 않도록 목소리를 낮추고 비밀을 지켜달라는 부탁을 굳이 드리지 않아도 될 것이라 믿습니다." 그는 '귓속말하기'의 필요성을 강조했다. 또한 누군가를 만날 때는 궁전의 비어 있는 거처나 후미진 모퉁이를 이용해야 했다. 예를 들어 "거울의 방 끝에 있는 소접견실은 왕비의 처소로 통하는 곳으로 아무도 지나다니지 않았다. 왜냐하면 세자비의 사망 이후 왕비의 처소는 밀폐되었기 때문이다." 또는 "그가 거처하던 새 익랑 건물*의 회랑과 궁정 부속 성당 특별석 사이에 있는 어두컴컴한 통로"|22 등이 있다. 독재는 이상야릇한 숨바꼭질 게임을 야기했다. 공작**의 머리에서는 넘지 말아야 할 문지방, 금지된 통로, 내리워진 커튼, 열리거나 혹은 닫혀 있는 문 등 항상 수상쩍은 의도가 밴 곳들에 대한 생각이 떠나지 않았다. 보빌리에 부인의 방에 도착했을 때 그는 문이 잠겨 있는 것을 발견했다. 그런데 "문이 잠겨 있음에도 불구하고" 쉴리 공작부인이 그곳에 들어온 것을 보고 깜짝 놀랐으며 직감적으로 사전 모의를 간파했다. 그의 회고록은 중얼거림과 교묘하게 피하는 표현으로 가득 차 있다. 눈짓과 밀담으로 얽히고설킨 궁정은 공적인 동시에 비밀스런 공간이다. 그런 곳에서 그는 어떻게 인간관계를 쌓고 교류했으며 특유의 술책을 진척시켰을까?

* 1689년에 완성된 정원을 향해 있는 본채 건물 오른편, 다시 말해 북쪽에 위치한 건물로 북쪽 익랑 건물로도 불렸으며 궁정 귀족들에게 분배되었다. 반면 1682년 본채 건물 왼쪽 편에 지어진 건물은 옛 익랑 건물 혹은 남쪽 익랑 건물로 불렸으며 왕족의 거처로 사용되었다.
** 생시몽.

'사소한 편애'

왕 스스로 궁정 안에서 구현된 이러한 구별짓기를 최종적으로 조정했다. 그는 자신이 모든 사람의 손이 미치는 거리에 있다고 믿거나 혹은 믿는 척했다. 어떤 의미에서 그것은 사실이었다. 팔츠 대공비•는 신성로마황제의 침실의 접근 불가능성과 베르사유의 공개성을 대조적으로 묘사했다. 빈에서는 황실 가족과 가까운 사람들만이 황제의 침실에 접근할 수 있었던 반면, 베르사유에서는 왕의 부재시에는 일반 민중도 왕의 침실을 방문할 수 있고 또 왕에게 말을 걸 수도 있었다. 왕의 임종시 "아주 거칠게 생긴 프로방스 지방의 촌사람 한 명이" 왕이 아프다는 소식을 듣고 괴저병을 낫게 하는 치료제를 가지고 왔다. 왕이 위독했기 때문에 "의사들은 병든 왕의 침대 머리맡에서 그가 지켜보는 가운데 아무 거리낌 없이 그 약을 투여하는 것을 허락했다."[23] 그러나 바로 그 순간 병은 경계를 무너뜨리고 위계를 흐트러뜨렸다.

평상시라면 얼마나 많은 장벽이 있었을까! 군중 속을 헤치고 나가야 했으며 왕이 이동하는 순간을 이용해야 했다. 왕이 미사를 갈 때와 올 때, 혹은 마차를 탈 때가 바로 그런 순간이었다. 생시몽은 쉽게 속아 넘어가는 사람이 아니었다. 그의 기록에 의하면 "왕의 특혜를 입은 사람들과 그렇지 못한 몇몇 사람도 왕의 부속실 문 앞까지 왕을 쫓아왔다. 그러나 감히 왕을 따라 그 안으로 들어가지는 못했다. 접근은 거기까지만 허용되었다." "그때 사람들은 매우 거북한 자세로 겨우 몇 마디 말을 했을 뿐이다." 혹은 "왕과 좀더 가까운 사람은 가발의 방에서 왕을 만났

• 1652~1722. 팔츠 공국의 공주로 대공의 두 번째 부인. 자유분방한 성격 탓에 엄격하고 강압적인 베르사유의 궁정생활을 못 견뎌 했으며 자신의 솔직한 심정을 토로한 숱한 편지를 남겼다.

지만 그렇다고 해서 더 유리할 것은 없었다."|24

부속실에서의 알현권을 얻는 것은 침실에 접근하는 것만큼이나 복잡했다. 부속실 곁에 있는 침실에 가려면 중간에 있는 대기실을 통해야 했다. 부속실은 왕이 일하는 장소로 진정한 의미의 집무실이다. 왕은 그곳에서 대신들, 국무비서들을 만나고 사람들을 접견했다. 부속실에의 출입은 더욱더 일과 관련된 것이었지만 그 역시 선별적이었다. 생시몽에 따르면 루부아*가 누린 커다란 특권은 아무런 예고도 약속도 없이 직접 그 방에 들어갈 수 있는 것이었다. 반면 시종들은 근위대실로 올라갔다. 만약 그곳에서 내쫓기면 문을 열어놓고 거울을 통해 듣고 엿보았다. 거울이야말로 "부속실의 커다란 위험 요소"로서 시종들이 부속실을 통제하고 방해할 수 있다는 증거였다.

'뒷방'은 다시 말해 뒤쪽의 부속실 혹은 전하의 사적인 방들을 가리킨다. '뒷방을 통해 지나가기'는 내밀한 사람들, 시중드는 사람들, 비밀리에 혹은 예기치 않게 왕을 알현하게 된 사람들에게, 그리고 흔히 시종들에 의해 마련된 사적인 만남의 경우에만 허용된 최고 총애의 표시였다. 게다가 그것은 당시에는 지극히 일상적인 관행이었다. 적어도 대귀족들에게는 무대의 겉면과 이면, 다시 말해 후미진 곳에서 일어나는 일이었다. 생시몽은 그런 관행을 곧잘 회상했다. 그런 일은 특히 세자**인 "그 탄복할 만한 왕자"와 자주 "마주보고 앉던" 개인적인 관계에서 이루어졌다. "나는 그 편에서 원하건 혹은 내 편에서 원하건 수시로 자유롭게 그의 뒷방을 출입한 유일한 사람이다. 그곳에서 그는 내게 속마음을 털어놓았다." 생시몽은 그런 "즉흥적인 만남"에 대한 향수를 간직

---

* 1639~1691. 1661년부터 30년간 사실상 프랑스 육군의 최고 책임자 역할을 한 루이 14세의 육군대신.
** 루이 14세의 장손 부르고뉴 공작(1682~1712)으로 1711년 아버지 사망 후 세자 자리에 올랐으나 곧 사망했다.

했다. 그때 부르고뉴 공작은 생시몽과 귀족에 대한 견해를 나누었다. 그는 "치명적이고 파괴적인" 무위도식을 일삼는 귀족에 대해 개탄하며 귀족의 쇠락을 안타까워했다.[25] '뒷방'에서 이루어진 더 자유롭고 솔직한 대화는 미미한 단계이기는 하지만 여론의 단초다.

공간 관리는 권력 행사의 핵심 사안이다. 거처의 할당은 확실히 일정한 원칙에 따라 이루어졌다. 국왕 직계 비속들*은 우선권을 지녔다. 그러나 왕의 정부들, 특히 몽테스팡 부인 소생의 서자들에게 확실한 애정을 표하기 위해 그들을 적자로 인정해주고 "방계 왕족들"**과 함께 그들에게 국왕 직계 비속들과 동등한 권리를 부여했다. 그로 인해 왕실의 위계가 뒤죽박죽되었다. 그렇게 해서 맹트농 부인의 각별한 사랑을 받은 멘 공작***과 툴루즈 백작****은 베르사유 2층에서 가장 아름다운 거처에 살게 되었다. 국왕 직계 비속들은 "하인" 및 여자 가정교사들과 함께 넓은 공간을 차지했다. 정원을 향해 있던 그곳은 진정한 의미의 유아실이었다. 또한 그곳에는 철책을 설치해서 공중의 호기심을 차단해야 했다. 운명의 장난인가? 훗날 마리 앙투아네트는 특히 세자의 안전을 걱정하는 모습을 보일 것이었다.

윌리엄 뉴턴은 매우 상세히 기록된 고문서와 편지들에서 그러한 변화를 간파했다. 그와 동시에 좁고 비위생적인 거처에 대한 궁정인들의 불평과 욕구의 표현을 발견했다. 따라서 그의 연구는 감수성의 역사뿐만 아니라 주거 환경의 역사에도 기여한 바가 크다. 이처럼 사치스러움과 불결함이 공존하는 장소는 우리에게 낯설게 느껴진다. 무엇보다도

---

*왕실의 직계 자손들로 루이 14세의 궁정에서는 왕의 아우, 세자와 그의 세 아들이 포함된다.
**왕의 3대손에서 5대까지 포함된다.
***1670~1736. 루이 14세와 몽테스팡 부인의 장남.
****1678~1737. 루이 14세와 몽테스팡 부인의 차남.

왕과 가까이 있기를 갈망하던 거처의 수혜자들은 자신들의 중재 능력을 과시하는 동시에 점차 안락함에 대한 욕구를 강하게 드러냈다. 안락함의 기준은 시간이 흐름에 따라 바뀌고 세련되어졌다. 그러나 그에 관한 참고 자료는 시대마다 고르지 않다. 특히 18세기의 자료는 장황할 정도로 많은 반면, 17세기의 자료는 그보다 훨씬 적어서 지금까지도 대귀족과 심지어 왕족의 거처조차 확실하게 파악되지 않을 정도다. 왕의 침실은 신비로움을 간직하고 있다. 그렇다면 한눈에 전체가 다 보이는 방의 시선은 무의미한 것일까?

왕의 애첩들은 성의 본채 건물에 있는 널찍한 거처에서 왕 가까이에 살았다. 이렇듯 왕은 적어도 맹트농 부인과 결혼함으로써 "하렘"을 종식시킬 때까지는 아무런 수치심 없이 중혼, 심지어 일부다처[26]를 과시했다. 하지만 몽테스팡 부인은 그 후에도 오랫동안 혼자서 왕을 접촉하는 혜택을 누렸다. 그녀는 그 기회를 이용해서 왕에게 쪽지를 전달하거나 말을 걸었다. 이때는 매사가 신중하게 이루어졌다. "그것은 항상 공적인 시간에, 그러나 왕의 사적인 부속실에서 이루어졌다……. 두 사람은 방 안쪽에 앉았지만 양쪽 문은 반드시 열려 있었는데, 이는 그녀가 왕과 함께 있을 뿐 아무런 일도 일어나지 않음을 보여주기 위함이었다. 그 집무실에 붙어 있는 공적인 방에는 궁정 신하들이 가득했다."[27] 단지 몇 마디만 할 때면 왕은 "그 집무실 바깥쪽 문에 서서 모든 사람이 보는 가운데서" 말했다. 왕은 자신의 사랑에 대한 확신을 모두에게 과시하고 싶어서였을까? 아니면 반대로 비난을 방지하고 사람들이 뒤섞이는 것을 막기 위해서였을까? 문을 열어놓은 그의 태도는 무엇을 의미하는 것일까? 몽테스팡 부인의 거처가 멀어짐에 따라 그녀의 몰락은 점점 더 확실해졌다. 2층에서 1층으로 옮겨진 그녀는 왕과 소통하지 못하고 마침내 출궁당했다.

반대로 "맹트농 부인에 대한 왕의 총애는 베르사유에서 부여된 그녀의 거처에 의해 확실해졌다. 왕비의 계단 위에 있는 그녀의 거처는 왕의 처소와 같은 층에서 서로 마주보고 있었다."[28] 세자비의 시녀였던 그녀는 왕이 사는 2층에서 한쪽으로 쭉 늘어선 방들 끝에 있는 작은 침실과 그다지 실용적이지 못한 4개의 방을 차지했다. 1683년 7월 30일 왕비의 사망 이후 왕은 새 배우자의 처소 맞은편에 살았고, 그녀는 세자비의 거처에서 맡았던 임무를 서서히 그만두었다. 왕은 왕비의 처소와 몽테스팡 부인의 거처를 없앴다. 왕비의 거처는 그대로 두었으나 몽테스팡 부인의 거처는 왕의 수집품 보관소로 쓰였다. 엘렌 이멜파르는 이러한 왕의 태도를 "여성 수집에서 회화작품 및 청동상 수집으로의 무의식적인 변화"[29]로 보았다. 맹트농 부인의 거처는 왕을 맞이하기 위해 개조되고 그녀의 침실도 널찍해졌다. 그녀는 더 이상의 대대적인 보수공사와 특히 다른 곳으로의 이주를 완강하게 거절했다. 이렇게 해서 그녀는 베르사유와 다른 곳에서 왕실 가족에 준하는 고정된 거처를 얻어냈다.

왕의 사생활[30]

왕의 침실은 볼거리가 행해지는 곳이자 무대이고 권력의 핵심이자 도구였다. 따라서 왕의 침실은 결코 내밀한 역할을 하지 못했다. 왕은 그곳에서 일어나고 잠자리에 들지만 거의 잠을 자지는 않았다. 공식적인 취침의례가 끝나자마자 수석 시종은 거의 매일 밤 왕을 왕비의 처소로 안내했다. 그때 왕의 검과 물항아리도 함께 가져가서 침대 옆 실터에 있는 안락의자에 놓았다. 왕은 "부부간의 의무"를 지켰다. 루이 15세도 마리 레슈친스카*와 결혼한 초기에는 그랬고 두 사람은 9명의 자녀를 두었다. 이른 아침 수석 시종이 왕을 찾아와 기상의례를 진행하고자 왕에게 침실로 되돌아가도록 했다.

이렇듯 내밀성이 결여된 이유는 모든 궁정인을 위해서였다. 문화적 차이에 충격을 받은 팔츠 대공비는 베르사유에서, 그리고 마를리에서는 더욱더 내밀성이 결여되었음을 개탄했다. "거처가 잠자고 생활하기 위한 곳이라면 사람들은 자신의 공간을 갖지 못한 셈이에요. 거처가 주어지는 순간 모든 것은 공개되어야 하니까요." 그녀는 독일에서처럼 자신만의 거처를 갈망했다. 그녀는 숙모인 오스나브뤼크 공작부인에게 보낸 편지에서 "저는 숙모님, 숙부님과 함께 침실에 틀어박힐 거예요. 그곳에서 저는 옛날의 바로 그 리젤로트Liselotte**가 되고 싶어요"[31]라고 썼다.

라브뤼예르***가 지적했듯이 "사생활의 달콤함을 제하고는 왕에게는 부족한 게 없었다." 루이 14세는 사생활을 갈망했다. 그는 자신의 처소를 두 배로 늘려서 부속실과 그 뒷방들을 만들었다. 부속실 뒷방들은 친밀한 왕래, 비밀과 은밀한 만남, 그리고 수집품들을 위한 공간이었다. 그의 궁전은 여러 개였다. 그는 "베르사유는 궁정인들을 위해, 마를리는 친구들을 위해, 트리아농은 나 자신을 위해 건축했다"고 말했

---

*1703~1768. 폴란드 왕 레슈친스카의 딸로 1725년에 루이 15세와 결혼했다.
**팔츠 대공비의 이름인 Elisabeth-Charlotte를 줄인 애칭.
***1645~1696. 부르주아 출신으로 법률 공부를 한 뒤 궁정에 진출해서 국왕 역사편찬관이 되었다. 이때 관찰한 다양한 종류의 인간성을 풍자적으로 묘사한 『인간의 성격들』이 대표작이다.

다. 특히 그는 정부들의 거처를 즐겨 찾았는데, 그녀들의 거처는 결코 그의 처소에서 멀지 않았다. 생시몽에 의해 곧잘 묘사되었듯이 베르사유에서 맹트농 부인의 개조된 침실은 두 배우자의 집무 회의 장소로 활용되었다. 왕은 안락의자에 앉아 있고 대신은 그 맞은편에 있는 타부레Tabouret*에 앉았다. 맹트농 부인은 또다른 안락의자에 앉거나 혹은 그 유명한 "벽감"에 있었다. 침실의 서쪽 절반을 차지했던 그곳은 "공작부인용" 침대가 놓인 침대간이었다. 맹트농 부인의 부채는 고전적인 부부 관계를 여실히 드러내는 그러한 침실의 모습을 "있는 그대로" 보여주는데, 오늘날 그 부채는 사라지고 오직 라보멜**의 묘사를 통해 전해진다. "그곳에서 왕은 책상에서 일을 하고, 맹트농 부인은 수를 놓고, 부르고뉴 공작부인은 도박을 하고 도비네*** 양은 간식을 먹었다." 맹트농 부인은 아마도 자신의 확고한 위치에 안심했던지 사치스러움도 호화로운 장식도 원하지 않았다. 일렬로 늘어선 거처들을 혐오한 그녀는 그곳에서 떨어져 있는 방들을 선호했다. 그녀는 부드러운 천과 옮기기 쉬운 가구들을 좋아하고 물건들을 쌓아놓고 살았다. 19세기 부르주아들처럼 그녀는 그 시대에 이미 쿠션과 물건들로 뒤덮인 방을 좋아했다. 네 개의 깃털 묶음과 장식들로 치장된 침대만이 왕의 서열을 드러낼 뿐이었다. 맹트농 부인은 언제나 추위를 탔다. 그래서 그녀는 공기의 흐름과 "외풍"을 막아주는 커튼을 좋아했다. 반면 남성다운 왕은 외풍을 좋아했다. 커튼은 제쳐지도록 만들어져 보통 때는 보이지 않았지만 왕이 일하는 동안에는 침대간을 가려주는 역할을 했다. 종종 혹한의 날씨에 침실에 한기가 찾아들면 커튼은 보호막이자 울타리가 되고 동시에 비

* 팔걸이와 등받이가 없는 의자.
** 17세기의 연대기 작가.
*** 맹트농 부인의 조카로 그녀와 함께 궁정생활을 했다.

밀을 지켜주는 역할도 했다. 생시몽의 언급에 따르면, 몽테스팡 부인은 "커튼에 달린 얇은 천 안에서" 왕의 총애를 얻었지만 "그 커튼을 뚫고 들어가지는 못했다."•

맹트농 부인의 침실은 1683~1715년에는 왕의 침실이었다. 그 오랜 기간은 "놀라운 요정"에 의해 지배된 시기였다. 생시몽은 "매일매일, 시시각각 굴러가는 메커니즘"을 상세히 묘사했다. 그에 따르면 그녀는 조심스럽게 상당한 영향력을 행사했다. 그녀는 중간에 끼어들지 않고 듣기만 했을 뿐이지만 대신들이 왕과 회담을 나누기 전에 먼저 그들을 만났다. 특히 직책과 특권의 분배에 각별히 신경을 썼다. 그녀가 간섭하지 못한 유일한 영역은 여성이 배제된 외교 문제였다. 루부아와 마찬가지로 토르시•• 역시 항상 맹트농 부인의 침실 밖에서 외교 문제를 협의함으로써 적어도 그 문제에서만큼은 주도권을 쥘 수 있었다.

왕은 다른 곳에서건 참사회의 중이건 날마다 빠짐없이 그녀를 방문했다. 방문 시간은 장소에 따라 다소 차이가 있었다. 퐁텐블로에서는 1시간 30분 정도였으며, 마를리와 트리아농에서는 그보다 훨씬 짧았다. "방문 시간 동안 두 사람은 마주 앉았는데, 매일 오후의 방문 시간은 그와는 달리" 훨씬 혼잡했다. 오후의 방문은 9시 30분경까지 이어졌다. 그 시간에 맹트농 부인은 저녁을 먹고 잠자리에 들었다. 10시까지 "이 모든 것이 왕과 대신들 앞에서 이루어졌다." 그러고 나서 왕은 저녁식사를 하러 갔고 그와 동시에 맹트농 부인의 커튼이 쳐졌다. 여행하는 동안 그녀는 왕과 함께 마차를 타고 이동식 침실에서 지냈다. 반대로 "그녀는 왕이 아프거나 매일 아침 약을 먹을 때도 왕의 처소로 가는 법

• 몽테스팡 부인이 그 자신의 오만함으로 인해 결국 왕의 호의를 잃게 되었음을 뜻한다.
•• 1665~1746. 콜베르의 조카로 외무대신이었던 아버지 크루아시의 뒤를 이어 루이 14세의 외교 문제를 전담했다.

이 없었다."[32] 하지만 그녀는 부부관계임을 보증하는 내밀한 몸의 고통을 함께 나누었다.

왕이 그녀에게 극도로 의존하게 됨에 따라 그녀의 영향력은 더욱 커졌다. 그녀는 늘 왕이 원하면 곧바로 응할 채비를 갖추고 있어야 했다. "그녀가 어떤 상태에 있건 왕은 정해진 시간에 그녀의 거처로 가서 예정된 일을 했다. 이따금 통풍으로 열이 나고 땀을 흘려도 그녀는 고작 침대에 누워 있을 수 있을 뿐이었다." "침실의 열기를 싫어한" 왕은 창문을 열게 했다. "왕은 그녀가 불편한지 어떤지 물어보지도 않고 항상 자기 방식대로 했다." 이렇듯 왕의 욕구에 복종하면서 세상은 맹트농 부인의 것이 되었다.

그렇다고 해서 그녀가 항상 커튼을 치고 지낼 수 있는 것은 아니었다. 맹트농 부인은 실내의 여인이었다. 그녀는 자신의 거처에 함께 사는 사람들 모두에게 자기 방식을 강요하고 시녀들에게 아무도 받아들이지 않도록 했다. 시녀들 중 한 명이 그 유명한 나농 발비앵이다. 생퇴스타슈 소교구 출신인 그녀는 스카롱 부인 시절부터 그녀의 시중을 들었다. "맹트농 부인처럼 독실한 그녀는 늙고 매우 어리석었다." 그녀는 매사에 맹트농 부인을 모방하고 온갖 시중을 다 들었다. 맹트농 부인의 옥좌는 침실에 있는 안락의자였다. "좌절된 술탄 왕비"*는 영국 왕비 앞에서도 그 안락의자를 포기하는 법이 없었다. 그녀는 그곳으로 만족하지 않았다. "그녀의 침실은 지극히 소수의 친밀한 여인들만 들어갈 수 있는 성소였다. 그럼에도 불구하고 그녀는 도처에 완전히 자기만의 은둔처를 두어야 했다."[33]

---

* 맹트농 부인은 루이 14세와의 결혼을 공식 선언하고 왕비가 되기를 원했으나 신하들의 반대로 뜻을 이루지 못했기 때문에 공식 석상에서 그녀는 왕비 대접을 받지 못했음을 뜻한다.

말년의 루이 14세는 그녀와 이러한 은둔의 취향을 공유함으로써 자기가 세우긴 했으나 서서히 싫증이 난 궁정에서 도망치려고 했다. 내밀성에 대한 욕망이 루이 15세에 의해 처음 시도된 것은 아니었지만, 루이 14세의 증손자인 그와 더불어 사생활이 나타났다.

"마침내 아름다운 것들과 군중에 질린 왕은 자신이 이따금 작은 것과 고독을 원한다고 믿었다."[34]

왕의 병과 죽음

왕의 성생활, 잠, 꿈과 마찬가지로 고통스런 육체 역시 비밀에 싸여 있었다. 오직 시종과 의사들만이 병든 왕의 몸의 증인이자 공범자였다. 침실은 건강 관리와 치료를 위한 모든 단계의 간호가 이루어진 장소였다. 사람들이 종종 암시하는 것과는 달리, 루이 14세는 몸을 씻는 것을 좋아했다. 의사의 처방에 따라 그는 이따금 오랫동안 "침실의 욕조"에 머물렀다. 또한 1685년 이후에는 이가 하나도 남지 않고 빠져버리자 그는 물로 입 안을 가셨다. 이발사들은 그의 수염을 깎고 어린 시절에는 매우 아름다웠던 그의 머리를 손질해주었다. 그는 가발을 고르고 하루에도 여러 번씩 가발을 바꾸어 썼다. 베르사유 도처에 걸려 있던 거울이 그의 모습을 비추어주었다. 그는 스스로의 모습을 어떻게 보았을까?

진료는 시의侍醫나 의사들 몫이었다. 그들은 중요한 인물이었고 특권과 높은 보수, 그리고 좋은 거처를 보장받았다. 그들의 영향력은 계속

「루이 14세 초상」, 장 가르니에, 캔버스에 유채, 1683, 베르사유 궁

「루이 14세 초상」, 앙투안 베누아, 1705, 베르사유 궁

커져갔다. 특히 다캥과 파공 두 사람은 막강했다. 몽펠리에 대학 학파인 다캥은 어느 날 갑자기 해고당했다. 그것은 틀림없이 그 "유대인"이 왕에게 지나치게 많은 것을 요구했기 때문일 것이다. 이로써 반유대주의가 확인되었다. 당시에는 반유대주의가 널리 퍼져 있었으며,[35] 다캥을 탐탁지 않게 여겼던 맹트농 부인도 반유대주의에 공감했다. 그녀는 이 기회를 틈타 자신이 총애하는 파공을 승진시켰다. 파공은 실험 관찰에 의존하는 영국 의학의 영향을 받은 파리 대학 학파의 대표적인 인물이었다.

시의의 소명은 왕국의 건강을 책임진 왕의 건강을 지키는 것이었다. 그들은 왕의 처소를 자유롭게 드나들었으며 밤이건 낮이건 왕의 침실에 들어갔고, 어떤 때는 왕과 단둘이 있기도 했다. 그것은 최고의 특권이었다. 파공은 전하와 처음으로 마주보게 된 것을 커다란 사건처럼 언급했다. 다캥이 떠난 뒤 그는 왕의 만성 두통을 핑계로 대기실의 안락의자에 기거했고, 무슨 일이 있으면 시종이 그를 부르러 왔다. 이러한 열의 덕분에 그는 출세 가도를 달렸다. 시의들은 왕의 몸을 세밀히 관찰하고 그것을 연대기로 기록했다. 새로운 시각에서 왕의 몸의 역사에 접근한 스타니스 페레는 『루이 14세의 건강일지』를 출판했다.[36] 의학적인 용어로 왕의 고통을 기술한 그 책은 왕의 육체를 객관화함으로써 왕을 일상적인 존재로 만들었다. 대식가인 왕은 우울증, 두통, 현기증, 소화불량, 구토 증세를 보였으며 그의 대변은 고약한 냄새를 풍겼고, 통풍의 재발로 위기를 겪었다. 의사들은 관장과 사혈 등의 치료법을 사용했다. 또한 땀을 내게 하기 위해 왕을 포대기로 감쌌다. 그래서 아침 일찍 왕의 침대에 있는 모든 것을 완전히 갈아야 했다. 또한 왕은 고약한 냄새를 무척 싫어했기 때문에 냄새를 없애기 위해 "향로", 향기 나는 쿠션, 오렌지꽃 등이 사용되었다. 특히 왕은 오렌지꽃 향 외에는 참지 못했다. 물단지, 꽃병, 갖가지 도구, 리넨 제품들로 가득 차 있는 왕의 침실을 상상해보라. 그곳은 밤이면 창문이 닫혀 밀폐되고 악취가 풍기고 시종들에 의해 둘러싸이고 망을 보는 눈과 귀로 포위되었다. 잠자는 동안 왕은 "꿈을 꾸고 헛소리를 하며 부산스럽게 움직이는 등 불안한 모습이었다……. 종종 말을 하고 때로는 침대에서 일어나기도 했다." 병에 걸렸을 때 "왕은 잠을 자면서 평소보다 더 고함치고 말을 하며 고통스러워했다." 의사들이 관찰하고 시종들이 놀란 이야기를 들어보면, 잠은 왕을 몽상가로 만들었다. 그는 악몽과 불안, 고통에 사로잡혔고, 몽유병 환자에 가까웠으며 우울증 증세를 보였다. 야밤의 침실은 무대 뒤처럼 내밀한 세계의 불투명한 장막 속에 잠겼고, 그곳은 우리에게서 벗어난 무의식의 세계로 들어가는 문을 열었다.

  왕의 병은 국가 기밀이었다. 이것은 오늘날에도 여전히 군주적 공화국의 전통 속에 남아 있다. 병은 왕의 몸, 나아가 왕의 권력을 약화시켰다. 시의들은 왕의 병중 소식을 걸러내고 적당히 포장하며 사전에 치밀하게 연구된 전략에 따라 감정을 조절했다.[37] 그렇다보니 왕의 누워 있는 모습, 남성적이지 않은 자세는 결코 표현되지 않았다. 그런 모습은 오직 여성들에게만 걸맞은, 특히 임신한 왕비에게나 어울리는 자세다. 그럼에도 불구하고 예외가 한 번 있었다. 1658년 칼레에서 병에 걸렸을 때 왕을 구원한 거의 기적 같은 일을 축하할 목적으로 그려진 그림들이 그런 예들이다. 병상에서 회복한 왕은 닫집이 있는 침대 위에 누워 있고 그 옆에 모후인 안 도트리슈*가 있다. 그는 곧 부활한 프랑스였

---

*1601~1666, 에스파냐의 왕 펠리페 3세의 딸로 1615년 루이 13세와 결혼하여 1638년 루이 14세를 낳았으며 1643년 루이 13세가 사망하자 루이 14세의 섭정이 되었다.

다.[38] 왕의 식욕, 원활한 장 기능, 강건함, 피곤함에 대한 내성, 통증에 대한 인내심(특히 치루 수술 당시), 악천후에 대한 초연함, 추위에 대한 무감각 등은 왕국의 안전을 보증했다. 따라서 수시로 아프고 끊임없이 두통에 시달리는 왕의 몸 상태와 변덕스런 감정 상태는 관찰자들, 특히 그 기회를 틈타 왕에 대한 음모를 꾸미려는 적들에게 들키지 말아야 했다. 1715년 여름, 왕의 마지막 여름에 그 모든 것이 백일하에 드러났다.

왕의 임종은 침실을 혼란에 빠뜨리고 명확히 구분되던 침실 안팎의 경계를 흩트려뜨렸다. 생시몽은 임종 순간을 매일매일 기록했다. 여기서 그의 기록을 따라가보자. 우선 그는 "왕이 더 이상 외출하지 않게 된 뒤 왕의 처소의 메커니즘"이 어떻게 움직이는지 보여준다. 가능한 한 일상적인 일정을 유지하려고 애썼음에도 불구하고 왕은 점차 실내에 틀어박혔다. 병에 걸리자 국사를 걱정한 왕은 약간 조는 한이 있더라도 침실에서 참사회를 소집했다. 침실이 집무실이 된 것이다. 게다가 왕은 "실내복 차림으로 위풍당당하고 근엄한 태도"를 보였다. 8월 17일에 왕은 침대에서 재무참사회를 열었다. 8월 20일에는 맹트농 부인의 거처로 가는 것을 포기하고 그녀를 불러오도록 했다. "왕은 안락의자에서 실내복을 입고 저녁 식사를 했다. 그는 더 이상 처소 밖으로 나가지 않았고 정장을 입지도 않았다." 왕은 23일에도 여전히 점심 식사를 하기 위해 일어났고 계속해서 수많은 방문객을 맞이했다. 친견권의 위계질서는 비교적 잘 지켜졌다. 맹트농 부인 및 평소 친하게 지내던 귀부인들은 늘 대기실에 들어와 있었다. 점심 식사와 저녁 식사에 초대받은 궁정인들도 마찬가지였다. 멘 공작은 "들어가고 나가는 것을 아무에게도 들키지 않도록 부속실 뒤편의 작은 계단을 통해 들어가고 나가던" 평소 습관을 그대로 유지했다. 오를레앙 공작은 그와는 정반대였다. 자신이 환영받지 못한다는 사실을 간파한 그는 "기껏해야 하루에 한두 번만 들어오려고 노력했으며", 그것도 반드시 정식 문으로만 드나들었다.

왕이 불렀던 사람이 있는 반면 부르지 않은 사람도 있었다. 후자는 문지방을 넘어설 엄두를 내지 못하거나 오는 것 자체를 삼갔다. 대공비와 베리 공작부인*이 후자에 속했다. "그녀들은 이번에 왕이 아픈 동안 거의 왕을 만나러 오지 않았다." 8월 24일에 왕은 마지막으로 실내복 차림을 한 채 일어나 점심 식사를 했다. 그러나 식사를 끝마치지 못하고 침대로 돌아갔다. 그럼에도 불구하고 왕은 북과 오보에를 연주하는 아침 음악 의례나 식사 시간의 의례를 준수하려고 애썼다. 밤을 잘 보내지 못했음에도 불구하고 26일에 왕은 "친견권을 지닌 사람들이 지켜보는 가운데" 침대에서 점심 식사를 했다.

침실은 의사들에게 점령되었다. 그들은 오랫동안 침실에 익숙해져 있었다. 특히 파공은 17일 이후 침실에서 잠을 잤고, 마레샬**과 다른 네 명의 의사 역시 그곳에서 잤다. 맹트농 부인의 총신으로 왕의 몸을 지배한 파공의 권위는 상당히 오랫동안 지속되었다. 그러나 그의 권위는 시종들, 특히 수석 시종인 블루앵에 의해 제한되었다. 블루앵은 "유능한 파리 대학 출신 의사들"로부터 어렵사리 자문을 받았던 것이다. 왕이 가장 사랑한 멘 공작과 단둘이 있을 때를 제외하고는 시종들은 항상 침실에 머물렀다. 맹트농 부인의 압력으로 빌루아 원수***와 함께

---

*1694~1719. 루이 14세의 서출인 블루아 양과 오를레앙 공작의 딸로 1710년에 베리 공작과 결혼했다.

**1658~1736. 1703년에 왕의 수석 외과의가 되었으며 1707년에 귀족 작위를 수여받았다.

***1644~1730. 1714년에 국무대신이 되었으며 루이 14세의 유언으로 1717~1722년에 루이 15세의 사부직을 맡았다.

멘 공작에게 궁내부의 지배권을 부여하는 유언 변경서가 작성되었다. "이렇게 해서 섭정*은 이제 가장 미약한 권위의 그림자조차 지니지 못하게 되었다."[39] 팔츠 대공비가 "늙은 잡종 암캐"[40]라고 부른 맹트농 부인이 초래한 최대 피해는 바로 이 대목이었다.

잠시 후 텔리에 신부**가 왕의 고해를 듣고 그에게 종부 성사를 해주었다. 왕은 오를레앙 공작을 만났으나 그에게 유언 변경서에 대해서는 아무런 말도 하지 않았다. 그리고 나서 멘 공작과 툴루즈 백작을 만났다. 이어 왕은 방계 왕족들이 "부속실 문에 서 있는 것을 얼핏 보았다." 왕은 그들을 침실 안으로 들여보내도록 했지만 "그들에게 거의 아무런 말도 하지 않았으며" "특별히 목소리를 낮추지도 않았다." 통풍을 앓고 있던 다리에 붕대를 감은 뒤 왕은 옹주들을 불렀다. 왕은 그녀들에게 "큰 목소리로 몇 마디 건네고 그녀들이 눈물을 흘리자 방에서 나가달라고 부탁했다. 그는 쉬고 싶었기 때문이다." 26일, 왕은 이러저러한 사람들에게 자신의 특별 메시지를 전달했다. 27일, 맹트농 부인과 대상서의 도움을 받아 왕은 서류들을 불태웠다. 그 불꽃은 과연 어떤 비밀들을 집어삼킨 것일까? 맹트농 부인은 왕과 함께 하루 종일 휴식을 취했다. 28일 아침, 왕은 "그녀에게 애정 어린 말을 건넸다. 그녀는 거의 울지 않았고 왕의 말에 아무런 대꾸도 하지 않았다." 왕은 그녀를 떠나게 되어 아쉽지만 곧 다시 만나기를 고대한다고 그녀에게 말했다. 이 장면에서 "스스로 영원하리라고 믿었던 늙은 요정"은 거의 웃음을 보이지 않았다. 28일 저녁, 그녀는 다시는 돌아오지 않을 생각으로 가까운 귀부인들과 함께 생시르를 향해 떠났다. 그녀의 부재에 왕은 괴로워했고 그녀를 다시 불러들이도록 했다. 그녀는 29일 저녁에 돌아왔다. 그러

* 오를레앙 공작을 가리킨다.
** 1643~1719. 예수회 소속 신부로 1709년 왕의 고해신부가 되었으며 루이 14세가 사망한 후 파리에서 추방되었다.

나 30일, 그녀는 "자신의 거처에 있던 가구들 안의 물건들을 나누어준 뒤 생시르로 가서 돌아오지 않았다." 생시몽은 그녀가 떠난 것을 비난했다. 그의 눈에는 그녀가 왕을 버린 것처럼 보였던 것이다. 그와 마찬가지로 이 회고록 작가는 일단 유언 변경서의 서명을 받자마자 왕을 떠나버린 멘 공작에 대해서도 비난의 목소리를 높였다. 텔리에 신부의 무관심에 대해서도 마찬가지다. 고해신부로서 왕의 "'침대 주변'"을 떠나지 말아야 하는 처지였는데도 그는 도망쳤다. "그의 부재로 인해 왕의 침실과 부속실 전체가 혼란에 빠졌다."

측근들의 도망과 냉담한 반응은 하인들의 태도와 퍽 대조적이다. 왕은 그들을 위로했다. "왕은 벽난로의 거울을 통해 두 명의 시동이 침대 발밑에 앉아 울고 있는 모습을 발견했다. 그는 그들에게 '너희는 왜 울고 있느냐? 내가 영원불멸할 줄 알았더냐?'라고 물었다." 죽음은 침실을 뒤덮고 왕을 평범한 인간으로 만들었다.

다른 한편 맹트농 부인과 멘 공작이 사라지자 왕의 침실에 접근하기가 용이해졌다. 보통 때 같으면 출입이 금지되었을 관리들도 그 방에 들어올 수 있었다. 하지만 그 순간은 오래 지속되지 않았다. 8월 31일 밤과 낮은 "끔찍했다." 통풍이 무릎과 엉덩이에까지 번졌던 것이다. 11시에 사람들은 임종 기도를 올리고 왕도 거기에 합류했다. 그러고 나서 왕은 혼수상태에 빠졌다. 혼수상태는 "9월 1일 아침 8시 15분에 끝이 났다. 즉위 72년이 되던 해 만 77세가 되기 사흘 전 날이었다."

뒤이어 왕의 몸 안을 검진하는 "부검"이 이루어졌다. "사람들은 모든 기관이 손상되지 않고 건강하며 형태가 온전히 남아 있음을 목격했다. 평소 그런 말이 오갔듯이, 사람들은 왕이 피가 썩는 괴저병만 앓지 않

베르사유 궁에 있는 왕비의 침실, 1730~1735

베르사유 궁에 있던 응접실

베르사유 궁에 있는 욕실, 1785

「마리 앙투아네트와 아이들」, 엘리자베스 비제 르브룅, 캔버스에 유채, 1787, 베르사유 궁

았더라면 100세 이상 장수했을 것이라고 생각했다." 식탐과 지나친 성생활만 아니라면 늙은 왕은 틀림없이 100세를 넘겼을까? 생시몽에 따르면 왕의 운명을 말해주는 것은 왕의 내실인 비밀스런 침실이다. 하지만 의사들의 견해는 그와는 정반대다. 그들은 왕에게 서서히 식이요법을 강요했고, 세심하고 허약한 왕은 결국 그것을 따랐으며, 그 식이요법이야말로 왕의 장수를 보증했다는 것이다. 왕의 침실에 설치된 의료시설은 왕을 인격화하고 그의 권위를 탈신성화시켰다. 왕의 침실은 근대성의 무대였다.

죽기 며칠 전 루이 14세는 증손자인 세자에게 당부의 말을 남겼다. 그는 손자를 자신의 침대 위에 오르게 했다. 그러고는 사람들에게 손자를 되도록 멀리, 뱅센 성*으로 데려가라고 당부했다. 손자가 돌아오기 전에 대청소를 마치고 성의 분위기를 완전히 바꾸어야 했으며 침실의 분위기도 깨끗이 정화해야 했다. 이는 육체적, 도덕적, 위생학적, 정신적인 의미로 이해될 수 있다.

루이 15세는 침실을 결코 선왕의 방식으로 복귀시키지 않았다. 선왕처럼 그 방에서 몹시 추위를 탔던 그는 그 방을 싫어했다. 그는 병을 핑계로 끊임없이 그 방을 피하고 내팽개쳤다. 초기에 그는 기상의례를 치르기 위해 그 방으로 갔다. 그 뒤 그는 기상의례를 중단시켰고 곧 폐지했다. 과시용 장소인 왕의 침실은 실체 없는 공허한 장식품으로 변해갔다. 플뢰리** 같은 일부 대신은 기상의례를 완성시키면서 체제 유지를 기대했다.

그러나 모두가 비웃었다.

---

* 필리프 6세 시대에 건축된 파리 서쪽의 중세 성으로 이후 루이 14세 시대에 왕과 왕비를 위한 성이 건축되었으나 베르사유가 건축되면서부터 주로 감옥으로 쓰였다.

** 1653~1743. 프레쥐스 주교로 1715년 8월 루이 14세의 사망 직전에 유언 변경서를 통해 루이 15세의 시강학사가 되었으며, 1726년에는 국무대신이 되어 실권을 장악했다.

3장
잠자는 방

그리스인들은 휴식을 취하기 위한 모든 장소를 카마라kamara라고 불렀다. 말과 사물의 혼동으로 인해 비록 그 존재를 확실하게 식별하기 쉽지 않은 상태일지라도 카마라는 오랫동안 오직 잠자리용으로 사용되었고, 특히 개인적인 공간이었음에 틀림없다. 보마르셰*에 따르면 "내가 침대를 언급할 때는 침실에 관해 말을 하는 것이다." 그 말은 확실한 것일까? "잠자는 방chambre à coucher"이라는 단어는 18세기 중엽에서야 비로소 사전에 등장했다. 그것이 침실의 가장 오랜 단어인 것임은 분명하다.[1] 그러나 글을 쓰고 꿈꾸고 사랑하거나 혹은 단지 잠을 자기 위해 '자기만의 방을 갖기', 예를 들어 버지니아 울프가 여성 입장에서 추구한 간절한 소망은 비교적 최근의 창조물이다. 나는 바로 서구에서 그러한 현상이 나타난 경로를 추적하고자 한다. 오늘날 그런 욕망 혹은 적어도 그런 관행은 개인주의의 불가피한 증거로 간주되지만 보기보다는 덜 보편적이다. 일본인들은 그런 욕망에 무관심하다. 19세기 말 부다페스트에서도 마찬가지였다. 당시 부다페스트 사람들은 저녁이 되면 응접

*1732~1799. 모차르트의 오페라 「피가로의 결혼」의 원작을 발표한 프랑스의 극작가.

실의 긴의자를 침대로 변형시켰다.[12] 침실에 앞서 응접실의 긴의자가 존재했던 것이다. 유럽의 동쪽 가장자리 지역에서는 공동 주거에 대한 잠재적인 환상과 동시에 실제에서의 악몽이 오랫동안 지속되었다.

공동의 방

18세기 말에 의사인 루이 레페크 드 라 클로튀르는 "전염병에 걸리는 체질들"[13]을 관찰하기 위해 노르망디 저지대 지역의 농촌을 방문했다. 농민들의 거주 환경을 목격한 그는 경악했다. 초가지붕을 한 일종의 오두막집들은 물이 고인 늪과 이리저리 흩어진 퇴비 근처에 있었고, 농민들 중 일부는 간신히 새로 바꾼 짚더미 위에 침구류도 없이 잠을 잤다. 다른 사람들은 공동의 방에서 동물이나 가금류와 뒤엉켜 잤는데, 그의 기록에 따르면 그곳에는 밀폐된 침대들이 있었다. 루비에의 전모공剪毛工들의 상태도 그보다 나을 것이 없었다. 그러나 그들이 사용하는 방에는 짐승이 없었고 이따금 방적기가 대신 그 자리를 차지했다.

침실 이전에 방이 있었다. 방 이전에는 거의 아무것도 없었다. 미처 발달되지 못했던 방은 19세기에 농촌이 좀더 풍요로워짐에 따라 개선되었다. 방은 정돈되고 각 지방의 특성에 따라 과실수로 만들어진 가구들을 갖추었다. 1세기 뒤 그 가구들은 골동품상들을 부자로 만들고, 한때는 야만적이었으나 이상화된 농촌생활의 잔재로서 민중전통예술박물관을 영광스럽게 장식할 것이다. 민속학자들은 그런 가구들의 일상적인 기능을 파악하려고 애썼다. 역사가들은 법원에 남아 있는 고문서 기록을 토대로 소송 과정에서 드러난 가족 간의 갈등에 주목했다. 혼외 정사, 존속살해, 유아살해, 방화 등은 가족 간의 유대와 전형적인 초가집에 대한 환상을 깨트린다. 그런 범죄들은 법의 변화와, 집단의 압력을 지탱하지 못한 개인주의의 성장에서 비롯된 농촌 가정의 긴장관계를 극단적인 방식으로 암시하는 것임에 틀림없다.

그럼에도 불구하고 농촌에서는 다세대가 기거하고 다기능적인 공동의 방이 대세였다. 1870년 투렌의 농촌 거주지 중 70퍼센트는 30~40제곱미터 안에 모든 것이 모여 있는 "난방용 불이 있는 주된 방" 하나로 이루어져 있었다. 한기가 땅바닥을 통해 올라오고 공기의 흐름을 통해 들어오는 이런 단층집의 거처에서 벽난로는 사실상 필수적인 품목이다. 메리메의 지적에 따르면 "프랑스에서는 문들이 잘 닫히지 않는다."[14] 1875년에 지리학자 엘리제 르클뤼는 동파에 대비하기 위해 움츠러든 알프스 산맥의 주택을 묘사하고 있다. "밤이면 바깥의 한기가 방 안으로 스며들지 못하도록 모든 출구를 막는다. 노인들, 아버지, 어머니, 아이들 모두가 여러 층으로 된 장롱이 있는 방 하나에서 함께 잠을 잔다. 낮 동안 이 방은 커튼으로 닫혀 있고, 밤에 잠을 자는 동안에는 오두막집의 나머지 다른 곳의 공기보다 훨씬 탁하고 무거운 공기로 감싸인다."[15] 다른 곳의 농민들은 옷을 다 입은 채 침대마다 두 사람 이상이 함께 잠을 잤다. 그들은 "짚을 넣어 만든 매트와 기생충이 우글거리는 깃털 이불을 벼룩이나 이와 함께 사용했다."[16] 당시에는 사방이 막힌 침대가 널리 보급되었는데, 이런 침대를 몸에 해롭고 시대에 뒤떨어진 것이라고 굳게 믿었던 이

「고통스러워하는 시인」, 윌리엄 호가스, 동판화, 36×41cm, 1740, 개인

위생학자의 머릿속에서는 공기 오염의 문제가 떠나지 않았다. 부르고뉴 지방의 농촌을 관찰한 귀중한 자료인 『일기Journal』에서 쥘 르나르는 "차갑고 축축한 침대 시트"에 관해 언급했다. "사람들은 내복, 팬츠, 덧신, 실내복을 입고 자며", 면으로 된 모자를 쓰고 털이불에 푹 싸여 자면서도 "밤새 덜덜 떤다." 한 농민은 "나는 집 안에 있는 모든 것을 가져다가 침대를 덮는다"고 말했다. 사람들은 침대를 난상기暖床器로 덥히고 침대 커버와 털이불 더미 속에서 잤다. 침대는 사람들이 숨어드는 무더기나 다름없었고 침대 시트는 거의 교체되는 일이 없었다. "농민들은 이불을 갈지 않고 깃털도 바람에 쐬이지 않은 채 40년 동안 같은 깃털이불을 덮고 잔다. 그들은 침대 시트를 두 개 중 하나 정도만 교체한다. 가난한 사람들은 침대 시트도 없이 잔다." 농촌의 노동자들은 "짚더미에서" 잤다.[7]

노년과 병, 죽음은 이러한 상황을 악화시켰다. 에밀 기요맹[8]은 부르보네 지방의 반半 소작농인 젊은 티에농의 상황을 대변한다. 티에농은 1840년경 병이 나서 말을 하지 못하게 된 할머니가 점차 달갑지 않은 존재가 되어가는 것을 보고 괴로워했다. "그녀를 어느 정도 만족시키고 그녀가 원할 때면 음식을 먹이거나 마실 것을 주기 위해 거의 항상 누군가가 그녀 옆에 붙어 있어야 했고 그런 상황은 계속되었다." 여자들은 지친 나머지 이런 상황이 더 이상 이어지지 않기를 바랐다. 그 역시 병석에 누워 있는 할머니 앞에서 더는 음식을 먹을 수가 없어서 빵을 가지고 밖으로 나갔다. "내가 알기로는 부자들이 지닌 좋은 점 중 하나는 여러 개의 방이 딸린 아파트를 갖는 것이다. 그들은 잠자는 방과는 별도의 방에서 음식을 먹는다. 방마다 세간이 있어서 침실은 깨끗하고 그 때문에 내밀성이 유지된다. 적어도 그들은 병을 앓을 때에도 조용히 지낼 수 있다. 반면 가난한 집에서는 가족 전체가 한방에 모여 살기 때문에 모든 장면이 뒤엉킨다. 각자의 고통이 모두의 눈에 드러나지 않을 도리가 없다. 그러니 죽어가는 할머니 옆에서 어린 조카들이 세속적인 기쁨에 들떠 소리를 지르고 소란스런 놀이와 외침으로 그녀를 괴롭혔다. 온몸이 마비된 늙은 여인의 고통은 아랑곳하지 않고 삶은 평상시와 다를 바 없이 이어진다." 결국 그녀는 초겨울에 사망했다. 사람들은 시계를 멈추고 "성수반"의 물을 뿌리는 등 관례적인 의례를 치렀지만 일상생활의 흐름은 그대로 지속되었다. 사람들은 단지 식사를 하기 위해 커튼을 칠 뿐이었다. 침대 머리맡에서 불 켜진 양초와 회양목 가지 하나가 시체를 지켰으며, 어린이는 빳빳하게 굳은 시체를 보고 놀랐다. 제2제국 시대에 반 소작농이자 소작지의 우두머리가 된 티에농은 이러한 상황을 개선하려고 노력했다. 고용인인 그는 새 침대들과 옷장이 있는 별도의 방에서 잤다. 공동으로 쓰는 그 방에는 침대 두 개가 놓여 있을 뿐이었다. 그중 하나인 부부 침대는 "평소처럼 난로에서 가장 가까운 구석진 곳에" 놓였다. 다른 쪽에 있는 침대 하나는 하녀와 어린 딸 클레망틴이 함께 사용하는 것이었다. 여기서 두 침대 사이의 간격과 구석진 공간의 활용은 내밀성의 추구를 암시한다.

프랑수아즈 조나방은 부르고뉴 지방의 촌락에 살던 미노의 방에서 이러한 진보를 발견했다. 1980년경 그녀는 사물의 질서 속에 숨겨진 상징물을 주의 깊게 관찰하는 민속학자답게 그 상황을 상세하게 묘사했다.19 안락의자는 그 집 주인과 안주인의 지위를 나타낸다. 버드나무로 만들어진 첫 번째 안락의자에는 휴식용 쿠션이 놓여 있으며 이것은 요리용 화덕 근처에 있다. 크기가 좀 작은 두 번째 안락의자는 밑부분에 페달이 달린 재봉틀과 함께 안뜰을 향한 창문 앞에 놓여 있다. "그녀는 항상 재봉틀질을 하거나 수를 놓으면서 다년생 식물의 잔가지 뒤에서 소리 없이 바깥에서 벌어지는 일을 감시한다." 방은 침실로도 쓰였다. 침대는 종종 침대간 안에 놓이거나 혹은 벽 쪽으로 밀쳐진 경우도 있다. 침대 닫집에 의해 천장에 고정된 인도풍의 커다란 커튼은 내밀성을 지켜주었다. 어린아이들은 방 안에서 잠을 잤다. 그보다 더 나이 먹은 소년들은 헛간에서 잠자는 고용인들과 합류했다. 그곳에는 밀폐된 나무침대들이 놓여 있었다. 소녀들은 부모와 함께 지내거나 위층에 침실이 있으면 그곳으로 올라갔다. 경우에 따라서는 신혼부부를 위해 별도의 침실이 마련되기도 했다. 젊은 하녀들은 늘 그렇듯이 계단 오르막에서 잠을 잤다. 촌락의 소목장이가 만든 나무침대들은 농장에서 그러모은 물건들로 채워졌다. 맨 밑바닥에 호밀짚을 넣은 매트가 놓이고, 그 위에 빵 굽는 화덕에서 말린 닭털이나 오리털로 가득 찬 매트리스가 한두 개 놓였다. "침대는 높을수록 좋았다."

 사람들은 한방에서 공동생활을 했다. "각 세대는 인도풍의 커튼으로 구분된 곳에서 나란히 잠을 잔다. 침대간 안에 있는 커다란 나무침대에서 부모들은 사랑을 나누고 어머니들은 아이를 낳고 노인들은 죽는다. 분만과 사망의 순간에 어린이들만 멀리 보내지고 나머지 가족들은 그대로 남는다." 산 사람과 죽은 사람, 아픈 사람과 건강한 사람 사이의 불분명한 구분은 엄격한 규율에 의해 균형이 잡혔다. "공간 속에서 제자리를 잡지 못한 것은 시간 속에서 회복되었다." 실내의 높은 인구밀도는 이들로 하여금 외적 방어에 극단적인 관심을 갖도록 했다. 사람들은 열기를 보존하기 위해 방 안의 공기를 거의 환기시키지 않았다. 또한 내밀성의 흔적을 지워버렸다. 흐트러진 침대를 보이는 것은 정숙하지 못한 행위로 여겨졌다. 여자들은 큰 막대기로 침대 커버를 밀어넣어 침대를 평평하게 만들려고 애썼다. 이 "침대 막대기"는 브르타뉴에서도 발견된다. 브르타뉴의 가정에서 안주인은 여럿이 함께 자는 밤에는 밀폐된 침대의 덮개를 닫음으로써 잠자리를 "준비했다."

피에르 자케 엘리아스는 브르타뉴 지방의 사방이 막힌 침대에 관해 상세한 정보를 제공하며 진지하게 묘사했다. 지옥, 지상, 천국을 표현하는 널빤지로 장식된 침대는 침실에서 가장 중요한 공간이다. 침실에는 여러 개의 침대가 놓여 있을 수도 있다. 그는 사방이 막힌 침대 세 개가 나란히 놓여 있는 농가의 예를 들었다. 첫 번째 침대는 주인과 안주인의 것이며, 두 번째 침대는 딸과 하녀의 것, 그리고 세 번째 침대는 세 아들의 것이다. 아들들은 나이가 들어 마구간에 가서 두 하인 및 장남에게 합류하기 전까지 그곳에서 잠을 잤다. 밀폐된 침대들은 각자에게 자그마한 사적인 공간을 제공했다. "그 침대 안에 들어가서 두 개의 미닫이문을 닫으면 그는 자신만의 공간에 있게 된다." 그 자신도 할아버지와 공유했던 침대에 대한 추억을 간직하고 있다. 어린이는 이러한 "잠자리용 장롱" 안에 있으면 보호받고 있다는 느낌을 받았다. 물론 그 안에서 침대를 정리하고 벗은 옷들을 가지런히 정돈하는 것은 쉽지 않았다. 그 장소는 협소했고, 몸을 완전히 쭉 펴기도 불가능했다. 사람들은 대마로 된 침대 시트와 건초로 속을 채운 이불 사이에서 반쯤은 앉아서 잠을 잤다. 또한 그곳에서는 분만이 결코 쉽게 이루어질 수 없었음을 짐작할 수 있다. 그럼에도 불구하고 엘리아스는 "이 잠자리용 금고,

요새, 수도사의 독방…… 공동의 방에 있는 별도의 영역"을 찬양했다. 그는 사람들이 수시로 드나드는 침대보다는 콜레주의 쇠침대, 호텔의 중고 침대, 그리고 도처에 있는 고유한 모양의 침대 세트들을 선호했다. 이렇듯 밀폐된 침대에 대한 호의적인 태도가 일반적이었던 것은 아니다. 19세기 말 이후 공화주의적 관찰자들과 교육자들은 다행히도 사라져가는 추세에 있던 밀폐된 침대를 불편함의 극치이자 후진성의 상징으로 여겼다. 그들은 밀폐된 침대가 골동품처럼 되어버린 것을 환영했다. 피에르 자케 엘리아스 자신도 어쩔 수 없이 그런 추세를 인정했다.

가난한 사람들의 몫인 공동의 방은 도시민들을 포함한 민중층에서 오랫동안 유지되었다. 유산 목록을 분석한 다니엘 로슈의 연구에 따르면, 개인용 침대가 증가하는 추세였음에도 불구하고 18세기에 파리 가정의 75퍼센트가 하나의 방에 모여 살았다.[10] 장 게에노*는 1914년 이전에 교외지역에서 노동자 아버지와 가정주부인 어머니와 함께 살던 "누추한 집"의 방을 회상했다. 그는 "우리 집에는 방이 하나밖에 없었다"고 기록했다. "방은 엄청나게 지저분하고 물건들로 가득 차 있었다. 단순한 생활인데 그토록 자질구레한 물건이 많았던 이유는 무엇일까? (…) 우리는 그곳에서 일하고 음식을 먹고 잠자고 심지어 친구들을 맞이하기도 했다. 침대 두 개와 식탁 하나, 장롱 두 개, 찬장, 가스버너 사각대를 벽 주변으로 밀어놓아야 했으며 벽에는 냄비들과 가족사진, 차르와 공화국 대통령의 사진이 붙여졌다. 벽난로 앞에 또다른 철제 버너가 놓여 있고 그 위에 놓인 노란색 점토로 된 커피포트에서는 항상 김이 나고 있었다……. 방 한구석에는 이제 막 세탁한 옷가지 등을 말리는 끈들이 길게 이어져 있었다." 창문 밑에는 "작업대"와 어머니가 "외바

---

*1890~1978. 프랑스의 소설가이자 평론가로 제1차 세계대전 후 문예·사회비평 활동을 하며 『영원의 복음』 등을 발표했다.

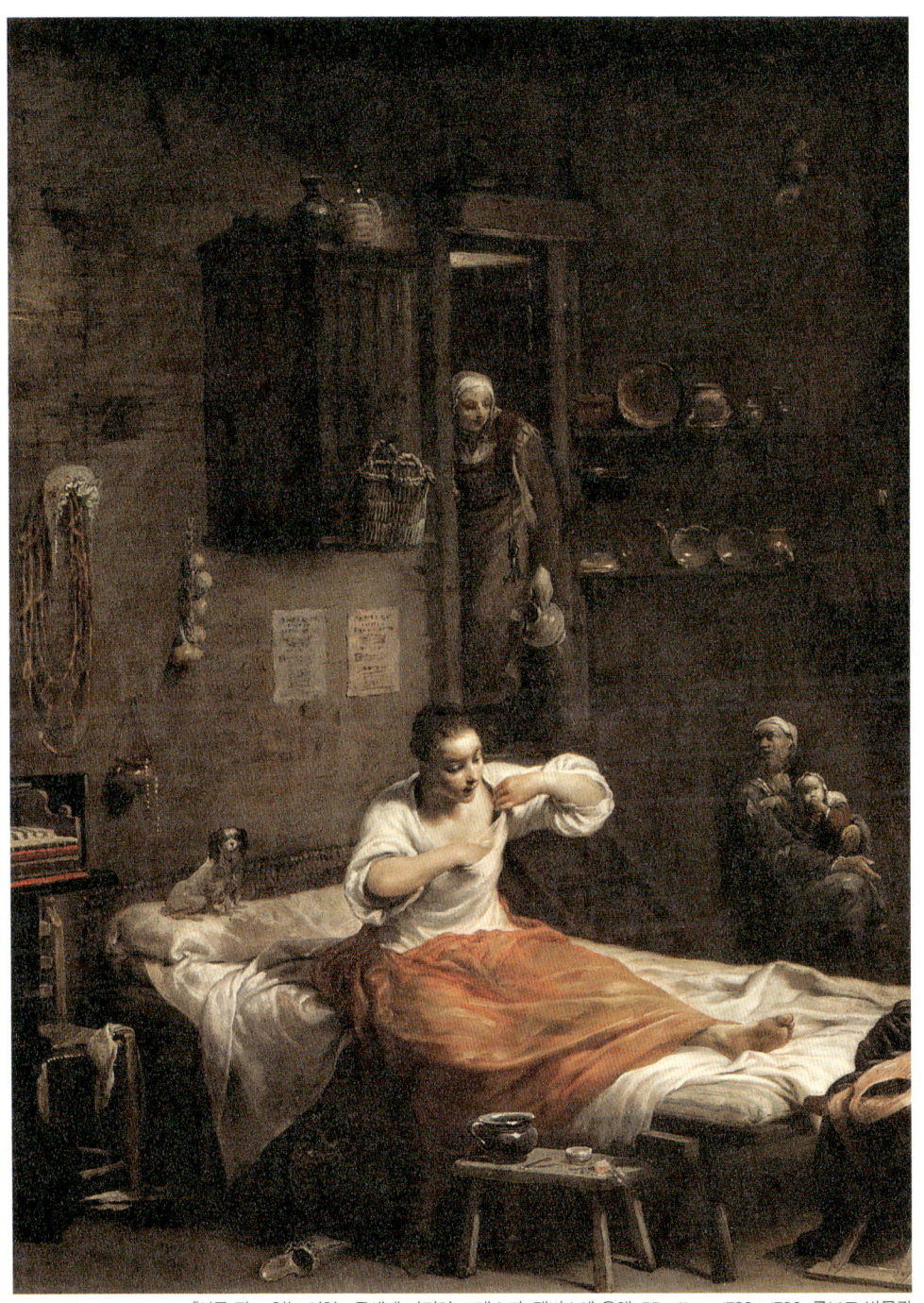

「이를 잡고 있는 여인」, 주세페 마리아 크레스피, 캔버스에 유채, 55×41cm, 1720~1730, 루브르 박물관

퀴 손수레"라고 부르던 싱어표 재봉틀* 한 대가 설치되었다. 재봉사인 어머니는 아침 5시부터 밤 11시까지 신발을 신은 채 재봉틀의 페달을 밟았다. 방 한가운데에는 둥근 식탁용 탁자가 놓여 있었다. 그러나 "집 안에서 가장 경이로운 곳은 벽난로의 선반이었다." 그곳에는 잡다한 물건들이 쌓여 있었다. 다리미, 자명종, 커피 필터, 설탕 상자, 검은색 예수 수난상, 성모마리아상, 사촌이 식민지에서 가져온 먼지투성이의 말린 꽃들이 담긴 다양한 색깔의 화병들 등. "이렇게 해서 우리는 이 세상에 대한 연민과 기쁨, 아름다움을 함께 나누었다. 그런 물건들은 벽난로 위에서 빛을 발했다."|11 장 게에노는 1934년 한 참여문학 작가를 기리는 글에서 초라한 방이 따뜻한 독방으로 바뀌었음을 고백했다. 이런 상황이 늘 가능한 것은 아니었다. 종종 폭력이 몸 밖으로 분출되기도 했다. 노동자들의 주택은 사회문제의 가장 어두운 측면이었다.|12

공동 주거지

차르 시대와 공산주의 시대의 러시아를 포함해서 전 유럽에 "공동 주거지"가 나타났다. 카테리나 아자로바는 "소비에트 주택의 감추어진 역사"|13에서 모스크바의 변화를 묘사했다. 한때 사회주의적 유토피아였으나 결코 실현된 적 없는 "공동 주거지"는 공간과 운영의 합리화를 토대로 한 것이었다. 이 공동주택은 사회적인 강요와 인구 압력을 버티지 못했고, 특히 전쟁으로 인한 파괴로 더욱 가속화된 농촌 탈출 현상을 견뎌내지 못했다. 과거의 유산이 무겁게 짓눌렀

*1851년 뉴욕에서 싱어가 설립한 회사에서 생산되는 첨단 재봉틀로 19세기 후반에 미국뿐 아니라 서유럽 가정의 필수품처럼 널리 보급되었다.

다. 19세기 말 주건 조건은 처참할 지경이었다. 모스크바에서는 거처의 10퍼센트가 "지하 주거지"(지하실에 붙여진 점잖은 이름)와 "침대와 모퉁이 주거지"였다. 1898년 당시 18만 명이 이런 곳에 살았다. 수많은 노동자는 작업장과 공장에서 잠을 잤다. 볼셰비키 혁명은 귀족들의 저택과 부르주아들의 주택을 몰수해서 공동 주거지로 전환시켰다. 각 가정은 "개인용 방" 하나를 차지하고 "공동 구역"을 사용했으며, 부엌 안에 각자의 선반과 탁자 및 가스레인지를 두었고, 목욕실 안의 바닥과 "한쪽 구석"을 차지했음에 틀림없다. 가사 분담과 공동 구역 접근 시간은 순번제를 원칙으로 했으나 화장실 사용 시간은 항상 말썽을 일으켰다.

"개인용 방"이 가장 문젯거리였다. 특히 복도로 직접 통하지 않는 방이 그러했다. 통로는 개인용 방에 붙어 있는 기생적인 공간이었다. 사람들은 통로에 사람들을 불러 모으고 가구들을 쌓아놓았다. 신혼부부들은 나이 든 부부들과 함께 살았다. 이혼한 사람들도 서로의 곁을 떠나지 못했다. 옛 하녀들은 9제곱미터가 채 안 되는 좁은 방일 때에만 그대로 방을 지킬 수 있었다. 그렇지 않으면 방을 다른 가족들에게 내어주고 옛 주인의 거처에서 잠을 자야 했다. 사람들은 낮 동안에 흐트러져 있는 침대를 가리기 위해 "구석진 곳"에 커튼이나 병풍을 쳤고, 혹은 벽에 장롱을 수직으로 놓아 칸막이를 만들었다. "장롱이나 병풍에 의해 자녀들이나 부모와 분리된 부부들이야말로 일상적인 공동생활의 전형적인 모습이다." 니나의 말에 따르면 "결혼하기 전에 나는 항상 어머니와 함께 잠을 자고 아버지는 식탁에서 주무셨다. 식탁 위에는 보조판과 두껍게 누빈 이불이 덮였다. 나는 정상적이라면 부모와 함께 잠을 자야 한다는 생각조차 하지 않았을 것이다."[14] 이렇듯 각자의 침대 갖기는

18세기 말 파리에서 정상적으로 비춰졌지만 1930년대 소비에트 모스크바의 현실은 그에 못 미쳤다.

일부 "부르주아" 가정들은 과거의 생활 방식 가운데 일부를 고수하려고 애썼다. 그들은 남아 있는 옛 가구들을 활용해서 "모퉁이들을" 응접실, 식당, 침실로 개조했다. 가구들은 세습 재산으로서의 성격과 과거의 기억물로서의 의미를 띠었다. 모든 망명자의 집에서는 그런 의미를 지닌 가구들이 발견된다. 그런 가구를 갖고 있지 않다는 것은 한계 상황에 처해 있었다는 증거다. 예를 들어 술꾼이거나, 죄수 전력이 있거나, 아니면 다른 "비주류" 인생이었음을 의미한다. 복도에는 가구들이 넘쳐흘렀다. 집단마다 출입문 주변의 장식이 허용되었다. 얼마 후 그곳에는 자동으로 냉장고가 놓일 것이었다. 그 결과 복도는 혼잡해지고 사람들의 통행이 어려워졌다. 또한 복도에는 사람들이 자주 드나들기도 했다. 왜냐하면 단 한 대의 "공동" 전화가 그곳에 설치되었기 때문이다. 그곳은 소문과 대화뿐 아니라 토론의 공간인 만큼 혼잡함으로 인해 내밀성을 유지하기란 불가능했다. 불가피하고도 조직적인 감시가 계속되었고 고립은 수상쩍게 여겨졌다. 어느 누구도 집단의 시선과 험담, 영향력에서 벗어나지 못했다. 조사에 의하면 "공동생활이란 거주자 각자가 가족 구성원들과 개인용 방을 함께 사용하는 것이며 자신만의 방을 갖지 못한 상태를 가리킨다."[15] 그로 인한 결과는 한마디로 참담해서 심리적 영향을 진단하기 어려울 정도다. 1980년 모스크바에서 이러한 주거 형태는 여전히 전체의 40퍼센트를 차지했다. 1990~1991년 옐친 법에 의해 주거 형태가 개인화되고 1998년에 공동 주거 형태는 3.5퍼센트로 줄어들었다. 상트페테르부르크에서는 공동 주거 형태가 좀더 오래 지속되었다.

최근 놀라운 현장사진을 발표한 프랑수아즈 위기에 의하면 그 비율은 10퍼센트에 달한다.[16]

부부 침실

부부 침실은 부부에 관련된 것으로 최근 몇 년간의 주요 연구 주제인 가족의 역사와 사생활의 역사, 성의 역사의 핵심에 해당된다.[17] 여기에서 우리에게 중요한 것은 공간의 문제다.[18] 고대 그리스 시대 이후 서구에서는 결혼은 물론 사랑조차 남녀 간의 이성애를 원칙으로 여겼다. 따라서 부부 침실은 합법성을 부여받은 특별한 공간으로 동양의 하렘의 대척점에 놓인다. 부부 침실은 문명화 과정의 경계선일까? 적어도 부부 침실은 역사상 다양하게 존재해온 젠더와 성관계의 또다른 개념을 드러내준다.[19]

"모든 증인에게 닫혀 있는"

"사생활은 벽으로 둘러싸여 있어서 개인의 집 안에서 무슨 일이 일어나는지 알 수도 알려질 수도 없어야 한다."[20] 내밀성의 중심지인 침실에서는 더욱 그렇다. 침실의 고립을 지키려는 것은 여러 이유에서다. 무엇보다 먼저 성행위를 감추려는 욕망인 수치심을 들 수 있다. 이런 점에서 로마인들은 전혀 죄의식을 느끼지 않았다. 그럼에도 불구하고 그들은 성관계를 "침실 이전의 침실"[21]인 쿠비쿨룸 속에 감추었다. 기독교 도덕의 시각에서 보자면 성관계는 항상 부끄러운 것이다. 한때 정욕의 노예였던 성 아우구스티누스는 다음과 같이 말했다. "요컨대 결혼법의 규정에 따라 부부간의 결합은 자식의 출산을 목적으로 하는 합법적이고 정숙한 결합임에도 불구하고 모든 증인에게 닫혀 있는 침실을 원하지 않는가? 부부간의 합법적인 행위는 알려지기를 바라는 만큼 보이는 것을 부끄러워하지 않는 것이 당연하다. 그럼에도 닫힌 침실을 원하는 이유는 무엇일까? 그것은 자연의 법칙에 어울리는 그런 행위에는 원죄에서 비롯된 수치심이 따르게 마련이기 때문이다."[22] 초기 교회의 교부들 대부분도 마찬가지였다.[23] 그들에게 원죄는 인간의 본성을 타락시켰고 수치심은 성행위를 사람들의 눈, 특히 어린이들에게 보이지 않도록 감출 것을 요구했다. 13세기 이후 펠린 신부가 『결혼한 사람들의 교리문답』[24]에서 제시한 지침들도 별반 다르지 않다. "부부는 가능한 한 별도의 거처에서 그리고 커튼으로 닫힌 침대 안에서 잠을 자야 한다. 만약 공동의 거처에서 잠을 자야 할 형편이라면 같은 거처에서 잠을 자는 남자들과 여자들이 부부 사이에 벌어지는 일을 눈치 채지 못하도록 각별히 조심해야 한다. 그들은 침대 안에 아무도 들이지 말아야 하며, 5~6세 먹은 어린아이도 마찬가지다. 그렇게 하는 사람은 무거운 죄를 짓는 것이다. 그들의 통상적인 변명에 따르면 그들은 어린이들이 자는 시간을 선택한다고 한다. 그러나 그런 변명은 무의미하고 어리석은 것이다." 성에 대한 이러한 기독교적인 인식은 도덕과 보건위생학으로 대체되고 점점 더 강력한 규범으로 인정받으면서 잠자는 사람들의 분리에 기여했다.

「아르놀피니의 결혼」, 얀 판 에이크, 패널에 유채, 81.8×59.7cm, 런던 내셔널 갤러리

그러나 부부 스스로 내밀성을 추구하기도 했으며 결혼과 욕망을 하나로 결합시키려는 사랑의 감정의 변화 또한 내밀성에 대한 욕구를 일으켰다. 근대적 결혼이 사랑과 일치하게 되고 동의와 개인의 자유의사, 그리고 더 나은 성생활의 공유에 대한 열망에 의존하게 됨에 따라 두 사람을 위한 침실의 내밀성이 요구되었다.|25 결혼한 부부는 피로연 날 밤 이후 공동체의 시선에서 벗어나게 되면 이제 밤을 자기들만의 것으로 만들려고 했다. 점차 그들이 야밤의 시간과 공간에 하나의 침대뿐 아니라 하나의 침실을 가질 권리와 의무가 인정되었다. 사실상 밤은 오직 그들 두 사람에게만 속한 유일한 순간이다. 그들이 서로 만나는 것은 바로 그때다. 최상의 경우는 루이 아라공*의 말처럼 "서로 맺어진 이 공간"에서의 은밀한 결합이 "변치 않는" 것이다. 최악의 경우는 서로 맞지 않는 성 혹은 사랑 없는 밤의 냉랭함이다. 쾌락의 관행과 통제하기 어려운 피임의 불안 등 모두가 부부 침실을 야사野史의 도가니이자 공동생활과 분리될 수 없는 이면, 무궁무진한 소설의 원천으로 만드는 요소들이다. 아라공은 엘자를 찬양하며 다음과 같이 말했다. "지금 내가 말하는 이 침실들은 모두 우리 두 사람의 침실이오, 엘자. 그대 없이는 침실 역시 존재한 적도 없었던 것처럼 말이오. 진실로 그대를 만나기 이전에 나는 단지 휴식처에서 스쳐 지나가는 여인들과 잠을 자는 나그네일 따름이었소." "동물의 세계에서는 둥지라 불리는, 그러한 종류의 짝짓기 공간들"의 존재를 무시한 채 말이다.|26 사랑하는 여인에게 바치는 경의를 통해 이 시인은 오랫동안 지속되어온 부부의 이상을 표현한 것이다. 그러한 이상은 20세기에 절정에 달할 것이다. 부부 침실은 영원을 건 내기다.

*1897~1982. 프랑스의 시인이자 소설가.

이러한 격리 과정에서 사회적 범주가 지역과 문화에 따라 다양한 역할을 했다. 농촌에서는 공동의 방에서 부부가 다른 사람들보다 우대를 받았으며, 최소한 별도의 침대를 차지했다. 이탈리아 귀족은 방과 침실의 수를 늘렸다. 그러나 만테냐는 만토바 공작 궁전의 부부 침실을 장식하면서 군주를 상징하는 장엄한 공간 속에 가족의 결혼 장면을 형상화했다. 프랑스 귀족사회에서는 부부 침실이 거의 나타나지 않는다. 프랑스 귀족들은 성을 분리하고, 특히 귀부인들의 침실에 접대 기능을 부여했으며 그 기능은 오랫동안 지속될 것이었다.

부르주아, 특히 영국의 부르주아는 사생활에 훨씬 더 민감했다. 귀부인의 침대 위에 앉는 것은 무례한 행동으로 여겨졌다. 그녀의 침실에 들어가는 것 자체가 터무니없이 뻔뻔스런 행위였다. 하지만 사라져가는 귀족의 풍습을 동경한 발자크의 표현에 따르면, "영국인은 잠자는 침실을 성역으로 여긴다. 이방인은 절대 그곳에 받아들여지지 않는다. 가족들조차 위급한 상황일 때만 그곳에 들어간다. 반면 우리나라의 거처에서 그 방은 다른 모든 방처럼 접근 가능한 곳이다. 만약 안주인이 몸이 약간 불편해서 침실 안에 머무를 경우라면 그녀가 사람들을 맞이하는 곳은 잠자는 침실이다. 이런 관행은 손님에 대한 일종의 환대다."[27]

건축가들의 평면도는 침실에 관한 많은 것을 설명해준다. 사회학자 안 드바르와 모니크 엘브는 바로 그러한 평면도를 해석하고 있다.[28] 그들은 진정한 의미의 가옥 건축이 얼마나 뒤늦게 탄생했는지를 보여준다. 또한 그들은 "잠자는" 방을 포함해서 흔히 번호가 매겨져 있던 방들이 기능적인 구분을 위해 일렬로 늘어선 방식에서 벗어나는 과정을 설명했다. 선구자인 니콜라 르카뮈 드 메지에르는 침실을 기본적으로 잠

「혼인의 방」, 안드레아 만테냐, 만토바 후작 궁전

「아침의 단장」, 에바 곤잘레스, 캔버스에 유채, 1875~1876, 개인

자리로 삼았으며, 휴식을 취하기에 좋은 초록색 벽지를 추천했다. 그는 숨쉬기가 어려운 침대간이나 벽감을 금지하고 방 끝에 있는 침대를 "신전의 성역"으로 묘사했다. 또한 그는 화장실에서 "욕실"의 존재를 예언했다. "쾌락"을 위한 곳으로 묘사된 여성용 안방은 거울로 환하게 장식되었다. 그 방에는 "휴식용" 침대가 놓였는데, 경우에 따라서는 침대간 안에 놓이기도 했다. 그 모두가 "달콤한 은둔"을 즐기기 위한 것이었다. 메지에르는 부부생활과 성생활을 구분하고 있음이 분명하다. "잠자는" 방은 그가 개조한 대저택의 크고 작은 거처에서 단지 한 칸의 방에 지나지 않는다. 그 저택에서 주인의 공간과 안주인의 공간이 구분되었다.[29] 귀족의 저택에서 곁방들이 딸린 나리의 침실과 귀부인의 침실은 서로 분리되어 있는데 그 상태는 한동안 지속될 것이었다. 이러한 유산은 오랫동안 유지되었다. 비올레 르뒤크 역시 1873년에 부르주아를 위한 『주택의 역사』에서 똑같은 현상을 묘사했다. 일반적으로 부인들은 훨씬 커다란 공간인 "대침실"을 사용한다. 그곳에서 그녀들은 예전처럼 손님을 맞이하고 이따금씩 나리들도 왕과 왕비의 방식대로 그곳에 합류한다. 이렇듯 "대침실"은 부부생활의 공간으로 규정된다. 귀부인은 그 방의 문을 잠글 권한을 지닌다. 그러나 침실이 하나밖에 없는 부르주아의 협소한 거처에서 그런 상황은 더 이상 가능하지 않다. 결국 여자 배우자는 공간과 자유를 잃은 셈이다.[30] 그녀는 원칙상 실내에 대한 지배권을 갖지만 그녀만의 공간은 더 이상 존재하지 않는다.

공과 사의 구분이 도시의 주택단지 건설에 영향을 미쳤듯이 공간 배치는 서서히 공과 사의 구분에 지배되어갔다. 이 분야의 권위자인 세자르 달리는 가정적인 존재 방식과 사회적인 존재 방식에 따른 공간의 분배 법칙을 규정지었다. 가장 크고 가장 화려한 방들은 공적인 생활을 위한 것이다. "가정생활을 위해서는 내밀성과 안락함의 특성을 지닌 실내 거처가 필요하다." 쥘리앵 귀아데는 "거처의 최우선적인 공간이자 내밀한 휴식처"인 침실을 주택의 극점으로 여겼다. 침실들은 서로 소통할 수 있어야 하지만 동시에 고립될 수 있어야 한다. "열쇠로 잠그기 혹은 빗장 지르기 등을 통해 가족의 내밀한 생활은 침실과 그 곁방들로 이루어진 요새 속에서 어느 누구에 의해서도 침해될 수 없어야 한다."[31] 그 뒤 수십 년이 흐르면서 공과 사의 양분 상태는 낮과 밤의 이중성으로 대체되었다. 거처는 낮과 밤에 각각 전면과 뒷면의 둘로 나뉘었다. 어느 경우에건 침실은 2층으로 올라가고 어떤 때에는 북향이나 혹은 거처 끝의 안뜰을 향한 곳으로 밀려났다. 침실은 가장 좋은 위치를 차지할 필요가 없었으며 시간이 흐르면서 크기도 작아졌다. 20세기에도 규모가 줄어든 것은 항상 침실이었다. 1923년 부르고뉴 박사는 "사치스런 취향과 과시욕으로 인해 잠자는 방이 접대 공간에 밀려 옹색해졌음"을 개탄한다. 오늘날 "위축된 침실"[32]의 의미는 새롭게 규정되어야 할 것이다.[33]

부부 침실의 황금기

부부 침실의 황금기는 어떤 면에서는 왕실 부부에 의해 실현되었다. 빅토리아 여왕과 앨버트 공은 부부 침실을 매우 중시하며 애착을 보였는데, 장식미술에 정통한 그들의 런던 수집품들은 충

분히 찬사를 받을 만하다.|34 루이 필리프와 마리 아멜리는 공동의 침실을 만들기로 결정했다. 그들은 외 성château d'Eu에서 방 "끝" 쪽에 놓인 침대를 썼다. 벽에 침대머리를 댄 넓이 1.85미터의 그 침대에는 베개가 네 개 놓였고 그 밖에 머리맡 탁자 2개, 휴식용 침대 1개와 기도대 1개가 있었다.

중간계급에서는 1840년 이후 부부 침실이 일반화되었다. 부부 침실 중 일부는 어린이들과 멀지 않은 곳에 있어 수시로 아이들과 접촉했다. 이 경우 부부 침실은 가족 전체의 유기적인 단위였다. 안락함의 요소에 대한 세심한 의견들이 제시되었다. 의사들은 특히 공기 체적 계산에 몰두했다. 보건위생학 개론서들은 한밤중에 "오염된 공기"를 환기시키는 내용을 상세히 설명하고 있으며, 일하는 시간과 잠자는 시간에 따라 필요한 공기의 양을 계산해놓았다.|35 19세기 말까지 사람들은 방의 크기를 제곱미터가 아니라 세제곱미터로 측정했다. 필수불가결한 요소인 벽난로는 "온기 있는 방"의 유복함을 상징했다. 그렇더라도 온도는 적당하게 유지되어야 했고 특히 밤에는 더욱 그랬다. 사람들은 대체로 불빛에 대해서는 인색했다. 잠의 신전에 불을 밝히는 것이 무슨 소용이 있을까? 19세기에는 한밤중에 독서를 즐기는 사람들이 늘어났는데 그들은 화재의 위험을 무릅쓰고 양초를 뭉텅이째 사용했다. 전기라는 요정은 상황을 완전히 변화시켰다. 침대에서 책 읽는 것을 사치로 여기던 소시민의 절약정신에 의해 억제되어온 침실의 개인화를 가능하게 만든 것은 바로 전기 스위치였다.

뒤늦게 도입된 물을 끌어들이는 도수 작업이야말로 가장 결정적인 요소였다.|36 덕분에 무엇보다 먼저 요강이 머리맡 탁자에서 자취를 감

추었다. 대야와 물병은 여닫이 뚜껑이 달린 화장대 탁자 안에 놓였다가 점차 화장실 안으로 옮겨졌다. 부르고뉴 박사는 결혼의 위생학에서 특히 이 화장실의 존재를 없어서는 안 될 요소로 평가했다.[37]

색깔과 장식

고전주의 시대에 귀족의 침실 겸 응접실들은 서로 사치 경쟁을 벌였다. 특히 양탄자, 벽지, 커튼과 조화를 이루는 침대의 벨벳 등 직물 장식에서의 경쟁이 치열했다. 훨씬 절제된 근대의 부부 침실에서는 그런 현상을 결코 찾아볼 수 없다. 그럼에도 불구하고 근대의 부부 침실은 벽에 의해 개성을 드러냈다. 벽을 새로 칠하고 다시 장식하는 것은 부부가 침실을 차지하고 그곳의 외관을 바꾸었음을 뜻했다. 그 과정에서 벽지가 탄생했다. 벽지는 비교적 최근인 18세기에 영국의 민중이 사용하기 시작했다. 사바리 데 브륄롱에 따르면, 벽지는 우선 농촌 사람들과 파리의 하층민들에 의해 사용되었다. 그것은 "오두막집의 일부, 그리고 상점과 방을 장식하고 벽을 덮기 위해서"였다. 부유층의 주택에서 벽지는 집 전체를 장악하기 전에 우선 옷장, 복도, 대기실을 통해 슬그머니 침투했다. 인도와 중국의 벽지, 영국의 푸른색 벽지에 이어 프랑스의 레베이용 같은 제품들이 생산되었다. 1789년 4월 임금투쟁 과정에서 발생한 레베이용의 화재는 혁명 전야의 혼란을 더욱 두드러지게 만들었다. 1780년대 이후에는 임대 아파트를 "벽지로 장식하기"를 권하는 광고가 곧잘 등장할 정도로 벽지는 일반화되었다.

「꽃들의 방」, 차일드 해섬, 캔버스에 오일, 86.4×86.4cm, 개인

19세기에 산업이 번창하고 주도적이 되면서 회화작품과 벽지는 산업의 기호와 풍조에 지배되고 색깔과 양식은 획일화되어갔다. 노란색은 절대 금물이었다. 노란색은 "소녀들"의 색깔이었다. 휴식을 취하기 위한 것으로 초록색이 인기 있었고 파란색은 순결함을, 검붉은 색은 이성을, 회색은 고상함을 의미했으며, 크림색은 어디에나 사용되며 19~20세기에 널리 확산되었다. 잠자는 곳은 약한 색조로 장식해야 했다. 침실은 양탄자의 짜임새와 모티프로 다른 방과는 구분되었다. 접견실로 마련된 방에서는 결코 다양한 전경의 파노라마가 용납되지 않았다. 대신 그 방은 화환들, 신화 속의 인물들, 동화들, 새들, 대형 맹금류들, 기하학적 문양의 꽃들이나 디자인으로 장식되었다. 약간의 화강암 무늬가 들어간 단색 벽지와 엮음 무늬가 있는 일본 벽지가 유행하기 전까지 말이다. 이렇듯 침실은 고급 취향을 어느 정도 중화시키고 사랑과 잠을 위한 "깊숙한 곳"이 되었다.

　공예품과 골동품들이 거처 전체를 장악했듯이 침실에도 침투하면서 침실은 가족 전시실이자 가족 박물관, 가족 신전이 되었다. 미셸 베른은 어린 시절에 다사 가(街)에 있는 할아버지 응접실에서 600개 이상의 골동품을 세었다. 침실은 응접실보다는 어두컴컴하고 내밀했음에 틀림없다. 그곳에는 예술품이나 수집품들이 아예 없거나 드물었다. 아니면 당시에는 사람들이 예술품 수집을 자제했을 것이다. 그러나 침실에는 "수천 개의 보잘것없는 물건"들이 그 존재를 드러냈다. 종 밑에 있는 추시계 둘레에는 작은 구슬로 만들어진 결혼식 부케가 붙어 있었다. 벽난로는 기념물로 가득 차 있었다. 상자들, 여행지의 조약돌들, 피서지 해변에서 주운 조개껍질들, 가깝고 먼 여행지에서 사들인 자질구레한 물건들, 소중한 사람들의 존재를 마음 깊숙이 새기게 하는 사진들. 벽난로는 사회적이고 감정적이며 집단적이고 개인적인 풍경을 이루는 잔류물로 가득 찬 제단에 다름 아니었다.

신앙심은 시대와 전통에 따라 불균등하게 침실에 침투했다. 침대맡에는 예수 수난상이나 밀레의 「만종」이 붙여졌다. 가톨릭 지역에서는 액자나 십자가 밑에 대부분 축성받은 회양목 가지가 끼워졌다. 신앙심이 깊은 사람들은 서랍장이나 원탁 위에 루르드 등지에서 구입한 성모 마리아의 소형 입상을 놓고 벽에는 경건한 그림들을 걸었다. 19세기에 나폴리의 부르주아들은 성화를 나란히 붙였는데, 심지어 한 침실에 11개까지 붙일 때도 있었다.[38] 여자들은 특히 이런 관행에 집착했고 남자들은 침실을 여자들에게 맡긴 채 집무실이나 서재에 더 큰 관심을 쏟았다. 이렇듯 부부 침실이건 아니건 침실은 수많은 글자가 쓰이고 지워진 양피지 같아서 세밀하게 해독될 필요가 있다. 그 세부 장식은 개인마다 다양하다.

오랫동안 침실은 가구들로 인해 혼잡했다. 앙리 아바르는 『사전』[39]에서 귀부인들의 침실을 창고 수준의 수집품 저장소로 묘사했다. 리브카 베르코비치는 19세기 파리의 유산 목록에 대한 분석을 통해 파리에서의 변화를 보여주었다.[40] 1842년의 침실에는 여전히 침대 옆 실터, 10개의 의자, 4개의 곤돌라형 안락의자, 휴식용 긴의자 1개, 볼테르형 의자*, 쿠션을 댄 안락의자, 아동용 침대 1개 등이 있었다. 그러나 1871년의 다른 침실에는 침대 1개, 머리맡 탁자 1개, 옷장 1개가 있을 뿐이다. 침실은 사적 영역이 되면서 점차 비워지고 간소해졌던 것이다. 1880년 생라자르 가(街)의 방 다섯 개짜리 아파트에 살던 젊은 부부

*앉는 자리는 낮고 등받이가 높은 뒤로 젖혀진 의자.

의 침실도 마찬가지였다. 루이 16세 양식의 가구로 장식된 이 침실에는 중앙에 아동용 침대 1개, 닫집 달린 침대 1개, 의자 3개, 거울 달린 옷장 1개, 서랍 달린 책상 1개가 있었는데 그나마 많은 편에 속했다.

대형 백화점이나 전문화된 주택들의 가구 목록은 "잠자는 침실"의 모델을 선보였다. 1880년을 지나면서 거울 달린 옷장은 목록에서 빠지는 법이 없었다. 1면, 2면 혹은 3면짜리 거울은 몸 전체를 비추어보고 가다듬는 데 사용되었다. 침실 가구의 선택은 부부의 몫이었다. 남편은 값비싼 가구류를 고르고 아내는 커튼과 벽지를 선택했다. 그것은 매우 중요하고 오랜 시간을 들여야 하는 것이었다. 레비탕Lévitan은 "내구성 있는 가구들"을 선택했다. 원칙적으로 가구들은 평생 사용되었다. 가구의 양식은 역사에서 영감을 얻었다. 루이 13세 양식은 앙리 2세 시대의 영향을 받았고 19세기 말의 가구 양식은 18세기, 특히 루이 16세 시대로 복귀했다. 루앙의 부르주아들의 가정에서처럼 공쿠르의 주택에서도 그러한 현상이 나타났다.[41] 독창적인 부르주아적 예술 시도로는 '벨 에포크belle époque*'의 아르 누보**를 들 수 있는데 그 덕분에 생탕투안 외곽 지역에 위치한 가구산업이 활력을 되찾았다. 마조렐, 세뤼리에, 소바주 등 프랑스 가구 디자이너들에 의해 침실 가구의 예술성은 절정에 달했다. 파리 리볼리 가의 장식미술 박물관에 있는 가장 아름다운 침실들은 그들의 작품으로 장식되어 있다.

침실의 혼잡함은 미학적이고 도덕적인 반응을 초래했다. 윌리엄 모리스와 그의 제자 메이플은 19세기 말에 침실을 공백 상태로 만들었다.

---

*1890~1914년을 가리키며 제1차 세계대전이 일어난 뒤 이전 시기의 팽창, 평화, 진보에 대한 신념 등을 동경하는 유럽인들의 의식에서 비롯된 '좋은 시절'이라는 표현.
**19세기 말에서 20세기 초 예술 분야에서 나타난 인상파, 표현주의, 입체주의, 초현실주의 등 비전통적이며 첨단의 예술 양식을 실험한 사조.

「아침」, 모리츠 루트비히 폰 슈바인트, 캔버스에 유채, 1857~1860

그들이 단호하게 언급한 바에 따르면, "침실에는 오직 우리에게 유용한 물건들만 있어야 하며 아무리 사소한 못일지라도 유용한 모든 물건은 감추어지지 않고 겉으로 드러날 때 아름답다. 위생적인 이러한 침실들의 빈 벽에는 구리로 된 가로막대가 달리고 완전히 노출된 침대 위 지점에 몇 점의 걸작 복제품이 걸린다."[42] 보티첼리의 「봄」이 그 한 예이다. 마르셀 프루스트의 경우는 주름 잡힌 직물들로 뒤덮인 시골 침실을 선호했다.

침대 예찬

침실 중앙에 위치한 침대는 수세기 동안 부부관계를 상징했다.

오디세우스는 올리브나무 줄기 안에 그의 침대를 만들었다. 이타카로 돌아온 그는 그곳에서 페넬로페와 만났다. "소중한 이 침대 안에 우리 두 사람이 함께 있는 이 순간 그대는 이곳에 있는 내 물건들을 잘 지켜야 할 것이요."[43] "부부간의 에로틱한 의미가 담긴 침대의 상징은 오직 배우자들만이 알아야 할 비밀스런 표시의 일부였다."[44] 부부 침대는 부부의 정체를 밝혀주는 역할을 했다. 거의 얼굴을 잊어버렸던 남편이 돌아오면 여자들은 남편의 정체를 확인하기 위해 그에게 침대에 관해 묘사할 것을 요구했다. 침대를 옮기는 것은 남편을 배반하는 행위였다.

메로빙거 왕실에서 "나체는 신성한 것이며 공동의 침대는 출산과 애정의 성소였다."[45] 세밀화에 묘사된 바에 의하면 비잔틴에서 황제 부부는 침실과 꽤나 좁은 침대를 공유했다. 그러나 출산은 다른 방에서 이루어졌다.[46] 중세 성의 대형 침실에 있는 침대는 "혈통의 모태"였다. 교회에 의해 통제되는 부부생활의 공간인 침대는 부부 행위와 출산의 장소였다.[47] 침대는 쾌락의 장소였음에 틀림없다. 동시에 침대는 폭력과 술수의 장소이자 조르주 뒤비의 상상에 따르면 음험하고 교활한 몸과 몸이 맞닿는 장소이기도 했다.[48] 정원, 과수원, 숲은 더더욱 자유로운 사랑의 장소였다.

16세기의 시는 부부 침대를 칭송했다. 1559년 손자들이 행복했던 조부모를 위해 새긴 묘비명에는 "50년간 서로에게 충실하며/ 아무런 불화도 다툼도 없이 하나의 침대를 사용하셨다"[49]라고 새겨져 있다. 시인 질 코로제는 「침대의 문장」을 노래했다. "오 정숙한 침대, 순결한 침대여/ 그곳에서 사랑하는 아내와 남편이/ 신을 통해 하나의 육신으로 결합하도다/ 성스런 사랑의 침대, 명예로운 침대/ 장엄하고 존경할 만한 침대/ 그대여 정숙함을 간직하시오/ 그리고 음탕함을 피하시오/ 그대의 명예가 가득 차도록/ 티끌만 한 오점도 생기지 않도록."[50]

근대에 부부 침대는 도시만이 아니라 농촌에서도 보편화되었다. 결혼계약서에는 부부 침대에 관한 항목이 언급되어 있다. 젊은 부부들은 부부 침대에 아낌없이 투자했다. 그들은 가장 중요한 물건인 침대틀에 투자를 집중하기 위해 커튼과 침구 비용을 줄였다.[51] 신부는 함이나 빵반죽통 혹은 장롱 안에 어머니와 오랫동안 준비한 침실 장식품들과 침대 시트를 빽빽하게 혼수품으로 가져왔다.[52] 19세기에 동거를 청산하고 결혼하기로 결심한 도시의 민중계급 부부는 침대를 구입하느라 빚을 졌다. 당시에는 결혼이 부여하는 사회적 지위를 얻으려는 그러한 갈망이

기원전 530~기원전 520년경 이탈리아 내 무덤에서 발굴된 결혼한 부부상

「실내」(혹은 「강간」), 에드가르 드가, 캔버스에 유채, 81×116cm, 1868~1869년경, 필라델피아 미술관

널리 확산되어 있었다. 어떤 아내는 침대의 기본 골조인 나무를 사느라 돈을 낭비한 남편에게 황산염을 끼얹기도 했다. 그녀는 그가 맹세했던 약속을 깨뜨리는 것을 참지 못했던 것이다.[53]

결혼을 이론화한 발자크에 따르면 "침대는 결혼 그 자체다." 그는 "침대를 준비하는 세 가지 방식"을 열거했다. 첫째 쌍둥이 침대 두 개가 있는 경우, 둘째 침실이 분리된 경우, 셋째 하나의 침대를 사용하는 경우다. 그는 첫 번째 경우를 "고지식하고 어리석다"고 비웃었다. 쌍둥이 침대는 젊은 부부에게 불편하기 짝이 없는 것이었고 결혼한 지 20년이 지나 열정이 식은 뒤에야 비로소 받아들여질 만했다. 발자크는 분리된 침실을 비난하며 별다른 설명을 붙이지 않았다. 그는 침대를 대화와 애무의 장소이자 소통의 도가니라며 지지했다. 그럼에도 불구하고 그런 방식에는 부정적인 측면도 많았고 그 역시 그런 점들을 열거했다! 같은 침대에서 잠을 잤는지는 분명하지 않았다. "한 침대의 닫집 아래서 두 사람이 잔다는 것은 자연스럽지 않다." 정해진 시간에 사랑의 행위를 하는 것은 혐오스런 일이었다. 여자들이 두통과 수치심을 핑곗거리로 대며 불감증인 척하고 사랑의 행위를 거부하는 것은 전혀 놀랄 일이 아니다. 부르주아의 풍속을 경멸한 그는 다른 곳에서 "결혼한 여자는 노예이지만 그녀를 옥좌에 앉히는 방법을 알아야 한다"라고 썼다.[54] 부부 침대에 대한 그의 찬사는 발자크 특유의 역설이었던 것이다.

시간이 흐르면서 침대가 놓인 위치, 형태, 재료, 구조, 크기는 변했다. 박물관에는 그러한 변화를 가시적으로 드러내는 족보와 목록들이 민속학자와 미술사가들에 의해 작성되어 있다.[55] 침대의 수가 늘어나고 모양은 다양해졌다. 15세기 이탈리아 도시의 주택에는 침실마다 여

「페트리셔 프리스와 함께 있는 자화상」, 스탠리 스펜서, 캔버스에 유채, 1937, 케임브리지 피츠 윌리엄 박물관러 개의 침대가 놓여 있었다. 아바르에 의하면 17세기는 아마도 "침대의 위대한 세기"일 것이다. 베르사유의 왕실 가구 목록을 보면 침대 수가 413개에 달하는데 나무와 커튼의 배치, 조각의 종류에 따라 그 유형은 극도로 다양하다. 터키식, 왕관식, 배, 곤돌라, 꽃바구니, 작은 배 모양의 침대들이 끝없이 반복해서 열거되고 공작 부인식, 폴란드식, 이탈리아식도 언급된다. 그러나 페레의 말에 따르면 그러한 종류들은 "동화 속에서나 존재하는" 것들이다.

전시용 침실에 있는 침대는 옥좌처럼 사치스럽게 장식되었다. 반면 침대간이나 벽감 속에 움푹 들어가 있는 침대는 훨씬 간소했다. 침대는 점차 침대간이나 벽감에서 나와 벽을 따라 길게 머리맡 탁자 사이에 배치되었다. 그리하여 바닥 한가운데 놓인 침대는 흔히 창문을 마주보았다. 공동생활을 하는 경우 침대를 가리기 위해 커튼을 둘렀다. 폴란드식 침대는 웅장하게 장식된 침대 닫집이 깃털로 장식되었다. 지방에서는 오늘날까지도 다소 화려한 침대 닫집이 명맥을 잇고 있으며 일부 실내장식가들의 집요함으로 다시 유행하기도 했다.[56] 부부가 네 개의 벽을 차지하게 되면서 이러한 침대 주변의 모습은 사라졌다. 그때부터 닫힌 문 뒤로 침대 양쪽에 각각 머리맡 탁자와 양초, 꽃병이 놓였을 뿐이다.

침대는 좁아지고 낮아졌다. 과거에 손님 접대용 침대는 여러 사람을 맞이하기 위해 매우 넓었고 또한 기어오를 정도로 높았으며 발판이 필요기도 했다. 낮은 침대는 추웠는데, 땅바닥에 닿을 만큼 낮은 침대는 가난한 살림살이의 상징이었다. 1840년경에는 산업혁명의 열매인 용수철이 든 침대 밑판이 높이 쌓아올린 매트리스를 대신했다. 그림^{Grimm}

의 동화 속에 등장하는 완두콩 위에 높이 올라앉은 공주의 모습은 바로 피라미드 꼭대기처럼 높은 매트리스에 대한 감수성을 표현한 것이다. 깃털이불은 서서히 침대 시트를 몰아냈다. "아름다운 침대 시트 속에 있다는 것"은 오늘날 특별한 의미를 지니지 않는다.

침대 한가운데

한밤중의 성적이고 관능적이며 잠재적으로 생식력을 지닌 부부 침대는 보호받는 동시에 통제되었고 주위의 시선에서 벗어난 동시에 감시를 받았다. 그렇게 만든 것은 다른 누구도 아닌 우선 교회였다. 교회는 부부 침대를 봉건적인 가계의 요람이자 기독교 문명의 융합처로 만들었다. "생육하고 번식하라." 그 무엇도 창조주인 신의 명령을 거스를 수 없으며 오난의 죄*는 생명을 살해한 범죄 행위였다.|57 그럼에도 불구하고 "성교 중단"은 출산을 제한하는 가장 효율적인 수단으로 유지되었고 인구통계학자들은 그런 측면에서 프랑스의 조숙성을 이론화했다. "농촌에 있는 사람들까지 자연을 거슬렀다"고 장바티스트 모오**는 말했다. 아내들도 틀림없이 남편들이 "조심스럽게" 삽입 행위를 중지할 줄 모르면 은연중에 남편을 거들었을 것이다. 부부 침대는 일종의 기피처였다. 고해신부들은 그 점을 잘 알았기에 고해자들의 탄식을 너그럽게 경청했다. 그러나 사람들이 과연 "부부의 의무"를 거부할 수 있을까? 성직자들은 그렇게 생각하지 않았고 침실을 따로따

---

* 성서 창세기에 나오는 유다의 아들인 오난은 형의 대를 이어주는 것을 꺼리다 하느님께 죽음의 벌을 받았다.
** 18세기 프랑스 인구통계학자.

로 사용하는 귀족들을 비난했다. "그들은 함께 살면서 방침을 정하고 돈을 마련하고 의례를 치르면서도 오직 자연스런 일에서는 권리를 행사하려 하지 않고 같은 침대, 같은 침실, 심지어 같은 거처에서 지내는 것을 견디지 못한다. 그들은 성격상 그리고 성격에서 비롯된 모든 자연스런 혐오감으로 인해 가능한 한 멀리 떨어져서 지낸다."[58] 성직자는 부부 침대에 축성을 베풀어 그곳을 유일하게 공인된 형태의 성행위가 이루어지는 "건전하고 성스럽고 신성한 사랑의 침대"(성 프랑수아 드 살)로 만들었으며, "숨어서 하는 것보다는 차라리 평범한 침대 시트에서의 쾌락"을 찬양했다.[59]

교회의 간섭은 성욕에 관대한 알퐁스 리구오리*의 영향으로 19세기에는 비교적 잠잠했다가 20세기에 "부정행위"의 존재가 명백해지면서 다시 거세졌다. 국가를 경악시킨 출생률의 추락을 통해 부정행위의 실체가 폭로되었던 것이다. 1930년 카스티 콘누비 회칙**을 통해 교황이 그 문제에 개입했다. 교황은 고해신부들의 개입을 요구했으며, "자연적인 방법"을 지켜야 하는 도덕적 의무를 강조했다. 양차 대전 사이에 젊은 부부들은 오기노 학설***의 불확실한 온도 곡선에 의존했지만, 오히려 이는 원치 않는 출산의 원인이 되었다. 또한 그들에게는 남자가 위에 있고 여자가 밑에 있는 성별 위계를 따르는 "선교사" 체위가 강요되었다. 수많은 신자에게 부부 침대는 방해받는 욕망의 지옥이 되었다. 기독교적 결혼을 위한 협회 회원들이 비올레 신부에게 보낸 편지에는 사랑의 행위를 할 수 없는 고통의 감정이 드러나 있다.[60] 종교적 엄숙주

---

*1696~1787. 18세기 이탈리아 주교이자 신학자.
**결혼의 신성함과 산아제한의 부당함을 강조한 교황 비오 11세의 공식 선언.
***20세기 초 일본의 산부인과 의사인 오기노가 여성의 월경주기를 이용해 가임율을 높이는 방법을 고안해냈으나 오히려 피임법으로 활용되었다.

의에 따라 남편으로부터 사랑의 행위를 거부당한 한 젊은 아내는 "나는 충족될 수 없는 욕구와 씨름하느라 종종 밤 11시나 자정, 새벽 2~3시까지 깨어 있었다"라고 썼다. "정확하게 기억하지는 못하지만 그런 기간은 몇 년, 기껏해야 2년에 지나지 않았다. 나는 책을 읽고, 일하고, 기도했으며, 남편을 만난 것은 오직 그가 피곤에 찌들어 있을 때뿐이었다. 남편의 체온을 가까이 느낄 용기가 나지 않을 때 나는 종종 바닥에서 이불 속에 웅크린 채 잠들었다."[61] 그 결과 부부 침대를 둘러싼 논쟁이 벌어졌다. 개신교 방식대로 분리된 침대 두 개를 택하는 것이 부부의 정숙함과 독립성에 더 유리하지 않을까? 그것은 쌍둥이 침대의 지지자가 "결혼의 상징이자 부부의 안식처인 전통적인 부부 침대"의 열렬한 옹호자인 다른 사람에게 보낸 답장 편지에서 밝힌 견해다. "시간은 베개 위에서 사라지고 바깥세상은 보이지 않는다. 부부는 진정 두 사람만의 세계에 속해 있다."[62] 그토록 확실한 것일까? 부부 침실은 성생활에 마지노선을 그은 교회의 마지막 보루였다. 그러나 교회는 커다란 성공을 거두지 못했다.

그때까지 성행위에 무관심했던 의사들은 18세기부터 생식기능과 건강에 주의를 기울이게 되었다. 자연히 침실에 지대한 관심을 쏟게 된 그들은 침실이 관찰하기에, 그리고 자식 생산의 필수 조건인 "쾌락의 조화"에 유익한 생활 규율에 얼마나 "편리"한가를 역설했다. 알랭 코르뱅은 뷔퐁 비레, 카바니, 루셀, 델랑드, 부르봉, 루보의 제자들이 남긴, 거의 선정적인 수준의 세세한 임상 자료들을 면밀히 검토했다. 이 "박물학 연구의 선구자들"은 여성의 쾌락을 전제로 하는 "건전한 성교"의 전문가들이다. 그들은 "오르가즘"의 "메커니즘", 반드시 야밤이 아니더라도 성교에 유리한 시간들, 그리고 체위 문제 등에 관한 것도 피하지 않았다. "평화로운 부부들"은 성적으로 적극적이고 만족하기 때문이다. 그것이야말로 의사들과 국가가 추구하는 이상이다. 그러한 이상은 혁명기에 절정에 달했다. 혁명기에는 사이좋은 부부가 영광스럽게 여겨지고 서민적인 헤라클레스는 타락하고 수치스런 위선자인 방탕아와 대조되었다. 마리 앙투아네트는 근대판 메살리나*를 상징했다. 탈선으로 잘못 알려진 성생활이 그녀의 주된 "범죄들" 중 하나로 여겨졌다. 건전한 생활 태도의 필수 요소인 올바른 성생활은 "반反자연적인" 상태를 거부하며 자위와 동성애를 금했다. 의학 윤리는 부부 침대를 정상 상태의 요람으로 규정지었다. "부부의 결합은 사랑과 모성의 성소인 침실에서만 이루어질 수 있을 것이다. 좋은 침대는 육체적 결합이 떳떳하게 완성될 수 있는 유일한 곳이다."63 몽탈방 박사는 이렇게 단호히 언급하며 거울을 없애고 침실을 어둡게 해서 정신을 집중할 것을 권했다. 사랑은 장님이고 귀머거리일까?

그로부터 얼마 후 에밀 졸라가 생식 능력을 지닌 부부에 관한 서사 작품 『풍요』에서 부부관계를 찬양한 것은 결코 놀라운 일이 아니다. 가정과 보편적인 공화국의 전형적인 토대인 주인공 마티외와 마리안 프로망을 주인공으로 하는 이 소설은 맬서스주의를 거부하고 국민의 피인 왕성한 출산율을 열렬히 지지하는 『4대 복음서』** 중 하나다. 이 문제의 소설에 등장하는 많은 장면은 침대나 그 주변을 무대로 한다. 임신, 출산, 수유 등 머릿속에 소리 없이 떠오르는 성행위의 행복한 결과들이 일련의 상황에 따라 전개된다. 마리안이 다섯 번째 아이를 임신하

---

*로마 황제 클라우디우스의 세 번째 아내로 타락한 성의 상징이자 허영심과 물욕, 성욕의 화신으로 알려져 있다.
**졸라가 1898~1902년까지 집필한 『풍요』 외에 『노동』, 『정의』, 『진리』를 가리킨다.

자 마티외는 커다란 마호가니 침대를 그녀에게 주고 그 옆에 자신이 사용할 작은 쇠침대를 놓았다. 그는 그녀를 위해 "왕비의 쾌유"를 바라는 마음으로 차분히 그녀 가장자리에 머물렀다. 매번 출산 후 부부 침대로 돌아오면 새로운 희망이 꽃피었다. "아! 마티외가 개선장군처럼 당당하게 이 전투와 승리의 침실로 돌아왔어요!" 졸라는 이런 침실을 무자격 낙태 시술자가 등장하는 "공포와 두려움의 침실"과 대비시켰다. 가련한 단역 배우 발레리 모랑주가 죽은 그런 침실 말이다. 졸라는 개인적으로 부부 침실의 상징에 매우 집착했다. 메당에서 잔 로제로와의 애정관계로 마음이 충만해진 그는 알렉상드린•의 요구에도 불구하고 침실을 따로 쓰기를 거부했다.[64] 게다가 그는 극도로 수줍음을 타 어느 누구건 침실 입구에 접근하는 것을 금했다. 전형적인 부부 공간인 침실 입구에는 창문 맞은편의 큰 구리 침대, 책상, 투명한 흑단 세공으로 장식된 커다란 옷장 등이 놓여 있었다. 에밀의 혼외관계를 상상한 에블린 블로크 다노는 "그렇기 때문에 부부가 부르주아식으로 평생 함께 사용하는 부부 침대에 관해 우리는 아무 말도 할 수 없다"[65]고 썼다. 메당의 발코니에서 졸라는 애인의 창문을 감시했던 것이다.

   부부 행위, 제스처, 속삭임, 욕망, 싫증, 열정, 권태 등은 대부분 우리 시선에 포착되지 않는다. 남편으로부터 성적으로 버림받은 것을 불평한 슈아죌프라슬랭 공작부인의 편지가 출간되자 프로스페 메리메는 "그런 일들은 감추어져야 한다. 내가 알기에 부부간의 사랑보다 더 추한 것은 없다"[66]고 썼다.

   사람들은 침묵의 권리를 즐겼다. 토크빌은 귀스타브 드 보몽에게 겨울에는 5시보다 훨씬 늦은 7시에 일어난다고 털어놓았다(그는 자정까지

• 졸라의 부인.

일했다). "나는 매우 상냥하고 배려 깊은 남편인지라 냉정한 동반자처럼 아내*가 침대에서 혼자 오랫동안 기다리다 지치게 내버려둘 수가 없다네."[67] 그와 동시에 침대는 두 사람이 공유하는 열정이었다. 그는 마리에게 항상 절조를 지키지는 않았지만 편지에서 "나는 우리의 고독, 단둘만의 시간, 이 세상에서 내 행복의 진정한 원천을 만드는 모든 것을 갈망하오"[68]라고 썼다. 부부는 서로에게 편지를 가장 적게 쓰는 사이다. 남편은 "사랑하는 아내여, 마음으로 그대를 포옹하고 싶소"라는 상투적인 편지 문구를 쓰면서도 정작 핵심적인 사안에 관해서는 침묵한다. 전쟁 기간은 예외일 것이다. 전쟁은 욕망을 불타오르게 하고 성관계를 단절시키니 말이다. 안클레르 르브레양은 자서전협회의 문서고에서 그런 시각을 보여주는 편지들을 발견했다.[69] 세르주와 드니즈가 1942~1944년에 주고받은 편지들이 바로 그런 예다. 그들은 호텔에서 지내는 처지를 안타까워하며 침실에서 지내게 될 날을 꿈꾸었다.

그들은 어떻게 사랑을 했을까? 그들은 계속해서 매우 상세하면서도 유쾌하게 침실을 머릿속에 떠올릴 것이다. 그것은 사실상 비밀스런 혼외관계의 문제다. 비록 일상적인 침묵 속에서 배려하는 관계가 되는 한이 있더라도 그들은 궁극적으로 합법적인 관계가 되기를 열망한다. 부부간의 침묵은 결국 조심성 없는 시선들, 불임 여성이나 행실 나쁜 여성을 바라보는 가족의 눈초리, 규범적인 담론들, 위압적인 명령으로부터 스스로를 지키는 가장 좋은 방어 수단이다. 육체의 만남은 오직 부부 고유의 것이다. 침실의 어둠은 침대의 움푹 팬 곳에 숨겨진 부부의 독특한 역사와 세속적인 이야기를 감추어준다.

배우자 중 한 명의 죽음은 부부 침실의 종말을 의미한다. 부유층에

*마리 모틀레.

서는 흔히 여성 생존자가 고인의 제단을 개조하고 남은 가구들 속에서 그대로 살았다. 그녀는 큰 침대에서 자신의 자리를 고수했다. 아녜스 바르다는 누아르무티에에 사는 어부들의 미망인을 영화화했다. 그녀들은 침대 가운데 자리를 차지하지 않고 한쪽 옆자리를 지켰다.[70] 그녀들은 죽을 때까지 부부가 함께 있었을 때 사랑하고 삶을 영위했던 그 자리에 고정되었다. 행복을 잃어버린 슬픔 때문일까? 부부의 운명에 대한 순종일까? 육체에 남겨진 기억 때문일까? 누가 그 이유를 말할 수 있을까? 부부 침대는 부부의 비밀을 간직한다.

훨씬 작은 집으로 이사해야 하는 형편에 놓인 미망인은 부피가 가장 적은 가구를 간직하고는 마치 스스로 소녀이자 소녀로 되돌아간 것처럼 하나의 공간에서 하나의 침대로 만족했다. 자식들의 거처로 피난하지 않을 수 없게 된 미망인의 욕심은 안락의자나 몇몇 물건에 그쳤다. 물건을 선별하는 작업은 슬픔 속에서 이루어졌다.

농촌에서 나이 든 부모의 거처 문제는 오랫동안 매우 까다로운 사안이었다. 그것은 틀림없이 공간적인 이유에서보다는 권위와 지위, 그리고 가계상의 문제 때문이었을 것이다. 알자스 지방에서 홀아비나 과부는 이전에 차지했던 침대간을 포기하고 사전에 정해진 곳에 틀어박혀야 했다.[71] 제보당*에서는 여자 노인들을 은둔자처럼 오두막에 거주케 하는 일이 벌어졌다.[72] 공동의 방이 주는 혼잡함은 견딜 수 없는 긴장의 근원이었으며 노인 학대, 심지어 부친 살해로 번질 수 있었다. 법원의 문서에는 개탄할 만한 상황들이 상세히 기록되어 있다. 90세의 한 어머니는 별도의 문이 달린 빵 굽는 곳에 마련된 짚단 위에서 이불 대신 마차 덮개를 덮고 잠을 잤다. 68세의 한 아버지는 다락에 있는 형편없는 침

* 프랑스 중부 마제리드 산맥에 위치하며 오늘날의 로제르 주.

실에 갇혔다. 헛간에 있는 건초 더미 침대에 틀어박힌 한 과부는 극단적인 감금 상태를 보여주는 사례 중 하나다. 부친 살해의 예도 있다.[73] 도시 민중 사이에서도 노인의 운명은 더 나을 것이 없었다. 특히 아무것도 소유하지 못한 남자들이 그러했다. 벨빌에 살던 할아버지의 예를 보자. 살아남기 위해서는 자식들의 집에 머무르지 않을 수 없던 그는 한 집에서 다른 집으로 침대를 옮기려다 자식들이 평화법정에 소송을 제기하는 사태에 직면했다. 자식들이 그에게 침대를 주지 않고 회수하려 했기 때문이다.[74] 좁은 집에 자식들과 뒤죽박죽 엉켜 동거하는 단계가 지나고 나서 이런 노인들을 기다리고 있는 곳은 양로원의 공동 침실이다. 그것은 해체된 가정의 잔해이자 지나간 시간의 파편이다.

부부 침실은 남녀관계와 더불어 해체되었다. 왜냐하면 적어도 부부가 공동 침실과 동일시되지 않는 다른 형태의 남녀관계가 되었기 때문이다. 몸의 분리는 필연적으로 침대의 분리를 초래했고 그와 더불어 부부 침실은 사라졌다. 이혼과 더불어, 그리고 죽음과 더불어. 시간이 흐름과 동시에 사회적인 변화 속에서. 오늘날 거주의 위기보다 훨씬 더 심각한 상속자의 부재는 현대사회에서 결혼의 위기, 즉 이혼[75]과 관련이 있다. 그로 인해 더 자유롭고 덜 '순응주의적'이며 더 안락한, 이를테면 편안함에 더 신경을 쓰는 결합의 또다른 개념이 제기되었다. 별도의 침실 사용하기, 적어도 분리된 침대를 사용하는 관행이 점차 널리 퍼져나갔지만[76] 그렇다고 해서 사랑의 행위를 덜 한다는 의미는 아니다.

부부 침실은 가정의 역사에서 결정적인 순간과 일치한다. 개인 침실이 부부 침실에 앞서 존재했고 또 그 뒤를 이었다.

4장 사적인 방

자신만의 공간을 갖고 싶어하는 욕망은 상당히 보편적인 현상이다. 그러한 욕망은 문명과 시간을 관통한다. 잠, 성, 사랑, 병, 생리 현상뿐 아니라 기도하고 명상하고 읽고 쓰고자 하는 영혼의 욕구도 은둔을 부추긴다. 그런 욕망은 다양한 공간의 형태를 꿈꾼다. 동굴, 오두막집, 독방, 모퉁이, 배의 객실, 기차의 칸막이, 자동차 등. 은둔처, 즉 숨을 곳의 기발함은 상상을 초월한다. 그런 현상은 집단성이 강요될수록 더욱 심해진다. 병영, 병원, 기숙학교, 감옥 등에서 사람들은 강박관념처럼 숨을 곳을 찾는다. 캉 콜레주의 자습감독 선생이 된 쥘 발레스는 "공동 침실 끝에 있는 작은 방"을 찾고 나서 무척 기뻐했다. 그 방은 "교과 담당 선생이 자유 시간에 일하거나 몽상에 잠길 수 있는 곳으로 울창한 나무숲과 강이 가로지르는 시골 풍경을 향해 있었다." 그는 그곳에서 "입에 짠 맛을 느끼게 하고 눈을 시원하게 하며 마음을 푸근하게 해주는 바다의 향기를" 느꼈다.[1]

군중은 칩거를 부추겼다. 군중은 수많은 젊은이처럼 혁명을 구경하러 파리에 온 요아힘 하인리히 캄페를 침거하게 만들었다. "나는 그 사람들의 물결에서 간신히 벗어났다. 지금 나는 가장자리, 다시 말해 내 침실에 앉아서 셀 수 없을 만큼 많은 이미지와 표상, 새로운 느낌을 대면하고 정리해보려고 했다. 그러나 허사였다! 수많은 인파로 소음이 창문과 문과 벽을 뚫고 외따로 떨어진 내 침실에까지 파고들었다."[2] 그와 마찬가지로 파리의 혁명에 매료되었다가 실망한 그의 동향인 게오르크 포르스테르는 스스로 포기한 계획을 되새기며 거리와 자신의 지붕 밑 방을 오갔다. "글쎄, 서너 시경 나는 반쯤 정신이 나간 채 주위를 뱅뱅 돌고 또 걷다가 침실에 들어와 곰곰이 돌이켜보았지만 허사였다."[3] 사람들의 무리가 커지고 군중의 압력이 거세지자 필연적으로 개인의 자유를 보장하는 자신만의 공간에 대한 끝없는 갈증과 미칠 듯한 갈망이 이어졌다. 발터 벤야민*이 20세기 초 파리에서 간파한 것도 바로 그것이다. 밤이면 막힌 통로에는 수많은 사람이 오가며 들락날락거렸던 것이다.

비밀을 품을 권리

어떤 부류의 사람들은 이런 면에서 더욱 강렬한 욕구를 드러낸다. 젊은이들, 가정과 단절된 노동자들, 경험을 얻으려는 학생들, 홀로 된 여자들, 망명자들, 외국인들, 고립되거나 더 이상 일상적인 존재의 리듬을 지탱하지 못하는 노인들이 바로 그런 부류다. 자의 혹은 타의에 의한 독신, 떠남, 이별, 이사, 여행 중의 갈등뿐 아니

---

*1892~1940. 베를린 태생으로 유대계의 독일인 평론가이자 사상가.

라 연구활동을 위해서 한곳에 틀어박히기, 창조를 위해 필요한 정신 집중, 비사교적인 태도, 공적인 생활에서 요구되는 감정 가라앉히기 등 잠자리와 침실의 개인화를 초래하는 요인은 수없이 많다. 서로를 구속하는 부부 침대는 사랑에 빠진 뜨거운 감정을 불러일으킨다. 위스망스는 "2인용 잠자리의 불편함과 강요된 애무의 피곤함"을 불평했다.[14]

카프카는 "나는 침실에 홀로 있을 때만 잠을 잘 수 있다. 나는 사람들과의 공동생활을 견딜 수 없다"고 고백했다. "나는 망망대해 같은 고독에 빠졌다." 은밀히 침투하는 억압, 집요한 시선, 점차 증폭되는 감시의 존재를 생생하게 느낀 카프카의 근대성. 푸코는 그러한 감시를 위한 팬옵티콘 양식과 감시가 사회체제 안에서 확산되는 과정을 잘 보여주었다.[15] 그 결과 감추려는 욕망이 생겼다. 미셸 드 세르토가 말했듯이 "우리 나라에서는 불투명함이 필연적인 것이 되었다. 그런 불투명함은 개인의 권리라는 미명 하에 거래와 행정의 모든 사회적 현실을 백일하에 공개하는 구조와 조화를 이루는 집단의 권리들에서 비롯되었다."[16]

방은 비밀의 권리를 지킬 수 있는 여러 형태 중 하나일 뿐이다. 이기주의를 몰아내고 집단적인 해결책을 찾는 데 주력하는 사회주의적 유토피아조차 방을 옹호하려고 애쓴다. 유명한 『공동체 법』(1842)의 저자 빅토르 데자미는 "동등한 사람들" 각각을 위해 "편안함, 유용함, 쾌적함, 위생성" 등 안락함의 모든 요소를 갖춘 개인용 방의 존재를 예견했다. 물건 정리를 위한 두 개의 벽장과 두 개의 침대간은 각각 침대용 하나와 화장실용 하나다. 침대 밑판에 용수철이 든 침대 하나, 최신형 근대적 침구류, 세면대, 머리맡 탁자, 조그만 원탁, 의자와 안락의자들 모두에 작은 바퀴가 달려 있다.[17] 일반 민중의 주거 형태의 조건을 세심하게

「미국 철도, 침대차의 장면들」, 에드가르 드가, 판화, 1877, 로제 비올레 컬렉션

관찰한 외젠 쉬도 독신용 침실을 유사하게 묘사했다. 쇠침대, "예쁜 페르시아 벽지", 커튼, 서랍장, 국민의 나무인 호두나무 탁자, 의자 몇 개, 작은 서가 등. 방을 소유할 권리는 인간이라면 거의 모두가 누려야 할 수준의 권리이다.

방을 가질 권리는 독립성과 자기존중을 보장한다. 필립 로스의 소설 『오점La Tache』의 주인공 포니아 팔리는 사랑의 행위를 한 후 연인의 침실에서 그대로 잠든 것을 후회한다. "나는 그곳에 남았다. 멍청이처럼 그대로 머물렀다. 나 같은 처녀에게는 자기 침대로 돌아가 잠을 자는 것이 중요하다. 물론 나도 침실을 가지고 있다. 아담하지는 않지만 어쨌든 내 침실이 있다. 나는 그곳으로 가야 한다."[8] 그녀는 "영원한 사랑"을 미끼로 그녀를 잡아두려는 남자의 집에 머물기를 거절했다. 침실은 자유의 증거였다.

혼자 잠자기

시인 외스타슈 데샹은 "둘이 자는 것보다 혼자 자는 것이 더 편하다"[9]고 말했다. 그와 동시대인인 몽테뉴의 견해도 마찬가지다. "나는 왕처럼 아내 없이 적당한 담요를 덮고 혼자 외롭게 자는 것을 좋아한다. 그러면 아무도 내 침대를 축축하게 만들지 않을 것이다."[10] 조르주 페레크에 의하면 "침대는 한 사람 혹은 두 사람이 밤 동안 휴식을 취하기 위해 고안된 것이지 그 이상의 사람들을 위한 것은 아니다.[11]

「여자들」, 툴루즈 로트레크, 석판화, 52×40cm, 조르주 펠레 출판사

「여자들」, 툴루즈 로트레크, 석판화, 52×40cm, 조르주 펠레 출판사

로마인들은 동굴이나 오두막에 있는 은둔처인 쿠비쿨룸에 칩거했다. 중세의 커다란 침대는 5~6명을 수용했다. 그러나 바로 그 시기가 지나고서 "사생활의 요람인 침대는 혼자만의 즐거움을 증가시켰다."[12] 또한 침대는 상처 입고 아프고 오랜 기마여행으로 지친 남자를 맞아들이는 고통의 장소였다. 사람들은 울기 위해 침대로 뛰어들었다. 특히 눈물을 억제한 근대에 그러했다. 한 일기 작가는 "밤 10시에 침대로 돌아가 우리의 이별을 슬퍼하며 울었다"고 일기에서 고백하고 있다. "나는 슬픔에 빠져 침대로 뛰어들었다. 그곳에서 나는 잠에 빠져들려고 노력했지만 허사였다."[13] 제인 오스틴의 소설에 등장하는 주인공들은 침실로 도피한 뒤에야 그녀들이 감추어야 하는 감정에 스스로를 내맡겼다. 범죄자도 침실로 숨어들었다. 침대에서 사람들은 몸을 웅크렸다. 침대는 피난처이자 보호처이며, 미사가 거행되고 유산으로 상속되는 가구였다. 중세의 회화작품에서 침대가 묘사된 경우도 있긴 하지만, 이는 흔히 질병과 죽음의 예외적인 상황에서였다.

육체에 대한 인식이 점차 예민해짐에 따라 타인의 몸의 존재 자체가 부담스럽게 여겨지고 자기만의 침대를 가질 것이 강력히 요구되었다. 이러한 현상은 모든 계층, 특히 도시에서 나타났다. 침대는 서구 문화 특유의 기묘하고 시적인 확산 속에서 그 수가 늘고 다양해졌다. 이렇게 해서 15세기 이탈리아에서 촉발된 잠자리의 개인화가 널리 보급되었다. 파리에서는 17세기 말에 "민중계급조차 진정한 의미의 침대를 소유했다."[14] 귀족적인, 그리고 더더구나 부르주아적인 이런 관행은 민중계급에까지 퍼졌다. 19세기에 노동자들은 공동 침실의 혼잡스러움을 꺼렸다. 제2제국 시대에 건축 공사장에 고용된 노르베르 트뤼캥은 "나는 더

「잠」, 필립 거스턴, 캔버스에 유채, 213.3×175.2cm, 1977, 개인

이상 다른 남자와의 접촉을 참을 수 없었다"고 말한다. 결혼의 증표인 침대의 할당은 별거 시 쟁점이 되었다. 치정 범죄를 저지른 한 피고는 "그녀는 더 이상 내가 집에서 자는 것을 원하지 않아요. 그래서 나는 그녀에게 우리 침대가 내 것이라고 주장했지요. 왜냐하면 그 침대는 전 주인이 내게 준 것이니까요"|15라며 변명을 늘어놓았다.

위생적이고 도덕적인 전문가들의 주장은 모든 종류의 전염을 막기 위한 방책의 일환으로 추진된 침실의 분리에 일조했다. 1793년 11월 15일 국민공회는 병원에서의 격리를 의무화했다. 19세기 초 구빈법 규정은 15세 이상의 청소년은 공장에서 혼자 자도록 명시했다. 교회와 의사들은 개인적인 잠자리를 옹호하는 데 의견을 모았다. 쇠침대의 대량 생산이 그 해결책을 제시해주었다. 각진 모퉁이와 금속 침대판, 그리고 최소한의 설비 덕분에 가볍고 조립 가능하고 값싸고 이동하기 쉽고 잠자리에 적당한 쇠침대가 잠자리의 민주화를 실현시켰다.

페레크는 침대의 승리를 찬양했다. "침대는 탁월한 개인 공간이요 몸의 기초적인 공간(단세포로서의 침대)으로 빚투성이 남자도 가질 권리가 있는 공간이다······. 우리는 각자의 침대 하나만을 가지고 있을 뿐이다." 이어서 페레크는 침대에서의 독서와 상상 속의 여행, 조금씩 갉아먹은 사탕, 공포의 경험을 떠올리며 "나는 내 침대를 좋아한다"|16고 덧붙였다. 우리는 모두 저마다 침대에 관한 기억을 갖고 있다.

우리는 침대에서 인생의 3분의 1 이상을 보낸다. 침대는 밤과 낮의 구분을 구체화하고 개인과 밤의 어두운 결합을 용인해준다.

「책 읽고 있는 젊은 여인」, 메리 커샛, 나무에 유채, 40.3×63.2cm, 1878

잠자기

"잠자는 사람은 자기 주변에 시간의 흐름, 그리고
나이와 세상의 질서로 된 둥근 원을 만들어놓는다."
_ 마르셀 프루스트, 『스완네 집 쪽으로』

무엇보다 먼저 우리는 잠을 자야 한다. 성경 말씀처럼 옷을 벗고 겉모습을 감싸고 있던 의복을 벗기고 늙은 남자를 발가벗겨야 한다. 공적인 남자의 모습은 이렇듯 흐트러지지만 여자는 밤을 위해 치장한다. 이런 현상은 오래전 궁정의례에서 비롯되었을 것이다. 조르주 상드는 할머니가 잠자리에 드는 과정을 다음과 같이 묘사했다. "잠자리에 드는 과정은 아주 길었다. 할머니는 먹을 것을 약간 드셨다. 그러고 나서 사람들이 베, 비단, 모직, 면으로 만든 작은 챙 없는 모자와 어깨에 걸치는 작은 삼각형 숄 등 열두 종류나 되는 것을 그녀의 머리와 어깨에 걸치는 동안 쥘리로부터 가족의 내밀한 일들에 관해, 그리고 로즈로부터 집안 살림살이에 관해 상세한 보고를 들으셨다. 그 일은 새벽 2시까지 계속되었다."[17] 그 시간은 가족이나 개인의 결산의 시간이었고, 기독교도에게는 밤의 무의식 세계에 빠지기 전 자기반성의 시간이었다.

잠자리에 들기 전 모두 이처럼 엄숙했던 것은 아니다. 그러나 잠자리에 들기는 항상 단절의 순간이었다. 또한 사람들은 자신들의 의복을 어떻게 정돈했을까? 물건들을 아무렇게나 던지는 사람과 정성껏 접어놓는 사람들 사이에는 사물과 자신에 대한 관계를 의미하는 태도의 차이가 있다. 흔히 남녀의 성별 구분이 제기되지만 항상 그런 것은 아니다. 독

신 남성의 침실은 좋은 평가를 받지 못한다. 그런 평가가 틀릴 수도 있다. 프란츠 카프카의 주인공으로 "두 노인 사이에서 살던" 블룸펠트*처럼 꼼꼼한 독신 남자도 있다. 더럽고 지저분한 것을 참지 못한 그는 자신의 구미에 맞게 침대를 정돈했다. 평화로움을 갈망하던 저자 자신처럼 말이다.|18

그러고 나서 사람들은 침대로 들어간다. 일부는 곧 "모르페우스**의 팔"에 안긴다. 다른 사람들은 각자의 문화적 방식에 따라 슬그머니 침대 시트나 깃털이불 속으로 들어간다. 몸의 자세도 문화에 따라 매우 다양하다. 우리 조상들은 짧은 침대에 반쯤 앉아서 잤다. 우리는 웅크린 채 옆으로 자거나 배를 깔고 아니면 등을 대고 "선교사" 자세로 길게 누워 잔다. 선교사 자세란 교회가 성행위를 위해 규정지은 자세인 동시에 죽은 사람의 자세다. 사실 이런 자세들 중 자연발생적인 것은 하나도 없다. 잠자는 "몸의 기술"은 다른 무엇보다 결코 자연스런 것이 아니다.|19 레비 박사는 옆으로 누운 자세보다는 차라리 수평적인 자세를 권했다. 그럼에도 불구하고 "딱딱한 침대 위에 등을 대고 자는 것은 발기를 자극해서 수음을 부추길 우려가 있다."|20 서 있는 자세에서 누운 자세로 바꾸는 것은 전쟁터에서보다 자신의 거처에서 더 단순한 일이 아니었다.|21 길게 누워 있는 사람은 어느 정도 낮게 평가되었으며 항상 위태로웠다. 권력을 지닌 자들은 어둠 속에서의 무기력함과 음모의 위험성을 우려했으며 로마 시대의 관행인 야밤에 암살당할까봐 두려워했다. 독재자를 제거하는 가장 간단한 방법은 그를 침대 안에 가두는 것이었다. 로마에서는 그런 일이 곧잘 벌어졌다. 도미티우스***는 그런 식으

---

*카프카가 1915년에 발표한 「늙은 독신남 블룸펠트」의 주인공.
**그리스 신화에 나오는 꿈의 신.
***?~25. 아프리카 총독을 지낸 로마의 오만하고 잔인한 정치가.

「아이리스와 모르페우스」, 피에르 나르시스 게랑, 에르미타주 박물관

로 죽었다. 여자는 무장해제된 남자를 위기로 몰아넣었다. 델릴라는 잠자는 삼손의 머리채를 잘랐다. 클레오파트라는 안토니우스를 타락시켰다. 이처럼 일그러진 남성성은 종종 혐오감을 불러일으킨다. 비올레 르 뒤크는 "나는 잠자는 사람들을 증오한다. 그들은 자신들의 마지막 말을 하지 못하고 죽은 자들이다"라고 말했다.[22]

수면 상태에 드는 것은 신중을 요하는 기술이다. 오늘날에는 지나치게 딱딱하거나 폭신하지 않은 침대의 질이 매우 중요하다.[23] 일부 건축가는 침대의 방향과 창문의 위치에 주목한다. 18세기에 재평가된 초록색은 괴테의 의견대로 육체와 정신의 휴식에 가장 유익한 색깔로 여겨져 잠자는 침실의 색깔이 되었다.[24] 보건위생학자들은 딱딱한 침대와 통풍이 잘되는 방, 규칙적인 습관과 시간표를 권장하는 한편 밤샘·흥분제·관능을 자극하는 독서, 심지어 지적인 작업을 피하라고 충고했다. 특히 낮과 밤을 거꾸로 살지 말라고 강조했다. 그것은 우주와 신, 그리고 시민의 질서를 전복시키는 것이기 때문이다.

밤에 침실에 처박히는 것은 불안감을 불러일으키고 그로 인해 잠드는 시간이 늦어진다. 잠은 죽음과 유사하고 죽음은 잠자는 사람을 불시에 덮칠 수 있다. 신자들, 특히 죽음을 기다리는 사람들조차 돌연사로 인해 외출도, 신과의 정규적이고 의례화된 만남도 불가능해질까봐 두려워했다. 신은 "나는 도둑처럼 찾아올 것이다"라고 예고했던 것이다. 저녁 기도, 자기반성, 회개, 용서의 간청, 수호천사들의 보호에 대한 호소, 침실의 불침번 서기가 권장된 것은 그런 이유에서였다. 잠자리에 드는 것은 언제 돌아올지 모르는 여행을 떠나는 것이다.

어린이들은 이러한 저녁 시간의 단절을 꺼렸다. 그들은 잠자러 가는

「클레오파트라」, 존 윌리엄 워터하우스, 캔버스에 유채, 1888, 개인

「침대에 있는 베네시아 스탠리」, 판 디크, 1633

시간을 두려워하고 가능한 한 늦추려 했다. 『잃어버린 시간을 찾아서』의 첫 장면에서 저녁 시간에 어머니의 입맞춤이 매우 중요한 의미를 지니는 것은 이런 맥락에서다. 화자에 따르면 "내 침실에서는 일단, 모든 출구를 봉쇄하고 덧문을 닫고 담요를 걷어치워 무덤을 파고 수의인 실내복을 입어야 했다. 사람들이 침실 안에 갖다놓은 쇠침대에 나를 매장하기 전에……." 1935년대에 어린 소녀 모나 소이에는 브르타뉴식 침실에서 겁에 질렸다. "그때 갈퀴처럼 생긴 손톱을 가진 괴물들이 바닥에서 올라왔다. 나는 할머니에게 할머니 침대에서 같이 자도 되는지 물었다."|25 어린이들은 램프를 켜놓고 문을 반쯤 열어놓고 누군가의 그림자가 보이기를 원했다.

그러나 어린이들만 불안해했던 것은 아니다. 앙리 미쇼*는 유난히도 그런 편이었다. "나는 잠들기가 퍽 어려웠다. 무엇보다 먼저 담요가 끔찍할 정도로 무거웠다. 침대 시트로 말하자면 마치 양철판 같았다." 그럴 때 고통스러워하지 않는 사람을 본 적이 없는 '플륌**'의 아버지는 그러면 어떤 자세를 취해야 할까, 하고 물었다. "잠자러 가는 시간 역시 많은 사람에게 최고의 형벌이었던 것이다."|26

『밤은 움직인다』에서 불면증, 불안한 그 순간들은 무엇을 의미하는 것일까? 어둠, 천장에 생긴 틈, 바닥에서 나는 삐꺼덕하는 소리, 생쥐나 혹은 쥐가 갉아먹는 소리, 나비 날개의 퍼덕이는 소리, 성가시게 앵앵거리는 모기 소리, 탁한 목소리와 조심스럽고 그럴수록 염려스런 약한 발자국 소리가 내는 소음들은 침실을 온갖 덫으로 가득 찬 무시무시한 공간으로 만들어버린다. 그런 침실에서는 미세한 움직임 하나도 아

---

*1899~1984, 벨기에 태생의 시인이자 화가로 1955년에 프랑스인으로 귀화했다.
**벨기에 태생 프랑스 문인으로 화가 앙리 미쇼의 작품 제목이자 주인공 이름. 깃털이자 필사를 뜻하는 이름을 지닌 플륌은 주인공답지 않은 주인공으로 꿈속에서 자신의 다양한 모습을 목격한다.

「황금바위에 대한 이야기」, 세이무어 조지프 가이, 캔버스에 유채, 86.4×71.1cm, 개인

주 중요하게 느껴진다. 통제 불가능한 미지의 침실 혹은 새로운 침실에서는 그 정도가 훨씬 더 심하다. 불면증은 환상과 유령에 시달리게 하고 자기 자신, 특히 실패한 자신의 인생을 되돌아보도록 만든다. 그것도 사람들이 항상 잠을 설치는 새벽 3시에 말이다. 잠자리는 고통스럽고 불편해 보인다. 사람들은 잠을 이루지 못하고 뒤척이고 또 뒤척인다. 사람들은 마치 소설 속의 화자처럼 또렷하면서도 마구 뒤섞인 희미한 기억의 상태에서 과거의 침실을 회상한다.

잠들기 어려운 사람들과 아예 잠을 놓칠까봐 두려워하는 사람들은 예방이나 치료를 위해 온갖 약제에 의존한다. 보리수 꽃의 탕약, 오렌지 꽃, 따뜻한 우유 같은 우리 조상들의 처방은 훨씬 복잡한 물질로 대체되었다. 예를 들어 아편 정기, 베로날, 아편, 약제사가 조제해준 약, 그리고 프랑스인들이 가장 많이 소비하는 수면제까지. 신경생물학자들은 정신의학의 의료 대상인 수면 장애에 관심을 기울인다.[27] 건전한 생활 방식은 심신의 균형 상태에 필수적인 적절한 수면을 보증한다. 유쾌한 밤 시간은 정숙한 품행, 마음의 평온, 신경의 안정을 의미하며 낮 시간 동안의 활동을 책임진다.

그렇다고 해서 잠자는 것이 지나쳐서는 안 된다. 서구 문화에서 잠은 썩 좋게 평가되지 않았다. 잠은 무기력을 상징했다. 감람산에서 잠이 든 제자들이 마지막 전야에 예수를 포기했듯이 말이다. "잠드는 것은 무관심해지는 것이다."(베르그송) 앙드레 지드는 "잠은 타락과 마찬가지다"라고 말했다. 그는 깨어 있는 상태를 높이 평가하고 침대 앞에서 창문을 통해 사물을 바라보려고 애썼다. 잠이 신체기관의 적극적인 활동으로 여겨지게 된 것은 20세기 후반에 이르러서다.[28] 위생학자의 견해에 따르면 잠은 8시간이면 충분하다. 끝없이 잠의 유혹을 받는 어린이들과 사춘기 청소년은 그보다 약간 더 자도 좋다. 그 이상이 되면 은밀한 모험과 불건전한 몽상에 빠질 관능적인 침대의 위험이 시작된다. 교육가들은 프루스트가 몹시 좋아하던 "느긋한 오전 나절"의 게으름을 비난했다. 일찍 잠자리에 드는 것은 정숙한 것이고 늦게 일어나는 것은 수상쩍은 것이었다. 사람들은 특별한 이유 없이 침대에 더 머무를 수 없게 되었다.

제러미 벤덤의 말을 들어보자. 『팬옵티콘』의 아버지인 그는 "잠은 인생이 멈추는 것이다. 잠자지 않으면서 침대에 머무는 습관은 사람을 태만하게 만든다. 따라서 그런 습관은 신체적인 건강에 해가 된다. 그런 습관은 나태함에서 비롯된 것인 만큼 도덕적인 건강에 유해하다"[29]라고 썼다. 공리주의 이론가인 그는 노동을 성장의 비결로, 빈곤을 비난받아 마땅한 무기력의 결과로 여겼다. 행운의 여신은 과감한 사람들과 아침에 일찍 일어나는 사람들에게 미소를 지었다. 오직 원기를 회복시키기 위한 잠만이 도덕적이다.

또한 침대는 "혼자만의 쾌락"의 비밀을 감춰준다. 크뤼데너 부인은 딸에게 시간을 탕진케 하는 "관능적인 침대와 상냥한 하녀"를 경계하라고 충고했다. 음란함에 대한 걱정에서 벗어나지 못한 이 부인은 꿈에 대해서조차 불안해한 나머지 꿈에 대한 통제가 필요하다고 말했다. "내 자신을 감시하는 습관이 얼마나 강한지 내 영혼은 보초를 서며 내가 일탈할 때마다 나를 지켜준다."[30] 도덕적인 차원에서 이루어진 감정의 억제 역시 상상 속에서 이루어졌다.

그러나 그러한 생각과 형상, 알 수 없는 느낌이 용솟음치고 밀려들고

「오달리스크」, 프랑수아 부셰, 캔버스에 유채, 53×64cm, 1745, 루브르 박물관

「잠자는 여인」, 피에르 오귀스트 르누아르, 1897

파고드는 것을 어떻게 통제할까? 그런 것들이 잠자는 사람들로부터 얼마나 호기심을 자아내고 놀라게 하며 사로잡는지 우리는 잘 안다. 꿈의 역사는 그 내용의 역사일 수도 있지만 그보다는 꿈에 대한 다양한 해석의 역사다.[31] 운명과 신, 저세상의 목소리, 육체적인 표현과 과학적으로 연구된 생물학적 리듬의 표시, 무의식의 신비로운 징후들, 깊은 자아로의 통로 등 프로이트는 이 모든 것에 대한 해석을 완전히 뒤엎었다. 꿈의 이야기는 한 무리의 군도와 풍성한 문학에 대한 세밀한 묘사로 이어진다. 자신들의 꿈속에 나타난 환영을 장황하게 설명하는 성인들의 뒤를 이어 꿈의 세계를 탐험한 사람들은 바로 문인들이다.[32] 특히 마약은 꿈의 차원을 변화시킨다.[33] 아편은 보들레르의 침실을 둘로 보이게 했다. "가구들은 꿈꾸는 것처럼 보인다. 사람들은 가구들이 식물이나 광물처럼 선천적으로 몽유병을 앓는다고 말할 것이다. 방 안의 천들이 꽃과 하늘과 지는 해처럼 무언의 언어로 말한다."[34] 알코올을 포함한 다른 마약들은 더욱 격렬하고 소름 끼치는 결과를 초래한다. 그 영향으로 침실은 낯선 인물들, 벌레들, 설치류들, 파충류들, 괴상한 동물들로 가득 찬다. 벽들은 부풀어 오른다. 벽지들은 찢어지고 그 사이로 물방울이 스며나오고 고름이 흐른다. 커튼 주름에 역겨운 동물들의 형상이 어른거린다.

"잠의 수호자"(프로이트)인 꿈은 침실에 머물지만 대부분의 시간 동안 꿈은 침실에는 무관심하다. 꿈은 물질과 부유하는 육체의 중압감에서 벗어나고 정상적인 생활의 구속에서도 해방된다. 또한 팽창감, 압박감, 고뇌, 숨막힘의 감정들, 깊은 심연에 빠진 듯한 잠수감, 피라네시* 양식으로 끝없이 이어지는 소용돌이 모양의 계단을 올라가는 듯한 느낌

---

*1720~1786. 허구적인 감옥 그림으로 유명한 이탈리아 화가.

「상상의 감옥」, 지오반니 바티스타 피라네시, 에칭, 1761

「악몽」, 헨리 퓨젤리, 캔버스에 유채, 1781

의 공간으로부터도 자유롭다. 로베르 앙텔므는 "머릿속에 침실의 형체가 떠오르면서 나는 잠에서 깬다"[35]고 말했다. 그것은 구석진 모퉁이도, 몽상의 비현실성이 경멸하는 자질구레한 부분도 아니다.

침실은 꿈을 향해 열리고 꿈은 침실을 전복시키고는 멀리 도망간다. 헤엄치던 사람이 강기슭에 닿듯이 잠자는 사람이 발로 다시 서면서 잠에서 깨어날 때 꿈은 침실로 돌아오며 사라진다. 드디어 끝!

사람들은 이때를 여명이라 부르곤 한다.

사랑하기

내밀한 몸받이인 침대는 몸의 비밀을 간직한다. 우리는 침대 시트 자락에 벗은 몸을 맡긴다. 신중하지 못한 사람들이 남긴 얼룩은 많은 일을 폭로한다. 그것들은 한밤중의 오염과 첫 번째 생리로 인한 피의 증거이거나 혹은 무월경無月經의 증거이기도 하다. 걱정스런 어머니들과 호기심 많은 하인들, 험담꾼인 세탁부들은 그런 표시들을 몰래 엿본다. 외젠 들라크루아가 그린 매우 관능적인 「흐트러진 침대」처럼 한밤중의 양피지인 침대 시트는 여러분을 있는 그대로 드러낸다.[36]

침대에서 사람들은 몸을 느끼고 몸이 커지고 변화하고 떨리는 것을 본다. 예기치 않게 성적 흥분을 경험하기도 한다. 자위는 새로운 쾌감을 안겨주지만, 소녀들은 스스로에게 그런 쾌감을 허용하지 않는다.[37] 마리 셰는 1975년의 자유로운 분위기에서 작성된 텍스트에서 그런 경

「빗장」, 장 오노레 프라고나르, 1778, 루브르 박물관

「기습 키스」, 장오노레 프라고나르

험에 관한 비밀 이야기를 용감하게 털어놓은 최초의 사람 중 하나임에 틀림없다. "얇은 이불 밑에서 낮은 음성이 부르는 소리가 들렸다. (…) 소녀는 자신의 몸이 벌어져 있음을 깨달았다. (…) 그녀 스스로 느낄 수 있으리라고 생각해본 적도 없는 감정의 격렬함에 그녀는 당황했다."|38 교육가와 성직자들 혹은 의사들은 자위 행위에 대한 우려를 떨치지 못했다. 그들은 자신들이 의도한 바이건 예기치 못한 것이건 간에 오르가즘과 터무니없는 체력 감퇴를 두려워했다. 결혼 외에는 별다른 구원의 방법이 없었다. 언젠가 결혼한 부부—이성애 커플이 되면 독신자의 침대는 두말할 필요도 없이 넓어질 것이다.|39 그러나 그때부터는 어떨까?

사랑하는 것은 다른 사람의 몸을 발견하고 발가벗기고(쥘리에트 그레코는 부드러운 목소리로 "내 옷을 벗겨주세요"라고 노래한다), 몸을 애무하고 어느 날 함께 잠자는 것이다. 쥘 르나르는 미망에서 깨어나 "사랑이란 당신이 사랑하게 되는 것이다. 다시 말해 당신이 한 여인과 함께 잠자기를 원하고 한동안 그녀와 함께 잠의 쾌락을 누리게 되는 것이다"|40라고 말했다. 어떻게 사랑을 할까? 어디에서 사랑을 할까? 도시의 젊은이들은 주로 셋집의 작고 누추한 방, 우연한 피난처, 공공장소의 긴의자, 정원의 작은 숲, 자동차의 뒷좌석을 전전하며 고통스러워한다. 그들은 위험을 무릅쓰고 결단을 내리고 고비를 넘겨야 한다. "내 방으로 와." 이 말은 최고의 유혹으로, 사랑을 "열어라, 참깨"라는 뜻이다. 사랑하거나 갈망하는 상대와 함께 한 침실에 들어가는 것은 사랑의 역사에서 결정적이고 불확실한 하나의 단계를 뛰어넘는 것이다. 적어도 예전의 전통에서 사랑의 행위는 성적으로 불평등했다. 한편에 자신만만하고 남성다운 확실한 태도가 있다면 다른 한편에는 주저하거나 혹은 강렬한 동의를 보

「유혹 전」, 윌리엄 호가스, 1731

「유혹 후」, 윌리엄 호가스, 1731

이는 태도가 있다.

　소녀나 몸가짐이 단정한 여자는 남자의 침실에 들어가지 않았다. 그녀는 단지 신중하게 문을 열 뿐이다. 그런 만큼 그것은 승낙의 표시였다. 외제니 그랑데는 금기를 깨고 사촌의 침실에 들어간 순간 금전적인 어려움에 처한 그의 비밀을 눈치챘다. 주지하다시피 그녀는 그 대가를 치러야 했다. 그녀는 아버지에 의해 자신의 침실에 감금당했다. 마틸드 드 라 몰은 새벽 1시에 자신의 침실에서 쥘리앵 소렐*과 만나기로 약속했다. 그러나 그녀는 그에게 문을 열어주지 않았다. 그래서 그는 과거에 레날 부인을 위해 그랬던 것처럼 정원사의 사다리를 빌려 창문을 넘어 들어가야 했다. 같은 경로를 두 번째 이용하게 된 그는 적극적인 태도로 덧창을 두드렸다. 그러고는 "겁에 질려 마틸드의 침실에 들어갔다. 당신인가요? 그녀는 그의 팔 안에 쓰러지며 말했다." 자존심 강한 이 아가씨는 제재공의 아들에게 문을 열어주기에는 지나치게 오만했던 것일까? 그녀와 그 사이에 놓인 침실 출입구가 관건이었다. 그곳은 권력과 사회, 사랑의 경계선이었다. 그 가치를 잘 아는 그는 낯선 이 집에서 자주 그만의 영역인 "침실 안에 열쇠로 문을 꼭 잠근 채 처박혔다."

　사랑의 불장난과 매력을 시험하기에 적절한 긴 여름용 휴양 저택은 한밤중의 소통을 부추겼다. 사람들은 메시지를 주고받고 상대방의 불빛을 감시하고 눈에 띄지 않게 두드리고, 이 방에서 저 방으로 몰래 방문했다. 기계가 녹아 붙어서인지 아니면 고의적인 것인지 모르지만 열쇠는 항상 잘 돌아가지 않는다. 바람둥이들은 이따금 정복을 위해 종종 낡아빠진 자물쇠를 강제로 부수고 빗장을 잡아당겨 문을 연다. 프라고나르의 작품 「빗장」에 등장하는 격렬한 젊은 남자처럼 말이다. 그

* 스탕달의 소설 『적과 흑』의 주인공.

림 속의 남자가 흐트러진 침대 위에 있는 놀란 여인을 정복하러 왔는지 아니면 그녀의 정부인지 우리는 알 수 없다. 당혹스러울 정도의 불분명함은 그가 방탕아일 수도 있다는 점을 암시한다. 요컨대 남녀 간의 사랑에서는 항상 문지방이 중요하다. 제임스 볼드윈*의 주인공 데이비드는 그가 미친 듯이 사랑하는 지오반니의 방 문지방에서 망설인다. 문지방을 넘는다는 것은 그의 사랑을 받아들이는 것일 뿐만 아니라 결국은 동성애를 인정한다는 것이기 때문이다.[41]

리턴 스트레이치는 훨씬 자유로웠다. 그는 랭커스터 게이트 가문의 괴상한 집에 대한 또렷한 기억을 잘 묘사했다. 그의 침실은 꼭대기 층에 있었고 그곳에 가려면 구불구불한 계단을 통과해야 했다. 여름에 청춘의 밤을 보내고 돌아와 "나는 문을 열고 들어갔다. 그러고는 곧 어느 방에나 똑같이 놓여 있는 두 번째 침대를 누군가 차지하고 있는 것을 보았다. 나는 좀더 가까이 다가가서 누구인지를 주시했다. 그는 던컨이었다. 아침의 달콤한 포근함에 젖은 나는 이상야릇한 환희를 느끼며 옷을 벗었다. 내 침대로 되돌아가자 던컨이 침대 시트를 덮지 않고 헐렁한 파자마 차림으로 거의 벌거벗은 채 길게 누워 있는 모습이 보였다. 그의 몸, 열아홉 살짜리 젊은 남자의 마른 몸이 내 시야로 들어왔다. 나는 아주 행복했다……. 나는 침대로 돌아가 깊이 잠들었다."[42] 앞날을 예언하는 아무런 꿈도 꾸지 않은 채 말이다.

닫힌 침실에서 연인들은 침묵과 내밀성, 신중함, 익명성을 요구한다. 거친 숨소리와 사랑의 울음소리(호텔에서 이웃 방의 누군가가 내는 소리는 정말 견디기 힘들다)를 막기 위해 벽은 충분히 두꺼워야 하며, 덧창은 닫혀야 하고, 외부의 성가신 빛들을 차단해줄 커튼도 필요하다. 연인들은

---

*1924~1987. 20세기 중엽 성과 인종 문제를 주제로 한 작품을 발표한 미국의 소설가이자 희곡작가이며 시인.

이 세상에서 오직 그 자신들뿐이다. 그들만의 모험을 지켜주는 것은 실제이건 인위적이건 어두운 밤과 이색적인 낮이다. 침실은 근본적으로 그들의 모험에 초연할 뿐이다.

사랑은 실내장식에 무관심하다. 사람들이 사랑을 나눈 침실을 기억할까? 그럼에도 불구하고 침대의 움푹 팬 곳은 육체적 결합의 지점, "비밀과 침묵 속에서 이루어진 긴밀한 애정의"[43] 공간을 상징한다. 보들레르는 "우리는 가벼운 향기로 가득 찬 침대를 가질 것이오/ 무덤처럼 깊은 침상"[44]이라고 읊었다. 또한 프랑스의 옛 노래는 침대의 한가운데를 다음과 같이 찬미했다. "아름다운 여인이여, 그대가 원한다면/ 우리는 함께 잠을 잘 것이오/ 새하얗고 레이스 장식이 달린 큰 침대에서/ 침대 한가운데에/ 강이 깊어서/ 왕의 말들 모두가/ 그곳에서 함께 목을 축일 수 있을 것이오/ 우리도 그곳에서 쉽시다/ 세상이 끝날 때까지."

기도하기

은둔하는 관행은 오래전 로마 문화에 뿌리내렸다. 로마인들은 잠자고 책을 읽고 연구하고 뾰족한 필기구로 글을 쓰기 위해 방exedra, 움푹 들어간 곳, 외진 벽감에 틀어박혔고 그곳에는 흔히 벽에 장식품들이 붙어 있었다. 밤중의 침묵은 영감, 즉 경멸적인 의미라기보다는 찬사의 의미로서 노동의 "작품"에 유리한 것으로 여겨진다.

고대인의 지혜에 접목된 기독교의 은둔주의는 동굴이나 오두막집의 초라함과 신 앞에 선 죄인의 절대 고독에 더 높은 가치를 부여했다. "포

르루아얄의 은둔자들"＊에게서 드러나듯이, 고독한 영혼은 자연과 결합했다. 그들은 자신들을 받아준 수녀원에 여러 곳의 은둔처를 지을 계획을 세웠다. "그야말로 수녀원 주변에 수사들을 위한 12개의 오두막집을 지으려는 시도였다. 그곳에 초대받을 만하다고 여겨지는 나리들이 은둔하다가 한 명씩 사망하면 그때야 비로소 검증된 후계자가 한 명씩 받아들여질 것이다. 그들은 모두 외출을 삼간 채 사제가 미사를 올리는 부속 성당으로 갈 것이다. 이 땅의 모든 사람이 모인 시온의 이상향이 바로 이곳이다"|45라고 생트뵈브＊＊는 약간 빈정거리는 어조로 말했다.

"고전적인 수사학에서 방에 틀어박힌다는 것은 수도사의 표현에서처럼 사적인 사고에 몰두하는 성향을 지녔다는 증거이며, 창조를 위해서는 필수적인 깊은 사색의 장소에 홀로 처할 준비가 되었다는 표시다."|46 잠자고 신에게 자신을 바치고 마음을 열고 자기 자신에게서 분리된 극도의 쇠약한 상태야말로 명상에 적절하다. 수많은 예언자를 보면 병에 걸리거나 쇠약해졌을 때 통찰력이 빛을 발했다. 성인 베르나르는 내면생활의 신비와 "독방의 비밀"을 상기시켰다. 성가에 관한 설교를 하면서 그는 정원(시간)에서 지하 저장고(재능)와 방(보상)에 이르는 길을 걸었다. 앙셀므는 "네 영혼의 작은 침실로 들어가라"고 말했다. 그곳에 은둔하는 것은 신을 찾는 것이고 자기 자신을 발견하는 것이다. 그러면 아마도 신을 발견할 수 있을 것이다.

독방cella은 누구보다도 외톨이, 은둔자, 칩거하는 사람의 거처를 가리킨다. 성 요한에 따르면 수사는 속세에서 떨어져 살아야 한다. 독방은 또한 고행의 도구이기도 하다. 그곳의 옹색함은 몸을 괴롭히고 상하

＊루이 14세의 종교적 박해를 받아 슈브뢰즈 계곡에 위치한 수녀원으로 피신한 얀선주의자들.
＊＊1804~1869. 프랑스의 문예비평가.

게 한다. 시리아에서 수많은 은둔자는 일어서지도, 잠자기 위해 길게 눕지도 못할 정도로 작은 집을 지었다. 그 결과 그들 중 일부는 특히 그 날의 제6시과* 도중 권태에 빠질지도 모른다. 그러나 은둔이 반드시 보편적인 자기완성의 길은 아니다. 사람들은 과도한, 특히 여성들의 은둔을 경계했다.[47] 수도원들에서는 거처로 수도원 경내와 폐쇄적인 독방을 선호했다. 대규모 수도회는 집단생활의 규율을 체계화함으로써 노동과 기도, 그리고 독방을 전체 속에 자리매김하는 공동/개별 수행이 균형을 이루게 했다. 대(大)샤르트르 수도회는 극도로 정확하게 교대로 이루어지는 세퀜티아**를 완성하고 독방을 각각의 정원과 가구, 물품이 구비된 독자적인 공간으로 구성했다. "독방에서 끈질기게 버티고 그럼으로써 스스로 터득해야 한다." 샤르트르회 수사들은 가장 오랜 시간 독방생활을 지탱했던 사람들이다. 베네딕트회 수사들은 독방생활에 덜 집착했다. 그럼에도 불구하고 성 브누아***의 규범은 수사들에게 개인용 침대에서 옷을 입은 채로 잠들 것을 못 박고 있다. 하지만 6세기에서 15~16세기까지 독방보다는 공동의 방이 우세했다. 르네상스 이후 신앙심 때문이기도 했지만, 그보다는 사회적 구별짓기로 인해 독방이 다시 유행하면서 벽들과 칸막이가 늘어났다. 소(小)수도원장과 수도원장은 그때부터 열쇠로 잠그는 안락한 독방을 쓰기 시작했는데 그러한 독방은 그들의 권위를 상징했다.

    은둔은 반드시 독방과 관련된 것이 아니라 그보다는 우선 자연과 결

---

* 수도원에서는 예배를 중심으로 한 성무 일과에 따라 밤 시간을 제외한 하루를 8개의 시간대로 구분하는데 그중 제6시과는 정오경에 이루어지는 다섯 번째 예배에 해당된다.
** 9세기경 수도원에서의 예배를 위해 만들어진 a bb cc dd 형식으로 반복되는 단선율의 속창.
*** 480~547. 베네딕트 수도회의 설립자인 성 베네딕트가 만든 수도원 규범은 중세 서유럽 수도원 제도와 유럽 문명에 지대한 영향을 미쳤다.

부되었다. 17세기의 기독교 사상은 방보다는 숲을 찬양했다. "나는 익숙하지 않은 사람들에게는 황량하기 짝이 없는 장소를 찾는다/ 그곳에서 해묵은 바위의 움푹 팬 곳에/ 내 거처로 쓸 보잘것없는 성전을 하나 파고 싶다."[48] "광야"는 "아무것도 없는 벌판"이며 강이나 운하, 작은 초목들, 세비녜 부인(1626~1696)*의 표현처럼 포르루아얄의 "음산한 골짜기" 끝에 위치해 있다. 17세기는 풍경을 신성시하고 영혼과 정원을 결합시켰다. 아침 햇살이 구름 사이에서 노니는 가운데 사람들은 산책하고 새들의 비상과 느릿느릿 기어가는 괄태충을 관찰하며 사색에 잠겼다. 영혼은 고독한 정원에 동화되었다.[49] 방에 처박히는 것은 때로 수상쩍게 여겨졌기에 그보다는 정원 가꾸기, 식물학, 광물학 등이 명상에 이로운 작업으로 추천됐다. "고독한 산책자" 루소는 그러한 명상가들의 세속적인 후계자다.

고독은 사색과 묵상, 회개를 허용한다. 죄인은 신 앞에서 벌거벗는다. "죄인을 위해 유익한 시간이 있다면 그것은 지금 내가 존재하고 침묵이 지배하며 오직 당신을 경배하는 이 순간입니다."[50] 고독은 기도에 어울린다. "기도할 때는 문을 닫고 아무도 모르게 하느님 아버지께 기도하라"고 예수는 충고했다. 교회에서는 항상 전례기도와 사적인 기도가 공존한다. 첫 번째 기도에 비해 개인적인 두 번째 기도는 확실히 의례와 관례적인 표현 없이 이루어진다. 묵도는 까다로운 것이었으며, 묵도에 성공하지 못한 일부 신자는 심지어 묵도를 두려워했다. 성직자들은 그런 신자들을 돕기 위해 묵상록, 거양성체록, 영적인 대화집, 심지어 격한 감정을 토로한 글들을 발표했는데, 브르몽 신부**는 그런 유의 풍성한 문학작품을 세심하게 검토했다. 17세기의 신비주의는 이러한 내면적

---

* 브르타뉴 로슈에 은거하며 파리의 지인 및 딸과 주고받은 수많은 편지를 남긴 17세기의 대표적인 서간문학 작가.
** 1865~1933. 프랑스 가톨릭 사제로 역사가이자 문학비평가였으며 프랑스 학술원 회원.

인 기도를 중시하는 경향을 보였다. 그러나 은둔 그 자체가 세상 밖으로의 후퇴가 될 것을 우려한 예수회는 내면적인 기도를 경계했다. 얀선주의자들은 문학작품에 몰두하는 동시에 선행에도 관심을 기울이며 기도와 노동, 두 측면의 균형을 지키려고 애썼다.

결과적으로 침실은 독방과 복잡한 관계를 유지했다. 수녀들의 방을 포함해서 독방은 침실이 아니었으며 침실이 되어서도 안 되었다. 독방은 간결하고 최소한으로 축소되어야 했다. 가장 고결한 수녀들의 잠자리로는 널빤지 하나면 충분했고 보통 때는 짚을 넣은 매트를 썼다. 테레즈 다빌라*의 『수녀원 헌장Constitution』에는 "침대에는 매트가 없을 것이며 다만 짚을 넣은 주머니가 있을 것이다……. 경험에 의하면 허약하고 병에 걸린 환자들도 그런 침대로 버틸 수 있다"|51는 구절이 있다. 공동체는 계율을 따르기 때문에 "자매들은 사적인 물건을 전혀 소유하지 못할 것이다. 따라서 먹거리에 관한 것이건 의복이건 어느 것도 허용되지 않는다. 자매들은 공동체 사무실의 장을 제외하고는 개인용 함이나 상자, 벽장, 옷장을 갖지 못한다. 결국 자매들은 사적인 물건을 전혀 지니지 못하며 모든 것은 공유된다. 소수녀원장은 자매들 중 하나가 책이나 "독방" 등 다른 어떤 물건에건 애착을 보이면 그녀에게서 그것을 빼앗을 정도로 세심한 주의를 기울여야 한다."|52

종교개혁가들은 이처럼 제 것으로 만들려는 시도에 맞서 꾸준히 싸웠다. 수녀들은 공동체, 이를테면 공동의 식탁으로 돌아가기를 싫어했으며 자신들의 독방에서 누리던 "풍성함"을 포기하기를 꺼렸다. "그녀들은 가장 아름다운 부속 성당을 소유하고 가장 많은 보석을 지닌 사람들을 질투했다. 왜냐하면 그런 물건들이 그들을 돋보이게 하고 귀한 여

---

*1515~1582. 1535년 카스티야 아빌라에 위치한 카르멜 수녀회에 들어가 신비주의적 체험을 한 뒤 수녀원 개혁과 경건한 신앙생활을 전파하는 데 진념했다.

「수녀원의 방」, 조아키노 토마, 1888, 로마 국립현대미술관

자처럼 보이게 한다고 생각하기 때문이었다." 상급 수녀는 보석과 돈, 리넨 제품 등 "온갖 불필요한 물건"을 자신에게 넘기라고 아래 수녀들을 다그쳤다. 개혁이 시도된 수많은 수녀원에서는 자의건 강제건 간에 수녀들이 줄지어 자신들의 보물을 가져가는 이상한 행렬이 벌어졌다.[53] 그러나 다른 수녀들은 투덜거리며 숨겼다. 독방은 그런 상황에서 개혁에 저항하는 보루 역할을 했다.

당시에는 독방을 열쇠로 잠그는 추세가 널리 퍼져 있었다. 그런 추세와는 반대로 마리 드 랭카르나시옹과 마르무티에 소수도원장의 아들 클로드 마르탱 경은 수사들이 자유롭게 자신을 찾아오도록 방문을 열어 놓았다. 게다가 이 모범적인 소수도원장은 청결함을 매우 중시했다. 매주 토요일 그는 독방들을 검사하고 청소를 시켰다. 수사들이 다른 행동을 하지 못하도록 그 자신이 직접 "가장 보잘것없어 보이는 물건들조차 손으로 닦으며" 말이다. 죽음이 임박했음을 느낀 그는 그때까지 받은 모든 선물 가운데 특히 어머니가 보낸 퀘벡 지방의 선물임에 틀림없는, 안에 털이 든 모피 외투를 없애고 자신의 독방을 청소한 뒤 꽃으로 장식하도록 했다. 빈소가 되어버린 독방에서 그는 순백의 옷을 입고 신과의 만남을 기다렸다.[54] 그것은 독방의 훌륭한 용례 중 하나다.

성녀들은 또한 '사적인 우정'에 맞서 싸워야 했다. 테레즈 다빌라의 규범은 유난히 엄격하다. "어떤 자매도 소수녀원장의 허가 없이 다른 자매의 방에 들어갈 수 없으며, 만약 위반하면 무거운 벌을 받을 것이다." 작업실에도 절대 들어갈 수 없다. 그곳은 위험한 접촉이 일어날 수 있는 구역이기 때문이다. 미사와 공동체 생활 중간에는 "각자 독방이나 소수녀원장으로부터 지정받은 외진 곳에 머무르며" 그곳에서 혼자 일해야 할 것이다. 몸의 격리: "자매들 중 어느 누구도 다른 자매를 껴안지도 얼굴이나 손을 만지지도 말아야 한다." 마음의 격리: 사랑을 갈망하던 테레자는 "사랑받으려는 욕망은 매우 어리석은 것이다"[55]라고 언급했다.

사람들은 독방에서 독서에 빠져든다. 독실한 사람들은 책, 특히 성직자들을 위해 쓰인 학술서에 몰두했다. 성직자들의 독방은 교부들에게 어울리는 작은 서재가 되었다. 교부들은 여성들에게 경외의 대상이었고 그녀들의 고해신부들은 그녀들에게 글을 쓰라고 권했다. 수아예 신부는 1669년 수녀들에게 매일 "가장 감동적인 명상과 결심"을 8~10줄씩 기록하라고 충고하며 "글쓰기를 통해 기억을 순화시킬 것"을 권했다.[56] 훗날 마리 드 랭카르나시옹이 된 마리 마르탱 기야르는 자신의 전기를 쓴 아들 클로드 경에 대한 강한 그리움에 사로잡혔다. 환희의 감정이 지나치게 격해지자 그녀는 "펜으로 자신의 감정을 누그러뜨리기 위해 방에 처박혀 감정상의 변화를 글로 옮겼다. 격정이 사그라들자 그녀는 자신이 쓴 것을 불태웠다."[57] 은둔과 마찬가지로 글쓰기 습관에서도 절제가 요구되었다. 에스파냐에서 광신자들의 위기가 닥쳤을 때 사람들은 "성 프란체스코회 수사"[58]임을 자처하며 "책을 읽거나 기도에 몰두한 채 거의 하루 종일 침실에 처박혀 지내는" 일부 명상가를 비난했다. 여기에서 제기된 것은 전적으로 지적인 작업의 문제였다.

읽기

　　　　　　독서와 침실의 관련성은 유구하며 다양하다. 혼자서 눈으로 하는 독서는 침실을 도피처로 삼았다. 알리에노르 다키텐*은 퐁트브로 수녀원에 있는 그녀의 무덤에서 책을 읽고 있는 모습으로 묘사되었다. 알베르토 망겔**은 침대에서 상당량의 책을 읽었다. 그리스나 로마 시대에 이런 습관은 낯선 것이었지만 중세에는 수도원에서까지 일상화되었다.[59] 13세기의 채색 삽화에는 간이침대에 앉아서 책을 읽거나 선반 위에 놓인 뾰족한 필기구로 글을 쓰는 수사가 등장한다. 수사를 중심으로 사각대 위에, 그리고 짐작건대 지독한 냉기 막이용 덮개로 감싸인 받침대 위에 책들이 놓여 있다. 그는 침실을 경건하고 박식한 벽감으로 만들어버렸던 것이다. 게다가 냉기는 이따금 중요한 역할을 했다. 랠프 에머슨은 플라톤의 『대화』를 읽던 당시의 "얼음장 같은 방"을 회상했다. "그는 언제나 플라톤을 모직물 냄새와 연결지었다."[60] "침대에서의 독서는 자기중심적이며 부동의 행위이고 사회적 관례에서 자유로우며 이 세상으로부터 스스로를 감추는 행위다. 그러한 행위는 침대 시트 사이에서, 특히 사치와 그리 바람직하지 않은 나태함의 영역에서 이루어지기 때문에 약간 금지된 것들에 대한 유혹을 느끼게 한다."[61]

　흔히 오랫동안 낮잠을 자도록 혹은 지나치게 일찍 잠자리에 들도록 강요당하는 어린이들과 사춘기 청소년들에게 독서는 아름다운 추억거리다. 1832년 루앙 콜레주의 기숙생 플로베르는 "지겨운 숙제를 끝내고 문학작품을 읽기 시작했다. 우리는 공동 침실에서 눈이 피곤할 정도

---

*1124~1204. 프랑스 왕 루이 7세의 왕비에 이어 영국 왕 헨리 2세의 왕비가 된 여인으로 프랑스와 영국 두 왕국의 관계에서 핵심적인 역할을 했다.
**아르헨티나 출신의 캐나다 작가.

「잠들 때 읽어주는 동화」, 안톤 에베르트, 1883, 개인

로 소설을 읽었다"고 썼다. 사르트르는 독서를 저항의 상징으로 여겼다. "밤중에 금지된 반체제 작가의 글을 몰래 읽는 것은 금기의 위반을 되풀이하는 것이었다. 지겨운 일은 전부 낮에 이루어졌다. 태양, 감시, 끝없이 충족시켜야 할 생리적인 욕구가 그랬고 고전 교육, (…) 경쟁, 부르주아의 지루한 권태도 그랬다. 문학작품 읽기는 밤에 이루어졌다. 그것은 고독과 도취의 세계였으며 상상의 세계였다."[62] 규율을 준수하고 순종적인 낮과는 달리 밤은 자유를 대변한다. 공동 침실에서 밤은 책과 꿈을 사랑하는 사람들의 벗이다. 침실에서는 더더욱 그렇다. 사춘기 청소년과 여인들은 침실에서 밤이 깊도록 깨어 있었다. 19세기에 여인들은 독서를 즐겼다. 소설이 여인들의 시간 보내기와 신경, 상상력에 미칠 영향을 우려한 성직자와 도덕주의자들은 독서에 대한 그녀들의 강렬한 욕망을 불안하게 여겼다. 소파나 등받이와 팔걸이가 없는 긴의자에 눕거나 침대에 웅크리고 앉아 책을 읽는 여자의 모습, 미소 짓는 입, 탐욕스런 얼굴은 에로틱한 그림의 공통된 주제다. 책을 읽는 여자들은 위험스런 존재였다.[63]

조명을 어떻게 하는가도 중요한 역할을 했다. 들라크루아의 스케치에 묘사된 양초의 흔들리는 불꽃은 "침대에서의 독서"를 상징하고,[64] 기름이나 석유램프, 그리고 빛을 독차지할 수 있는 피종 램프*와 카르셀 램프**는 그보다는 안정적인 독서를 상징했다. 플로베르의 공동 침실에 있던 연기 나는 켕케식 램프의 노란색 불빛은 눈부시게 환하고 밝기가 일정한 전기 불빛으로 대체되었다. 물론 초기에는 전구의 불빛이 희미해서 시골의 외관을 어슴푸레하게 비추는 데 그쳤지만 말이다. 전기

---

*파리 사마리텐 백화점 설립자 샤를 피종이 1860년경 발명한 화려한 장식의 놋쇠로 만든 기름 램프.

**1800년 시계 제조업자 카르셀이 발명한 램프로 이동이 불편하거나 조명 시간이 짧은 기존 램프의 단점을 극복함으로써 19세기에 가장 일반화된 램프.

「독서하는 처녀」, 프란츠 아이블, 1850, 벨베데레 박물관

「책 읽는 사람」, 장 자크 에네르, 1880~1890, 오르세 미술관

「케이티 루이스의 초상」, 에드워드 번 존스, 1866, 맬릿 갤러리

「책 읽는 처녀」, 테오도르 루셀, 캔버스에 유채, 1877, 테이트 갤러리

라는 요정은 오랫동안 주택이나 아파트의 공동구역을 차지했을 뿐이다. 전기는 침실에는 과분한 것이었다. 침대에서의 독서는 몰상식할 정도로 사치스런 일이었기에 야간 소등이 실시되었다. 코타르 부인이 오데트에게 놀라움을 금치 못하며 감탄한 것은 바로 그 때문이었다. "글쎄 베르뒤랭 부인이 새로 산 저택에 전기로 조명을 할 것이라는 이야기를 들었나요? (…) 빛을 부드럽게 하는 갓이 달린 전기 램프를 침실에까지 놓는다는군요. 그건 정말이지 굉장한 사치예요."[65] 한밤중의 독서를 연장시키고 사적인 시간을 가능케 한 이른바 머리맡 램프의 시대가 도래한 것이다. 그것은 기술이 개인적인 소비 양식에 미친 영향을 보여주는 수많은 예 가운데 하나다. 램프와 더불어 마음에 드는 머리맡 책들의 시대가 시작되었다. 사람들은 그 책을 탐독하거나 그 책을 통해 사색에 잠겼고 혹은 단순히 마음의 위안을 얻기도 했다. 성경책은 개신교도들의 머리맡 탁자에서 떠나는 법이 없었다. 방탕한 사람들은 "오직 한손만으로 읽는 책들"[66]을 택했다. 콜레트*는 어린 시절에 『레미제라블』을 즐겨 읽었다. 망겔은 환상적인 동화나 경찰 소설을 선호했다고 말했다. 머리맡 책들은 저녁 시간에 침실에서 이루어진 독서와 침대의 결합을 확인해준다.

마르셀 프루스트는 콩브레**의 침실에서 즐기던 행복한 낮잠 시간을 떠올리며 "우리가 완벽하게 누린 어린 시절은 아마도 어린 시절 없이 지냈다고 생각할 때일 것이다. 그때 우리는 좋아하는 책과 더불어 지냈다"라고 썼다. 콩브레의 침실에서 "성소에 깊숙이 놓인 것 같은 침대

---

* 1873~1954, 프랑스 여류 소설가. 초반에는 주로 자전적 경향의 작품을 썼으나 점차 사랑의 미묘함을 묘사하는 심리소설 성향의 작품을 쓰는 걸로 변했다. 작품으로 『클로딘 이야기』, 『푸른 보리』, 『셰리』 등이 있다.
** 어린 시절 프루스트가 천식에 걸렸을 때 머물던 일리에 촌락을 배경으로 그가 소설 속에서 형상화한 허구의 마을.

「책벌레」, 칼 스피츠베그, 1850년경, 게오르크 셰퍼 미술관

둘레에는 하얀색 커튼이 높이 쳐져 있어서 사람들의 시선으로부터 침대를 지켜주었다." "발치까지 덮인 비단이불, 꽃무늬 누비이불, 수놓아진 침대 커버, 흰 삼베 베갯잇 등이 잔뜩 늘어져 있는" 침대는 마치 제단 같은 형상이었다. 어쩔 수 없이 산책을 하기 위해 그 침실에서 벗어나야 할 때면 그는 산책 시간을 줄였다. 저녁 시간이 되어 침실로 돌아가는 것은 얼마나 커다란 기쁨이던가! "나는 저녁 식사 후 마지막 밤 시간까지 오랜 시간을 독서하는 데 보냈다." 역사의 종말이 오더라도 그는 독서를 계속했을 것이다. "당시에 들키면 벌 받을 각오를 하고 또 책읽기를 마치느라 아마도 밤새 잠을 이루지 못할 것을 무릅쓰고 나는 부모님이 잠자리에 들자마자 양초에 다시 불을 붙였다."[67] 책의 마지막 장을 넘길 때면 실망과 좌절이 밀려왔다. 허망하게 독서가 끝나버림으로써 책 속의 존재들과 애착을 느끼던 등장인물들은 아무것도 아닌 존재가 되어버리고 독서가는 마치 일에서 쫓겨난 문제아 취급을 받고 저녁 독서의 매력은 사라져갔다.

쓰기

침실은 전형적인 사색의 장소다. 예를 들어 수학적인 직관은 밤에 원활해진다. 알랭 콩은 "수학자들의 가장 커다란 애로 사항은 자신들이 가장 집중적으로 일하는 시간이 어두컴컴한 침대에 누워 있을 때라는 것을 배우자에게 납득시키는 일이다"[68]라고 말했다. 침실은 사적인 글을 쓰기에 적절하다. 사적인 글쓰기는 장서류와 참고서류에 의존할 필요가 없기 때문이다. 홀로 친한 친구에게 글을 쓰려면 극도로 정교해진 기술로 눈에 띄게 간결해진 환경이 조성될 필요가 있다. 탁자, 의자, 종이, 펜, 만년필, 컴퓨터가 나오기 전까지는 타자기, 특히 닫힌 문과, 밤에 의해 확실하게 보장되는 고독과 평온, 그리고 서재 없이 방 한구석을 활용할 경우 문인들의 배우자가 전부다. 러시아 일기작가 예카테리나 밧콥스카야는 일기를 쓰기 위해 자신만의 사무실을 갖기를 꿈꾸었다. 그녀는 자기 사무실에 대한 상상을 묘사하면서 그것을 얻으려면 사람들이 얼마를 요구할지를 예측해보았다. "하늘에서 돈이 떨어지기를 내가 얼마나 바랐는지 모른다. 나는 내 사무실을 예쁘게 꾸밀 계획을 갖고 있었다. (…) 나는 그 디자인을 수없이 많이 그렸다."[69]

침실은 모든 유형의 글쓰기에 적합하다. 그러나 그중 일부는 어떤 의미에서 보면 침실과 불가분의 관계에 있다. 여행의 한 단계를 끝냈을 때 쓰는 여행기나 혹은 내밀한 여행기, 묵상록, 자서전, 편지 등이 그렇다. 그런 유의 '개인적인' 작품은 평온함, 이를테면 백지와의 대화를 요구한다. 내밀한 일기의 기원은 분명치 않다.[70] 비록 수도원에서의 은둔이 글 쓰는 작업에 유리한 기회를 제공하고, 또 17세기 이후 그런 충고가 나타나기는 하지만 일기가 반드시 종교에서 비롯된 것은 아니다. 19세기에 고해 신부들은 고해자들에게 그러한 자기반성과 절제를 권유했고 개신교 문화도 그런 측면에 관심을 기울였다. 사춘기, 특히 소녀들의 수많은 일기는 바로 인생의 초창기에 탄생했지만, 더 자유롭게 표현하고 더 개인적인 전유를 위해 종종 그런 엄격성에서 벗어났다. 아미엘*의 일기는 그처럼 고르지 못한 일기의 전형이다. 경건한 일기는 저녁에 호젓한 침실에서 램프의 불빛을 받으며 쓰여졌고 점차 내밀해졌다. 그럴 때 타인

---

*1821~1881. 스위스 철학교수로 1만7000쪽에 달하는 일기를 남겼다. 고독한 영혼의 통찰력과 날카로운 관찰력을 보여주는 그의 일기는 대표적인 낭만주의 작품으로 평가된다.

의 존재는 용납되지 않았다. 사람들은 일기를 서랍 속에 감추었다. 남몰래 그 일기를 읽는 것은 불법이라는 느낌이 들게 했다. 부부 공용 침실은 대개 일기 쓰기에 유리한 공간이 아니었다. 대부분의 여성은 결혼 후 일기 쓰는 습관을 중단했다.

침실에서 쓰는 다른 유형의 글로는 편지가 있다. 특히 가까운 가족, 친구, 연인에게 쓰는 편지는 정신의 집중을 요하는 대화 형식의 글이다. 사랑의 편지를 읽고 쓰기에 침실, 아니 침대보다 더 적당한 장소가 어디 있겠는가? 감정의 토로는 양초가 다 타들어가고 램프에서 그을음이 나야 끝이 났다. 조르주 상드는 플로베르나 말비다 폰 마이젠부크*처럼 밤에 편지를 썼다. 말비다 폰 마이젠부크는 "나는 항상 침대 앞에 놓여 있는 작은 책상에 앉아 당신에게 편지를 씁니다"[71]라고 말했다. 편지 쓰기는 특히 주변적인 성격을 지닌 여성들, 다시 말해 사적인 영역과 공적인 영역의 경계인들에게 어울렸다. 라헬 바른하겐**이 그런 예에 속한다. 탈선한 여성인 그녀는 고전적인 응접실이 아니라 "지붕 밑 다락방"을 원했다. 그곳은 사교적인 접대를 위해 "개방된 집" 전체와 단절된 곳이었다. 그녀는 사회 바깥에 존재하는 튀지 않는 공간을 원했다. 그 지붕 밑 다락방에서 그녀는 유럽 전역의 서신 교환자들과 거대한 그물망을 이어갔다.[72] 훗날 그녀는 베를린에 있는 집 응접실에서도 그들과 편지를 주고받았다. 1762년 7월 28일 디드로가 소피 볼랑에게 보낸 편지에 따르면, "편지란 이 침실에서 저 침실을 오가며 두 사람 사이의 교류를 이어준다."[73] 편지는 글쓰기의 침투력을 잘 보여주는 사례다. 프루스트는 『르피가로』지에 자신의 기사가 처음 실렸을 때 그런 침투력

*1816~1903. 독일의 여류작가로 니체, 바그너와 친분을 나누었다.
**1771~1833. 18~19세기 유럽에서 가장 유명한 살롱의 안주인 역할을 한 유대계 독일 여류작가.

「호텔 방」, 에드워드 호퍼, 캔버스에 유채, 152.4×165cm, 1931

「책상 앞에 있는 남자」, G. 케르스팅, 캔버스에 유채, 46.8×36.8cm, 1811, 바이마르 괴테 하우스

의 기쁨을 맛보았다. "나는 침실 안에 있는 어떤 여성 독자에 대해 생각했다. 나는 그녀에게 몹시 다가가고 싶었고, 신문은 그녀에게 심지어 내 생각, 아니면 적어도 내 이름이라도 전달해줄 것이다······."|74

문인들은 대부분 글쓰기의 조건으로 은둔을 택한다. 카프카에게 은둔은 지상 과제였고 계속해서 되풀이되었다. 그는 1913년 1월 15일 펠리체 바우어*에게 "글을 쓰는 것은 정상에서 벗어날 때까지 마음을 여는 것을 의미합니다······. 글을 쓸 때 결코 충분할 정도로 외로운 적이 없는 것은 바로 그 때문입니다······. 당신 주변이 충분히 침묵으로 감싸인 적도 없습니다. 밤은 아직 너무나도 밤이 아닙니다"|75라고 썼다. 그리고 1915년 2월 11일에는 다음과 같이 쓰고 있다. "나는 오직 평화를 원합니다. 그러나 그런 부류의 사람들에게는 평화의 개념이 결여되어 있습니다. 그것은 매우 납득할 만한 일입니다. 왜냐하면 어떤 사람도 평상시에 내가 마음속으로 필요로 하는 것과 같은 평화를 원하지는 않기 때문입니다. 사람들은 읽고 공부하고 잠자기 위해, 그리고 아무것도 아닌 일을 위해 평화를 원하지만 내가 평화를 필요로 하는 것은 글을 쓰기 위해서입니다." 그의 꿈은 "램프와 함께 지내는 것이고 또 글을 쓰기 위해 외따로 떨어진 넓은 지하실 한가운데에 있는 것"이었다. 다시 말해 "지하실의 주민"이 되는 것이다.|76

물론 사람들은 저마다의 방식으로 정자나, 주네가 양부모의 울타리 안으로 도망쳤듯이 정원의 오두막집 혹은 비어 있는 창고에 숨을 수도 있다. 솔로뉴의 양치기 소녀 마르그리트 오두는 가까운 이웃 알랭 푸르니에처럼 바로 그런 곳에서 언어의 기쁨을 터득했다. 에른스트 윙거**는 침실의 타성에서 탈피했다. "집무실이 집 한가운데 있었기 때문에 나

---

* 카프카의 약혼녀.
** 1895~1998. 독일의 소설가이자 일기작가.

는 창고에 있는 은둔자의 독방으로 옮겼다……. 우리가 오랫동안 살았던 방들에서는 그 묘한 능력이 고갈된다. 그 방들은 마치 오래전부터 경작되어온 땅과 같다."[177]

사르트르는 카프카와는 정반대로 부르주아적 안락함의 상징인 침실을 거부하고 대신 "공적인 삶"과 카페에서의 글쓰기를 선호했다. 시몬 드 보부아르는 적어도 전쟁 후에는 그런 방식을 공유하지는 않았다. 그녀는 수선스럽고 번잡한 플로르*에서 글 쓰는 데 질린 것일까? "나는 이곳이 편하지 않아요. 나는 매년 그랬던 것처럼 그곳에서 두번 다시 일하지 않을 것 같아요."(1945년 5월 8일) 그녀는 루이지안 호텔에 머물렀다. 1945년 그해 봄에 그녀의 인생은 새로운 단계를 맞았다. "사물의 힘"이 "나이의 힘"과 겨루던 그 시기에 그녀는 창조의 고독에서 오는 육체적 즐거움을 누렸다. "나는 그토록 글 쓰는 기쁨을 느낀 적이 거의 없었다. 특히 오후 네 시 반에 방으로 돌아갔을 때가 그랬다. 방의 공기는 여전히 아침의 연기로 탁했다. 탁자 위에는 이미 초록색 잉크로 글이 가득 쓰인 종이가 놓여 있다. 손가락 끝에 닿는 담배와 만년필의 촉감이 좋았다. 실내에 있을 때에는 마치 글이 술술 풀려나오는 것 같았다."[178] 담배 연기 속에서 방과 글쓰기, 그리고 자기 자신과의 사이에서 해방적인 소통이 이루어졌다. 그것은 바로 숨쉬기였다. 당시 담배는 남자 문인에게 없어서는 안 되는 연인이었고 여자 문인에게는 더더욱 그러했기 때문이다.

1980년대에 행해진 '문인들의 실내'[179]에 관한 설문조사에 응한 사람 대부분은 자신들이 비교적 주변에 무관심하며 간결함을 선호한다고 말했다. 마치 성직자의 이상이 계속해서 그들의 행동에 영향을 미치는 것

*사르트르와 시몬 드 보부아르가 즐겨 찾던 파리 생제르맹데프레에 위치한 카페.

처럼 말이다. 문인들은 글 쓰는 행위의 물질주의적인 측면을 더욱 강조했다. 도미니크 페르낭드는 "나는 아무것도 없는 독방과 네 면의 흰 벽을 더 좋아해요"라고 말했다. 프랑수아 쿠프리는 혼잡함을 꺼렸다. "내 방에는 물건이 지나치게 많아서 그곳을 벗어나지 않을 수 없다." 피에르 부르자드는 사랑으로 순화시킨 금욕주의적 삶의 모델을 표현했다. "내가 꿈꾸는 것은 수사의 독방이자 감옥, 피난처, 석회를 바른 하얀 네 벽, 그리고 글을 쓸 수 있는 긴 책상이다. 벽에 뚫린 구멍을 통해 하늘 바라보기. 그리고 가능한 한 식탁으로도 사용될 수 있도록 개조된 움푹 팬 곳에서 아주 적게 식사하기. 친구는 아주 소수이거나 아니면 아예 없기. (…) 이따금 들러가는 여인 한 명. 고양이처럼 어깨 위에 바짝 기대는 어린이 한 명."

"군인인가 수도사인가?"라고 도미니크 페르낭드는 스스로에게 물었다. 사실상 남자들의 발언에서는 수도사나 군인의 용맹함에 대한 열망이 솟아난다. 내실이나 혹은 침대칸을 훨씬 더 갈망하는 여자들의 발언에서는 그런 열망이 비등한 정도로 나타나지는 않는다.[80] 문인과 사상가, 초등학교 교사의 방은 금욕주의적인 전통을 고스란히 간직하고 있다. 프루동*은 마자린 가街 26번지에 있는 "침대 딸린 학생 침실을 얻었다." 그곳에는 "선반 위의 몇 권의 책, 탁자 위에 놓인 여러 권의 『나시오날』지와 정치경제 비평지들이 있었다."[81] 여성 혐오자로 알려진 공쿠르 형제의 『일기』에 의하면 두 사람의 생트뵈브가 있다. "'이층'의 침실과 집무실, 서재, 사상과 지혜의 생트뵈브가 있는가 하면 그와는 전혀 다른 생트뵈브가 있다. 그는 '아래층'의 생트뵈브, 즉 가족이 모이는 식당 안의 생트뵈브이다. (…) 이처럼 낮은 곳에 있을 때 그는 소시민이 되어 모

---

*1809~1865. 프랑스의 무정부주의적 사상가이자 사회주의자로 무소유를 주장하며 정의에 기반한 이상사회를 추구했다.

든 지성과 그의 다른 생활로부터 차단되고 여자들의 수다에 의해 마비 상태가 되어버린다."[82] 위층과 아래층, 침실/사무실과 공동의 방은 남성과 여성, 창조성과 평범한 일상처럼 대조적이다.

루이 쇼뱅은 1889년에 출판된 『개설서』에서 고등사범학교를 갓 졸업한 공화국 교사의 침실이 갖추어야 할 모범을 묘사했다. 육군사관학교의 철제 침대 하나, 흰색 면제품과 "임차인이 불편해하지 않고 또 자기 인격에 자부심을 느낄 정도의" 자질구레한 소품들을 갖춘 화장대 하나. 서랍장이나 장롱, "얼룩이 지지 않고 깨끗한" 짚을 넣은 의자들, 거적, "아담한 서가", 특별 수업을 위한 칠판 받침대, 식물 표본과 과학 수집품들을 위한 진열장, 거울, 자명종 시계, 새장 등. 유일하게 사치스런 물건은 "어머니의 옷장에서 꺼내온 고풍스런 숄"이다. 세월이 흐른 뒤에는 피아노나 리드오르간이 등장했다. 몇 점의 걸작 복제품, 석고상들, 사진 인쇄판들도 있었다. "질서와 공부, 고급 취향을 대변하는 이 성소"에서 교사는 "얼굴을 붉히지 않고" 학교 당국자들과 동료와 학생들의 부모를 맞이할 수 있을 것이다. "무질서한 독신자의 지저분하고 누추한 방과 얼마나 대조적인가!"[83] 그 방은 시민적이고 도덕적인 모델이다.

밤은 일상의 의무를 덜어주고 감히 문턱을 넘지 못하는 방해꾼들로부터 해방시켜준다. 밤은 자기 자신만을 위한 시간을 제공한다. 그 시간은 십중팔구는 대가 없이 주어지며 사색이나 기도, 창조가 가능한 시간이고 영감을 얻는 데 적절하다. 밤은 신이나 뮤즈, 미네르바의 부엉이에서 유래한 것이다. 발자크의 글에 따르면 "이방인은 자신의 방에서 꼼짝하지 않은 채 영감의 원천인 등불을 켜고 일이라는 끔찍한 악마에게 자신을 내맡긴다. 그러고는 침묵에서 언어를, 밤에게서 관념을 요구한다." "종이는 잉크로 가득 채워진다. 왜냐하면 밤샘이 시작되면 검은 격류가 일기 때문이다."[84]

글쓰기에 대한 이러한 낭만적인 시각은 일반화될 수 없다. 그럼에도 불구하고 수많은 문인이 밤에 친숙한 사람들이다. 조르주 상드는 노앙*에서 매우 활기찬 저녁 모임을 가진 후 자신의 푸른색 침실에 올라왔다. 그녀는 침실 안에 침대칸의 일종인 "벽장"을 만들었다. 그곳에서 그녀는 10시부터 아침 6시까지 수천 통의 편지와 몇 편의 소설을 썼다. 그 편지들은 조르주 뤼뱅이 스물다섯 권의 책으로 출판했다. 상대적으로 덜 장황하기는 하지만 플로베르 역시 고독에 대한 욕구를 강하게 느끼며 야밤에 글을 썼다.

아르튀르 랭보는 1872년 5월 파리에서 무슈 르프랭스 가에 있는 지붕 밑방에 세 들어 살았다. 그 방은 생루이 고등학교의 정원을 향해 있었는데 "내 좁은 창문 아래 거대한 나무들"이 서 있었다. "지금 내가 일하는 시간은 밤이다. 자정에서 아침 5시까지……. 3시에 양초가 희미해졌다. 모든 새가 나무에서 동시에 운다. 끝이 났다. 더 이상 일을 하지 않는다. 나는 첫 새벽, 말로 표현할 수 없는 그 시간에 내 시야에 들어온 나무들과 하늘을 주시했다." 5시에 빵을 사러 내려갔다가 포도주 가게에서 취하도록 마셨다. "해가 뜨고 도로 밑에 있던 쥐며느리들이 바닥으로 나오는 때인" 아침 7시에 그는 잠자리에 들었다. 6월에 그는 빅토르쿠쟁 가에 있는 클뤼니 호텔로 옮겼다. 그의 방은 "끝이 안 보이지만 3제곱미터에 불과한 안뜰을 향해 있는 아름다운 방이다……. 그곳에서 나는 밤새도록 물을 마시고 아침을 보지 않고 잠을 자지 않았으며 숨막혀했다." 그는 여름을 싫어했고("나는 여름을 증오한다. 여름이 오는 기미

* 프랑스 중부 지방 샤토루 근처 조르주 상드의 저택이 있는 작은 마을.

「글 쓰는 사람」, 칼 스피츠베그, 1880년경, 노이에 피나코테크 미술관

가 보이면 나는 죽을 것 같았다") 농촌생활이 아니라 아덴 지방에 있는 강가에서 지내던 시간을 그리워했다.[185]

　프루스트는 "한밤중의 뮤즈"를 가장 지독하게 추구했던 인물이다. 소음 공포에 시달렸던 그는 침실 벽을 코르크로 감쌌다. 그는 위층 아파트에서 작업을 해야 했던 노동자들을 매수해서 그들로 하여금 작업을 하지 못하게 했다. 그는 침대에서 생활했다. 셀레스트*가 그에게 다음과 같이 말했음에도 불구하고 말이다. "주인님은 잠드시지 않았어요. 그렇게 잠자지 않는 사람이 또 있을까요? 주인님은 여기에 틀어박혀 있으신 거예요. 지금 이 순간 새하얀 파자마를 입고 목을 움직이는 주인님의 모습은 마치 비둘기 같아요."[186] 프루스트는 셀레스트의 도움을 받으며 침대에서 일했다. 그녀는 그가 원고에 덧붙인 "종이 뭉치"를 풀로 붙였다. 그녀는 문인의 고통을 지켜본 증인이다. 또한 그의 기쁨의 증인이기도 하다. 어느 날 아침 그녀는 유난히 웃음을 지으며 바라보더니 그에게 "지난 밤 이 방에서" 어떻게 지냈는지 물었다. 그는 그녀에게 "나는 '끝'이라는 단어를 썼지"라고 대답했다. 문인의 방에서 사건이 벌어진 것은 바로 이 지점에서다. 책의 완성은 예술가의 죽음을 알리는 전조였다. 얼마 후 갑작스레 그 일이 닥쳤다. 그의 인생의 의미이자 실체인 작품을 끝냈던 것이다. 야밤의 칩거는 그에게 단순히 글쓰기에 필요한 조건이었던 것만은 아니다. 그것은 자신으로 돌아가는 데 없어서는 안 될 전조였다. "사교계의 시각에서 보면 어두컴컴한 침실로 들어가는 것은 유죄판결을 받은 것처럼 보인다."[187] 그는 밀폐된 영혼의 공간을 원했다. 파스칼, 플로베르, 카프카 혹은 에밀리 디킨슨처럼. 그리고 실내생활을 정신적이고 실존적인 삶을 추구하는 핵심 영역으로 여기던 그 모든 사

---

*말년의 프루스트를 돌본 충직한 하녀.

람처럼 말이다.

　오르한 파무크는 2006년 노벨상 수상 소감에서 창조의 성역인 침실에 대해 감동적인 찬사를 표했다. "글쓰기는 무엇보다도 나를 일깨운다……. 침실 속에 파묻혀서 오직 단어들과 함께 나 자신을 되돌아보는 사람으로." 우선 "책상에 앉아 나 자신에게 몰두해야 한다. 글쓰기는 그러한 내면의 시선을 단어들로 표현하는 것이다." 그는 아버지에 대해 생각했다. 파리로 떠난 그의 아버지는 호텔 방에서 공책을 가득 채우며 시간을 보냈다. "우리와 함께 있을 때도 아버지는 나처럼 침실에서 홀로 지내면서 자신의 꿈을 추구하기를 갈망했다." 오르한은 난관을 극복했다. 틀어박혀 지내던 그가 스물세 살에 첫 소설을 완성한 것이다. "나는 글을 쓴다. 왜냐하면 하루 종일 침실에 틀어박혀 있는 것이 좋기 때문이다. 나는 홀로 있기 위해 글을 쓴다. 나는 나의 글이 읽히는 것이 좋기 때문에 글을 쓴다……. 어린아이처럼 서가의 불멸을 믿기 때문에 나는 글을 쓴다."[88] 서가의 칸막이들은 무수한 침실로 뒤덮였다. 대부분의 책은 밤 혹은 그와 유사한 낮 시간에 은밀한 침실에서 탄생했으니 말이다.

문인들의 침실

　　　　　　　　문인들이 위인의 "빛나는" 반열에 오르면서 침실은 18세기 이후 사람들을 끌어 모으는 매력을 발휘하기 시작했다. "위대한 문인 방문하기"는 유럽인들에게 일종의 의례[89]가 되었다. 숭배자들은 그렇게 함으로써 작품의 신비에 직접 다가가기를 원했다. 사람들이 방문한 것은 사실상 집필실이었다. 집필실을 대신한 침실은 존경받을 만한 빈곤의 상징으로 여겨졌는데, 그런 경우나 아플 때가 아니면 육체적인 접근의 느낌을 주는 침실 방문은 그보다 훨씬 드물었다. 폴 모랑*은 프루스트의 소굴에 들어갔을 때 충격을 받았다.

그들이 살았던 장소를 자주 방문하지 않는다면 어떻게 문인들에 대한 기억을 되찾을 수 있겠는가? "우리는 그들의 거처를 방문하기를 좋아한다"고 디드로는 썼다. "우리는 그들이 휴식을 취했던 나무 그늘 아래서 감미로운 느낌을 받았다." 페르네**에서 볼테르***의 비서였던 바그니에르와 빌레트 후작 사이에서 벌어진 말다툼은 막 시작된 볼테르 숭배를 둘러싼 논란에 관해 많은 정보를 제공한다. 무엇을 간직하고 무엇을 경배하는 것이 옳은가? 후작은 "마음이 담긴 침실"을 주장했다. "그곳에 없는" 그 마음을 붙들어놓기 위해 후작이 가구들을 팔고 장롱 하나를 개조했다고 바그니에르는 한숨을 쉬었다. 그는 진짜 가구와 물건들, 예를 들어 촛대와 특히 필기대를 간직하고 싶었을 것이다. 그가 하지 못한 그 일을 볼테르의 조카딸이 완전히 해결해버렸다.|90 작가가 이용하고 접촉한 그런 물건들은 한편으로는 육체적이고 종교적이며 유물로서의 의미를, 다른 한편으로는 창조의 증거와 도구 등의 물건들이 지닌 세습 재산으로서의 의미를 가지며 인간의 감수성을 자극할 만한 물질적인 존재다.|91 플레셀 부인은 "청소년 여행자들"에게 제안한 교육용 프랑스 일주 과정에 라브레드****를 포함시켰다. "위인을 대상

---

* 1888~1976. 프랑스 외교관이자 문인으로 마르셀 프루스트와 각별한 우정을 나누었으며 그에 관한 귀중한 증언을 남겼다.
** 볼테르가 1759~1778년 머물던 제2의 고향으로 스위스에 인접한 작은 촌락이었으나 그로 인해 유명해져 프랑스 혁명 이후 페르네-볼테르로 개명됐다.
*** 1694~1778. 18세기 프랑스의 작가이며 대표적 계몽사상가다. 『백과전서』 집필에도 참여했고 대표작으로는 『자디그』, 『캉디드』, 『철학사전』 등이 있다.
**** 보르도에 인접한 몽테스키외의 고향.

「가난한 시인」, 칼 스피츠베그, 1839, 노이에 피나코테크 미술관

으로 한 모든 기념물은 흥미롭기 짝이 없다. 그러니 몽테스키외가 글을 쓴 침실이 그의 사망 순간의 상태 그대로, 심지어 그의 발에 의해 닳아 버린 포석까지 보존되어 있는 것을 보고 우리는 진한 감동을 느끼지 않을 수 없다."|92 진정성, 물리적인 근접성, 응축된 시간의 정지 상태. 그처럼 "어떤 상태의" 물건들을 그대로 보존하려는 헛된 욕망을 통해 우리는 과연 무엇을 추구하는 것일까?

탐미주의자들과 수집가들

19세기 말의 댄디즘은 군중에게서 극도로 격리된 은둔처를 추구했지만 그럼에도 불구하고 도시에 남았다. 고양이만큼이나 도시의 주택단지를 사랑한 보들레르는 그에게 필수 영역인 도시에 대한 강박관념에서 벗어나지 못했다.|93 장식미술이 발달한 1900년대의 "탐미주의자들과 마법사들"의 특징은 실내 숭배였다.|94 『모던 양식』*은 건축학의 새로운 발상과 소품에 대한 극단적인 관심을 결합시켜 침실의 겉모습에까지 새 바람을 불어넣었다. 공쿠르 형제는 자신들이 살던 "예술가의 집" 안에 편향되지 않은 수집품을 모았는데, 그것이야말로 가구양식들의 정석이었다.|95 로베르 드 몽테스키외**는 말라르메***의 친구이자 위스망스의 주인공 데제생트와 프루스트의 주인공 샤를 스완의 모델들 중 한 명이다. 그는 여러 권의 회고록에서 자신이 머물렀던 일련의 거처들을 묘사했다. 이를테면 공간 배치와 수집한 물건들, 그리고

---

* 1899~1905년에 호프만에 의해 독일에서 발행된 아르 누보 경향의 잡지.
** 1852~1921. 프랑스 상징주의 시인이자 예술품 수집가였으며 멋쟁이로도 유명했다.
*** 1842~1898. 프랑스 상징주의 시인이자 비평가.

19세기의 가장 우아한 서가들 중 하나로 손꼽힌 그의 서가를 장식한 희귀 판본들에 관해서 말이다. 그는 오르세 강둑길에 위치한 아버지의 저택 다락방들을 개조해서 만든 침실에 관해 장황하게 설명했다. "나는 무늬 없는 엷은 보라색 사틴 벽지를 상상했다. (…) 짙은 보라색 양탄자 위에는 낮은 침대를 놓았다. 그 침대는 괴물 형상을 한 중국제 나무 조각품들로 내가 만든 것이다. 그 괴물이 잠결에 출입구에 마법을 걸고 모퉁이를 아름답게 장식해서 그런지 나는 그 침대에서 자자고 깨어나는 게 무척 포근하고 편안하게 느껴졌다."196 침침한 불빛으로 바뀐 고양이 모양의 일본제 도자기 램프가 불면증으로 잠 못 이루는 그의 침실을 감쌌다. 그럼에도 불구하고 침실은 엄청난 규모로 확대된 스위트룸들의 미로 속에서 고유의 특성을 잃어버렸다. 귀족의 성에는 침실이 여러 개 있었다. 귀족들은 어느 것인지 분간하지 못한 채 여러 개의 침실을 바꿔가며 이리저리 옮겨다녔다. 피에르 로티*는 로슈포르에 있는 자신의 저택에서 실내의 국제주의화**를 실현했다. 그 저택의 침실들은 시간과 공간 속에 존재하던 유적지들 같다.

위스망스의 작품 『반대 방향으로』의 주인공 데제생트는 지루함을 못 견뎌 하고 유행의 저속함과 대중의 상스러움을 혐오했다. 그는 이웃과 교외 지역에 사는 부르주아들, 그리고 일요일에 산책하는 사람들에게 적대감을 느꼈다. "그는 세련된 은둔지, 안락한 사막, 움직이지 않는 포근한 배를 꿈꾸었다. 홍수처럼 끝없이 계속되는 인간의 어리석음을 피해 멀리 달아날 수 있는 그런 곳들 말이다." 그는 실내를 합리적이고 편안하게 개조하기 위해 건축가에게 의뢰했다(바르나부트처럼 그는 목욕탕을

---

* 1850~1923. 프랑스 소설가이자 해군 장교였던 쥘리앵 비오의 필명.
** 피에르 로티는 고딕 양식, 르네상스 양식, 심지어 동양의 건축 양식에 대한 지식을 총동원해서 자신이 태어난 저택을 개조하고 장식함으로써 무대 공연장으로 탈바꿈시키는 데 대부분의 시간을 할애했다.

중시했다. 몽테스키외는 목욕탕을 '욕실'이라 불렀다). 이를 위해 그는 자질구레한 물건들까지 신중하게 선택했다. 그는 색깔을 택할 때는 푸른색과 회색, 그리고 지나치게 여성적인 연한 장밋빛이나 장밋빛을 피하고 자신이 고른 붉은색과 노란색, 오렌지색을 사용했다.|97 그는 나무와 구리를 재료로 택하고 벽지도 골랐다. 또한 아주 흔해빠진 동양의 양탄자 대신 "다갈색의 짐승 가죽"과 "푸른색의 여우 털"을 선택했다. 가구는 거의 없었지만 고가구를 놓고 잡동사니 대신 수집품들로 장식했다. 또한 오딜롱 르동*과 귀스타브 모로**의 회화작품들, 희귀한 식물들, 조화처럼 보이는 생화, 호화롭게 장정된 애서가의 책들로 장식했다. "장식용" 불빛은 캄캄한 밤의 정수를 보호해주었고, 낮에는 "닫힌 창문과 문이 있는 방 안으로" 햇빛이 약하게 스며들었다. 이 모두가 한밤중에 저택에서 말없이 보이지 않게 오가는 하인들과 식솔들의 발걸음을 낮추게 하기 위해서였다.

   각각의 방은 심사숙고를 거친 끝에 택해진 것들이었다. 침실의 모델로 에로틱한 것과 금욕주의적인 것 두 종류가 제시되었다. 데제생트는 첫 번째의 "자극적인 침대간"과 "개구쟁이 침대의 인위적인 천진스러움"을 거부했다. 또한 그가 혐오하고 경멸하는 여성적인 관능성의 산물인 하얀 옻칠을 입힌 루이 15세 양식의 큰 침대도 피했다. 철저한 독신주의자였던 데제생트는 "사색의 은신처, 일종의 기도실"인 수도원 독방을 선택했다. 그곳에 좁고 작은 쇠침대 대신 호텔 난간을 모방한 낡은 철세공품으로 만들어진 "고행자의 가짜 침대"를 놓고 기도대 대신 머리맡 탁자를 놓았다.

   존재의 철학이 "변함없이 계속되는" 자연 상태보다 인위적인 선택으

---

*1840~1946. 프랑스의 상징주의 화가.
**1826~1898. 성경에 등장하는 인물을 형상화한 프랑스의 상징주의 화가.

로 표출된 것이다. 그것은 "현실 그 자체 대신 현실의 꿈을 택했음"을 의미한다. 이러한 과정에서는 집과 침실이 핵심적인 위치를 차지한다. 수집가는 그곳에 가장 비밀스럽게 수집품들을 모아놓을 수 있고 어떤 때에는 스스로를 위해 훔친, 양도 불가능하고 항상 감추어온 그림을 숨겨놓을 수도 있다. 애서가는 그곳에서 책의 장정을 어루만질 수 있다. 여행가는 바닷물처럼 가볍게 요동치는 욕실 물에 자극을 받은 나머지 그곳에서 항해 도구와 쫙 펼쳐진 지도들, 상세한 『조안』 안내서들guides Joanne*의 도움으로 가공의 여행 편력을 완성할 수 있다. 데제생트는 "이렇게 해서 전혀 움직이지 않고도 거의 즉흥적으로 긴 여정의 여행에서 오는 생생한 느낌을 받았다……. 게다가 그는 움직이는 것을 무익하게 여겼고 상상이 보잘것없는 현실을 손쉽게 대신해줄 수 있다고 믿었다." 문화의 완성과 창조를 인위적인 방식으로 추구하는 그러한 부자연스런 사람의 명상은 과거 시간을 상기하고 수많은 공간을 재현하는 것으로 가득 채워진다.

　침실은 16세기 독일 제후들에 의해 시작된 전통에 따라 이렇듯 "경이로운 방"이 되었다. 그들은 그 안에 학문의 요약서와 권력의 비밀 장치인 일련의 연동장치와 같은 물건들을 잡다하게 쌓아놓았던 것이다. 루이 14세는 베르사유 "뒤편"에 있는 부속실들에서 그들을 본받았음에 틀림없다.|98 그럼에도 불구하고 그러한 수집품들은 상대적인 공개성, 이를테면 적어도 궁정인들에게 노출될 운명에 처해 있었다. 19세기에는 수집품들이 훨씬 더 사적인 존재가 되었다. 그 수집품들은 과학 기구보다는 책, 가구류, 그림, 특히 한 세기 동안 일종의 강박관념이 되어버린 물건들이었다. 그 물건들이야말로 사람들로 하여금 골동품에 애착

* 1860년 아돌프 조안이 아세트 출판사에서 자신의 이름을 따 발간하기 시작한 프랑스, 유럽, 근동, 북아프리카 지역에 관한 일련의 여행 안내서들.

을 느끼게 하고 케케묵은 물건들에서 처세술을 익히게 했으니 말이다. 몽테스키외는 "거의 실물 같은 물건들로 장식된 과도한 호화로움"을 격찬하고 그를 사로잡은 "화려한 배치와 아름답게 꾸며진 아파트, 훌륭한 시설에 대한 열정"[99]을 여러 쪽에 걸쳐 묘사했다.

다음 세기에 수집가이자 문인이며 루키노 비스콘티의 영화 「폭력과 열정」(1974)에 등장하는 교수의 모델인 마리오 프라츠(1896~1982)는 실내 장식의 심리와 가구 배치의 철학에 대한 분석을 시도했다.[100] 그는 물건들의 실존적, 증언적 가치를 강변했다. "인간은 사라지고 가구는 남는다. 더 이상 존재하지 않는 사람을 잊지 않고 증언하며 상기시키기 위해 그리고 때로는 그의 얼굴과 시선, 목소리가 집요하게 숨겼던 비밀스런 부분들을 폭로하기 위해 가구는 남아 있다."[101] 물건들은 폭로하는 능력을 지니고 있다. 그는 주택과 가구에 관한 탁월한 자서전 『인생의 집』에서 로마의 비아 줄리아 가에 위치한 팔라초 리치에 있던 자신의 거처를 묘사했다. 그의 거처는 물건들로 가득 찼고 루치아의 방 벽에는 그림이 32점이나 걸려 있었지만 흐트러짐 없이 질서정연했다. 그는 그 거처의 목록을 방별로 그리고 물건별로 작성했다. 그의 아파트에서 각각의 물건의 위치는 전시회에서처럼 체계적이다. 그는 그 물건들에 관해 알게 되고 구입하게 된 역사를 상기시켰을 뿐만 아니라 그 물건들과 관련된 사건, 장소, 인물들에 대해서도 언급했다. 왜냐하면 그 물건들은 천의 매듭처럼 물질적, 감정적 존재 속에 자리매김되었기 때문이다. 그것들은 그의 욕망과 기억을 구체화시켜주었다. 각각의 물건은 고유의 역사를 지니고 있으며 그것에 관해 말을 한다. "나는 진심으로 가구 같은 물건들을 예찬했다. 대부분의 사람은 가구들을 생활의 사적인 부분

「꽃다발을 둘러싼 싸움, 살롱 안에 있는 로버트 고든 가족」, 조셉 시모어 가이, 1866, 뉴욕 메트로폴리탄 미술관

으로 여기는데…… 나는 조각상에 감탄하다가 실수를 저질렀다."|102 그의 거처에는 침실이 두 개 있었다.|103 하나는 리치 광장을 향해 있는 그의 침실이고 다른 하나는 그의 딸 루치아의 침실이다.|104 그 방들의 변화는 인생의 변화, 그리고 그녀와 그 사이의 긴장관계를 나타낸다. 그 침실들은 기억의 공간인 동시에 박물관이었던 것이다.

우리는 각자 경이로운 침실과 수집품들, 선별된 책들, 좋아하는 물건들, 감탄하며 바라보던 사진들, 유물들, 여러 층으로 이루어진 가리개들을 갖고 있다. 시간이 흐르면 사람들은 이렇듯 인생의 창고에 몰래 간직한 것에 대해 더 이상 언급하지 않는다. 피에르 베르제*가 이브 생 로랑의 사망 후 그랬듯이 그런 물건들을 없애버리는 것이 현명한 처사임에 틀림없다.|105

침실, 세상의 눈초리

"침실에서의 여행자"|106 데제생트는 디드로와 루소, 계몽주의 시대의 좌절하고 지친 여행자들의 후계자다. 그들은 이동을 에너지 손실로 여기고 독서를 통한 상상 속의 여행에서 대안을 찾았다. 책은 진정한 인간 탐험의 길을 열어준다. 베아 드 뮈라의 글에 따르면 "여행하는 것은 읽고 또 읽는 것이다. 그것이 여행이다……. 독서의 여행에 만족하라. 실제의 여행은 당신 자신을 포기하게 할 우려가 있다."|107 칸트의 견해도 같다. 그는 자신이 살던 도시 쾨니히스베르크를 떠난 적이 없다. 서가와 사물함 속의 진귀한 수집품들, 난로가에서의

*이브 생 로랑과 함께 패션업체 이브 생 로랑을 설립한 기업가이자 그의 인생의 파트너.

끝없는 녹서. 지혜와 지식의 원전은 바로 여기에 있다. 침실의 철학자 파스칼 역시 똑같은 이야기를 한 바 있다.

　이러한 침실 옹호론 중 가장 유명한 것이 그자비에 드 메스트르가 1794년에 출판한 『내 침실 안에서의 여행』이다. 그 혼란스런 시기에 그의 텍스트는 일종의 도전처럼 들린다. 게다가 이유는 분명치 않지만, 저자는 움직이지 못하는 상태를 강요당했던 것 같다. 그러나 그는 절반은 자발적으로 은둔함으로써 유럽의 소용돌이를 비껴가기를 원했다. 이는 그가 두 번째 수필집 『내 침실 안에서의 한밤중의 여행』(1825)에서 되풀이했던 말이다.[108] 실제의 삶에서 그는 한곳에 처박혀 있는 것과는 정반대였다. 1763년 사부아에서 태어난 그는 혁명을 혐오해 1799년 이탈리아 원정을 시도한 차르의 군대에 지원했다. 그는 모스크바에 이어 페테르스부르크로 추방되었다. 그리고 1815년 나폴레옹에 대항한 동맹군의 마지막 전투에 참전했다. 그가 침실 여행을 옹호한 것은 틀림없이 정치적 거리두기인 동시에 데카르트와 파스칼의 계보를 잇는 일종의 철학적 자세였다. 정신과 자신을 구속하는 몸, 물질, "짐승"인 "타자" 사이에서 그는 정신을 택하고 상상의 세계로 가는 권리를 옹호했던 것이다. 그는 "세상의 모든 재물과 보물을 지닌 달콤한 나라"인 침실 안에서 42일간의 여행을 시도했다. 그는 오직 그러한 공간밖에는 아무것도 갖지 못한 모든 사람에게 호소했다. 빈털터리, 병자, 세상에 지친 사람들 말이다. 그의 하인 조아네티는 외부 세계와 그를 연결지어주는 유일한 끈이다. 그러나 커튼이 달린 창문 앞에 서 있는 느릅나무들에서는 제비들이 지저귄다. 벽난로와 난로가는 안락함을 제공하는 중요한 공간이다. 저자는 가구와 물건들을 세밀히 묘사했다. 안락의자, 책상, 10년 전부터 간직해온 편지들, 편지 쓰는 사람을 신성화하는 서명, 소설책과 시집들로 가득 찬 서가 등, 존경스런 아버지의 흉상, 특히 흰색과 장밋빛의 침대. "요람이자 사랑의 옥좌, 무덤"인 그 침대는 모든 비극의 무대다. 1794년에 그는 비교적 상투적인, 그러나 상당히 색다른 어조로 그 침대에 대한 찬사를 늘어놓는다. 유럽 전쟁의 와중에 이렇듯 침대를 변호하는 것은 무엇을 의미할까? 그는 6년간 벗으로 지낸 개 로진과 함께 오전 시간에 침대에 머무르기를 즐긴다. 그는 "여행복"인 실내복을 입고[109] 판화와 회화를 감상하며 시간을 보낸다. 그는 아마도 사랑하는 사이였던 오카스텔 부인의 초상화에 묻은 먼지를 털고는 잊어버렸던 그녀의 금발을 다시 본다. 그는 잠자고 꿈꾸고 고대를 상상하고 불을 뒤적거리고 토리노의 거리를 배회하는 가난한 사람들을 떠올린다. 두 번째 수필에서 그는 창가에서 말을 타고 하늘과 별을 응시한다. 한편 이웃 여인의 슬리퍼는 파스칼처럼 사색에 잠긴 그의 모습에 관능적인 분위기를 띠게 한다. 발코니 같은 창문은 바깥세상을 구경거리로 만들어 준다. 창문은 외부의 풍경과 시야를 보존해준다. 하지만 침실에서 보이는 세상은 과연 무엇일까?

 인쇄술, 판화, 그리고 사진, 영화(컴퓨터가 나타날 때까지) 등의 기술적인 수단을 통해 세상과 풍경, 예술작품들이 시각적으로 표현되고 이렇게 해서 개개인 가까이에 놓이게 되었다. 19세기의 『세계 일주』와 같은 잡지들, 삽화가 그려진 수집품들, 영화 상영은 침실을 박물관과 공연장으로 변모시켰다. 마법 초롱은 골로가 가련한 주느비에브 드 브라방을 추격하고 있는 콩브레의 침실에 신비감을 더해주었다.*[110] 침실을 엄습한 상

---

*중세 유럽의 전설에 따르면 주느비에브 드브라방은 남편이 전쟁터에 나가 있는 동안 그녀를 탐한 총독 골로에 의해 간통죄라는 모함을 받아 벌을 받은 여인이다. 프루스트의 소설 『잃어버린 시간을 찾아서』의 화자는 늦은 오후 초롱불을 밝힌 콩브레의 침실에서 골로가 주느비에브 드브라방을 추격하는 장면을 떠올린다.

상의 세계는 끝없이 이어진다. 혁명 초기에 그 사비에 드 메스트르나 화자*는 혁명의 규모와 파장을 짐작하지 못했다.

병실에서 프루스트는 물 위를 내려다보는 느낌이 들었다. "나는 그때 아무리 배가 갇혀 있고 세상이 깜깜해졌어도 노아는 오직 배에서는 세상을 볼 수 있다는 생각이 들었다."[111]

인터넷은 여행의 가능성을 무한대로 증가시켰다. 프랑수아 봉에게 글쓰기는 더 이상 세상에 등을 돌리는 것이 아니라 스크린 위로 세상을 받아들이는 것이었다. "상상의 영역은 이제 탁자에서 접근 가능한 곳이 되었다." 그에게는 오직 하나의 갈망이 있을 뿐이다. "책과 스크린과 더불어 차고 안에서 지내고 싶은"[112] 갈망 말이다.

오블로모프 혹은 잠자는 인간

침실은 종교적 성전이자 작품의 산실, 삶의 원천이다. 그와 동시에 침실은 무덤이자 무관심, 무기력, 그리고 무능력에 가까운 칩거의 상징일 수도 있다. "침실에 있는" 이론가, 전략가, 혁명가들은 의심, 나아가 조롱을 받기 십상이다. 데제생트가 꿈으로 여기고 싶어했던 현실 속에서 그들은 회전목마대 안에 서 있는 말들처럼 뚜렷한 목적도, 사건에 대한 인식도 없이 "둥글게 원을 그리며 돈다." 따라서 성급한 젊은이들은 삶을 직접 대면하려고 몸부림치고 악착같이 그 안에 뛰어들려고 한다.[113]

1859년에 출간된 이반 곤차로프의 동명 소설의 주인공 오블로모프는

---

* 프루스트의 소설 『잃어버린 시간을 찾아서』의 화자.

「발코니가 있는 방」, 아돌프 폰 멘첼, 1845

침실에서 철저하게 은둔하고 무익한 움직임을 거부하며 실내와 잠을 선호하는 반反영웅적인 인물이다. 여기서 잠은 죽음이나 다름없고 죽음에 이르는 길이다.[114] 러시아 페테르스부르크의 하급 귀족 가문 태생인 오블로모프는 그에게 잃어버린 어린 시절의 향수를 불러일으키는 영지 오블로모프카의 상속인이다. 우아한 몽상가인 그는 교양 있고 지혜롭고 지적이고 선량하고 편견이 없지만, 회의적이고 게으르고 무기력하고 휴식을 좋아하고 자신의 계획을 실천하지 못하고 인자한 동시에 우유부단하다. 소설의 정치적 배경인 농노제 폐지의 상황 하에서 그는 자신의 영지에서 톨스토이의 농촌 공동체를 시도했다.

그럼에도 불구하고 오블로모프는 줄곧 친구 스톨츠의 지지와 격려를 받는다. 스톨츠는 독일 태생의 기술자로, 이성적이고 지나치게 활동적이며 부지런한 창조적인 기업가로서 오블로모프와는 대조적인 인물이다. 우유부단하고 아무런 야망도 없이 갈등에 과민 반응을 보이는 오블로모프는 친구의 활기에 철저한 태만으로 맞선다. 그는 기꺼이 재산을 사취하도록 내버려두고 그로 인해 파산한다. 대신 그는 이익을 얻는 데 필요한 노력보다는 하찮은 명예를 선호한다. 그는 가정의 평온함과 단조로운 일상에서 행복을 찾는다. 그처럼 편안한 나날의 반복은 시간이 정지된 듯한 착각을 불러일으킨다. 그는 신뢰하는 아내와의 평온한 부부생활을 꿈꾼다. "그녀는 침실을 환하게 비추어주는 빛이다." "남자는 자랑스럽고 상냥하며 조용한 배우자 옆에서 아무런 근심 없이 잠든다. 잠에서 깨어나면 언제나 한결같이 부드럽고 호감어린 시선을 나누리라는 확신으로 그의 마음은 편안하다. 20년, 30년 후 그녀의 눈 속에 비친 그의 따뜻한 시선에서 똑같은 호감어린 부드러움이 은근히 빛을 발할 것이다. 그리고 그러한 모습은 무덤에 갈 때까지 계속될 것이다."[115] 한 방울씩 떨어지는 액체처럼 완만하게 흘러가는 삶이야말로 오블로모프의 이상이다.

따라서 그는 유달리 침실을 좋아한다. 침실은 러시아 문학의 고전인 길고 기이하고 시적인 그 소설의 시간 및 장소와 거의 일치한다. 주인공은 거처의 다른 방들은 사용하지 않는다. 그의 집 의자들은 덮개로 덮여 있는데, 이런 모습은 시골에서 흔히 발견된다. 그는 잠자는 방이자 서재, 응접실인 방 한곳에만 처박혀 지낸다. 그 방은 첫눈에 보기에 빅토리아풍 양식으로 아름답게 꾸며져 있다. "그곳에는 마호가니 책상과 비단으로 장식된 등받이와 팔걸이 없는 긴의자 두 개, 꽃과 진귀한 새들로 수놓아진 아름다운 병풍이 있었다. 또한 비단 벽지와 양탄자, 몇 점의 그림, 청동상과 도자기들, 그 외 수많은 자질구레한 소품들로 장식되었다. 그러나 안목이 있는 사람이라면 그러한 모든 것이 장식의 부담에서 벗어나기 위해 어쩔 수 없이 의례적인 겉치레를 좇은 것임을 한눈에 간파할 것이다."[116] 먼지, 거미줄, 남은 음식물들, 펼쳐진 책들, 전년도 신문들, 빈 잉크병 등 널브러져 있는 물건 모두가 장식에 대한 무관심과 철저한 태만을 드러낸다. 오블로모프는 유일한 하인인 충실하고 게으른 자하르의 시중을 받았다. 그 역시 주인과 마찬가지로 물건들을 정돈하기를 체념했다. 오블로모프는 하루 종일 슬리퍼와 실내복 차림으로 지낸다. "유럽 분위기를 전혀 풍기지 않는 동양풍 침실에서 진짜 실내복"을 입고 군인이나 상인의 자세와는 대조적으로 침대 위에 길게 누워 있다. "길게 누운 자세는 그의 평소 모습이었다." 의지가 약한 그는 아주 드물게 실내복을 장롱 속에 집어넣었다. 그러고는 이내 곧 포기하

「꿈꾸는 사람들」, 앨버트 무어, 캔버스에 유채, 1879~1882

고 또다시 실내복을 꺼내 입고 더 이상 벗지 않았다. 그는 잠자고 졸고 사색하고 친구들과 친척들을 맞는 일도 점점 드물어졌다. 그를 속여 재산을 빼앗으려는 사람들을 제외하고는 말이다. 스톨츠는 친구에게 "자네는 밀가루 반죽으로 만든 공처럼 몸을 둥글게 웅크리고 침대를 지키고 있다네"[117]라고 말하며 그로 하여금 바깥으로 나가 이리저리 다니고 농촌에 가서 영지를 돌보고, 자신과 함께 외국으로 떠나고 심지어 올가와 결혼하도록 설득하려고 애썼다. 올가는 오블로모프를 자극하라는 임무를 부여받았으며 그의 매력에 푹 빠졌다. 그러나 이러한 제안들은 오블로모프에게 두려움을 불러일으켜 그로 하여금 달팽이처럼 껍질 속으로 움츠러 들어가게 만들었다. "사람들은 자네가 게으름을 피운다고 말할 거야"라며 스톨츠는 충고했다. "자네는 구덩이 속의 두더지처럼 잠을 자는군."[118] 오블로모프는 올가의 사랑조차 거부했다. 그녀는 기다리다 지쳐 결국 스톨츠와 결혼할 것이다. 그는 "사람들의 시선을 받지 않는 구석에 있을 때만 평온함을 느꼈다……. 그곳은 움직임, 싸움, 삶과는 거리가 먼 곳이었다. 그는 속세를 포기하고는 무덤 속에서 생활하는 사막의 현자처럼 전쟁터의 조용한 방관자였다."[119] 그는 침대로 도망쳐서 그곳에서 아무 소리 없이 숨죽인 채 죽어갔다.

곤차로프에 의해 형상화된 오블로모프주의는 비판적인 시각의 존재 철학이다. 자크 카토의 서문에 따르면 이러한 존재의 철학은 무능력, 정통 종교의 운명론에 의해 심화된 동양적 체념주의, 변화에의 거부, 노동과 움직임과 여행에 기반한 서양의 적극적인 행동주의의 포기 등 러시아인들의 특성을 구현한 것이다. 카를 마르크스의 사위 폴 라파르그* 역시 무위를 찬양함으로써 그와 유사한 추문을 일으켰다.[120] 더구나

---

*1842~1911. 쿠바 태생의 프랑스 언론인이자 문학비평가로 마르크스주의자로 활약했다.

그는 무위를 무기력이 아니라 여유로 여겼다. 파스칼의 메아리인 오블로모프주의에서는 지혜와 금욕에의 옹호가 발견되며, 휴식 및 검박함과 동일시되는 행복과 침실을 주 무대로 하는 향수가 느껴진다.

가정생활의 서사시인 오블로모프의 죽음에 관한 소설은 침실이라는 덫에 빠진 감금생활이 주는 매력과 위험을 묘사한 것이다. 카프카의 동굴처럼 그 침실-덫은 소유자의 파괴로 끝난다.

앙드레 지드는 완전히 밀폐된 공간이 되어버린 침실을 두려워했다. "훌륭한 거처들이 있다. 나는 그중 어느 곳에서도 오래 머물고 싶지 않았다. 닫힌 문에 대한 공포, 함정에 대한 공포 때문이다. 독방은 영혼을 가둔다. 유목생활은 양치기의 삶이다……. 나타니엘이여, 우리에게 침실이란 과연 무엇일까요? 그것은 전원 속의 안식처입니다."[121]

벽 바깥의 침실 말이다.

5장

어린이의 방

오늘날 어린이의 방은 아주 어린 아기들의 안락함에 세심한 주의를 기울이는 가구 목록들, 그들의 자각 과정에 주목하는 교육심리 개설서들, 심지어 그들을 보호하기 위해 애쓰는 가정생태학적 계획들에서 가장 핵심적인 항목이다.

로랑스 에질의 저서는 아름다운 삽화로 장식되어 있는데 이런 측면에서 시사하는 바가 많다.[1] 어린이의 공간이자 어린이를 위한 공간인 이러한 방은 특히 개인적인 공간일 터이지만, 아이가 여럿이라면 비좁을 가능성이 크다. 어린이마다 각자의 방이 있다. 자신만의 방. 그것이야말로 어린이라는 인격에 꼭 들어맞는 중요한 원칙이다. 어린이들의 신체적인 안전과 심리적인 행복의 조건들은 부드러운 재료와 조명, 모난 부분 없애기, 밝은 색상 등을 선호하는 경향을 보인다. 방은 이러한 조건들 말고는 어떤 계율에도 복종하지 않을 것이다. 부담스런 장식이나 사전에 정해진 장치들을 배격한다. 이와는 정반대로 다양한 용도에 따라 커다란 유동성을 발휘한다. "왜냐하면 취향은 시대마다 바뀌기 때문이

「아이들 방」

다. 어린이들의 성장과 더불어 최우선적으로 가구의 변화에 신경을 쓰라." 가구의 변화는 어린이의 키나 선호도와 잘 들어맞을 것이다. "어린이가 한마디 말도 하지 못한 침실보다 더 슬픈 것은 없다." 어린이가 자신의 침대를 오두막집이나 놀이마당으로 바꾸도록 내버려두라. 불을 끄지 마라. "어린이가 불을 켠 채 플러시 천으로 만든 장난감 동물과 함께 잠자기를 원하면 그대로 해주시오." 다른 곳과 구별되는 작은 공간들, 이를테면 "모퉁이들"을 많이 만드시오. "어린이의 경우 가구 배치 문화는 유목 문화다······. 어린이는 안전함과 자신의 공간임을 느끼게 해주는 유쾌한 잡화물들을 필요로 한다." 여러분 가정에서 어린이의 방은 "세상에 공개된 진귀한 물건들의 거대한 방처럼" 될 것이다. 그의 내밀성과 고독의 욕망을 지켜주시오. "그를 당신의 침실과 동떨어진 곳에서 살도록 내버려두시오. 비밀 없이 존재할 수 있는 사람은 아무도 없다." 사춘기 청소년이라면 더욱 그렇다. 이때는 "그에게 혼자서 마음대로 방을 선택하도록 내버려두는 것이" 바람직하다. 자유와 내밀성, 개성. 어린이 특유의 새로운 질서를 지배하는 것은 바로 그런 요소들이다. 그런 것들은 낡은 규율의 기준들, 흐트러진 침대와 뒤죽박죽인 옷들, 거꾸로 쓰러져 있는 장난감들, 불 켜진 전등 등을 용납하지 않는 가정 예절의 엄격함과는 거리가 멀다.

실내장식가 비벨은 로빈슨, 비타민, 펑크 록과 나아가 소녀들을 위해 마리 앙투아네트 등 다양한 모델을 제시했다. 소녀들은 "진짜 공주 방처럼 꾸며진 곳에서 잠들 것이다."[2] 그리고 '무공해' 부모들은 아기를 위해 오염되지 않은, 특히 "아기가 핥고 먹을 수 있는 흙과 함께 "청결하고 생태학적인 방"을 원한다.[3]

요람과 침대

그러나 모든 경우가 그렇지는 않다. 무엇보다 어린이가 자신의 침대를 차지하는 것이 중요한 문제다. 다니엘 로슈가 조사한 유산 목록에 어린이의 침대는 올라 있지 않다. 심지어 파리에서도 마찬가지였다.[14] 유산 목록에는 요람만이 올라 있곤 했다. 그럼에도 불구하고 어린이의 잠은 문제를 제기한다. 어둡고 외진 곳에 거칠게 처박히는 것은 괴로운 순간이며 알지 못하는 존재들, 이를테면 꿈속에 나타나는 괴물들이나 혹은 앨리스가 거울의 세계에서 발견한 괴물들에 대한 공포심을 증대시킨다. 어린이를 잠재우기 위해 어른들은 부드럽고 단조롭고 반복적인 리듬에 맞추어 자장가를 부르며 요람을 규칙적으로 흔든다. 자장가는 최초의 민간 전승 문학 중 하나다. 요람은 매우 유구한 물건으로 중세의 회화작품들, 특히 '성모의 탄생'을 묘사할 때 등장한다. 페캉 박물관은 훌륭한 요람 수집품들을 소장하고 있다. 요람은 대개 나무로 만들어지고 옮기기 편한 것이 많은데, 이따금 어머니가 일하면서 아기를 흔들어 재울 수 있도록 페달이 달린 것도 있다. 요람을 좋아하지 않았던 루소는 "나는 결코 어린이들을 흔들어 재울 필요가 없으며 요람을 사용하는 것이 종종 유해하다고 확신한다"[15]고 말했다. 그와는 정반대로 쥘 시몽*은 "아내가 모습을 보여야 하는 곳은 어린아이의 요람 옆이다"라고 말했다. 그는 어린이 옆에서 생각에 잠겨 있는 베르트 모리조**의 그림***을 높이 평가했음에 틀림없다. 『라루스 사전』은 요람을 어머니나 유모 옆에 놓을 것을 권했다. 그녀들은 어떤

---

*1814~1896. 프랑스 정치가이자 철학자.
**1841~1895. 프랑스 여류 인상파 화가.
***「요람」.

「요람 습작」, 빈센트 반 고흐

「잠자는 사람들」, 요제프 단하우저, 1831, 개인

「요람」, 베르트 모리조, 캔버스에 유채, 56×46cm, 오르세 미술관

의미에서 보면 요람에 헌신하는 사람들이다. 그럼에도 불구하고 19세기 말 보건위생학자들은 청결과 훈육이라는 이유를 들어 요람을 의심스런 눈초리로 주시했다. 그들은 냄새를 맡고 비품을 자주 갈아줄 것을 권하며 썩어가는 나무보다는 버드나무나 쇠를 선택할 것, 그리고 루소가 말했듯이 어린이들이 흔들리는 것에 익숙해지도록 만들지 말라고 충고했다.[16] 요컨대 그들은 그때까지 유지되어온 요람의 부드러움보다 침대의 규율을 택할 것을 권했던 것이다. "신생아용 작은 요람"처럼 그 매력적인 자취와 다양한 형태 및 명칭들을 민속 연구의 영역으로 남긴 채 말이다.

    요람은 아기를 개인화시키고 보호했다. 상당수의 유아가 교회의 규제에도 불구하고 부모의 잠자리에서 질식해 죽었다. 교회는 적어도 한 살 미만의 유아에게는 그런 관행을 금지했지만 곧바로 이를 용납했다. 좀 더 자라면 어린이는 형제나 자매들에게 합류했다. 심지어 가장 어린 아이들일지라도 거의 구별되지 않은 채 뒤섞였다. 나이가 차면 대체로 성에 따라 구분되었다. 17세기에 교회는 성징이 나타난다는 인식에 따라 그러한 원칙을 강요하고 더 엄격한 성도덕의 담당자인 학교 교사에게 그 일을 맡겼다.[17] 17세기 중엽 파리의 사제가 요약한 개설서 『소교구 학교』는 "아주 절박한 경우가 아니라면 어린이들로 하여금 다른 사람들 앞에서 소변을 보지 않고 자매, 심지어 아버지나 어머니와 함께 잠을 자지 않도록" 하라고 교사에게 충고하고 있다. "교사는 어떤 경우에든 어린이들이 결혼한 부부들에게만 허용된 일을 엿보거나 짐작할 수 없도록 부모들에게 침대 밑에서 자라고 권해야 할 것이다. 또한 부모들이 어린이들을 여자 하녀나 자매, 또는 그들 자신과 함께 재우기를 포기하려

「젊은 엄마」, 헤리트 다우, 1658

하지 않는다면 교사는 그 필요성을 설명한 다음 지체 없이 그들을 돌려보내야 할 것이다."|8 어떻게 해서든지 금지된 쾌락과 어쩔 수 없이 당하는 폭력, 감추어진 근친상간의 도구인 얽혀 있는 몸들을 떼어내야 한다. 페로*의 동화에서는 그런 것들에 대한 두려움이 감지된다.|9 "초보적인 수준"이나마 정신분석학의 토대를 제시한 프로이트의 노력에도 불구하고, 과거의 남녀 혼숙 현상은 오늘까지도 안전한 영역에서 계속 유지되고 있다.

침대의 움푹한 곳, 온기가 가득한 몸, 성인 보호자의 품을 떠나는 것은 아마도 고통스런 경험일 것이다. 어린 오로르 뒤팽, 즉 훗날의 조르주 상드는 노앙에서 어머니의 침대를 떠나라는 할머니의 엄명으로 심적 고통을 겪었다. "아홉 살 먹은 여자아이가 어머니 옆에서 잠을 자는 것은 건전하지 않을 뿐 아니라 정숙한 일도 아니다." 이처럼 잘못된 사고방식에 격분한 그녀의 어머니는 강하게 항의했다. 사람들은 이 소녀를 복도에서 자도록 했고 그녀는 그곳에서 어머니가 오가는 모습을 지켜보았다. 40년 후 그녀는 "노앙에서 아버지가 태어나고 또 어머니가 쓰던 노란색 큰 침대"에 대한 향수를 간직하고 고백했다.|10 부모의 침대 위에 올라앉고 고치 속에 숨듯이 그곳에 숨는 것은 수많은 어린이에게 잃어버린 낙원으로 돌아가는 것이나 다름없다. 엘리아스 카네티는 형제자매와 함께 부모님의 침대 속에서 그들을 귀찮게 하는 일이 예외적으로 허용되었던 일요일 오전의 즐거움을 묘사했다. 르클레르는 자신의 침대를 떠나 서로 일치되는 경험을 하듯이 부모 사이로 파고들었던 침대 한가운데의 따뜻함을 머릿속에 떠올렸다. "몸이 완전히 녹고 그들 사이에 있다는 행복감에 젖어 오직 그들과 함께 있다는 느낌에 날아갈 것 같았

---

*1628~1703. 프랑스 문인으로 민간 설화를 수집하고 각색해서 동화를 독자적인 문학 장르로 독립시켰다.

다."|11 내게도 우리가 살던 클리시의 아파트에서 느꼈던 그와 비슷한 행복에 대한 기억이 난다. 부모님은 종종 내게 장난을 치려고 위치를 바꾸셨다. 그런 포근함을 왜 포기해야 하는가? 어린 시절, 아니 아기였을 때 프랑스의 옛 노래에 나오는 침대 한가운데를 왜 떠나야 하는가?

빈민층의 숙소를 방문한 조사원들은 빈곤으로 인한 잡거생활의 음란함을 간파하고는 부모의 잠자리와 어린이 잠자리의 분리를 도덕과 예절의 기준으로 삼았다. "그들은 어떻게 잠을 잘까?" 런던 선교회의 영국 자선가들,|12 제랑도 남작의 의심어린 눈초리를 받으며 가난한 사람들을 방문하는 이들,|13 또는 사회경제학회의 후원을 받아 가족에 관한 전공 논문을 작성 중인 르플레의 제자들은 모두 그렇게 자문했다. 게다가 프롤레타리아들은 그 이상을 요구하지 않았다. 그들은 체면 유지와 안락함을 지키기 위해 어느 정도 분리 가능한 최소한의 공간을 원했다. 어린이들을 위한 곁방과 부엌은 19세기 말 최소한의 요구 사항이 되었다. 『목로주점』*의 여주인공 제르베즈는 잘나가던 시절에 바로 그러한 공간에 강한 애착을 보이며 커튼이나 가림막을 쳤다. 하지만 몰락기에 그녀의 세심함은 사라질 것이다. 기업가에 의해 건설되는 주택단지와 값싼 주거단지의 설계도에서는 부르주아의 아파트 설계도에서보다 어린이의 방이 정식으로 계획되었고, 그것은 풍속을 단속하는 경찰의 관심사가 되었다.

농촌이나 부르주아의 주택에서 어린이들은 부모를 떠나 하인에게 합류했다. 그들에게는 일시적으로 모퉁이가 할당되었다. 방의 구석진 곳이나 곁방, 층계 위, 복도, 통로, 헛간, 계단 밑 등 어디에나 짚을 넣은 매트, 침대틀, 초라한 침대, 매트리스 등의 "작은 침대"가 임시로 설치되

---

*졸라의 '루공마카르 총서' 중 제7권(1877)으로 여주인공 제르베즈의 삶을 통해 노동자의 세계를 그렸다.

었다. 어린이들이 성장하면 기껏해야 생활을 위한 공간이 아닌 잠을 자기 위해 개조된 "작은 방"이 제공된다. 사실상 어린이는 어디에나 있으며 또 어디에도 없다. 어린이는 집에서, 들판에서, 도시에서 돌아다닌다. 어린이는 그 땅의 사람보다는 환경에 대해 더 잘 안다. 특히 가족이 없을 때는 더욱 그렇다. 어린이는 자신의 공간을 필요로 하지 않았고 최근까지 설계자들은 그 문제에 관해 아무런 생각이 없거나 특별히 고려하지 않았다. 잡지『오늘날의 건축』은 1979년 '어린이와 어린이의 공간'을 주제로 한 특집호에서 학교, 놀이센터, 교육박물관 등과 같은 집단적인 공간을 다루었다. 거기서는 갓난아기의 공간적 심리학에 관한 논문「주택의 발견에서의 어린이」한 편을 제외하고는 실내 공간이 거의 다루어지지 않았다.|14

프랑스 어린이들의 방

어린이 방의 윤곽은 베르사유에서 발견된다. 윌리엄 뉴턴은 베르사유의 개조 과정을 세밀히 연구했다. 가정적이었던 루이 14세는 국왕 직계 비속, 즉 적자들과 서자들 모두가 가까이 살기를 원했다. 그들은 우선 옛 익랑건물*에 살았다. 1680년에서 1690년 사이 라모투당쿠르 원수부인은 그곳에서 왕세자**의 세 아들을 돌보았다. 루이 15세 시대에 왕족들의 익랑건물 2층은 일종의 유아실처럼 보였다. 왕실 어린이들은 3세까지 "유모들"과 함께 요람에서 지낸 뒤 왕처럼 받

*1682년에 본채 건물 왼쪽 편에 지어진 건물로 남쪽 익랑건물로 불렸으며 왕족의 거처로 사용되었다.
**1661~1711. 루이 14세와 마리아 테레즈의 큰아들이자 장성한 유일한 아들이었으나 루이 14세보다 먼저 사망했다.

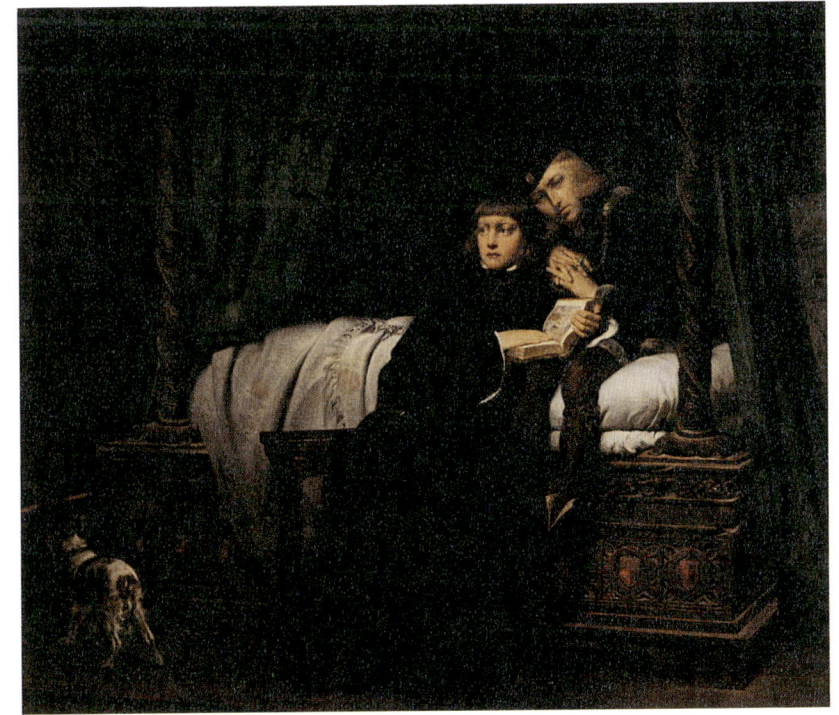

「에드워드의 자녀들」, 폴 들라로슈, 캔버스에 유채, 1831, 베르사유 궁

침기둥으로 둘러진 침대에서 잠을 잤다. 각각의 침실에는 세 개의 침대가 놓여 있었는데 하나는 유모, 다른 하나는 여자 가정교사를 위한 것이었다. 그녀들은 어린 왕자의 세계를 지배했다. 일곱 살이 되면 소년들은 "남자로 인정받았고" 시강학사의 선택은 국가적인 문제였다. 1741년에 국왕 직계 비속의 거처는 8개의 방으로 이루어졌는데 그중 6개에 벽난로가 있었다. 1764년에 아르투아 백작이 감기에 걸리지 않도록 난로가 설치되었다. 얼마 후 아르투아 백작이 프로방스 공작과 베리 공작 등 형제들과 노는 데 위험하지 않도록 벽이 풀솜으로 뒤덮였다. "그들이 놀면서 다치지 않도록 주변의 모든 받침대와 내장재들은 종이나 천 등으로 사람 키 높이만큼 두껍게 싸였다. 사보느리와 고블랭에서 제작된 굉장히 두꺼운 양탄자들로 장식된 그 거처들은 모든 위험으로부터 그들을 보호해주었다. 사부^{gouverneur}●는 그들 곁을 거의 떠난 적이 없고 자리를 비울 때는 부사부에게 감독을 맡겼다." "민중이 그들을 바라보지 못하도록"|15 쇠창살을 설치하는 것은 중요한 문제였다. 근대적이고 세심한 어머니 마리 앙투아네트는 자녀들이 더 이상 지나친 보호를 받지 않고 자유롭게 지내게 된 것을 무척 기뻐했다. 어머니인 여황제 마리아 테레지아에게 보낸 편지에서 그녀는 "우리 아이는 아래층에서 지내게 될 거예요. 그곳에 설치된 작은 창살이 우리 아이를 테라스의 다른 부분과 분리시킬 것이랍니다. 우리 아이는 마룻바닥에서보다 그곳에서 훨씬 더 빨리 걸음마를 배울 수 있을 거예요"|16라고 썼다. 1787년 국왕 직계 비속들의 거처는 14개의 방으로 이루어졌고 그중 13개의 방에 벽난로가 있었다. 17개 이상의 중이층^{中二層}이 있었고 그중 9개에 수행원과 하인들을 위한 벽난로가 놓였다. 시대적 분위기에 지배된 이 왕자들의

● 왕족의 학문적 지식과 도덕적 지식을 함양하는 역할을 맡은 궁정 고위직. 그 밑에 직접 교육을 담당하는 시강학사를 두었다.

「드레스룸의 소녀」, 제임스 앙소르, 캔버스에 유채, 1866, 개인

영역에 따스함, 안전, 놀이에 대한 배려 등이 슬그머니 침투한 것이다.

계보들

이렇듯 어린이 방은 빅토리아 시대의 순수한 창조물이 아니다. 성과 연령 구분에 정통한 귀족계층의 성에서 어린이 방의 초보적인 형태가 나타났다. 그럼에도 불구하고 18세기 말까지 건축가들은 설계도에서 어린이들을 거의 고려하지 않다가 점차 신중하게 가족을 위한 주거 형태에서 어린이들을 위한 공간을 인정하게 되었다.[17] 1768년 들라뤼는 부모와 같은 층에 위치한, "두 어린이와 가정교사를 위한" 방과 규방이 딸린 "딸의 방"에 대해 구체적으로 언급했다. 이는 전적으로 새로운 것이었다. 르카뮈 드메지에르는 1780년에 발표한 탁월한 개설서에서 총 248쪽 중 3쪽을 "주택에서의 어린이 거처"에 할애했다.[18] 어린이들은 중이층에 위치한 하인들의 공간 근처에서 "여자 가정교사 혹은 하녀" 한 사람과 함께 다섯 살까지 지냈다. 그런 다음 그곳에서 벗어나 남자 어린이들은 가정교사에게 합류했다. 그들의 거처는 방 다섯 개짜리였는데, "그중 운동용 방 하나"와 침실이 하나 있었다. 그 책은 난로의 위험을 경고하며 "건강을 위해 필수적인 사항으로" 동향에 위치할 것, 그리고 색깔에 관해 구체적인 충고를 하고 있다. "어린이들의 거처는 지나치게 밝아서는 안 된다. 그곳에 사용되는 색깔들은 화사해야 한다. 그런 것들은 우리가 생각하는 것보다 습관적인 기질에 훨씬 더 큰 영향을 미친다."[19] 이는 그가 표방한 감각론을 반영한 것이다.

특수 공간의 필요성이 제시된 것은 놀이를 위해서다. 어린이들은 어디서건 자기들끼리 숨어서 논다. 그러면서 그들은 중요한 사람들의 정적을 깨뜨리고 아버지의 사무실을 어지럽히며 집 구석 어디에나 장난감들을 끌고 다닌다. 어린이들의 "움직임"을 억제시키려는 욕망은 먼저 영국과 독일에서 나타났다. 그곳에서는 가족의 수가 더 많고 교육자들이 더욱 신중하기 때문이다. 유아실은 19세기 초 영국 산업 부르주아에 의해 건설된 농촌 주택에서 그 모습을 드러냈다. 그와 마찬가지로 비더마이어 양식*의 안락한 거처에도 유아실이 있다. 사전에 따르면 "훌륭한 유아실을 갖는 것"은 "잘 자라는" 것을 뜻한다. 그것은 퍽 의미심장하다. 유아실은 보통 놀이와 잠을 위해 구분된 두 개의 방으로 이루어진다. 비더마이어 양식의 유아실은 두 용도를 결합하는 대신 성의 구분에 신경을 썼다.[20]

프랑스에는 그런 예가 없다. 농촌주의인가? 루소주의인가? 장 자크 루소는 "어린이를 방 밖으로 나가지 못하도록 하면서 키우는 것보다 더 몰상식한 교육 방식을 상상할 수 있을까?"[21]라며 반문했다. 그는 방울, 딸랑이, 만들어진 장난감 등을 혐오했다. "어린이를 탁한 공기에 싸여 지내도록 내버려두는 대신 매일 풀밭으로 데리고 나간다."[22] 그는 에밀을 농촌에서 키우기를 원했다. "그녀의 방은 농부의 방과 다를 것이 전혀 없을 것이다. 그곳에 아주 잠시 머무를 것이 분명한데 그렇게 세심하게 장식할 필요가 있는가?"[23] 맬서스주의인가? "어린이 문제는 곧 방의 문제를 제기했다"고 콜레트는 언급했다. 그녀는 방 하나를 차지하기 위해 그녀의 언니가 결혼할 때까지 기다려야 했다. "주거지의 옹색함은 사람들을 악착스럽게 만들었다."[24]

---

*혁명의 시대이자 급격한 도시화와 산업화가 전개된 19세기 전반기 중부 유럽에서 유행한 실용적이고 단순한 건축 양식.

비올레 르뒤크는 『주택의 역사』(1873)에서 어린이의 방을 일종의 숨은 속셈처럼 묘사했다. "왜냐하면 모든 것을 예견해야 하기 때문이다." 심지어 돌발사고까지도 말이다. 가깝지만 구분된 귀부인이나 나리의 거처들과 접대 공간에 비하면 어린이의 방은 아무것도 아니었다. 어린이 방이 체계화되려면 19세기 말, 심지어 새 세기가 오기까지 기다려야 했다. 게다가 "아름다운 방"은 부모, 나아가 친구들의 것으로 남겨졌다. 어린이 방은 존재하기는 하나 부수적이었고, 부모의 방에서 멀지 않은 곳에 있었다. 그래야 부모는 이따금 아이들을 부르고 또 도시 건물의 7층에 뚝 떨어진 곳에서 지내는 하인 대신 어머니가 감시할 수 있었다. 따라서 어린이의 방은 흔히 복도 끝에 위치하는 특권을 누리지 못했다.

어린이 방의 역사 전문가인 로제 페랭자케는 어린이 방에 대한 "경시"가 상당히 보편적이었음을 상기시킨다. "그럼에도 불구하고 모든 건축가가 어린이 방을 경시하는 이러한 태도와 집 안에서 어린이의 존재에 대한 망각을 공유하고 있었던 것은 아니다. 하지만 그와 반대되는 진보적인 의견 역시 전통적인 현상을 지속시켰을 뿐이다." 그는 동시대 건축가들을 지배한 어린이 방에 대한 끈질긴 "거부의 태도"에 관해 언급했다. 마리 자울이 자서전에서 증언했듯이,[25] 바우하우스*나 르코르뷔지에의 태도를 포함해서 말이다. 그녀의 부모는 "코르뷔"에게 뇌유에 주택 한 채를 지어달라고 부탁했다. 그 건축가는 그녀에게 남자 형제들의 방과 구분된 별도의 방 하나를 원하는지 물었다. 그녀는 당연히 그렇다고 대답했다. 그러나 그녀는 크게 실망했다. 그 대가로 주어진 그녀의 방은 좁고 어두컴컴하고 분리되지 않은 복도 방이었기 때문이다. 르

---

*1919년 그로피우스가 설립한 미술, 공예, 사진, 건축의 종합적인 것을 가르치던 학교로 일상생활의 단순함과 편리함을 추구하는 독특한 예술철학의 구현을 시도했으나 1933년 나치에 의해 폐쇄되었다.

코르뷔지에가 옹호한 공동생활의 이상은 대체로 어린이의 공간에 대한 인식에 호의적이지 않았다. 어린 마리는 어둡고 구불구불한 옛 거처에 대한 향수를 품었다. "나는 공동생활을 혐오했다. 나는 방을 가졌음에도 불구하고 나만의 영역을 잃어버렸다……. 나는 부모님이 눈치 채지 못하도록 아무 소리도 내지 않고 밤새 책을 읽기 위해 방문을 열쇠로 잠갔다. 지난번 공간에서는 아무도 나를 감시하지 않았다. 그런데 이 집에서는 모든 것이 다 보인다." 심지어 모퉁이들도 "노출되어 있다." 그녀는 "언제 무엇을 하는지 꿰뚫어보는" 이러한 투명성을 싫어했다. 그 집은 개인적인 모험을 희생물로 삼은 채 "인간을 마음대로 지배하는 곳"이다.|26

마침내 변화가 나타나기 시작했다. 특히 20세기 후반, 나아가 마지막 3분의 1에 해당되는 시기 동안 가정의 주거 형태와 "낮의 공간", "밤의 공간" 사이의 공간 분할에 관한 도시계획가들의 사고가 바뀌었다. 그것은 방에 대한 재평가를 의미하는 것이었다. 항상 그렇듯이 어린이에 관해서는 어린이를 격리시키려는 욕망과 함께 지내게 하려는 욕망, 잠과 놀이, 개인적인 것과 집단적인 것 사이의 망설임이 나타났다. 폴 체메토프는 1960년대에 건물의 놀이방을 스칸디나비아 양식으로 설계했다. 무관심은 세심한 주의, 나아가 염려로 바뀌었다. 서구사회의 서툴고 불분명한 인식으로 인해 부모의 방은 어린이들, 특히 사춘기 청소년들의 방을 위해 축소되었다.

정성이 깃든 방

공간은 상처받기 쉽고, 민감하며 유연한 어린이의 새로운 지각에 각인되고 어린이를 둘러싼 환경은 그러한 어린이의 지각에 영향을 미칠 수 있다. 실제로 침대와 탁자 같은 가구의 소아정형술에 더 민감한 보건위생학자들은 통풍, 조명, 습도, 온도 등의 조건에 세심한 주의를 기울인다. 그들은 특히 아기들에게 이러한 조건이 과도하지나 않은지 우려한다. 세귀르 백작부인*은 중용을 권했다. 비록 어린이가 추위에 떨지라도 "어린이를 지나치게 더운 방에 머물게 하지 마세요. 방 안의 열기는 어린이를 감기에 걸리기 쉽게 합니다……. 어린이 방의 공기를 적어도 하루에 두 번씩 환기시키는 데 주의를 기울이세요."[27] 대부분의 의사들 견해도 그러했다. 그들은 특히 긴 수면 시간 동안 어린이가 호흡하며 내뱉는 일산화탄소에 대한 강박관념에 사로잡혔다. 그들은 이처럼 공기를 들이마시는 소비자들의 생리적인 욕구에 대비해야 했다.

방은 어린이의 습관을 형성시키며 그의 성격에 영향을 미치는 수단이 되었다. 에밀 카르동에 따르면 "가능한 한 일찍 어린이가 자신의 사적인 방을 갖는 것이 좋다. 그래야 어린이가 자신에게 속한 것, 이를테면 장난감, 책, 그림들을 가지런히 정리하고 소중히 다루면서 정돈하는 습관을 붙인다."[28] 인형의 방, 끝없이 개조할 수 있는 물건, 장난감 상자 등은 이러한 정리 정돈 교육을 돕는다. 공화국은 사적인 영역의 침범을 비난하고 그 경계선을 존중함에도 불구하고 그러한 노력을 학교에 국한시키고 방을 그와는 정반대의 기독교 도덕에 포위된 가족에게 맡겼다.

*1799~1874. 러시아 출신의 프랑스 여류 문인.

세귀르 백작부인은 방의 맹신자가 아니었다. 장밋빛 총서*에 등장하는 성에서 어린이들은 자유롭게 왕래하며 정원 안에서 노는 것을 즐겼다. 그들은 홀로 자는 일이 드물었고 둘씩 짝지어 하녀와 함께 잤다. 침실은 2층에 있었고 사람들은 휴식과 일, 기도, 경우에 따라서는 체벌을 위해 그곳으로 "올라갔다." 카미유와 마들렌은 사촌들을 맞이하기 위해 자신들의 방을 꽃으로 장식했다. 방은 휴가를 매혹적으로 만들어주는 이 "변함없는 행복"의 상징이었던 것이다.[29]

소녀, 신부, 어머니의 모든 상태를 묘사한 베르트 베르나주의 『브리지트』는 1930년대의 베스트셀러였다. 젊은 여인들은 그 영향을 받아 아기의 방을 개조했다. 첫딸 로즐린을 낳은 브리지트는 나이 든 아주머니의 방 세 칸에 세 들어 살았다. 그녀는 아기의 칭얼거리는 소리와 울음소리가 아버지의 일을 방해하지 않도록 "아기를 위한" 방 한 칸을 더 얻기로 결심했다. "밝고 아름다우며 춤을 출 수 있을 만큼 정말 큰 방" 말이다. 브리지트는 "영국식"임을 내세우며 "예쁘고 쾌적하며 즐거운 보금자리"를 만들었다. "나는 크림색 벽에 직접 장미꽃 다발 무늬의 장식띠를 그렸다." 그러고는 부드럽고 커다란 장밋빛 띠로 가장자리를 두른 크림색 커튼을 쳤다. 그것은 소녀들의 색깔이었다. 가족 모두가 방을 만드는 데 한몫했고 방의 개막식으로 작은 축제를 열었다. 할머니는 "상아색으로 옻칠을 한 매혹적인 아기 침대"를, 다른 사람은 구색을 갖춘 장롱을 선물했다. 대모는 장난감 함을 선물로 주었다. 양탄자는 없었다. 큰 바둑판 무늬의 리놀륨이 "귀중한 마루판을 보호해주었다." 어린이가 쓰기에 알맞은 탁자와 안락의자, 그리고 "라퐁텐의 동물들이 줄 지어 있는" 크림색과 장밋빛 주이 산菙 천**으로 덮인 쿠션이 있었다. "천장의 등은

---

* 세귀르 부인의 새로운 요정 이야기를 시작으로 아셰트 출판사가 출판한 어린이 동화 시리즈로 책표지가 장밋빛이다.
** 1760년 베르사유 인근 촌락인 주이에 설립된 직물공장에서 만들어진 천.

「즐거운 아이」, 윌리엄 메릿 체이스, 1894

매우 부드럽고 밝은 장밋빛으로 방을 비추었다." 벽 위에는 어린이를 위한 몇몇 장면이 묘사된 판화가 몇 개 걸려 있다. "내가 그 그림들을 싸구려 시장에서 샀다고 생각하지 마세요. 전혀 그렇지 않아요! 그것들은 훌륭한 예술가들이 구상하고 직접 서명한 예술품들이랍니다. 내 딸은 틀림없이 완벽한 물건들이라는 것을 알아차릴 거예요." 선량한 기독교도인 브리지트는 방을 세속적으로 꾸미기를 거부했다. 그녀는 작은 침대 위에 "상아로 된 아름다운 십자가상"을 걸었다. 그 맞은편에는 "성모 마리아 상들 중 가장 아름다운 상"이 테레즈 드리지외* 상의 호위를 받고 있고 있다. 테레즈 드리지외야말로 로즐린에게 "장미의 상징"을 가르쳐줄 것이다. 이것이 바로 1930년대 젊은 가톨릭 부부 가정의 모습이다. '프로이트'를 꺼리는 그들은 비올레 신부보다는 카스티 콘누비**의 열렬한 지지자들이다.|30 브리지트는 "이미 아기 침대를 두세 개, 심지어 네 개까지 기대했다." "원하는 대로! 방과 내 마음속에 이미 아기 침대들이 자리를 차지했다." 그녀는 이처럼 복잡한 방을 "유아실"이라고 불렀을까? 그녀는 어린이에 관한 한 영국의 방식을 부러워했기에 그렇게 부르고 싶어했다. 그러나 그녀는 "소박한 프랑스 어머니"로 남기를 원했으며 베르사유에서 어린이들을 묘사한 수채화를 발견하고는 만족해했다. "위대한 세기는 내 딸을 더욱 우아하게 만들어줄 거야." "유행에 민감한" 이 젊은 엄마는 숙모 마르트의 제안과 그녀의 르네상스식 가구, 검붉은 커튼, 그리고 사촌 위제트가 제안한 "흑인" 양식도 거절하고는 마치 그녀에게 감각과 정신의 각성을 촉구하는 것처럼 보이는 장식을 선택함으로써 전통적인 것과 근대적인 것을 조화시켰다.|31

* 1873~1897. 프랑스 카르멜 수녀회 수녀로 유작 『영혼의 이야기』를 남겼다.
** 비올레 신부는 1930년 교황 비오가 주장한 카스티 콘누비의 주창자이지만 그는 신성한 결혼보다는 인구 증가에 역점을 두었다.

로즐린의 방은 존 러스킨*과 윌리엄 모리스**의 기독교적 버전이다. 그들 모두 주변 환경의 힘을 믿었다. 1880년에서 1914년 사이 어린이 방은 적어도 북유럽에서는 예술적 창조의 관심 대상이 되었다. 그리고 무엇보다도 끝없이 낮잠을 자는 동안 계속해서 응시하게 되는 벽지는 어린이들에게 첫 번째 풍경을 이룬다. 헨리 제임스에 따르면 그와 똑같은 풍경이 하늘에서 발견될 것이며 또한 어린 시절의 수많은 추억을 떠올리게 할 것이다.

벽지, 벽의 언어

조르주 상드는 특히 벽지에 민감했다. 그녀는 "잠들지 않은 채 내 작은 침대에서 커튼 주름이나 침실 벽지의 꽃을 응시하며 보낸 오랜 시간을"[32] 회상했다. 노앙에서는 짙은 초록색 양탄자가 그녀의 상상력을 자극했다. 양탄자 가장자리에는 숲의 신들과 바쿠스 신의 여제관들이 서로 뒤쫓고 있다. 큰 메달들은 꽃의 여신과 춤추는 요정들로 장식되었다. 그러나 더 근엄한 여제관 하나가 그녀를 불안하게 만들었다. 그녀는 침대의 위치 때문에 그 여제관과 자신이 가까워질까봐 두려워했다. "나는 잠을 자면서 그녀를 보지 않으려고 머리를 이불 속에 파묻었다." 그녀는 그 여제관을 꿈속에서 보았고 저녁에는 거기서 튀어나온 형상들을 만나게 될 것을 우려했다. "나는 더 이상 침대에 혼자 남지 않으려 했다. 여덟 살이 다 되어서도 나는 잠들기 전에 그 여제관을 차분하게 바라보지 못했다."[33] 그녀는 할머니 침실의 페르시아

---

*1819~1900. 영국의 예술비평가이자 시인.
**1834~1896. 영국의 직물 디자이너이자 작가.

양탄자를 기억하고는 그것을 찾았으며 비슷한 것을 하나 발견했다. "나는 내 방과 침대를 꽃가지 무늬로 장식하는 어린이다운 즐거움을 누렸다. 나뭇가지와 꽃들은 나를 공상과 추억의 세계로 이끌었다."[34]

그런 이미지들은 어린이의 상상력을 키워주었다. 아나톨 프랑스의 상상을 예로 들어보자. "나는 여전히 그 방을 바라본다. 꽃무늬들이 있는 초록색 벽지와 예쁜 천연색 조각품도 함께. 그때부터 나는 그 조각품이 사도 바울의 팔에 안겨 검은 강 한가운데를 건너고 있는 성모 마리아를 표현한 것임을 알았다. 그 방에서 나는 특별한 모험을 즐겼다."[35] 어린 마르셀 프루스트는 매년 줄무늬의 군복 복장을 한 외젠 공의 조각상을 목격했다. 그 소박한 조각상은 읍내의 식료품 상인이 덤으로 준 것임에 틀림없다. 그의 할아버지는 할머니가 싫어하는 것을 아랑곳하지 않고 그 조각상을 방에 걸었다. 할머니는 아마 보티첼리의 「봄」을 복제한 작품을 더 좋아했을 것이다. 하얀색 벽의 옹호자인 윌리엄 모리스가 위생학적 검박함의 차원에서 유일하게 아름답다고 찬사를 보냈던 그 작품 말이다. 마리오 프라츠는 그의 부모님과 가까운 곳에 살던 노부인의 방에서 그 양탄자를 다시 보았다. 거기에는 끝없이 이어지는 기하학적 모티프로 표현된 그리핀•의 형상이 묘사되었다. "나는 이상하게도 그 방에서 잠을 잔 적이 있으며 마치 병에 걸려 침대에 누워 있을 때처럼 한밤중의 희미한 불빛 속에서 끔찍한 벽지를 본 것 같은 느낌이 들었다. 그것은 내 어린 시절의 기억들 중에서 가장 불가사의한 것 중 하나다."[36]

어린이들에게 미에 대한 감각을 불어넣기 위해 사람들은 어린이들이 보는 곳에 걸작, 특히 고대 예술품의 복제품들을 놓았다. 1900년경에

•사자의 몸통에 독수리의 머리와 날개, 앞발을 가진 전설의 동물.

는 예술사진이 많아져서 학교 교실을 가득 채웠고 방에는 한두 점만 걸었다. 벽지에는 어린이들의 기분 전환과 교육에 좋을 법한 동화나 신화, 우화 속의 일화들이 등장했다. "벽 위에 쓰인 문자"를 미학의 중요한 길잡이로 여긴 윌리엄 에디스의 표현에 따르면 "어린이의 방이 밝고 따뜻할수록 어린이들은 더욱 명석하고 행복해질 것이다." 케이트 그린어웨이와 월터 크레인이 운영하고 제프리스와 코가 상품을 개발한 영국의 한 번창한 기업은 기존의 벽지 양식과 내용을 완전히 새롭게 바꾸었다. 라 퐁텐•, 페로, 그림, 안데르센 등 고대와 근대의 고전문학 작품에 등장하는 주인공들에 이어 영국과 미국의 디자이너들이 그린 삽화집과 문학작품에 나오는 인물들이 묘사되었다. 피터 래빗, 위니 루르송, 펠릭스 르샤, 그리고 곧 미키가 벽을 점령하고 제품들의 모델이 되면서[37] 어린이 세계에서 놀라울 정도로 시각적이고 감각적인 혁명이 전개되기 시작했다. 우리로서는 그 영향을 정확하게 평가하기가 어렵다.

프랑스에서 그 움직임은 샹플뢰리, 에밀 카르동 혹은 마르셀 브라운슈비히처럼 어린이를 위한 예술 옹호자들이 주도했다. 영국과는 달리 그런 움직임을 독점한 것은 집보다는 학교였다. 사람들은 어린 몽상가보다는 학생들에게 호소했다. 그럼에도 불구하고 1880년대에 에밀 카르동은 "눈을 사로잡고 유쾌한 장면을 보여주는 예술적 이미지들로 어린이들의 방을 장식하는 것은 중요한 일이라는 점"을 조심스럽게 인정했다.[38] 국민 교육의 이미지들도 있다. 제3공화국은 긍정적이며 건설적인 주인공들을 높이 평가했으며, 제멋대로 행동하다가 늑대에 잡아먹힌 빨간 모자를 쓴 샤프롱••보다는 형제들을 구한 꼬마 푸세를 선호했다.

일련의 두드러진 현상들이 하나의 전환점 역할을 했다. 그중 결정적

• 1621~1695. 『우화시집』으로 잘 알려진 고전주의 프랑스 시인이자 대표적 우화작가.
•• 유럽의 전래동화에 흔히 등장하는 어린이.

인 자극제 역할을 한 것은 '시대를 초월한 어린이'를 주제로 프티팔레에서 1900년과 그 이듬해에 연장 개최된 세계박람회였다. 장난감 수집가인 레오 클라르티와 앙리 달마뉴는 영국의 예를 호소하며 그 여세를 몰아 『예술과 어린이』라는 이름의 전문지와 협회를 창간했는데 교육자 마르셀 브라운슈비히가 그것을 이어받았다. 그는 "아름답게 장식하기에 적당한 곳은 다른 어느 곳보다 집이다"라고 언급했다. 가장 먼저 벵자맹 라비에의 동물 장난감 같은 물건에 이어 방의 장식에 노력을 기울였다. 방의 장식은 공적 기관의 지원을 받은 수많은 전시회로부터 초대를 받았다. 1913년 파리 시의회에 의해 갈리에라 박물관에서 개최된 전시회 '어린이들을 위한 예술'에서는 가구, 표지판, 벽화, 장난감, 직물, 벽지 등 모든 것이 총망라되었다. 앙드레 엘레(1870~1945)는 깎은 나무 인형들을 변형시킨 노아의 방주를 고안해냈다. 그는 어린이 방을 위한 모든 것을 만들었고 이는 프랭탕 백화점의 프리마베라 스튜디오에 의해 출간되었다. 순수한 스타일, 흰색 옻칠을 한 가구, 밝은 색깔, 둥글게 된 귀퉁이 부분 등은 미와 기능주의를 조화시켰다. 어린이 방은 이제 목록 안에 포함되었다. 전쟁으로 중단되었던 이러한 우아함의 순간이 간전기 동안 더욱 희미해졌던 어린이의 공간에 대한 인식을 확고하게 하는 데 결정적인 역할을 했다.

소녀의 방

적어도 1860년대까지 사람들은 사춘기에 대해 그

다지 주의를 기울이지 않았다.[39] 사춘기는 출발의 시기다. 일반 민중 가정의 아들과 딸들은 일찍부터 "일자리를 찾아 나섰다." 프랑스와 영국의 부르주아들은 아들을 중학교나 고등학교의 기숙사로 보냈다. 딸들은 학교 교육을 덜 받았고[40] 가정에 더 많이 머물렀다. 사춘기는 무엇보다 먼저 사회화하기 이전의 성性의 영역이다.[41] 그에 따라 "아가씨의 침실"이 별도로 생기게 된 것은 18세기 말 이후다. 염탐꾼 레티프 드 라 브르통의 증언을 살펴보자. "집에서 나는 매우 아름다운 소녀가 도착하는 것을 목격했다. (…) 침실 안에 그녀의 침대가 놓였다. 그런데 내 침대는 다락방 밑에 있는 작은 대기실 안에 있었다."[42]

사춘기 소녀가 되면 의사들은 그녀들의 몸을 예의주시하고 소설가들은 소녀들 마음의 충동과 미래에의 체념에 관심을 기울였다. 그와 동시에 수녀원처럼 금욕적이며 안전한 생활을 할 수 있도록 세심한 어머니로부터 멀리 떨어지지 않은 공간이 딸에게 주어졌다. 작은 독방과 규방 사이의 중간 단계인 소녀의 방은 성모 마리아의 방을 모델로 삼았다. 수태고지의 그림들에서 묘사된 방 말이다. 천사가 그녀를 방문했을 때 그녀는 좁은 침대가 놓인 그 방에서 책을 읽고 실을 자으며 지냈다. 소녀는 그곳에서 가정의 규율을 배웠다. 이러한 은둔의 공간에서 그녀는 바느질을 하고 책을 읽고 사적인 편지와 내밀한 일기를 썼다. 가톨릭 교육자들은 그러한 글쓰기를 양심을 성찰하는 기회로, 개신교 교육자들은 자기 절제의 수단으로 권장했다. 다분히 도덕적이며 심지어 극단적인 신앙심의 영향을 받은 그 공간은 수도원처럼 울타리로 둘러싸였다. 그곳은 그녀와 일체가 되었다. 소녀가 자기 방을 갖고 가구를 들이고 방을 아름답게 꾸미고 꽃으로 장식하고 자질구레한 장식품들로 가득 채

「사춘기」, 에드바르 뭉크, 캔버스에 유채, 151.5×110cm, 1894~1895, 오슬로 국립미술관

우기를 원한 것은 바로 그 때문이었다. 기숙학교에서도 그녀는 그런 방을 꿈꾸었다. 소녀는 그녀의 방 상태로 평가되었다. 잡지가 탄생하기 이전에는 처세술에 관한 개설서들이 그녀의 내면을 예고하는 실험실인 방에 세심한 주의를 기울이라는 충고를 했다. 그녀는 간결하거나 혹은 밝지만 흐릿한 꽃무늬 벽지와 커튼을 선택할 것이다. 은은한 향을 풍기는 들판의 꽃들보다 꽃다발을 좋아하는 그녀는 무수한 꽃다발로 방을 장식할 것이다. 그녀는 잔소리꾼과 사치품, 골치 아프게 하는 향수들을 피할 것이다. 또한 경건한 그녀는 방 안에 성물들을 놓을 것이다. 음악가인 그녀의 방 안에는 피아노가 놓일 수도 있다. 독서가인 그녀의 방 안에는 "신중하게 선택된" 서가도 있을 것이다.[43] 사진들은 그녀에게 그녀의 가족과 모범적인 조상들을 떠올리게 할 것이다. 그녀는 조심스럽게 거울을 쓸 것이다. 그녀는 그곳에서 친구들을 맞이하겠지만 결코 남자들은 받아들이지 않을 것이다. 방의 문은 그녀의 처녀성처럼 잠긴 채로 있어야 했다. 신중함을 요하는 충고들은 항상 성적인 것과 관련된 내용이었다.

　소녀의 방은 환상에 가까울 정도로 작가들의 문학적인 상상력을 사로잡았다. 빅토르 위고는 한동안 코제트의 방에서 벗어나지 못했다. 발자크는 세자린 비로토, 외제니 그랑데, 위르쉴 미루에의 방들을 묘사했다. 향수 제조업자의 신분 상승은 그의 거처를 급격히 변화시켰다. 그는 아내에게 세자린의 방 옆에 아름다운 방을 마련해주었다. "아주 예쁘장한 그 방에는 피아노와 거울 달린 예쁜 장롱, 단순한 무늬의 커튼이 달린 정갈한 작은 침대, 그리고 젊은 사람들이 좋아하는 작은 가구들이 있었다."[44] 수많은 편지를 남긴 발자크는 실내 배치를 통해 정신적인 기

「잠에서 깨어난 소녀」, 에바 곤잘레스, 캔버스에 유채, 81.5×100cm, 쿤스탈레 브레멘

질을 표현했다. 위르쉴 미루에의 방은 그녀의 정신적인 성향을 드러내준다. "그녀는 이 방에서 하늘의 향기를 들이마신다. 깔끔하게 정돈된 물건들은 질서정연한 태도, 모든 세상을 확실하게 파악할 수 있는 조화로운 의식을 지녔다는 증거다." 소설가의 시선은 "그녀의 내의류와 의복들이 들어 있는 커다란 장롱"[145] 문에서 멈춘다. 그런 물건들은 드러나지 않는다. 위르쉴로 구현된 소녀의 이상적인 방은 늘 성모 마리아의 색깔인 푸른색과 흰색을 띤다.

독일의 소녀들은 마르게리트의 "잘 정돈된 작은 방"과 같은 곳을 꿈꾸었다. 메피스토펠레스는 "모든 소녀가 그렇게 단정하고 청결하지는 않다"며 그런 방을 비웃었다. 그녀는 파우스트의 찬사를 불러일으키고 그의 욕망을 자극했다. "오 소녀여, 나는 느낀답니다. 내 주변에서 속삭이는 당신의 깨끗한 영혼을. 그 영혼이 부드러운 어머니처럼 그대의 하루하루를 지배하고 그대로 하여금 탁자보를 깨끗하게 펼치게 하고 이따금 사육장에 가벼운 모래를 뿌리게 한다오……. 그대는 오두막집을 천국으로 바꾸어놓는구려."[146]

이러한 이상적인 방에 관해 소녀들은 다음의 두 가지 태도 사이에서 오락가락한다. 첫 번째 태도는 세상을 피해 그곳에 머물고 두려운 운명의 날을 늦추며 번데기처럼 기다림의 시간을 즐기고, 엠마 보바리나 제인 오스틴의 여주인공들처럼 공상에 잠기고 나아가 회화작품의 진수에 도달하려 애쓰던 마리 바시키르체프*의 소원처럼 창조에 몰두하는 것이다. 두 번째 태도는 그와는 정반대로 사랑 혹은 결혼을 통해 그 감옥에서 달아나는 것이다. "그녀들은 인형의 방처럼 작은 방에 감금되어 그 안에서 빙글빙글 돌며 서성거렸다. 그곳에서 그녀들은 위협적이며

---

*1858~1884. 러시아의 일기작가 겸 화가, 조각가.

자신들을 바보로 만드는 교육을 받았다"[47]고 엘렌 시쿠스는 언급했다. 어떻게 그곳을 떠나 다른 곳으로 갈 것인가? 소녀들은 여행기, 먼 타지에서의 선교 모험담, 끝없이 이어지는 신문 연재소설의 사랑 이야기를 좋아했다. 방에서 그녀들은 램프의 흔들거리는 불빛 아래서 허용된 시간보다 훨씬 늦게까지 그런 책들을 읽었다. 어떤 소녀들은 용감하게 자신들의 몸을 샅샅이 훑어보기도 했지만 아무도 그 일을 고백하지는 않았다. 마리 세는 "이름 모를 그런 미지의 쾌감"을 회상했다. "방문을 걸어 잠그고 그 안에서 소녀가 느끼는 모든 공포감을 나는 안다. 예쁘지도 흉하지도 않고 다만 약간 멍청한 소녀처럼 회색과 장밋빛, 그리고 작은 꽃들로 가득 찬 방에서 나는 끈기 있고 우울하게 사춘기에 적응하는 방법을 배웠다."[48] 소녀의 방은 기숙사와 부부 침실 사이의 과도기적인 공간이자 수련장이었고, 아직은 모든 것이 가능한 정지된 시간이었다.

동시에 그러한 규범은 세브르* 출신이거나 교수자격시험을 통과해서 지방 도시의 첫 근무지에 발령을 받은 젊은 여교수의 생활 방식으로 자리잡았다. 방을 얻는 것은 그녀들의 최우선적인 관심사였다. 들고 나는 일이 불확실한 남자보다 이렇게 단정한 여자 하숙생을 선호하는 주인집 여자로서는 그녀들에게 방을 빌려주는 것이 일종의 축복이었다. 마르그리트 아롱은 굽이 높은 구두를 신은 노처녀에게 세를 놓은 방을 자신이 어떻게 꾸미려고 애썼는지 언급했다. 그녀의 회상에 따르면 "방은 파란색 작은 화병들, 마른 종려나무 가지, 침대간 안의 질긴 무명천으로 만든 침대 커튼, 호두나무로 된 서랍장, 빛바랜 꽃무늬의 얇은 양탄자 등으로 장식되었다. 나는 벽난로 위에 내 사진들을 올려놓았고 벽에

---

*1881년에 파리에서 남서쪽으로 약 10킬로미터 떨어진 세브르에 설립된 여성고등사범학교.

는 판화를 걸었다……. 내 방은 바로 이렇게 꾸며졌다."[49] 지방의 작은 방들에서의 슬픔. 그곳에서 젊은 여교수들은 오랜 시간 강의를 준비하고 복사물을 교정하며 외롭게 지냈다. 그 작업은 세브르에서부터 계속된 차 마시는 습관에 의해 겨우 중단되었는데, 그것이 그녀의 유일한 사치였다. 잔 갈지, 콜레트 오드리, 시몬 드 보부아르 등은 저마다 그러한 경험에서 해방된 뒤 과거의 그 일들을 토로했다.

카프카는 "소녀들만큼 외로운 존재는 없다"고 말했다.

루치아의 방

위대한 수집가이자 심미주의자 마리오 프라츠는 로마 팔라초 리치에 있는 자신의 거처에 관한 책 『인생의 집』에서 딸 '루치아의 방'을 묘사하는 데 100여 쪽을 할애했다.[50] 그녀의 방은 장식뿐 아니라 가구가 다른 어떤 방보다 가장 자주 바뀌었다. 그 자신보다는 확실히 그의 아내가 딸을 더 원했고 그는 그 아이를 위해 모든 것을 마련해야 했다. 그녀가 사달라고 한 요람, 특히 '신생아용 요람'은 로마 왕의 것에서 착안한 것으로(프라츠는 제국 양식의 애호가였다) 늘 그 자리를 지켰다. 그녀는 딸에게 아버지의 취향을 물려주려고 했는데 1936년경 그 희망이 실현되었다. 10년 후 이 부부는 헤어졌지만 루치아는 자신의 방을 그대로 유지했다. 그녀의 방은 일시적으로 리치 궁에 마련되어 그녀의 나이에 알맞게 바뀌었다. 어린이를 맞이하기 위해 사람들은 방을 장밋빛 양탄자로 장식하고 특별 제작된 단풍나무 가구를 들여놓았다. 총

재정부 양식*을 본뜬 회랑용 침대가 그 한 예다. 소녀의 취향에 따라 이러한 모든 "근대 가구들"은 사라지고 고대 가구로 대체되었다. 방 안에는 1925년에 구입한 배 모양을 한 제국 양식의 간소한 침대와 양초가 놓여 있는 마호가니 머리맡 탁자가 놓였다. 그 초는 한 번도 켜진 적이 없지만 "전기가 들어오지 않으면 사용하게 될 것이었다." 그 밖에 여러 개의 칸막이 선반이 놓인 독서용 둥근 탁자, 폴린 보르게즈**의 것과 유사한 "시골식" 옷걸이대, 서류함이 딸린 책상, 의자들이 있었다. 저자는 세상의 편견에도 불구하고 딸에게 물려주기를 바랐던 자신의 침대에 관해 상세하게 설명했다. "대부분의 사람은 고가구 침대를 구입하는 것을 망설인다. 일부는 벌레나 세균이 숨어 있을지 모른다는 위생학적인 이유 때문이기도 하지만, 그보다는 미신 때문이다. 왜냐하면 고가구 침대는 누군가 그곳에서 죽음을 맞이했을 것이 확실하기 때문이다."
|51 그럼에도 불구하고 그가 오랫동안 골동품 가게를 누빈 끝에 구입한 그 제국 양식의 침대는 평생 그의 동반자였다. 방의 한 자리를 차지한 그 침대 위에는 "황제용" 닫집이 얹혀 있고 침대 커버와 조화를 이루는 커튼이 처져 있다. 벽들은 30여 개의 회화작품으로 뒤덮였다. 그 그림들은 여자와 어린이들의 초상화, 풍속화, 상당히 여성적 취향인 18세기 영국의 일상적인 집단초상화들이었다. 또한 루치아의 방에는 장난감이 상당히 많았다. 치펀데일 취향***의 빅토리아풍 인형의 집 모형들 중 일부는 오늘날에도 남아 있다. 저자는 그 모형들이 이탈리아에서 제

---

*1795~1799년 프랑스혁명의 공포정치에 대한 반발로 일시적으로 유행한 화려하고 사치스런 장식.

**1780~1825. 나폴레옹의 여동생으로 첫 남편이 죽자 이탈리아 귀족 술모나 공과 재혼했다.

***1718?~1779. 영국 가구 디자이너인 토마스 치펀데일이 유행시킨 18세기 영국 신고전주의 가구 양식.

대로 평가받지 못한 점을 개탄했다.[52] 그러나 이 어린이는 파괴적이었다. 그녀는 "보랏빛이 감도는 푸른 눈의 예쁜 인형을" 부수어버렸다. 그 인형은 그녀의 아버지가 어릴 때부터 간직해온 것으로 "용서할 수 없는 잘못을 저지른 순간"에 그는 그 인형을 딸에게 주었다. 그녀의 아버지는 그 인형을 잃는 것을 마치 상처를 입는 것처럼 가슴 아파했다. 하나의 방에 관한 이러한 역사는 심미주의자인 아버지의 좌절된 사랑을 보여주기도 한다. 그는 물건을 선택하는 한 수집가로서의 태도 외에는 자신의 애정을 표현할 줄 몰랐고, 그의 딸이나 아내도 그의 태도를 일종의 독재로 여겼을 뿐 그의 수집품들을 올바로 평가하지 않았음을 그는 알아차리지 못했다. 그의 영국인 아내는 그가 죽은 물건들에 집착했기 때문에 그를 떠났다.[53] 수십 년이 지난 뒤 그녀의 방에 돌아왔을 때 루치아는 반짝거리는 것 때문에 자신이 무척 좋아했던 화환 모양의 크리스털 샹들리에를 아버지가 없애버린 것을 알고는 더욱 유감스러워했다. "그녀는 그렇게 아름다운 물건을 이 지구의처럼 고루한 물건으로 바꾸어놓았다고 나를 비난했다. 나는 별이 총총한 청금색 지구의로 그녀의 상상력을 자극하려고 했는데 말이다."[54] 사물에 대한 오해는 마음의 오해를 뜻한다.

소년의 방

사람들은 소년의 방에 관해서는 훨씬 적게 언급한다. 그가 학생이라면 그가 집 밖이나 멀리 외부에 나가 있을 것으로 생각한다. 만약 그가 집에 머물고 있다면 연약하거나 혹은 아픈 것으로 의심한다. 그럼에도 불구하고 많은 소년이 방을 갖기를 바랐음을 고백했다. 아나톨 프랑스는 "내 방"을 얻은 순간의 결정적인 쾌감을 묘사했다. 푸른색 꽃다발 무늬로 가득 찬 크림색 벽지를 바른 제2제국 양식의 그의 방은 크지도 아름답지도 않았지만 바로 그의 소유였기 때문이다. "방을 갖게 된 순간 나는 어찌할 바를 몰랐다. 바로 전날 밤 어린이에 불과하던 내가 소년이 되었다……. 나만의 방을 갖게 된 순간부터 나는 내면의 세계를 갖게 되었다……. 방은 우주와 나를 분리시키고 나는 그 안에서 우주를 재발견했다. 나의 정신세계는 바로 그곳에서 형성되었다. 사랑과 아름다움의 놀라운 우상들이 우선은 막연하고 희미한 모습으로 다가오기 시작한 것도 그곳에서다."[55] 프랑수아 모리아크는 콜레주의 혼잡스러움을 싫어했다. "혼자만 있는 방을 갖는 것은 가장 간절한 바람이지만 어린 시절과 젊은 시절에는 결코 이루어지지 못했다. 나는 네 벽 사이에 있었고 그 벽들은 하나의 개체였다. 드디어 나는 그곳에 있게 되었다."[56] 그것은 고독과 독서, 그리고 충족되지 않는 열망에 대한 갈증이었다. 그의 할머니는 불을 켜지 못하게 했다. 그녀는 "어린이에게 절제를 가르쳐야 한다"고 말했다. "그녀가 자랄 때는 불이 없었고 코감기가 폐병으로 번지지도 않았다."[57]

    사실상 그것은 미래의 문인들에 관한 이야기다. 일부 사람들이 말하듯 그들은 무엇보다 먼저 위대한 독서가이자 고독한 소년이었고 서생들이었다. 오늘날 사춘기 소년의 방은 꼭 독방 감옥 같은 것은 아니다. 방은 포스터와 음악회 프로그램, 악기들과 고성능 음향기기 세트, 컴퓨터 및 온갖 종류의 신기한 기구로 가득 차 있다. 눈에 띄는 붙박이장에

는 그가 좋아하는 상표의 옷과 농구화들로 넘쳐난다. 1960년대 이후 사춘기 소년은 그러한 상표의 특별 고객이 되었다. 방의 획득은 영광의 30년* 시기의 사춘기 소년을 상징한다.|58 그곳은 그가 즐겨 숨는 곳으로 거기서라면 그는 마음 내키는 대로 문을 닫았다. 그는 그곳에 "단짝 친구들"을 불러들여 끝없는 대화와 음악 모임을 즐겼다.

부모는 최소한의 질서를 갖출 것을 요구했지만 그의 내밀성만큼은 존중해주었다. 난니 모레티의 영화 「아들의 방」은 아들의 갑작스런 실종에 망연자실한 아버지에게 그때까지 그가 몰랐던 아들의 성격, 취향, 사랑, 꿈의 일부를 여실히 보여준다. 사라진 자식의 방은 무덤이다. 카트린 롤레가 발견한 '제1차 세계대전 동안의 한 아버지의 일기'에서 드러나듯이 제1차 세계대전의 경험은 결정적이었음에 틀림없다. 아들은 전선에 있다. 가족은 집 안에서 "군인의 방을 항상 준비된 상태로 유지하고 사진과 물건들로 '전쟁박물관' 같은 진열장을 만들며" 일종의 사적인 예식을 준비한다.|59 불행이 닥치면 그 방은 추억의 박물관이 될 것이며 영원한 젊음 속에 응고되어버린 고인을 기리는 제단이 될 것이다.

그러나 장성해서 정상적으로 집을 나서는 아들의 출발 역시 죽음과 다를 바 없는 느낌을 주었다.|60 수많은 부모는 침묵을 두려워하고 빈 방에 들어가기를 주저했으며, 질질 끌던 슬리퍼와 지저분했던 옛 방을 그리워했다. 그들은 사라진 아들이 마치 여행을 마치고 돌아올 것처럼 오랫동안 방을 원 상태로 보존하며 이 공간을 바꾸는 것을 받아들이지 못했다. 필연적이고 결정적인 결별은 불가능했다.|61 최종적인 떠남, 심지어 자발적으로 떠난 경우에도 역시 그가 한동안 지냈던 장소의 변화를 고통스러워했으며, 무관심하다가 결국은 잊히지나 않을까 걱정했

* 장 푸라시테가 2004년에 발표한 책 제목에서 유래한 것으로 제2차 세계대전 후 30년, 놀라운 경제 번영과 생활수준 향상을 이룩한 1946~1975년의 프랑스 사회를 가리킨다.

다. 자신에게 속한 것을 새로 할당받으면서 그는 약간 찡그리며 "내 방이야"라고 말한다(딸이라면 더더욱 그렇게 말한다). 그러면 사람들은 감히 그의 사무실, TV 방, 서재를 방문할 엄두를 내지 못한다. 그는 방의 벽 안에서 자기 존재의 일부를 경험했었는데 이제 그 흔적들은 완벽히 사라졌다. 그는 플러시 천으로 만든 개나 곰 등의 장난감을 보관조차 하지 않았다. 그런 장난감들은 그의 첫 동무이자 그가 처음으로 비밀을 털어놓은 친구였고, 그가 처음으로 마음에 품었던 의구심의 증인들이었다. 내 친척 중 하나는 "작은 개가 움직인다면 나는 기적을 믿을 거야"라고 말하곤 했다. 작은 개는 움직이지 않았다. 그는 더 이상 그것을 믿지 않았고 틀림없이 신도 믿지 않았을 것이다. 자신의 방이나 또는 방에 대한 추억을 잃어버리는 것은 낙원에서 추방당하거나 자신의 삶을 상실하는 것과 다름없다. 내 친구들 중 한 명은 그녀의 부모가 아무 말도 하지 않은 채 자신의 방을 할머니에게 줘버렸기 때문에 결혼을 결심했다고 고백했다. 그녀는 자기 영역에서 쫓겨나자 불행한 결혼으로 뛰어들었던 것이다. 주세페 토마시 디 람페두사*는 어린 시절의 흔적이 밴 장소를 떠나는 것을 더욱 참지 못했다. 그는 평생 산타 마르게리타 디 벨리체의 거대한 저택과 300개의 방에 대한 공상에 빠져 방황했다. 주세페는 "항상 그가 태어나고 더 이상 잠잘 수 없게 된 방에 애도를 표했다."[62] 어린이의 방에서는 근본적인 협정, 이를테면 결정적인 결합이 이루어졌고 사춘기 소년의 방에서는 더더욱 그랬다.

---

* 1896~1957. 시칠리아 대공의 아들로 태어났으며 유작 『표범』을 남긴 이탈리아 소설가.

어린이 특유의 경험

점점 도시화한 주거 조건들은 공간에 대한 모든 관계를 조금씩 변화시켰다. 어린이들의 경우도 마찬가지였다. 서구의 어린이는 그때부터 주로 문화적인 욕구와 이전에는 필수적이지 않았던 방의 경험을 필요로 하게 되었다. 종종 어린이를 가두어놓는 방은 놀이와 공작을 위한 공간이고, 독서를 위한 방이며 일터이고, 사회적 관계를 위한 곳이자 그에게는 없어서는 안 되는 피난처였다. 네 살 먹은 뱅상은 "사람들은 나를 따분하게 만들어요"라고 말했다. "내가 원하는 것은 내 방에서 혼자 기차 놀이에 몰두하는 거예요." 방은 친구와 어울리기보다는 세상의 축소판인 인형과 인형의 집을 만드는 그러한 미세한 공작에 훨씬 더 적합했다. 끝없는 이야깃거리로 이어지는 그런 공작놀이는 얼마나 즐거울까! 어린 소녀들은 시험삼아 평소 꿈꾸던 엄마 역할을 해보려고 애쓴다. 어린이를 위한 잡지들은 구체적인 방법을 추천하고 있다. 실제로 『진정한 친구들』은 1945년의 여러 호를 바로 "재건축"의 의미를 담은 주택 건축에 할애했다. 소년들은 주택을 지을 것이고 소녀들은 그 집을 장식할 것이다. "소녀들은 소년들만큼이나 붓을 잘 다룬다. 그녀들은 부엌과 욕실 장식을 맡을 것이다. 그러나 그들에게 분명 최상의 작업은 어린이들의 방을 개조하는 일이다."[63]

방은 끝없는 독서에 알맞은 곳이다. 프루스트는 독서의 즐거움을 회상했다. 독서에 대한 열정에 가득 찬 그는 긴 점심 식사, 산책, 저녁 식사, 소등 같은 어른들의 시간 활용으로 계속해서 방해를 받자 정원의 정자건물 속으로 피신했다. 특히 시골식 방에 숨어들었다. 닫힌 창문과 커튼 사이로 약간의 빛이 들어오는 그곳은 낮잠을 자기에 안성맞춤이었다. 책읽기가 끝나지 않는 한 "나는 저녁 식사 후 침대에서 오랫동안 머물곤 했다. 나는 저녁 늦게까지 독서를 즐길 수 있었다."[164] 그것은 거의 금지된 비밀의 시간이었고 그런 만큼 달콤했다. 침대에서의 책읽기는 잠 속으로 빠져드는 어린 시절의 행복한 순간이다. 꿈속에서는 온갖 복잡한 이야기가 이어지고 낯익은 물건들이 갑작스럽게 살아 움직이며 괴상한 짐승들이 가득하고 괴물들이 어둠 속에서 솟아나고 도처에서 유령들이 출몰한다. 이따금 반쯤 잠든 상태에서 어린이는 자신에게 다가오는 얼굴을 느끼고 가까운 곳의 방, 아마도 부모님의 침실에서 나는 중얼거리는 소리를 듣는데 그럴 때마다 그는 깜짝 놀란다. 무슨 일일까? 문이 반쯤 열려 있다면 그는 이상한 대화와 몸짓을 간파할 수 있을 것이다. 아마도 프로이트가 훗날 그의 성생활을 설명하는 실마리로 간주할 원초적인 장면 말이다. 어린이의 방은 이렇듯 다른 사람들, 곧 어린이의 성의 대기실이다.

많은 어린이는 저녁 시간을 불안하게 보내고 밤의 도래를 죽음처럼 여긴다. 장 상퇴유에게 "잠자러 가는 순간은 날마다 정말 비극적인 시간이었다. 그 순간에 대한 막연한 공포감은 점점 더 끔찍해졌다." 저녁 인사를 하는 것은 "밤 내내 세상과 이별하는 것이다." 그것은 그에게 견디기 어려운 경험이었다.[165] 어린이들은 밤을 두려워하고 울면서 침대로 갔다. 그들은 느닷없이 적대적인 방의 어두움과 숨어서 자신들을 감시하는 정체불명의 존재들을 두려워했다. 모리아크는 하녀가 들려준 도둑에 관한 이야기를 떠올렸다. "그는 올라오고, 올라오고 올라왔다. 나는 삐거덕거리는 발걸음 소리를 듣고 이불 속에 머리를 숨겼다."[166] 어린이들은 침대로 가는 시간을 늦추고 어머니와 긴 입맞춤을 했다. 프루스트 소설의 화자가 콩브레에서 없어서는 안 될 마음의 지주처럼 기대한 그 입맞춤 말이다. "오랫동안 나는 이른 시간에 잠자러 갔다." 『잃어버린 시간을 찾아서』에서는 침실을 무대로 하는 욕망, 우수, 애도, 사랑의 위대한 장면이 펼쳐진다. 아주 짧은 어린 시절의 삶에 관한 오페라 도입부가 바로 그곳에서 개와 늑대 사이에서 그리고 어스름한 네 개의 벽 사이에서 연주된다. "확실해, 사실이야! 어린이들은 공포를 느낄 때 밤을 노래한다."[67] 아니면 그때 어린이들은 자신들에게 말을 해달라고 졸라댄다. 프로이트는 자신에게 어린 시절의 불안감을 이해하게 해준 세 살짜리 소년에 대한 기억을 떠올렸다. "아주머니 말해주세요. 저는 깜깜한게 무서워요." 아주머니가 대답한다. "너는 나를 볼 수도 없을 텐데 그게 무슨 소용이니?" 어린이는 "그건 아무것도 아녜요. 누군가 말을 하는 순간 환해져요"[68]라고 대답했다. 목소리가 어둠의 그림자를 사라지게 했던 것이다.

한편 어린이들에게 방은 그들 공동의 모험을 경험하는 공간이다. 『무서운 아이들』의 방이 바로 그런 예다. 장 콕토는 그곳에서 벌어진 형제간의 비극을 비밀에 부쳤다. 형제 폴과 누이 엘리자베트의 이루어질 수 없는 절대적이고 순수하고 무시무시한 사랑 말이다. 그 두 사람은 침실에 자발적으로 갇힌 죄수들이다. 그곳에서 엘리자베트는 상처 입은 폴을 돌보았다. "그 침실은 일종의 동물의 등껍질이었다. 그 안에서 두 사람은 마치 하나의 몸을 이룬 것처럼 생활하고 씻고 옷을 입었다." 침실에서 그들은 자신들이 부숴버린 "무질서한 건조물들"을 손보았다. 그들은 그곳을 떠나기를 꿈꾸었지만 그것은 불가능했다. "그들은 매혹적이고 탐욕스런 그 침실을 스스로 증오한다고 여기며 공상적으로 장식했다. 그들은 특별한 침실들을 가질 계획을 세웠고 빈 방, 예를 들어 돌아가신 어머니의 침실을 사용하는 문제는 전혀 고려하지도 않았다." 생각지도 못한 생소한 휴가 기간에 삼촌이 그들을 호텔로 초대했을 때조차도 그들은 그곳에 가지 않고 평소대로 그리고 바라던 대로 이전의 동거 상태로 돌아갔다. 침실에서 그들이 맞이한 친구들은 그들의 상황을 받아들이고 한밤중의 연극 무대에서 배우 노릇을 했다. 그것은 그들이 소화한 일종의 역할 놀이였다. "어린이로 간주된 엘리자베트와 폴은 마치 쌍둥이 요람을 차지한 것처럼 계속해서 함께 생활했다." 그들은 서로 사랑하고 괴롭혔다. "그들은 엄격한 원칙에 복종하는 하수인처럼 꿀이 만들어지는 침실에 모든 것을 쏟아부었다." 침실에서 나가는 것은 상대방을 떠나는 것이고 외부 세계나 엘리자베트와 약혼한 미국인에게 가는 것이다. 틀림없이 마법의 사슬을 끊어버리기를 바랐던 그녀는 그를 한 번도 폴의 침실에 들이지 않았다. "두 침실이 존재하는 미래가 실현될지도 몰랐다. 놀랄 정도로 빠르게 진척된 상황이 미래의 계획들과 흡사한 두 침실의 계획을 자극하며 비정상적인 방향으로 그들을 몰아붙였다." 그러한 미래가 결코 실현 불가능한 것임은 주지의 사실이다. 마이클은 객사하고 침실은 모두가 죽을 때까지 그대로 유지되었다. 모두의 죽음만이 침실을 없앨 수 있는 유일한 길이었다.[69]

다시 제자리를 찾은 침실에서 폴은 병풍으로 긴의자를 격리시킴으로써 "세귀르 부인의 『휴가』에 나오는 것과 같은 피난처를 만들었다." 탁자 밑에 놓인 그 침실 안 피난처에는 천막 모양의 큰 천 아래에 침대 시트와 이불이 놓여 있었다. 그곳은 침실 자체보다 훨씬 더 압축적인 공간으로 모든 어린이의 꿈이다. 또한 어린이들이 자신의 영역을 표시하는 방식이기도 하다. 그곳에서 어린이들은 그들끼리 존재하며 무에서부터 그들 자신의 세계를 구축한다. 무인도에 간 로빈슨 크루소나 나무 속에 있는 스위스의 로빈슨 가족*처럼 말이다.

그것은 아마도 성적 환상일 것이다. 로베르트 무질**이 그 영향을 간파했다. "타인의 몸속에 열정적으로 침투하는 것은 신비하고 사악한 은신처를 추구하는 어린이들의 취향이 발전된 것이다."[70]

어린이들은 방을 자기 것으로 만든다. 어린이들의 영역이 되어버린 방은 비밀의 장소다. 식사 시간에 답답한 의례나 어른과의 대화는 그들을 침묵하게 만들고 식사가 끝나면 그들은 서둘러 침대로 돌아간다. 랑세 부인의 어린이들은 "식사가 끝나자마자 노루처럼 재빠르고 조용하게 저녁 식탁에서 사라져 그들의 요새인 방으로 돌아갔다. 그곳은 그들이 집 안에서 편안하게 어떤 이야기이든, 즉 모든 이야기를 나눌 수 있는 유일한 장소다."[71]

그들은 어떤 이야기를 나눌까? 루이르네 데 포레의 소설에 등장하는 어른 주인공 조르주는 이 점을 궁금해했다. "어린이들의 목소리가 돌연 그를 사로잡았다." "이상한 호기심" 때문에 발길을 돌려 방으로 간 그는 "반쯤 문이 열린 어린이들의 방 뒤에" 멈추어 섰다. 어린이들 집단은 카리스마 넘치는 어린 지도자 폴의 지시에 따라 그에게 이상한 역할놀이를 맡긴 다음 그를 강제로 그 놀이에 끼어들게 해서 가면을 벗게 만들었다. 그가 침묵을 지키자 그들은 입을 다물었다. 마치 공포에 사로잡힌 사람처럼 그로 하여금 말을 하지 않을 수 없게 만든 것은 바로 그들

---

* 1812년에 스위스 목사인 저자 와이스가 네 명의 아들에게 자연세계와 자립의 가치를 가르치기 위해 쓴 소설 제목.

** 1880~1942. 오스트리아 출신의 모더니즘 소설가.

의 성가신 침묵이었다. "너희는 어린이지? 그는 지친 몸짓으로 문으로 가며 소리쳤다. 너희는 아직 어린이지?" 그러나 조르주는 무슨 말을 들었을까? 아니면 그것은 어린이 특유의 잔혹함으로 인해 그 자신, 다시 말해 그의 철저한 이타성에 비추어진 내면의 목소리였을까?[72]

어린이들은 항상 특정한 영역을 전유함으로써 그들의 정체성을 형성했음에 틀림없다. 그 피난처가 우리 문화에서는 방이 되었다. 그 결과 별거 중인 부모가 아이들을 공동으로 돌보는 경우 따로 떨어져 사는 어린이들은 부모의 두 거처 사이에서 괴로워했다. 정녕 그들의 방은 어느 쪽인가?

그것은 최근에 생겨난 영역이며 굳이 상기하자면 오늘날 대부분의 어린이에게는 별다른 의미가 없는 영역이다.

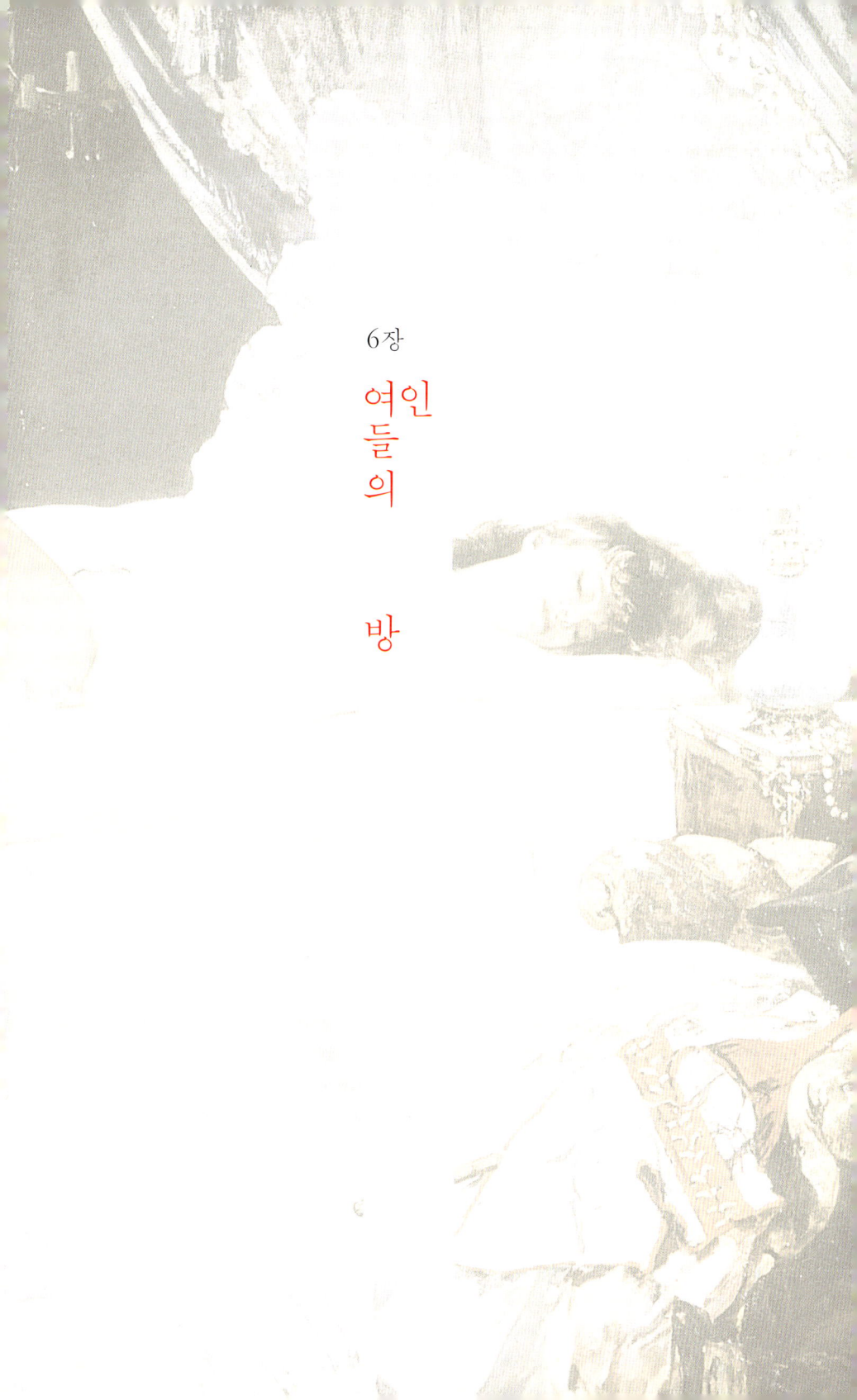

6장
여인들의
방

나의 할머니 클레망스가 집에서 자신이 진심으로 집과 사물의 안주인임을 느낀 것은 부엌에 있을 때였다. 그곳에 있을 때면 그녀는 적극적으로 남자들을 내쫓았다. 그녀의 말에 따르면 남자들은 그곳에서 아무런 소용이 없었다. 그녀는 자신의 침실에 관해서는 거의 언급하지 않았다. 그럼에도 불구하고 반세기 가까이 과부로 지낸 그녀는 침실에서 오랜 시간을 보냈다. 그녀는 뜨개질을 하고 가계부를 정리하고 흰색 서가에 꽂혀 있는 소설책이나 『초가집들의 야회』를 읽고 건성으로 묵주신공을 바치기도 했다. 내 침실에 관해 나는 크고 깊숙한 안락의자, 물건들이 산더미처럼 쌓여 있는 작은 탁자들, 특히 화장수의 향기, 모직물, 보리수꽃 탕약, 장뇌 등에 대한 기억을 간직하고 있다. 특히 장뇌는 라스파유의 말에 따르면 최고의 치료제였는데, 그녀는 그것으로 몸을 마사지하곤 했다.

침실은 특히 여자들의 공간이자 성역일 것이다. 종교, 가족질서, 도덕, 품위, 정숙함 등 모든 것이 여자들을 침실에 붙들어놓는 데 기여했

「창가에 있는 여인」, 카스파르 다비드 프리드리히, 캔버스에 유채, 1822.

다. 뿐만 아니라 침실 창문에 앉아 있는 여자 몽상가들이나 거의 벌거벗은 채로 카나페, 소파, 침대 위에 길게 누워 있는 여자 독서가들에 관한 에로틱한 상상 역시 그런 역할을 했다.

그러나 그 침실들은 여자들이 생활하고 일하고 사랑의 편지를 읽고 책을 탐독하고 꿈을 꾸는 곳이다. 문을 닫는 것은 그녀들의 자유를 상징한다. 그녀들은 창문을 통해 바라보고 공상 속에서 여행을 했다. 버지니아 울프는 "여자들은 수천 년 동안 집 안에 머물러왔다. 지금은 담벼락 자체에도 여자들의 독재적인 능력이 묻어나지만 말이다"[1]라고 말했다.

여자들이 남자들보다 훨씬 더 침실에 대한 무언의 기억을 지니고 있는 이유는 바로 여기에 있다. 침실은 여자들의 인생과 시간의 흐름에 리듬을 부여했던 것이다.

만들어진 침실의 여성성

수많은 문화가 실내를 여자들의 공간으로 할당했다. "겉으로 모습을 드러내는 모든 여자는 품위를 잃는다." 피타고라스와 루소는 거의 동일한 어조로 "공중 앞에 선 여자는 항상 부적절해 보인다"라고 말했다. 공적인 영역은 남자들의 전유물이다. 상업, 정치, 웅변술, 고차원적인 스포츠, 권력의 영역들 말이다. 그런 영역에서 여자는 단지 부분적으로만 권리를 주장할 수 있을 뿐이다. 그것은 역할의 문제일 뿐 아니라 성, 다시 말해 보호받고 때에 따라서는 숨겨진 몸과 관련된 문제다.

집은 유목민의 거처를 포함해서 여자들의 몫이다. 투아레그 족이나 베르베르 족*에게서 거칠고 위험한 사막에서의 불안정한 정착 과정인 천막치기는 여자 우두머리를 중심으로 이루어졌다. 공간은 늘 동일하게 배분되었는데 남자와 방문자들은 오른쪽, 여자들은 왼쪽을 썼다.[2] 천막은 여자의 것이었다. 여자는 천막을 지참금으로 받아서 관리하는 책임을 맡았다. 유목생활을 하는 도중 여자는 안정성을 유지하고 손님을 환대하는 역할을 했다.

칸트는 집을 "죽음과 밤, 어둠에 대한 공포에서 자신을 지켜줄 유일한 방패"이자 한곳에 정착하는 인간 정체성의 근원으로 여겼다. 그는 여자에게 중심축이자 종속적인 지위를 부여했다. "어린이와 가족의 움직임은 여자를 중심으로 이루어진다. 이런 의미에서 여자는 하나의 인격이다. 그러나 여자가 조용히 도망쳐서 곧바로 반역자와 혁명가가 될 가능성도 있다." 여기서 여자를 길들여야 할 형이상학에 가까운 과제가 제기된다. "여자는 복종하고 순종적이며 아궁이와 윤이 나는 가구들의 온화한 빛에 묶여 있어야 한다."[3]

침실은 울타리를 상징한다. 프로이트에 따르면 침실은 게르만 문화에서는 문자 그대로, 라틴 문화에서는 상징적인 의미로 여성성 자체와 동일시된다.[4] 에마뉘엘 르비나는 침실을 "본질적으로 침범할 수 있는 동시에 침범할 수 없는" 거처의 결정체로 여겼다. "여성의 존재 방식은 숨는 것이다. 숨는 행위의 핵심은 정확히 말하자면 수치심이다. 여성은 함께 모이기, 그리고 집과 거처 내부의 조건일 뿐" 모든 독자적인 현존과는 무관하다.[5] 여성의 본질은 존재 바깥에 있다.

* 북아프리카 사하라 사막에 사는 유목민족.

신앙생활은 울타리에 관한 이러한 이상을 발전시켰다. 성 앙투안은 "여자들에게 침실에 은둔하라고 충고했다. 왜냐하면 영광스런 성모 마리아가 구원을 받고 신의 아들을 잉태한 것은 바로 그녀의 침실에서였기 때문이다."[16] 중세와 르네상스 미술의 위대한 주제인 수태고지의 침실에는 가장자리에 줄을 두른 침대가 등장한다. 잠자는 여자의 몸에 대한 추측을 허용치 않는 그 침대는 어린 소녀의 방의 모델이 되었다. 그 방은 역사상 가장 위대한 사건이 일어난 무대다. 신의 화신, 신의 아들의 화신이 여자의 몸속에 남자를 만든 그 사건 말이다. 비록 성모 마리아가 아들을 따라 고되고 먼 갈릴리의 길을 걸어갔음에도 불구하고 탄생에서 죽음까지 그녀의 생애는 곧잘 침실을 연상시켰다.

침실에 관한 이미지들을 담은 프레스코화와 계율들의 암송은 끝없이 펼쳐질 것이다. 제2제국 치하에서 소녀들의 기독교 교육 전문가로 활동한 오를레앙 주교 뒤팡루 예하는 독실한 가정주부들에게 사교생활과 소란스런 가정 문제들을 피하라고 충고했다. "교육은 여자들로 하여금 자신의 가정을 사랑하도록 만든다. 가정에서 이루어지는 공동 작업의 매력이 여자들을 가정에 귀속시킨다. 그렇게 되면 다른 가정의 방문과 사교계는 얼마나 불필요한가! 침실에 돌아가서 책을 읽거나 데생을 하는 것은 얼마나 즐거운 일인가! 집으로 돌아가기 위해 우리는 얼마나 빨리 그리고 얼마나 가벼운 발걸음으로 걷는가!" 존경할 만한 이 주교는 여자들에게 "잃어버린 순간의 지혜"[17]를 익히도록 권하고 어린 소녀들에게는 문을 잠글 줄 알아야 한다며 충고하고 있다.

세속적인 기구들 역시 예방을 위한 이러한 배려를 공유했다. 19세기 말 부른빌 박사의 강력한 추진 덕분에 파리의 병원들이 수녀들을 간호

「수태고지」, 장 에, 1490~1495

사로 대체했을 때 병원마다 간호사를 위해 수녀원과 유사한 기숙사를 설립했다. 그런 기숙사는 운이 좋으면 가구 딸린 방보다 더 바람직해 보였다.[8]

에디스 워튼, 앨리스 제임스, 특히 샬럿 퍼킨스 길먼과 같은 19세기의 앵글로색슨계 여류 소설가들은 쿠션을 댄 거처들과 틈을 메운 방들의 답답한 분위기를 묘사하면서 이따금 비난을 퍼부었다.[9] 그렇다고 해서 그러한 비난이 "자신만의 방"에 대한 열렬한 욕망을 거부하는 것은 아니었다. 버지니아 울프는 그 유명한 텍스트에서 바로 그곳을 생존을 위한 최소한의 비용을 들여 창작에 필요한 조건으로 만들었던 것이다. 가사노동을 하는 여자들에서 여류 문인까지 모든 연령층, 그리고 다양한 계층의 수많은 여자가 그들의 선택이 무엇이든 간에 방을 당연한 권리로 요구했다. 미국의 여류 시인 에밀리 디킨슨은 애머스트의 부모님 집에 있는 자기 방에 처박혀서 일생 동안 그곳을 떠나지 않았다. 그러나 여자 여행가들 역시 다른 사람들보다 훨씬 더 침실에서의 따뜻한 평온함을 높이 평가했다. 1968년 이후 해방된 대부분의 여성 동성애자도 마찬가지였다. 프랑수아즈 플라망은 자서전에서 그러한 증언들을 수집했다.[10] 항상 산과 골짜기를 누비며 사는 그녀들은 떠도는 자신들의 삶의 거처에 많은 에너지를 투자했다.

결과적으로 방에 대한 부인들의 생각 역시 방의 기능과 실제의 다양성만큼이나 복잡하다. 방에 대한 그녀들의 생각은 억압과 자유, 의무와 욕망, 현실과 상상 사이를 오락가락하는데, 경계를 불분명하게 만드는 불확실한 표현들로 인해 그 차이를 구분하기란 매우 까다롭기 때문이다.

할당된 방들

지네세gynécée*, 술탄의 궁전, 하렘, 중세 귀부인의 방 등에서는 울타리의 주요한 몇몇 형태가 나타난다. 우리는 그 기능에 대해 완전히 무지하다고 말할 수는 없지만 아는 바가 거의 없다. 여성 단체보다는 여자들의 모임이 남자들의 환상을 훨씬 더 자극한다.(여자끼리 있을 때 그녀들은 무엇을 할까?) 역사가들이 해독하려고 애써온 물질적 혹은 문학적 이미지는 바로 그러한 남자들의 환상에 힘입은 바가 크다.

폴 벤은 폼페이의 프레스코화에서 시작해서 "지네세의 신비"를 분석했다. 그에 따르면 "지네세는 틀림없이 그리스 여자들보다는 여자들을 그 안에 가두고 그 뒤에도 계속해서 그녀들에 대해 불안해하는 배우자들이나, 지네세를 마치 하렘처럼 상상한 역사가들에게 더 신비로운 존재였을 것이다."[11] 지네세는 그 실체가 불분명한 "여자들의 거처"를 가리키기 위해 그리스의 기나이케이온gynaikeion**으로부터 유래해서, 특히 19세기에 만들어진 개념이다. 여자들이 2층에 격리되지 않았더라면 고고학자들은 분리 공간의 흔적을 발견하지 못했을 것이다. 집 안 곳곳에 흩어져 있는 여자들의 물건은 그녀들이 이곳저곳으로 이동했음을 입증해준다. 아테네 여자들이 로마 여자들보다 더 집 안에 틀어박혀 있지는 않았다. 그리스에서는 로마에서보다는 남녀 간의 성차가 훨씬 더 컸지만, 그로 인해 공간의 분리와 방들의 엄격한 배치가 나타나지는 않았다. 그리스 꽃병, 특히 향수병에는 원기둥에 의해 구분된 공간에서 여자들이 그녀들 사이에서 거울처럼 미에 관련된 물건들을 가지고 화장

* 그리스·로마 시대의 규방.
** 그리스 귀족 주택에서 여자들을 위한 별도의 공간.

「페넬로페와 구혼자들」, 존 윌리엄 워터하우스, 캔버스에 유채, 1912, 애버딘 미술관

을 하거나 가사에 몰두하고 있는 모습이 묘사되어 있다. 그러한 모습은 "여성에 대한 시각을 은유적으로 표현한 것이다."[12] 그것은 결코 노동과 나날을 어느 정도 사실주의적으로 묘사한 프레스코화가 아니라 여성의 표상과 관련이 있다. 옷장에 묘사된 정숙한 아내 페넬로페*의 이미지 덕분에 지네세는 18세기에 그리스의 미덕과 함께 재평가된 엄격함의 평판을 얻었다. 그렇게 해서 지네세는 레티프 드 라 브르톤의 유토피아 『레지노그라프』의 모델이 되었다. 그는 여성들의 품행을 바로잡고 "본분을 지키게 하기" 위해 주택 안에 있는 지네세를 여성들이 그 안에서 자유롭게 지내며 오직 남편과 아버지만이 출입할 수 있는 구조로 개조할 것을 권장했다.[13] 그가 보기에 지네세는 음탕한 동양의 폭력성과는 대조적인, 성이 조화를 이루는 이상향이 구현된 곳이었다.

문자 그대로 "신성하고 제한된" 곳인 하렘과 콘스탄티노플에 있는 술탄 황제의 궁전에서는 매사가 정치적·종교적(이슬람의 압력) 기준에 따라 복잡하게 이뤄졌다. "나는 술탄의 궁전에서 자라서 그곳의 뒷골목을 잘 안다"고 바자제트**는 말했다. 우리는 그렇지 않다. 서구 세계는 미지의 세계를 엿보려고 애쓰고 또 서구의 강박관념은 엇갈린 시선들을 만들어냈는데, 우리는 바로 그러한 시선을 돌이켜보는 데 그칠 뿐이다.[14] 16세기부터 특히 17세기 이후 보디에, 타베르니에, 샤르댕과 같은 여행가들의 수많은 여행기가 반복적으로 발표되었다. 그러한 여행기들은 대 터키 제국에서 특히 전제군주의 존재에 주목한 몽테스키외와 볼테르 같은 철학자들의 정치사상에 영향을 미쳤다. 터키의 극악무도한 전제주의는 술탄의 궁전을 핵심으로 하는 가족 구조에 기반한 것이다. 알랭 그로리샤르는 "술탄 궁전의 구조"를 장애물의 단계와 성적 기능에 따라

---

*오디세우스의 아내로 수많은 유혹을 뿌리치고 정절을 지켰다.
**1735년 비발디가 작곡한 동명의 오페라에 등장하는 오스만 터키 황제의 이름.

분석했다. 그에 따르면 그곳은 "창문이 없고 문도 거의 없이 그 자체가 밀폐된 신비로운 중심부로 제국 전체가 전제적인 상태임을 반영하는 소우주다." 안뜰과 정원, 신비로운 방들이 서로 일렬로 늘어선 동시에 중간에 끼워진 그 구조에서 각각의 벽은 금지를 상징하고 각각의 장소는 하나의 역할과 유일함을 의미했다. "술탄 궁전을 통과하는 것은 매번 새롭고 불확실한 운명을 시작하는 것이었지만 그것은 항상 하나의 감옥에서 다른 감옥으로 이동하는 것에 불과했다." 가장 평범한 문들에서 "가장 위풍당당한 문들"까지 문들이 중요했다.[15] 그것은 열쇠와 간수의 몫이었다.

여자들은 술탄의 궁전, 엄밀히 말하면 하렘의 중심부에 모였다. 오직 군주만이 그녀들을 바라보고 소유할 권리를 지녔으며, 그가 기대하는 핵심적인 목적은 후손을 얻는 것이었다. 의사들조차 그녀들을 바라보지 말아야 했다. 의사는 그녀들을 진찰하기 위해 커튼 틈으로 손을 내밀었다. 처음 간택 대상이 된 어린 숫처녀들은 둘씩 지냈는데, 각각의 잠자리가 흑인 환관의 잠자리에 의해 구분된 점을 제외하면 그녀들의 방은 수녀의 독방과 유사했다. 그녀들은 하루 종일 책을 읽고 글을 쓰고 수를 놓으며 술탄이 함께 밤을 보내기 위해 선택한 여자에게 떨어뜨리는 하얀 손수건이 떨어지는 순간을 기다렸다. 권력이란 아무런 저항에 부딪히지 않고 마음대로 여자들의 몸에 접근하는 것이었다. 여자는 많고 언제나 대기 중이었으며 그녀들 특유의 무제한적인 태도를 보였다. 그로 인해 "술탄의 궁전은 환상적인 장소가 되었는데 우리는 궁전을 형이상학적인 심오한 근원에 결부시킬 때에야 비로소 그곳의 마력을 간파할 수 있을 뿐이다."[16] 여성에 대한 남성의 권력은 거의 신성함에 가까웠다. 그러한 권력 덕분에 남성은 몸을 드러내고 별도의 공간에서 보호받는 숫처녀를 마음대로 취할 수 있었다. 유럽의 에로티시즘은 술탄의 궁전을 가로채 18세기 파리의 사창가에 그 이름을 붙였으며 텍스트에 대한 특별한 관심 없이 『천일야화』에 탐닉했다. 『천일야화』는 무한한, 그리고 더 바랄 나위 없는 사랑의 동의어였으며 앵그르와 들라크루아, 그리고 그들의 경쟁자들이 앞 다투어 묘사한 하렘의 아름다운 여인들과 동일시되었다. 이따금 몸들이 지나치게 중첩되어 역겨울 정도였다.

특히 환관과 여성들끼리의 관계, 이 두 요소가 음모의 근원이 되었다. 7~16세 사이에 이루어진 거세가 부분적인가 전체적인가에 따라 환관은 흑색 환관이 되거나 백색 환관이 되었다. 백색 환관은 술탄 궁전의 관리나 술탄 자녀들의 가정교사였으며, 흑색 환관은 그들이 잠시도 눈을 떼지 말아야 하는 여인들의 감시자였다. 특히 흑색 환관들은 그들의 성적 무능을 드러내고 군주의 외모를 돋보이게 하기 위해 가장 추악한 흑인들이 선택되었다. 그들은 옆구리에 단검을 찬 군 관리의 명령을 받으며, 젊은 환관들을 감시하고 벌하는 임무를 수행하던 늙은 여인들의 도움을 받았다. 그들은 때에 따라 그런 일을 즐기기도 했다.

왜냐하면 술탄 궁전의 여인들은 히스테리에 가까울 정도로 극도의 성적 흥분 상태에 사로잡혀 있다고 여겨졌기에 그녀들의 성생활에 대한 의심은 결코 끊이지 않았기 때문이다. 그 대비책으로 그녀들 앞에서는 교미가 가능한 수컷 원숭이나 개와 같은 가축의 존재와 인공 음경과 유사한 오이가 아예 제거되었다. 그녀들의 "방탕한 욕구"는 동성애로 발전했다. 동성애는 술탄 궁전과 불가분의 관계처럼 여겨졌고, 술탄 궁전의 연장인 터키식 목욕탕은 그것의 표상이었다. 여성들은 서로 연락을 주고받기 위해 수천 가지 계략을 동원했다. 그들은 사랑을 전하기 위해 쪽지와 그림 수수께끼 형태의 작은 물건인 살람salam을 교환하고 변장수법을 썼다. 변장은 성의 혼돈 상태를 가중시키는 환관의 존재를 통해, 그리고 특유의 오락거리를 찾는 늙은 여인들의 공모 덕분에 가능했다. 술탄 궁전의 여인들은 수동적인 것과는 거리가 멀었다. 그녀들은 격렬한 성행위의 표현을 드러냄으로써 술탄 궁전에 짙은 관능성을 부여한 것처럼 보인다. 이는 서구 오리엔탈리즘의 자양분이 되었다.[17]

파티마 메르니시에 따르면 설화, 세밀화(하지만 이러한 자료들은 어디서 유래한 것일까)와 같은 수많은 자료에는 지나치게 적극적이고 갑옷을 입고 무장하고 생기 넘치고 빠른 준마를 탄 탐욕스런 여인들이 등장한다.[18] 그녀의 할머니가 좋아하던 설화의 제목은 길 떠나기에 적절한 가벼운 『깃털 옷을 입은 귀부인』이다. "여자는 평생 유목민처럼 살아야 할 운명이었다. 비록 사랑에 빠지더라도 항상 주위를 살피며 언제나 떠날 채비를 갖추고 있어야 했다. 세에라자드의 말에 따르면 사랑조차 그대를 집어삼키고 감옥이 될지도 모르기 때문이었다." 파티마는 현대 모로코의 하렘에서 보낸 어린 시절에 관해 언급했다. 오늘날의 하렘에는 오스만 터키 시대의 술탄 궁전처럼 대단한 볼거리가 없다. 그곳은 여성이 사회성과 여성으로서의 체험을 익히는 따뜻하면서도 다사다난한 공간이다. 그럼에도 불구하고 울타리 모양을 한 그곳은 여성의 외부 접촉을 엄격하게 통제했다. 문과 창문은 안뜰을 향해 있으며 결코 거리로 나 있는 법이 없었다. 그의 할머니 야스미나는 그녀에게 "아가야, 어리석게 살고 싶지 않으면 말을 삼가는 법을 배워야 한다. 창문은 바깥을 향하지 않는다. 나 역시 그걸 허락하지 않을 거야. 문은 안뜰이나 정원을 향해 열

「터키 목욕탕」,
도미니크 앵그르, 1863,
루브르 박물관

「잠」, 귀스타브 쿠르베, 캔버스에 유채, 134×200cm, 1866, 프티팔레 미술관

「침대」, 툴루즈 로트레크, 판지에 유채, 59×64cm, 1891, 오르세 미술관

려 있어. 그 정원 역시 벽으로 둘러싸이고 감시를 받는 문들로 포위되어 있지. 정확하게 말하면 그것은 문이 아니지. 너는 그것이 다른 문제에 관한 것임을 명심해야 한다."[19] 물론 어린 소녀의 증언은 제한된 경험에 지나지 않는다.

중세 성에서 공간의 분리는 또다른 성격에서 비롯되었는데, 그것은 어느 면에서 보면 더 이중적이다. 귀부인의 침실은 봉건적 유대인 동성끼리의 사회관계에 기초한 기사 문화의 공간인 남자들의 '방'과 대조적이었다.[20] 귀부인의 침실은 서로 상반된 해석을 낳았다. 명조名祖 소설가인 잔 부랭은 그 온화한 여성의 공간을 브뤼넬 가의 가족 모임의 중심지로 묘사했다. 마틸드와 그녀의 딸 플로리가 그 주요 인물이다. 마음과 몸, 아궁이의 불, 아름답고 선량한 감정, 내밀한 대화 등 모든 것이 쉽게 사랑에 빠지고 감성적이며 행복한 13세기의 이미지를 형성하는 데 일조했다. 100만 부 이상 팔린 이 베스트셀러가 거둔 엄청난 성공으로 미루어 짐작건대, 독자들을 열광시킨 것은 바로 그러한 이미지였을 것이다. 그 책은 가정의 화목과 조화를 상기시키는 데 많은 지면을 할애했다. "향내 나는 초에 장작불 냄새가 더해져 내밀한 느낌을 자아내는 방 안에는 온화함이 가득했다. 그러한 방의 분위기는 각자의 기억 속에 잠자고 있던 어린 시절과 모성애에 관한 은밀한 추억들, 그리고 아주 가까이서 함께 지낸 지난날에 대한 추억들을 일깨워주었다. 두 여인은 기도를 통해 고통과 과거를 씻어내고자 경건하게 무릎을 꿇었다. 그리고 나서 그녀들은 더욱 차분한 분위기 속에서 가까이 앉아 수를 놓으며 장차 태어날 아기를 위해 마음속에 품고 있던 계획들에 관한 이야기를 주고받았다."[21] 레진 페르누는 이 책의 최근 재간행본들 중 한 서문에서 기독교적이고 여성적인, 중세 시대에 대한 통찰력으로 정평이 나 있던 이 여성 역사가*를 확실하게 지지했다.

조르주 뒤비는 그 견해에 동의하지 않았다.|22 그가 보기에 귀부인들의 침실은 "불안한 영역"이자 "내부에서 테러 행위가 자행된 것이 분명한 밀폐되고 음험한 소우주"였다. 그곳은 남성, 특히 술탄의 특권과 그리 다를 바 없는 특권을 지닌 영주의 지배에 순종하지만 기사들의 관행에서는 벗어난 곳이다. 원칙상 기사들의 권리는 문에서 정지되고 그러한 방의 폐쇄성이 끊임없이 그들을 괴롭혔다. 낮 동안 귀부인들은 한담을 나누고 이야기를 주고받고 그녀들 주변에 접근하는 것이 허용된 어린이와 환자들을 돌보았다. 그녀들은 그런 목적으로 작곡된 "베틀가"를 불렀다. 그러나 침대를 공유한 그녀들이 밤에는 과연 무슨 일을 할 수 있었을까? 문학작품들은 슬그머니 침실로 들어온 수컷들의 욕망을 허락하고 또 자극하는 이 "만족할 줄 모르는 암컷들"에게 허용된 한밤중의 빈번한 왕래를 묘사하고 있다. 그럴 때 침실은 남성적 본능의 폭발에 활짝 열린 공간이다. 간통, 근친상간, 강간, 사생아 등은 성적 열정의 결과다. 궁정식 연애는 그 전략적인 무기이자 가면이고 환상에 불과하다. "중세의 남성"은 실제로 난폭하고 음침하며 격정적이고 활기찼다. 비록 이런 시각의 차이를 정교하게 설명하지는 않았지만 『13세기의 귀부인들』의 저자**는 지나치게 우아하게 평가되어온 중세 남성에 대한 해석에 줄곧 이의를 제기했다.

이렇게 해서 상당히 혼잡한 귀부인들의 침실은 장밋빛과 검은색으로 뒤덮였다. 그럼에도 불구하고 우리는 그녀들의 침실을 시네세나 술탄 궁전과 혼동하지는 않는다. 그곳에는 공기가 더 많이 통한다. 남자

* 잔 부랭.
** 뒤비.

들도 더 많이 왕래한다. 여성들은 훨씬 더 자유로운 것처럼 보인다. 그녀들은 책을 읽기 시작하고 심지어 글을 쓰기 시작했다. 확실히 달콤한 사랑에는 과수원이 더 적합했다. 정원의 담장은 공동 침실의 보호막보다 더 많은 자유를 제공해주었다. 어쨌거나 귀부인들의 침실은 좀더 평등한 부부관계를 향한 여정을 보여준다.

수녀원과 독방

수녀원은 흔히 술탄 궁전을 연상시킨다. 실제로 형식적인 면에서 둘은 유사점이 많다. 최고의 주군에게 바쳐진 여인들의 처녀성, 매우 엄격하게 준수된 출입금지 구역, 성직자들의 보호를 받은 세계, 환관의 종류, 여성들 사이에서 히스테리로 의심받는 여성들, 고해신부나 동료 수녀들에게 느끼는 성적 욕망과 충동을 억제하기 위해 가해지는 고행과 매질 등. 관능적인 문학작품에 등장하는 또다른 장소[23]인 수도원 독방은 자위행위와 동성애가 이루어지는 작은 섬이다. 어린 소녀들은 쉬잔 수녀의 지도 수녀인 디드로 수녀원의 수녀원장처럼 가장 나이 든 수녀들에 의해 쾌락의 세계에 입문했다. 첫 경험은 나이 든 수녀들과 어린 수녀들 사이에서 순조롭게 이루어졌다. 나이 먹은 여자들과 젊은 여자들 모두 인공 음경을 통해 끝없이 쾌락에 빠져들었다. 수녀원은 여성 동성애를 주변화하고 한곳에 몰아넣음으로써 여성 동성애로부터 사회를 보호하는 기능을 했을 것이다. 이 공상적인 은둔처에서는 실제로 어떤 일이 벌어졌을까?

수녀원에 관해서는 그 실제 모습보다는 규율이, 중얼거리는 기도 소리에 묻힌 낮 시간의 통상적인 모습보다는 신비주의적이거나 육감적인, 극단적인 모습이 더 잘 알려져 있다. 트렌토 공의회 이후 17세기의 가톨릭 개혁은 죄에 대한 강박관념에 사로잡혀 수녀원 경내의 엄격함을 강화했다. 그 유명한 포르루아얄에서의 '쪽문의 날journée du Guichet●•'이 상징하듯, 수녀원의 엄격함은 당시 중요한 문제였다.|24 그때부터 부모들은 더 이상 수녀원 안에 들어가지 못했다. 여행 중에도 수녀들은 호텔에 묵지 않고 마차 안의 공간에 머물며 항상 단정하게 베일을 쓰는 등 적절하게 은거생활의 의무를 이행해야 했다.|25

　수녀원 규정에는 독방 시설과 그 범위가 구체적으로 명시되어 있다. 9제곱미터 정도의 작은 공간인 수녀원의 독방에는 침대, 기도대, 책을 꽂을 선반, 짚을 넣은 의자, 탁자 등 간소한 필수품만 구비되어 있어야 했다. 개인적인 물건은 전혀 없으며 수녀원장의 허락을 받아 벽에 성화 몇 점과 성유물을 붙일 수 있을 뿐이었다. 판자로 된 침대에는 짚을 넣은 매트가 있고, 매트는 두 개의 얇은 평직 천으로 된 침대 시트와 여름에는 하나, 겨울에는 두 개의 이불이 덮여졌다. 수녀원의 독방은 그 자체로서는 보통 사람들이 사는 일종의 단칸 아파트에 비하면 사치였다. 영국의 귀족 수녀원에 있었던 조르주 상드처럼 수많은 어린 소녀들은 기숙학교의 수녀원 방을 즐거운 마음으로 떠올릴 것이다. 게다가 공동생활의 부담을 견디지 못하는 어떤 수녀들은 자신의 독방에서 나가기를 거부하고 심지어 그곳에 틀어박혀 있다가 미치고 말 때도 있었다.

　성 브누아의 규범에 따르면 수녀들은 앉아서 잠을 자야 하며 "재속

●•9세에 포르루아얄 데샹의 수녀원장이 된 자클린 아르노는 수녀원의 규율을 엄격히 준수하며 강력한 개혁운동에 앞장섰다. 심지어 그녀는 1609년 9월 25일 자신을 방문한 부모를 수녀원 경내에 들이기를 거부했다.

성직자들처럼 잠에 푹 빠져서도 안 된다." 쿠션과 베개는 허용되었지만 많은 수녀가 솜털을 넣은 긴 베개로 만족했다. 옷을 벗는 것도 제한되었다. 수치심이 그녀들로 하여금 옷을 벗고 바라보는 것을 금했다. 그녀들은 양말과 겉옷을 벗을 수는 있었지만 속옷과 베일, 스카풀라리오는 벗지 말아야 했다. 잠잘 때 그녀들은 무덤의 횡와상처럼 등을 대고 길게 누워 손을 마주잡은 채 자야 했다. 그러면 종교적인 감화를 주는 생각에 잠길 것이다. 잠은 불시에 그녀들에게 닥칠지도 모를 죽음과도 같은 여행이며, 불순한 꿈을 꿀지도 모를 위험한 순간이다. 악은 욕망에 사로잡힌 독방의 어둠 속을 배회하고, 성직자들의 말에 따르면 욕망은 음탕함의 근원인 여성의 몸을 덮친다.[26] 수녀들의 밤은 일종의 전쟁이다.

확실히 수녀원의 독방은 침실이 아니다. 그러나 수녀원 독방의 단순한 설계도에서는 그러한 성향이 일부 드러난다. 고독, 격리, 훈육, 최소한의 정비, 보호, 자립, 은둔, 자신과 인생 중에서 밤에 해당되는 부분 등 말이다. 강압과 구원 사이에 처한 독방은 여자들의 은거생활의 모호성을 잘 보여준다.

방에서의 일상

출생에서 사망까지 방은 여자들의 평범한 삶이 펼쳐지는 무대다. 공동의 방에서 여자들은 자신들을 위해서보다는 다른 사람들을 위해 일한다. 그녀들은 끝없이 가사에 얽매인다. 특히 가정의 품위를 지키기 위해 침대 주변에서 필요한 일을 하고 환자들을 돌보고 신체가 부자유한 사람들에게 음식을 먹이고 죽어가는 사람 곁을 지키고 수의를 입히는 일을 한다. 농촌에서 그런 일들은 어머니에게서 딸에게로 조상 대대로 전수되어온 여자들의 일인데, 도시의 혼잡함으로 인해 이내 곧 중단되었다. 도시의 혼잡함은 일종의 해방이었으며 이탈자들에게는 유익했다. 그러한 공동의 방에서 여자들은 자신에게 속한 공간을 표현하는 데 성공했을까? 아니면 단지 생각으로만 그쳤을까? 어떻게 해서 비밀에 대한 욕구가 생겨났을까? 비밀은 어디에 숨겨졌을까? 아마도 상자, 면제품 더미, 손수건, 숄, 성서, 초상화, 거울 같은 물건들일 것이다. 그리고 좋아하는 가구, 타부레나 벽난로 가까이 있는 의자들이거나 벽의 한 면, 공상이나 휴식에 적절한 모퉁이나 후미진 곳일 것이다. 우리는 집단의 시선에 직면한 우리 조상들의 욕망, 고통, 술수, 아마도 초연함, 실내에서의 유배생활을 견뎌내는 능력에 대해 얼마나 무지한가!

집 안에서 서민층 여자들은 고유의 공간을 갖지 못했다. 물론 성적 차가 강하게 드러나는 몸에 관련된 일부 상황을 제외하고는 말이다. 기본적으로 결혼과 출산, 이 두 가지 상황이 그런 경우에 속한다.

신방은 두 몸의 결합, 두 성의 융합을 신성하게 만들어야 한다. 그러나 사람들이 침투하기 위해 치열한 경쟁을 벌이는 장소인 잠자리는 여성, 특히 처녀를 연상시키는 경향이 있다. 그런 잠자리는 진짜 여성이 되는 것을 상징한다. 신방은 부부의 침실이 아니라 흔히 공적 혹은 준공적인 행위와 함께 진행되는 통과의례의 완성을 위한 제단이다. 예전에는 먼저 결혼한 사람들이나 구경꾼들이 그곳에 동참해야 했다. 교회가 결혼 취소를 인정해주는 유일한 경우는 육체적인 결합의 불가능성이 드러난 성불능자일 때였는데, 그런 사람들에게 이러한 과정은 치욕스런 일이었다. 결혼의 사적 영역화는 서구의 사랑의 역사에 나타난 위대한 사건이다. 그와 더불어 증인들이 점진적으로 배제되고 시선을 따돌리고 문이 잠기고 커튼이 침대를 차단하게 되었다. 육체 행위에 분개한 성 아우구스티누스는 육체의 완전한 불가시성을 주장했다. 그가 수치심이나 불순한 것으로 여긴 욕망보다 더 참을 수 없어 했던 것은 바로 치욕스러움이었다. 수 세기 뒤에는 바로 그 순간의 침실이 어린 콜레트를 두렵게 만들었다. 당시 열세 살이었던 그녀는 농촌에 사는 한 농민의 결혼식에 참석했다. "젊은 신혼부부의 침실. 붉은색의 싸구려 무명 커튼 밑에 침대가 있었다. 좁고 높은 침대는 깃털로 가득 차 있고 기러기 털로 된 베개들로 높이 부풀려졌다. 땀내, 향, 가축의 입김, 소스 연기로 가득 찬 이날의 절정은 그 침대였다. 바로 그 순간 젊은 부부가 이곳으로 왔다. 나는 그런 침실에 관해 생각해본 적이 없었다. 그들은 깊은 깃털 속에 푹 파묻힐 것이다. 그들 사이에는 알 수 없는 격투가 벌어질 것이다. 무모할 정도로 순진무구한 어머니도, 동물들의 생활도 내게 그런 행위에 대해 거의 가르쳐준 것이 없다. 그리고 나서는? 한 번도 상상해본 적 없는 그런 침실과 침대에 대해 나는 두려움을 갖게 되었다."[27] 얼마 지나지 않아 신혼부부는 자신들의 내밀성을 지키기 위해 점차 먼 곳으로 신혼여행을 떠나 농촌이나 호텔로 피했다. 신방이 사라졌지만 결혼하는 순간 "초야"는 다른 장소들로부터 동떨어지거나 이탈리아, 특히 베네치아에서는 신비로운 장소들에 관련되고 비밀에 감싸였다. 그들의 행위에서 각자의 몫은 불평등하게 여겨졌다. 그 행위를 주도하는 남자에게는 비교적 사소한 것이지만, 그 행위를 통해 "여성성"이 완성되고 그런 여성의 상태가 갱년기까지 지속될 것이 틀림없는 여성에게는 가장 본질적인 문제였다. 풍속이 바뀌고 결혼이 부부생활의 첫 단계로서 의미를 상실하면서 다행스럽게도 그러한 침실의 불편함은 해소되었다. 그러나 양차 대전 사이의 "내밀성"에 관한 이야기에서는 여전히 침실의 불편함이 심심치 않게 등장한다.[28] 최근의 다양한 현상은 우리에게 불현듯 일부 사람에게는 처녀성이 여전히 순결함의 징표이자 경계로 남아 있으며 남자들은 그러한 순결함을 통제하려 한다는 것을 상기시켰다.[29]

인생의 모든 행위 중에서 출산은 가장 여성적인 일이다. 17~18세기에 제왕절개수술에 이어 산과학의 발달로 의사들이 등장할 때까지 출산은 여성 고유의 영역이었으며 여성들의 사회성을 대변해주었다. 산통이 시작되면 산파와 조산부, 대모들이 산부를 에워쌌다. 그녀들은 아기가 나오는 것을 돕고 탯줄을 자르고 신생아를 씻기고 기저귀를 채우고 대야, 물병, 보조약 등을 나르며 산모 침대 주변에서 바삐 움직였다. 남자들은 그곳에 들어가지 못하고 멀리 떨어져 있었다. 남자로서는 어느 정도 무관심한 척하는 것이 훌륭한 태도였다. 평범하기 짝이 없는 출산이 밭일을 중단시킬 수는 없었다.

중세 그림에 나타난 출산의 이미지는 숭고하기보다는 차라리 즐겁고 화기애애하다. 밝은 침실에 있는 우아한 여성들이 고요한 잠자리 주변에서 움직인다. 그곳에는 성스런 어머니, 흔히 어린 마리아를 안고 있는 성녀 안이 당당히 자리잡고 있다. 피와 고통은 사라졌다. 그러나 최근까지 밝혀진 유아와 산모의 높은 사망률이 시사하듯이 현실은 전혀 달랐다. 출산은 여자의 인생에서 단연코 가장 위험한 순간이었다. 많은

「출생」, 마르크 샤갈, 캔버스에 유채, 1910, 취리히 쿤스트하우스

사람이 해산 도중 사망했다. 이는 특히 여성의 기대수명을 감소시켰다. 아기의 잘못된 위치, 위생관념의 결여, 물의 오염, 출산 이전 및 이후의 휴식과 간호 부족 등 모든 것이 상황을 더욱 악화시켰다. 산욕열은 계몽주의 시대에 의사들의 불안을 부채질한 위험 요소였다. 농촌은 이런 면에서 가장 혜택을 받지 못한 곳이었다. 농촌에서 출산은 마구간, 공동의 방 등 아무 데서나 이루어졌다. 20세기에도 여전히 가재도구와 탁자, 그리고 공간의 협소함에도 불구하고 브르타뉴식의 밀폐된 침대가 사용되었다. 제2차 세계대전까지 거의 변화가 없었다. 그럼에도 불구하고 의료 시설의 안전성이 높아지면서 도시 여성들은 점차 가정보다는 개인병원이나 조산원을 선호하게 되었다. 여성 생활의 주요 무대가 영원히 사라진 것이다. 과학의 발달에 추월당한 출산의 관행과 주역들도 그와 더불어 자취를 감추었다. 아기의 탄생은 더 이상 "사적인 일이나 여성의 일"이 아니라 의사들의 주도 하에 진행되는 공적인 장이 되었다. 이처럼 상당한 변화의 역사가 이루어졌다.[30] 여기서는 오직 우리의 관심사인 공간적인 결과에만 주목하자.

주목할 만한 점은 조산원이 개인 침실을 예고하는 최초의 병원 공간이었다는 사실이다. 1863~1870년 파리에서는 스테판 타르니에(1828~1897) 박사가 내밀성보다는 전염 때문에 조산원을 강력하게 추진했다. 그에 의하면 산욕열은 혼거와 관련이 있다. 타르니에는 우선 각 방의 침대를 10개 미만으로 줄일 것을 주장했다. 이어 그는 벌집 구멍처럼 작은 방들을 간호사 주변에 일렬로 세워 내부의 접촉과 왕래를 최소한으로 제한할 것을 제안했다. 그러나 환자들은 강력하게 항의했다. 그녀들은 사람들이 출산 여성들에게 일종의 감금을 강요하면서 자신들을 페스트 환자나 범죄자처럼 취급한다고 여겼다. 그녀들의 말이 완전히 틀린 것은 아니다. 어쨌든 독일의 위생학자들은 손을 씻지 않는 출산부들을 비난했다. 결국 타르니에는 자신의 계획을 수정할 수밖에 없었다.

건축가들의 설계도에서도 여성의 방의 족보를 추적할 수 있다. 프랑스에서 장프랑수아 블롱델은 18세기에 어머니의 방에서 멀지 않은 곳에 위치한 "미혼 여성의 방"을 예고한 최초의 사람들 중 한 명이다. 19세기에는 사춘기에 대한 인식이 나타남에 따라 소녀들의 방이 자리를 잡아갔다. 처녀의 침대를 둘러싸고 관능적인 의구심이 설왕설래했다. 그 결과 경계심에 가득 찬 일부 교육자는 어린 소녀들에게 기상과 취침 시간 사이에는 방으로 돌아가지 말라고 충고했다. "침대를 피하자." 3월 22일 1968년의 운동이 낭테르*에서 시작되었다. 그것은 상징적인 사건이었다. 학생들은 대학 기숙사의 여학생 방에 들어갈 권리를 요구했다. 당시에는 여학생들은 남학생들을 찾아갈 수 있었지만 남학생들은 그럴 수 없었다. 왜냐하면 여학생 방의 문턱을 넘는다는 것은 사랑의 서막인 내밀한 영역에 침투하는 것이었기 때문이다. 그때부터 주도권을 잡은 것은 바로 여학생들이었다.

결혼은 잠정적인 고독을 없애주었다. 그러나 엄밀한 의미에서 부부가 되기 이전에 여성의 방은 손님맞이와 사회성의 영역이었다. 모든 침대 옆 실터의 역사가 바로 그러했다.

*일드 프랑스 지방 오드 센 도에 위치한 프랑스의 읍.

푸른 침대와 재녀들의 침대 옆 실터 |31|

침대 옆 실터는 침대와 벽 사이의 공간으로 카트린 드 비본과 재녀才女들*, 그리고 그녀의 후계자들이 겸비한 우아함 덕분에 환대의 장소가 되었다. 아브라함 보스의 유명한 판화는 침대 옆 실터의 모습을 잘 보여준다. 한 여성이 침대 위에 당당히 자리잡고 있다. 그녀는 종교 행렬의 조각상처럼 치장을 하고 손에는 부채를 들고 있다. 침대의 세 면에는 귀부인들과 몇몇 나리가 그녀를 마주보며 한담을 나누고 있다. 랑부예 후작부인인 카트린 드 비본은 궁정을 피했다. 그녀는 혼잡함을 싫어했기 때문이다. 그녀는 생토마 뒤 루브르 가에 아름다운 저택을 세웠다. 그 저택은 두 개의 욕조를 포함해 "대저택의 모든 편리함을" 선보이고 또 상징적인 회화작품과 조각품들로 사치스럽게 장식되었다. 후작부인은 일곱 명의 아이를 낳았는데 그중 미래의 쥘리 당젠, 즉 몽토지에 부인은 사교계에서 그녀의 동료 역할을 했다. 잦은 임신으로 몸이 편치 않았던 그녀는 닫집이 달린 사치스런 침대에 길게 누워 쿠션과 리본 속에 파묻힌 채로 사람들을 맞이했다. 몽팡시에 양은 "나는 태양도 뚫고 들어갈 수 없을 것처럼 움푹 파인 곳에서 그녀를 본 것 같아요"라고 회상했다. 그녀는 동굴과 유사한 침대간에 있었지만 그곳은 책과 그림으로 가득 차 있었다. 그곳에는 한 번에 겨우 두세 사람만이 들어갈 수 있었다. 게다가 "푸른 침실"로 알려진 이곳은 1652년 가구 목록 작성 당시 이미 제 역할을 하지 못했다. 목록에는 휴식용 침대 1개, 의자 2개, 작은 기도대 2개, 방석들, 탁자들, 그림들, 벽장 등 방 안의 가구들이 상세히 열거되었다. 후작부인은 지지자들의 핵심인 "궁정의

*17세기 프랑스 문학에 등장하는 문학적인 재능과 교양을 겸비한 귀족 여인들.

궁정", 이를테면 "선별된 궁정"을 건설하려는 바람에서 계속 "교제 범위"를 넓혀갔다. 그 작은 "무리"의 참가자들은 동일한 예의범절과 우아함을 고수했다. 대화는 그들의 교류 방식이었고 문학과 언어 비평은 그들의 공동 활동이었다. 책과 글쓰기에 대한 열정은 그러한 여인들을 결합시켰다. 그녀들 중 상당수는 독신이었고 소설에 열광했다. 소설은 세련된 우수憂愁를 길러주었다. 그녀들이 꿈꾸는 은둔처에 "자신의 서가를 갖지 않은 사람은 한 명도 없을 것이다." 후작부인의 후계자들은 애초의 교제 범위를 더욱 확대해갔고 각자의 거처에서 사람들을 맞이했다. 그녀는 항상 푸른 침실의 성역과 귀부인의 권위 하에서 선별된 무리를 선호했다. 그 귀부인은 여왕처럼 행동하고 아르테미스*처럼 정숙하고 자기 절제를 하며 대화를 주도하고, 천박하게 웃기보다는 우아하게 미소지어야 했다. 윤리학과 미학은 재녀들로 하여금 열성을 다해 선전하도록 부추겼고, 그녀들은 문명화의 원리를 사랑하고 싶어했다. "그녀들의 정부는 온화하고 정치는 제국의 모든 전쟁과 불화를 피하는 방법을 연구하는 것"이며 "제국을 모든 침대칸보다 우위에 자리매김하기 위해" 지체 높은 모든 사람을 끌어 모으는 것이라고 소매즈는 말했다. 요컨대 제국은 통제 가능한 것이었다. 여기서 재녀들의 정치적, 문화적 영향력은 내 관심사가 아니다. 흥미로운 점은 권력의 유형이다. 때에 따라 살롱이 되어버린 침실을 통해 행사된 여성의 권력 말이다. 여성이 원한 것은 군주를 대신하는 것이 아니라 대화와 문학을 통해 사회를 통제하는 것이었다. 도시가 경험한 세속적인 사회성은 곧 베르사유에 의해 억압되었지만 활기를 되찾을 것이었다. 재녀들은 계몽주의 시대의 여류 미술비평가들과 최초의 여류 문인들을 예고했다.

*제우스와 레토의 딸로 순결의 여신.

「서재에서」, 에두아르 뷔야르, 1925, 개인

재녀들이 창조한 침실-살롱의 관행은 오랫동안 지속되었다. 조르주 상드의 할머니는 자신의 침실에서 "노老백작부인들"을 맞이했다. 그녀들은 어린 오로르에게 "우아함"을 주입시키기를 원했지만 정작 그녀는 파리에 있는 어머니의 검박한 아파트를 더 좋아했다. 레카미에 부인은 휴식용 침대에 길게 누워 손님들을 맞이했다. 수중에 돈이 거의 없는 1848년의 소시민 여인들은 "의자를 가장 많이 보유하고 있는 집에" 모였다. 사후 유산 목록은 1860년대까지 잠자리와 손님맞이 기능이 결합된 방 안에 많은 수의 의자가 있었음을 입증해준다. 바상빌 백작부인은 2인용 긴의자 하나와 의자들이면 충분하며, 밤에만 필요한 내밀한 가구인 머리맡 탁자는 낮 동안에는 한쪽으로 치워놓으라고 권했다. 이는 백작부인이 내심 못마땅하게 여겼음에도 불구하고 오랫동안 지속되어온 낡은 관행의 종말을 의미한다.[32] 낡은 관행은 동경의 대상이었다. 1930년에 폴 르부는 "작은 살롱"의 모습을 갖출 수 있도록 거울 달린 장롱을 치우고 침대를 겉으로 드러나지 않도록 하라고 충고했다. "주요 인사와 직접 대화를 나누고 귀부인들이 은밀히 모여 잡담을 나누거나 담배를 피울 수 있는 더욱 내밀한 거실의 분위기를 만들어주는" 그런 살롱 말이다.[33]

그럼에도 불구하고 19세기 프랑스에서 부부 침실은 일반적으로 하나의 침대만 놓이고 잠과 사랑을 나누는 형태로 자리잡았다. 소형 화장대와 책상 덕분에 여성들이 이전보다 더 오래 침실에 틀어박혔음에도 불구하고 침실은 특별히 여성적인 공간은 아니었다. 미망인에게 침실은 "어머니의 공간"이 되었다. 프랑수아 모리아크의 기억에 따르면, 어머니의 침실은 어린 시절과 사춘기 시절에 그가 가장 많이 머무르던 곳이었다.

하녀와 가정부들의 방

근대와 현대 도시는 수많은 독신 여성이나 집사들을 수용한다. 그들은 작은 방, 지붕 밑방, 고미다락방, 수위실 등 어두컴컴한 1층이나 꼭대기 층에 산다. 독신 여성은 널리 확산된 인구통계학적이고 사회적 현상이다. 그 원인은 여러 가지다. 무엇보다 비록 양상은 다르지만 남자들뿐 아니라 여자들에게, 특히 하인 신분이라면 커다란 영향을 미치는 일터의 이동을 들 수 있다. 또한 농락당한 뒤 흔히 아이를 가진 채 버림받은 처녀들의 경우다. 마지막으로 아무런 재산 없이 누군가에게 의존해서 점차 길어지는 수명을 영위하는 독신 여성들이 있다. 가난한 여성들은 도시의 벌집구멍 같은 방들을 가득 채웠다.

이주는 남자들만의 문제가 아니었다. 이주는 오늘날처럼 과거에도 그 가치를 인정받았다. 특히 18세기 이후 젊은 여자들은 새로운 기회를 찾아 도시에 왔다. 마리보의 마리안*과 그녀의 인생 역정을 보라. 대부분의 시간 동안 그녀들은 하녀처럼 지냈으며, 간단히 말해 결과적으로 "식사와 숙소를 제공"받았다. 예전에 그녀들은 통로에 있는 계단 밑 구석진 곳에서 짚을 넣은 매트면 만족했다. 이어 "하녀들을 위한 방들"이 생겼다. 18세기에 사람들은 하녀들의 접촉으로 인한 혼란을 더욱 의식하게 되면서 성을 구분했다. 레트프 드 라 브르통은 아버지의 집에 젊은 하녀가 숙박하게 되자 완전히 흥분했다. 이렇듯 하녀나 가정부의 방은

---

*18세기 프랑스의 희곡 작가 마리보의 미완성 소설 제목이자 등장인물의 이름.

비교적 최근의 현상이지만 19세기에는 러시아에까지 확산되었다. 적어도 도시에서는 그랬다. 왜냐하면 농촌에서는 임신과 영아 살해의 원인인 혼숙이 만연했기 때문이다. 브르타뉴 농가의 하녀에게 방을 갖는다는 것은 단지 침대를 갖는 것을 의미했다.[34] 성城에서는 훨씬 여유가 있었다. 성 꼭대기 층에는 특히 하녀들을 위한 용도로 개조된 공간의 흔적이 남아 있다. 그녀들은 하인이나 마부들보다는 더 혜택을 받았던 것이다.

하녀들은 대부분 그곳에 머물지 않았다. 하녀들은 새처럼 날아다녔으며 이리저리 끊임없이 방향을 바꾸었다. 그럼에도 불구하고 부유한 가정들은 더 확실한 사람을 찾으려고 애썼다. 조르주 상드의 회고록 『내 인생의 이야기』나 플로베르와 프루스트의 문학작품에는 그런 사람들에 대한 향수어린 추억이 묘사되어 있다. 방을 가진 하녀들은 나이 때문에, 그리고 일가친척과 멀리 떨어진 상태였기에 방 안에 처박혔다. 『잃어버린 시간을 찾아서』에 등장하는 하녀 프랑수아즈에게는 딸이 한 명 있었는데, 그녀는 정기적으로 딸을 만났다. 화자는 프랑수아즈의 사투리에 관해서는 장황하게 능변을 늘어놓으면서도 그녀의 방에 대해서는 거의 언급하지 않았다. 그는 그녀의 방 문턱을 넘지 않았으며 그곳의 독립성을 존중해주었다. 플로베르는 퐁레베크에 사는 오뱅 부인의 집 꼭대기 층에 있는 펠리시테의 방을 묘사했다. 펠리시테는 그곳에서 반세기 동안 일했다. 천장에 있는 창문이 그녀의 방을 환하게 비추어주었다. 큰 장롱과 십자침대, 화장대 등 방 안의 가구들은 기억에 비해 수가 적었다. "그녀는 그곳에 사람들을 거의 들이지 않았다. 성물과 이상야릇한 물건들이 있는 그녀의 방은 완전히 부속 성당인 동시에 잡화점

같은 분위기를 띠었다……. 벽에는 묵주, 메달, 여러 개의 아름다운 성모상, 야자나무로 만든 성수반 등이 걸려 있다. 서랍 달린 옷장은 제단처럼 시트로 덮여 있는데 그 위에는 사망한 그녀의 조카 빅토르가 그녀에게 준 조개껍데기로 만든 상자가 놓여 있다. 또 물뿌리개, 고무공, 노트, 판화로 찍힌 지리지, 반장화 한 켤레 등이 있었다. 리본으로 장식된 거울을 매단 못에는 플러시 천으로 만든 작은 모자가 걸려 있다."|35 각각의 성물은 종교적 성향을 지닌 펠리시테가 경험한 사건이나 에피소드와 관련이 있는 것들이다. 또한 그러한 물건들은 그녀의 열정과 호기심을 입증해준다. 그녀는 주인 나리의 프록코트, 조화들, 아르투아 백작의 초상화 등 안주인이 버린 모든 고물을 간직했다. 특히 오뱅 부인이 친척에게서 물려받은 앵무새 룰루의 박제가 있었다. 1837년 혹한으로 룰루가 얼어 죽자 그녀는 이를 박제로 만들었던 것이다. 룰루는 벽난로 몸체에 고정된 판자 위에 당당히 자리잡고 있었다. 이 골동품 상점, 아니 침실–박물관은 그녀의 생애 전부였다. 따라서 그녀가 떠나야 할 위험이 닥친 순간은 비극이었다. 그녀의 방은 어떤 항구에도 닿지 않는 소형 보트처럼 환상 속의 거처일 뿐이었다. 수많은 늙은 하녀는 인생의 막바지에 자신들이 처한 종속관계와 결핍을 실감해야 했다.|36

19세기 도시의 부르주아들은 하녀를 고용하는 비용을 최소한으로 줄이기 위해 어린 소녀들을 고용했다. 흔히 농촌에서 상경한 어린 소녀들은 친척이나 전문 업소 소개로 들어가 "가정 살림 전체를 도맡는 가정부들"로 자리잡았다. 안 마르탱퓌지에|37는 그런 하녀들의 상태를 구체적으로 묘사했다. 그녀들은 기나긴 낮 시간 동안 까다로운 데다 먹을 것을 일정량만 주는 안주인에게 시달리는가 하면, 자신의 손안에 든 이

신선한 육체를 탐하는 남자들에 의해 성적 괴롭힘을 당했다. 에밀 졸라의 위대한 서사소설 『가정요리』는 파리 아파트 7층에서 벌어지는 음흉한 이야기다. 오스만주의적 건축가들*은 그곳에 "하녀들의 방"을 체계적으로 설계했다. 부동산 투기와 사회적 격리에 대한 욕구가 아파트 꼭대기 층을 그런 용도로 쓰도록 부추겼다. 사람들은 뒷계단을 통해 방마다 일련번호가 매겨져 있는 좁은 복도에 접근했다. 그곳에는 한두 개의 수도전과 악명 높을 정도로 부족하고 또 잘 관리되지 않은 변소가 갖추어져 있었다. 하녀들의 방은 이중 물매식 지붕 밑의 아주 작은 칸막이 방이었다. 작은 안뜰을 향한 천장의 창유리를 통해 빛이 들어오고 불결한 수직 통로를 통해 부엌의 악취와 빨랫감에서 나는 곰팡내가 올라왔다. 칸막이는 무척 얇고 문들은 틀어지고, 또 누구나 열쇠를 가지고 있기 때문에 방은 제대로 분리되지 않았으며 소리가 울렸다. 또한 여름에는 숨이 막히고 겨울에는 냉골이었다. 방 안에는 난방장치가 갖추어지지 않았고 벽난로도 없었다. 젊은 여자들은 열악한 쇠침대 위에 옷을 쌓아놓고 얇은 이불로 추위를 견뎠다. 의자 하나와 물 주전자 한 개가 단출한 가구의 전부였다. 그곳은 바퀴벌레와 빈대의 소굴이었으며, 악취를 풍기고 시끄럽고 더럽고 내밀성이 결여된 공간이었다. 그곳에는 하녀들만 있었고, 그녀들은 위험에 노출되어 있었다. 전염병들, 특히 결핵에 걸릴 위험 말이다. 결핵은 위생 관념이 결여된 당시에 맹위를 떨쳤으며 의학적 조사 결과 당국은 결핵이 널리 퍼질 거라고 경고했다. 또한 그녀들은 유혹과 매춘의 위험에 맞닥뜨렸으며 가난이 그러한 위험을 조장했다. 빅토르 위고의 표현처럼 "하녀들의 범죄"인 유산과 영아 살해는 누구보다도 그녀들과 관련된 문제였다. 파리의 조산원들은 하녀들로

---

*1853년부터 17년간 파리 지사를 지내며 오늘날의 근대적인 도시 파리의 모습을 완성한 오스만의 영향을 받은 건축가들.

가득 찼다. 그녀들은 추방과 고독으로 인해 의기소침해지고 우울증에 시달렸다. 레옹 프라피에는 『여성 엑스트라』에서 오를레앙 부근에서 온 아르망딘을 상세히 묘사했다. 자신의 여가 시간을 어떻게 보낼지 모른다는 점에서 그녀는 안주인들을 닮았다. 14년 동안 그녀는 일요일이면 커다란 여행가방을 풀어헤쳤다가 다시 싸곤 했다.

물론 하녀의 방들 중 조용한 곳도 있었다. 보호받고 심지어 성공한 가정부들도 있었다. 그녀들 중 일부는 그 시절을 비교적 행복한 견습과 저축의 순간으로 기억하기도 했다. 지출을 전혀 하지 않는다면 가정부의 보수가 일반인의 봉급보다 더 높을 것이다. 파리의 노동자들은 절약할 수 있는 특성과 저축의 장점 때문에 "믿을 만한" 하인 자리를 찾았다. 하인으로 일하는 동안 그들은 빚을 청산하고 가정을 이루었다. 요컨대 하인은 훌륭한 직업이었다. 7층에서 벌어지는 모든 일이 그토록 암울한 것만은 아니었다. 무엇보다 가난한 농촌의 운명에서 탈피할 수 있었으니 말이다. 7층은 위험과 동시에 자유의 가능성을 제공했던 것이다.

그럼에도 불구하고 7층은 "사회적 문제"였고, 연구원들과 여성운동가들은 끊임없이 이 문제를 제기했다. 1899년 마르그리트 뒤랑의 잡지 『라프롱드 La Fronde』는 흔히 고용주들이기도 한 여성 구독자들에게 "우리는 사회적 품위를 지키지 못하고 있다"며 그녀들에게 의식이 결여되어 있음을 개탄하고 자성의 기회를 제공했다. 잔 슈말은 영국에서처럼 가정부들에게 가정을 만들어주고 그녀들의 고독과 도덕을 개선하기 위해 서클을 만들며, 나아가 그녀들의 숙소를 주인들의 거처 안으로 들이라고 충고했다. 그러나 사람들은 내밀성의 결여와 (…) 고약한 악취를 우려했다! 저명한 여성운동가 뱅상 부인은 1908년 여성의 민법권과 선거권을 주제로 한 전국 대회에서 다시 나섰다. 다양한 보고서를 토대로 그녀는 몇 개의 공약을 선포했다. 가정부들의 독립을 보호해야 한다. 그녀들은 7층에 묶여 상대적인 자유를 박탈당하고 있다. 그러므로 사람들은 7층을 개조해야 한다. 그곳에 수도와 욕실을 갖추고 의복을 손질하고 타구를 비울 수 있는 공동의 방을 마련해야 한다. 경우에 따라서는 별도의 계단을 만들어 남자와 여자를 분리시켜야 한다. 방에 타일을 깔고 중앙난방 시설을 마련해야 한다. 금속 침대 밑판을 댄 쇠침대를 보급해야 한다. 그러나 이러한 주장은 실현 가능성이 없는 바람일 뿐이었다.

그런 와중에 센 주는 다양한 법과 법령을 통해 고용주의 의무를 구체적으로 명시했다. 1904년 6월 22일 법령은 방의 규격을 공시했다. 최소 면적 8제곱미터, 체적률 20세제곱미터, 연통 하나, 창을 하나 또는 여러 개 갖출 것 등. 화장실은 침실 여섯 개당 하나씩. 이러한 규정들은 차르 시대의 러시아 것과 거의 동일하다.[38] 이는 도저히 묵과할 수 없는 상황을 사람들이 자각하게 되었음을 뜻한다. 그러나 실제로는 아무런 변화도 일어나지 않았다. 1908년 구매자들의 사회연맹이 실시한 조사에서 하녀들은 "우리 방은 사람이 살 만한 곳이 아니에요"라고 말했다. 1927년 오귀스타 몰바이스는 하인들에게 비교적 무관심한 프랑스의 상황을 개탄했다. 영국, 특히 스위스는 프랑스보다 훨씬 더 발전한 모습을 보이고 있었다.

가정부의 방은 그녀들의 지위와 마찬가지로 변하지 않았다. 그럼에도 불구하고 그녀들의 방에는 젊은 이주자들이 끝없이 몰려들었다. 수많은 하녀를 배출한 브르타뉴는 그녀들의 모습이 만화로 풍자되자[39] 점차 수도에 어린 소녀들을 보내기를 꺼리게 되었다. 게다가 파리 병원들이 세속화되면서 생겨난 간호보조사와 간호사 일자리는 훨씬 매력적이고 품위 있는 취업 기회를 제공해주었다. 하녀 신분의 진정한 위기는 제1차 세계대전 이후 도래했다. 가정의 안주인들은 "우리는 더 이상 시중을 받을 수가 없게 되었어요"라고 불평했다. 자연히 그녀들은 그런 "소녀들"을 위한 몇 가지 개선책에 동의하지 않을 수 없었다. 1933년 안주인의 방에서 자행된 파팽 자매의 범죄는 하녀들의 처지를 만천하에 끔찍할 정도로 생생하게 폭로했다. 민주적인 사회에 남아 있던 봉건성의 잔재인 이러한 유형의 개인적인 관계는 더 이상 용납되지 않았다. 제2차 세계대전은 최소한의 방식으로 그러한 관계에 거의 결정적인 종지부를 찍었다. 가정부들의 방은 이전의 역사에 무지할 것이 틀림없는 학생들에게 큰 인기를 얻게 되었다.

재택 여성 노동자들

재택 노동은 19세기 말 도시에서 점차 합리적으로 자리잡았을 뿐 아니라 엄격한 노동 분업과 재봉틀 보급에 의존한 제조업 분야에서 상당히 발달했다. 싱어표 재봉틀[40]을 소유하는 것은 수많은 여성 노동자의 꿈이었다. 그녀들은 외상 할부 조건으로 재봉틀을 샀다. 수많은 기혼 여성은 그렇게 해서 집안일을 전적으로 꾸려나가면서 약간의 돈도 벌기를 기대했다. 그것이 부수입이면 문제는 간단했다.

그러나 그녀들이 버림받거나 과부여서 혼자 사는 경우라면 상황은 점점 악화되었다. 그 분야에서 경쟁이 치열해져 봉급이 계속해서 낮아질수록 상황은 악화되었다. 그녀들의 노동 시간은 더욱 길어졌다. 일자리를 찾아 나설 때를 제외하면 그녀들은 더 이상 집 밖으로 외출하지도 못했다. 적어도 그런 경우에 알맞은 외출복을 갖추고 있지 못하다면 말이다. 그녀들은 결핵에 걸리고 위생학자들은 그녀들뿐 아니라 그녀들이 전염시킬 위험이 있는 고객들 때문에 불안해했다.

20세기 초에 노동사무소는 서둘러 프랑스 전국의 내의류 제조여공들과 주로 파리에 위치한 조화 제조여공들에 대한 조사를 실시했다.[41] 방대하고 구체적이며 계량화된 조사 작업에는 주요 관심사에 관한 도표들, 종합적인 연구와 일부 전공 저술이 포함되었다. 르플레의 방법에서 착안한 이 조사 작업은 관련자들을 중심으로 이루어졌으며, 통상적으로 조사에서 누락되었던 지역에서 직접 이루어졌다. 조사원들은 어두컴컴한 통로에서 죽을 뻔하거나 그녀들의 친구인 개들이 짖는 소리에 시달렸다. 또한 회피하고 저항하며 이따금 답변을 거부하는 여성들의 불신에 맞닥뜨렸다. 특히 가정 예산에 관한 질문을 던질 때 그러했다. 그럼에도 불구하고 많은 여성이 협조적인 태도를 보였고 질문받는 것 자체를 반겼다. 사람들이 자신들의 처지에 관심을 갖는 일이 드물었기 때문이다. 조사원들은 때로 그녀들의 답변을 인용하며 우리에게 다른 곳에서는 접할 수 없는 이야기를 들려주었다.

조사원들의 최우선적인 목적은 거처가 아니라 생활수준을 조사하는 것이었다. 그러나 그들은 그러한 제조업이 행해진 "가정"에 상당한 의미를 부여했다. 예전에는 "침실 노동자"인 남자 하인들이 흔했지만 점차 드물어지더니 오늘날에는 거의 여자만 남았다. 조사원들은 위생과 경제적인 이유 때문에 그녀들에게 관심을 기울였다. 가정 예산에서 주거비는 어느 정도의 비중을 차지할까? 파리 같은 대도시에서는 그 비중이 컸고 이따금 연 지출의 절반을 차지했다. 그 항목은 줄일 수가 없는데다 제1차 세계대전까지 임대료가 계속해서 올랐기 때문에 사람들은 의복비와 식비마저 줄여야 했다.[42]

단칸방에 거주하는 여성 노동자들의 수는 지방에서보다 파리에서 훨씬 많았다. 내의류 제조여공의 경우 31퍼센트(또는 135명), 조화 제조여공은 25퍼센트(또는 42명)를 차지했다. 특별히 가난한 소수 여성은 반드시 혼자 산 것이 아니라 어린이나 늙은 부모를 부양했다. 따라서 동거는 사람들이 생각하는 것보다 일반적이었다. 조사원들은 가옥의 구조를 상세히 설명했다. 신선한 공기를 중시하던 그 시대의 필수적인 관념에 따라 그들은 방의 체적을 조사했으며 이따금 크기를, 그리고 아주 예외적으로 면적에 관한 정보를 제공했다. 그들은 창문, 벽난로, 난방과 조명 방식(석유가 우세했다)을 언급했다. 가구류는 항상 간략히 요약되었는데, 거기서는 이따금 만료된 법규의 자취가 드러난다. 조사원들은 안락함이나 장식보다는 위생 상태와 청결함에 주목했다. 안락함은 무의미했고 장식은 부재했기 때문이다. 벽지는 갈가리 찢겨 있었고 타일 바닥에는 때가 끼어 있었는데, 아주 가끔은 윤이 나는 경우도 있었다.

거기에는 여러 요인이 있다. 이를테면 친족 구조를 들 수 있다. 또한 부서진 가구를 방치하고 청결에 관한 타성에 젖은 과거의 사회적 수준도 작용했다. 크레디 리오네의 사무원의 미망인 A부인은 예순 살로, 노트르담 드 로레트 구역에 있는 아파트 7층의 지붕 밑방에 살았다. 18세

「세탁소 여공」, 에드가르 드가, 캔버스에 유채, 1873, 메트로폴리탄 미술관

제곱미터 크기의 그 방에서는 "사람이 운신할 수 없었다. 붉은색 바닥 타일은 깨끗하고 윤이 났으며 검은색 작은 프라이팬은 반짝반짝 빛이 났다. 그 팬은 나의 유일한 사치품이에요"[43]라고 그녀는 말했다. 그곳은 땅값이나 임대료가 비싼 구역이었다. 그녀는 벨빌, 샤론, 메닐몽탕에 조화 제조여공이나 깃털 세공여공이 되는 것보다는 생제르맹 구역이나 노트르담 드 로레트 구역의 좋은 집에서 살며 내의류 제조여공으로 일하기를 선호했던 것이다. 직업적인 평가도 한몫했다. 모자나 장식품용으로 물망초, 연보라색 제비꽃, 미모사 등 "작은 꽃들"을 만드는 여공들은 장미꽃 제조 전문가들(아닐린의 붉은색 염료로 인해 생긴 병을 앓았다)보다 낮게 평가되었다. 그녀들은 성수기에 일당 1프랑 이상을 버는 경우가 거의 없었다. 그나마 성수기는 1년에 겨우 6개월에 불과했다. "일거리가 없는" 지루한 휴업기와 번갈아가며 돌아오는 성수기의 피곤한 밤샘 작업은 유행과 시장에 따라 움직이는 이러한 직업의 특성이었다. 각각의 거처는 가정과 노동의 분리될 수 없는 상황의 표현이었으며 인생의 종착역이었다.

'좋은 시절'의 이 어두운 보고에 나타난 몇몇 사례를 살펴보자. 여자들과 침실 하녀용 앞치마를 만드는 45세와 46세의 내의류 제조여공 자매가 있다. 그녀들은 30년 동안 단칸방에서 살았다. 종이 판자로 가득하고 부풀어오른 벽지로 덮인 방이 그녀들의 작업장이자 침실이었다. 방 안에는 두 사람을 위한 쇠침대, 둥근 탁자, 길고 낮은 궤, 재봉틀, 의자 몇 개가 있었다. 특히 의복이 골칫거리였다. 옷을 사면 두 자매는 식비를 줄였다.[44]

46세의 과부인 여자 재봉사의 운명은 상대적으로 거의 선망의 대상처럼 보였다. '성수기'에 그녀는 살림도 화장도 하지 않은 채 쉬지 않고 일했다. 단지 한밤중에 기계 소음을 금지하는 법규만이 그녀의 노동을 중단시켰을 뿐이다. 그녀는 일당 5프랑을 벌었다. 때로 그녀는 감상에 젖어 성대한 식사를 즐겼다. 딸의 약혼과 결혼을 위해 그녀는 아낌없이 돈을 쓰고 빚도 졌다.[45]

가장 불행한 여자들은 자식과 함께 사는 과부나 독신 여성들이었다. 40세의 과부인 F부인은 블라우스 제조여공으로 열한 살짜리 딸과 함께 살았다. 연 수입 500프랑인 그녀는 연 임대료가 120프랑인 15제곱미터짜리 방에서 살았다. 그 방은 어둡고 천장이 낮았으며 작은 안뜰을 향해 있었다. 일종의 "빈민굴"에 속하는 그 집의 "위생 수준은 개탄스러울 정도였다." 그 집에 가려면 사다리를 이용해야 했다. 방안의 가구는 쇠침대 한 개와 어린이용 침대 한 개, 의자 몇 개, 탁자, 재봉틀이 전부였다.

빈혈과 "초기 결핵 증세"를 보이는 열한 살짜리 딸을 둔 마흔 살의 독신녀 P양의 거처는 더욱 열악했다. 모녀는 샤론 가에 있는 7제곱미터의 좁고 지저분한 다락방 5층에서 살았다. 그 방에 가려면 우선 계단을 올라간 다음 좁고 가파른 사다리를 타야 했다. 방 안에는 침대 하나와 탁자, 의자 두 개, 프라이팬, 석유램프가 있었다. 수도와 화장실은 안뜰에 있었다. 수녀원에서 자란 그녀는 그곳에서 내의류를 제조하는 법을 배우고 남자 셔츠 만드는 법을 익혔다. 그녀는 딸을 위해 지칠 때까지 일하고 절약하며 "셔츠 제조여공의 갈비"라 불리던 브리 치즈를 먹었다.

작업 속도가 느린 나이 든 여성들은 수지 균형을 맞추기가 어려웠다. 우체부의 미망인인 일흔세 살의 늙은 내의류 제조여공은 암캐 릴리와 함께 은둔생활을 했다. 그녀는 봉 마르셰 구역의 깨끗하며 밝고 큰 방에서 살았다. 그녀는 연 230프랑을 방세로 지불했다. 이는 그녀의 경제력에 비해 과분했지만 그녀는 그곳을 고집했다. 그녀는 임대료에 대한 강박관념 때문에 지불 기일 마감 전날에야 급료를 인출했다. 사소한 두 가지 사건으로 인해 그녀의 취약한 수지 균형이 무너졌다. 한 번은 몇 수를 주고 양귀비와 접시꽃을 샀을 때이고, 다른 한 번은 안경알을 구입했을 때다.

예순둘의 M부인은 2.1×1.2미터 공간인 다락방에 살았다. 임대료가 연 60프랑인 그 방은 깨끗한 듯했지만 빈대 소굴이었다. 침대는 창문 밑의 경사진 면에 놓여 있었다. 그녀는 침대에 앉아 있을 수가 없었다. 그녀는 사흘에 한 번 불을 때고 스프를 끓였다. 관절염을 앓고 있던 이 내의류 제조여공은 노인 요양원에 가기를 원했다. 69세의 L부인도 마찬가지였다. 병든 어머니를 돌보아야 했던 그녀는 보수가 낮은 작은 꽃을 만드는 것 외에는 아무것도 배운 게 없었다. "그녀는 놋쇠로 구슬들을 받침대 위에 고정시킨 채 그 구슬들로 장미술을 만들었다." 그녀는 하루에 한 번 계란과 돼지비계를 먹었다. 벨빌에 있는 창문 두 개짜리 침실 임대료로 그녀는 연 100프랑을 지불했다. "그 방에 가려면 정말 위험한 계단을 통해 기어올라가야 했다." 그녀는 브레반의 양로원에 살기를 꿈꾸었다. 그러나 그녀가 아는 사람들 가운데 그녀의 희망을 실현시켜줄 만한 사람은 없었다.[46]

때로는 외로운 여성 노동자들이 결합해서 여럿이 한 침실에서 살기도 했다. 이러한 여성들의 가정은 오래전부터 관찰자들의 관심을 끌었다. 예를 들어 빌레르메는 특히 이러한 동거의 경제적인 원인을 강조했다. 노동사무소는 여러 원인에 주목했다. 48세의 P부인은 남편으로부터 버림받았다. 조화 제조 전문여공이었던 그녀는 그랑 드 카리에르에 위치한 28세제곱미터의 "매우 깨끗하고 잘 정돈된" 방에서 살았다. 그녀는 작업장에서 일하는 것을 좋아했다. "내 침실에서보다 그곳이 훨씬 쾌적하다. 하지만 늙으면 사람들이 당신을 조롱한다." 그녀는 비용을 줄이기 위해 친구와 방을 함께 쓰기를 원했다. 독신인 마흔여덟 살의 C양은 같은 구역에서 가구 딸린 방의 임대료로 주당 3.5프랑을 지불했다. 그 방은 1층 하수구 위에 있었다. "이 방의 겉모습은 불쾌해요. 바닥도 역겨울 정도로 더러워요." 가재도구들이 옷과 나란히 있어서 지저분하기 짝이 없었다. 건강이 좋지 않으며 타락하고 가난한 이 여성 노동자에게 모든 것이 엉망이었다. 그녀는 반 리터들이 병으로 파는 석유를 살 돈이 없어 불을 켜지 못했다. 결국 그녀는 양초를 샀다. "임대료가 나를 죽여요"라고 말했다. P부인에게 합류하면 그녀의 부담이 줄어들 것이었다.[47]

그런 방들은 극도로 가난한 여자들을 수용했다. 여성들은 부랑자가 아니었고 확실한 거처가 없는 것도 아니었다. 그녀들은 여성에게는 위험한 떠돌이 생활과 노숙생활을 꺼렸다. 그녀들은 은신처이자 노동의 장소인 방이 마치 구원의 장소이기나 한 것처럼 그곳에 들러붙었다.

리모주의 도자기 제조여공은 훨씬 운이 좋았다. 사회경제협회는 1903년에 가정의 통합과 재택산업에 성공한 이 여성 노동자의 전형을 찬양하는 연구논문을 발표했다. 57세의 미망인인 그녀는 34, 30, 22세의 세 딸과 함께 큰방을 썼다. 그녀들은 그곳에서 일하고 때로는 접이식 탁자에서 "앉지도 않은 채 급하게" 식사를 하고는 커다란 나무침대에서 둘씩 함께 잠을 잤다. 방 안에는 호두나무 탁자, 도자기들이 놓인 벽난로, 사진들, 작은 잔들 그리고 재봉틀과 요리용 화덕이 있었다. 어머니가 사용하는 짚을 넣은 큰 안락의자에는 고양이를 위한 붉은색 쿠션이 놓여 있다. 여성 노동자들은 애완동물을 좋아했다. 친구의 초상화 아래 있는 서랍장 덕분에 가족은 "우아함"을 지킬 수 있었다. 그 위에는 괘종시계, 자질구레한 실내장식품, 성모상, 루드르 묵주, 첫 영성체 사진이 놓여 있었다.[48] 조사원의 도덕적 시선에 따르면 이 방은 정숙함으로 가득 차 있었다.

매춘을 위한 밀폐된 방

매춘부들은 하나의 방을 사용했을까? 아니다. 그녀들이 한 침대를 쓴다는 것은 일찍부터 얼마나 볼썽사나운 일이었는지 모른다! 파리에서는 1811년에 "어떤 상황에서건 두 여자가 동시에 같은 침대를 사용할 수 없다"는 법령이 공포되었다. 이후 그녀들은 "저마다 다른 사람들의 것과 완전히 분리된 방을 가지려고" 애썼다. "과거에는 존재하지 않았던 그런 상황으로 인해 끊임없는 혼란이 빚어졌다."[49] 서로 분리된 침대와 최소한의 위생시설에 없어서는 안 될 필수품인 리넨 제품과 물을 갖춘 별도의 방. 이것이 바로 알렉상드르 파랑뒤샤틀레 박사가 요구한 최소한의 것들이었다.

1836년의 파리를 대상으로 한 유명한 연구에서 그는 매춘부를 세 유형으로 구분지었다. 첫째, "자신의 거처에 살며 세금을 내고 외부와의 모든 관계에서 다른 사회 구성원들과 전혀 다르지 않게 사는" 자유로운 유형이다. 오늘날 '콜걸'들이 원하는 것처럼 그녀들은 요컨대 인적 조직망에 얽매이지 않은 독립적인 성 노동자들이다. 도시에 통합되어 있던 산만한 이 매춘 조직은 그 당시 위축되어 있었다. 둘째, 정식으로 등록되지 않고 일시적으로 매춘을 하는 유형이 있다. 하녀, 노동자, 심지어 가정주부인 그녀들은 부수입을 원했다. 그녀들은 상점과 중이층을 이용했다. 경찰이 커튼을 치도록 규제했음에도 그곳에서 그녀들은 모습을 드러냈다. 그녀들은 "묶인된" 집에서 때로는 하루에 3~10프랑의 매우 비싼 임대료를 지불하고 방을 빌렸다. 그 대신 그녀들은 깨끗한 침대와 체경, 소파를 사용할 권리를 누렸다. 그녀들은 수입을 마음대로 쓰고 "끌어들일" 손님을 선택했으며 숙소를 바꿀 수도 있었다.

파랑뒤샤틀레는 매음굴의 고수인 이러한 불법 노동자들을 증오했다. 그녀들은 보건 당국의 단속을 피하고 매독과 그 밖의 전염병을 전파시켰다. 규범 만능주의자인 이 신부의 눈에 그녀들은 골칫덩어리일 뿐이었다. 그는 매음 조직을 감독기관인 경찰청의 승인을 받은 "포주"의 감독 하에 "방문증"을 지닌 여성들이 일하는 창녀촌 maisons de toléance(20세기 용어로는 maisons closes)[50]들로 제한하고 정확하게 파악할 것을 주장했다. 그의 말에 따르면 그녀들은 그곳의 환경과 일종의 사치를 즐겼다. 그녀들 중 일부는 분명 화려한 장식품과 가정부에 의해 떠받들여지는 것에 감동하고 그 매력에 사로잡혔다. 그녀들은 자신들의 침대 정리조차 하지 않았다. 불안정한 노동 상황에서 착취당하고 있음이 드러나면서 겉치레는 곧 사라졌다.

그러한 상황은 식민지 국가의 매춘에서 절정에 달했다. 사회적, 윤리

「물랭 가의 사창가」, 툴루즈 로트레크, 판지를 배접한 나무에 유채, 83.5×61.4cm, 1894, 워싱턴 국립미술관

적 위계가 결합되면서 억압과 감금이 극도에 달한 체제가 형성되었다. 그것은 더 이상 창녀촌에 국한된 문제가 아니라 진정한 의미에서 "밀폐된", 나아가 별도로 마련된 구역에 관한 문제였다. 군인 고객의 "생리적인 욕구"를 해결하기 위해 탄생한 모로코의 그 유명한 부즈비르Bouzbir가 바로 그런 예다.[51] 크리스텔 타로는 그 기원을 추적했다. 독일 여성 아지즈는 이례적인 자서전 『매춘의 방들』에서 그 구조를 분석했다.[52] 가난한 유대인 고아였던 그녀는 1943년 알제리 본에 있는 사창가에 팔려갔다. 그곳에서 그녀는 혹사당하고 강간당했다. 노예나 다름없이 감금된 채 북아프리카 마그레브 지방 식민지 이곳저곳으로 끌려다녔다. 본의 선술집 샤 누아르의 방을 보자. "그 방은 창문이 없다. 파리똥으로 더럽혀진 전구가 그 방을 비추었다. 세면대, 그리고 가장 먼저 눈에 띈 광택칠을 한 세척기 외에 장롱과 의자 하나가 있었다." 필리프빌의 "갈색 달*"에서도 심지어 훨씬 더 안락한 알제**의 "소파"에서도 장식은 모두 최소한으로만 되어 있었다. 침실은 고된 노동의 장소만이 아니라 실내 감옥이었다. "저녁이면 방안에서는 정액과 땀, 더러운 발 냄새가 진동했다. 그 냄새가 내 피부에 배어버렸다." 바깥으로 나가는 것은 극히 어려운 일이었다. "이따금 완전히 기진맥진하면 침대와 장롱으로 문을 막고 방 안에 틀어박혀 구석에 웅크리고 있었다. 마치 사냥꾼에 쫓기다가 빛도 공기도 통하지 않는 밀폐된 방에 갇힌 짐승처럼 말이다. 정액 냄새가 역겨운 나머지 구토를 일으키기도 했다. 그 냄새는 오랫동안 나를 쫓아다닐 것이다."[53] 집요하게 야망을 좇은 그녀는 온갖 종류의 폭력과 가혹 행위를 겪을 터이지만 마침내 그 야망을 실현할 것이다.

단지 "올라타는 데" 불과한 이러한 신속한 성행위에서 방은 그다지

* 창녀촌의 이름.
** 알제리에 있는 도시.

중요한 역할을 하지 못한다. 그럼에도 불구하고 그 세기를 거치며 우아함과 안락함에 대한 욕망이 실현되었다. 중간계급의 남자들은 지나치게 거친 창녀촌을 군인과 프롤레타리아에게 넘겨주었다. 대신 그들은 빈틈없고 관능적인 내밀성에 대한 환상을 부여하는 "밀회 장소"를 택했다.[154] 좀더 개인화된 영역에서는 주변 환경, 자질구레한 성 용품들, 그리고 다양한 환상의 충족 등이 중요한 의미를 띠었다.

궁정 여인과 정부들

무희나 여배우를 부양하고 적어도 일정 시간 그녀들의 육체적인 매력을 즐기기 위해 가구를 갖추어주는 것은 체면에 걸맞은 일이 되었다.

그녀들에 대한 독점권을 확보하기 위해서는 굉장한 부의 소유자여야 했다. 뮈파 백작과 나나의 관계가 그런 경우에 속했다. 아니면 전혀 다른 차원에 속한 샤를 스완과 오데트 드 크레즈의 관계는 마침내 결혼까지 이르렀다. 여배우들과 준準화류계 여성들이 사는 실내는 여론과 소설가들의 관심을 끌었다. 『나나』에서 졸라는 엉큼한 시선으로 침실과 침대를 훑는다. 잡다한 흥행물의 최고 인기 스타인 그녀의 첫 번째 아파트는 "요란한 사치품, 콘솔, 황금빛 의자들 (…) 그리고 고물장수에게서 사들인 골동품 등"을 과시했다. 그럼에도 불구하고 나나는 자신의 침실을 열심히 가꾸었다. "그 구역 실내장식업자가 공들여 장식한 방은 잠자는 방과 화장실 단 둘뿐이었다." 특히 화장실은 "가장 우아한 방"이었다. 그녀는 파출리 잎의 향이 가득한 그 방에서 방문객들을 맞이했다. 뮈파 백작의 정식 정부가 되자 "멋진 여인"으로 변신한 그녀는 파리에서 두각을 나타냈다. 빌리에 대로의 저택으로 이사간 그녀는 그 집을 밑바닥부터 천장까지 "붕괴되지만 않을 정도로" 완전히 개조했다. 그 과정에서 그녀는 자신의 꽃장수 기질을 순화시켰지만 그 기질은 늘 그녀에게서 스며 나왔다. 대부분의 시간 동안 그녀는 화려한 1층을 내팽개치고 2층에서 지냈다. 2층에는 침실, 화장실, 응접실 등 작은 방 세 개가 마련되어 있었다. "그녀는 이미 두 번이나 침실을 개조했다. 처음에는 연보랏빛 새틴 천으로 장식하고, 두 번째는 푸른색 비단 위에 레이스를 응용한 장식으로 바꾸었다. 하지만 그녀는 만족하지 못했다. 그것에 싫증난 그녀는 또다시 시도했지만 그 역시 만족스럽지 못했다. 베네치아에서 소파처럼 낮고 솜을 넣어 박은 침대를 들여오는 데 2만 프랑이 들었다. 가구들은 흰색과 푸른색에 은 쇠시리를 덧입혀 옻칠한 것이었다. 도처에 흰 백곰 가죽들이 흩어져 있었는데 그 수가 무척 많아 그녀는 양탄자를 깔 정도였다. 바닥에 앉는 습관을 버리지 못한 그녀는 맨바닥을 없애버릴 정도로 변덕스럽고 우아했다." 연한 장밋빛 비단으로 장식되고 관능적인 소파가 놓인 작은 응접실은 술탄의 궁전을 연상시켰다. 파출리 향 대신 제비꽃 향이 나는 화장실 문은 거의 언제나 열려 있었고 흰색 대리석 욕탕이 보였다.[55] 그러나 사랑에 빠지자 그녀는 다시 단순한 것을 좋아하게 되었다. "그녀는 지난날 꽃장수 시절의 이상향으로 되돌아가 밝고 예쁜 침실을 원했다. 그곳에서는 자단나무로 만든 거울 달린 장롱과 푸른 명주실을 늘어뜨린 침대 외에는 보이지 않았다."[56] 이 천한 여성의 행복한, 그러나 실현 불가능한 꿈은 자기만의 방을 갖

는 것이다. 미미 팽송˙처럼 말이다. 그녀는 매독에 걸려 그랑 호텔의 방에서 홀로 죽었다. 바람둥이 앙리 세아르는 그에 관해 작가에게 자세한 상황을 설명해주었다.|57

오데트 드 크레시의 속물근성은 그보다는 훨씬 세련되었으며 당시의 유행을 반영한다. 극동풍의 매력에 끌리던 그녀는 순백색 옻칠 장식이 나타날 때까지 루이 16세 양식에 마음이 쏠렸다. 스완 부인이 된 그녀는 1890년경 그 이전 몇 년간 "멋지다"고 여기던 것을 "흉측한" 수준이라며 치워버렸다. "그녀가 가장 자주 머문 곳은 침실이었는데, 그곳에서 그녀는 작센 지방의 도자기들에 둘러싸였다. 그녀는 하인들이 무의식중에 그 도자기를 만지지나 않는지 우려했는데, 그러한 태도는 이전에 일본제 도자기 인형과 중국의 대형 도자기에 대해 보였던 것보다 훨씬 더 심했다."|58 그녀는 그때부터 일본식 실내복보다 밝고 가벼운 실크 화장복을 선호했다. 바토의 그림에 나오는 그 화장복은 그녀가 「모나리자」의 명상보다 중시한 신체 건강의 필요성을 상징한다.

사교계는 매우 위계적이고 "정부들"은 사창가의 매춘부들과 거의 관련이 없었다. 특히 그녀들이 실내만큼이나 남자들을 마음대로 선택할 수 있는 스타들인 경우에는 더욱 그랬다. 사람들은 사라 베른하르트의 침실이 짐승 가죽들로 뒤덮이고 검은색 새틴 천으로 된 쿠션으로 장식되어 있으며 그 안에 사람의 해골과 봉상적인 관, 가장자리가 백조로 장식된 침대 커버로 덮인 기둥 딸린 큰 침대가 있을 것이라고 상상했다. 사람들은 세실 소렐의 깃털 달린 바로크풍 침대에 감탄했다.|59

요컨대 성性으로 연명하는 것이 성을 위해 사는 것보다 더 정상적인

˙알프레드 드 뮈세가 발표한 시 「미미 팽송, 천한 젊은 여공의 모습」에서 유래하여 수많은 문학작품과 오페라의 여주인공으로 등장한 19세기 말 파리에서 인기를 끈 가공의 여인.

것처럼 보였다. 『이권 쟁탈전』의 여주인공 르네는 사랑에 미친 여자였다. 사위와 근친상간을 범할 정도로 변태적인 성 관념은 육체적인 쾌락에 대한 그녀의 집착을 더욱 부채질했다. 당시의 정신의학에 따르면 그녀는 히스테리 환자였다. 도덕적인 동시에 관능적인 공화주의자인 졸라의 눈에 그녀는 부유한 부르주아들의 타락과 변태성욕을 구현하는 것처럼 보였다. 울창한 겨울철 정원에서 요란하게 뒹구는 모습은 "단테가 묘사한 열정의 지옥" 그 자체였다. 르네의 개인 아파트는 "실크와 레이스로 장식된 보금자리였으며 그 자체가 놀랄 정도로 매력적인 사치 덩어리"였다. 졸라는 침실과 화장실을 장황하게 묘사했다. 온갖 천과 부드러운 색상들, 자극적인 향기가 넘치는 그곳은 사랑의 무대였으며 침대는 사랑의 제단이었다. "회색과 장밋빛의 큰 침대가 침실의 절반을 차지했는데, 침대의 나무는 천들과 쿠션으로 뒤덮여 보이지 않았고 침대 머리는 벽에 기대어져 있다. 침실에는 장식 휘장들과 레이스 장식들이 흐드러져 있고 천장에서 양탄자까지 꽃다발 무늬로 짜인 실크 천이 쳐져 있었다. 푹신한 의자들, 레이스 장식, 장식 밑단으로 둘러싸인 통통하고 윤곽이 뚜렷한 여인의 화장이 언급될 것이다. 치마처럼 부풀어 오른 그 커다란 커튼은 사랑에 빠진 한 여인이 몸을 구부린 채 베개 위에 쓰러져 거의 몽롱한 상태에 있는 모습을 상상하게 한다." 침대는 "종교 축제를 위해 장식된 부속 성당을 떠올리게 하는 경건한 기념물"이었다. 성의 제단인 침대는 침대간의 빛으로 침실 전체를 감쌌다. "침대는 계속 이어지고 방 전체가 마치 거대한 침대인 듯 보였다." 침대에는 르네의 형태와 체온, 향 등 그녀 몸의 흔적들이 그대로 배어 있었다.|60 르네의 침대는 문학작품에 등장하는 침대들 중 가장 아름다운 침대임이 확실하다. 그 침

대는 쿠르베와 「올랭피아」처럼 마네의 붓을 통해 남자들이 상상하는 쾌락의 대명사로 표현될 것이다.

자기만의 방 갖기

자기 방을 소유하려는 여성들의 갈망은 도처에서 나타났다. 사춘기 소녀는 시간 리듬이 다른 자매와의 동거를 더 이상 견디지 못했다.[61] 성숙한 소녀는 가족의 고치를 떠나기를 꿈꾸었다. 시몬 드 보부아르는 1929년 9월 교사자격시험에 합격한 후 당페르로슈 옆에 있는 할머니 집에 세 들어 살게 되었을 때의 기쁨을 이렇게 표현했다. "마침내 나도 내 집에서 살게 되었구나!" 그녀는 『몽 주르날Mon Journal』이라는 여성 잡지에서 아이디어를 얻어 응접실을 침실로 개조했다. 그 잡지가 없어서는 안 될 필수품으로 열거한 긴의자, 탁자, 선반 등이 오랫동안 그녀의 충실한 친구로 지낼 그 최소한의 방을 구성했다. 장식에는 거의 관심이 없던 그녀가 무엇보다 중시한 것은 자유였다. "문을 잠글 수 있다는 것만으로도 내 기분은 절정에 달했다."[62]

농촌이나 외국에서 이주해온 여성들이 19세기의 재봉사직이나 20세기의 사무직 혹은 서비스직 등의 노동 시장을 뚫고 들어가려면 도시에서 방을 얻어야만 했다. 그녀들 모두 도시 주택의 7층에 거주할 후보자들이었다. 잔 부비에는 재봉사직에서 벗어나기 위해 1879년에 파리에 왔다. 그녀는 이제르에서 열한 살 때부터 그 일을 해왔다. 그녀는 불도 없고 요리를 할 수도 없는 하녀들의 지붕 밑방의 존재를 알게 되었다.

"벽난로가 있는 방들은 내 형편으로는 어림도 없었다." 재봉직으로 돈을 더 많이 벌게 되면 그녀는 "살림살이"를 마련하기로 결심했다. 그녀는 노후에 시골에서 살 집을 꿈꾸며 월부로 침대를 사고 마침내 아궁이에 불을 지폈다.[63] 마르그리트 오두는 양치기로 일하던 솔로뉴를 떠나[64] 파리에 도착했다. 그녀가 두 번째 소설에서 묘사한 작업장에 정착하기 전에 그녀는 여러 일자리를 거쳤다.[65] 젊은 독신녀였기에 수시로 유혹을 받고는 버림받는 가운데 어린이를 부양할 처지에 놓인 여성 노동자들 역시 다락방의 고객이었다. 결핵을 앓던 젊은 재봉사 상드린의 방은 "무척 좁아서 침대가 침실 한 면을 다 차지할 정도였다." 다른 쪽은 탁자와 의자 두 개가 차지했다. 방 가운데 통로에는 앉기조차 어려웠다. 판자들이 여기저기 붙어 있었지만 방을 가득 채운 것은 어린이들의 사진이었다. 이것이 바로 도시에 위치한 공간의 전유 방식이다.

중부 유럽과 마그레브 지역에서 온 현대의 이주자들은 "사람들이 차지한 것은 단지 침실만이 아니었다"고 말한다. 페를라 세르파티가르종은 20세기 초의 증언들을 수집했다.[66] "그곳은 조개껍질"이고 "피난처"였으며 파리 지붕 위의 전망대였다. 혼돈의 시기에 살던 그 망명자들은 침실을 거처로 삼았다. 보잘것없는 가구들보다는 가족의 세계를 재현해주는 사랑하는 사람들의 사진이 더 중요했다. "나는 내 방을 갖게 되자 그곳을 장식하기 시작했다. (…) 나는 물건들을 아무렇게나 내버려둘 수 있었다. 그곳은 정말 내 집이었다." 그녀는 여행가방이나 손가방을 열어 물건들을 정리하고 벽들을 장식했으며, 도시의 시선을 누그러뜨리는 것은 휴식을 취하고 자신의 영역을 표시하며 자신의 목적과 계획을 추구하기 전에 "틈새"에서 호흡을 가다듬는 것이었다.

최소한의 돈과 자신의 방이 없다면 어떻게 글을 쓸 수 있을까? 전체를 인용해도 좋을 만큼 훌륭한 텍스트인 『자기만의 방』에서 버지니아 울프는 그렇게 자문했다. 옥스브리지(통상적으로 쓰이는 '옥스퍼드'와 '케임브리지'의 축약어)에서 행해진 여성과 소설에 관한 강연을 계기로 그녀는 역사 속에서 여성의 침묵과 창조의 측면에서 여성의 부재에 관해 스스로에게 질문을 던졌다. 셰익스피어의 누이는 무엇을 했을까? 왜 그녀는 글을 쓰지 않았을까? 그녀는 글을 쓸 수 있었을까? 16세기에 여성들은 방을 소유했을까? 그곳에서 그녀들은 무엇을 했을까? 버지니아는 "여성들에게 닫혀 있던 그러한 모든 문"과 오직 여성들만이 말할 수 있는 다양한 여성의 역사에 관해 생각했다. 그녀 자신이 수많은 소설에서 시도했던 것처럼 말이다.[67] 자신들의 경험을 표현하기 위해서 여성들에게는 최소한의 것이 필요했다. 그것은 다름 아닌 약간의 돈과 자기만의 방이었다. 버지니아와 그녀의 남편 레너드는 영국 부유층에서 일반화된 관행에 따라 침실을 따로 썼다. 그녀는 침실에서 많은 시간을 보냈다. 그녀는 내밀성에 대해 매우 예민했다. 어느 날 호가스 하우스에서 웹 부부를 맞이한 그녀는 베아트리스의 거리낌 없는 태도에 경악했다. "다음 날 아침 웹 부인이 작별 인사를 하러 내 침실에 들어왔을 때 나의 놀라움은 절정에 달했다. 그녀는 내 스타킹과 반바지, 요강으로부터 시선을 피한 채 내 침대 머리맡에서 무표정한 얼굴로 서 있었다."[68]

14세기 말 작은 서재sudioloo에 있는 크리스틴 드 피상의 모습을 살펴보자. 작은 서재는 수태고지의 침실과 비슷하다. 그러나 그녀는 혼자이며 글을 쓰고 있다. 미망인이 된 후 그녀는 은둔했다. "기꺼이 은둔자가 되어／ 애도하기 위해 나는 침묵하지 않을 수 없다／ 민족 앞에서 나 홀로 연민의 감정을 느낀다/ 그리고 나 자신도 불쌍하다/ 언젠가 환희의 날이 도래하리/ 나 홀로/ 작은 서재에서."[69] 이렇듯 자신의 글을 장식한 세밀화에서 그녀는 스스로의 모습을 드러냈다. 그녀는 대담하게도 성직자들의 남성적인 관행을 전유했던 것이다.

또한 우선 읽기는 오랫동안 여성들에게 매우 제한적으로 허용되었으며 여성들의 역할에 해롭고 상상력에 악영향을 끼치는 것으로 여겨졌다. 여성 독서가는 긴의자나 침대의 존재와 함께 에로티시즘을 연상시키는 회화작품의 인기 주제였다.[70] 20세기 초에도 여전히 많은 여성 독서가에게 독서는 저녁에 침대에 누워 할당받은 양초나 램프 불빛 아래서 거의 몰래 이루어지는 비밀스런 즐거움이었다.[71] "곧 불을 끌 거지?" 소녀들은 소년들보다 학교 교육을 받는 비율이 낮았기에 스스로 지식을 터득하고 개인적으로 책이나 신문을 통해 지식을 쌓아야 했다. 인쇄술의 발명으로 책이 대중화되고 르네상스가 책에 대한 갈증을 부채질하면서 활발해진 독학의 엄청난 노력을 통해서 말이다. 수녀원을 나온 뒤에도 계속해서 머리에 베일을 쓰고 다닌 부르고뉴 출신의 전직 수녀 가브리엘 쉬송(1632~1703)은 "침실 학교"에 관해 언급했다. 그녀는 침실에서 여성에게는 금지된 성직자들의 언어인 라틴어를 혼자서 익혔다. 개론서로 유명해진 덕에 그녀는 여성 철학의 선구자로 꼽힌다.[72]

쓰기는 읽기보다 훨씬 까다로웠다. 여성 작가들은 공적이자 사적인 영역을 차지하거나, 가정과 집 안에서 글쓰기에 필요한 혼자만의 시간을 내기도 어려웠다.[73] 에디스 워튼은 침대에서 글을 썼다. 그곳은 그녀가 코르셋을 입지 않은 채 편안하고 자유로운 몸을 느낄 수 있는 유일한 공간이었다. 그녀가 종이를 가득 메우면 비서는 그것들을 모아 타자기로 쳤다.[174] 에밀리 디킨슨은 아버지의 집을 떠난 적이 없다. 어느 날 그녀는 조카딸 마사를 자신의 방으로 안내한 뒤 문을 닫았다. 그러고는 "마티, 여기서는 자유야"라고 말했다. 제인 오스틴의 여주인공들은 이러한 태도에 익숙하다. 그녀들은 재빨리 몸을 피하고 항상 비밀스런 곳을 찾는다. 한밤중에 글을 쓴 조르주 상드의 취향은 우리에게 잘 알려져 있다. 연인이 잠들고 가족들이 전부 잠자리에 들면 그녀는 자신의 열정을 자유롭게 글로 표현했다. 그 시간은 그녀의 것이었다. 그녀는 그 시간을 어느 누구에게도 빼앗기지 않았다. 그녀의 서재에서의 밤 시간 말이다.

시몬 드 보부아르의 방들

시몬 드 보부아르는 세 든 방에서 무엇보다도 글쓰기용 책상의 존재에 주목했다. 마르세유에서 "큰 침대 한 개, 의자들과 장롱이 있는 그 방은 내 취향에 맞지는 않았다. 하지만 커다란 책상이 일하는 데 편리할 것이라는 생각이 들었다."[175] 그녀를 모델로 한 『구토』의 주인공 로캉탱처럼 그녀는 안락해 보이는 장식에 거부감을 느꼈다. 루앙에서 그녀는 "우아한 가구로 장식되고 조용하고 큰 정원으로 창문이 난 방"을 피했다. 그녀는 그보다는 라로슈푸코 호텔을 더 좋아했다. 그곳에서는 "기차의 기적 소리가 들렸는데 그 소리는 마음을 안정시켰다."[176] 파리에서 우선 그녀는 사르트르처럼 카페에서 일하는 습관을 들였다. "나는 내 방에서 일한 적이 없고 대신 카페 안쪽의 칸막이로

된 공간에서 일했다." 그럼에도 불구하고 그녀는 숙소에 대해 그와는 다른 태도를 보였는데, 그것은 일정 부분 전쟁으로 인한 긴박한 상황 때문이었다. 미스트랄 호텔, 센 가에 있는 루이지안 호텔, 샤플랭 호텔 등 일련의 호텔에서 그녀는 '가족을 부양하기 위해 부엌 딸린 방을 찾았다. 올가, 보스트, 완다 등이 사르트르와 그녀 주변으로 몰려들었다. 그녀는 당당하게 여기저기서 배급되는 빈약한 식량 공급을 최대한 활용했다. "나는 집 안에 사는 여성들과 처지가 같지는 않았지만 그녀들이 누리는 기쁨을 느꼈다."[77] 그녀는 때로 그녀들의 처지를 부러워했다. 그녀는 오랫동안 "내 취향대로 정돈된 작은 아파트를 꿈꾸었다. 나는 자유분방한 예술가의 삶을 선망하지 않았다."[78] 리옹 라 포레 근처에서 그녀는 어린 소녀 시절의 꿈에 어울리는 초가집을 세냈다. "나는 어린 소녀 시절에 종종 여러 모습으로 꿈꾸었던 집, 다시 말해 작은 내 집을 얻었다." 그러나 그녀는 시간도 돈도 없었다. 호텔은 모든 면에서 그녀의 집을 덜어주었다. "파리와 파리의 거리, 광장, 그리고 카페들이 모두 내 것이었다." 1945~1946년에 이 엘리트 커플은 루이지안 호텔에서 각자의 방 두 개에 거처를 마련했다. 사르트르의 방은 뒤죽박죽이었다. "방안에는 날마다 더러운 식기류와 낡은 종이, 책들이 쌓여 더 이상 발 디딜 틈이 없었다."[79] 1946년 봄에 어머니 집에 정착하면서 사르트르는 집에 대한 근심에서 해방되었다. 카페에서 글 쓰던 시절도 끝이 났다. 이 커플은 아주 유명해져서 그곳에서 조용히 머무를 수 없었던 것이다.

  보부아르는 사람들이 웅성거리는 카페 플로르를 떠나 침실에서 글쓰기를 택했다. "거의 침실 밖으로 나가지 않은 지 3주가 되었다. (…) 그렇게 지내니 편하고 또 유익하다."[80] 그러던 그녀는 그 생활에도 싫증을 내기 시작했다. "나는 상당 기간 호텔에서 지냈다. 그곳에서 나는 신문기자들의 무례함으로부터 나 자신을 지켜낼 수 없었다." 그녀의 사회적 지위가 변하고 공적인 영역은 더 이상 그녀가 원하는 익명성을 보장해주지 못했다. 1948년 가을 그녀는 라뷔세리 가의 가구 딸린 방에 정착해서 실내를 바꾸었다. "나는 창문에 붉은색 커튼을 치고 초록색 청동 스탠드를 구입했다. 그 스탠드는 자코메티가 구상하고 그의 동생이 제작한 물건이다. 나는 벽과 천장의 대형 들보에 여행지에서 가져온 물건들을 매달았다."[81] 그녀는 창문을 통해 센 강과 노트르담을 바라보았다. "내 삶의 방식이 바뀌었다. 집 안에 머무는 시간이 많아졌다. 집이라는 단어가 새로운 의미를 지니게 된 것이다. 오랫동안 나는 가구류나 옷장은 물론 아무것도 소유하지 않았다." 그런데 이제 그녀의 옷방은 이국적인 옷들로 채워지고 방은 장거리 여행에서 수집해온 "소소하지만 내게는 귀중한 물건들"로 가득 찼다. 그녀는 축음기를 구입하고 음반을 수집하고 사르트르와 음악을 들으며 저녁 시간을 보냈다. "나는 창문쪽을 향해 앉아 일하기를 좋아했다. 붉은 커튼에 둘러싸인 푸른 하늘은 마치 베라르의 장식과 비슷했다."[82] 그녀는 "자신의 방"에 틀어박혔다. 그것은 1952년 클로드 랑즈만과 사랑에 빠졌을 때였다. 그는 "라뷔세리 가 11번지 꼭대기 층에 완전히 붉은색으로 뒤덮여 있던 그녀의 단칸방을" 기억했다.[83] 긴 연애 기간 초기에 "우리는 1952~1957년 7년간 함께 부부생활을 했다. 우리 둘은 27세제곱미터짜리 방 하나에서 2년 이상 성공적으로 동거했고 우리의 화목함을 당당하고 자랑스럽게 여겼다."[84] 1955년 공쿠르 상을 수상한 베스트셀러 『레 망다랭』의 성공으로 시몬 드 보부아르는 셸셰 가에 위치한 작은 아파트를 살 수 있었다. 그녀는 1986년 죽을 때까지 그 아파트에서 살았다. 추억으로 가득 찬 그 "스튜디오"(그녀는 그 표현을 계속 썼다)에서 그녀는 더 많아지고 바뀐 "가족들"과 수많은 방문객을 맞이하는 기쁨을 누렸다. 클레르 에세렐리는 그녀가 누워 있던 "노란색 긴의자"를 기억했다. 사르트르는 자주 아팠다. 『사물의 힘』에서는 은연중에 그 방의 원칙이 강조되었다.

오늘날 여류 문인들은 남자들처럼 마음대로 사무실을 쓰지 못한다. 그녀들은 기꺼이 침실에서 글을 쓴다. 1982년의 조사는 이미 오래되고 또 체계적으로 이루어지지 못했는데, 그 조사에 따르면[85] 그녀들은 실제로 침대에서 글을 쓰는 경우가 더 많았다. 프랑수아즈 사강은 안나 노아유와 콜레트처럼 그런 자세를 선호했다. 말년에 사강은 "뗏목-침대"를 떠나지 않았다. 그녀는 베개에 팔을 괴고 "고결한 고독 속에서" 폴리냐크 공주에게서 받아 자신에게 잘 맞도록 개조한 탁자에서 글을 썼다.[86] 마리 카르디날은 "호텔 방에서건 슬리핑백에서건 어디서나 길게 누워야 일할 수 있었다." 그녀는 한곳에 정착하기를 원하지 않았다. 그러나 주베르, 푸시킨, 프루스트 같은 유명한 선구자들의 선례를 좇아 침대에 가장 우아한 찬사를 바친 인물은 다니엘 살나브였다. " 궁극적으로 사람은 침대에서만 글을 잘 쓸 수 있다. 왜냐하면 침대는 단순히 하나의 공간이 아니기 때문이다. 과거에 출생과 고통, 죽음의 공간이었던 침대는 오늘날 꿈과 쾌락의 공간이다. 그것은 아무것도 아니다. 침실의 벽들에는 무수한 몽상의 구멍들이 나 있으며 침실의 칸막이들은 피라미드의 칸막이처럼 바깥 쪽은 막혀 있고 완전히 눈부시게 빛나는 내부를 향한 구조로 이루어져 있다.[87] 남자건 여자건 문인의 몸은 고통스런 존재이고 침대 시트는 그런 몸의 고통을 달래준다.

침실에서 나가기

시몬 드 보부아르는 폭신한 침대보다는 딱딱한 탁자를 선호했다. 그녀는 가사의 부담과 주부의 소외를 거부했다. 이것이 바로 『제2의 성』의 주제다. 튀니지 여행 중 동굴 마을에서 그녀는 "네 명의 여성이 웅크리고 있는 지하 동굴"을 목격했다. 연령대가 서로 다른 네 여성 배우자는 "하얀 옷을 입고 웃으며 빛이 나는 젊은 주인 남자"와 결혼한 여성들이다. 네 명의 여성은 "조용히 베일을 쓴 채" 밤에만 외출했다. 저자는 "내재성의 왕국이자 자궁, 무덤인 그 어두운 동굴에서 여성이 처한 조건의 상징"을 간파했다.[88] 그녀는 젊은 여성들이 시골의 방 안에서 거의 자기소외나 다름없이 가사에 열중하는 것을 보고는 괴로워했다.

특히 지칠 줄 모르는 도보 여행자였던 그녀는 알프스나 프로방스에서 자유로운 분위기와 긴 산책을 즐겼다. 마르세유에서 교수로 재직하던 당시 그녀는 등에 가방을 메고 그런 곳을 샅샅이 누볐다. 『노년』(원제: 나이의 힘)의 희열은 그러한 긴 여행을 통해 그녀가 느낀 행복감을 표현한 것이다. 특히 19세기에는 여행을 통해 해방된 여성이 많았다. 그녀들은 오랫동안 배제되었던 세계를 개척하려는 의욕에 불탔다. 조르주 상드는 도시, 특히 파리에서의 산책을 즐기고,[89] 농촌에서 말을 타고 자연주의자처럼 산책을 즐기며 유럽을 탐험했다. 그녀는 "주인 없는 길"의 장점을 찬양하고 새를 자신의 상징으로 여겼다. "우리 앞에 공간이 있는 한 우리에게는 희망이 있다." "인생은 목적 있는 삶의 길이다." 그녀가 피신처이자 "낙원"인 노앙의 포근함을 찬양하고 실제와 상상 속의 방에 지대한 관심을 기울인 것은 바로 그 때문이다.

현대의 페미니스트들은 수녀원의 은둔생활을 여성의 "본성"에 합당한 것으로 여기는 논리에 강하게 반발했다. 그녀들은 여행과 유목생활을 일종의 철학이자 삶의 방식으로 여겼다.[90]

부득이하게 우리는 꿈을 통해 현실에서 벗어날 수 있다. 그것은 에마 보바리처럼 창문에 서는 것이다. "그녀는 종종 창문에 팔꿈치를 기대고 서 있었다. 농촌에서 창문은 무대와 산책의 대용물이다." 모든 은둔자처럼 상상 속에서 여행하는 것이다. 플로베르는 르 루아예 드 샹트피 양에게 편지를 썼다. "당신의 시야를 넓히고 좀더 편안하게 숨을 쉬세요. 당신이 남자이고 스무 살이라면 나는 당신에게 세계 일주를 떠나라고 말할 것입니다. 자! 당신의 방안에서 세계 일주를 하세요."[91] 상상의 세계에는 끝이 없다.

여인들의 방은 세상의 발코니다.

7장

호텔

방

호텔 방은 여행자에게 편안한 숙박의 필요충분조건이다. 여행자는 호텔 방으로부터 은신처를, 사람들 무리와의 격리를, 수면에 필수적인 정적을, 휴식에 적절한 침대를, 효율적인 실내 공기 조절과 특히 겨울철의 난방을, 필기용 테이블을, 인색하지 않은 부드러운 조명을, 의류를 넣기 위한 옷장과 서랍 그리고 욕실과 개인용 화장실을 기대한다. 좋은 경치를 찾아다니는 관광객은 정원 쪽으로 난 창문보다 예쁜 풍경을 더 중요하게 생각할 것이다. 심미가는 시골 가구의 오래된 목재를, 혼자 있기 좋아하는 사람은 은밀한 안도감이 주는 즐거움을, 연인들은 안식처인 푹신한 침대와 벽과 커튼이 지켜주는 내밀함을, 명사는 그에게 감사하는 사람들로부터의 존경을, 정치인은 관례적인 환대를, 사업가는 편리한 서비스와 최소한의 쾌적함의 보장을 중요하게 여길 것이다. 이 쾌적함은 요금의 제약을 받는데, 서로 경쟁하는 체인점들은 그 수준과 가격에 따라 다소 세련된 답을 제시한다.

여행자는 지구 한쪽 끝에서 다른 쪽 끝까지 무엇이 그들을 기다리고

튀렌 가 50번지에 있는 호텔, 외젠 아제, 1913년경 촬영

있는지 알고 있다. 비즈니스맨, 즉 한 회사의 대표나 기술자에게 이 획일성은 안도감을 주지만 다른 한편 진력나게 만들기도 한다. 여행자는 어느 곳에서나 똑같다는 착각에 빠지고 그로써 불안한 마음을 가라앉힐 수 있다. 현대의 호텔들은 지루하고 구별되지 않는다는 비난을 무릅쓰고서라도 특이함을 거부한다.[1] 호텔 방은 모험과는 정반대다. 이제부터는 개인이 그의 짐 속에 모험을 실어가야 한다. 와이파이, 인터넷 접속은 장소가 다름에도 똑같다는 느낌을 강화시킬 수 있다.

그렇다고 언제나 이런 것만은 아니다. 호텔은 여인숙을 거쳐 대상인의 숙소에서부터 가구 딸린 셋방과 호화 호텔까지 길게 이어지는, 방랑자들에게 제공된 일종의 환대 방식에 속했는데, 다니엘 로슈는 중세부터 19세기까지의 여인숙 계보를 추적했고 카트린 베르토라브니르는 오늘날의 변화를 분석했다.[2] 호텔은 여행 방식이나 교통수단과 관련이 깊다. 교통이 어떻게 발달하느냐에 따라 숙박지가 생겨난다. 모텔이 대로 및 자동차와 연관되어 있듯, 여인숙은 말과, 호텔은 철도와 관련이 있다. 기술의 발달이 호텔의 안락함을 좌우하고, 개인적인 요구가 호텔의 형태를 좌우한다. 대부분의 투숙객은 거쳐갈 뿐이다. 옛날 어떤 투숙객들은 상당 기간 체류하기도 했다. 가난한 이들은 달리 어쩔 도리가 없어서, 부자들은 필요에 따라 호텔에 장기 투숙했다. 다양화되는 욕구는 급증하는 장소에 그대로 표출된다.

호텔 방은 이전의 형태에 비하면 놀라울 정도로 호화롭다. 상인이나 순례자들의 바람은 자신들의 말을 묶게 할 공간, 침대, 아니 잠자리 하나를 얻는 것뿐이었다. 만남과 유혹 혹은 음모가 일어나는, 소설에 등장하는 장소인 여인숙은 돈 아니면 생명에 대한 모든 위협이 스며 있

1560년경에 지어진 본마르 성에 있는 호텔 침실

는 장소였다. 진부한 문학 테마인 여인숙에 대한 좋지 못한 평판은 아직까지 남아 있다. 가령 19세기 중반 "위험한 계층"에 속한 사람들의 상상 속에는 이런 이미지가 가득했는데, 꽤나 많은 삽화가 곁들여져 있는 대중적인 출판물 『직업의 비망록』[3]이 이를 증명한다. 생동감 있는 그림들이 실려 있는 이 책에는 방랑자, 보헤미안, 걸인과 온갖 종류의 사기꾼이 등장한다. 그들은 "때로는 배척당한 모든 특권계급의 고약한 중심지이자 멸시받는 모든 종족의 평범한 피난처"이며 "예로부터 언제나 악명 높은 장소들인, 영원히 퇴색한 저속한 술집"에 자주 드나든다. 긴 연재소설에서 지겹게 되풀이되는 아드레의 여인숙 사건처럼 몇몇 비극적인 사건이 여인숙의 음울한 서사시에서 한몫했다. 이러한 여인숙이 훌륭하고 편안하며 게다가 "매력적"이 되기까지는 시간이 좀 걸렸다. 그렇게 되려면 유통이 발달하고 소비자의 욕구가 늘어나야 했으며, 또 호텔 방에 잘 요약되어 나타나듯 세련된 감수성이 필요했다. 또한 이 소설에서는 17세기부터, 특히 시장 교역과 경제가 급성장한 18세기부터 줄곧 수많은 여행자가 나타낸 혐오감과 새로운 요구를 찾아볼 수 있다. 여인숙에 대한 언급은, 마리보*에서부터 필딩**과 디드로***에 이르는 작가의 소설에서 계속 변주되며 진부한 이야기가 되었다. 흔히 볼 수 있는 질 좋은 프랑스 요리와 보잘것없는 초라한 방의 대조는 곧잘 등장하는 주제들 중 하나인데, 국가의 번영으로 더 까다로워진 영국 여행자들은 이 방에 특히나 더 신경을 쓴다.

---

* 1688~1763. 프랑스 희극사에 연애심리극이라는 분야를 개척한, 사랑의 심리 묘사에 뛰어난 극작가이자 소설가. 『사랑과 우연의 장난』, 『마리안의 생애』 등을 썼다.
** 1707~1754. 영국의 소설가. 리처드슨과 더불어 18세기의 가장 중요한 소설가이며 영국 소설의 전통에 하나의 흐름을 창시했다. 대표작으로 『톰 존스』가 있다.
*** 1713~1784. 계몽사상가로 『백과전서』를 편찬했으며, 철학·문학·회화 비평 등 다양한 분야에 저서를 남겼다.

아서 영의 "비참한 소굴"

아서 영*은 『프랑스 여행』에서 혁명 전야의 호텔 산업에 대해 상당히 정확한 "현장 보고"를 해준다. 사실 영은 자신과 여전히 편지 왕래를 했던 여러 사람의 환대를 선호하면서도, 어쩔 수 없이 호텔에는 투숙했다. 그는 아직 어느 곳에 머물지 정하진 못했지만, 시설이 나은 도시의 호텔들과 시골의 실망스럽고 불결하며 돼지우리 같은 "불쾌하고 고약한 소굴"인 여인숙들을 구분했다. 셰르부르의 라 바르크는 "돼지우리보다 조금 나을 뿐이다." 오브나에 있는 것과 똑같은 여인숙은 "우리 돼지들 중 한 마리가 가는 연옥"일 것이다. 오바뉴의 여인숙은 평판이 났는데도 "초라한 소굴"에 불과하고, "아름다운 방이 하나 있긴 하지만 창문에는 유리가 없다." 생지롱**의 라 크루아 블랑슈에서 그는 "일찍이 인내심을 시험했거나 여행자의 감정을 상하게 했을, 오물과 벌레가 끓고 사람들을 속이는 가장 끔찍하고도 가증스러운 소굴을 보았다. (…) 나는 잠자리에 들었지만 마구간 위에 있는 침실에서 잠을 잘 수 없었다. 바닥의 벌어진 틈새로 스며든 마구간의 악취는 이 끔찍한 소굴에서 나는 향 가운데 그나마 가장 참을 만한 것이었다." 랑그도크의 여인숙들도 마찬가지였다. 애덤 스미스의 제자로 합리적인 성격의 소유자인 영은 이러한 상황이 환기를 제대로 하지 못한 데서 비롯됐다고 보았다. 방에 대한 비판은 지루하게 반복된다. 더러움, 벌레, 악취, 소음, 씻을 물의 부족함, 콜 버튼이 없어 "아가씨를 따라가며 고함칠 수밖에" 없는 상황, 더러운 장소들…… 특히 "화장실은 혐오스러운

---

*1741~1820. 농업·경제학에 관한 저서를 쓴 영국인으로 1792년에 간행된 『프랑스 여행』은 프랑스 농촌에 대한 귀중한 정보를 제공해준다.
**프랑스의 미디−피레네 지방에 위치한 아리에주에 있는 읍.(코뮌)

곳의 극치다." 그가 머문 방에는 침대가 네 개나 있어 포화 상태였다. 작정하고 물건들을 몰아넣은 것이다. 벽들은 종이가 여러 겹으로 포개 발라져 있거나 진드기와 거미집이 있는 낡은 장식 융단으로 덮여 있고, 기껏해야 하얀 석회를 칠해놓은 정도였다. 문과 창은 잘 닫히지 않고 외풍이 있어 추웠다. 방에서 침을 뱉는 습관은 불쾌감을 더했다. 더구나 청소를 하는 일은 드물었기에 "걸레, 빗자루, 솔은 필요한 물건 목록에 들어 있지 않았다."[4] 한편 영은 "개인적인 청결의 상징인 손을 씻는 대야만큼이나 보편적으로" 모든 방에서 비데를 사용하고 있는 점은 높이 샀다.(그리고 아마도 피임의 실천을?) 그는 영국에 비데를 더 널리 보급하고 싶어했다.[5] 또한 침구의 품질은 최고였으며, 그는 영국에서처럼 불 앞에서 침대 시트를 건조시키지 않는 것을 높이 평가했다.

물론 도시의 호텔들(이 이름에 합당한 것만)은 더 잘 갖춰져 있고, 특히 북부와 동부의 호텔들은 시대에 뒤처진 남부보다 확실히 더 앞서 있었다. 결국 호텔의 위상은 지역 발전의 수준을 나타냈다. 니스(카트르 나시옹 호텔), 님(루브르 호텔), 루앙(루아얄 호텔) 또는 낭트(앙리 4세 호텔)에는 훌륭한 호텔들이 있는데, 그 귀족적인 이름에 눈길이 쏠린다. 앙리 4세 호텔에서는 방이나 스위트룸을 빌릴 수 있었다. 그리고 거기에는 영국의 북클럽에 견줄 만한 "서가"가 있었다. 물론 예외도 있다. 공동으로 사용하는 공간은 보잘것없고 부족해서 방에 틀어박혀 있을 수밖에 없었는데, 그런 까닭에 이야기하기를 좋아하는 이들은 갑갑함을 느낀다. "우리 영국인들은 침실에서 생활하는 데 별로 익숙하지 않아서 프랑스인들이 침실에만 있는 것을 보니 이상하다. 내가 묵었던 여인숙들에서 나는 오로지 침실에만 머물렀을 뿐이다." 개인 집에서도 상황은 마찬가지다. 그가 숙박했던 라 로슈푸코 공의 집에서나 이곳의 "모든 사람은 신분을 막론하고 각자 자기 방 안에 있다."[16] 그는 이 제한된 사회성을 프랑스인의 검약정신 탓으로 돌렸다. 18세기 말에, 그 후로도 오랫동안 프랑스인의 방은 리셉션의 장소로 남아 있는 반면 영국인의 방은 사적 영역으로 바뀌면서 휴식과 수면을 취하는 데 주로 쓰인다. 여행자는 호텔 방을 어떻게 사용하느냐를 관찰하면서 그 풍습의 차이를 간파해냈다.

스탕달: 밖이 내다보이는 방

40년 뒤 현실은 정말로 변했는가? 직업상으로는 산업에 관심이 있고 취향 면에서는 예술적이었던 스탕달은 문화유산을 찾아다니는 "관광객으로서" 한창 변화가 일어나고 있는 프랑스를 돌아다녔다. "내가 감히 이 글을 쓴 것은 프랑스가 빠르게 변하고 있기 때문이다."[17] 이 관광객은 여행자 입장에서 주목하게 되는 지역들에 있는 호텔 방의 낙후된 상태에 대해 조사·보고하며 증언하고 있다.

그는 일기에서 호텔의 침체를 격렬하게 비난했다. 도시인인 스탕달은 여인숙보다는 호텔에 대해 더 많이 언급했다. 이 확신에 찬 파리지앵은 지방을, 그중에서도 특히 최악인 중부 지방을 싫어했다(그는 조르주 상드의 노앙에 결코 자주 드나들지 않았다). 보잘것없는 도시 부르주*는 오로지 숭고한 성당 때문에 구제되었다. 그는 부르보누 가 뵈프 쿠로네에 "외관이 흉측한 방에 묵었다. (…) 그 방에서 뚱뚱한 하녀가 지저분한 촛대에 악취 나는 초를 건네주었다. 그래서 나는 서랍장 위에서 이 글을 쓴다."

*프랑스 중부 지방 셰르 주의 도시로 생테티엔 중세 고딕 성당이 유명함.

이러한 환경에서 무척 "혐오스러운 저녁 식사가 준비되었고, 그런 까닭에 병이 나지 않으려고 기분 좋아지는 약인 샹파뉴 포도주를 주문할 수밖에 없었다." 다행히 여름이었다. 그렇지 않았다면 "창문 옆 더러운 작은 벽난로"가 결코 그를 따뜻하게 해주지 못했을 것이다. 며칠 뒤 투르의 커다란 라 카유 호텔에서 그는 배가 고파 죽을 지경에 떨고 있었다. 뜨거운 물을 얻기란 무척 어려웠다. "나는 모든 벨이 망가질 정도로 벨을 눌러댔다. 그러고는 영국인처럼 소란을 피우며 불을 때달라고 부탁했다. 불이 지펴지자 방은 연기로 가득 찼고 뜨거운 물을 부탁한 지 한 시간 반이 지나서야 차를 끓일 수 있었다." 벨이 없었다면 아서 영이 "아가씨에게 고함을 쳤어도" 뜨거운 물을 얻을 수 없었을 것이다.

스탕달은 무늬를 넣어 짠 천의 허울뿐인 호화로움과 모기장이 없는 것을 개탄했다. 그러나 리옹의 평판 좋은 주방스 호텔의 객실 담당자는 여태 모기장을 요구한 사람은 아무도 없었다고 말했다. 테이블이 부족하고, 시끄러우며 특히 품질 나쁜 "지방의 고약한 초"를 스스로 마련할 수밖에 없는 상황에서 투숙객은 독서를 하고 글을 써야만 했으며, 식당의 값싼 정식과 저속한 대화에 혐오감을 느낄 수밖에 없었다.

"보는 대신 읽는 것은 아마도 여행자의 바람직한 역할은 아닐 것이다. 그러나 초라한 지방을 보고 마음이 아픈 순간 어떻게 되겠는가?" 그는 영과는 반대로 기꺼이 자기 방에 틀어박혀서 그 방이 더 쾌적하기를, 친영국적인 독서가의 표현에 따르면 더 아늑하기를 바랐을 것이다.

방에 더 많이 머무르기 때문에 사람들은 바깥 쪽으로 나 있는 창문, 위치와 전망을 중요시했다. 스탕달 역시 전망을 대단히 중요하게 여겼다. 나폴레옹이 엘바 섬에서 돌아올 때 묵은, 그르노블에 있는 트루아

도팽 호텔의 창문은 황제에 대한 희미한 추억을 떠올리게 하는, 기억 속의 풍경인 "숭고한 마로니에 길"을 바라보고 있었다. 낭트의 방은 "파리에 있다 해도 멋진, 예쁘고 작은 광장"인 그라슬랭 광장을 향하고 있다. 생 말로에서 "끔찍한 길"을 향하고 있던 방이 못마땅했던 그는 그 방을 "성벽 너머가 잘 보이는 4층의 다른 방으로 바꿨다. 나는 그 전망에 도취해 막 구입한 책의 절반을 읽었다." 옹플뢰르에서 그는 알랭 코르뱅이 간파했던,[18] "해안의 욕망"을 완벽하게 조감할 수 있는 "바로 바다 쪽을 향한, 여인숙의 방만"을 선택했다. 르아브르 지역 아미로테 호텔의 "다행히 비어 있는 3층의 아름다운 방에서" 그는 오페라글라스로 예선, 범선, 증기선의 움직임을 유심히 살펴보았다. 당대의 화가 터너가 묘사한 것처럼 대기를 뒤덮는 "거무죽죽한 연기"를 세밀하게 그리기도 했다. "큰 소용돌이 모양의 연기가 기계 밸브에서 씽씽 소리와 함께 솟아오르며 분출되는 하얀 증기와 뒤섞인다. 이 석탄의 연기가 만들어내는 짙은 어두움 때문에 사실 프랑스의 소시민적이고 보잘것없는 초라함에 싫증이 난 그 순간에, 나는 즐거운 마음으로 런던을 떠올렸다. 활동적인 것은 모두 내 마음에 들었다. 그리고 그런 것 중에서 르아브르는 영국을 가장 충실하게 프랑스에 옮겨놓은 곳이다."[19] 복제품은 어쨌든 원작보다 못하다. 리버풀에서는 하루에 150척의 배가 출항하는데, 르아브르에서는 12~15척뿐이다! "전망", 즉 호텔의 창틀을 통해 보이거나 기차 칸의 창문으로 곧 사라져버리는 풍경은 세상을 자기 것으로 만든 것이자 나아가서는 세상을 재현하는 한 형태가 되었다. 여기서 "아름다운 전망"이란 자발적인 생시몽주의자이자 타고난 관람자인 스탕달이 보기에는 영국이 구현한 상업활동과 거기서 나오는 황홀한 연기이며, 이는 교통 및 발전과 동의어였다. 그는 바로 그 생동감 때문에 시선을 집중하기 어려운 이 움직임들을 기억하는 것일까? "사람들은 자신이 좀 지루해했던 풍경만을 완벽하게 기억한다."[10] 나중에 사진의 렌즈가 그 역할을 대신할 것이다.

"위생적인 방"

"아름다운" 방은 점점 "좋은" 방으로 대체되어갔다. 방은 내부와 외부의 장점들을 결합시켰다. 방은 쾌적해야 했고, 방향이 좋으며 적당한 위치, 즉 시내에(1850년 이후에는 역 가까이에) 있어야 했다. 비밀이 보장되어야 했으며 동시에 사람들과의 접촉도 자유로워야 했다. 19세기 중반부터 상업과 관광업의 발전으로 조직적인 산업이 된 숙박업은 쾌적한 시설과 보다 향상된 위생적 표준을 갖췄다. 여행 안내서(『조안』과 『미슐랭』), 관광클럽Touring Club(1900) 같은 단체와 자동차 클럽은 여행자들에게 질문지를 돌려 등급을 매기고 이를 별표로 구분하여 호텔산업에 이바지하고 있다.[11]

호텔산업은 해야 할 일이 굉장히 많다. 1861년의 안내서 『조안』을 보면 어떤 지역들은 "그곳을 방문하고 싶어하는 여성들"이 있지만 "그들에게 어울릴 법한 호텔이 없어서" 갈 수 없다고 개탄한다. 철도회사와 역에 없어서는 안 될 "여행자 호텔"은 최초의 규칙들을 정했다. 1905~1906년부터 관광클럽은 파리의 큰 호텔들이 지지하는 체계적인 방침들을 추진해왔다. 대부분의 사람이 발을 들여놓을 엄두조차 못 내는 호화 호텔들은 고무적인 이상理想을 만들어냈다. 관광클럽은 "위생적인 방"의 모델을 공들여 만듦으로써 그 원형을 1905년 만국박람회에 전시했다. 그 원형의 계명은 질서, 단순함, 깨끗함이었다. 그 방은 청결함이라는 파스퇴르의 규범을 따랐다. 즉 벽에는 래커 칠을 하거나 유약을 칠한 벽지를 발라야 했으며, 닦을 수 있어야 하고(1년에 1회), 청소하기 편리한 발이 달린 침대, 털이불, 침대 커버, 두껍지만 방울 술이나 조잡한 장신구가 없는 커튼이 있어야 했다. 물은 풍부하게 공급되어야 했다. 더 많은(적어도 층마다 하나씩) 영국식 "화장실들"에는 도자기로 된 변기가 있어야 했다.[12] 규칙적으로 청소하고 소독도 자주 해 먼지나 세균과 전쟁을 벌여야 했다.

이런 노력은 우선 대도시에서 이뤄졌다. 그러나 관광클럽은 엄청나게 가난했던 프랑스 오지를 공략했다. 1914년 이전에 극소수의 엘리트에 속한 자가용 운전자들이 프랑스를 누비고 다니기 시작했다. 1907년에 클럽은 그들을 위해 대자연 속에 "예쁜" 여인숙들을 개발하고 "깨끗하고 넉넉한 침대, 흰 시트, 밝은 색의 벽, 투명한 창유리, 외부와 완전히 차단된 방, 풍부한 물, 좋은 채광"을 선전했다. 질서, 단순함, 청결함을 갖추고 있어 카트린 베르토라브니르는 "여기 내가 호흡하고 있는 즐거운 방은 내겐 궁전이다" "목가적이지만 엄격한 모델"[13]이라고 말하며, 위생 정책의 규범적이고 차별화된 효과를 강조했다. 고객인 여행자들은 실제 가격과 제공되는 서비스의 현실에 관련된, 안내서에 끼워 넣어진 질문지에 대답함으로써 자신이 그 정책의 주체가 되기를 권유받았다. 이것은 결국 소비자들의 행위 중 최초로 조직화된 형태의 하나가 되었다.

시간이 흘러 1920년경 프랑스의 자동차 클럽은 새로운 기대들을 걸합시켜 '침실과 화장실'[14] 콩쿠르를 기획한다. 프로그램에는 A) 대도시나 온천지의 일류 호텔 B) 제2의 도시의 중간 정도의 호텔 C) 여인숙의 세 범주가 마련되었다. 방들은 크기(A의 40제곱미터에서부터 C의 15제곱미터까지)와 개인용 수세식 화장실이 있는지의 여부, 그리고 "물 치료 시설"이 준비되었는지에 따라 달라졌다. A의 방들은 온수 시설을 갖춰야 했고 B급은 임의로 정할 수 있었다. C(여인숙)에는 "콩쿠르 참가자의 뜻에 따라 물이 나오거나 나오지 않게 할 수 있는 고정식이나 이동식 화장실이 있었다." 일등급 호텔만 전기 조명과 "스팀" 난방의 혜택을 받았고 그 밖의 호텔들은 조명에 알코올을 사용했다. 여기에는 삽화들도 실렸는데, 삽화 속 방들은 꽤나 음산해 보인다. 반면 크고 쾌적한 화장실이 안락한 시설의 기준이 되었다.

이처럼 호텔은 장소와 기능에 따라 다양하다. 역 가까이에 있는 여행자 호텔은 철도회사들이 경영했으며, 해수욕장의 호텔, 그중에서도 발베크의 그랑 호텔과 1950년대 윌로 씨의 해변 호텔은 전설적인 곳이다. 온천장이나 순례 도시의 호텔(가령 에밀 졸라의 『루르드』[15]에 나오는 성모 출현 호텔), 체류하는 호텔, 거쳐가는 호텔 또는 러브호텔이 있다. 이 호텔들은 서로 다른 기준을 따라 방과 서비스는 제각각이다. 큰 호텔들은 열악한 환경에서 온갖 국적의 이주자들을 수용하는 공동 침실과는 완전히 달랐다. 호텔산업에서 절정에 이른 숙박 시설은 사회적 지표가 되었다. 세상은 호화 호텔과 가구 딸린 셋집을 구분했다.

호화 호텔들

　　　　　　　궁전의 대체어로 1905년경 영국에서 생겨난 단어인 호화 호텔은 여행자의 지상의 꿈이자 20세기 유럽인이 상상하는 호화로운 대형 크루즈 여객선에 견줄 수 있다. 장 도르메송은 호화 호텔의 장점을 노래했다. "호화 호텔들이여! 타지에서 온 사람들에겐 꿈의 집이며, 주머니에 달러가 가득한 이주자들에겐 안식처이고 여행 중에 잠시 머무르는 호화롭고 조용하며 향락적인 숙박지다." 호화 호텔들은 "돈과 관련된 (…) 세상의 소란스러움 속에 나타나는 아름다움이 지닌 시적인 정취의 부분"을 형상화한 것이다. 꿈꾸게 하는 걸작이며 언제나 독특하고, 설립자와 고객들, 사치스러움과 비극들(죽음, 범죄, 자살, 추문) 때문에 유명한, "기상천외함과 어두운 정념의 세계"인 이 호화 호텔은 어떤 "체인"에 속할 수 없을 것이다. 호화 호텔은 유일한 것이므로 칼튼, 리츠, 그랑 호텔이라는 유명한 이름이 붙여진 체인 호텔에서 제외된다. 다른 호텔과 구별짓고자 하는 의지는 1880년대에 싹트고, 한 세기 뒤에 빈사 상태에 처하게 되는 귀족의 시대에 대한 향수를 나타내는데(발베크의 빌파리지 부인과 샤를뤼 남작은 환상을 품고 있다), 그 때문에 작가의 눈에는 호화 호텔이 훨씬 더 매력적으로 비쳤다. 사람들은 합승마차와 핵 시대 사이에서 "죽음 때문에 이미 얼어붙어버린 일종의 삶의 즐거움, 그러나 아직은 세련된 장대함과 사라지고 싶지 않지만 목숨을 앗아갈 불행이 벌써 닥쳐와 자신을 갉아먹고 있다는 것을 알고 있는 한 시대"를 호흡하고 있었다.[16]

　　역사와 시장에서 생겨난 호화 호텔들은 사생아적인 산물이었다. 호화 호텔은 대혁명에 의해 이전 소유주들이 쫓겨나고 제한선거 왕정 아래 호화로운 "가구가 딸린 셋집"이 된 18세기 귀족의 저택들에 접목된 것이다. 제한선거 왕정 때 전에 없애버렸던 "오텔(저택)"이라는 이름을 되찾게 된다.[17] 이러한 재전환과 더불어 1850년 이후에는 만국박람회와 철도 교통이 런던, 파리, 빈으로 불러들이는 수많은 여행자를 수용해야 할 필요성이 더해진다. 루브르 그랑 호텔은 철도 그랑 호텔협회가 1855년 박람회를 위해 만든 것이다. 그랑 호텔 생라자르는 역 쪽을 향하고 있어 여행자들을 직접적으로 불러 모은다.

1860~1960년은 발레리 라르보*의 『바르나부트』에 나오는 부유한 여행자들이 유럽의 모든 수도에 왕래하는 호화 호텔의 시대다. 여기엔 앵글로색슨의 기술적인 모더니즘과 궁중 의식의 프랑스적 취향이 결합되어 있다. 전자는 안락한 시설, 특히 욕실을 더 중요시하고 후자는 장식과 접대 공간에 더 신경을 썼다. 전자는 칼튼과 루브르 호텔에서, 후자는 뫼리스 호텔에서 성공을 거두었다. 성공한 호화 호텔은 이 두 모델을 양립시키는 계기가 되었고, 이는 자신의 이름을 호텔 명으로 사용한 세자르 리츠**의 승리였다.

처음에는 공동으로 사용하는 공간의 화려함이 호화 호텔의 특징을 이루었다. 입구 홀의 장엄함과 계단 난간의 장식, 이어지는 거실, 조각으로 넘쳐나는 높은 천정, 강렬한 조명, 육중한 장식 휘장, 많은 의자가 그렇다. 다음으로 서비스의 질과 더불어 눈에 띄지 않게 대기하고 있어 초인종이나 전기 신호, 그리고 곧 전화로 도어맨, 안내원, 객실 담당자,

---

*1881~1957. 프랑스 시인이며 소설가였고, 영미문학과 스페인·남미 문학을 프랑스 문단에 소개하는 당대의 가장 해박한 외국문학 비평가로 활약했다. 주요 작품으로는 『A.O 바르나부트』(1913), 『연인들, 행복한 연인들』(1923), 『일기』(1955) 등이 있다.

**1850~1918. 스위스 출신의 실업가. 호텔 리츠(파리)와 칼튼 호텔(런던)의 경영으로 대성공을 거둬 호텔 왕으로 불렸다.

객실 담당 여종업원 등 많은 종업원을 호출할 수 있는 것인데 호텔마다 나름의 기발한 호출 방식을 개발해냈다. 마지막으로 그 시대에, 특히 남부 지방의 많은 고객, 즉 이곳을 거쳐간 사람들과 체류자들의 평판이다. 해를 거듭하면서 남부 지방에 다시 찾아오는 단골들이 생겨나 그들의 입이 호화 호텔의 명성을 만들어냈다. 궁중이라는 모델은 어휘에서뿐만 아니라 『꽃피는 아가씨들 그늘에』의 화자가 섬세하게 분석한, 호화 호텔의 "풍습 문화"를 만든 일상적인 의식과 예절 규범에 따라 공손함과 친숙함, 지나친 예우와 존경이 미묘하게 결합된 풍습에도 두루 존재한다. 토마스 만의 『베네치아에서의 죽음』은 상호 교제, 소문, 구원, 몸짓, 암시, 일화 그리고 소음, 시선, 음모, 사랑, 욕망이 존재하는 폐쇄적인 세계를 그린 비통한 시다. 특히 소설적 환상을 불러일으키는 호화 호텔은 무한한 문학의 세계를 낳았다. 호화 호텔이 문을 닫을 때면 기념물들을 놓고 경쟁을 벌였고, 2008년 6월 경매로 매각되어 해체된 르루아얄-몽소 호텔의 경우 현대적인 건축물로 바뀌기 전에 애호가들에 의해 철저하게 조각조각 나뉘었다.

 호화 호텔의 세계에서 방은 핵심이 아니다. 호화 호텔을 찍은 앨범에 방은 거실과 부엌, 지하실보다 비중이 훨씬 적게 나타나 있다. 뿐만 아니라 내밀한 장소인 방은 덜 화려하며, 방의 배치와 가구도 천편일률적이어서 눈에 별로 띄지 않고 반복적이며 특징이 없다. 층의 위계에 따라 감독자들은 서로 다른 역할을 맡는 여러 객실 담당 종업원을 지휘하며 밤새 지켰다. 그 감독자들은 제1차 세계대전까지는 고객의 하인들과 함께, 나중에는 운전기사만 함께 다락방에 묵었다.

 가장 화려한 방들은 스위트룸으로 쓰였다. 최소한 이 방들은 구석에 거실이 있을 만큼 넓었다. 프랑스에서는 부부용, 영국에서는 2인용 침대를 오랫동안 규방에 두었다. 침대에는 루이 14세 시대의 것처럼 보이는 닫집과 커튼이 있다. 그러나 공쿠르 형제가 열렬히 지지했던 18세기는 다시 전성기를 맞아 평판이 확산된 덕에 대도시 근교의 장인들이 능수능란하게 만들 수 있는 "특정 시대 양식"의 가구를 가리키는 동의어가 되었다. 사용하는 어휘에서부터 의자의 곡선 부분에까지 예의범절의 규범을 끊임없이 고취시키는, 귀족적인 모델이 만들어낸 호화 호텔에는 "삶의 즐거움"과 동일시되는 구체제에 대한 향수가 감돌고 있다.

영미권의 고객들은 특히나 이 호화 호텔을 좋아했다. 그러나 그들은 더 많은 편안함을, 특히 욕실을 요구했다. 하지만 모든 방이 욕실을 갖추기까지는 오랜 시간을 기다려야 했다. "파리 중심의, 유럽에서 가장 큰" 루브르 그랑 호텔(1854)은 "600개의 방과 70개의 살롱" 및 공동 시설로 된, "어느 시간에라도 사용할 수 있는 욕실"을 자랑했다. 반세기 뒤 엘리제 팔라스(1899~1919)의 400개의 방 가운데 단지 3분의 1에만 욕실이 있었다. 런던의 칼튼에는 모든 방에 욕실이 있다. 화려함 뒤에 감춰진 위생 상태는 열악했고, 객실 담당자는 오랫동안 계속해서 요강을 비웠다.

칼튼은 그곳에서 일했던 세자르 리츠에게 모델이 되었다. 1898년 6월 1일에 굉장히 성대하게 문을 연 방돔 광장 호텔은 모든 것, 즉 편안함, 위생, 식사(저명한 에스코피에Escoffier*와 더불어), 그리고 내밀함을 갖추고자 했다.[18] 개인용 욕실과 화장실은 각 방에 필수적으로 갖춰져 있어야 했다. 세자르와 그의 부인 마리 루이즈는 지극정성으로 호텔 설비를 갖춰나갔다. 유약을 입힌 자기 욕조, 흰 대리석 화장대, 그리고 의자형 변기

*1846~1935. 전통적인 프랑스 요리를 대중화하는 데 공헌했다.

로게르가드 호텔의 욕실

로게르가드 호텔의
스위트룸

에 대한 신기하고 어렴풋한 추억이 생각나는 홈이 파인 좌변기가 있는 화장실을 설치했다. 흰 페인트가 칠해진 방에는 먼지가 묻지 않는 망사와 얇은 천, 햇빛이 약하게 새 들어오는 면수자로 된 삼중 커튼, 옷을 걸어두는 거대한 방, 옷장, 가발과 땋은 머리, 틀어올린 머리를 정돈할 수 있을 만큼 깊은 서랍이 있다. 벽지 및 침대 이불과 조화를 이루는 밝은 색조의 양탄자, 나무보다 선호되는 구리로 만들어진 방수 시트가 깔린 침대, 얇은 침대 커버, 매일 교체하고 손으로 다림질한 고급 시트가 있다. 벽난로에서는 괘종시계와 큰 촛대를 치워버렸지만 사무용 책상에는 비품, 압지, 호텔 문장이 있는 편지지가 있다. 간접조명은 부드러운 빛을 퍼뜨린다. 하인을 부르기 위해서는 공격적으로 전화기를 들기보다는 전기 벨을 누르면 되었다. 방음벽은 아직 모든 소음을 누그러뜨리진 못했다. 프루스트는 옆방 사람이 샤워할 때의 물 흐르는 소리를 듣곤 했다. 그는 호텔 방을 에로틱하게 만드는 데 강력하게 기여하는, 비교적 가까이에 사람(육체)들이 있다는 데서 약간의 즐거움을 발견했다. 호텔 방은 수면과 사랑의 장소였고, 개인적이면서도 공유되는 곳이었다. 또 옆방 사람들이 마음껏 추측하거나 혹은 두려움을 느끼고, 육체의 흔적을 드러내는 시트와 흐트러진 침대를 목격한 종업원들이 제 나름으로 상상하는 장소다. 연대기 작가에 의하면 리츠는 루이 14세 치하에 시작되어 펠릭스 포르* 치하에 문을 닫았던 어떤 호텔과 흡사하다. 베르사유에 관한 어렴풋한 기억들은 "윌리엄 모리스가 이론을 세웠고 프루스트가 증인인 새로운 미학"의 위생적 관심 때문에 조금씩 사라져갔다. "방이란 우리에게 유용한 물건들이 있을 때만 아름답다."[19] 방은 장식이 없고, 기능적이고, 실제의 모습을 숨기지 않아야 하며, 못을

*1841~1889. 프랑스의 제17대 대통령(1895~1899).

사용하더라도 감추지 않고 드러내 보여야 하는데, 그렇다고 옛날의 인간적인 따뜻함을 느낄 수 있는 물건이 가득 찬 방을 아쉬워하지 않는 것은 아니라고 그는 쓰고 있다. 하지만 그는 그곳에 정착해 접견도 하고 그리하여 더 이상 필요 없어진 은제 식기를 팔 정도로 리츠 호텔을 높이 평가했다.

큰 수도들(베를린의 아들롱 호텔)이나 리비에라 지방의 호화 호텔들은 이처럼 자신들의 단골 고객, 화려한 장식과 명예, 때로는 관심으로 존속했다. 고객은 호텔을 집으로 변형시켰다. 왜곡인지 충분한 이해인지 알 수 없는, 습관적인 새로운 행위로 호텔을 변화시키면서 이 고객들은 호화 호텔을 그들의 집과 흡사하다고 느꼈다. 그들은 해를 거듭하면서 호화 호텔에서 "그들의" 방을 다시 발견하며, 다른 어떤 사람이 차지하고 있을 때면 그를 방해자로 여기며 화를 냈다. 훌륭한 책임자라면 이런 불미스러운 일이 일어나지 않도록 해야 했다. 또 다른 사람들은 호텔을 몸을 치유하거나 겨울을 나는 체류 장소로[20] 여기면서 이 호화 호텔에 장기간 거주했다.

호화 호텔, 이 낙원은 이 시대 호텔의 대부분을 차지하는 평범하거나 초라하며 단조로운 호텔들 속에 우뚝 솟아 있는 작은 섬 같은 예외적인 존재였다. 가구 딸린 호텔은 호화 호텔들과 정확히 반대에 위치했다. 그러나 최근의 연구는 그 호텔들의 기능을 재평가하도록 권하고 있다. 한 세기 넘게 소위 "가구 딸린 호텔", 때로는 "공동 침실들"이라 불린 가구가 갖추어진 호텔들은 도시에서, 주로 파리에서 일하기 원하는 시골·지방·외국 이주민들을 받아들였다. 그들 대부분은 구직활동이 어려운 계절에 일시적인 일거리라도 갈망하는, 건축 공사에 귀향하곤 했던 "철새들"에 불과했다. 그러나 특히 1880년 이후 점점 더 많은 사람들이 아예 정착함으로써 가족들을 오게 하거나 한 가족을 이루었다. 이러한 이유로 더 많은 사람이 안정적인 거처를 추구하게 되었다. 가구 딸린 아파트와 가구 딸린 호텔은 서로 통합되고 정착되는 과정에서, 호화롭든 그렇지 않든 간에 훨씬 더 쉽게 사라지는 호텔과는 정반대로 대중적인 거처의 한 형태를 형성했다. 이에 관해서는 뒤에서 다시 언급할 것이다.

사랑, 죽음

호텔 간의 격차는 매우 크다. 그런 점에서 호텔의 관습과 경험은 굉장히 다양하다고 봐야 할 것이다. 이에 대해 사람들은 잘 알지 못한다. 그들이 "수많은 호텔에 체류해본" 앙리 미쇼의 글에 나타난 평범한 경험 이상의 무엇을 알고 있겠는가? "그는 모든 것이 가장 보잘것없는 방에 살았다. 그 방은 정말이지 무척 좁았다. 그는 그 방 때문에 미치고 말 거라고 느꼈다." 그래서 그는 방을 바꾸었다. 그러나 상태는 결코 나아지지 않았다. "돈이 별로 없는 사람들에게 주어지는 방은 언제나 결점이 있게 마련이기 때문이다."[21] 명백한 진리는 가구 딸린 아파트와 마찬가지로 호텔에도 적용되었다.

평범한 방 속의 일상에 관해서 우리는 아는 것이 거의 없으며, 이따금 이뤄지는 조사와 자서전, 회고록, 간단한 우편엽서에 재빠르게 토로된 순간적인 묘사들, 행복한 추억이나 각양각색의 비극적인 사건들을 통해서 파악된 약간의 단편만 알 수 있는 정도다. 그리고 경찰카드에 필요한 사항을 기입할 때 고객들은 대부분 호텔 방이 자신들에게 허용해 주는 익명성을 고수하고 싶어하고 신분을 밝히기를 꺼리기 때문에 더더욱 그렇다. 방에 대해 비밀이 지켜지는 까닭에 자유가 보장된다. 바로 그런 이유로 호텔 방은 박해받는 사람과 망명자들, 도주 중인 범죄자, 가출벽이 있는 사람, 연인들, 이런저런 이유로 추적이나 규범을 피하려 애쓰는 모든 사람에게 피난처 역할을 한다.

호텔 방에는 그 사랑이 정당한 것이든 은밀한 것이든, 사랑을 나누는 이들이 머문다. 예전에 호텔 방에서 초야를 보냈던 이들은 부유한 신혼부부들이었다. 연인들은 이곳에서 재회했고, 어떤 연인들은 언제나 같은 방에서 장난을 치며, 또 다른 연인들은 은밀한 만남을 최대한 숨기려고 끊임없이 방을 바꿔가며 투숙했다. 장 폴랑과 도미니크 오리는 센에마른의 작은 호텔들을 휩쓸고 다녀서 그곳의 모든 역을 알고 있었다.[22] 의심의 눈초리를 보내면서 애매한 공모자인 담당 직원이 내민 열쇠, 방 번호, 대낮에 쳐진 커튼과 가능하다면 탄식과 속삭임과 숨 가쁜 사랑의 소리를 차단하는 두터운 벽은 일시적인 편안함, 어느 정도의 안전, 영원한 한순간을 부여해준다. 사랑을 하기 위해서뿐만 아니라 보통 커플처럼 같이 잠을 자기 위해서 거의 부부처럼 완전한 하룻밤을 보낸다면 행복해질 연인들이다. 그들은 대부분 어떤 러브호텔에서의 사랑 행위가 돼버리고 마는 이 비밀스러운 순간에 만족할 것이다. 그러나 연인들은 자신들이 사랑을 나눈 방들을 기억이나 할까? 그러니 지나치게 삐걱거리는 소리만 내지 않는다면 어떤 침대든 상관없다. 장소가 그렇게 중요할까? 그들이 방을 쓴다면 그것은 아마도 그들 자신이 아닌 모든 것을 잊은 육체의 미친 듯한 열정이 진정되기 때문일 것이다. 마르그

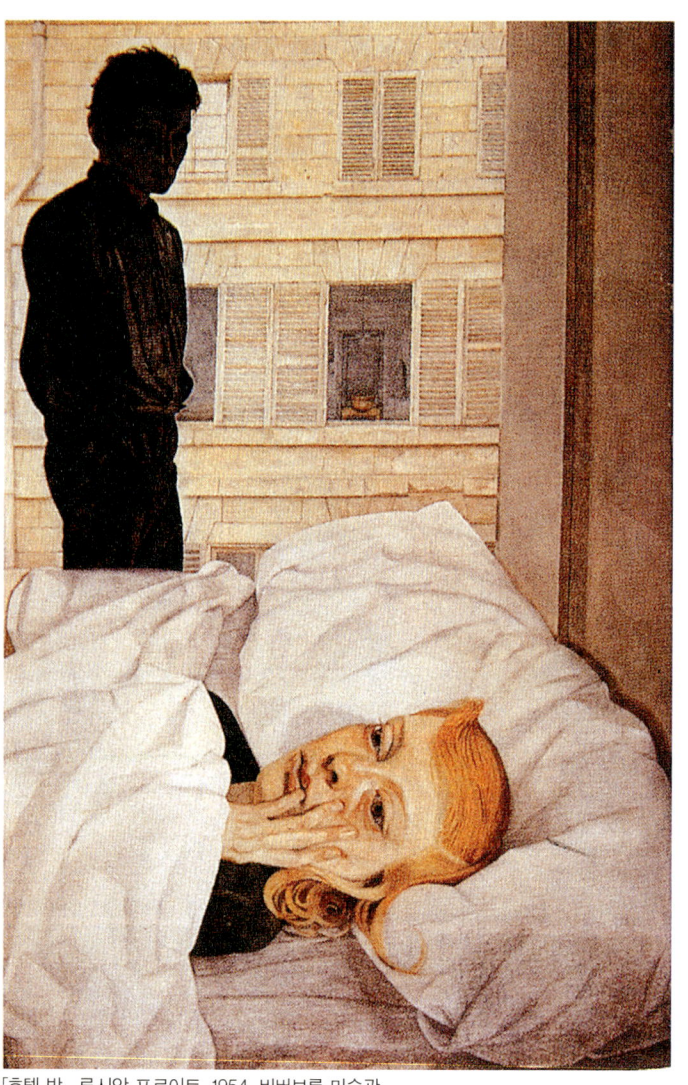

「호텔 방」, 루시안 프로이트, 1954, 비버브룩 미술관

리트 뒤라스*에게 정열은 "바깥쪽으로 열린 문의 맞은편 복도에 있는 어두운" 호텔 방에서 즐기는 것이다. "나는 나만을 위해 당신을 갖고 싶었지만/ 세상은 당신을 호텔 방으로 만들어버렸다"고 시인은 말한다.(「아라공이 엘자에게」)|23

성性은 호텔 방에 머물고 있고, 때로는 방 안에 도사리고 있다. 죽음 또한 그러한데, 이는 단지 은유적인 의미에서만 그런 것이 아니다. 리비에라의 호텔 경영자들은 결핵에 걸린 고객들이 죽을까봐 두려워했다. 그 가운데 몇몇 고객은 그곳에서 생을 마감하려 작정했다. 그들은 곧 육체로부터 벗어날 것이라고 예견했던 것이다. 그들은 시체를 신속하게 이송하기 위해 모든 채비를 갖춰놓았다. 리츠 호텔에는 특별한 출구가 있었다. 방에서 죽어 나온 유해가 호화 호텔에서 열리는 축제의 명성을 손상시키므로 살아 있는 사람과 죽은 사람이 마주치는 일을 피하기 위한 것이었다. 소멸을 나타내는 죽음은 현대사회에서는 부정한 사건이다. 치유가 불가능한 암에 걸린 앨리스 제임스는 런던 사우스 켄싱턴의 한 호텔에서 "회복 불능의 상태에 빠졌다." 방은 쾌적하고 조용했지만 그녀는 자신의 임종이 임박하면 남동생 헨리의 집으로 옮겨질 것이라 생각했다. "왜냐하면 호텔에서 죽는 것은 적절치 않기 때문이다." 그렇지만 그녀의 친구 캐서린은 아무것도 두려워할 것이 없고 모든 것이 "대단히 정확하게" 실행될 것이라며 그녀를 안심시켰다. 시체는 뒷계단을 통해 내려져 그 누구의 마음도 아프게 하지 않았다. "이곳 사람들에게는 이상한 관습이 있다. 누군가가 죽으면 그들은 모든 문과 창문을 닫는다." 아마도 시체가 검게 변하지 않게 하려는 것인가? 그것은 간병인의 해석이다.|24

*1914~1996. 프랑스의 여류 소설가·영화 시나리오 작가. 『나의 사랑 히로시마』(시나리오, 1959), 『모데라토 칸타빌레』(1958) 등으로 잘 알려져 있다.

갑작스럽든 아니면 예정되었든, 죽음은 모든 여행에서 일어날 수 있는 사고다. 가난한 자들의 죽음은 간결하고 빠르게 처리되었다. 가장 가까운 경찰서의 "근무일지"에서 언급되거나, 경우에 따라서는 지역 신문의 짤막한 기사에 이 사소한 사건이 보도된다. 반대로 어떤 작가나 예술가의 죽음은 한 호텔을 후광으로 둘러싼다. 파리 6구만 예로 들자면, 표지판들은 아사스 가 오르필라 하숙집에서의 스트린드베리*의 죽음을, 투르농 가의 요제프 로트**, 보자르 가 13번지에서의 오스카 와일드의 죽음을 상기시킨다. 다이앤 본 퍼스텐버그***는 와일드의 마지막 은신처의 화려한("댄디에게나 어울릴 법한 외양들") 장식과 고객이 서로 영향을 받을 수 있다고 강조했다. "이 방에서 잤던 모든 사람은 (…) 이처럼 작가의 세계 속으로 침투할 수 있었다."|25

사람들은 호텔에서 의기소침했다. 공연이나 연주회가 끝난 뒤 사방의 벽에 둘러싸여 홀로 있는 것은 작가에게는 위로이거나 혹은 시련일 것이다. 신격화된 무대와 때로는 무대의 더러운 이면 사이의 강렬한 대조로 인해 갑작스럽게 긴장이 풀린다. 마르타 아르헤리치****는 젊은 시절 성공적인 독주회를 마치고 호텔로 돌아왔을 때 자신이 느꼈던 울적함을 떠올렸다. 그때 그녀를 기다리고 있는 사람은 아무도 없었다. 젊은 음악가들을 환대하는 훗날의 그의 행동은 바로 이런 이유에서 비롯된 것이다. "나는 명예, 돈, 관중의 박수갈채, 즉 모든 것을 가졌다. 그러나 몹시 지쳐 호텔 방에 홀로 있다"|26고 라흐마니노프*****가 말했

*1849~1912. 스웨덴의 극작가이자 소설가로 강렬한 개성을 지니고, 전 세기 말의 모순과 동요에 번뇌하는 인간을 추구했다.
**1894~1939. 오스트리아의 유대계 작가.
***1946년 브뤼셀에서 출생, 벨기에계 미국인 패션 디자이너.
****1941년생으로 아르헨티나 부에노스아이레스 출신의 피아니스트.
*****1873~1943. 러시아의 작곡가이자 피아니스트 겸 지휘자.

다. 텅 빈, 평범한 방에 우수가 떠돌고 있다.

사람들은 호텔에서 자살하곤 했다. 창문으로 뛰어내리거나 방에서 이런 일이 벌어졌다. 이중 자물쇠로 잠긴 문은 절망에 빠진 사람들에게 (자살) 행위에 필수적인 고립된 상황을 보장해주었다. 그들은 목을 매달거나 권총, 칼, 독약으로 목숨을 끊었다. 자크 바셰*는 1919년 1월 6일 낭트의 프랑스 호텔 3층 34호 방에서 생을 마감했다. 요제프 로트 역시 호텔에서 자살했다. 나치 독일에서는 유대인 박해와 관련된 자살이 많았다. 빅토르 클렘페러**는 일기에 아서 수스만에 관해 "호텔의 베로날***"[27]이라고 적었다. 우리는 발터 벤야민과 다른 많은 정치 망명자의 운명을 알고 있다. 호텔은 그들의 마지막 거처였다. 전쟁, 망명, 박해의 호텔 방은 비극적이었다.

그러나 평범한 우울증 역시 마찬가지였다. 체사레 파베세****는 1950년 8월 27일 자신이 무척 사랑하는 도시 토리노에 있는 알베르고 로마 호텔의 한 방에서 수면제 스무 알을 삼켰다. "침묵, 그것은 우리의 유일한 힘이다"[28]라고 그는 썼다.

독특한 경험들

작가들은 생활 방식 또는(그리고) 문학의 대상으로 호텔을 선택했다. 그들의 경험은 반드시 대표적인 것은 아니지만 굉장

---

* 1895~1919. 프랑스 작가이자 소묘화가로 초현실주의자들, 특히 앙드레 브르통에게 깊은 영향을 끼쳤다.
** 1881~1960. 독일작가이자 문헌학자.
*** 최면제의 일종.
**** 1908~1950. 이탈리아의 소설가이자 시인, 번역가.

히 풍부하게 표현되었다. 전기적인 것과 소설적인 것의 경계에 위치한, 각각의 독특한 경험에는 평범한 이야기의 어떤 요소가 나타나 있다.

•바르나부트: 댄디의 방

호텔 애호가인 발레리 라르보는 바르나부트를 그의 주인공과 해설자로 삼았다. 바르나부트는 세상에서 가장 부자인 사람에 속한다(작가가 그랬던 것은 아니다). 그는 미국인 아버지로부터 투기와 도박, 특히 카지노에서 번 재산을 물려받았다. 짐도 짊어지지 않은 여행자인 그는 필요할 때면 물건들을 사서 쓰고, 떠날 때 그것을 파기하거나 혹은 옛날에 죽어가는 사람이 자신의 옷을 하인들에게 주었던 것처럼 종업원에게 나눠주었다. 그는 박물관을 좋아하는 예술 애호가로서, 또한 얽매이지 않는 자유로운 세계인으로서 유럽을 두루 돌아다녔다. 그가 연대기적 기록을 남긴 여행은 그에게는 하나의 미학이고 윤리였다. 그는 "운명적으로 속하게 된 특권계급"의 "오점"인, "부동산을 소유하려는 악마"에게서 해방되려고 애썼다.[29] 그는 금욕주의자이면서도 관능적인 댄디의 이미지를 갖기 위해 그의 몸과 정신에 배어 있는, 하는 일 없이 한가한 젊은 억만장자의 이미지를 몰아내고 싶어했다. 여행을 통해 그는 세계를, 특히 유럽과 그 자신을 발견하고 싶어했다. 내밀한 일기를 씀으로써 그는 "자신의 마음을 명확하게 보기를" 원했다. 그는 "닫혀 있는 내 영혼의 집에서 벌어지는 나와 그* 사이의 사투에 관해 말한다. (…) 나는 이 방 저 방에서, 마지막 좁은 공간인 지하 저장실에서까지도 계속해서 사투를 벌였다."[30] 그는 영혼의 은유인 방으로부터 벗어나기를 열망했다. "자아로부터 벗어나는 것, 하지만 도대체 어디로 가려는 것이고 누구에

---

*그의 이기심.

게 자신을 바치려는 것인가?"

여행은 속박받지도 않고 뿌리내릴 수도 없지만 집과 아내에게서 벗어날 수 있게 해준다. "아내는 구속이다." 그녀(아내)는 미덕의 권태로움을 구체적으로 보여준다. "관계들은 샴페인에서 시작되고 카모마유 향수로 끝난다."|31 기차와 호텔은 여기로부터의 해방을 도와준다. 바르나부트는 여기저기의 호화 호텔을 거쳐갔다. 피렌체의 칼튼에서 그는 한 층 전체를 세냈다. "아르노 강* 쪽으로 창문이 연달아 있고, 식당, 흡연실 그리고 침실만큼 큰 욕실이 있었다." 목욕은 최고의 즐거움이었다. "내가 목욕할 수 있도록 준비되고 있다. 욕조에 떨어지는 뜨거운 물소리, 퍼지는 수증기는 언제나 내 마음속에 관능적인 이미지가 떠오르게 한다." "욕조가 없어 곰팡내 나는 독신자들"의 혐오스런 모습과는 반대로, 그는 켄싱턴이나 파시**에 미래 지향적이고 과학적인 집을 설계하려고 생각하는데, 우선 욕실에 마음이 사로잡혔다. 그는 아무런 장식이 없는 방(침실)과는 대조되는, 욕실의 모든 세부적인 것을 계획했다. "특히 하얗고 타일을 깐, 모서리 없는 단순한 병실 같고, 침실보다 두 배나 더 큰 욕실을"|32 설계했다.

"200개의 방, 200개의 욕실." 발레리 라르보에 따르면 "현대 호텔 산업의 자랑스러운 좌우명"이 아마도 이러할 것이다. 장 폴랑에게 헌사한 1926년의 한 논문에서 그는 부사코***의 팔라스 호텔에서 시작해 빌라 비앙카와 라팔레오에서 완성된 유럽의 큰 호텔들에 대한 개인적인 경험을 요약했다.|33 병약했던 젊은 시절, 그는 부모님이 그를 홀로 남겨두곤 했던 방에 익숙했다. 아마 어느 누구도 그가 숙박 시설(과도 같은 집)에

---

*피렌체와 피사를 거쳐 토스카나 지방을 흐르는 241킬로미터의 강.
**파리의 서쪽.
***포르투갈 국유림이 있다.

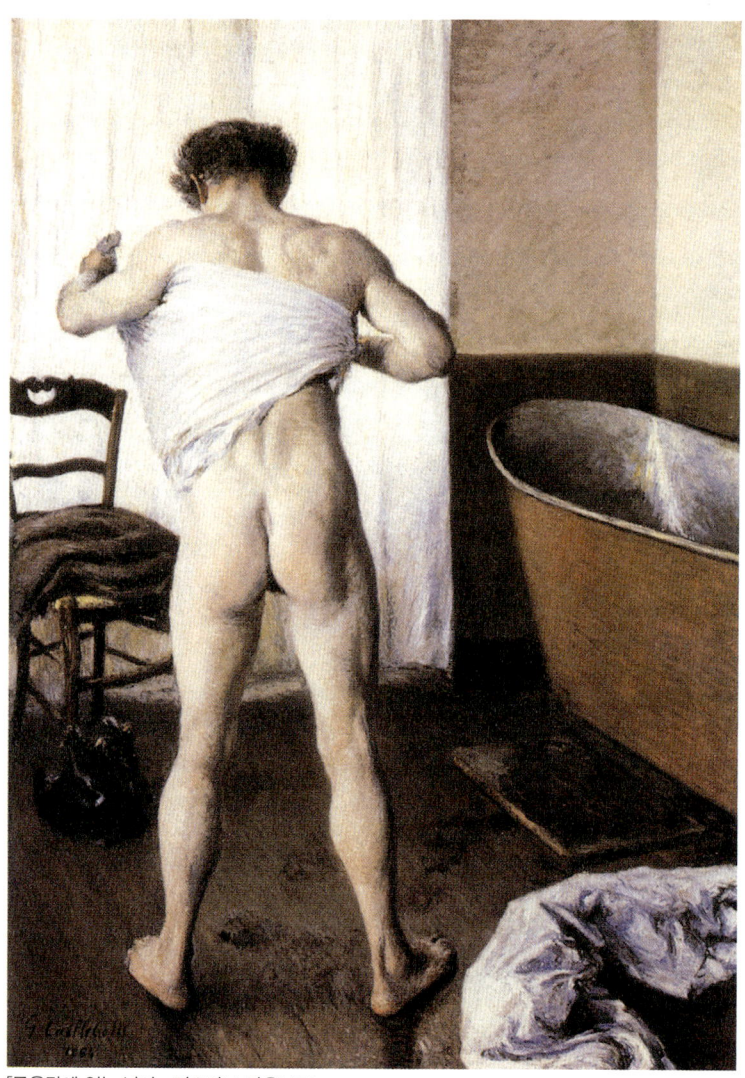

「목욕탕에 있는 남자」, 귀스타브 카유보트

머물며 생활한 것에 대해 더 이상 깊이 고찰하지 않았을 것이다.

그는 은신처로서의 호텔의 기능을 높이 평가했다. "호텔 방은 거의 무한히 격리시키는 힘을 지녔다." "누구에게나 주어지는 평범한 공간이며 결코 빨리 지나가버릴 것 같지 않은 이 시간과 흡사한" 흔한 공간에, 어떻게 그리고 왜 이러한 힘이 존재하는가? 사람들은 시간이 일시 정지된 이 공간에서 만남과 약속, 막연하게 기다리지만 아마도 결코 오지 않을 행복을 기대하면서 잠시 동안 체류하고 거쳐가는 것이라고 느낀다. 호텔은 온갖 종류의 사람이 섞여 있지만 이방인이라는 것을 깨닫게 하는 도시와는 거리가 있다. 그것은 마치 언제나, 아주 떠나기 전날 밤에 역에 머물러 있는 것과 같다. 불확실한 상태이자 어느 곳에도 존재하지 않는다는 느낌은 열쇠를 주머니가 아닌 호텔 프런트의 열쇠걸이에 두면서 증폭되고, 이는 당신이 외부 사람이라는 것을 끊임없이 상기시켜준다. 라르보는 그가 유년 시절 오랜 시간을 보냈던 파리의 한 큰 호텔(아마도 루브르 호텔)을 기억한다. 그는 세심하고 말이 없는 호텔 집사가 가져온 저녁 식사를 하던 방에서 지나가는 사람들을 쳐다보고 있었지만, 그의 창문에 시선을 주는 이는 아무도 없었다. 사람들의 눈에 띄지 않고 볼 수 있는, 한눈에 전체가 다 보이는 이 권력의 위치는 역시 당신에게 극심한 고독감을 안겨준다.

- **마르셀 프루스트: 새로운 방에 대한 불안감**

프루스트의 경험은 이질적이고 모순된다. 이 불안에 사로잡힌 자는 변화를 두려워하고, 따라서 그가 적응해야만 하는 모든 새로운 방을 두려워한다. 이는 『잃어버린 시간을 찾아서』의 반복되는 주제다. 첫 페이지에서부터 화자는 밤 시간에 밀려드는 자신의 심리적 불안 상태를 떠올린다. "바로 그 순간, 여행을 떠나 낯선 호텔에서 잘 수밖에 없었던 환자는 발작 때문에 잠이 깨 문 아래로 새어 들어오는 햇빛을 보고 기뻐한다. (…) 나는 기차에서 내려 처음 도착했던 호텔이나 '샬레*'의 방 안에서처럼 불안했다."[34] 발베크에서의 첫날 저녁에는 눈을 감을 수 없었다. 그랑 호텔 방의 높은 천장, 커튼, 책장의 유리들, 그를 못 견디게 하는 "방에 가로놓인 다리 달린 커다란 거울", 모든 것이 그에게 거부감을 줬다. "우리는 관심을 기울여 온갖 물건을 방에 갖다놓지만 습관적으로 그 물건들을 방에서 치우고 우리 공간을 만든다. 발베크의 방에는 나를 위한 공간은 존재하지 않았고(단지 이름만 내 방이었다), 그 방에는 내가 알지 못하는 물건이 가득했다……"[35] 습관만이 불명료한 사물을 극복하고 사물을 잊게 해준다. 떠날 때가 되어서야 그는 자기 방에 많이 길들여져 다음 해에 그 방을 다시 볼 수 있길 바라고 그에게 가장 좋은 방을 제공하겠다는 지배인의 제안에 전율했다. 그래서 그는 새로운 망명처럼 파리에 있는 자기 방으로 돌아가는 것을 두려워했다.

동시에르**를 방문한 화자는 로베르 드 생루가 그를 호텔로 투숙시켜준 장교의 방을 마지못해 떠났다. "그런데 나는 반드시 그 방에서 슬픔을 느끼리라는 것을 일찌감치 알고 있었다. 그 방은 내가 태어난 이래로 모든 새로운 방이, 말하자면 모든 방이…… 내게 발산하는 숨쉬기가 힘들어지는 향 같은 것이었다." 다행히 이 오래된 18세기의 호텔은 "현대 호텔에는 쓸모없는 지나친 호화로움"을 간직하고 있었다. 꼬부라진 복도, 있을 법하지 않은 계단 끝에 위치한 그의 방은 눈에 띄지 않

---

*작은 별장이나 유럽 산악 지방의 오두막.
**로렌 지방 보주도에 위치한 프랑스의 읍. 『잃어버린 시간을 찾아서』의 화자가 친분을 쌓은 로베르 드 생루가 주둔하고 있는 곳.

마르셀 프루스트

는 정원 쪽을 향하고 있고 그 방에는 고가구들, 잘 지펴진 불, 알코브*에 놓인 침대, 후미진 곳들이 있다. "벽들이 나머지 세상과 방을 분리시켜 사방으로부터 방을 가두었다." 그의 고독은 침범할 수 없는 채 남아 있지만 "더 이상 갇혀 있지 않았다." 방은 그의 마음을 가라앉히는 매력을 발산하고 그에게 "자유로운 느낌"을 주었다. 그는 외로운 동시에 보호받고 있다고 느꼈다. 그 방에서 그는 시와 같은, "부드러운" 잠을 잘 수 있었고 차분하게 잠에서 깨어날 수 있었다.|36 동시에르의 방은, 프루스트가 그의 이상형으로 거의 민족지적 방식을 통해 묘사한 장 상퇴유**의 것과 비슷하다. 그 방은 크지만 천정이 지나치게 높지 않으며, 두껍고 부드러운 양탄자가 깔려 있고 많은 스위치로 조정할 수 있는 전기조명이 있으며, "크지만 지나치게 길지 않아 전혀 쓸쓸하지 않고, 방과 분리되어 있지만 말없는 행복감에 잠기게 하는 침대"가 있다. 창문은 개머루로 덮인 정원 쪽으로 나 있어 그는 커튼을 들쳐 정원을 살짝 보고는 "재빨리 커튼을 다시 치고 시적인 감정을 불러일으키는 자극이 가득 찬 (…) 방으로 완전히 되돌아온다."|37

요컨대 프루스트는 자신에게 영감을 주는 다른 삶의 흔적이 밴 지방의 호텔들을 평가한다. "나는 바깥에서 들어오는 바람이 난방장치가 발산하는 열기를 성공적으로 몰아내는, 길고 추운 복도가 있는 지방 호텔들 중 한 곳에—역의 거리, 항구, 교회의 광장—발을 들여놓을 때에만 행복하다고 느낀다. (…) 그 호텔에서 들려오는 모든 소리는 정적을 내몰아 사라지게 하는 역할만 하고, 방에는 강한 바람이 씻어가지만 사라지지 않는 통풍이 잘 안 된 곳의 냄새가 난다. (…) 저녁에 방문을 열면 그곳에 흩어진 채 남아 있는 삶의 모습 전체를 침범하는 느낌이 들었다.

---

*침대를 두기 위해 벽을 움푹 들어가게 만든 곳.
**미완성으로 그친, 프루스트의 자서전적인 장편소설 『장 상퇴유』의 주인공.

(…) 자신의 허물없는 행동으로 스스로 당혹감을 맛보기 위해 그 적나라한 삶을 건드려보려는 듯이 느껴졌다. (…) 그래서 이 은밀한 삶을 자신과 함께 가두고 싶다고 느끼는 그때 떨면서 빗장을 채우러 간다."[38] 호텔 방의 시인 프루스트는 호텔 방이라는 실체를 자신의 자양분으로 삼았다. 말년에 그는 한동안 호텔에서 살았다. 그는 한밤중에 침대에서 글을 썼다.

•사르트르: "카페의 남자"[39]

사르트르, 그는 대기실이다. 그는 집, 정착, 결혼, 커플관계의 지속, 부부관계를 거부한다. 그는 오직 카페에 있을 때만 기분이 좋다. "카페에서 나는 일합니다. (…) 카페의 무엇이 내 마음을 사로잡느냐고요? 그것은 타인들이 존재하지만 내게 개의치 않고 나도 그들에게 상관하지 않는 무관심한 분위기입니다. (…) 나는 가족에 대한 부담감을 견디기 힘듭니다"라고 그는 1945년 로제 트루아퐁텐*에게 쓰고 있다. 그리고 30여 년 후에 존 제라시**에게 "그때까지*** 나는 늘 호텔에서 살았고, 카페에서 작업을 했고 식당에서 먹었습니다. 그런데 아무것도 소유하지 않는다는 사실은 내게 대단히 중요합니다. 그것은 개인적인 구원의 한 방법입니다. 내가 내 소유의 가구와 물건들이 있는 내 아파트를 가지고 있었다면 나는 절망적이라고 느꼈을 것입니다"[40]라고 말했다. 그의 견해로는 사생활은 부르주아적 생활과 동의어다. 그는 비밀을 거부하고 투명성을 권한다. 나폴르 가의 벽이 없고 감추는 것이 없는 실내가 어떤

---

* 1916~2007. 가브리엘 마르셀과 같은 유신론적 실존주의자, 저서로는 『사르트르의 선택』(1945), 『실존주의와 기독교 사상』(1946)이 있다.
** 1932~2012. 사르트르의 미국인 친구로 『사르트르와의 대화』(2011)라는 전기를 썼다.
*** 1962년.

장 폴 사르트르

본보기처럼 그의 마음을 사로잡았다. "길 전체가 내 방을 통과해 나를 스쳐간다"라며 그의 분신인 『구토』의 로캉탱은 말한다. 롤봉 후작에 관한 학위논문을 준비하고 있는 그 역사학도는 도서관, 카페—대개는 철도 종사자들이 드나드는 랑데부, 일요일에는 마블리 카페—와 새로운 역 공사장의 뮈틸레 가에 위치한 프랭타니아 호텔[41]의 방을 오가며 생활한다. 공사장, 판자 울타리, 오래된 역, "지극히 작은 소리조차 한 층에서 다른 층으로 전해지는" 이 벽돌집에 울려퍼지는 기차 소리, 외판원의 외침 등이 회색빛인 동시에 채색된(사르트르식의 표현주의가 존재한다) 규칙적이고 단조로운 세계를 이룬다. 로캉탱은 그 세계의 반복되는 소리들을 해독한다. 덜그럭거리며 지나가는 전차 소리, 2호 방, "비데가 있는 방"의 발소리, 그의 옆방 16호 여자들, 식모들의 씻는 소리와 코 고는 소리가 차례로 언제나 같은 순서로 이어진다. "그토록 일정한 규칙을 따르는 세계에 대해 두려운 것이 무엇이 있겠는가?"

로캉탱은 다른 곳에서 살 수도 있었을 것이다. 그는 시적이고 평화로운 다른 지역에, 바다가 보이는 중산층의 집에 있는 가구 딸린 방들을 둘러보았다. 그는 어떤 방 하나를 정확히 묘사하는데, 그곳은 아마도 결혼해서 정착한 아들의 방일 것이다. 여주인은 그에게 그 방의 장점들을 늘어놓는다. "그런데 아시겠지만, 이 방은 진정한 자신의 집이고 작은 가정입니다. 이 방은 틀림없이 당신 맘에 드실 겁니다. 밤에는 소음이 하나도 들리지 않아서 시골에 있는 것이 아닌가 하고 생각될 정도입니다. 이 방은 작업을 하기에도 굉장히 쾌적합니다. 여름에 당신 방의 창문을 열면 정원의 보리수가 거의 방에까지 들이칩니다."[42]

그러나 로캉탱은 "하나밖에 없고" 그리고 "살짝 삐걱거리는" "그 좋은

작은 방, 그 소중한 작은 방"을 거절했다. 그가 피하려는 것은 바로 그 어색한 정적, 즉 전원의 고요함이다. 그의 호텔 방에는 덧문이 없어 색과 소리가 방으로 침투한다. "나는 사람들이 밤에 내는 모든 소리를 듣는다." 그리고 이 방은 빈 공간이고 여과기의 구멍이고 인간미가 없는 공동空洞이다. "이 방에는 사람의 기운이 느껴지지 않고 사람이 머문 흔적도 남아 있지 않다. 나는 오로지 기능적인 면만을 갖춘 이 방의 가구들 사이에서 10년은 살 수 있을 것이다. 나는 그 방에 흔적을 남겨놓지 않을 것이다. 나는 언제나 거쳐간다. (…) 훗날 다른 사람들이 오겠지만 그들은 이 방에서 나에 관해 아무것도 찾아내지 못할 것이다." "나는 쓴다. (…) 나는 자유롭다고 느낀다. (…) 나는 동북향의, 이 날림으로 지은 적갈색 벽돌집(이다). (…) 내가 잃을 것이 뭐가 있는가? 아내도, 자식도, 이 세상에 특별한 임무도 없다. 나는 지도자도 아니고 책임자도 아니며 다른 어떤 종류의 바보도 아니다."|43

호텔 방은 윤리적이고 실존적인 선택이자 글쓰기를 통해 얻어지는 자유의 조건이다. 기독교적 금욕주의와 또 가정에 대한 병적인 공포를 지녔고, 분리주의자와 엘리트주의의 성격을 띤 사르트르의 방에 관한 철학은 이와 같다.|44 어쨌든 어느 누구도 방을 쓰는 법에 관한 성찰을 이처럼 진척시키지는 못했다.

그것은 또한 사르트르가 초기에 실천했던 것이다. 그는 몹시 좋아했던 이러한 '호텔생활'을 1931년부터 1946년까지 르아브르와 파리 좌안(6구와 14구)의 여러 호텔에서 체험했다.|45 1946년 10월 그는 어머니가 보나파르트 가 42번지에 구입해준 아파트에 정착한다. 그리고 그가 알제리 전쟁 당시 정치활동을 한 것에 대한 보복으로 1962년 플라스틱 폭

탄 테러가 일어날 때까지 그곳에 살았다. 그는 라스파유 대로의 단칸 아파트로 이사해 1973년까지 살았으며 이후 시력을 잃자 시몬 드 보부아르와 멀리 떨어지지 않은 에드가 키네 대로로 옮겨가 살았다.

보부아르는 부분적으로 그와 같은 선택을 했다. 그녀 또한 카페, 식당, 호텔에 자주 드나들었다. 그녀는 회고록에서 옮겨다니던 자신들의 생활을, 특히 진정한 작가와 예술가 집단의 지역인 루이지안 호텔에서의 생활을 연대기적으로 기록했다. 지나간 시대의 최후의 증인인 유명한 이집트인 작가 알베르 코스리는 1945년부터 그 호텔을 떠난 적이 없었고, 94세에 그곳에서 사망했다.[46] 어쨌든 보부아르는 지친 모습을 보였다. 시간이 흐름에 따라 그녀는 도덕과는 별 상관없이 형편에 따라 호텔을 이용했고, 여러 개인적인 이유로 그 공간을 사용했다.

• 장 주네*: 호텔에서의 삶과 죽음

장 주네는 더 급진적이며 오랫동안 무일푼이었다. 사회규범으로부터 일탈하기를 주장하는 이 "순교자"는 가구 딸린 아파트마저 호화롭다고 거부했다. 하지만 에드먼드 화이트가 주네의 전기에서 조심스럽게 지적했듯이, 그의 뜻과 달리 그의 시도들은 실패로 끝났다.[47] 그에게는 부양해야 할 사람, 즉 하녀이자 미혼모인 어머니가 있었다. 그녀는 돈을 지불하지 않고 숨어 살았다. 그녀는 28세에 코생 병원에서 사망했다. 그는 수도승처럼 독방에서 생활했고, 그의 성격을 형성한 이 속박 상태는 이제 불가피한 것이 되었다. 그는 어린 시절 알리니 앙 모르방** 마을의 정원 구석 오두막에서 책 읽고 몽상하며 시간을 보냈다. 청년이

---

* 1910~1986. 프랑스의 작가, 시인, 극작가로 청소년기부터 30대까지 범죄와 방랑 생활을 반복했다. 작품으로는 소설 『도둑일기』(1949), 희곡 『하녀들』(1947), 『발코니』(1956) 등이 있다.
** 프랑스 브르고뉴 지방 니에브르 도에 위치한 읍.

된 그는 메트레*의 소년원으로 보내져 곧바로 완전히 어두운, 천장이 있는 감옥에 갇혔다. 그는 완전한 독거 상태로 석 달 동안 감옥에 머물렀다. 그 외에 투옥된 여러 기관에서도 이 반역자는 지하 독방cachot에 자주 드나들었다. 그는 그곳에서도 의사소통을 할 수 있는 비상한 능력을 습득했다. 그리고 아무데서나 글을 쓰는 능력도. 그는 생애 마지막 저술인『사랑의 포로Le Captif amoureux』에서 이와 관련한 일화를 이야기한 바 있다.

보금자리를 옮기고 성적 대상을 바꾸는 것은 그의 선택이었고, 여행과 사랑 그리고 신분 노출을 하지 않은 채 몰래 빠져나오고 싶어하는 그 욕망은 호텔과 잘 어울렸다. 항상 도주했던 그는 언제나 추격당하고 있다고 느껴 자신의 신분을 숨겼다. 그는 곧잘 무턱대고 기차를 탄 채 아무런 관심도 없는 어느 작은 마을에 내리곤 했다. 그는 역에서 가장 가까운, 대개는 형편없는 호텔에 숨었다. 때로는 모퉁이 카페의 웨이터와 친해졌고, 그래서 다시 그 카페에 갔다. 그는 친구들의 편지와 원고가 가득 들어 있는 작은 여행용 가방을 가지고 다녔다. 그는 사람들 앞에서 단두대에서 처형된(1939) 프랑스 최후의 인물인 범죄자 외젠 바이드만의 사진을 벽에 압정으로 고정시켜놓았다. 그는 파리 둥지를 돌며 "집"을 자주 바꾸었고, 몽마르트르에서부터 뷔트 오 카유까지 누비고 다녔는데, 그중 서민적인 센 강의 좌안, 즉 13구와 14구를 선호했다. 지탄담배**로 침대 매트리스에 구멍을 내고 남긴 음식을 그대로 내버려두는 부주의한 고객이었던 그는 호텔 주인들에게 빚을 져 그들로부터 좋은 소리를 못 들었는데, 그가 유명해지자 갈리마르 출판사가 이 빚을 청산했다. 많은 것을 수중에 넣게 된 그는 호화 호텔에 가는 것도 마다

---

*프랑스 상트르 지방 잉드르 도에 위치한 읍.
**프랑스의 필터 없는 담배.

않고, 루테티아*에 얼마간 살았다. 그는 자유분방한 생활을 하며 사치에 적응했고 신체 청결에 극도로 신경 썼다. 1950년대에 그와 자주 만났던 장 코에 따르면, 그는 "귀여운 망나니"처럼 세련되게 자신을 가꾸었다. 그런데 정착하려던 그의 막연한 생각이 갑자기 바뀌었다. 1950년에 그는 슈발리에 드 라 바르 가에 방 두 칸을 세내어 칠을 다시 하게 하고, 사마리텐**에서 가구를 외상으로 들여놓았다. 그리고 몇 달 뒤 그곳을 떠났다. 1957년 봄에 그는 같은 실수를 되풀이했다. 포르트 드 방브 근처의 조아네스 가에 두 채의 방을 세냈다. 그는 불필요한 시설인 부엌을 없애고 연인 자바와 함께 아파트를 꾸몄다. 그는 그곳에 자신의 새로운 사랑인 젊은 모로코 남자 압달라를 맞아들였다. 탈영병인 그는 제복을 지하실에 숨겨놓았다. 그러나 주네는 곧 그곳을 미국인들에게 다시 매각하는데, 그들은 남겨진 제복 때문에 가택수색을 받게 되었다. 그는 압달라와 함께 유럽 이곳저곳으로 도망다녔다. 그러나 압달라는 버림받았고 몇 년 뒤에 그는 그를 받아준 한 하녀의 방에서 자살을 하고 말았다.

"나는 떠돌이로 태어났다. (…) 어떤 역이든 나의 진정한 조국이다. 나는 여행가방, 속옷 그리고 네 장의 사진을 갖고 있다. 루시앵, 장 드카르냉, 압달라 그리고 너의 사진이다. (…) 나는 파리에 되도록이면 오지 않을 것이다." 이것은 1962년 주네가 자바에게 보낸 편지다. 그 어느 때보다 더 많이 옮겨다니게 된 그는 서둘러서 호텔을 떠나느라 미처 호텔에 있는 잠옷도 챙기지 못했다.

그러나 이 방랑자는 어느 날, 아니 어느 날 밤에 터키에서 자신만의 공간을 갖고 싶다는 갑작스런 욕망을 느꼈다. 『사랑에 빠진 포로』에서

---

*파리의 라틴어 옛 이름.
**파리의 백화점.

그가 이야기했던 역설적이고 거의 신비스러운 경험이다. "가능한 한 모든 외부 대상으로부터 벗어나려고 의식적으로 노력하는 것이 여행자의 원칙이었다. 그런데 악마의 존재를 믿을 수밖에 없다. 악마부터 신에 이르기까지 모든 영적인 존재를 다 믿지 않을 수 없다. 오랜 시간이 지난 뒤 모든 대상과 소유욕으로부터 해방되었다고 생각했는데 그는 갑자기 자기 자신 속으로 빠져들었다. 어떤 경로를 통해 닫혀 있는 정주 공간인 집을, 울타리로 둘러싸인 과수원을 소유하고 싶은 욕망에 빠져들게 되었는지 의아했다. 거의 하룻밤도 지나지 않아 그는 영지를 마음속에 품고 있었다. (…) 알 수 없는 괴상한 상황이다. 나는 현실에서 저택을 소유하기를 계속 거부했지만 반대로 내 마음속에서 저택에 대한 욕망이 생겨나 이를 물리쳐야 했다. 마음속의 저택에는 복도, 방(침실), 거울, 가구들이 펼쳐져 있었다. 또 과수원 자두나무에는 자두들이 달려 있었다. 하지만 오래전부터 이 모든 것은 오직 내 마음속에만 있었기 때문에 그것을 따서 입에 가져갈 수는 없었다. (…) 자신의 집과 가구들을 갖고 싶은 욕망이 마음속에 있다는 것은, 자기 내면의 빛으로 밤을 비추는 사람에게는 상당히 굴욕적인 일이다. 이 굴욕감은 내게 내 집, 내 가구들, 나의 빛, 나의 내면에 대해 가르쳐준다. 나의 내면이라는 마지막 표현은 내 집의 내부를 의미하는가? 아니면 불확실하고 모호하며 게다가 때로 정확하게 나의 비밀의 정원이라 불리는, 완전한 무無(공백)인 나의 내면의 삶을 감추기 위해 거기에 놓여 있는 이 장소를 의미하는 것인가?" 모순되게도 그는 천사들에게 들려 "석재로 건축된 집"[148]과 함께 하늘로 올라가는 성모의 죽음을 묘사한, 동방 정교회의 성화상에 감동했다.

인후암에 걸린 그는 모든 화학요법을 거부하고 파리로 돌아갔다. 그가 자주 드나들던 고블랭의 루벤스 호텔은 만원이었다. 그는 한 초라한 작은 호텔 잭스로 발길을 옮겼다. 1986년 4월 14~15일 밤, 장 주네는 욕실로 올라가는 계단에서 비틀거리다 쓰러진다. 다음 날 아침 그는 의식을 잃은 상태로 발견되었다. 그는 호텔에서 살았던 것처럼 호텔에서 죽었다.

여성들의 경험

그러면 여성들은 어땠을까? 19세기 여성들은 점점 더 "여행을 즐겼음에도" 불구하고 그들의 모습은 거의 눈에 띄지 않았다.[49] 호텔에 홀로 있는 여성은 언제나 의심을 받았다. 플로라 트리스탕[*]은 "프랑스 일주"를 하는 동안 그런 경험을 했다. 남부 지방, 특히 몽펠리에의 호텔들은 홀로 온 여성을 투숙시키지 않았는데 그녀들이 매춘을 하는 것은 아닌지 의심했기 때문이다. 트리스탕이 쓴 소책자 『외국 여성을 환대해야 할 필요성』(1835)에서는 프라이버시가 엄격하게 지켜지고 도서관이 갖춰진, 여성들을 위한 숙박시설의 필요성을 제안했다. 여행광인 조르주 상드는 사람들과 함께 자주 남장을 하고 돌아다녀 오해를 사기도 했다. 그녀가 리스트, 마리 다구^{**}와 함께 스위스 알프스 산을 즐겁게 여행하는 동안 그곳의 여인숙 주인들은 마치 자신들이 속아 넘어가 그녀를 남자로 오인한 것처럼 행동했다. 정원과 풍경을 좋아하고 사람들이 다니지 않는 길을 안내자 없이 돌아다녔던 여성 여행가인 상

---

* 1803~1844. 프랑스 사회주의 작가, 페미니스트이며, 화가 폴 고갱의 조모다.
** 1805~1876. 다니엘 스턴이라는 필명으로 알려진 프랑스의 작가. 남편과 결별하고 리스트의 연인이 되어 3명의 자녀를 두었다. 상드와 함께 그 시대의 가장 지적이고 자유분방한 여성들 중 하나다.

「호텔 창가」, 에드워드 호퍼, 캔버스에 유채, 1955

드는 호텔 방에는 큰 관심 없이 그 방의 청결함과 그것이 주는 울적함에 대하여 몇 자 적었다.

혼자 있는 여성은 불안한 존재로 비쳐졌다. 사람들은 그녀에게 창녀, 도박자, 모험가, 연재소설의 여주인공 모습을 투영시켰다. 최악의 경우 화류계 여성은 불행하게 죽을 우려가 있다. 졸라는 나나를 그랑 호텔의 별로 비싸지 않은 401호 방에서—"죽을 때는 호사를 누리지 못한다"—살이 썩는 천연두에 감염된 체념 상태에서 죽게 만들었다. "방은 비어 있었다. 절망적인 거센 바람이 가로수가 있는 대로에서 불어 올라와 커튼을 부풀게 했다—베를린에서! 베를린에서! 베를린에서!" 화류계 여성들이 자주 드나들었던 호화 호텔에서 음란의 화신인 이들 여성의 삶이 망가져감과 동시에 제2제정*도 붕괴되었다.|50

독신 여성 여행자는 감히 저녁에 외출할 엄두를 못 냈다. 그녀는 평판을 두려워하며 부적절한 만남을 피하고자 방 안에 칩거했다. 그런 이유 때문에 직업상—학회(콜로키움), 심포지엄, 모든 종류의 살롱—으로 이동하는 여성들은 여자를 유혹하려는 기질을 지닌 남자들 사이에서 여성들이 느꼈던 고독감을 여전히 느끼게 된다. 알다시피 우울함이 연주회나 공연 후의 예술가들에게, 그리고 사인회를 마친 뒤의 작가들에게 엄습한다.|51 하지만 카페 콩세르**의 지방 순회를 경험했던 콜레트는 환심을 사려드는 귀찮은 남자들을 멀리하는 "여성 방랑자"의 칩거를 높이 평가했다. "나는 흐트러지고 냄새 나는 내 방에 사람들이 오는 것을 별로 좋아하지 않는다. 나는 육체적으로 비타협적인 태도를 갖게 되었다. 그것은 유쾌하진 않지만 설명 가능한 일이다." 그의 소설 『속박』에

---

*1852~1870, 나폴레옹 3세 집정기.

**18세기 중엽 이후 파리에서 등장해 20세기 초반까지 번창한 오늘날 음악다방 같은 형태. 극장과는 달리 무대막이 없고 손님은 식사, 음료를 들면서 음악이나 쇼를 즐길 수 있다.

「나나」, 에두아르 마네, 캔버스에 유채, 1877

나오는 여주인공은 가정의 관습과 그녀가 두려워하는 부부관계의 압박감에서 벗어나 상황을 정확하게 판단하기 위해 "호텔생활"을 택했다. "한 여성이 자신의 사소한 진실을 깨달을 수 있도록 해주는 것은 매일 저녁, 같은 테이블을 비춰주는 조용하고 둥근 불빛이 아니다." 그녀는 오후에 애인의 집에서 사랑을 나눴지만 잠은 호텔에서 홀로 잤다. "단단히 잠긴 문"[52]은 그녀의 사생활을 보호해줬다. 뜨겁고 향기 나는 목욕의 관능적인 쾌락에 빠져 그녀는 자신의 육체를 즐겼다. 호텔 방은 그녀의 자유를 보장해줬던 것이다.

프로이트의 방

결혼하지 않은 한 쌍의 남녀 역시 의심을 산다. 애인은 의심을 받지 않으려고 합법적인 배우자라고 자처한다. 프로이트는 아내 마르타의 여동생, 즉 처제 미나와 함께 이탈리아를 여행했다. 그의 아내는 여행하는 것이 피곤하다며 여동생을 보냈지만, 분명 이 여행 때문에 프로이트의 성생활을 겨냥하는 악의적인 말이 무수히 생겨났다. 그들은 한 방을 썼을까, 아니면 각자의 방을 썼을까? 방은 떨어져 있었을까, 아니면 붙어 있었을까? 그들은 같이 잤을까? 프로이트주의자들과 반프로이트파는 이 문제에 대해 의견이 엇갈렸다. 사람들은 미나가 머물렀던 비엔나에 있는 프로이트의 아파트와 휴양 호텔을 면밀히 조사했다. 한 연구자는 "프로이트 박사 부부"라고 프로이트가 직접 기록한 숙박부를 찾아내면서 부정행위의 증거를 발견했다고 생각했다. 그에

프로이트

따르면, 이는 미나를 그의 아내로 여기게 하려는 프로이트의 이중성과 근친상간에 가까운 관계를 나타내는 방증이었다. 『뉴욕 타임스』에는 트윈 베드와 텔레비전이 있는 전술한 호텔 방의 사진이 게재되기까지 했다. 마치 그 방이 당시의 모양 그대로 남아 있었던 것처럼. 그 후에 그 연구자가 잘못 생각했었고 방의 일련번호의 순서가 바뀌었다는 것을 알게 되었다. 화제에 올랐던 방(프로이트가 머물 당시엔 11호였는데 현재는 23호가 됨)에 체류한 한 스위스 정신분석학자가 그 장소의 형상을 묘사했다. 인접한 두 개의 방은 분리된 별개의 방이지만 통하게 되어 있다. 우리는 안심했다. 엘리자베트 루디네스코는 『누벨 옵세르바퇴르』지에 파란만장한 이 사건을 확실히 밝혀낸 글을 실었고, 프로이트의 "사생활 장면"에 관해 굉장히 논리적으로 치밀하게 구성된 세미나를 열었다.[53] 게다가 그녀는 프로이트, 미나, 마르타가 주고받은 여행 서한을 묶어, 프로이트의 문장을 인용한 "우리 마음은 남쪽을 향하다"라는 제목으로 간행했다.[54] 이것은 관광과 호텔에 관한 상세한 연대기다. 특히 프로이트가 굉장히 관심을 기울였던 호텔 숙박료와 그가 즐겼던 지방의 특별 요리에 관한 것이다. 쾌활하고 우정이 담긴 이 서한에는 어떤 사랑의 열정도 없는 것 같다. 자신의 안락함과 여행경비에 신경을 쓰는, 이탈리아와 고대 그리고 골동품에 심취한 평범한 시민의 우편엽서들이 프로이트가 떠난 휴가여행의 실제 경험에 대해 알려준다. 그는 자신의 취향과 소양에 따라 상상력을 발휘하며 모든 것에 호기심을 보이면서 돌아다녔다. 그는 한곳에 결코 오래 머무는 일이 없는 여행을 하고 싶어 못 견뎌 하는 관광객이었다. 성적인 행동에 좌우되는 일은 전혀 없었다. 분명히 그의 마음은 미나 쪽보다 "남쪽을 향하고" 있었다.

호텔 방에 관한 소설

상상의 무대이며 모든 것이 가능한 장소인 호텔 방은 탐정물이나 감상적인 줄거리에 이상적인 배경을 제공한다. 영국 해변의 유쾌한 모습을 그린 애거사 크리스티, 경찰 매그레*가 머문 지방 호텔을 단조로운 풍경으로 묘사한 조르주 심농**, 정신착란과 알코올 중독을 음산한 색채로 묘사한 레이먼드 챈들러***, 뉴욕 사람들의 방황을 그린 폴 오스터****, 이들은 다양하고 세련된 방식으로 방을 사용한다. 방은 만남과 결별, 도피가 일어나는 곳이며 범죄, 사랑, 죽음의 장소이다. 쥘리앵 그라크*****의 "사랑으로 번민하는 남자"[55] 알랭의 방은 바그 호텔의 친구들에게 호기심을 불러일으킨다. 그들은 하루 온종일 덧문이 열리는지 닫히는지, 문이 복도에 닿아 덜컹거리는지 아닌지 살피며 관찰한다. 특히 그를 사랑하고 그로부터 사랑받기 때문에 절망하는 크리스텔은 "폐쇄된 방에서 유리에 부딪히는 한 마리 벌처럼" 죽어가고 있는 그를, 이 이해하기 어려운 내밀한 성소를 염탐한다. 어느 날 저녁 창문은 마치 그에게 죽음이 임박했다는 듯 그의 모습처럼 어두웠다. 그는 독을 마셨다. "다시, 그는 문이 열리는 소리를 듣고 평온한

---

*파리 사법 경찰의 베테랑 경감으로 노동자처럼 다부진 체격에 중후하고 작은 일에는 미동조차 하지 않는 의지가 강한 인물.
**1903~1989. 프랑스어로 추리소설을 쓴 벨기에인 작가. 100여 편의 매그레 경감 시리즈로 유명하다.
***1888~1959. 구성, 묘사, 대화의 기교가 뛰어난 미국 추리소설 작가. 주요 저서로 미국탐정작가 클럽상을 수상한 『긴 이별』 등이 있다.
****1947~. 미국인 소설가로 '뉴욕 삼부작'이라는 이름으로 출간한 세 편의 실험적 탐정소설 연작으로 알려져 있다. 전통적 탐정소설과는 달리 존재론적인 문제와 정체성에 관한 질문을 제기하기 위해 탐정소설의 형식을 작가 특유의 포스트모던한 방식으로 차용했다.
*****1910~2007. 프랑스 작가. 소설, 비평 그리고 몇 편의 시를 남겼다. 초현실주의와 독일 낭만주의의 영향을 받았다.

마음으로 마지막 순간이 그에게 다가오는 것을 알았다." 알랭의 방은 헤아릴 수 없이 신비스러운 모습이다. 문학작품에 등장하는 호텔 방은 다른 모든 호텔 방처럼 선집選集에 담아낼 수도 없다. 게다가 문학작품 속의 호텔 방은 무수히 많은 장면과 텍스트에 등장할 가능성이 있기 때문에 더더욱 그렇다. 사람들은 호텔 방이 담긴 미로 같은 수많은 문학작품 사이에서 갈피를 잡지 못할 것이다. 많은 소설 중에 호텔 방을 주요 무대로 삼았던 두 편의 소설이 있다. 먼저 베스트셀러인 비키 바움*의 『그랜드 호텔』이 있고, 2004년에 나온 올리비에 롤랭**의 『크리스털 호텔 스위트룸』이 있다.

베를린의 그랜드 호텔(아마도 유명한 아들롱 호텔에서 영감을 얻었을 것이다)은 중심인물들이 엮어가는 줄거리에 배경 역할을 한다. 자신이 죽으리라는 것을 알고는 호화롭게 지내는 꿈을 이루고 싶어하는 회계사 크린겔라인. 그간의 평판을 잃을 수도 있는 사건을 협상하기 위해 온 그의 건방진 사장이자 회사 책임자인 프라이징. 무일푼이 된 댄디이자 매력적인 사기꾼이며 루팽*** 같은 면모를 지닌 자칭 남작 가이게른. 가이게른이 죽음을 맞게 될 마지막 사건을 그와 함께 겪는, 퇴락해가지만 아직은 아름다운 무희 그루신스카야. 1914년부터 1918년까지의 전쟁 때문에 상이군인이 된 영원한 하숙생, "고독과 무관심으로 경직된 모습"의 모르핀 중독자, 통찰력 있는 관찰자, 염세적인 운명 분석가로 홀에 사령부를 세워놓은 오테른슐라크 박사. 단역들이 이 소설의 진정한

---

*1888~1960. 오스트리아인 여류 소설가. 그녀의 소설 『호텔의 사람들』(1929)을 원작으로 제작된 영화 『그랑 호텔』(1932)이 아카데미 우수 작품상을 수상해 세계적인 주목을 받았다. 그 후 미국에서 저작활동을 계속했다.
**1947~. 프랑스 작가. 1994년 소설 『수단 항』으로 페미나상 수상.
***모리스 르블랑이 쓴 추리 소설에 나오는 주인공. 신사이면서 강도, 사기꾼, 모험가, 변장의 명인이며 귀족이나 재산가들의 저택을 습격해 보석이나 미술품, 중요한 가구 등을 훔치는 한편 선량한 사람을 구해주는 의적의 성격을 지닌 인물이다.

주인공인 그랜드 호텔의 삶을 엮어간다. 호텔 방의 복잡한 장치들에 대해서 작가는 지나치게 사실적이지 않게끔 장식, 분위기, 소리, 냄새, 장소, 교통, 환상들을 개괄적으로 묘사한다. 박사는 그랜드 호텔이 최고이므로 이를 천국의 대기실쯤으로 여기는 회계원에게 "모든 호텔은 굉장한 허풍에 불과하다"고 말한다. 호텔 방에서 사람들은 잠을 잘 자지 못한다. "잠든 호텔의 닫힌 문 뒤에는 잠 못 이루는 사람이 허다하다." 겉으로는 똑같아 보이지만 그 이면에는 방의 시설에서 드러나는 서열이 감춰져 있다. 216호 방은 형편없는 곳이라, 사장의 방만큼이나 호화로운 방을 원하는 크린겔라인은 '욕실'이 갖춰진 또 다른 방인 70호를 얻기 위해 동분서주할 것이다(더구나 처음에는 욕실을 사용할 줄도 몰랐다). "70호 방은 좋았다. 마호가니 가구들과 체경體鏡들, 실크로 덮인 의자, 조각 장식이 있는 사무용 책상, 레이스 커튼이 있었다. 벽에는 쓰러진 꿩을 묘사한 정물화들이, 침대 위에는 새털을 넣은 실크 이불이 있었다. 책상 위에는 독수리가 톱니 모양의 들쭉날쭉한 날개를 펼치고 이 빈 잉크병 두 개를 감싸고 있는 웅장한 청동 필기대가 놓여 있었다." 그러나 호텔은 고객들을 변화시켰다. "그랜드 호텔의 투숙객들에게 이상한 일이 일어난다. 어느 누구도 회전문을 통해 들어왔던 바로 그대로 그 호텔에서 다시 나가지 않았다." 이 회전문은 밀려오는 각양각색의 방문자들처럼, 그들의 삶처럼 돌고 돌았다.

호텔 방에 대한 올리비에 롤랭(의 관점), 다시 말하면 페레크*의 관점은 완전히 다르다.[56] "(그가) 잤던 모든 장소에 대해 가능한 한 철저하고 정확한 목록"을 작성하려 했던 『공간의 종류』**를 쓴 작가의 방식으로,

---
*1936~1982. 프랑스 소설가. 폴란드계 유대인으로, 프랑스에 이주했다. 1967년 실험문학그룹 울리포Oulipo에 가입했고, 울리포의 실험정신은 이후 페레크의 전 작품에 영향을 주었다.
**1974년에 간행된 조르주 페레크의 소설.

올리비에 롤랭은 세계 전역 즉 부에노스아이레스에서 뉴욕, 도쿄에서 헬싱키, 포트사이드에서 밴쿠버, 낭시, 몽텔리마르, 브리브라가야르드를 거쳐 42개의 방을 열거한다. 점점 희미해져가는, 얼굴 없는 여주인공 멜라니 멜부른을 찾아 사라져버린 화자가 그 방들에 투숙한다. 각 방은 동일한 기준에 따라 묘사된다. 크기, 배치, 벽, 바닥, 천장, 그림, 가구, 물건, 직물, 커튼, 난방기, 판화 그리고 그 판화들에 재현된 것, 창문, 유리, 전망, 벽장, 부속실, 욕실은 구석구석까지 정확하게 상세히 설명되어 있는데, 이는 모호한 줄거리나 성격이 불분명한 인물들과 대조를 이룬다. 방에 있는 유혹당한 여성들, 산책 중인 스파이들, 수상한 밀매상들, 이야기하는 사람을 중심으로 음흉한 작업을 하는 수상쩍은 교활한 인간들. 하지만 상관없다. 중요한 것은 이야기가 아니라 계속 이어져 있어 현기증을 불러일으키는, 기억에 남게 하는 것이 불가능한 호텔 방에 대한 시詩이고 오라토리오다. 낭시에 있는 "크리스털 호텔"의 스위트룸은 소설의 제목을 제공했지만 갈 수 없는 잊힌 방이다. "크리스털 호텔은 비어 있는 장소이고 상상된 상품들의 창고이며, 말하자면 소설에 등장하는 호텔이다." 묘사된 방들 역시 그렇듯 비어 있고 구별할 수 없으며, 베일이 이야기와 세상을 덮고 있는 단조로움 속에 뒤섞여 있다. 픽션이 여행과—외부세계도 풍경도 없는 여행—호텔 방의 형이상학을 똑같이 불투명하게 시간과 공간 속에 뒤섞여 있는 것처럼 감춰버린다. 실용적이고 유사하고 일시적으로 거쳐가고 연속적으로 이어져 있는 호텔 방은 호화로운 세부에도 불구하고 혹은 그 때문에 그 개별성과 시정詩情을 그리고 카프카가 높이 평가하는 소유의 기능을 상실했다.

프란츠 카프카

호텔의 카프카

"나는 호텔을 무척 좋아한다"고 카프카는 말한다. "호텔 방에 있으면 나는 정말로 우리 집에 있는 것같이 느껴진다." 그는 가족 아파트의 혼잡스러움을 고통스러워했다. 그는 영원한 약혼녀 펠리스에게 "내 방은 통로입니다. 뿐만 아니라 거실과 부모님의 침실을 이어주는 길입니다"[157]라고 쓴다. 그의 방은 춥고 어둡고 시끄러우며, 사생활이라곤 전혀 없었다. 어머니는 그의 소지품들을 뒤졌다. 글을 쓸 수 없었던 카프카는 대인 공포증이 더 심해졌다. "오래전부터 나는 사람들이 두려웠다. 사람 자체가 아니라 정확히 말하자면, 나약한 내 존재에 그들이 끼어드는 것이 두려웠다. (…) 나와 가장 친한 사람들이 내 방에 침입하는 것을 보면 나는 언제나 공포감에 사로잡혔다. 그것은 이 두려움이 상징하는 것 이상의 감정이다."[158]

그런 이유로 호텔 방은 그에게 구원의 안식처였고, 고립되어 말없이 침묵을 즐기며 밤새도록 글 쓰는 것이 가능한 곳이었다. 그가 "특별히 편안하다고 느끼는 장소"[159]였다. 일시적으로라도 자기 공간의 열쇠를 확보한다는 것은 그에게 자유로움을 마음속 깊이 느낄 수 있게 해주었다. 마이클 왈처*는 민주주의라 부를 수 있는 최소한의 형태를, 즉 카프카가 형상화한 현대성의 상징을 호텔 방에서 찾았다. 그러나 세계화를 통해 그것에 대한 신기루는 실현되는 동시에 사라졌다.

---

*미국의 정치철학자이자 프린스턴대 교수. 공동체의 문화적 특수성과 차이를 고려한 다원적 정의론의 추구를 주장했다.

8장

노동자의 방

노동자의 방은 다른 방들보다 훨씬 더 수수께끼 같다. 그런데 그것은 사실 노동자들의 방을 탐색한 소설들 때문이고, 더욱이 노동자의 방에 대해 기술한 앙케트와 소설들이 펼치는 기이한 장막 때문이다. 연민과 놀라움 혹은 지탄의 창유리 뒤에 무엇이 보이는가? 좁은 공간과 쌓아놓은 물건들, 이름 모를 물건들, "별 볼일 없는 사람"들이 야릇하게 축적해놓은 것들을 통해 삶에 대해 무엇을 이해하는가? 이해의 도구이지만 때로는 거친 개인들의 기만적인 가면이기도 한, 사회적인 것을 초월한 개인적인 것에 대해 무엇을 파악할 수 있는가?

그러나 이 경우에는 사회적인 것이 중요하다. 사실 왕의 방이나 아이들의 방처럼 방의 계통상의 변형으로서 "노동자의 방"에 대해 이야기하는 것은 인위적인 것처럼 보인다. 노동자의 방에는 사회문제가 내포되어 있었다. 주거 문제는 2세기도 더 전부터, 전통적인 주거 형태의 질서를 무너뜨리는 도시 이주와 산업화의 물결 속에서 끊임없이 제기되어왔다. 다른 한편으로 노동자들은 동질 집단이 아니며 그들이 차지하고 있는 방은 굉장히 다양하며 그만큼 다양한 상황을 나타냈다. 투쟁자인 이주 노동자 삶의 여정에서는 때로 방이 주거의 전부이며, 영어로 표현하자면 단지 방이 한 "칸"뿐이었다. 사람들이 생활비를 벌기 위해 도시에 왔을 때 어디에 머물렀던가? 하인들은 "음식과 숙소를 제공받았다." 반면 급여 생활자들에겐 이런 것이 주어지지 않았으며 "시내의 방"을 찾는 것은 그들의 몫이었다. 이주는 즉흥적으로 일어나는 경우가 드물었다. 이주는 한 지방이나 가족의 계획에 따라 이루어졌다. 새로 온 사람들은 임시로 묵을 만한 장소를 찾거나, 아니면 이웃과 친척집을 찾아가서 주거 문제를 해결했다. 하지만 이주 노동자는 그들을 수용할 채비가 전혀 되어 있지 않은 도시의 중심가나 그들의 처지에는 무관심한 공장지대로 모여들었다. 그렇기 때문에 적어도 동시대인들이 상상하기에 "교양이 없을" 가능성이 있는 사람들 용도로, 강등된 주거 형태의 밀집 지역이 생겨났다.

"주거 문제" 때문에 유럽의 모든 나라는 온갖 연구를 진행했다. 그 연구로 인해 지식이 산출되고 정보가 풍부해졌지만 주거에 대한 의견 제시와 온갖 환상 그리고 규범의 제정이 쏟아져나왔다. 이 연구들을 알게 되면서 우리는 주민들을 먼 지역 원주민처럼 느끼며 이해하기 어렵게 되었다. 의사, 자선가, 사회경제학 분야의 전문가, 건축가, 소설가, 더 나중에는 사진작가들이 특정 의도를 지닌 채 셔터를 누르며 외국인 거주지에 자주 드나들었고 우리는 그들의 시선에 영향을 받는다.[1] 이 자료들은 도시에 관해 연구하는 역사가와 사회학자들에 의해 조사되었으며 위험한 계층에 대해 낭만적 감정을 가졌다고 비판했던 루이 슈발리에의 유명한 책에서부터 체계와 그 체계의 현실적인 기능을 더 정확하

게 평가하는 데 관심을 갖는 최근의 연구까지를 포함하고 있다.[12]

무질서한 생활

프롤레타리아들이 모인 지역에 간 조사원들은 우선 가난과 혼잡함, 냄새, 사람들의 뒤얽혀 있는 모습에 충격을 받았다. 1770년 레페크 드 라 클로튀르 박사는 루비에의 소모梳毛(섬유를 가지런하게 하는 작업), 전모剪毛(직물의 표면을 다듬는 작업) 작업공들의 주거 환경에 아연실색하며, 페스트의 열 전염병이 주거 환경 탓이라고 주장했다. 그들은 작업장에서 나와 "문을 통해서만 공기가 드나들고 빗물이 고여 있는, 저지대의 좁은 지하로 파여 있는 방"에 들어간다. "바로 이 누추한 작은 방에 아버지, 자식들, 노인들 등 온 식구가 판자침대 위에 동물처럼 뒤엉켜 누워 있었다. 물론 침대에 짚이 충분히 깔려 있는 모습을 보기란 어려웠다. (…) 건강한 사람이 환자와 뒤섞여 있고, 살아 있는 사람이 죽은 사람과 뒤섞여 있었다."[13] 노르망디 출신인 의사는 의학적 시선을 견지하지만 결코 도덕적이거나 사회적이진 않았다. 그의 시선은 당시의 연구 주제로 떠오르고 있던, 항구적인 빈곤에 관한 문제를 직시한 19세기 의사들의 것과는 달랐다.

1835년 낭트의 게팽 박사는 퓌미에 가의 물기가 스며나오는 어두운 방으로 들어가볼 것을 권했다. "낡은 받침대에 고정된 줄이 버티지 못해 침대 서너 개가 기울어진 것을 보라. 짚을 넣은 매트에다, 천 조각에 술 장식이 달린 하나밖에 없는 이불은 거의 빨지도 않았다. 잠자리

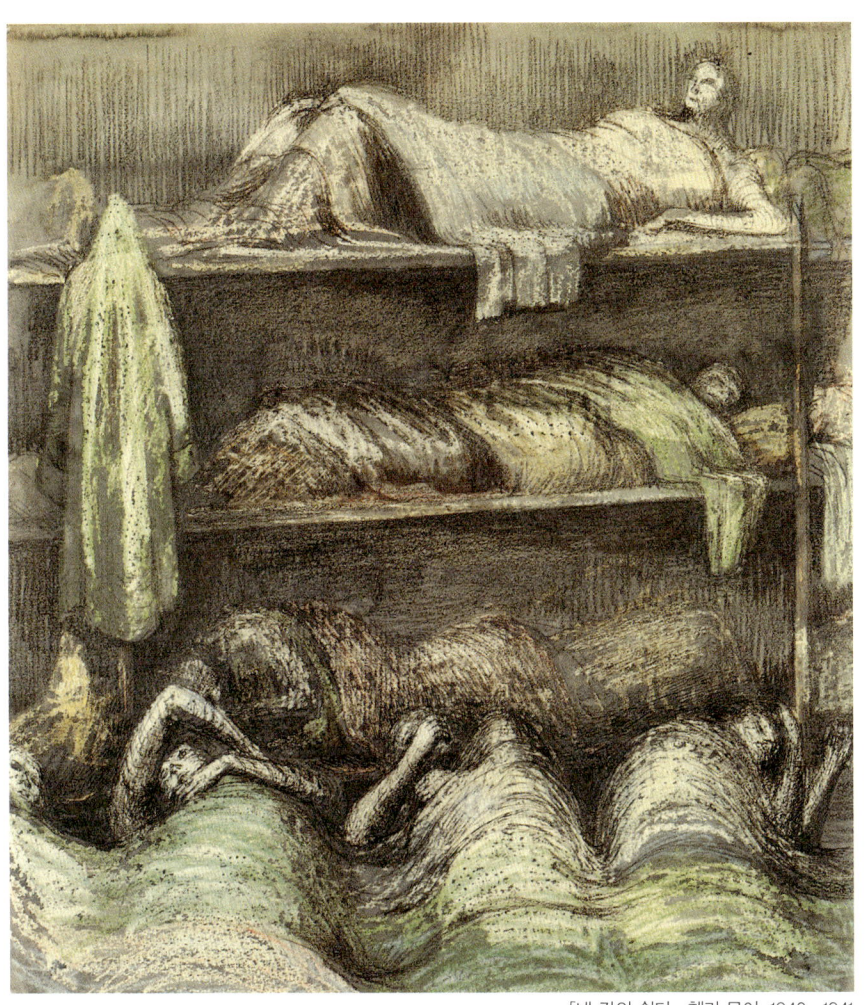
「네 칸의 쉼터」, 헨리 무어, 1940~1941

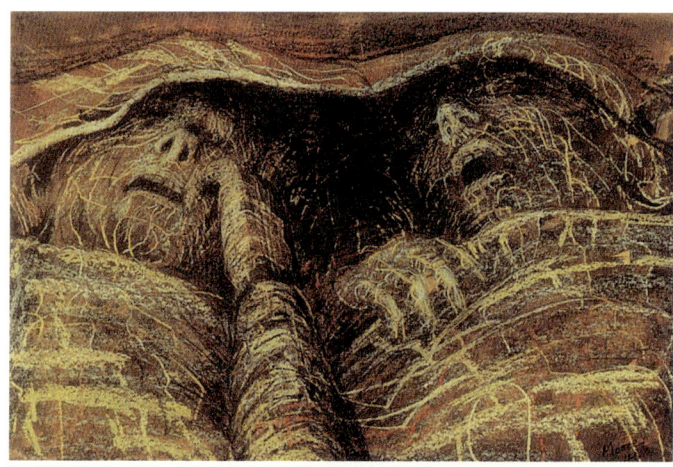

「두 명의 잠든 사람」(위), 「회색빛의 네 명의 잠든 사람」(가운데), 「분홍과 녹색의 잠든 사람」, 헨리 무어, 1941

에는 가끔 시트가 깔려 있고 때로 베개가 있다. 이런 집에서는 옷장이 필요 없었다. 직조공의 방적기와 물레는 곧 실내장식물이 되었다."14 그는 이들의 무절제함과 타락보다 가난을 더 비난했다. 반면 루이르네 빌레르메 박사*는 무절제함을 더 염려했다. 1840년 정신과학 아카데미가 위임한 빌레르메 박사는 섬유산업 지역에 고용된 "노동자들의 육체적 상태와 정신적 상태의 일람표"를 작성하기 위해 섬유산업 지역을 두루 돌아다녔다. 그 역시 다른 이들과 마찬가지로 가난의 실마리는 주거에 있다고 확신하며 공장보다 주거지를 더 많이 방문했다. 물루즈의 "노동자들은 호텔 방이나, 혹은 작고 비위생적이긴 하나 공장 근처에 있는 방들에 몰려 있다. 나는 이 비참한 주거들을 (…) 보았다. 그곳에는 타일 바닥에 깔아놓고, 판자 두 개로 고정시켜놓은 짚 위에, 한 구석에 한 가족씩 차지해 모두 두 가족이 자고 있었다. (…) 가족이 쓰는 유일한 가구는 상태가 굉장히 좋지 못한 초라한 침대, 취사도구와 난방기구 역할을 하는 작은 난로 한 개, 옷장 대용인 통이나 큰 상자, 테이블 하나, 의자 두세 개, 긴 의자 한 개, 몇 개의 도기뿐이었다."15 막연히 반유대주의를 드러내는 메모에 따르면, 이 방들은 유대인 사색가들이 세를 낸 것이었다. 생트 마리 오 민의 "온 가족이 방적기들이 놓인 단 하나의 방에서 잔다." 릴의 에타크 가는 더욱 열악했다. 가장 가난한 사람들은 지하실에 살며 그곳에서 먹고 자고 일하기까지 했다. "내가 방금 전 이야기한 잠자리들 중에서 연령대가 완전히 다른 남녀가 셔츠도 입지 않은 채 혐오감을 일으킬 만큼 지저분한 상태로 같이 자고 있는 것을 보았다." 그들 발에 새까맣게 낀 때는 흑인이 아닌지 착각을 불러일으킬 정도였으

---

*1782~1863, 프랑스 의학자. 19세기 프랑스에서 공중위생학을 사회의학으로 확립시켰다. 산업화의 진전 과정에서 산출되는 사회적 병리를 조사와 통계로 밝히고 사회문제는 의학으로 해결된다고 하는 그 무렵의 프랑스 의학의 관점을 대표한다.

며 최악으로 엉망인 상태였다.[16] "아버지, 어머니, 노인들, 아이들, 다 자란 성인들이 서로 몸을 밀치며 몰려 있었다. 이쯤에서 그치자. 독자가 이 일람표를 완성할 것이다. 하지만 나는 이 일람표가 사실에 충실하기를 원한다면 독자들이 어둠 속과 취중의 잠자리에서 행해지는 혐오스러운 어떤 일도 직시해야 한다고 경고하겠다.[17] 경찰에 따르면 그들은 무모한 성교, 근친상간을 털어놓으며 후회하는 기색이었다. 빌레르메는 특히 숙박 문제에 관심을 가졌는데, 그는 정확하게 시트의 사용(많은 경우 사람들은 시트 자체를 갖고 있지 못하다), 침대의 수, 침대의 점유 정도, 부모와 자녀들의 분리, 성과 연령에 따른 공간의 분리를 주목했다. 아미앵에서는 한 가족당 방은 하나이지만 침대는 여러 개였다. "부모들은 가장 어린 자녀들과 큰 침대를 함께 쓰고, 딸들은 두 번째 것을, 아들들은 세 번째 것을 사용했다. 게다가 남자아이와 여자아이는 11~13세까지, 즉 그들이 최초의 성체배령을 할 때까지나 혹은 신부님이 그들을 떼어놓기를 권할 때까지 함께 자는 것이 일반적이었다."[18] 17세기의 농민 가정이 그러했던 것처럼.

관례상 가난과 관련된 이러한 행위는 비난의 대상이 되었다. 『파리의 신비』에서 외젠 쉬*는 다섯 자녀가 짚을 넣은 매트 하나를 함께 쓰는 한 가족(모렐)을 무대에 등장시킨다. 역겨워하며 편지를 보낸 한 여성이 지인의 가정에 이와 유사한 상황이 더 이상 벌어지지 않도록 도와달라고 간청했다. "이미 다 자란 소녀가 부모와 같은 방에서 어쩔 수 없이 오빠들과 함께 자야만 합니다." "아이들이 그들의 부모 옆에 있지 않도록 두 개의 방이 갖춰진 주거지와 오빠를 여동생과 떼어놓기 위한 작은 방이 필요할 것입니다. 그 때문에 세 번째 침대가 필요할 것입니다."[19] 지방

---

*1804~1857. 19세기 프랑스의 대중소설가. 사회주의에 공명해 중·상류층의 부패나 하층계급의 비참한 생활을 폭로했다.

에서는 흔히 볼 수 있지만 파리에서는 드문, 노동자 가정에서 침대 한 칸을 잠시 체류하는 하숙생에게 세를 놓는 것은 많은 의혹을 낳았다. 프롤레타리아의 성생활은 자유분방하고 왕성하며, 억제할 수 없고, 쉴 새 없이 분출되는 거의 야생적인 것이었으며, 때로 "원시인들"에 비견되는 흑인의 성생활처럼 취급되었다. 설령 햇볕에 타고 목욕을 잘 하지 않아 구릿빛이 나는 그들의 어두운 피부색 때문이라고 하더라도, 검은색은 언제나 불안을 일으키고 악마 같은 것이며 밤을 상징하는 색이다.[10] 노동자들은 언제나 들끓고 무질서한 모습 때문에 육체적인 힘과 성적인 능력이 더 중대된다는 환상을 불러일으켰다. 근친상간을 범하는 성(생활)에 대해 푸리에는 흔히 있는 일이라고 말했다. 성적인 번식 능력은 어떤 제약도 받지 않고, 지나치며, 넘쳐난다. 졸라는 『가정요리』에 등장하는 공범자들 중 한 사람의 입을 빌려 "노동자들만이 암탉들처럼 아이를 낳는다. 거리에서 나를 불쾌하게 하는 진정한 짐승 무리"라고 말하기도 했다.[11] 지구의 자원을 훨씬 초과하는 이 인구의 증가는 또한 맬서스에게 불안의 근거를 제공했다. 인구의 급격한 증가를 불안해했던 이 개신교 목사는 현명하게 산아제한을 권했고 부부의 잠자리가 엄격히 제한된 도덕을 따르도록 했다. 마르크스가 노동자의 가난에 대한 이 부르주아적인 해결책에 적대적이었다는 사실은 잘 알려져 있다. 프롤레타리아들은 그들이 원하는 자녀를 전부 낳아야 했다. "생육하고 번성하라." 사회주의는 진보하는 인류의 성경적인 비전을 자기 방식으로 채택했다. 에밀 졸라는 번식의 서사시인 『다산』에서 이 비전의 서정적인 해설자로 나섰다. 그는 힘이 고갈되어가는 쇠퇴한 부르주아지와 대조되는 민중의 번성에서 국가와 인류의 생명력의 근원을 보았다. 그는 발달과 생식에 관한 기이한 바로크 시에서 민중 부부의 잠자리가 내뿜는 아름다움을 찬양했다. 그 시는 드레퓌스 사건*에 관한 유명한 작품 『나는 고발한다』에서 규탄한 결과로, 안개가 자욱한 런던에 망명해 있는 동안 호텔 방의 고독 속에서 쓰여진 것이었다.

　이 다산하는 남녀의 결합은 프롤레타리아가 충분히 안락한 생활 여건을 갖추고 있다는 것을 전제로 했다. 그러나 수도, 위생시설, 하수도가 갖춰지지 않은 비위생적인 상태, 비좁은 공간에서 비롯된 불결함은 그들이 살고 있는 장소를 전염병에 치명적이며, 악취를 풍기는, 장기瘴氣**를 발산시키는 진원지로 변모시켰다. 유아사망률, 구루병, 결핵, 알코올중독, 전염병의 확산(콜레라)[12], 천연두, 홍역, 장티푸스), 그리고 악취로 인해 결국 삶에 대한 희망은 옅어졌다. 제2공화국은 이 문제에 전념했다. 1848년 주거 환경 감독의 책임을 맡은 위생위원회가 꾸려졌다. 실효성은 없었지만 이는 비위생적인 것이 대중의 건강에 해롭다는 것을 의식한 결과였다. 제3공화국은 위생을 신조로 삼고 모든 질병의 온상인 빈민굴에 선전포고를 했는데, 아직은 경계해야 할 "노동으로 인한 건강 악화"라는 폐해를 염두에 두지 않을 정도였다.[13] 조사원들은 대도시들(특히 파리)에 대해 "위생 기록"을 작성하며 부숴버려야 할 건물들, 청소해야 할 지역들을 분류·정리했다. 질문지들은 더 정확해지고, 특히 방의 공기 용적을 세밀히 조사했다. "방의 크기 즉 높이, 길이, 폭을 지정한 경우 방에 놓인 침대의 수에 비해 방의 수용 능력은 어떠한가?" "방에는 문과 창문 외에 다른 환기구(굴뚝, 관 등)가 있는가?" 방들의 조명은 또 어떠한가, 그 방들의 바닥과 칸막이벽의 상태는 어떠한

---

*19세기 말 유대인 출신의 대위 드레퓌스가 독일 대사관에 군사정보를 제공한 혐의로 체포되었다가 12년 만에 무죄로 판결된 사건.
**축축하고 더운 땅에서 일어나는 독한 기운.

안뜰, 외젠 아제, 마자랭 가 21번지, 파리, 1911
마자랭 가의 우울하고 피폐한 안뜰의 모습이 당시 사람들이 어떻게 살았는가를 잘 보여준다.

안뜰, 외젠 아제, 브로카 가 41번지, 파리, 1912. 노동자 계급이 주로 거주했던 전형적인 공동주택이다.
안뜰을 중심으로 발달되었으며 개성 없는 커다란 문으로 들어가도록 지어졌다.

가? 1878년에 발표된 "파리의 비위생적인 가구 딸린 셋방"에 관한 조사 지침은 이러한 것이었다. 뒤 메닐 박사는 이에 대해 보고하면서[14] 특히 비정상적인 경우들을 언급했다. 생마르그리트 가 9번지에(포부르 생탕투안 근처) 배수가 잘 되지 않으며 모양이 흉측한 건물이 있는데, 네 개의 본채에 112개의 침대가 놓여 있으며 변소는 단 두 개뿐이었다. "층계참의 창문과 마찬가지로 정원 군데군데가 대변으로 덮여 있다. 납 배수관은 화장실만큼 찾아보기 힘들다." 그런데 이 무슨 상황이란 말인가! 굴뚝도 없고 습하고 지저분하고 내장재內裝材가 헐어빠진 방들에 서너 개의 침대가 꽉 들어차 있다. 케 드 발미 103번지는 훨씬 더 열악하다. "정원, 변소, 변소로 가는 복도, 계단, 두 개의 회랑, 납 배수관, 주거, 한마디로 모든 것이 표현하기 힘든 불결한 상태다. 종이, 넝마, 소변, 대변이 도처에 보인다. (…) 주거지에는 온갖 벌레가 득시글거린다." 다음 쪽은 더러움과 악취에 대해 반복적으로 열거하고 있다. 뒤 메닐 박사는 가구 딸린 셋방에 엄격한 기준을 적용하는 다른 나라들처럼 공권력을 개입시킬 것을 주장했다. 가구 딸린 셋방들에서 발생하는 질환은 "단지 개인의 문제가 아닌 민족의 생명력을 해치는 것으로 이로 인해 국가가 치명타를 입을 수 있기 때문에" 위험하다. 곧잘 제기돼서 말로만 그치는 그 흔한 위생 정책들 가운데 주거 환경은 공공 위생의 쟁점이 되어왔다.[15]

도덕적 차원의 쟁점도 제기되었다. 공화국의 아버지 쥘 시몽*은 "집이 없으면 가족도 존재하지 않는다. 가족이 없으면 도덕도 존재하지 않는다. 도덕이 없으면 인간도 존재하지 않는다. 인간이 없으면 조국도 존재하지 않는다"고 말했다. 프레데리크 르플레의 사회경제학회 회원인 루

*1814~1896. 프랑스 정치가이자 철학자.

넝마주이의 집 내부, 외젠 아제, 마세나 가, 파리, 1912

이 리비에르는 특히 정원을 갖춰야 하는, 노동자의 주거에 대한 미학을 권장하면서 쥘 시몽을 뒤따랐다.[16] 제2제정*부터 이 학파에 의해 실현된 가족에 관한 각각의 연구는 살림을 잘하는 주부의 자질과 평화로운 사회의 근간이 되는 가정의 조화에 가장 역점을 두었다. 공증을 받아 가구류의 구성 목록을 정확하게 작성한 이 조사들은 '경계를 넘어선' 정보를 보여주는 매우 중요한 근거였다. 하지만 문제는 본보기가 될 만큼 충분하게 갖춘 가정들의 "넉넉하지는 않지만 쪼들리지도 않는 웬만한 살림"을 우선적으로 파악한 조사였다는 것이다. 포부르 생탕투안의 고급 가구점에서 일하는 기능공이나 파리의 목수, 그르노블의 장갑 제조인은 검소하지만 극도로 빈곤하지는 않았다. 그리고 조사원들은 그들의 모습을 완벽하게 기술하지만 현실을 얼마나 반영한 것인지는 알 수 없었다.

주거는 결국 성공이나 사회적 동화의 표시다. 아비뇨네 라 베르튀의 친구인 소목장 아그리콜 페르디기에의 방은 감탄을 자아내는, 도덕적이고 꿈에 그리는 내밀한 안식처였다.[17] 졸라는 『목로주점』에서 제르베즈의 방을 통해 신분 상승과 실패를 우의적으로 표현했다. 쿠포와 결혼하려는 그녀의 계획은 방에 대한 꿈을 중심으로 구체화되었다. 파리 근교 구트도르에 위치한 "개성이라고는 없는, 여러 가구가 사는 병사兵舍 같은 집"들을 가보면서 그녀는 "그들이 침대를 갖게 된다면 곧 그곳에 세를 들 것이다"라고 생각하며 해가 잘 드는 곳을 봐둔다. 곧 결혼한 두 사람은 "자기 세간을 갖춘 집에서 살았다." 그들에게는 자녀들이 쓸 작은 방, 작은 부엌, 침실인 동시에 접대 공간으로 쓰이는 큰방이 있었다. "그 방은 정말 훌륭했다." 그래서 그들은 정성을 들여 침대 커튼을 치고 판

---

*나폴레옹 3세가 통치한 1852년부터 1870년까지의 기간.

화와 사진으로 방을 장식했다. 그러나 그들의 부부관계가 해체되자 방은 장식물이 전혀 없을 정도로 텅 비어버렸다. 집세를 더 이상 내지 못해 쫓겨난 제르베즈는 계단 아래 개집으로 몸을 피하는 개와 같은 처지에 이르고 말았다. 그녀는 그곳에서 최후를 맞았다. 그녀의 타락은 방의 붕괴 속에서 나타났던 것이다.

주거지가 개선됨으로써 노동자들이 선도되고 정상적이 된다는 것은 모든 입장의 박애주의자들, 즉 경영자와 사회주의자, 적어도 기즈에서 생산협동조합을 운영하는 고댕* 같은 푸리에주의자들의 신념이었다. 반면 그 외의 사람들은 노동자들의 주거지 문제 따위에는 관심이 없었다.[18] 외국에서 들여온 노동자들을 수용해야 할 필요성 때문에 사업을 크게 하는 실업가(케클랭, 돌퓌스, 슈나이더 등)들은 강력한 통제 수단이었던 노동자 도시를 건설하게 되었다. 건축가들이 위생적으로 표준화하고 합리적으로 건설한 노동자 도시들은 최소의 주거 개념을 구체화했다. 음식과 수면의 구분, 부모와 자녀들의 분리는 침실을 더 엄밀하게 정의하는 데 기여했다. 침실은 2층에 위치한 밤의 공간이며, 길과 정원 가까이에서 벌어지는 일상생활과는 격리된 공간이었다. 그렇더라도 이곳은 노동력이 쇄신되고 재생산되는 꼭 필요한 장소였다. 이는 노동자의 꿈의 장소였다.

*1817~1888. 프랑스 공업가·사회개혁가. 처음에는 철공장 노동자였으나 독립해서 1840년에 공장주가 되었는데, 사회개량주의자로서 이윤 분배·노동 조건 개량에 의한 노동자의 생활 향상을 실현하려고 노력했다. 1859년 주철로鑄鐵爐 제조공장을 설립, 기즈로 옮기고, 현재의 산업조합에 가까운 '파밀리스테르'라는 강력한 공제조합을 운영했다. 그는 시장·국회의원도 지냈으며, 공상적 사회주의를 확실한 산업적 기초 위에 실현한 점에서 주목받는다.

노동자들의 실상

지금까지 논의한 것들을 넘어선 노동자의 실상은 어떻게 파악해야 할까? 노동자의 욕구를 어떻게 감지해야 할까? 가족과 헤어진 젊은이와 도시에 도착한 이주자는 그가 시골에서 왔건 외국인이건 숙박을 해야 했고, 어디서든 잠자리를 얻어야 했다. 알랭 포르와 클레르 레비 브뢸랑이 19세기 중반부터 오늘날까지 파리의 공동 침실과 가구 딸린 셋방의 기능을 조사했던 것은 바로 이런 이유에서였다.[19] 그것은 도시로 몰려드는 다양한 사람을 대상으로 하는 대규모 숙박 제도로, 수천 명의 셋집 주인들과 호텔 경영자들에 의해 관리되었다. 1880년경 세입자는 20만 명이었던 데 비해 (가구 딸린) 셋방의 주인은 1만 명이었다. 1930년에는 35만여 명의 파리 시민이, 즉 수도 인구의 11퍼센트가 가구 딸린 아파트에 살고 있었다. 결국 그것 또한 1920년 무렵까지 중간 역할을 비교적 잘 담당했던 통합적인 제도였다. 노동자의 신규 채용률과 맞물린, 유동적인 수요에 탄력성 있게 대응하는 제도에 대한 요구는 직장과의 인접성, 정착하려는 욕구, 가족 상황에 따라 달랐다. 왜냐하면 사람들은 공동 침실이나 가구 딸린 셋방에 장기간 머문 것이 아니라 가능한 한 짧게 머물렀기 때문이다. 그럼에도 불구하고 제1차 세계대전 이후 공급은 급격히 줄어들고 제도 역시 돌이킬 수 없을 정도로 쇠퇴하기 시작했는데, 이는 대중 주거가 전체적인 위기에 처한 형국이었다. 대다수 외국인(포르투갈인, 알제리인, 아프리카인) 이주자들은 시설이나 대도시 주변, 아니면 불결한 주거에 과도하게 몰아넣어질 수밖에 없었다. 이것이 그들이 처해 있는 상황이었고, 곧 그보다 더

재단사의 집안, 외젠 아제, 생탕드레 데자르 광장, 1910

한 상황에까지 이르렀다. 그 때문에 부랑자들이 생겨난다.

이 이야기에서 가장 인상적인 것은 생존을 위한 "일상의 술책"을 발명하고, "밀렵"에 가까운 행동을 거리낌 없이 하는 이들의 모습이다. 분석가 미셸 드 세르토의 표현에 따르면, "그들의 일을 꾸미고 활용하는" 전혀 수동적이지 않은 행위자(소비자)의 역할이다.[20] 그들은 무엇보다 일자리를 위해 셋집을 구하는 데 있어서 탁월한 전략을 짰다. 사람들은 일터나 주거 지역에서 이동한다. 그들은 시장의 잠재성을 활용한다. 처음에는 중심지에, 그다음에는 중심지로 다시 돌아갈 각오를 하고 변두리로, 대부분의 대도시에서 확인되는 계속적인 브라운 운동*을 한다.[21] 자신들이 찾아낸 열악한 방을 받아들일 수밖에 없었던 그들은 추후 처지를 개선하여 "나의 가구를 갖추고" 살기를 궁리하면서, 끊임없이 주거지를 찾아보며 이사를 다녔다. 때로는 "몰래"(돈을 지불하지 않고) 이사하기도 했다. 그들을 따라가보자.

공동 침실

처음에 그들은 빌레르메가 이름을 붙이고 묘사한 것과 같은 "공동으로 사용하는 방들chambres communes"로 모여들었다. "대규모 공장이 있는 모든 도시에서처럼 스당**에 홀로 사는 사람들은 하숙을 했다. 그들은 한 달에 25~30프랑으로 한 침대에 두 사람이 자고 식사와 세탁이 해결되며, 채광이 잘되는 밝은 곳에서 식사 때마다 한

---

*1827년 스코틀랜드 식물학자 로버트 브라운이 발견한 현상으로 액체나 기체 속에서 미소입자들이 불규칙하게 운동하고 있는 것을 말한다.
**프랑스 동북부 벨기에 국경 부근.

잔의 맥주를 마셨다."|22 스무 살이 안 된 미성년자는 받아주지 않았지만 부모의 동의가 있으면 문제없었다. "침대당 2인"은 빌레르메가 방문한 랭스, 루앙, 타라르 등 대부분의 섬유산업 도시에 적용되는 규정이었는데, 여기에는 명주실을 꼬아 잣는 공정에 고용된 외국인 노동자들도 포함되었다.|23 침실당 몇 개의 침대가 있었을까? 빌레르메는 이에 대해선 언급하지 않았으며 더욱이 "공동 침실Chambrée"이라는 단어는 사용하지 않았다. 이 단어는 1840년 이후에야 널리 알려졌다. 1878년의 『통계연감』은 공동 침실을 "어떤 인척(혈족)관계도 없는 임차인들을 숙박시킬 목적으로 만든 여러 개의 침대가 놓여 있는 방"으로 정의했다. 1880년 무렵에는 방 하나에 네댓 개의 침대가 놓였는데, 초기에는 이보다 훨씬 많은 침대가 배치되었다.

"샹브레(공동 침실)"라는 용어는 여러 의미를 지녔다. 프랑스 남부에서 이 용어는 남성들의 대중적인 오락 모임을 가리키는데, 18세기부터 있었다고 확인되지만 아마 훨씬 더 오래되었을 것이다. 이 모임은 아주 기초적인 것, 가령 벽난로, 테이블, 의자, 유리컵만 갖춰진 개인의 "방"에서 이뤄졌는데 그 방에서 사람들이 서로 만나 마시고 게임하고 토론을 벌였다. 상당히 은밀하게 발코니가 갖춰진 2층에서 방문객들의 신원을 확인하고 스파이일 가능성이 있는 사람들을 감시했다. "샹브레트chambrette"라는 용어는 방의 크기와는 무관하며 참가자들의 보잘것없는 출신과 관련된 것으로, "작은 방"이 아니라 "서민"을 뜻한다. 뤼시앵 루뱅에 따르면 그것은 지중해 지역에 있는 남성들의 사교생활의 한 형태로, 터키 하렘의 방oda에서 찾아볼 수 있는 "남성들의 집"에 해당된다. 남성들은 여성의 부엌이 지배하는 집 안에서 안락함을 느끼지 못했다.

모리스 아귈롱*은 19세기에 "서클(모임)"이 되어버린 샹브레의 정치화를 지적했다.|24 남프랑스의 이 샹브레에서 사람들은 저녁 시간을 보냈는데 그러나 잠을 자지는 않는다. 북쪽 지방과는 반대였다. 군대에서 유래한 이 단어는 처음에는 남성적이고 오히려 쾌활한 의미로 병사兵士에게 적용되었다. "병사들은 활기차게 생활했다. (…) 샹브레를 통해 친교를 맺으면서"라고 볼테르는 쓰고 있다. 카뮈는 더 멋진 말을 남겼다. "같은 방을 쓰는 사람인 병사나 죄수들은 옷과 함께 갑옷을 벗어버리고 마치 매일 저녁 만나 서로의 차이를 초월하고 꿈속에서나 자신들의 오래된 공동체에 합류하는 것처럼 기이한 관계를 맺는다."|25

노동자들의 공동 침실 이미지는 별로 자랑스럽지 못했다. 그러한 이미지들 때문에 누더기를 걸친, 고약한 냄새가 나는 빈민의 주거 밀집 지역에 제한 초처가 집중적으로 가해졌다. 여기에는 굶주린 이탈리아인들에 대한 외국인 혐오증이나 이가 들끓는 유대인 구두수선공이나 재단사를 겨냥한 반유대주의의 냄새가 풍겨났다. 그러나 빈민의 주거 밀집 지역은 비참한 외관을 넘어 오늘날 아프리카 노동자의 숙소와 유사한 공동체의 결속 양상을 나타냈다. 노동자는 그들의 출신 지역(브르타뉴, 오베르뉴)과 국가, 민족, 나아가 지역에 따라 다시 모였다. 라프 가에는 오베르뉴 사람들의 작은 마당이 있는데, 거기에는 그 마을에서 온 여성들이 관리하는 공동 부엌이 있었다. 사람들은 직업에 따라 모이기도 했다. 마르탱 나도가 그들의 평소의 검소함을 기술한, 오랫동안 계절노동자로 살아온 건축노동자들은 공사 현장의 책임자가 자주 하청을 맡기는 유형의 조직을 특히 좋아한다. 어느 해나 그들은 연장을 창고에 두고 잠자리를 다시 찾았다. 꽤 정기적으로 청소를 해도 대충 씻은 땀 흘린 몸

*1926~. 프랑스 역사학자로 콜레주 드 프랑스 교수를 역임했으며, 19~20세기 프랑스사를 전공했다.

에서 발산되는 악취는 막지 못했다. 노동자들은 방 한구석에 마련된 자신들의 공간을 정돈하려고 노력했다. 그들은 벽에 떠나온 고향 마을, 아내, 약혼자의 이름을 적어놓았다. 뱅사르는 "어쩌다 사랑하는 사람을 생각하지만, 모든 것은 그들의 생활처럼 엉망진창이었다"[26]라고 쓰고 있다. 내연관계의 지지자인, 미래의 파리코뮌 가담자 외젠 발랭은 젊은 제본공들의 공동체에서 생활했다. 여섯 명의 남자는 한 여자의 집안일뿐 아니라 육체적인 매력도 함께 나눠 가졌다. 그녀는 평등주의자였던 남자도 푸리에주의자로 "전환"시키면서 때로는 이 남자와 때로는 다른 남자와 잠자리를 함께하며 그들의 세탁물과 성性을 관리했다.[27]

로웰*이라는 미국 모델에 따라 1840년대부터 도입된 남성들의 공동침실의 자유는 리옹 "실크 수도원"의 엄격함과 대조를 이뤘다.[28] 수도원들은 시골 아가씨들을 대거(이 제도의 전성기에는 1만 명까지) 관리했다. 그들은 열두 살부터 결혼할 때까지 명주실을 꼬아 잣는 방적 일에 배치되었다. 그들은 세속인인 여감독의 감시 하에 하루에 열네 시간씩 일하고, 수도회 수녀들이 운영하는 기숙사에서 생활했다. 밤에는 꽉 들어찬 공동 침실로 들어갔는데, 한 사람당 침대는 하나씩 주어졌다. 마을에도 혹은 공장에도 이런 시설은 없었다. 결국 그 시대의 혹독한 시골생활이 그 기숙사를 지낼 만하다고 여기게 만들었다. 기숙사는 부모들에게 품행을 책임지겠다고 했고 사람들은 자신들에게 딸이 있는 것은 행운이라고 말했다. 딸들의 월급으로 부모는 진 빚을 갚을 수 있었고 땅에 비료를 줄 수 있었다. 그들은 3년 계약서에 서명했고 파기할 경우에는 하루에 50상팀의 벌금을 물었는데, 파업에 대한 반감은 바로 이러한 이유에서 비롯된 것이었다. 기도, 미사, 원칙적으로 침묵 속에 이뤄지는 단

---

*미국 매사추세츠 주에 위치한 도시로, 섬유공업을 중심으로 하여 19세기에 공업 중심지로 번창해 많은 이민자나 노동자를 공장에 받아들였다.

조로운 작업, 아주 가끔씩 주어지는 기분전환(젊은 아가씨들은 한 달에 한 번씩만 집에 돌아갔다)이라는 규칙적인 리듬의 일상생활은 수도원처럼 엄격했다. 이 엄격함은 남성의 공동 침실이 보여주는 좀더 즐거운 문란함과 대조를 이루었다. 20세기 초의 젊은 여성 노동자들은 그러한 생활을 더 이상 견디지 못했다. 하루 종일 이어지는 장시간 노동, 참을 수 없는 규율의 압박에 대한 파업이 일어났던 것이다. 탁월한 자서전을 남긴 뒤 훗날 외로움 때문에 자살로 생을 마감했던 루시 보 같은 노동운동의 지도자들이 이때 출현했다. 반항자가 되는 것은 쉬운 일이 아니었다. 견직물 공장의 기숙사는 종국에는 제1, 2차 세계대전 사이에 역사의 뒤안길로 사라지고 말았다.

  모든 것을 고려하면 공동 침실이 더 나았다. 공동 침실은 "도시 한복판에 있는 극빈자들을 향해 열려 있는 수용시설이었다." 그렇더라도 사람들이 공동 침실을 주요한 숙박시설이라고 생각한 적은 결코 없었다. 1895년 파리의 공동 침실은 가구 딸린 셋방의 3~4퍼센트만을 점유했을 뿐이다. 공동 침실들은 개인 숙박에 대한 수요를 맞추고자 일시적으로 침대 수를 늘렸는데, 1880년에는 5개, 1895년에는 7개가 한방에 들어갔다. 그렇지만 공동 침실은 불결한 위생 때문에 도마에 올랐고 저마다 독립된 공간을 갖고 싶어하는 욕구가 생겨나면서 서서히 줄어들다가 완전히 사라져버렸다.[29] 특히나 젊은이들은 나이 많은 사람들의 권위에서 벗어나 좀더 자유롭게 사랑하고 동거생활을 하며, 조그마한 자신의 공간을 소유하고 싶어했다. 나도는 행실이 좋지 못하다며 아버지로부터 엄한 꾸지람을 들었다. 그는 라 그레브 지역의 공동 침실을 떠나 생 루이 앙 릴 가에 방을 얻었다. 에밀 수베스트르도 스스로 찾은 자유를 찬양했다. "의자 한 개, 트렁크 한 개, 가죽띠 침대 한 개가 내 방 가구의 전부였다. 그러나 적어도 나는 혼자였다. 네 벽으로 둘러싸인 공간은 오직 나만의 것이었다. 공동 침실에서처럼 사람들이 와서 내 방의 공기를 마시거나 내 정적을 깨뜨리고 내 노래나 잠을 중단시키지 않았다."[30]

공동 침실은 이제 더는 더 다양한 젊은이나 더 많은 여성, 그리고 특히 가족들의 요구를 충족시키지 못했다.

가구가 갖춰진 호텔들, 가구 딸린 방들

영업 허가를 받았든 못 받았든, 불법이나 다름없는 셋방의 주인에 의해서나 아니면 합법적인 호텔 주인이 운영하는 가구 딸린 셋방과 아파트가 성공한 이유는 바로 이런 것이었다. 호텔에 머물렀던 이들은 대부분 세상을 떠났지만 그 사진만큼은 전해 내려오는,[31] 가구가 갖춰진 호텔들은 대개 규모가 크지 않았다. 그 호텔들은 자신들이 보유한 기능(가구가 갖춰진 호텔, 가구 딸린 방들, 가구 딸린 작은방들)과 시설들(불과 가스, 현대적인 편리한 설비)을 공시했다. 호텔 1층에는 대개 식당이나 "포도주, 커피, 주류"가 갖춰진 당구장이 있었다. 호텔의 이름은 다양했다. 신뢰감을 주려고 소유주의 이름(메종 마르갱, 드 누와에호텔)이나 지방과 도시의 이름(라베롱, 뒤노르, 뒤 미디, 페리괴 호텔)을 따기도 했고, 그랑 호텔, 에덴, 미래의 호텔이란 이름을 짓기도 했다. 그 호텔들은 수만 명, 아니 수십만 명의 이주자를 수용했다. 1856년 파리 주민의 6.3퍼센트(약 7만 5000명)가 "가구 딸린 아파트"에 살았고 벨빌, 생 메리 등 몇몇 지역에서는 3분이 1이 그런 아파트에 살았다. 그들 대부분은 노동자였으며 때로는 학생들도 있었다. 그리고 외국인의 비중이 점점 더 커졌다(1914년 파리에는 20만 명의 외국인이 거주했다). 이는 별로 양심적이지 않은 집주인들이 제시하는 온갖 종류의 가구 딸린 셋방이 급속히 증가했다는 의미다. 방, 작은 방, 고미다락방, 구석공간^{coin}, 심지어는 한 모퉁이나 계단 아래에 침대만 있는 경우도 있다. 계절노동자와 일시적 또는 영구적인 불법노동자들은 명단에 들어 있지도 않고, 인구조사에도 올라 있지 않았다.[32] 바로 이런 이유로 그들은 행정기관이나 경찰들의 분노를 샀다.

가구 딸린 셋방의 장점은 많았다. 무엇보다 열쇠걸이 판에, 그보다 더 좋은 것은 바로 자기 주머니에 열쇠를 가지고 있다는 사실이 안겨주는 자유로운 느낌이었다. 자신이 원하는 시간에 올라가고 내려올 수 있었던 것이다. 또 보잘것없긴 하지만 자기만의 소지품을 둘 공간을 얻게 되었다. 음식을 만들 수 있고 혼자서나 또는 원하는 사람과 함께 잠을 잘 수 있었다. 특히 젊은이들, 소년이나 소녀들은 가족의 영향력에서 벗어날 수 있었다. 자동차 도장공인 조제프 부아쟁은 처음에는 삼촌인 앙드레의 집에 머물렀지만 그 환경을 못 견뎌하다가 갈바니 가에서 "내 (소유인) 방"을 찾아내고는 기뻐했다. "내 모든 동작, 내 모든 행동과 교제가 자유로워졌고 누구에게도 보고하지 않게 되었다." 고아로서 사부아 지방에서 파리로 올라와 처음에는 가정부(입주 가정부), 그다음에는 패션업계의 노동자였던 잔 부비에는 얼마 동안 사촌들의 집에서 살았는데, 사촌들은 숙식을 제공하는 대가로 주당 15프랑을 요구했다. 비싼 가격이었다. 그리하여 그녀는 그들을 떠나 호텔의 가구가 딸린 작은 방으로 갔다. "가족은 좋다. 가구 딸린 셋방은 더 좋다……." 파리의 호텔들은 지방 출신 세대들에게 주거의 독립성을 배울 수 있게 해주었다. "가구가 딸린 방은 더럽기도 하지만 독립된 방이다. 각자 자기 집에 있는 것이다."[33] 그것은 대단한 것이었다. 실제로는 물질적인 여건이 독립된 방을 갖는 이 계획에 많은 제약을 가한다 하더라도, 즉 훨씬 더 열악한 위생, 소음, 사생활의 부재, 인구 과밀의 제약들이 가해졌다. 왜냐하면 독방은 드물었고 때로는 일고여덟 명이 함께 모여 있었기 때문이다. 아마 가족의 공동 침실이 그랬겠지만, 이곳도 마찬가지였다. 그리고 호텔이나 방들이 집중적으로 모여 있는 건물들은 노후하고 더럽고 비위생적이며 소리가 잘 울리고, 사생활은 보장되지 않았다. 정말이지 (결국) 행복은 없었다.

　가구 딸린 셋방들은 모여 있는데도 불구하고 엄밀한 의미에서 호텔들보다는 더 산재해 있다. "가구 딸린 셋방은 결코 하나만 있지 않다"며 이 제도의 형태학을 기술한 알랭 포르는 말한다.[34] 뿐만 아니라 임대용 건물, 게다가 집단 주택지들은 그런 이유 때문에, 예를 들면 푸앵트 디브리에 건축되었다. 가구 딸린 셋방들은 벌집처럼 붐볐고 모든 벌집구멍은 가득 차 있었다. 그것들은 특히 파리 중심에 "사람이 살 수 없는 비위생 구역"을 만들었고, 위생학자(가령 이 표현의 발명자인 폴 쥐이라Paul Juillerat)들은 필사적으로 구조 시설에 매달리는 사람들의 미래는 개의치 않고 이 비위생 구역들을 파괴하기를 요청했다. 노동시장, 교류의 요지, 결속의 온상인 도시의 중앙에 있다는 것이 첫 번째 염려였기 때문이다. 사람들은 떠나려고 그토록 멀리서 온 것이 아니었고 또다시 파리의 관문 밖 외곽에 은거하려고 먼 길을 달려온 것이 아니었다. "가구 딸린 셋방은 가난한 사람들을 위한 도시개발의 한 형태를 이루었다." 도시란 모든 것을 무릅쓰고 사람들이 참아낸 만큼 결국 좋아하게 되는 것이다. 더 멀리 떨어져 있는 교외는 공장지대나 주택지역이 되기 전에는 도시의 가치를 돋보이게 하는 것처럼 보였다. 주거, (토지의 구획을 나눌 때 분양하는) 분양지, 파빌리온*, 다른 유형의 방들의 또 다른 역사가 있다.

19세기에 파리에 처음 온 시골과 지방 출신들, 외국인들은 레 알 지역, 마레 지역, 생트 주느비에브 언덕에 자리를 잡으려고 애썼다. 그들은 샤론, 벨빌 그리고 메닐몽탕 방향으로 포부르 생탕투안을 따라서 올라간다. 그들은 최근의 나시오날 가, 보드리쿠르 가 쪽으로, 극빈자들과 최근에 도착한 사람들의 마지막 땅인 푸앵트 디브리까지 여유 있는 토지 개발 때문에 위험을 무릅쓰고 13구에 가는 것을 더 주저했다.[35] 여성들, 종업원들이나 여성복 디자이너들, 레닌 같은 망명자는 마리 로즈 가에 있었다. 결국 사람들은 잘 알려진, 음산한 잔 다르크 집단주택지의 빈민굴에 갈 수밖에 없었다. 그곳의 주부들은 그래도 창문에 커튼을 쳐 가난을 감추려고 애썼다.

작은방un cabinet, 방une pièce은 가구 딸린 셋방의 좁은 공간을 나타낸다. 작은방이나 방이 있고 가장 최상의 경우는 양쪽 다 있는데, 그것은 대단한 호사다. 독신자들, 노동자들 그리고 무일푼의 학생들은[36] 벽난로와 창문이 없는 작은방에 힘껏 웅크리고 있다. 라탱 지역에서 쥘 발레스는 한 튀김장수의 집 천장 아래에서 움푹 들어간 공간을 발견했다. 몸을 구부려야만 들어갈 수 있는 곳이었다. 그는 웅크려야만 겨우 누울 수 있었다. "길게 몸을 뻗고 싶으면 손가락을 오므릴 수밖에 없다. 그렇게 하는 데 익숙해져야 한다. (…) 나는 내가 원하는 시간에 들어갈 수

* 대도시 교외 등에서 볼 수 있는 비교적 소규모의 독채 주택.

있다. 내 열쇠를 가지고 있다." 그리고 그는 아이러니하게 말한다. "내가, 왔다 갔다 할 수 있는 공간이 있는, 커다란 음울한 방들 가운데 하나를 우연히 가질 수 있었다면? 거닐고 난 다음에는? 생각은 하지 않고 한가로이, 언제나 한가로이 거닐 텐데! 몸을 좌우로 흔들며 걷고, 오른쪽 다리와 왼쪽 다리를 커다란 침대 위에서 움직일 텐데, 궁정인이나 곡예사처럼."[37] 그는 자신의 움푹 들어간 방에 한 친구를 맞아들이는 데 성공하기까지 한다. 그 친구는 잠을 자려면 다리를 계단에 늘어뜨려야만 했다. 모든 학생이 명문가의 자제는 아니었다. 가장 운이 좋은 학생들은 보키에Vauquier 스타일의 작은 하숙집에 살고 가장 돈이 없는 학생들은 작은방들을 곁눈질한다.

가구 딸린 셋방의 기본 단위는 "방pièce"이다, 말하자면 "침대 하나 들어갈 수 있을 만한 크기의 모든 방(2×1.5미터)"으로 작은방cabinet보다 겨우 조금 더 큰, 조그만 방이다. 1896년에 91퍼센트의 주거에는 방이 하나뿐이고 1911년에는 97퍼센트가 그렇다. 방은 결과적으로 가구 딸린 셋방의 규범을 만든다. 코레즈*나 브르타뉴에서 온 지방 사람들, 여기에 외국인들은 힘을 합쳐 같은 건물에 세를 든다. 그들은 단결하며 가난한 자들의 강박관념인 음식 만드는 방법을 찾으려고 시도한다. 그들은 질이 떨어지는 주거를 차지했다는 것을 알면서도 하룻밤씩 또는 일주일씩, 더 드물게는 한 달씩 집주인의 의혹의 눈길을 받으면서 임대차 계약도 보증금도 없이 방을 빌린다. "가구 딸린 방에 있다"는 것은 신용이 저하된 것이고 신용을 떨어뜨리는 일이다. 특히 "방에 세든" 여성 노동자들에게 품삯 일을 맡기는 것을 싫어하는 사장들에게, 위험수위를 넘어가기를 주저하는 아가씨들에게 그렇다. 그런 이유 때문에 사람

---

* 프랑스 중부 리무쟁 지방에 있는 도.

들은 그곳에서 나오려고 애썼다. 가구 딸린 셋방의 인구는 유동적이다. 제2공화국이 이 유목민들에게 투표권을 주어야 하는가라고 자문할 정도였다. 1850년의 법은 3년 거주를 요구했다. 그것은 영원히 의심한다는 의미로, 이미 불량배들을 양산하며 결핵의 온상이라고 손가락질 받던 가구 딸린 셋방의 주민들에게는 참기 힘든 일이었다. 제2공화국부터 위생 관리가 시작되었고 그 규범은 시간이 흘러가면서 점점 명확해졌다. 경시청의 위생국은 침대당 두 사람 이상이 사용하는 것을 금지했고 침대의 수를 줄이도록 권장했다. 1878년의 규정은 1인당 12제곱미터를, 1878년에는 14제곱미터를 요구했다. 특히 방 안에 최소한의 공기 용적은 1890년에 1인당 11세제곱미터, 2인용은 12세제곱미터였으며, "충분한" 수원과 25명당 화장실 하나를 두어야 했다. 그 규정들은 지켜지는 일이 드물다 하더라도, 가구 딸린 전세방과 호텔 주인들을 잠재적으로 통제하는 결과를 가져왔다.

공급량은 줄어들었지만 여전히 상당했다. 1954년의 센에는 1만 2000개의 호텔과 가구 딸린 집들이 집계되는데, 파리에 20만4240개, 교외에 6만1000개 방의 수용능력을 지녔고, 점유율은 파리의 1.4퍼센트 그리고 교외의 1.6퍼센트이다. 가구 딸린 셋방을 사용하는 것은 대략 40만 명의 임차인, 즉 인구의 7.5퍼센트였다. 대부분의 호텔은 더럽다고까지는 하지 않더라도 "쾌적한 설비를 갖추고 있지는 않았다." 호텔에는 무일푼인 사람들, 젊은이들, 매를 맞은 여성들, 외지에서 온 사람들, 많은 알제리인이 유숙하고 있었다. 1950년대에 사회학자 앙드레 미셸은 파리의 낡고, 시끄럽고, 더러운 호텔에 살고 있는 276세대들에 대해 조사를 실시했다.[38] 호텔 방은 오베르뉴 사람이든 아니든, 오로지 그들의 이익만 신경 쓰는 호텔 주인에 의해 수리되지만 그것은 예외적인 경우일 뿐이다. 임차인들은 자신들이 직접 내부를 다시 칠했고 전구를 교체했으며 관이 샐 경우 땜질하기도 했다. 어떤 사람들은 몰래 가구를 샀다. "이 식탁에서 식사하면 구역질이 난다." 위생은 개의치 않으므로 공용 욕실이나 샤워실조차 없었다. 단지 45퍼센트만 수돗물이 나왔고 어떤 호텔 주인들은 낮에는 물을 잠가놓았다. 편리한 설비는 없었다. 45퍼센트는 중앙난방이 되었지만 공간은 협소했다. 방들은 가로 3미터에 세로 4미터, 세대당 12제곱미터 이하였다. 의자-침대, 캠핑 장비 같은 아주 간단한 가구들이 대개의 공간을 차지하고 있었다. 칸막이벽은 얇고 사생활은 존재하지 않았다. 아이들은 복도를 지나다가 가장 좋은 방들을 차지하고 있는 매춘부들과 마주치기도 했다. 임대차는 단 며칠 동안만 가능했기 때문에 어떤 안전도 보장되지 않았다. 젊은 부부는 이 호텔에서 저 호텔로 우왕좌왕했다. 1941년에 강제 이주되어 모든 것을 잃은 한 여성은 돌아온 이후 날품으로 불안정한 방식으로 살아가고 있었다. 임차인들은 또한 손님들의 요구에 따라 호텔 내부로 옮겼다. 싸구려 호텔 주인들은 무엇보다도 그들이 눌러앉을까 두려워서 접이 침대나 유모차를 들여오지 못하게 했다. 이 갈등은 되풀이되었다. 불법적인 집세에 반대해 단체를 조직한 임차인들은 법원에 소환되고 경영주의 변호사들에 의해 "소련식 음모"로 고발당하기에 이르렀다. 알제리인들, 마그레브인들, 아프리카인들은 특히 학대를 받았다. 그들을 괴롭히는 것은 무엇이든 다 좋았다. 그러나 아직 알제리 전쟁은 시작되지 않았다.

반세기 후 가구 딸린 셋방의 밀집 지역은 또 축소되고 상황이 악화되었다. 이 제도의 쇠퇴를 (그러나 또한 그 제도의 지속을) 기술하는 클레르 레비브릴랑[39]에 따르면, 오늘날 파리에는 관광산업을 위해서 필요한 설비 전체를 개선했기 때문에 완전히 낙후된 가구 딸린 호텔들은 수천 개만 남아 있다. 한 시대에 대한 증인이지만 쇄신된 도시 구조에 박혀 미관을 해치는 것으로 판단된 수많은 다른 호텔은 대중적인 지역들을 완전히 개조했던 적재기에 실려가버렸다. 그 호텔들은 교체되는 것이 아니라 제거되었다. 남아 있는 호텔들은 "영구적인 빈민굴"과 흡사해졌다. 2005년 여름에 일어난 파리오페라 호텔의 화재는 여러 희생자를 낳았고 그런 호텔들의 위험성을 보여주었다. 당시 아주 잠깐의 흥분된 순간에 카메라들이 많은 가족이 밀집해 있는 방을 덮쳤다. 그들 대부분은 청소 일을 하면서 파리 중심가에 붙들려 있는 아프리카인들이었다.

그들은 더 나은 것을 기다리고 바라면서 그곳에 있다. 옛날 그들의 선임자들인 리무쟁 사람들, 브르타뉴 사람들, 이탈리아인들, 폴란드인들, 중부 유럽과 동유럽의 유대인들처럼.

내 세간을 갖춘 집에 살고 싶다

왜냐하면 가구 딸린 셋방은 한계가 있기 때문이다. 사람들은 그들이 받고 있는 속박과 셋방 주인의 변덕이나 악착스러움에, 갖춰지지 않은 보잘것없는 그들의 가구들에 지쳐 있었다. "셋방에서 자기 가구로 살림하고" 자기 세간을 갖춘 집에서 살고 싶어하는 마음이 생겨나기 시작했다. 생도미니크 가의 가구 딸린 셋방에 사는 라센 도청의 하급 직원인 샤를 루이 필리프는 그의 어머니에게 편지를 쓰면서(1896년 10월 25일) 소음, 속된 잡거^{雜居}생활, 더러움에 대해 한탄했다. "호텔생활은 형편없습니다. 밤낮으로 언제나 언쟁하고 서로 때리는, 행실이 좋지 못한 사람들과 함께 살고 있습니다. 방은 더러워서 불쾌하고 관리가 잘 되어 있지 않습니다. 제 침대의 시트를 갈지 않은 지가 세 달이 다 되었다는 사실을 말씀드리면 어머니께서 이 상황을 상상하실 수 있을 겁니다. 대야와 물병에 끼어 있는 때는 완전히 묵은 것이라 더 이상 제거하기도 힘듭니다. (…) 적당한 호텔의 적당한 방은 가격이 엄청납니다. 그래서 저는 언제나 천박한 이웃들이 있는 평판이 형편없는 호텔에 묵을 수밖에 없을 겁니다." 그는 어머니에게 "가구 몇 채를 사기 위한" 돈을 부쳐달라고 부탁한다.[40] 그렇게 하는 것이 결국 가구 딸린 셋방보다 비용이 덜 들 것이라는 그의 논법에 어머니는 냉담한 반응을 보였다. 쥘 발레스 역시 그의 아버지에게 똑같이 말했다. "작은 가구 대금을 가불해주세요. 그게 있다면 독방처럼 한쪽 구석에는 가구를 놓고 안심하고 살 거예요." 그는 라콩트르카르프에 집세가 80프랑 선불인 빈방을 하나 찾아냈다. "제발, 제가 많은 고통과 위험을 겪지 않도록 돈을 지불해주세요." 그는 가난하고 인색한 부모에게서 더 많은 것을 얻어내지는 못했을 것이다. 외상으로 예약 구입을 하는 한이 있더라도 스스로 적절한 조치를 취하는 것이 더 나은 방법이었으리라.

이처럼 파리로 상경해 자유를 갈망하는 젊은 노동자의 수는 늘어난다. 구두수선공인 장 그라브는 1875년에 수도에서 어려움 없이 일자리를 찾았다. 그러나 주거 환경은 좋지 못했다. "나는 가구 딸린 셋방에 있고 싶지 않다. 그래서 크레팽 상점에서 예약 구입을 했다. 침대, 서랍장, 테이블 그리고 몇 개의 의자를 구입하는 데 필요한 돈의 절반을 불입해 쿠르 데 라므의 셋방에 정착했다. 나는 내 집에 있는 것처럼 편안했다."[41] 이렇게 한꺼번에 최소한의 가구류가 결정되었다. 가족으로부터 해방된 잔 부비에는 지저분한 가구 딸린 셋방 때문에 괴로워했다. "호텔이 아주 더럽고 수상한 사람까지 드나들어 질색이다. 내 집이라면 했을 청소를 이 작은 방에서는 할 수 없었다. (…) 식도락이나 쾌락을 포기하는 것은 고통스럽지 않지만 청결함을 포기하는 것은 참을 수 없었다. 나는 모든 희생을 치르고 내 집에서처럼 편안히 지내기 위해 필요한 것을 사기에 이르렀다." 그녀는 "셋방에서 하는 자기 살림"에 꼭 필요한 목록에 린네 제품과 취사도구를 추가했다. 그녀는 벽에 하얀 석회 칠을 했다. "안락하진 않았지만 내 집에 있는 것 같았다." 양차 대전 사이에 메닐몽탕*에 거주한 노동자 나벨은 다음과 같은 이야기를 힘주어 한다. "방문을 열면서 사랑, 그리고 진정한 삶이 시작되었다. 그 방에서 나는 공장생활을 견딜 수 있는 이유를 찾았다. 나는 고독에서 벗어났다. 안은 아직 자고 있었다."[42] "진정한 삶"이란 자유롭게 사랑하는 것이다. 젊은 노동자들은 그들의 성생활을 일찍부터 시작한다. 그들은 공장에서, 도랑fossé에서, 비스트로bistrot**에서 육체관계를 맺었다. 영국에는 "청년들과 아가씨들이 둘씩 올라가는 방을 두고 장사하는 술집이 있었다. 일반적으로 성관계는 열네다섯 살에 시작된다."[43] 그들은 부모를 일찍 떠나 다소 안정적인 동거생활에 들어갔다. 내연관계는 보수주의자들을 흥분시키는 관습이고, 자선단체들이(프랑스의 생프랑수아-레지, 영국의 런던 미션) 적법하게 만들려고 애쓰는 관습이다. 규제의 결과, 경제적 필요성, 시선의 압박은 마침내 행동의 모델을 만들어낸다. 그래서 결

* 1860년에 파리시에 편입되어 현재 파리 북동부 20구의 구역. 서민 정서가 짙게 남아 있는 노동자 동네.
** 소박한 레스토랑.

혼은 이상적인 것이 아니더라도 적어도 사회적으로 바람직한 목표로 인정되고,[44] 방은 그 목표의 수단이 된다. 사람들은 최소한의 공간과 세간을 추구하고 그 후 수입에 따라서, 그리고 자녀가 태어남에 따라 목표를 향상시킨다. 처음에는 방 한 칸, 다음에는 작은 방이다. 우선 침대 틀, 다음에는 테이블, 의자, 서랍장, 커튼이다. 어떤 사람들은 호화롭게 집 안을 꾸미게 될 것이고, 다른 사람들은 단지 물건과 가난을 쌓기만 할 것이다.

그것은 적어도 프레데리크 르플레가 설립한 사회경제학회가 내놓은, 가족에 관한 개별 연구들이 암시하는 바이고,[45] 그 연구의 조사원들은 도덕적인 판단을 회피하지 않았다. 궁지에서 벗어나는 좋은 가정도 있었다. 그들은 도덕관념을 지녔고, 예수의 수난상, 성모상, 몇몇 성화聖畵를 알아볼 수 있는 약간의 신앙심도 지니고 있었다. 부지런한 습관들, 공장이 제공해주는 사회적 특혜를 이용하는 능력, 땅을 지속적으로 활용해서 경작물을 현물로 교환하는 것은 순수한 급여생활자의 살림에 보탬이 되었다. 그들은 내연관계를 삼갔으며, 무엇보다도 그들에게는 식품과 예산의 균형을 맞춰주는 열쇠인 살림 잘하는 주부가 있었다. 왜냐하면 영국인 가정에서보다 프랑스인 가정에서 주부는 가족의 "재무장관"일 뿐만 아니라 의사였기 때문이다. 재간 있는 그녀는 시장의 적당한 물건들을 이용할 줄 알았고, 가죽처럼 질긴 고기를 삶고, 먹고 남은 음식들을 요리하고, 도시락을 준비하고, 헌옷을 수선할 줄 알았다. 그녀는 아버지의 기본 급여에 "부수입"을 보태는 데 열렬한 관심을 갖고 있었다. 그 부수입은 청소, 간호, 세탁, 장보기, 배달 또는 가내노동에서 얻어진 것이다. 기성복 제조업과 앞서 말한 외상으로 산 그 유명한 싱거

재봉틀이 좋은 기회들을 늘렸지만, 경쟁으로 인해 이는 치명적인 함정으로 바뀌어버렸다. 20세기 초에 직업사무소|46의 조사원들은 노동자들의 방에서 고한苦汗 제도sweating system •의 피해를 측정했다.|47

르플레의 조사원들은 규범에 대한 호의적인 시선 외에도 큰 장점들을 지니고 있다. 그 분야의 실무 경험, 대단히 정확한 일률적인 질문표에 따르는 엄밀한 관찰 방법, 그들이 보기에 예산은 가정생활을 요약해서 나타내는 것이므로 가정의 지출과 수입을 계산하려는 의지, 방문한 집 내부에 대한 기술을 거의 공증된 목록이 될 정도로 작성하는 세부에 대한 관심인데, 그들은 그 시대의 사회를 그린 문학작품에서 비슷한 예를 찾을 수 없어서 이 공증된 목록에서 착안했다. 결국 가족 이야기와 그 주거 사이에 성립된 관계를 시사하려는 욕구는 그들의 관찰에 개성적이고 감수성이 예민한 어조를 부여했다.

노동자들의 집 안

방식은 언제나 동일하다. 개별 연구는 아버지, 어머니의 연령 및 각 자녀의 성과 함께 가족의 구성을 제시한다. 건물 안에 주거 상황, 즉 배치와 방의 수, 규모, 조명(창문이나 천창의 수), 난방(벽난로, 난롯불), 그다음에 가구류의 목록이 나온다. 우선 침대(수, 자재)와 침구(매트리스, 매트리스를 올려놓는 밑판, 시트)는 언제나 별도로 취급되지만, 중요하다. 그리고 사용 연수와 상태가 표시된 다양한 가구, 최초로 시작한 장식이라 할 수 있는 실용적이거나 개인적인 물건들, 즉 페인트 칠

• 극단적인 저임금과 장시간 노동 등 나쁜 노동조건 하에서의 가혹한 노동착취 제도.

이 되어 있거나 벽지 발린 벽의 상태, 커튼의 목록이 작성되었다. 가구와 물건들처럼 의류도 목록의 대상이고 재산 가치의 지표인 상세한 평가의 대상이다. 전체적인 평가에서는 조사원이 받은 인상과 "정돈과 청결"의 정도로 알 수 있는, 가족의 물질적이고 정신적인 상황에 대한 진단을 간략한 방식으로 쓴다.

몇몇 집의 문을 밀고 들어가보자. 파리의 한 목수[48]는 연간 180프랑의 집세를 내고 아내와 열두 살 된 아들, 일곱 살 된 딸과 함께 관리가 열악한 파리 9구의 한 건물 6층에 살고 있었다. 62명의 임차인은 과거나 현재나 서민생활에 매우 중요한 인물인, 2층에 협소한 수위실(거의 언제나 사실이다)을 갖고 있는 관리인으로부터 횡포를 당하고 있었다.[49] 주거지(총 21제곱미터)에는 방이 두 개 있다. 매우 작은 크기의 입구 쪽 방 하나와 창문 하나와 빛이 창으로만 들어오는 벽난로가 있는 침실, 지저분한 세탁물을 두는 데 쓰이는 작은 지붕 밑 창고방이 하나 더 있다. 부모들은 제일 큰 방(안방)에서, 자녀들은 "각자 따로 입구 방에서" 잔다. 그 방에는 테이블과 연통이 달린 주철제 난로와 부엌에 필요한 시설이 갖춰져 있다. 868프랑의 값어치로 평가되는 가구류에는 "부르주아적 삶을 지향하는 듯한 호화로운 장식"은 없었다. 가죽띠가 달린 호두나무 목재로 된 부모들의 침대, 양모 매트리스 3개, "공용의" 깃털 매트리스 2개, 침대 폭과 비슷한 길이의 깃털로 채워진 베개 1개, 작은 베개 2개, "공용" 털이불 1개, 부드러운 양모 플란넬 천으로 된 이불 1개, 흰 광목으로 된 발치를 덮는 이불 1개, 한 쌍의 커튼, 아들을 위한 가죽띠 침대와 딸을 위한 짚을 넣은 매트가 있는 야생 벚나무침대 그리고 2개의 작은 광목 커튼이 있다. 커튼을 쓰는 것은 떨어져 있고 싶어하는 욕구를 나타낸다. 침실의 모든 가구는 호두나무로 만들어져 있다. 문이 양쪽으로 열리는 옷장, 머리맡 탁자, 서랍장, 방수포로 덮여 있는 테이블, 짚을 넣은 의자 6개. 물건들로는 유리 원기둥 아래 조각이 새겨진 목재 추시계, 채색된 그림이 들어 있는 액자, 소형의 성모 입상, 새장과 딸린 물건들, 즉 몇 권의 책(신앙, 역사, 요리에 관한)과 세면도구와 취사도구가 있다. "공간이 협소해서 침실의 벽난로나 입구 방의 난로에서 음식을 끓일 수밖에 없는 점을 감안하면 집은 깨끗하다." 침실에는 새장이 보인다. "노동자는 자신에게 준 새 한 마리를 기꺼이 돌보고, 아내는 그 새를 우아한 새장 속에 가두어 정성스럽게 먹이고 기른다." 남성 노동자뿐 아니라 특히나 여성 노동자는 새, 고양이, 심지어 개와 같은 가축이 있다는 것을 기쁘게 생각했다.

파리 장티이 부근의 "제조공장"[50]에서 일하는 한 숄 직조공은 마치 오래전에 방에서 일했던 노동자처럼, 옛날식으로 작업장과 주거를 통합했다. 여섯 명(그중 네 명은 열 살, 여덟 살, 여섯 살, 네 살 먹은 아이들이다)이 함께 쓰는 이 공간에서 그는 커다란 방을 칸막이로 사등분해서 사용했다. 구석방은 부엌으로 쓰고, 남자 아이들은 식당에서 잤으며, 막내는 요람에서 잤다. 잡동사니를 쌓아놓는 방에는 두 딸의 침대가 있다. "부부의 침실"은 또한 접대 공간을 겸했다. 그 방에는 대리석 틀로 된 벽난로가 있는데, 인물 그림이 장식된 병풍으로 막아놓았다. 아이들이 그 방에 못 가게 막고 싶은 주부는 늘 걱정이 되었다. 부부는 그 방을 새롭게 장식했다. 벽지를 새로 바르고 빨간색 타일을 붙였다. 흰 광목 커튼으로 둘러싸인 호두나무 침대 외에도 배우자가 지참금으로 가져온 몇몇 가구가 있었는데, 그중에는 병풍과 서랍장도 포함됐다. 습한데도

「직조공」, 반 고흐, 1884

불구하고 모든 가구가 잘 관리되어 "정돈 잘하고 부지런하다는 인상을 줬다."

그런가 하면 최악의 경우는 이러했다. 파리 근교의 석공 가족[51]은 부부와 네 명의 자식으로 총 여섯 명인데, 이들은 침대 3개와 요람 하나, 그리고 사치품이라고는 호두나무 목재로 만든 불룩한 모양의 여행용 궤밖에 없는, 50제곱미터 타일 붙인 방에 몰아넣어져 있었다. 또한 물장수[52]는 부부가 방 하나(12제곱미터)를 쓰고 아이들이 작은 방(6제곱미터) 하나를 썼다. 가구는 초라한 채로 손질이 안 되어 있었으며, 일부는 선대로부터 물려받은 것이었다. 부엌이 없기 때문에 방도 지저분했다. 파리의 양복 재단사[53]는 6층 복도에 고만고만한 12개의 방이 줄지어 있는 17제곱미터의 방에 세들어 살았는데, 연 140프랑을 지불했다. 부부는 두 살짜리 아들과 함께 자고 침대 발치에 큰아들의 아동용 침대를 두었다. 조사원들은 내연관계에 의해 악화되는 정숙하지 못한 이 같은 상황을 강조했다. 할인 가격으로 구입한, 품질이 나쁘고 보존 상태가 형편없는 가구가 많았다. 서랍장, 궤, 호두나무 테이블, 너덜너덜한 의자 4개, 주철제 난로, 거울, 화병 4개, 새장 2개가 있었다. 조사원들에게 이 잡동사니들은, 장래를 생각조차 할 수 없는 하찮은 직업을 가진 이들이 삶에 대한 의욕을 상실한 것의 표징으로 비쳤다. "늙은 노동자들은 길에서 죽는다"고 그 직업의 종사자들은 말한다. 조사원들이 못마땅해하는 노래하는 카페, 고게트goguette[*]의 단골인 재단사들은, 조사원에 따르면 사회에 반감을 품고 있다.

집 안은 가족의 변천 과정을 시사한다. 그러한 관점에서 릴의 내복 제조 노동자와 파리의 장난감 상자 제조 여공[54]은 선명하게 대조를 이

---

[*] 노동자들이 주로 드나들던 먹고 마시고 노래도 부르던 19세기에 번창한 술집.

룬다. 철물공에게 유혹당한 뒤 버림받은 아가씨는 자신의 일곱 살 난 딸과 함께 벽난로도 없는, 10제곱미터의 방에서 매달 6프랑의 집세를 내며 살고 있었다. 아무런 장식도 없는 벽, 못쓰게 된 가구들, 즉 건들거리는 테이블, 밑바닥이 빠진 의자들, 4개의 판자로 된 침대(이른바 1849년 전염병이 유행하는 동안 급조된 "콜레라 환자용" 침대다)……. 흔히 접할 수 있는 가난한 여성들의 실상은 이러하며, 무척 다르긴 하지만 장난감 상자 제조 여공의 상황을 나타내기도 한다. 조사원에 따르면, 알코올중독 노동자인 남편과 별거 중인 마흔 살의 여성 재택노동자는 열일곱, 열세 살의 두 아들과 함께 다락방을 개조해서 "가난하지만 예술적으로 장식하려고" 한 그곳 작은 방들에 머물고 있었다. 그녀의 방(12제곱미터)에는 2개의 철침대가 있다. 그녀가 둘째 아들과 함께 쓰는 큰 침대, 큰아들이 쓰는 작은 침대, 낡은 호두나무로 만든 가구들, 서랍장이 딸린 세면대, 고대 양식의 벽난로 장식품, 신부의 머리쓰개와 함께 놓인 지구의, 예수의 수난상, 오래된 판화들, 사진들, 커피세트 일습. 과거 번영의 잔재인 이 잡다한 물건들은 노동자의 쇠락을 말해주고 있다. 그것에 대해 조사원은 그녀가 "알코올중독자"[55] 때문에 몰락했고 고한高汗 제도로 인해 곤경에 처하게 되었다고 지적했다.

기능사인 파리의 철물 단조공은[56] 운이 좋은 편이다. 1년에 250프랑으로 라샤펠 대로에 108명의 임차인이 살고 있는 비교적 최근에 지어진 건물에 방 3개를 세냈는데, 총 28제곱미터다. 그곳엔 떡갈나무 바닥이 깔려 있고 벽난로가 갖춰져 있다. 이 부부와 다섯 명의 자녀에게 그리 여유 있는 공간은 아니었지만 조사원은 그 집 구석에 있는 부부의 방에 쏟아진 정성을 강조했다. 매트리스를 올려놓는 밑판이 있는 호두나무

침대는 흰 광목 커튼이 둘러져 있었다. 머리맡 탁자, 거울이 달린 세면대, 양쪽으로 열리는 옷장, 짚으로 채운 의자, 18개월인 아기용 철제 요람 하나. 다시 말할 것은 아무것도 없다. 벽난로 위에는 작은 청동상들과 함께 유리 덮개가 씌워진 추시계가 있다. 벽에는 금박 목재 테두리가 처진 거울, 그림 액자 6개 그리고 사진들이 있었다. 벽지는 북향이라 습한 까닭에 색이 바랬지만 창문에는 색깔 있는 인도 사라사 커튼이 쳐져 있었다.

파리의 최고급 가구상은 대부분 부자이지만 5명(부모와 열여덟·열셋·여덟 살의 자녀)이 사는데 방이 고작 2개뿐이다. 기품 있는 응접실, 부모 방의 마호가니 침대, 문이 거울로 된 장롱, 소파, 벽난로의 완비된 장식품, 새장 등은 소시민적인 동경을 나타낸다. 문제는 이 모든 것이 20제곱미터 안에 있다는 것이다. 포부르 생탕투안의 마지막 감독관인 피에르 뒤 마루생에 따르면, 이것이 "신부를 의사로 바꿔버릴" 정도로 위생에 신경 쓰는 가족을 화나게 하는 이유다.[57]

이와 비교해볼 때 기즈에 있는 생산협동조합의 조립공 감독인[58]의 주거는 궁전에 가깝다. 다섯 명이 침실 2개와 작은방 3개, 부엌 겸 식당을 갖춘 진정한 아파트에 살았다. 현대성의 상징인 매트리스를 올려놓는 침대 밑판이 있고, 커튼은 없는 큰 침대와 머리맡 탁자, 그림들, 화병들, 오래된 양탄자, 거울 그리고 사진들, "큰 생산협동조합"을 묘사한 판화가 있는 방을 이들 부모가 사용했다. 이 정도는 당연한 것이다. 능력과 도덕성 때문에 선발된 이 기능사의 생활 형편은 비교적 안락하다. 그는 "집 안 꾸미기를 좋아한다"고 조사원은 적었다. 그는 그러한 점에서 고댕의 "사회적 해결책"에 동의했다. 고댕에게 주거는 기본적이었고

첫 번째의 "부에 상당하는 것"이며 직업윤리의 토대다.[59]

노동자의 생활 방식

　　　　　주거 분야에서 노동자들은 별수 없이 따라야 하는 조건에 의해 그들이 원하는 것이 무엇인지 정해진다. 그들이 원하는 것은 무엇인가? 우선 직장 가까이에 사는 것이다. 그러기 위해서 무엇보다 일자리를 얻을 수 있는 도시의 중심지를 찾게 되는데, 여기에는 초과 근무시간에 따라 지불되는 "추가 급여"를 찾는 여성들도 언제나 포함된다. 오스만*의 시대에 노동자들은 중심가에 집착했고 한 주거에 두 가족이 몰릴 것을 각오하고도 "카옌**(교외)에의 강제수용"을 거부했다. 그리고 그들은 가계의 5분의 1을 초과하지 않는 적절한 집세를 내려고 애썼다. 그들의 부담스러운 식비(50~70퍼센트)가[60] 가계의 대부분을 차지했기 때문이다. 사교생활을 하고 공공장소에 출입하기 위해서 그들은 아직은 할 수 없는 집안 꾸미기보다 의복에 더 많은 돈을 지출했다. 노동자들이 주거에 관심을 갖지 않는 한 그 문제에 대해 결론을 내리지 말아야 한다.[61] 최근의 모든 연구(Magri, Faure[62])는 견딜 수 없는 환경에 처한 노동자가 포기했다고 보는 성급한 이 주장이 거짓이라고 반박하지만, 그렇지 않다.

　노동자들은 세들어 사는 처지를 개선하고자 노력했다. 그들이 굉장히 잦게 이동하는 이유 중 하나였다. 파리에서는 집세를 낼 때마다 다소 은밀한 이사가 행해졌다. 그것은 단지 집세를 내지 않으려는 것이 아

---

*1809~1891. 정치가로 제2제정 때 센 도지사로서 파리의 도시계획을 수행했다.
**15세기부터 19세기까지 존재한 프랑스 순례의 직인단체가 각지에서 운영했던 숙소.

나라 빠르게 늘어나는 가족을 더 좋은 집에 거주하게 하려는 노력이기도 했다. 파리 경계지역의 하늘과 나란히 늘어선 수레 손잡이를 찍었던 외젠 아제의 사진에 나오는, "바퀴 둘 달린 손수레들"이 간단하고 가벼운 가구류, 침대, 매트리스, 냄비들을 운반했다. "보투르 씨"(집주인의 별명)에게 선전포고를 한 벨 에포크의 무정부주의자들은 열악한 주거에 처한 사람들을 열성적으로 지원하는 활동을 했다.

이삿짐을 싼 이들은 정확히 무엇을 찾는가? 우선 따로 음식을 할 수 있는, 식품을 준비하고 익히고 정리할 수 있는 방이었다. 연기나 냄새 때문에 그것은 가장 중요한 일이었다. 노동자의 코가 다른 사람들처럼 예리해서 그렇다. 이는 또한 질서와 위생 때문이고, 음식을 먹는 곳과 수면 공간이 뒤섞이는 것을 혐오하기 때문이기도 하다. 좁더라도 작은 방에 식품과 취사도구들을 정리하려고 선반을 설치한다. 겨울에 사용하는 방의 벽난로 외에 음식물을 익히기 위해 주방용 팬과 화로를 두었다. 부엌은 첫 번째로 필요한 것이다.[63] 반드시 먹기 위해 그런 것은 아니다. 자리가 없으면 대부분 되는 대로 갖다놓고 "앉지도 않은 채 급히" 먹는다. 그러나 저녁과 일요일에, 되도록 원탁인 식탁에 둘러앉은 가족 식사의 중요성은 더 커지고 있었다. 1일 8시간 노동제(1906)를 위한 노동총동맹CGT의 포스터에 이 이상理想이 그림으로 표현되어 있다. 그 포스터에는 알코올중독 노동자의 누더기를 걸친 가족이, 상냥한 주부가 가져오는 김이 나는 수프 그릇을 둘러싸고 식탁에 앉아 있는 가족과 대조를 이루고 있다. 그 주부의 남편 주머니에는 『노동조합운동의 투쟁La Bataille syndicaliste』이 들어 있다. 사람들은 이 두 장 접이 그림에서 "긴 노동은 가족들을 불행하게 만들고 짧은 노동은 가족들을 행복하게 만든다"라는 문구를 읽고 저녁 식사를 하기 위해 모인다. 근로 시간의 단축과 주거의 개선은 동시에 진행되었다.

그다음에는 "방"의 밀도를 완화시키고 한편으로는 부모와 어린아이를, 다른 한편으로는 아들과 딸의 잠자리를 분리할 수 있는 두 번째 방을 원하게 되었다. 결국 노동자의 생활 방식에서 잠자리를 이중으로 분리시키는 것이 확실히 정착되기 시작했다. 1884년 국회 앙케트의 일환으로 질문을 받은 노동자들은 이 보잘것없는 요구 사항이 더 많은 공동 화장실과 함께 그들에게 얼마나 중요한 것인지 상기시켜주었다. 분명히, 그들은 머뭇거리며 "서민들은 자신의 집에 화장실을 갖고 싶어하지 않는다"고 말했다. 하수도망과 급수 체계가 갖춰지지 않은 시기에 그것은 실현 불가능하고 생각할 수 없는 호사였다.[64] 그들의 요구는 어쨌든 잠은 제대로 자야 한다는 것이었다.

방이 두 칸이면 "부부의 침대"가 있는 진정한 방, 즉 침실을 가질 수 있다. 이 침대가 있으면 부부가 되고 적절하고도 긴밀한 성적 관계도 가능하다. 소음과 사람들의 시선에 둘러싸여 사랑의 행위를 서둘러서 하는, 짧은 성관계로 만들어버리는 흔한 욕구불만이 상상된다. 상공회의소(1909)의 조사에 따르면 프랑스 노동자들은 서유럽에서 주거 환경이 가장 열악하지만 어쨌든 금세기 초에는 변변찮은 수준에 이른다. 이 시기 20퍼센트의 노동자들은 아직 단칸방에 살고 있었으므로 80퍼센트의 파리 노동자들의 경우가 그런 수준에 이르렀을 것이다. 샤를 가르니에에 따르면 "벽난로도 없는 단칸방에는 가장 심한 가난이 도사리고 있다. 그래도 벽난로가 있어 침실과 동시에 부엌으로 사용되는 방은 빈곤한 노동자의 주거지다. 부엌이 침실과 구분되는 것은 사람들의 생활이

비교적 여유 있는 수준에 올라섰기 때문이다. 식당이 있다는 것은 상황이 더 향상되었음을 나타낸다. 그것이 일반 노동자 계층이 갖출 수 있는 최대한 안락한 설비일 것이다."|65

하는 수 없이 어린아이들은 부모의 침대 발치에서 잤고, 큰 아이들은 부엌으로 쓰는 작은방에서 잤다. 노동자들은 접어 넣을 수 있는 작은 침대와 가벼운 철제 침대의 수를 늘렸다. 커튼을 치고 시트를 깔았으며 병풍을 사용했다. 이동식 칸막이를 세워놓기도 했다. 확장 대신 분할인 것이다. 러시아의 공동체 아파트에서처럼 한쪽 구석들은 방을 대신하거나 방처럼 사용되었다. 예를 들면 18세기 때 이동식 테이블에 차리는 식사가 그러했다. 그렇기에 끊임없이 정리하고 변경하고 개조할 수밖에 없었다. 쿠포*와 결혼해서 살고 있는, 쓸 만하고 최적인 주거를 갖춘—키다란 방 한 개, 작은방 한 개와 부엌—제르베즈처럼. "에티엔**의 침대가 작은방을 차지하고 있었다. 그 방에는 또 다른 작은 아동용 침대를 들여놓을 수 있을 정도였다. 큰방에 대해서 말하자면, 그 방은 그들의 자랑거리였다. 아침부터 그들은 알코브***의 흰 광목 커튼을 쳤다. 그리고 그 방은 한가운데에 테이블이 있는 식당으로 개조되었다." 겉모양을 유지하려면 힘이 필요하지만 그 힘은 시간이 흐르면서 약해진다.

이 좁은 주거들의 꼼짝할 수 없는 환경 속에서 보이는 미세한 세부적인 것들, 즉 목재의 선택, 벽지, 물건이나 그림의 선택, 책들의 존재는 소유욕을 암시한다. 거의 언제나 중고매장에서 구입한 육중한 가구들은 보통 호두나무로 만들어졌다. "침대, 테이블, 의자들"에다 머리맡 탁자(자리가 없어서 침실 가운데 하나뿐인 침대가 놓이는 경우가 드물기 때문에), 화

---
* 지붕 위 함석을 손보는 함석장이로 졸라 『목로주점』 속 제르베즈의 두 번째 남자.
** 제르베즈와 랑티에(첫 번째 남자) 사이에 태어난 아들.
*** 침실 벽을 파서 침대를 들여놓은 곳.

장대 세트, 서랍장이 추가된다. 서랍장은 노동자들이 여전히 선호하는 가구로, 직원들의 세간에서처럼 문이 거울로 된 옷장이 나오기 전 양쪽으로 여는 옷장과 앞다투어 갖추려는 것이었다. 때로 안락의자, 함이나 불룩한 모양의 여행용 궤는 시골풍의 유산을 떠올리게 한다. "자기 세간을 갖춘 집에 산다"는 것은 가구 딸린 셋방과의 결별이고, 사랑의 실현, 부부의 성립, 삶의 시작, 가족계획, 정착의 시초다. 제르베즈는 "가구를 신앙처럼 여기며 어머니와 같은 정성으로 닦고 아주 작은 흠집에도 마음이 찢어지는 것 같았다."|66 벽난로, 서랍장은 물건 진열대 역할을 했다. 추시계, 반구형의 유리덮개가 씌워진 신부가 드는 오렌지 꽃다발, 도자기, 골동품, 소비자를 단골손님으로 만들려고 이런저런 브랜드 광고로 할인판매 한 싸구려 상품들, 경건한 소형 입상들이 늘어서 있는데, 이는 르플레가 조사한 노동자들의 집에만 있는 것이 아니었다. 리즈와 아그리콜 페르디기에의 집에는 거울 양쪽에 "꽃줄 모양 장식이 달린 귀엽고 작은 검정 벨벳 쿠션이 있었고, 그 위에는 가난한 살림의 유일한 보석인 가족의 큰 메달과 은으로 된 손목시계가 놓여 있었다." 옷장의 돋을새김 장식 위에 제르베즈는 두 개의 흉상을 두었다. 파스칼과 베랑제*, 이들은 아마도 어떤 골동품 상점에서 수집한, 우연히 만난 "위인들"일 것이다. 이는 당시 그 부부에게 활기를 불어넣어주었을 문화적 상승에 대한 의지를 나타낸다.

비어 있는 유일한 공간인 벽에 대해서는 실용적으로 활용하는(정리할 수 없는 모든 것을 잔 모양의 장식이나 못에 걸었다) 동시에 장식하려는 욕심도 냈다. 집 한 채를 소유한다는 것은 우선 헌집에 석회를 바르고, 칠을 다시 하고 유행과 시대에 따라 겹겹이 쌓인 옛날 벽지 위에 두루마

---

*1780~1857. 프랑스의 서정시인이자 샹송 작가. 대표작으로 『이브토의 왕』 등이 있다.

리 벽지를 붙이는 것이다. 18세기부터, 부르주아적이 되기 전에 대중적으로 사용하던 벽지는 방을 새롭게 만드는 관례를 구현한다. 샤를 블랑(사회주의자 루이 블랑의 동생)*은 벽지의 민주주의적 특성을 강조한다. "벽지 산업은 이제부터 유복하지 않은 사람들을 위해 이중적인 성향에 부응한다. 즉 자신을 잘 가두려는 욕구, 인간을 세상으로부터 분리시키는 아무런 장식을 하지 않은 벽을 감추려는 바람이다."|67 밝은 바탕의 벽지는 페르디기에의 방에 "명랑한 분위기"를 조성해주었다. 꽃무늬나 줄무늬의 벽지는 외젠 아제가 사진에 담은 실내를 장식했다. 꽃다발 무늬에 로맹빌**의 노동자는 못을 쳐서 거울과 액자를 걸고 잔 모양의 장식(커튼걸이)을 설치했다.|68 유리라기보다는 오히려 거울, 드문 사치품, 성화나 역사화들, 르플레의 조사원들이 "외설적"|69이라고 했던 풍속화, 1880년이 지나서 일반적으로 찍게 된 가족사진이 벽을 덮어버릴 정도로 붙여져 있었다. 그것은 두 번째 표면이다. 노동자들은 사진을, 즉 자신의 사진과 신문에 실린 사진을 무척 좋아했다. 그들은 신문의 컬러 광고를 좋아했다. 그중에는 「프티 파리지앵Petit Parisien***」이나 「프티 주르날Petit Journal****」의 삽화가 들어가 있는 부록이 많다. 그르노블의 장갑 제조인은 루이 18세의 초상화를 핀으로 꽂아놓았다. 제르베즈는 프랑스의 총사령관을 선택했다. 그녀는 자기 이웃인 대장장이 구제의 집안 장식에 탄복했다. "위에서 아래까지 사진들, 오려낸 호인들의 사진이다. 네 개의 못으로 고정시킨 채색 판화, 사진이 실린 신문에서 잘라낸 모든 종류의 인물사진들", 탐색하는 듯한 호기심을 드러내는 재미있고

---

*1813~1882, 프랑스 예술비평가이자 역사학자.
**일드프랑스 지방, 센생드니 도에 위치한 프랑스의 읍.
***1876년부터 1944년까지 파리에서 발행된 일간지로 제3공화국 시절의 주요 일간지 중 하나다.
****1863년부터 1944년까지 발행된 파리 지역의 일간지.

이상한 잡동사니들이다.

과부인 어머니와 함께 처녀의 방같이 꾸민 방에서 살고 있는 모범적인 노동자 구제는 또한 "벽에 달린 좁은 책장"을[70] 갖고 있다. 독서는 기품을 지녔다는 표시이자 노동자의 꿈의 표현이다. 마루판을 까는 직공 고니는 "죽을 때까지 우리의 책들과 함께 살 수 없는 것을"[71] 유감스럽게 생각했다. 어떤 책들인가? 노동자의 서가에 어떤 책들이 있는지 아는 경우는 굉장히 드물다. 질랑에 따르면 아그리콜 페르디기에의 떡갈나무 목재로 된 서가의 책장은 "좋은 책들"이 채우고 있었다. 아마도 이 책장에는 동업조합에 관한 책이 많을 것이다. 르플레의 개별 연구에서 때로 목록이 제시된다. 직업에 관한 입문서(유명한 "로베르 입문서"), 요리책, 역사책, 경건함과 정치에 관한 저작들이다. 정치·사회 문제에 참여하는, 파리에서 독립적으로 일하는 한 목수는 직업개론서 옆에 사회주의 저작물을 일렬로 정돈해놓았다. 그중에는 마르크스의 『자본론』, 루이 블랑의 『(생산성 향상을 위한) 작업 조정』, 그리고 외젠 쉬와 빅토르 위고의 작품들이 있었다.[72] 엘리트 노동자는 제2제정 하에 설립되었고, 튀렌 가에 "그대로" 보존된 교육 후원자들의 도서관 내 컬렉션들이 시사하는 것처럼 이러한 책들의 중요한 독자였다.[73]

아제가 사진촬영을 했던 황금빛 도시의 굉장히 가난한 주거에까지[74] 침대며 화장실, 창문 등 도처에 커튼이 쳐져 있다. 이 커튼들은 역경을 이기고 재창조한 하나의 세계, 즉 "집 안"이라는, 행복과 동일한 가치를 추구한다는 의미다. "아그리콜 페르디기에를 둘러싸고 있는 거의 모든 것은 혐오감을 일으키고 불쾌감을 줬지만, 일단 그의 집 안에 다다르면 다른 세상에 있는 것 같았다."[75] 내의류 제조업자이자 고급 여성복 디자이너인(조르주 상드의 디자이너였다) 그의 아내 리즈는 무슬린 천의 커튼을 창에 쳤다. 버지니아 울프도 약간은 교만함이 깃든 태도로 1915년 런던의 변두리에서 똑같은 사실을 지적했다. "가장 더러운 붉은 집들은 언제나 임대되었고 어떤 집도 창문이 열려 있지 않았으며, 커튼이 쳐지지 않은 창이 없었다. 나는 사람들이 자신들의 커튼을 자랑스러워해서 이웃 여자들 사이에 경쟁이 심하다고 추측했다. 그 집들 중 어느 한 집에는 레이스로 된 띠가 줄무늬를 이루고 있는 한 쌍의 노란 실크 커튼이 드리워져 있었다. 방들은 희미한 빛 속에 잠겨 있었을 것이고 아마도 사람 냄새가 배어들어 있었을 것이다. 커튼을 소유하고 있다는 것은 체면의 표시라고 생각해야만 한다."[76]

노동자의 숙소 제공[77]

큰 기업에겐 노동자에게 숙소를 제공하는 것이 절대적인 필수 사항이 되었다. 그것은 노동력을 끌어와 정착시키고 훈련시켜, 기업의 확장에 필요한 "끈기 있는 노동자"를 만들어내는 방법이다.[78] 초기의 "병사 같은 숙소"들의 뒤를 이어 주택단지들이 대규모로 들어섰다. 이 주택단지들은 노동자의 집을 합리적으로 설계하는 건축가들에 의해 구상되었고, 광부 촌에는 작은 집들이, 제련소에는 좀더 세련된 집들이 설계되었다.

광부들은 처음에는 농부였다. 카르모*[79]와 다른 곳 사람들은 그들에게 거실이나 침실보다 더 많은 작은 정원을 제공하려고 신경을 쓴다.

*미디 피레네 지역 타른 도에 위치한 프랑스의 읍.

앙쟁(북부)에서 영감을 얻은 『제르미날Germinal』(1885)*의 고장에는 집 안도 바깥도 모두 인구 밀도가 굉장히 높다. "밀밭과 순무 밭 가운데에 되상 카랑트라는 광부촌이 캄캄한 어둠 속에 잠들어 있다. 작은 집들이 등을 맞대고 있는 네 개의 거대한 단지들, 기하학적이며, 병렬된 병사나 병원이 어렴풋이 보인다. 이는 똑같은 정원이 있는 세 개의 대로大路로 분리되어 있다." 두 번째 단지(구역)의 16번 마외Maheu 가족들 집에 있는 "공동 침실에서 나는 냄새가 풍기는, 2층의 단 한 개의 방만이 짙은 어두움에 잠겨 있다." 정사각형의 방에는 창문 2개, 밝은 노란색 벽, 기본적인 가구류인 옷장, 테이블, 오래된 호두나무로 된 의자 2개, 대야로 사용되는 항아리 곁에 놓인 단지, 못에 걸려 있는 허름한 옷들이 있었다. 침대 3개는 아홉 살에서 스물한 살까지 먹은 아들과 딸들, 즉 여섯 명의 자녀가 둘씩 같이 쓰고 있다. 부모들은 겨우 석 달 된 에스텔의 요람 곁 층계참에서 잔다.[80] 어두운 묘사는 많은 부분이 민속학자 같은 졸라의 현장 조사에 근거한 것이다.

독일의 영향에 대해 대항하는 섬유산업의 경영자가 설립한 뮐루즈**의 산업공동체는 확실히 더 혁신적이다. 경영자의 요구에 부응하기 위해서 기술자 에밀 뮐레는 영국의 전원주택에서 영감을 얻는다. 등지고 있거나 인접해 네 채씩 모여 있는 "뮐루즈의 정사각형의" 집들은 정원, 1층에 "거실"이라는 별명이 붙여진 가족이 공동으로 쓰는 방, 그리고 층마다 한 개 또는 여러 개의 방을, 게다가 지하실과 다락방도 갖추고 있다. 방들의 면적은 9~12제곱미터이다. 그것을 능가하는 모델이 거의 없는 비교적 호화로운 모델의 영향으로 적어도 큰 공장 건물들에 많은

---

*프랑스 소설가 에밀 졸라의 대하소설 '루공 마카르 총서' 중 한 작품으로 『목로주점』에 등장하는 제르베즈의 셋째 아들 에티엔이 성장하여 광산에 가서 파업을 주도하는 이야기를 다루었다.
**프랑스 동부 라인 강 가까이에 위치한 도시.

유사한 집들이 생겨났다.[81]

크뢰조*의 슈나이더 사는 공간과 주거에 대해, 대단히 사려 깊은 정책을 펼쳤다.[82] 그들은 자주 바뀌는 임차인들보다 부동산을 소유한 안정된 노동자들을 더 선호했고, 노동자들이 부동산을 사고 개발하고 증식시키도록 장려했다. 어린이와 소녀들, "살림 잘하는 주부"들을 위한 학교가 화합의 필수적인 요소였다. 감독관들은 게다가 그들이 가정을 훌륭하게 잘 관리한 성과를 평가했다. 그들에게 장려할 목적으로 마련된 주거는 질서, 위생, 도덕성을 반드시 갖추어야 했다. 주택단지에 있는 노동자들의 집에서 놀라운 것은 정원에 공간을 할애하고 개인적인 공간을 소유하며 침실을 윗층에 위치시켜 침실 공간을 더 엄격하게 규정한 것이다. 가족과 사회에 관한 계획을 보여주는 설계의 초안은 적어도 이와 같다. 하지만 그 설계 결과 중에는 우리에게 알려지지 않은 부분이 있다. 프랑스 노동자들은 주택단지의 규제를 싫어한 까닭에 확실하게 항의하며 맞섰다. 하지만 결국 그들은 그 주택단지에 익숙해졌다. 이러한 관점에서 보면, 이 주택단지들은 서서히 그리고 여러 방면에서 출현하는 노동자의 현대적 주거 형태를 비교적 효과적으로 준비시키는 과정이었다.

많은 경향이 여기에 기여했지만, 그것은 지금 우리가 다루려는 주제는 아니다.[83] 20세기 초반의 저렴한 가격의 주택HBM들은 노동자들과는 거의 관련이 없었고, 제2차 세계대전 이후 영세민용 임대아파트HLM와 교외에 빌라들이 모여 있는 주거 형태의 발전과 더 큰 관계가 있었다. 결정적인 변화는 20세기 초반에 노동자들이 주거 또는 부동산까지 획득하게 된 것이다. 이 혁신을 분석한 미셸 베레는 그 후 그들은 도시

* 프랑스 동부 부르고뉴 지방 손에루아르 도의 읍.

보다 주거를 더 중요시하게 되었다고 말한다.[84] 그들은 아주 멀리 떨어진 도시에 가서 모인다. 그러나 그들의 주요한 요구 사항은 개인의 공간을 소유하는 것에 관한 것이다. "노동자는 경영자의 시선이 닿지 않는 곳에 살림 공간을 마련함으로써 자신의 자유로운 영역을 확보하는데, 그것이 무척 소중해서 그 대가로 먼 거리와 피곤함을 감수할 각오가 되어 있다." 공장은 완전히 다 노출된다. "집 안에 있다는 것은 우선 노동자에겐 타인의 집 안에 있는 것이 아니라 자기 집에 있는 것이며, 자기 자신일 수 있다는 것이다." 그들은 집 안 설비를 갖추는 데 투자한다(외상으로). 간단한 조립 작업, 재활용, 일상적인 것을 멋지게 활용하는 데에 놀라운 관심을 갖고서 마음대로 꾸미는데 침실보다는 거실과 식당에 더 주력한다.[85] 취침용으로 정해진 방에서는 은밀함을 얻을 수 있고 그것을 지켜야 한다. 어떤 면에서 노동자들의 침실은 해체되어 그 방의 기능과 위치에 따라 또 방의 개조를 통해서 보통 방이 되어버렸다. 사람들의 시선에서 벗어난 그 방들은 더 이상 주목을 받는 주요한 대상이 아니라 가장 개인적인 부분을 담고 있다. 결혼사진들, 외설스러운 사진들, 종교적인 물건들, 흔히 침대 위에 놓인 십자가에 달린 예수의 수난상이 서랍장 속의 내의나 옷장의 옷들처럼 아주 은밀한 이곳에서 제자리를 찾게 되었다. 노동자들은 그들에게 오랫동안 허락되지 않았던 사생활에 대해 예민하다. 수치심은 그들이 획득한 명예다.

　200년의 노력과 요구, 개인적이고 집단적인 항의, 일상의 행동, 점진적인 와해 전략과 자질구레한 이동 끝에 노동자들은 마침내 숙소를 갖게 되었다. 더 좋으냐 덜 좋으냐는 별개의 문제다. 노동자는 방도 없고 집도 없는 가난한 자와 분리되었다.[86] 가난한 자들은 자기들에게 들어

「지하철에 주거하는 사람들의 풍경」, 헨리 무어, 1941

가라고 할까봐 두려운 숙박시설의 혼잡한 공동 침실보다 더 선호하는 일시적인 잠자리를, 임시 숙소를, 아니 잠을 잘 수 있는 한구석을 찾느라 고생한다. 그들을 파리의 외곽순환도로 주변 우리의 도시 경계나 한가운데에, 개중 몇몇은 이제 문이 닫히고 비밀번호가 설정된 현관 아래 한 모퉁이에 텐트를 치고 그들의 매트리스를 놓고 그들의 침낭이나 이불을 편다. 무슨 수를 써서라도 그들은 자신들의 공간에 대한 권리를 유지하고자 한다. 경계선이 없는 방들, 주거부정자들의 거처들이 이 주거단지에는 늘 존재한다.

일시적인 주거 형태

프랑스에 주거부정자SDF들은 오늘날 10만 명 가까이 있는데, 그들이 이 통계조사를 불신한다 하더라도 그중 8000명은 파리에 있을 것이다.[87] 6퍼센트 조금 넘는 사람들이 선택에 의한 주거부정자일 것이고, 나머지 대부분은 경제적 위기 때문에 견디기 어려운 가난에 의해 그렇게 된 것이다. 그들은 사회로부터 유리되지 않았다. 10명 중 3명은 일자리가 있고, 10명 중 4명은 직업안정소l'ANPE에 등록해 일자리를 찾고 있다. 그들은 자발적으로 이동하는 사람들이라기보다는 들어갈 수 있는 집이 없거나 어음, 집세, 관리비를 더 이상 지불할 수 없는 가난한 노동자들이다. 게다가 부동성(한곳에 정착한다는 것)은 소홀하게 여길 만한 것은 아니지만 부차적인 요소인데도 사람들은 그들을 아주 간단하게 "주거가 없는 자sans domicile"라고 부르는 경향이 있다. 그들 중 3분의 1이 젊은이나 외국인이고 여성도 점점 늘어나고 있다 (18~24세 연령에서는 남자들 수와 같다). 대개는 자녀가 있는 여성들의 노숙의 어려움에 대해 증언을 하거나 글을 쓴 사람들도 있다.[88] 주거부정자 생활을 하려면 아주 기발하고 활동적이어야 하며 한 도시의 자원과 장소들, 구석들을 세세하게 알아야 한다. 지하철 입구, 공원, 광장, 벤치, 공원 탁자는 점점 더 폐쇄적이 되고 경계망이 펼쳐진 공간의 지표가 된다. 다른 곳보다 더 괜찮은 피난처나 수용소들도 있다. 추위가 닥쳐오면 어떤 사람들은 매일 저녁 그곳에 간다. 그러나 낮에는 어디에 짐을 두겠는가? 이 문제를 해결하기 위해 몇몇 단체가 역 수하물 보관소와 같은 보관함을 설치했다. 타협을 모르는 수백만의 완강한 사람들이나, 부랑자와 거지나 다름없는 "사회 이탈자들"[89]을 제외하고 방황은 정말 선택한 것이 아니다.

떠돌이 생활은 오랫동안 생활 방식 중 하나로 여겨졌다. 19세기의 숲과 도시들은 통제되지 않는 영역으로 남아 있어 그곳에서 시골의 부랑자들이나 좀더 도시화된 거지들이 헛간, 누옥, 현관 입구 아래, 마당 구석에 피난처를 찾아냈다. 그들은 주거가 있어야만 주어지는 시민의 자격(예를 들면 투표권)이나 안정되어가는 사회규범 때문에 점차 사회로부터 소외되며 경찰과 헌병에게 쫓기게 된다. 20세기에 이민으로 인해 주거에 대한 수요가 늘어남에 따라 임시 주거 형태는 증가한다. 지저분한 집들, 빈민굴이 주거 밀집지역 아주 가까이에 밀려든다.

파리 주변에는 외곽도로와 외곽순환도로 때문에 쫓겨난 빈민촌의 누추한 집들, 넝마주이들의 텐트가 있었다. 제2차 세계대전 후 모로코의 카사블랑카 교외에 생겨난 드럼통^{bidon} 집의 명칭(1953)인 '빈민굴'

이 출현한다. 단단한 구조물로서 인구 밀도가 상당하다는 것(집 60채에 300명이 사는 식)이 그 특징이다. 알제리인과 포르투갈인들이 운집한 낭테르의 빈민굴은 가족들의 집합소이자 굳게 결속되고 조직화된 사회다. 민족학자인 콜레트 페토네는 그 사회가 기발한 기능과 문화 동화의 역할을 담당하고 있음을 지적했다. "빈민굴은 가장 중요한 역할을, 성공적인 과도기의 역할을 담당한다."[90] 이것은 또한 이민자 수용소나 영세민용 임대아파트에 의무적으로 거주해야 하는 것에 반항하는 방식이다. 선망의 대상이긴 하나 능력이 미처 닿지 않는 영세민용 임대아파트는 처지가 되는 사람들만 받아들이는 규범이 지배하는 공간이다. 새로운 거주자들은 주거의 배치가 늘 마음에 들지 않고, 개인 생활을 보장해주는 공간의 부재와 방의 개수, 배치 때문에 고통스러워한다. 언제나 방은 지나치게 많거나 지나치게 적고, 배치가 잘못되어 있어서 모든 사람이 흡족해하지 못한다. 피에르 신부가 비난했고(1954년 겨울) 자크 샤방델마스가 참을 수 없는 것이라 판단해 정책의 목표로 겨냥했던 것으로, 빈민굴의 대부분은 파괴되었다. 어떤 사람들은 강압적으로 거처를 제공받는 것으로 인해 사회로부터 분리되거나 정체성을 상실한다고 느꼈다. 빈민굴들은 여기저기에 잔류하고 있다. 예를 들면 마르세유 근교에, 그리고 뱅센 숲*에까지. 2007년 가을, 고립되어 있거나 집단을 이룬 200명의 사람이 빈민굴에 여전히 잔류해 있는 그 피난처가 발견되었다.

가난뿐만 아니라 자율에 대한 악착같은 욕구 때문에도 주민들은 독립된 공간을 고수하고자 애썼다. 카라반 같은 주거용 트레일러는 여행자들만의 전유물이 아니라 프롤레타리아화에 대한 반항의 한 형태였

*파리 중심부에서 동쪽으로 4킬로미터 정도 되는 곳에 위치한 숲.

다. 포르투갈인 한 가족(부부와 두 자녀)은 선실처럼 가구를 놓은 협소하지만 깨끗하고 채색까지 된 임대차 주거용 트레일러에 살고 있다. 부엌 한구석에는 알코올버너가 있다. "낮 동안에는 밤에 사용하는 설비를 치우고 빈 공간을 만든다. 접이식 탁자는 세워져 있고 의자도 접이식을 사용한다. 그곳은 완벽한 질서가 지배한다. 건축 노동자인 남편(의기소침한)과 사는 여성(29세)이 대부분의 시간을 쏟아 합리적인 구조로 개조함으로써 장소의 협소함은 보완된다.[91] 이 분주함은 가난한 주부들의 운명이다. 졸라의 소설에 등장하는 제르베즈는 구트 도르*에 있는 자신의 방을 마찬가지로 개조했다. 그러나 가구들은 지금 『목로주점』의 시대보다 더 간단하다.

캠핑 장비가 가장 적합하고 이동식 집이 해결책을 제공한다. 캠핑카는 전격적으로 성공을 거둬 특히 관광용인 1950년대 카라반의 뒤를 이었다. 1967년에 출현한 캠핑카는 1994년에는 100만 대를 넘어섰다. 그것은 언제나 야외 호텔 역할을 한다. 점점 더 발전된 편리한 시설이 갖춰지고 있다. "어떤 차량에서는 이제 진정한 방들을 찾아볼 수 있다. 침대 주변을 지나다닐 수 있고 침대와 거실을 분리하는 칸막이가 있다"[92]고 선전 문구에 쓰여 있다. 2005년에는 3만5000대가 팔렸다. 오래된 모델은 경제적으로 별로 넉넉지 못해 차를 집 대신 써야 하는 고객에게 재활용되거나 대여되었다. 2006년의 보고에 따르면, 그해에 10만 명이 캠핑장이나 이동식 집에 살고 있었다. 마르세유에 1년 내내 열려 있는 6개의 캠핑장에는 영구임대차의 수가 250대에 달한다. 다시 말해 570명이 그곳에 사는데, 그중 197개 가정은 사회보장 수당을 지급받는 대상이다. 많은 단체가 영구임대 캠핑카들을 거주가 가능한

---

*파리 북부 18구에 위치한 지역으로 이민자들의 집단 주거지를 가리킨다.

우편주소가 있는 영구 주거 형태로 인정하기 위한 캠페인을 벌이고 있고, 국회위원들도 그 단체의 뒤를 잇고 있다.[93]

왜냐하면 주거는 사회 통합의 열쇠이고, 그렇기에 사람들이 이를 원하기 때문이다. 그것은 그자비에 고디노의 조사가 보여주는 것이다. 그는 제4세계 ATD(모든 빈민을 위한 도움)[94]의 범위 내에서 필리핀, 부르키나 파소*, 페루와 프랑스의 네 개의 생활 이야기를 모았다.[95] 필리핀의 메르세디타는 다리 아래 살고 있는데, 그녀는 언제나 그 다리로 되돌아온다. 파리 교외에 사는 파리드와 셀린은 오랫동안 비참한 처지에서 벗어나지 못하다가 누아지르그랑에 ATD가 관리하는 작은 주택단지에서 집을 얻게 된다. 그들은 운이 좋았다. "집이 없으면 당신은 아무것도 아니다. 당신은 이 땅에 존재조차 하지 않게 된다"라며 파리드는 자신이 떠돌아다니던 시절을 떠올린다. "집이 없다는 것은 24시간 중 24시간을 어깨에 배낭을 메고 밖에 나와 있다는 뜻이다. 그들은 하루 종일 그리고 밤에조차 이리저리 돌아다닌다." 그들은 일자리도 얻지 못하고, 투표도 못 하고, 하물며 자식을 키울 계획도 세우지 못한다. 파리드는 그들 부부의 즐거움을 묘사한다. "호텔에서 지낸 마지막 날에 그리고 특히 아파트에 들어간 날에 우린 잠을 잘 수 없었다! 나는 계속 벽을 쳐다보고 벽면을 세고 부엌을 쳐다보았다. 마치 누군가가 내게 '낙원을 일주하러 오세요'라고 말하는 것 같았다. 우리는 먹을 것을 만들고 커피를 끓이고, 원하는 때에 일어났다. 그것은 변화였다. 큰 변화였다. 우리는 안정을 되찾았다. 자기 집으로 돌아오고 개수대와 화장실을 갖게 되었다. 나는 집을 가져본 일이 없고 집세 영수증을 받는 경험을 결코 해본 적이 없었다." 자기 방이 있고 열쇠를 가진다는 것은 결정적인 변화다. 파

---

*서아프리카에 위치한 공화국으로 수도는 와가두구. 1946년 프랑스령 서아프리카에 편입되었다가 1960년 오트볼타공화국으로 독립 후 1984년 국호를 부르키나 파소로 변경했다.

리드는 말한다. "열쇠는 굉장한 것이다. 내가 열쇠를 갖고 집세 영수증을 받았던 날, 나는 문들이 저절로 열린다는 것을 알게 되었다. 나는 언제나 면도를 잘하고, 눈을 크게 뜨고, 얼굴에는 생기가 있고, 내 속옷은 깨끗했다. 모든 것이 제대로 되어가고 있었다. 나는 사장 앞에 갈 수 있었다. 나는 내 아내와 살 수 있었다." 어렵지만 결국 성공적으로 동화하는 과정에서 주거 환경은 주요한 역할을 한다. 부부는 마침내 영세민용 임대 아파트에 집을 얻는다. "우리는 방을 갖게 되었다. 카림 역시 자기 방이 생겼다." 그들은 고아원에 맡겼던 자녀를 다시 데려올 수 있고 일자리를 얻을 수 있다. 파리드는 건물 관리인 일자리를 얻는다.[96] 이 삶의 이야기는 집에 관한 문제가 얼마나 중요한지, 아마도 안정에 대한 요구와 사회적 규제들 때문에 오늘날에는 훨씬 더 중요하다는 것을 보여준다. 시민권의 기본인 거주권은 이제 인권에 속할 것이다.

같은 시기에 이주가 증가한다. 상가트* 수용소가 폐쇄된 칼레**의 관문에 아프간인, 쿠르드인, 수단인 밀항자들(매주 350~600명이 거쳐갈 것이다)이 영국으로 가려고 일시적으로 기항한다. 그들이 조선소의 운반대, 철판들, 이불들, 낡은 천, 옷, 판지들, 잘라낸 나뭇가지들로 임시변통의 오두막을 만들자 경찰이 최루가스를 퍼부어 불태웠기에 그 집들은 형체가 없고 냄새나는 엉망진창의 상태가 돼버렸다. 스위스인 자크 르비야르는 2년 동안 이 임시 피난처들의 사진을 찍어 그것을 영원히 생생하게 기억시켰다. 그 덕분에 그 피난처들을 볼 수 있었고 결코 잊어버리지 않았다.[97]

한쪽에서 내몰린 임시 주거는 더 나은 삶을 추구하는 주민들이 고집스럽게 옮겨다니는 데에 따라 다른 쪽에서 다시 생겨났다. 오늘날 선

* 파드칼레 도에 위치한 프랑스의 읍. 1999~2002년 이곳에는 영국으로 가려는 신분증 없는 이주자들을 위해 안내센터가 있었다.
** 도버해협에 면한, 프랑스 북부의 항만 도시.

케냐의 키베라

진국 도시 인구의 6퍼센트, 개발도상국 인구의 43퍼센트가 빈민굴에서 살고 있다. 남아프리카의 타운십township, 브라질의 파블라favela, 뭄바이의 슬럼은 케냐의 거대한 집단 거주지들에 필적한다. 케냐의 키베라Kibera는 세계에서 가장 큰 빈민굴 중 하나이다. 미국의 사회학자 마이크 데이비스는 1980년부터 비약적으로 발전하는 이주와 무형의 경제 그리고 인구의 도시 집중화 속에서 우리 사회에 앞으로 닥쳐올 "총체적인 빈민굴"의 실마리를 발견한다. "아무것도 변화하지 않는다면 미래의 인류는 이 판지로 만든 집 속에서 살 것이다."[98]

그렇지만 자기 방을 가지려는 꿈은 깨지지 쉬운 만큼이나 끈질기게 지속되고 있다.

9장 임종과 병자의 방

조르주 상드의 죽음

조르주 상드는 노앙의 그녀 방에서 1876년 6월 8일 오전 10시에 죽었다. 봄부터 그녀는 몸이 불편했다. 5월 8일 그녀는 집필활동을 재개하라는 발행인 빌로에게 다음과 같이 썼다. "병이 난 것은 아니지만 나는 평생 불편했고 두 달 전부터 작업을 전혀 할 수 없었습니다. 나는 일을 다시 시작할 수 있으리라 생각하지만 아직 당신께 아무것도 확실하게 말씀드릴 수 없습니다."[1] 그러나 매년 봄마다 그랬던 것처럼 그녀는 보름 정도 뒤 파리로 갈 생각이었다. 5월 22일 (모리스 알베르에게) 다음과 같이 남겼다. "나는 몇 달 전부터 몸이 많이 불편했습니다. 그러나 또 이 위기를 극복하고 종이에 서투른 글을 쓰고 싶습니다." 그녀는 조제프 르낭*의 『철학에 관한 대화와 단상』에 대한 서평까지 제시하고 그의 『예수전』**을 무척 높이 평가했는데 이 서평은

---

* 1823~1892. 프랑스의 종교사가이자 사상가. 합리주의적인 관점에서 쓴 예수의 전기 『예수전』이 대표작.
** 종교에서 초자연적 설명을 배척한 자연주의적 경향의 저서로 기독교의 성립을 대중적인 상상력을 통해 '신화적'으로 설명했다. 예수를 도덕적 이해를 지닌, 아름답고 근원적인 자기희생적인 천재로 묘사했다.

그녀가 죽은 후 간행된다. 5월 28일 (마르그리트 뷜리에에게) 썼다. "당신의 오랜 친구가 생명이 위험하지도 않은 만성 장 질환으로 많이 괴로워합니다. 견뎌내기만 하면 되는데 나는 참을성이 많습니다." 그녀는 자신이 보통 파리에서 진찰을 받는 파브르 박사에게 꽤 정기적으로 편지를 쓴다. 5월 18일에 썼다. "나는 내 자신의 고통과 참을성 있게 싸웁니다. 발작은 더 자주 일어나지만 고통이 심하지는 않습니다." 그녀는 그의 질문에 답한다. 5월 28일의 기록이다. "나는 노쇠 현상이 온 것이라고 느끼지 않습니다." 그러나 그녀는 고질적인 변비 때문에 고통스러워했다. "2주일도 더 전부터 자연적인 배설이 거의 이루어지지 않아 내가 어떻게 될지, 어느 날 아침에 갑자기 떠날 수 있기를 기대해서는 안 될지 알 수 없습니다." 그녀는 악착스럽게 살려고 하진 않지만 자신의 몸을 돌보기 위해서라면 모든 것을 할 것이다. "즐거운 시간이다. 나는 많이 고통스럽지는 않다"라고 그녀는 5월 29일 그녀의 「비망록」[2]에 최후의 글로 적고 있다. 그리고 5월 30일 그녀의 정말 마지막 편지에서는 (그녀의 사촌 오스카 카자마주에게) 이렇게 썼다. "나는 여전히 몸이 몹시 불편하다." 그녀에겐 9일의 삶이 남아 있었다.

조르주 상드의 죽음에 관해서는 특별히 잘 알려져 있다.[3] 이례적인 일을 체험한다고 의식한 의사 앙리 파브르는 그녀를 밤새 지켜보고 있던 8, 9일 밤에 그녀의 죽음에 대한 상세한 보고를 남겼다. "나는 새벽의 정적 속에서 홀로 명상에 잠겨 조르주 상드였던 기이한 여성의 책상에서 당신에게 글을 쓰고 있다. (…) 그녀는 18세기에 지어진 이 성에, 그녀의 방에, 정원의 꽃과 나뭇잎들로 뒤덮인 망자의 침대에 누워 있다. 가족 비극의 폭풍우만이 노호하고 있는 동안 푸른 나무들 가운데서 새들은 노래한다." 이 비극은 부고 문안의 작성에 관해 모리스와 그의 아내인 리나가 대립된 것과 관련이 있다. 모리스는 "남작"이라는 그의 작위를 부고 문안에 쓰고 싶어했는데 리나가 반대했다. "나는 우리를 무시하는 귀족처럼 하고 싶지 않아요. (…) 나는 상드 부인의 며느리이고 또 며느리로 남아 있고 싶어요."14 상드 가의 여성은 결코 귀족과 타협하지 않았다.

파브르는 "길었지만" 마지막에는 평온했던 단말마를 떠올린다. 그는 그의 환자인 친구를 위해 기도했고 그녀의 이마에 입 맞추고 그녀의 흰 머리카락 타래를 청했다. 그는 신부가 들어가지 않도록 지켰다. 왜냐하면 그녀가 그렇게 하기를 원하지 않았기 때문이다. "신부는 그가 성호를 그어야 할 환자의 주위를 맴돌았다. 그는 오솔길과 나무 아래에서 산책했을 것이고 거실의 안락의자에 앉았을 것이다. 그는 우연히라도 환자의 방에 들어가리라는 기대를 결코 할 수가 없었기 때문에." 반교권주의자이자 이신론자인 파브르는 자신이 "신의 유일한 대리인"이고 죽음의 주관자이고 더 나아가 "이 창백한 작은 영혼"이 영의 세계로 들어가게 하는 위대한 주관자이기를 원했다.

저널리스트이자 절친한 친구이며 이 "훌륭한 작가"의 찬양자인 앙리 아리스는 의사와 증인들에 대해 사실적인 조사를 하는 데 몰두했다. 그들의 "반응을 비교했고" 각자의 역할을 구분하려고 신경 쓰면서 "면밀하게 통제했다." 그는 임상적으로 정확하게 마지막 날들의 추이와 지방 및 파리의 여섯 명 의사들의 활발한 움직임, 그리고 저명한 환자의 침상에서 벌어진 그들의 경쟁을 기술한다.

조르주의 상태는 하제下劑를 복용한 후 5월 31일에 악화되었다. 아주

까리기름과 보리시럽으로 만들어진 이 하제는 라 샤트르La Châtre의 젊은 개업의인 마르크 샤브나가 처방한 것이었다. 효과는 없었다. 통증과 구토가 일어났다. 우리가 "장폐색"이라 부르는 것 때문에 그녀는 무척 고통스러워했다. 정원 구석까지 그녀의 외침 소리가 들렸다. "그녀는 회복될 가망이 없다"고 의사 파페가 말했고 생샤르티에의 의사 페스텔도 같은 의견이었다. 페스텔은 파브르를 별로 높이 평가하지 않는데도 불구하고 그에게 도움을 구했다. 파브르는 6월 1일 파리로부터 도착했고, 외과의사를 데리고 올 임무를 띠고 다시 떠났다. 2일 외과의사 페앙은 리나가 믿고 와달라고 통지한 라 크뢰즈에서 온 의사 다르시와 노앙에서 재회한다. 의사들은 논의를 거쳐 식도에 음식물 주입관을 (넣고) 젤테르 수*를 12개의 사이펀으로 주사하면서 결장루 조설수술**을 하기로 결정했다. 무척 고통스러운 수술이었다. 샤브나에 의하면 "상드 부인은 수술하는 동안 극심한 고통을 겪었지만 곧이어 그 고통은 눈에 띄게 완화되었다." 6월 15일 상드가 신뢰하는 인물인 플로쉬와 함께 파브르는 다시 돌아오지만 헛된 기대는 품지 않았다.

조르주는 그녀가 앓는 병의 성격 때문에 수치심을 느꼈다. "이 고약한 병"이라고 그녀는 말했다. 자신의 신체에 대해 수치스러워하고 말이 없는 이 여성은 자신의 가족들에게 더러워진 시트를 보는 고역을 치르게 할까봐 두려웠다. "그래서 자녀들과 친구들이 그 흔적을 못 보게 하려고 그녀는 그들을 침대 머리맡에서 멀리 떨어지게 했다." 그녀는 특히 침대 머리맡을 결코 떠나지 않는 두 손녀딸 곁에서 이러한 광경을 보여준다는 것이 혐오스러웠다. 리나는 마지막 작별 인사를 하게 하려고 그 아이들을 잠깐 들여보냈다. 상드는 손녀들에게 말했다. "말 잘 들어야

---

*독일 젤테르 산 천연수.
**결장루수술. 결장과 복벽 사이에 개구부를 만들어 대변을 배출시킴을 도와주는 수술.

지. 나는 너희를 사랑한다." 모리스가 문간에 왔다. 그녀는 그에게 나가 달라고 격하게 말했다.

상드는 방 한가운데 벽난로 맞은편에 특별히 설치한 철침대에 누워 있었다. 솔랑주는 그의 어머니가 창을 마주볼 수 있도록 침대 방향을 바꿨다. 정원을 보기 위해서일까? 서늘하고 비가 내리는 고약한 날씨였다. 10월의 날씨였다. 그녀 곁에는 여성들이 있었다. 오빠는 머뭇거리고 있는데도 파리에서 달려와 모든 것을 담당한 그녀의 딸 솔랑주, 그녀의 며느리 리나, "독실한 신자인" 솔랑주 마리에, "유모"가 있었다. 7일 저녁 그녀는 모리스, 리나, 롤로(손녀 오로르)에게 작별 인사를 했다. 씻겠다고 고집을 부렸다. 이 "흰담비"(아리스에 따르면)는 흰빛에 강박관념을 지니고 있었다. 먹을 것을 요청했다. "배가 고파요". 그러고는 먹지 않았다. "푸르름을 남겨주세요"라고 중얼거렸다. 수수께끼 같은 이 말은 무한한 해석을 낳았다.

7일부터 8일 밤까지 그녀는 많이 고통스러워했다. 그녀의 고통을 덜어주려면 계속 자세를 바꿔줘야만 했다. 그녀는 마치 죽음을 간청하는 듯 "불쌍히 여겨주소서"라고 말했다. 의사들은 고통을 누그러뜨리기 위해 모르핀을 처방하고 다시 떠났다. 녹초가 된 그녀는 더 이상 말을 하지 못했다. 그리고 그녀의 시선은 움직이지 않고 흐려졌다. 그녀의 임종을 지켜보기 위해서 사람들이 들어갔다. 그녀의 사촌인 오스카 카자마주와 르네 시모네, 의사 파브르였다. 지친 모리스는 자고 있어서 여자아이들이 그를 깨웠다. 그들은 무릎을 꿇고 있었다. 그녀는 9시 30분경에 죽었다(조서에 의하면 오전 10시). 그녀가 숨을 거두었을 때 언제나 연극적인 의사 파브르는 일어나서 시신 위로 손을 펼치고 맹세했다. "내가 살아 있는 한 당신에 대한 기억에 오점을 남기지 않을 것입니다." 맙소사, 왜 오점을 이토록 두려워하는가? 다음 날 밤 그는 옛날 의사들이 루이 14세를 위해 했던 것처럼 보고서를 썼다.

솔랑주는 어머니의 눈을 감겨드렸다. 그녀는 솔랑주 마리에와 라 토마(하녀)의 도움을 받아 마지막 몸단장을 해드리고 옷을 입혀(어떻게 했는지 모른다) 어머니를 마호가니 침대로 옮기게 했다. 시신은 침대에 눕혀졌고 얼굴은 꽃으로 장식되었다. 알렉상드르 뒤마(아들)*에 따르면 "상아처럼 귀엽고 매끄러운" 오른쪽 손은 드러나 있었다. 솔랑주는 8, 9일 밤에 잇달아 찾아온 몇몇 절친한 사람과 함께 밤을 꼬박 샜다. 다음 날 밤 하녀들만 남아 있었고 급속도로 부패해가는 시신에서 나는 냄새 때문에 다른 이들은 옆방 서재에 있을 수밖에 없었다. 10일 아침, 관이 성현관 입구에 놓였고 충실한 친구들이 회양목 대신 월계수 잎을 던지며 애도를 표했다.

상드는 가족들 곁에 묘비 없이 "꽃, 나무, 푸른 초목들"과 함께 자신의 정원에 안장되기를 원했다. 그녀는 결국 다시 오로르**가 되기를 원했다. 그녀는 장례에 대해서 어떤 지시도 남기지 않았다. 그것은 정말 갈등의 요소였다.¹⁵ 솔랑주는 종교적인 장례를 원했다. 리나는 확고하게 장례는 종교의식에 따르지 말아야 한다고 생각했다. 모리스 역시 그러했다. 하지만 그는 "사람들의 종교적인 감성"과 현지 친구들의 반감을 내세우며 그들 중 몇몇(의사 파페와 그의 가족들)은 완전히 종교의식에 따르지 않는 장례에는 오지 않을 것이라는 누이의 말에 설득되었다. 사람들이 자유사상가로 생각했던 의사 파브르는 이러한 입장에 동조했다. 그는 "여기서 나는 켈트족의 영토 한가운데에 있다고 느끼기 때문입

---

*1824~1895. 19세기 프랑스의 소설가이자 극작가.
**상드의 본명이 오로르 뒤팽이다.

니다.* 어떤 화려한 의식도 거행되지 않을 것입니다. (…) 이러한 상황에서 교회의 도움을 받더라도 교회가 주관하도록 내버려둬서는 안 됩니다"라며 자신의 생각을 정당화했다. 임종의 순간 동안 그가 아주 단호하게 배제시켰던 비크의 주임사제인 빌몽 신부는 괴팍한 사람처럼 행동했다. 그러나 부르주의 주교인 드 라투르 도베르뉴 예하는 무엇이 문제인지 알고 받아들였다. 귀스타브 플로베르는 노앙 마을의 그가 아끼는 "음유시인", "전적으로 회개하지 않고 죽은" 불가지론자인 그의 친구의 종교의식에 따른 장례식에 애통한 심정으로 참석했다. 사람들의 열성과 어깨까지 내려오는 여자용 머리쓰개를 쓴 농부와 노동자들의 참석, 몰려온 파리 사람들(나폴레옹-제롬 대공, 르낭, 뒤마 피스가 여행을 했다), 훌륭한 연설, 모리스가 읽은 빅토르 위고의 메시지가 이 장례식에서 인상 깊었다. 위고는 삶과 작품 그리고 공화주의자로서의 정치 참여가 탁월했던 한 여성이라고 그녀를 찬양했다. 요컨대 "위대한 여성"이었다.

　모든 것이 이 죽음을, 현대화로 인해 깨져버린 전통을 받아들이기를 주저하는, 새로운 죽음의 방식의 모범적인 시나리오로 만드는 데 기여했다. 실험실인 이 방에서 공적인 것과 사적인 것, 육체와 영혼, 신부와 의사, 남자와 여자들, 형제와 자매, 파리와 지방이 서로 만나 대립되었다. 아이들의 걸음과 그 세기의 메아리들이 그 방을 거쳐갔다. 구체제와 대혁명의 갈등이 이 임종 사건 주위에서 계속되고 있었다. 그 방에 살고 싶지만 아무렇게나 살고 싶지는 않은 환자의 목소리가 들린다. 그녀는 타락과 고통을 거부하고 우리에게 그녀에 대한 수수께끼를 남겨주었다. 오로르는 그의 마지막 순간에 무엇을 원했을까? 그녀는 마지막 말에서 무엇을 이야기하고 싶었을까?

---

* 켈트 풍습은 의사가 즐겨 말하는 화제였다.

"푸르름을 남겨주세요."

임종

조르주 상드는 짧은 기간 동안 병을 앓았고 빠르게 임종의 순간을 맞았다. 그녀는 자기 집에서 죽었다. 특히 의사들이 그녀 방에 있었다. 그들은 고통을 가라앉혀주었고 신부가 들어오지 못하게 했다. 그녀의 가족만이 마지막 순간을 지켜보고 있었고, 그녀의 딸은 아마도 조르주가 바랐던 것보다 더 많이(그녀는 솔랑주를 불신했다) 몸과 마음을 보살펴주는 여자들에게 주어진 역할을 했다. 그녀의 친구들은 한계를 넘어서 혹 지나칠 것을 우려해 망설이면서 더 나중에 거들었다. 이웃들은 바로 현관 입구로 들어가서 뜰, 광장, 교회 사이에 모여 있었다. 그녀의 죽음은 옛날 왕들의 죽음처럼 상세히 기술되었다. 이는 이 문학의 세기가 관을 씌워주는 "작가의 축성식"과 같은 의미를 지닌다. 한 여성에겐 이례적인 것이었다. 이 "아름다운 죽음"은 긴 시간에 걸쳐 이루어진 서양의 "죽음의 지혜들"의 계보에 편입되었다. 필리프 아리에스*와 미셸 보벨**16이 그것의 기원과 고전주의 시대에 정해진 규범을 서술했다. 한 존재가 지상에서 맞는 삶의 종결, 즉 사람들이 의심하지 않는 또 다른 세계로의 장엄한 입성은 개인과 동시에 집단, 공동체

---

*1914~1984. 프랑스의 중세사회 연구를 주로 한 역사가로 특히 가족, 아이들, 죽음을 주제로 삼았다. 아날학파의 한 사람으로 심성의 역사에 관심을 가졌다. 다수의 저작 중 조르주 뒤비와의 공저인 『사생활의 역사』도 있다.

**1933~. 프랑스의 역사가. 사회사와 심성사의 관점에서 프랑스 혁명을 분석하고 혁명기에 있어서 집단적인 심성을 고찰했다. 1만8000여 개의 유언장을 계량적으로 분석하여 프랑스혁명 전부터 이미 프랑스인들의 죽음에 대한 태도가 서서히 변했음을 증명하는 과학적인 심성사를 연구했다.

애덤의 죽음, 피에로 델라 프란체스카, 1452-1466, 산 프란체스코 성당

「레오나르도 다빈치의 죽음」,
도미니크 앵그르, 1820~1856

와 관련된 것이다. 바로 거기에서 죽음의 공개성이 생겨난다.

죽음에 있어서 "임종"은 핵심적이고 단 한 번뿐인 장면이다. 그것은 중세의 도상학에 숱하게 묘사되었고 오랫동안 모든 자리를 차지했다. 의학의 발전 결과인 "긴 질병"으로 인해 환자의 방이 생겨난다. 사회생활에서나 정신적인 측면에서, 죽는다는 것은 확실하지만 그보다 먼저 예측할 수 없는 질병이 찾아온다. 살아 있는 사람들은 죽음을 걱정하고 죽음에 마음이 사로잡힌다.

그리고 우선 죽음의 "시간"이 그렇다. 사람들은 신이 인간을 다른 곳으로 유괴하겠다고 위협하는 것 같은 갑작스러운 죽음을 두려워한다. "나는 도둑처럼 올 것이다"라고 예수는 말한다.

오늘날에조차 죽음은 당황스럽다. 심장 박동의 정지, 뇌혈관의 돌발사는 조앙 디디웅이 체험했던, 그의 남편을 순식간에 쓰러지게 했던 돌연한 변화를 일으킨다. "삶은 빨리 변화한다. 삶은 순식간에 바뀐다. 우리는 저녁 식사를 준비하지만 우리가 알고 있는 것과 같은 삶은 멈춘다."[17] 이 쇼크는 그녀가 자신의 경험을 전달하고 있는 책에 낱낱이 기록되어 있다. 돌연한 죽음은 당황스럽게 하고, 혼란에 빠뜨린다. 이 혼란은 죽음이 늦추어진 이 시대에 더 깊이 느껴진다. 옛날에 그것은 "나쁜 죽음"이었다.

죽음이 닥쳐오는 것을 알고, 죽음을 준비하고, 죽음을 설계하고, 죽음을 맞는 것은 이상적인 죽음의 특징이다. 우리는 자기 집에서, 가족에게 둘러싸여 죽음을 맞기를 바란다. "나는 내 침대에서, 눈물을 흘리는 온 가족에 둘러싸여 죽고 싶다"라고 루이즈 드 빌모랭은 말했다. "자기 침대에서 죽는 것"은 젊은 나이에 길에서 죽으리라는 것을 알고 있는

「성모의 죽음」, 카라바조, 캔버스에 유채, 1601~1606, 루브르 박물관

프롤레타리아들의 꿈이다.[18] "그렇다, 우리는 결국 자기 침대에서 죽기를 원할 것이다……. 나는, 평생 애써 일하고 나서 내 침대에서, 내 집에서 기꺼이 죽겠어요"[19]라고 제르베즈는 쿠포에게 말한다. 하지만 그렇지 않다는 것을 우리는 안다. 그녀는 개처럼 밖에서 죽는다. 최근에야 이루어진, 그 열망을 실현시키는 것은 그렇게 간단하지 않기 때문이다. 옛날에 공동으로 쓰는 방에서는 죽어가는 사람에게 자리를 내준다는 것이 쉬운 일이 아니었다. 죽어가는 사람 주위에서는 각자가 부지런히 움직이고 있다. 병석에 누워 있는 노인들은 거치적거린다. 병자들은 신음하고 소리를 지른다. 어떤 종류의 진통제도 쓰지 않고 임종을 맞는 사람은 괴로워하며 헐떡인다. 그들은 삶을 끝내기를 열망한다. "좋은 죽음"은 또한 오랫동안 끌지 않고 살아 있는 사람들의 부담을 덜어주고 의연하게 하지만 빨리, 병원에 환자들이 많기 때문에 더 서둘러서 시신을 보내주는 것이다.

죽음은 음악회처럼 조절되고 계획되는 것이다. 죽음은 집단적이고 공개적이고, 능동적이다. "죽음을 잘 맞는 사람"은 별로 고통스러워하지 않고, 몸부림도 신음도 별로 하지 않는다. 그는 자신의 영혼과 가족만 생각한다. 그는 목발에 몸을 기대고 가족에게 자신의 마지막 뜻을, 유언과 기도를 전하고 그를 기다리고 있는 신 쪽을 돌아본다. 그는 다가오는 것을 느꼈던 자기 죽음의 당사자이고 얼마 동안 그 죽음에 대해 사람들이 이야기하길 바란다. "죽음을 잘 맞는 사람"은 여성보다는 남성이다. 성의 차이는 병상과 죽음의 장면에 드러난다. 여성의 죽음은 조심스럽게 이루어진다. 분명히, 귀족 계층에는 보쉬에*가 찬양하고 생시몽이 회고록에 쓴 여성들의 아름다운 죽음이 있다. 여성들의 죽음은 늘

*17세기 프랑스의 신학자이자 설교가, 역사가.

「죽음과 소녀」, 에곤 실레, 1915, 오스트리아 미술관

전쟁터에 나가 있는 남성의 죽음보다 덜 영웅적이고 더 온화하다. 여성의 죽음은 성스러워야만 유명해진다. 수녀들, 테레즈 드 리지외* 또는 15세에 죽기를 열망하는 젊은 독실한 신자들의 죽음처럼.|10 죽음은 수도원의 고독을 깨뜨린다. 수도원 전체가, 게다가 또 마을 사람들이 황홀한 미소를 짓고 바라보며 최후의 말들을 듣기 위해 임종을 맞는 사람의 방에 모여든다. 마치 죽음이 그의 삶에서 가장 위대한 순간인 것처럼. 18세기의 비크 다지르**와 같은 의사는 사람들이 꽉 들어차 공기를 오염시킨다고 한탄할 정도로 이웃들이 방에 몰려들었다.|11 때로는 죽어가는 사람이 원해서 이렇게 사람들이 쇄도했다. 몽테스팡 부인***은 홀로 죽는 것을 두려워했다. 그녀는 "모든 커튼을 열어놓고 방에는 많은 촛불을 켜놓고 자기 주위에 밤샘하는 사람들을 자게 했다"라고 생시몽은 말한다. 1707년 5월 27일 죽음을 감지한 "그녀는 자신이 해야만 했던 것을 했다."

이 공개성은 연대의식뿐만 아니라 또한 호기심 때문에 그녀 생애의 주요한 순간에 친척, 이웃과 함께 있기를 바라는 데서 비롯된다. 그녀의 종말, 그녀의 "최후의 심판"은 그녀를 내세를 향해 옮겨가게 한다. 그가 어떻게 결단을 내리고, 운명하는가? 사람들은 임종을 맞는 사람을 알지 못하더라도 그의 방에 들어간다. 길에서 방울을 땡그랑 울리는 신부의 행렬을 마주치는 행인들은 행렬을 따라가 기도에 참여한다. 고독한 죽음은 나쁜 죽음이다. 좋은 죽음은 각자가 자기 몫의 임무와 의식 참

---

* 1873~1897. 본명은 마리 프랑수아즈 테레즈 마르탱이며 '작은 여왕' 소화테레사라는 애칭으로 불린다. 1888년 열다섯 살에 노르망디 리지외에 있는 가르멜 수도원에 들어갔으며, 그녀의 어린 시절을 회상한 『한 영혼의 이야기』를 썼다.

** 1748~1794. 프랑스 의사이자 해부학자로 마리 앙투아네트의 의사였던 것으로 유명하다.

*** 1641~1707. 루이 14세의 애첩으로 여섯 명의 자녀를 낳았다. 그러나 국왕 측근의 제1인자인 르부아의 음모라 일컬어지는 '흑黑 미사사건'(1680)에 말려들어 1691년에 궁정에서 쫓겨나 말년은 성요셉수도원에서 보냈다.

여와 감정을 감당하는 성가대와 같다.

첫째로 죽어가는 사람이다. 사람들은 그가 마지막 작별 인사를, 특히 생생한 목소리로 유언하기를, 그리고 적어도 부유층에서는 유언장으로 전해주기를 기다린다. 미셸 보벨(1933~)은 유언장이 일반화되고 그 내용이 변화하고 있음을 지적했다. 재산 상속에 관련된 세속적인 경향이 종교적 관심(미사, 기도, 기부)보다 점차 우세해지면서 종교적 관심은 줄어들고 18세기가 되면 사라져버린다. 이는 인간의 행위가 종교에서 분리되는 징조이며 방이 그 증인이다. 유언은 보통 살아 있는 사람이나 아니면 건강한 사람이 하는 일이다. 그러나 앞날을 내다볼 수 없다거나 변화가 있을 때에는 인정된 서식에 따라 공증인이나 대리인이 유언자의 정신이 온전함을 보증함으로써 "병석에 꼼짝 않고 누워서" 유언이 이루어질 수 있다.

어떤 사람들이 들어가고 또 다른 사람들이 들어가는 정해진 움직임은 관습의 지배를 받는다. 가족, 친척, 이웃, 종부성사에 필요한 신부, 일시적인 차도를 기대하며 부른 의사. 완전하게 짜인 기독교적인 각본은 여러 세기 동안 지속되었다. 등장인물들의 비중과 누가 우월한 위치를 차지하느냐에서 주된 변화가 일어났다. 주요한 세 가지 변화는 장례 장면에 영향을 미쳤다. 죽음이 사적私的인 것, 의학적인 것, 개별적인 것이 되면서 방의 무대를 바꿔놓았다. 가족은 이웃을 물러나게 했고 의사가 신부를 대신했다. 죽어가는 사람은 떠나기를 싫어하는(또는 열망하는) 사람이 되었고, 때때로 사람들은 그와 이별하는 것을 힘들어한다.

죽어가는 사람의 방은 의학의 영역으로 흡수되었다. 옛날에는 신부가 전적으로 주도했다. 그는 성사聖事와 기도가 핵심을 이루는 전례(의

죽은 자가 악령으로부터 구원돼 자신의 모습을 신에게 헌신하는 모습, 1415~1416

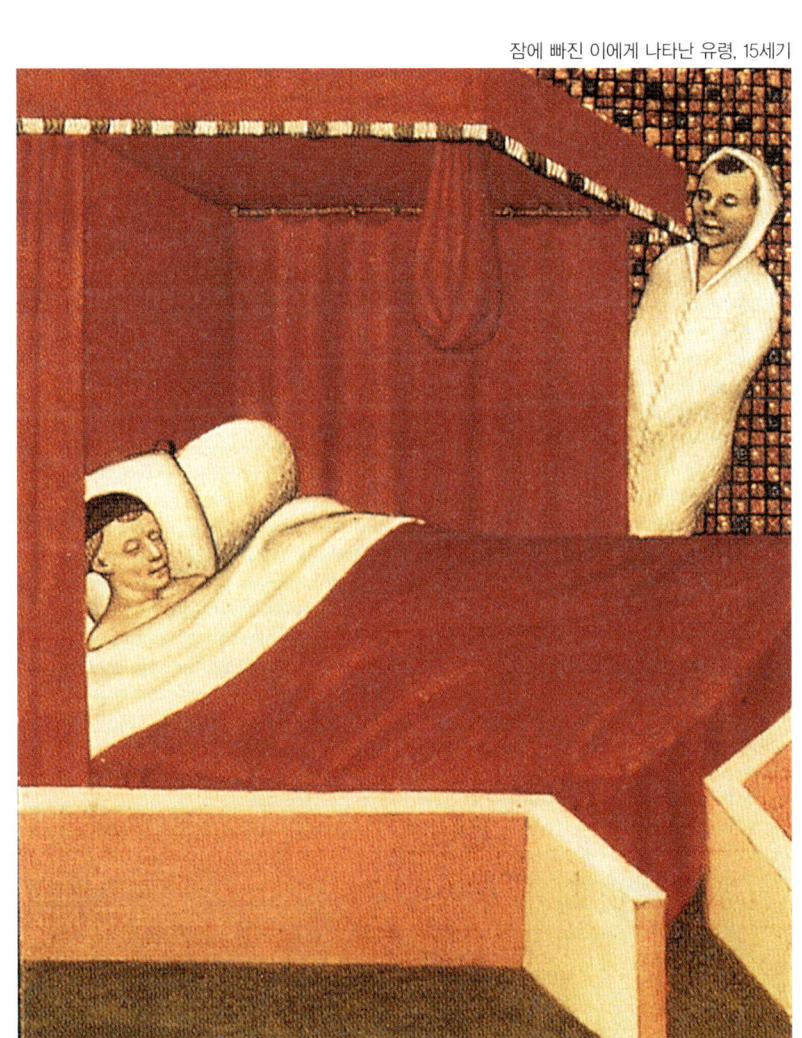

잠에 빠진 이에게 나타난 유령, 15세기

식, 예배식)의 대가였다. 의사의 존재와 능력은 보잘것없었다. 아니 존재하지도 않았다. 의사들은 17세기에 특히 궁중의 특권층으로부터 존재를 인정받게 되었다. 죽어가는 루이 14세 곁에서 의사들은 서로 경쟁했던 반면 고해신부는 초라해 보였다. 의사들은 상드의 침실에 있었고 더 이상 가망이 없을 때에야 물러났다. 의사들은 그들 환자의 죽음을 목격하고 싶어하지 않는다. 그것은 그들의 무능함을 인정하는 것이기 때문이다. 그래서 그들은 결국 신부에게 자리를 내주고 조심조심 그 장소를 떠난다. 오랫동안 의사와 신부 사이에는 암묵적인 데다 유기적이고 계획된 결탁이 있었다. 사람들은 신부가 최후의 말을 할 것이고, 그는 중요한 여행을 위한 의지할 만한 유일한 사람이며, 유일한 조력자임을 잘 알고 있다. 그를 들어오게 하는 것은 단념한다는 뜻이다. 그러나 18세기부터 체념하고 감수하는 일이 점점 적어졌다. 사람들은 과학이 인간의 얼굴로 분한 의사를 부른다. 그는 이 방의 단골이 된다. 적어도 넉넉한 계층의 단골이 된다. "우리 가난한 사람들은 스스로 죽습니다"[12]라며 죽어가는 아내 곁에 의사를 오게 하지 않았던 이유를 질문받은 농부가 말한다. 그는 신부만으로도 충분하다. 그리고 행동은 조상들의 관습에 의해 결정된다. 시신을 준비시키고, 그 곁에서 밤샘하고 입관을 하고 품위 있는 장례를 마련해준다는 것은 이미 대단한 일이다. 공동으로 사용하는 방을 불편하게 하는 시신을 점점 더 빨리 내보내고 싶어한다. 이 신속함 때문에 살아 있는 사람을 지나치게 이르게 매장하는 것은 아닐까 두려워하게 된다. 바로 이런 이유 때문에 대비책으로 유언에서 30~36시간의 유예 기간을 엄격하게 지키기를 요구한다. 요컨대 방을 비우고 깨끗하게 해야 한다. 루이 14세가 자신이 떠난 후 증손자를 위해 베르사유에서 그렇게 하도록 명령했던 것처럼 창문들을 열고 공기를 바꿔야 한다. 일반적으로, 아니 언제나 그렇게 했던 것처럼. 몽팡시에 양은 "피스크 백작부인이 죽자 나는 곧 라틸리로 갔다. (…) 나는 시신을 공개하고 싶어가 방을 환기시킬 수 있는 시간을 주려고 5일이나 6일을 이 사막에 있었다. 왜냐하면 나는 집에서 시신 냄새가 나는 것이 두렵고 시신이 있으면 잠을 자기가 무척 힘들기 때문이다"[13]라며 다른 관점에서 냄새에 대해 대단히 민감한 반응을 적고 있다. 종교사, 농촌 민족학에서는 예전의 죽음에 대해 아마도 현실과는 막연한 관계밖에 없는 온화한 이미지가 제시된다. 의학의 상태, 고통을 덜어줄 방법의 부족함이 죽음을 고통스럽고 게다가 끔찍한 것으로 만들었다. 죽음의 침상은 고통의 침상이었다. 19세기에 모르핀을 사용하기 시작했고 그것은 조르주 상드의 고통을 가라앉혀주었다. 훗날 아편은 조에 부스케가 생존하는 것을 도와주었다. 규제의 부재가 어떤 면에서는 마약의 사용을 조장했다.

우리가 알고 있는 것은 연출된 죽음의 장면이다. 사실 말로 표현할 수 없는, 생생한 죽음을 우리는 늘 이해하지 못한다. 이 연출은 변화하고 18세기와 19세기에 더 극적이 되며 감동으로 물든다. 『신엘로이즈』[*][14]에서 쥘리의 죽음에 관한 이야기, 그뢰즈[**]의 그림은 거의 같은 시대의 것이다. 절규, 몸부림, 탄식, 오열이 소중한 존재의 떠남을, 필리프 아리에스가 언급하는 "당신의 죽음"을 대대적으로 표현했다. 여성들은 "비 오듯 눈물을 흘린다." 남성들도 아직은 우는 것이 허용되긴 하지만 자제하는데, 19세기 남성들에게는 우는 것이 금지되었다.[15]

---

[*]1761년 발표된 루소의 서간체 소설. 당시 최대의 베스트셀러였다.
[**]1725~1805. 18세기 프랑스 화가로 도덕적인 감성의 풍속화를 주로 그렸다. 디드로는 그의 예술비평인 『살롱』에서 그를 "미덕의 화가이며 도덕적 타락으로부터 구해주는 구세주"라고 찬사했다.

「자비를 베푸는 여성」, 장 바티스트 그뢰즈

유산과 감정 문제가 섞여 가족의 영향력이 강화되었다. 라퐁텐은 그것을 잘 보여준다. "자신의 죽음이 임박함을 느낀 한 부자 농부가/ 그의 자녀들을 불러/ 증인 없이 그들에게 말했다." 그는 "증인 없이" 자녀들에게만 이야기를 건네고자 했다. 그는 자신이 자녀들에게 남긴 재산 증식에 필수적이라고 생각하는 노동의 가치를 자녀들에게 전달하고 싶어했다. 이 농부는 냉철하고 신중한 사업가여서 그의 침대머리에서도 경영에 대해 충고한 것이다.

임종은 개인적인 것이 된다. 임종은 토로, 용서, 회개, 최후의 비밀을 털어놓는 장소가 된다. "나는 너에게 임종 때 그것을 말할 것이다." 아마도 누설하지 말아야 할 비밀을 간직한 아버지가 단언한다. 화해의 장소이지만 또한 숟가락과 손수건을 나누기 위한 돌이킬 수 없는 불화의 장소다. 거의 언제나 중요한 것은 가장의 죽음이고, 묘사하고 이야기할 가치가 있는 유일한 죽음은 조부, 아버지 또는 삼촌의 죽음이다. 여성들은 말없이 어둠 속에서 죽어간다. 비극적인 방들이 존재한다. 자살자들이 발견되는 방이다. 쥘 르나르*는 그가 틀어박혀 있던 방에서 아버지의 시체를 발견한다. "내가 어깨로 툭 치자 문이 부서졌다. 연기가 나고 화약 냄새가 났다. (…) 그는 등을 대고 누워 다리를 벌리고, 상체를 굽히고, 머리를 뒤로 젖히고, 입을 벌리고 눈을 뜬 채 거기에 있었다. 그의 다리 사이에 그의 총이, 그의 지팡이가 벽과 침대 사이 쪽에 있었다." 그 사냥꾼은 그의 무기를 자신에게 돌렸다. "그는, 그 사람은 몹시 고통스러워했다"고 한 이웃이 말한다.[16]

사람들은 더 비극적인 일이 벌어지는 이런 방에는 아이들이 들어가지 못하게 하는 경향이 있다. 루소에 따르면 아이들은 그 방에서 아무

---

*1864~1910. 프랑스 소설가이자 시인, 극작가. 『홍당무』로 유명하며, 1897년 병으로 고통받던 아버지가 수렵총으로 자살해 충격을 받았다.

것도 이해하지 못한다. "아이들에게 죽음이라는 명사를 가르쳐준다 하더라도 그들은 그것에 대해 아무런 생각이 없다. 그들은 자신의 죽음도 타인들의 죽음도 두려워하지 않는다. 그들은 고통스러운 것이 두렵지만 죽는 것을 두려워하지는 않는다."[17] 마리 다구는 그녀를 방에서 쫓아낸 것을 마음의 상처로 기억한다. 1819년 그의 아버지는 사흘 동안 뇌발작을 일으켰다. "사람들은 결코 내가 아버지 방에 들어가게 내버려두지 않았다. (…) 어머니가 일어나서 몇 가지 지시를 하는 동안 나는 사람들이 나를 못 보는 사이에 아버지가 계신 방에까지 살짝 들어갔다. 의사들은 아버지 곁에 없었고 간병인은 옆방에 있었다. 나는 침대로 다가갔다. 맙소사! 무슨 광경이란 말인가! 아버지는 임종의 순간을 맞고 있었다." 그의 아버지는 곧 돌아가셨다.[18] 피에르 로티• 역시 그의 할머니의 침대로부터 격리되었던 일을 떠올린다. "사람들은 나를 아래층으로 보냈다. 다양한 구실을 대며 하루가 다 지나갈 때까지 나를 계속 격리시켜놓았고 나는 그 까닭조차 알지 못했다." 그의 할머니가 죽었을 때 그는 다시 들어가도록 허락받았다. "나는, 모든 것이 평소와 같이 회복된 완벽한 질서와 이 방에 감도는 무척 평화로운 분위기에 충격을 받았다." 침대 커튼은 열려 있었고, 머리는 가운데 잘 놓여 있었으며, 할머니는 "그지없이 평화롭고 온화한 미소"를 지으며 자고 있는 것 같았다.[19] 사람들은 아이들이 순진무구하다고 생각해서 그들을 죽음의 비극성으로부터 지키고 싶어하지만 그들은 모든 것을 본다. 그 아이들 중 많은 아이에게 그들의 조부모, 특히 통상적인 생존자인 할머니의 죽음은 죽음과의 최초의 결정적인 접촉이다. 하나의 단락이 지어지는 것이고 시대가 바뀌는 것이다. 전과 후가 존재한다. 어린 모나 소이에게 그녀가

•1850~1923. 프랑스 해군 장교이자 소설가.

네 살 때 아버지를 포옹한 임종의 침대는 그의 책의, 그리고 아마도 그의 인생의 "최초의 장면"일 것이다.[20]

반대로 여성들은 죽어가는 사람의 방을 주도한다. 그녀들은 일상적인 일을 잘 처리한다. 의사들은 그녀들에게 시신에 대한 처리를 분담시킨다. 그녀들은 죽은 자의 몸단장을 하고 더 신경을 쓰며 옷을 입힌다. 예전에는 깨끗한 속옷과 모자로 그쳤다. 그 후 상자 안에 보관된 혼례복과 같은 더 아름다운 옷을 입히는 습관이 생겨났다. 19세기에 죽은 여성들에게는 흰빛 신부 드레스를 다시 입혔다. 플로베르는 그의 누이 카롤린의 창백한 모습에 당황한다. "사람들이 그녀에게 웨딩드레스를 입히고 장미, 에델바이스, 제비꽃으로 된 부케를 장식했습니다. 나는 그녀를 지키면서 밤을 지새웠습니다. 그녀는, 그녀가 악기 연주하는 것을 당신이 보았던 그 방 그녀의 침대에 똑바로 누워 있었습니다. 발까지 내려오는 이 긴 하얀 베일을 쓴 그녀는 살아 있을 때보다 더 크고 더 예뻐 보였습니다."[21] 끝까지 아름다워야 한다는 의무감에 사로잡혀 매혹적인 모습을 남기려고 신경을 쓰는 여성들은 때로 지시를 내린다. 죽어가는 조르주 상드의 어머니는 "내 머리를 매만져줘"라고 그녀에게 속삭였다. "나는 관 속에서도 예쁘고 싶어"라며 "보름 동안 침대에 누워 초췌해진" 루이즈 드 쇼리외는 친구 르네 드 모콩브에게 말했다. 그녀의 방에는 질병의 자취가 없었다. 음료, 고무 종, 모든 의료기구는 감춰져 있었다.[22] 암에 걸린 마르틴 카롤*은 말한다. "만일 내가 제때에 내 죽음을 예견할 수 있다면 나는 특히 이 옷을 좋아하니까 이 옷을 입혀주세요. 머리를 해주세요. 화장을 해주세요. 나는 대중과 나를 모르는 모든 사람이 이러한 마르틴의 모습을 간직하기를 바래요라고 말할 거예요."[23] 마

---

*1920~1967. 프랑스 여배우.

르틴 카롤은 영상을 통해 존속하기를 바라는 스타다. 그러나 사람들은 천상의 배우자인 신과의 만남을 위해 수녀들 또한 치장해준다.

방의 주인이고 방을 관리해야 하는 여성들은 방을 환기시키고, 청소하고, 정돈하고 문간에서 죽은 자와 작별한다. 입관은 소목장이들의 일이지만 장례식은 남자들의 일이다. 오랫동안 여성들은 교회와 묘지 장례의식에서 배제되었다. 그리고 그 관습은 19세기 귀족층에 존속되어 부고장에조차 여성들을 언급하지 않았다. 그 후 검은 상복으로 가린 여성들이 점차 장례 풍경에 등장했고, 장례의 주요한 등장인물이 되었다.

사망자의 방은 점진적으로 모든 사람에게 사방에 열린, 공개적인 장소가 아니게 되었다. 사실 개인적인 임종의 시간을 갖고 싶은 바람은 오래전부터 있었다. 조르주 뒤비*는 1219년 자신의 집에서 죽기를 원하는 기욤 원수가 어떻게 그의 저택 중 한 곳에 갔고 그의 병이 악화되자 모든 가족을 소집해 유언을 했는지 이야기했다. 그러고 나서 사람들은 그의 곁에서 밤샘을 했다. 마침내 그는 자기 아내와 기사들을 신에게 부탁하면서 그들과 작별했다. "나는 더 이상 죽음을 물리칠 수 없다." 한 봉건 제후의 죽음에 대한 이례적인 보고는 세련된 이별의식과 사적인 것과 공적인 것의 구분을 보여주는데, 방은 그 구분의 증인이다.[24]

그 보고는 시간이 흐르면서 비판받았지만 아마 일반화되었을 것이다. 17세기의 얀선주의**가 이에 기여했다. "사람은 홀로 죽는다"고 파스칼

---

*1919~1996. 20세기의 가장 뛰어난 중세사가로 평가받는 그는 1996년 사망할 때까지 경제, 사회, 심성사, 예술사를 비롯하여 미개척 분야인 가족과 여성에 이르기까지 다양한 분야에 대한 저서를 남겼음. 그중 그의 역사론이 가장 잘 녹아들어 있다고 평가받는 저서는 『사생활의 역사』이다.

**네덜란드의 얀선이 창시한 교리로 아우구스티누스의 주장을 받들어 은총·자유의지·예정론에 대한 엄격한 견해를 표방하여, 포르루아얄파 등이 신봉했으나 1713년 로마 교황에 의해 금지되었다.

은 말한다. 세비녜* 부인은 "불쌍한 생토뱅"의 죽음을 찬양한다. "방에는 소음이 없고, 혼란도 없고, 악취도 (…) 없다. 자유로운 얼굴, 깊은 정적, 훌륭하고 확고한 말들, 쓸데없는 물건은 전혀 없는, 결국 그것은 결코 본 적이 없었던 방의 모습이다." 그녀는 그의 부인이 상황에 걸맞지 않은 감정을 표출하는 것을 비난했다. "이 작은 여성의 절규는 숨 막힐 지경이었으나, 이 성스러운 집에는 오로지 기독교인만 있게 하려는 모렐 신부에 의해 한풀 꺾였다."[25] 한 세기 반 후 스탕달은 시골이 죽는 방식에서 시대에 뒤떨어졌다고 판단한다. 그는 "시골 사람들은 아무것도 잘 하는 게 없다, 죽는 것조차도"라고 썼다. "파리에서 사람들은 문을 닫고 환자는 고독과 침묵 속에 머물러 있다."[26] 신보다 자신을 위해서.

그것은 또한 의학의 발전으로 인해 죽음이 지연되었고, 단말마, "긴 병", "고통스러운 침상", 회복이 출현했고 환자의 방에서 물질적이고 훨씬 더 강한 문학적인 삶을 영위하게 되었기 때문이다. 옛날 호스피스에서는 은밀하게, 그 후에는 자기 집에서, 적어도 더 편안한 환경에서였다. 집단의 요구에 직면해 자신의 자리를 고통받는 사람에게 서서히 내주어야 하는 병원에서는 그렇게 하기가 더 어려웠다. 환자의 방이 임종의 방이 되는 일은 19세기에는 더 드물었다. 그럴 때는 거울들을 가리고 덧문을 닫고 벽난로를 끄고 유리병들을 치우고 촛불을 켜고 향을 지폈을 것이다.

---

*1626~1696. 사랑하는 딸에게 보낸 재치가 넘치는 17세기의 화려한 시대 풍경을 그린 편지로 유명한 서한작가.

병상

신앙심이나 출생과 더불어 질병은 잠자리가 개별화되는 최초의 이유들 중 하나였다. 전염병은 사람들을 격리시켜 서로 떨어뜨려놓았다. 호스피스는 사람들을 구분해 여러 부류로 나눌 뿐만 아니라(투르뉘에서는 남성들, 여성들, 군인들) 죽음이 유예된 환자들에게 각각 한 개의 침대를 제공하려고 애썼다. 본*의 호스피스들은 아마도 현실과 동떨어졌지만, 어쨌든 도달해야 할 이상을 나타내는 목가적인 중세의 모습을 보여준다.

그러나 호스피스와 병원에는 여전히 많은 사람이 밀집되어 있다. 거대해서 난방을 할 수 없는 방에 침대를 줄지어놓고 겹쳐놓고, 필요한 경우 복도도 침범하고 서너 명의 환자까지 한방을 쓴다. 왕정복고 시기 리옹의 민간 호스피스의 광경은 끔찍했다. 문들을 통과한 방문자와 환자들은 어딘지 구분할 수 없는 공간에 들어선다. 그곳에서 환자들은 먹고 거리낌 없이 소변을 본다. 최악은 미치광이들의 방이다. 난방 파이프를 통해서만 물을 쓸 수 있고 난방도 할 수 있었다. 침대 간격은 50센티미터에 불과했고, 침대를 "두 사람이 같이 사용하는 일"이 흔했다. 1832년의 규정에는 "위생, 건강, 미풍에 위배되는"[27] 이러한 행위가 금지되어 있다. 병원들은 치료 장소가 되어감에 따라 더 이상 "일반적"이지 않게 되었고, 병원에 오는 사람들을 분류해서 불치병 환자들은 호스피스로, 미친 사람들은 정신병원으로 보내고, "치유할 수 있는 환자"들만 남겨두어 각 과에, 특히 외과에 그 환자들을 위해 침대를 마련한다. 수술은 생명을 구하는 행위이므로 공간을 할애해야 마땅하다. 반면 "유료 병

---

* 프랑스 동부 부르고뉴 지방의 코트도르 주의 읍. 지붕이 아름다운 이곳의 호스피스는 1443년 부르고뉴 공국의 재상이 창설한 것으로 가난한 사람들에게 무료로 진료하고 입원시켜줬다.

15세기 중반에 프랑스 본에 세워진 병원

15세기 파리 수녀들이 환자들을 돌보고 있는 장면

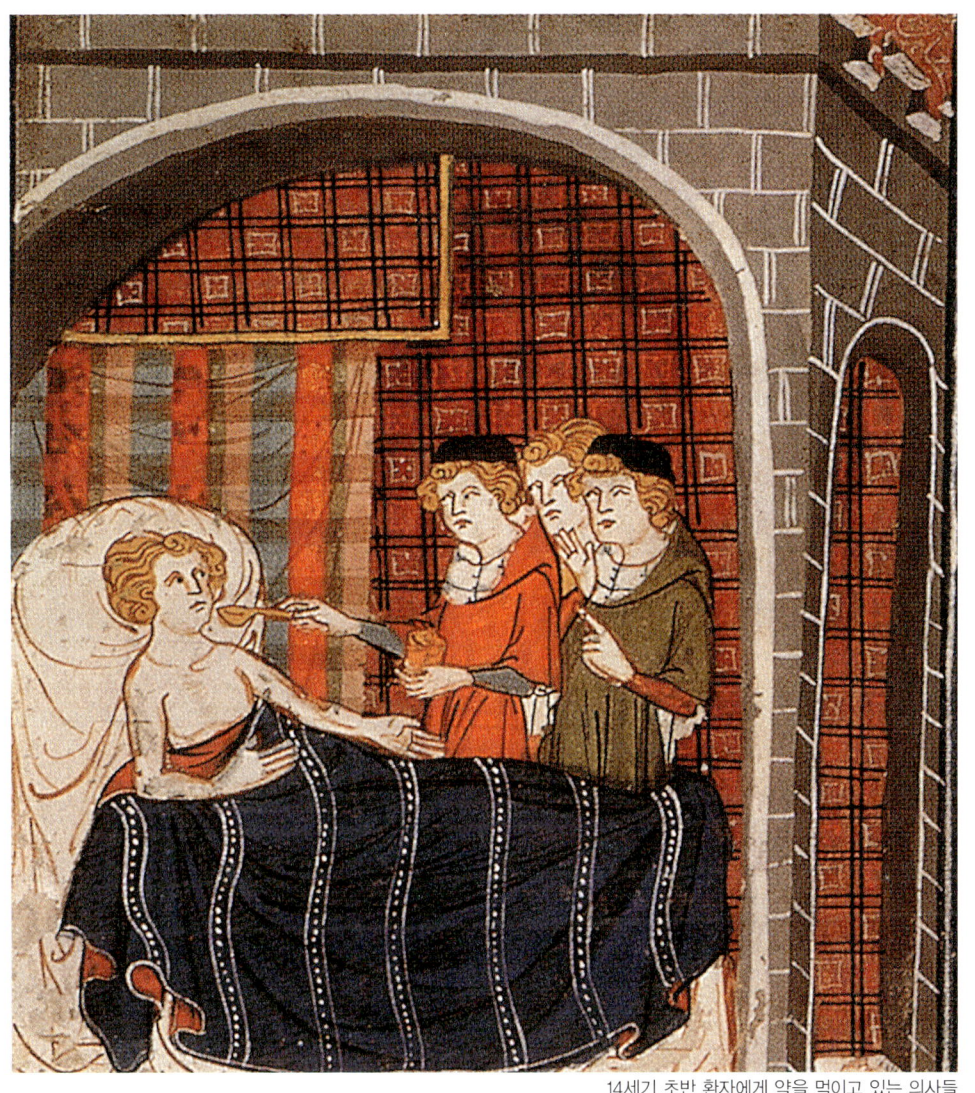
14세기 초반 환자에게 약을 먹이고 있는 의사들

상"이 시행되는데 이는 1885년경 병원에 수용된 환자의 10퍼센트를 차지한다. "사회는 어떤 것도 무료로 제공하지 않는다"는 자유주의의 원칙에 부응할 뿐만 아니라 이로 인해 예산의 균형을 맞추고 더 부유한 고객을 받을 수 있었다. 1842년 파리의 보고서는 리옹과 브뤼셀에서 실행되는 예에 따라 두 병원에 방을 만들 것을 권장한다. 그 보고서는 실제적인 요구에 근거한 것이다. "우리는 한 번 이상 지불 제의를 받았다. 공동 병실에 절대 있지 않는다는 조건으로." 그 보고서는 칸막이도 사용할 것을 권했다. "유료 환자들은 본관 특별 병동에 모여 각자 방 한 개를 사용하고 별개의 산책장에서 산책을 즐길 것이다."[28] 같은 시기에 호스피스에서는 노인들이 혼자 있으려고 시트나 침구류를 깔았다.[29] 그것은 서양사회에서 개별적인 공간에 대한 요구가 일반화되었다는 의미다.

그러나 그것이 실현되는 것은 대단히 더뎠고 발상은 소극적인 채로 남아 있다. 격리, 분리가 반드시 개별화를 뜻하는 것은 아니다. 1852년의 공중위생 총회(브뤼셀)에서 설비에 대해 말이 많았지만, 진전된 것은 거의 없었다. 1864년에 복수동 설계에 따라 고안된 새로운 파리의 시립 병원은 20병상인 15개 병실과 또 몇몇 부류의 환자용으로 쓸 몇 개의 독실을 계획한다. 철침대는 일반화되고 커튼은 제거된다.[30] 『위생론』에서 그 분야 최고 권위자인 미셸 레비 박사는 25/30병상으로 제한된 작은 병실들을 권장했다. 트루소 박사가 제안하는 12병상은 그에겐 지나치게 이상적인 듯 보였다. "1인 1병상. 냉기가 환자에게 해로울 수 있는 창 쪽이 아닌, 병실 창 사이 벽에 단 두 줄의 병상만 붙여져 있다. 병실 한가운데에는 침대가 놓여 있지 않다." 이것이 바로 적당한 환기를 할 수 있는 최적 상태다. 간이식 커튼들은 여성들의 수줍음을 지켜주지만 감춰야 할 것이 아무것도 없는 남성에게는 쓸모가 없다. 왜냐하면 "커튼이 고통과 임종을 보이지 않게 막더라도 신음 소리와 헐떡거리는 숨소리는 결코 차단할 수 없기 때문이다."[31] 어쨌든 레비 박사는 더 신속하기를 바라는 시신의 이송이 가사假死 상태에 빠질 수 있다는 두려움 때문에 지연된다고 한탄한다. 레비 박사는 출산을 하는 여성을 제외하고는 독실을 고려하지 않는다. 그의 『위생론』에 "방"이라는 단어는 색인에조차 실려 있지 않다.

1930년의 『건축백과사전』에 방이라는 단어가 없는 것마저 요양소나 병원들과 관계가 있다. 화보집에 실린 39개의 도판에 보종Beaujon 새 병원의 결핵환자용 "격리실"을 포함해서, 최소한 4개 아니면 7개의 병상이 있는 병실들이 그려져 있다! 결핵과 정신병들은 병원의 공간을 분리시키고 세분화해야 할 요인들이다. 히스테리의 "정신 치료"의 경우 공동 병실을 독방들, 적어도 칸막이 된 병실로 대체하는 것이 전제된다. 데주린 박사는 집중적인 우유요법(매일 3~6리터), 침묵, 침상에서의 절대적인 휴식을 권한다. "각 병상은 작은 병실에서 경계를 설정하는 흰 커튼으로 둘러싸여 있다." 이는 1895년부터 라 살페트리에르 병원에 적용된 체제다.[32]

결국 격리는 처치, 치료와 관련이 있고, 어떤 면에서는 치유의 희망과, 즉 죽음보다 삶과 더 관계가 깊다. 병원은 죽음을 지연시키는 곳이다. 특히 수술 기술과 마취술의 발전으로 인해 점점 더 효과적인 외과 수술이 가능해져 처치 방법을 근본적으로 바꾸지 않고 오래 입원을 하게 되었다.

병실 또는 환자가 간호를 받는 방

환자의 방은 우선 병석에 누워 있는 사람의 방이다. 초라한 침대grabat는 로마에서 병사의 캠프 침대, 노예들, 가난한 자들 또는 스토아철학을 선언하는 철학자들의 잠자리를 가리킨다. 낮고 커튼이 없는 가죽띠가 달린 "보잘것없는 침대"는 가난한 자들과 더 이상 아무것도 해줄 수 없는 환자들의 침대다. 17세기와 18세기에 "초라한 침대에 누워 있다"는 아프다는 뜻이었다. "그 전날 나는 내 작은 방에 혼자 있었다/ 사지가 고통스러워 내 초라한 침대에 누워 있었다"라고 『우울한 서간시Epître』에서 스카롱*은 말한다. 그리고 볼테르는 리슐리외 공에게 사과한다. "제 건강이 아주 나빠 초라한 침대에 누워 있어 내 손으로 당신에게 편지를 쓸 수 없는 것을 양해해주시기 바랍니다."|33 이런 일은 그에게 자주 있었다. 초라한 침대에 누워 있는 사람은 부자든 가난하든 간에 자기 침대를 떠날 수 없는 환자다. 계몽시대의 의사들은 그들에게 더 주의를 기울였다. 극빈자 구호사무소가 그들의 수를 조사했다. "초라한 침대에 누운 사람들"은 통계상 한 항목을 차지하는 부류가 되었다.

오래 끌며 연장시키려고 애쓰는 질병의 결말로서 병의 끝에 맞게 되는 죽음은 더 불확실하고 오래 걸리게 되었다. "오랜 병으로 죽는다"는 것은 병과 결사적으로 싸웠고 가혹한 투쟁 끝에야 세상을 떠났다는 것을 암시한다. "자연적인 원인에 의한 질병은 오래가지 않는다. 그러나 의

---

*1610~1660. 프랑스 시인·극작가·소설가. 1652년 시인 아그리파 도비녜의 손녀 뻘 되는 불쌍한 고아 프랑수아즈 도비녜와 결혼했다. 그녀는 훗날 루이 14세의 총애를 받는 맹트농 부인이 된다. 대표작으로는 유랑극단과 이를 둘러싼 거리의 사람들이 엮어내는 갖가지 익살스럽고 명랑한 사건을 묘사한 사실주의 경향의 소설의 걸작 『익살스러운 이야기』가 있다.

술 때문에 질병들은 연장되었다. (…) 자연적인 원인에서 발생하는 질병은 치유된다. 그러나 의학이 만들어낸 질병은 결코 그렇지 않다. 왜냐하면 의학은 치유의 비법을 모르기 때문이다[34]"라고 프루스트는 베르고트*의 "오랜 병"에 대해 적고 있다. 작가는 자신의 집에서 결코 나오지 않지만 병석에 누워 있지는 않다. 그는 베르메르의 어떤 작품을 보다가 돌연히 죽는다. 화자는 『갇힌 여인 La Prisonnière』에서 전형적인 이 미학적 죽음에 관해 마치 병을 드러내지 않는 것이 사랑의 감정을 드러내지 않는 것과 유사한 것인 듯 이야기한다.

"오랜 병"이라는 완곡어법에는 말로 표현을 하면, 어둠 속에 웅크리고 있어 보이지 않는 적이 실제로 존재하게 될까 봐, 이름 붙이기를 꺼려하는 마음이 숨겨져 있다. 예전의 결핵, 오늘날의 암이나 에이즈는 수치스러운 질병이라서 마치 그 병에 걸린 것이 잘못이기라도 한 것처럼 털어놓지 않는다. "의학적 수단에 의한 생명 연장"은 이제 장수의 증가와 병석에 누워 있는 사람 수의 증대가 나타내듯이 사회적 현상이 될 만큼 성공을 거두었다. 마침내 의학의 영역으로 흡수된 이 단어는 이제 병원이나 자기 집에 병들어 누워 있는 사람을 가리키는데, 이는 두 부류로 구분된다. 첫째는 항상 누워 있는, 가장 생명의 위협을 받는 "수평적인" 병석에 누워 있는 사람이고, 둘째는 자기 침대에서 안락의자로 옮겨갈 수 있는 "수직적인" 병석에 누워 있는 사람이다. 몸의 자세에 따라 위험 요소가 다르고 도우미에게 추천되는 간호도 달라진다.

이런 관점에서 보면 환자의 방에는 일관성이 필요하다. 피난처이자 은신처인 이 방은 삶을 영위하는 장소이며 삶을 위해 투쟁하는 장소가

---

* 프루스트의 소설 『잃어버린 시간을 찾아서』에 등장하는 소설가의 전형적인 인물로, 소설 속의 화자가 어린 시절 그의 글을 읽으며 작가의 꿈을 키우게 한 화자의 정신적인 멘토다.

되므로, 지나치게 의료 시설을 갖추는 것을 피해야만 한다. 레오니 숙모라는 프루스트의 모델에 따르면, 환자의 방은 우선 자기 집에 있고 공간과 시골집의 적당한 안락함을 갖추며 적어도 하인이 있어야 한다. 그녀의 남편 옥타브 삼촌이 죽은 후 레오니 숙모는 침대에서 거의 일어나지 않았다. 그녀는 자기 방에서 살았다. 게다가 또 창문 가까이에 있는 침대에서 길거리의 오가는 사람들을 지켜보고, 소문들을 퍼뜨리고 다니는 윌라리 같은 몇 안 되는 친구를 만났고, 필요한 경우 오히려 상태가 좋지 않은 척하며 "잠을 못 잔 것 같아"라고 말했다. 우리를 매료시키는 "수많은 향기와" 그리고 화자가 회상하게 하는 열쇠인 보리수차에 적셔진 마들렌의 맛처럼 수많은 맛은 바로 이 시골 방에서 나오는 것이었다. 반 환자이자 반 칩거생활을 하고 있는 레오니 숙모는 생활에서 자취를 감추었고(그리고 이야기에서도 마찬가지로 지나가는 사건만 언급되었다). 그녀의 방에서 그리고 아마도 바다에서 죽은 뱃사람의 과부들이 누아르무티에*에서 한 것처럼, 그 침대의 움푹 꺼진 자리까지 소중하게 여겼으리라 상상할 수 있는 부부 침대에서 서서히 타버리는 촛불처럼 꺼져갔다. 더 이상 많이 움직이지 못하고 안락의자에서 침대로 자리를 바꿔가며 병석에 누운 신세가 된 선조들, 즉 옛날의 여성 노인들은 자기 집에서 죽었다. 시골의 공동으로 사용하는 방에서, 뿐만 아니라 여러 세대가 뒤섞여 살고 있는 도시의 협소한 집에서도 사람들은 이 침대를 차지하려고 다툰다. 여성 노인들은 대부분 그들의 손녀들과 침대를 같이 써야 했는데 아마도 손녀들은 이 혼잡한 생활을 결코 좋게 생각하지 않았을 것이다. 노인들이 자질구레한 도움을 줄 수 있는 동안 사람들은 그들을 너그럽게 봐준다. 하지만 신체장애, 불구 상태인 노인들을 짜증스러워한다. 제

---

*프랑스 방데 도에 속하는 대서양 연안의 섬으로 겨울에 피는 미모자 꽃 때문에 미모자의 섬으로 불렸다.

보당* 사람들은 밖의 오두막 같은 집에 노인들을 가두어둔다. 죽음이 이 무익한 입들을 덜어준다. 19세기에 여성 노인들은 호스피스의 공동으로 사용하는 방에서 죽었다. 그곳에는 독방들이 아주 최근에 생겨났는데, 이는 뒤늦게야 노년을 정당한 은퇴 연령으로 인식했음을 보여준다.[35] 19세기에 결핵 환자를 전지轉地 요양소에 보내기 전에 방에 두었기 때문에 많은 방이 필요했다. 보통 "폐병"이라 일컫는 결핵은 누워 있고 커튼을 쳐야 한다. 처음에 주변 사람들은 나쁘다고 생각되는 이 병의 감염으로부터 거의 무방비 상태에 놓인다. 배우자나 친구들은 계속 잠자리를 함께하는데 이는 병에 걸릴 징조이기도 하다. 죽어가는 쥘리가 그녀의 사랑하는 사촌 클레르에게 그녀의 침대에서 함께 자자고 청한다.[36] 그러나 의사들은 전염론자**이든 공기론자***이든 간에 위험을 경고하고 격리시킨다. 그들의 아파트 구석에 갇힌 환자들은 마음을 표현하려고 기침을 한다. 다양한 글을 엮은 페로네 가족과 브론테 가족의 예가 보여주듯 낭만적인 우수는 애절한 편지 교환, 자기성찰, 내밀한 일기의 글쓰기, 감정의 표현을 낳는 원동력이다.[37] 결핵으로 인해 글들이 씌어졌고 어떤 면에서는 19세기의 소설이 탄생되었다. 수전 손택****은 "죽음과 질병은 흔히 (…) 결핵의 열띤 광채처럼 아름답다"고[38] 말한다.

그럼에도 불구하고 환자의 방에는 사람들이 자주 드나든다. 17세기부터 의사들은 집으로 왕진을 갔다. 그래서 그들은 위생 상태가 열악한

---

* 프랑스 대혁명 때까지 존속했던 프랑스 지방. 오늘날의 로제르 도.
** 황열병이나 페스트의 전염을 주장하고 검역 조처를 권장하는 의사.
*** 인체의 외부 요소인 공기가 질병의 전염과 발병에 결정적인 역할을 한다고 보는 의사.
**** 1933~2004. 미국의 에세이스트이자 소설가로 『해석에 반대한다』의 급진성으로 유명해졌다. 손택의 미학의 핵심을 이루는 이 에세이에는 당대의 예술 흐름에 깊게 몰두하며 단호할 정도로 반해석학적이고 형식주의적인 입장이 나타나 있다.

농촌의 거주 환경을 최초로 관찰했고, 그것 때문에 개탄했다. 레페크 드 라 클로튀르는 그의 의학 지형학에서 이 농촌의 주거를 비난한다.|39 그의 동료들은 도시에 따로 떨어져 처방을 한다. 그러므로 방에는 조제한 약과 도구들, 약병들, 작은 병이 가득 차 있어서 머리맡 탁자와 벽난로는 혼잡스럽다. 여성들은 처방대로 지키며 체온을 재고 주거를 환기시키는 일을 담당한다. 그들의 전통적인 환자들은 점점 더 사람들에게 관리를 받게 되었다.

간호인

다수의 자원봉사자 외에 전문 간호인들은 18세기에 출현한다. 1860년에 간호인들의 양성에 관심을 가진 나이팅게일은 『간호론』에서 그들에게 조언한다.|40 그 저서에서 당시의 관심사들을 찾아볼 수 있다. 우선 공기에 대한 강박관념이다. 얼음이 어는 날씨라 하더라도 환기는 절대적으로 필요하다. "침대 속에서는 감기에 걸리지 않는다." 이불을 덮고 탕파*가 있으면 충분하다. 게다가 환자는 스스로 창문들을 열고 닫아야만 한다. 부패를 퇴치하기 위해 개방형 벽난로와 환기장치가 필요하며, "당신의 침대 주위에 커튼을 절대 치지 말고, 덧문을 닫지 말며 창문에 커튼을 치지 말라고" 책은 조언한다. 밤에는 여닫이 창문 위쪽을 열 수 있다. 공기 측정기는 유익할 것이다. "공기를 차게 하는 것은 환기시키는 것이 아니고, 환기시키는 것은 공기를 차게 하는 것이 아니다." 어쨌든 외풍은 피해야만 하고 젖은 세탁물을 방에서 건

* 뜨거운 물을 넣어 몸을 덥혀주는 쇠나 자기로 만든 그릇.

프랑스 본의 양로 병원. 한 수녀가 간호사의 유니폼이 될 옷을 입고서 환자에게 음식을 주고 있다.

조시키지 말며 침대 시트를 걷고, 되도록이면 좀더 씻기 쉬운 도기 요강을 사용하되 뚜껑을 달아놓고 건강에 해로운 냄새가 나는 오물통의 반입을 금지하고, 먼지를 옮겨놓는 깃털 먼지떨이를 삼가면서 24시간마다 방을 청소해야만 한다 등이다. "사소한 세부 사항들에 대한 세심한 주의"가 한 방의 양호한 위생을 보장하며, 그 방에 "하수구를 만드는 것"은 피해야만 한다.

간호인들은 소음을 유발하는 시의적절하지 못한 방문을 선별해야만 한다. 이 책의 한 장은 소음을 다루는 데 할애되었다. 속삭이는 말소리, 나지막한 소리의 대화, 여성들의 미미한 옷 소리가 환자를 피로하게 한다. "움직일 때 실크와 페티코트에 나는 소리, 풀 먹인 스커트의 바스락거리는 소리, 열쇠 꾸러미의 금속 물체들이 부딪치는 소리는 불쌍한 환자들에게 세상의 모든 의학이 도움을 주는 것보다 더 많은 고통을 줄 것이다." 방문객들은 환자 맞은편에 앉아야 할 것이고 그의 침대에 결코 기대서는 안 된다. 나이팅게일은 환자의 감수성을 예민하게 지각한다. "병실에서 사람들이 걸음을 걸을 때마다 환자는 고통을 받는다. 환자는 자신의 머리에 스쳐가는 생각을 참기 어렵다." 다른 한 장은 침대에 관해 다루고 있다. 철침대이며, 낮고, 양쪽 벽에서 떨어져 있고, 환자가 유리창을 통해 밖을 볼 수 있도록 창에서 멀지 않은 위치에 있어야 한다. 다른 한 장은 빛에 관해 언급되고 있다. 가장 좋은 향은 동향과 남향이다. 햇빛이 들어야 한다. "침대 머리맡에 얇은 흰 커튼과 창문에 마음대로 내릴 수 있는 초록색 차양이면 충분하고 완벽하다." 왜냐하면 햇빛이 들어야 생각도 할 수 있기 때문이다.

간호인들은 환자뿐만 아니라 환자가 안락하게 지낼 조건인 병실도 담당한다. 간호인들 자신도 침구를 정돈하고 환자들의 베개도 적절하게 놓는다. "이러한 점에 대해 간호인들이 소홀하면 죽어가는 사람의 고통은 굉장히 심해진다." 화가 뭉크*는 결핵 환자들이 사는, 그의 유년 시절의 집을 "베개의 집"이라고 이름을 붙였다. 사람들이 베개를 손질하느라고 시간을 보내고 있었기 때문이다. 주름지고 움푹 들어가 그림자가 진 베개는 황혼을 묘사한 그의 수많은 그림의 배경을 이룬다. 나이팅게일에게 환자는 연구해야만 하고, 그의 상태에 대해 진실을 있는 그대로 말하지 않는 것(수위를 조절해서 말하는 것)이 바람직하다 하더라도 성인으로 대우해야 하는 사람이다. 진실은 제일 중요한 것이 아니다. 사람들은 레페크 드 라 클로튀르의 『관찰Observations』에서 환자의 개인차를 고려하는 점에 강한 인상을 받는다. 그는, 파일에서 하듯이, 루이 15세 치하의 각각의 경우를 언급한다. 간호인들은 죽음의 징조를 인식하고 그 시련을 환자와 함께해야만 한다. 중요한 것은 직업의식이지 신앙이 아니다. 신앙은 결코 문제되지 않고 순수한 인간성조차 그러하며, 중요한 것은 지식과 통찰력이다. 죽음의 지혜에서 의사와 간호 수행원들은 신앙의 역할을 대신했다. 그러나 그 어느 때보다 오늘날은, 간호사들이 "평화로운 죽음"[41]을 맞을 수 있도록 도와준다. 앨리스 제임스가 환자의 『일기』에서 그의 주된 대화 상대자로 삼은 간호사처럼. 권위와 무관심이 놀랍게 뒤섞여 있는 그 "어린 간호사"는 자신의 생각을 솔직하게 말하고 방의 정돈 방식에 대해 확고한 생각을 갖고 있다. 이 점에 대해서 그녀는 완강하다.[42]

그러나 죽음이 유일한 해결책은 아니다. 나이팅게일은 "회복"에 한

---

*1863~1944. 노르웨이 화가로 「절규」로 유명하다. 삶과 죽음의 문제, 인간 존재의 근간에 존재하는 고독, 질투, 불안 등을 묘사한 표현주의 작가로, 그의 어머니와 누나 모두 결핵으로 사망했다.

장을 할애하는데, 미셸 레비 박사는 이 문제를 상세하게 다룬다.[143] 두 사람 다 체제와 장소의 변화를 권장한다. 설사 그것이 한 층에서 다른 층으로 옮겨가는 것에 지나지 않는다 하더라도. "그가 환자의 방이라고 생각하는 데에서 떠나기만 해도 그는 건강에 좋은 자극을 받을 것이다." 회복기에 있는 사람은 창문에서 멀지 않은 벽난로 가까이 놓인 안락의자에서 몇 시간을 보낼 것이다. "지평선, 정원들, 초목의 경치를 보면 즐거운 생각이 들고 슬픈 걱정거리에서 자유로워진다." 그는 공기가 "최대한 깨끗한" 시간에 조촐하게 최초의 산책을 할 것이다. 시골의 고요함과 정적은 그가 회복하는 데 효과적인 도움을 줄 것이다. 치유는 이제부터 기적이 아니라 가능한 일의 영역으로 편입된다.

환자의 방에서 벗어날 수 있을 것이다. 적어도 일시적으로라도.

병원의 독실들

나이팅게일은 민간 시설과 그녀가 좀 더 신뢰할 수 있다고 여겼던 부문인 공공 시설의 간호인들에게 말한다. "개인의 집보다 공공기관이 더 신중을 기했다." 1860년대에 보건위생 전문가들은 선구적인 간호와 좀 더 평화로운 죽음의 장소로 병원을 추천해주었다.

사실 이것이 우리의 처지다. 오늘날 프랑스에서는 다섯 명 중 네 명이 병원에서 죽는다. 사람들은 병원에서 "삶을 마치게 될" 가능성이 높다. 사실 그 기간 중 병원은 잠깐 동안만 머무는 장소다. 병석에 누운 사람들을 위해서 "장기 체류"용 병동들이 마련되어 있다. 그리고 의료

「암스테르담의 양로원」, 막스 리베르만, 1880

시설이 어느 정도 갖춰져 있는 양로원에 관해서도 언급해야 할 것이다. 양로원에 갖춰진 방의 쾌적한 시설과 개별화는 재정적인 면과 사회적인 면에서 차이를 나타낸다.

체류 기간을 짧게 하고 밀려오는 환자들을 순환시키는 일에 항상 신경을 쓰는 병원에서, 수술 환자 및 위급한 경우를 위해 따로 남겨둔 독실에는 여전히 들어가기 어렵다. 우리는 디노 부차티*의 중편소설을 기억한다. 그는 언제나 미어터지는 병원, 환자가 죽는 것을 끔찍한 불명예로 여기는 병원들이 신속한 이송에 대해 갖고 있는 강박관념 탓에 환자는 간호를 받는 윗층에서 빈소가 위치한 1층으로 점차적으로 내려간다고 묘사한다.

다소 갈등을 빚게 하는 공동생활과 때로 얄궂은 불화를 겪은 대가로 사람들은 침대를 더 이상 "같이 사용하지" 않지만, 방들은 계속 "같이 사용한다." 1990년에 씌어진 『108호』[44]라는 극작품에서 제라르 오베르는 병원의 공동생활을 무대에 올린다. 일흔다섯 살의 르네, 마흔 살의 샤를, 간호사 자닌 등 세 명의 인물이 등장한다. 르네는 수다스럽다. 그는 방을 혼자 쓰겠다고 주장하는 샤를을 못 견뎌 한다. "아시죠, 혼자라는 것은 때로 훨씬 더 침울합니다. 보통 정적이 흐르면 시끄러운 소리가 잘 들려 무척 소란스럽습니다"라고 자닌은 반박한다. 두 남성은 검사 결과를 기다리는데, 불안한 긴장감이 감돈 후 결국 결과가 양호하다고 밝혀진다. 바로 여기서 우의友誼가 생겨난다. "그들은 방을 같이 썼고 같은 세면대에서 세수를 했고, 서로 협조하며 치유되었다. 그렇게 하면 유대가 생기는 것이 당연하다"고 르네는 말한다. 그러나 그들이 서로 다시 만날 기회는 거의 없다. 거쳐가고, 만나고, 마주쳐 지나가는 병원은

---

*1906~1972. 20세기 이탈리아 문학을 대표하는 작가로 환상적이며 부조리한 작풍으로 인해 이탈리아의 카프카라 불리기도 한다.

친밀해지기보다 헤어지게 되는 장소다.

 병실은 또한 희망과 연결되어 있다. 사람들이 살 수 있기를 기대하면서 수술을 받는 경우가 그렇다. 이것은 최초로 얼굴 이식 수술을 받은 이자벨의 예인데, 노엘 샤틀레가 그녀의 이야기를 재구성했다.[45] 이자벨은 개에게 물어뜯겼다. 병실은 성공적인 이식, 그녀에게 얼굴을, 또 다른 얼굴을 돌려줄 수 있는 수술에 대한 기다림의 방이다. 이 방에 의사들, 외과의들, 심리학자들이 모여든다. 간호, 시선, 불안, 모든 종류의 질문, 희망이 그녀에게 집중된다. 그런 이유 때문에 그녀는 그 방을 떠나 최종적인 수술이 행해지는 리옹으로 가기가, 번호가 없는 어떤 방에 가기가 몹시 힘들었다. 그러나 그녀는 더 이상 그 방으로 돌아가고 싶어 하지 않는다. "어느 방이라도 괜찮지만 9호실엔 가고 싶지 않다." 사용자들이 그들의 병실을 개인적인 방으로 만드는 것은, 호텔처럼 번호로나 그들이 그 방에서 경험했던 사건들을 통해서가 아닌 다른 방법으로는 분명히 어렵다. 주요한 사건들로 인해 아무 특징이 없는 흔한 이 장소는 생생한 추억의 장소로 바뀐다. 그래서 현대의 자전적이거나 소설적인 이야기 속에 호텔 방이 등장하고, 그곳에서 전개되는 많은 경험은 거의 언제나 생존해 있는 증인들에 의해 이야기된다. 시몬 드 보부아르는 그런 점에서 선구자였다. 『편안한 죽음』[46]에서 그녀는 파리의 개인병원에 6주 동안 입원한 후 돌아가신 어머니의 죽음(1963년 12월)을 상세하게 적었다. 이 정확한 임상, 심리 일지에서 보부아르는 공간 묘사에 치중하지 않고 공간 변화에 주목한다. 그렇기에 상당히 인상적이다. 추락해서 대퇴골 경부가 골절된 보부아르 부인은 부시코*의 응급실로 이송되었다. 그녀는 응급실을 비방하고 그곳에서 개인병원으로 옮겼다. 그녀는, 조

---

*파리 15구에 위치.

용하며 창문으로는 정원이 보이고, 중요한 인물이라고 느끼게 하는 일종의 기쁨을 주는 간호를 받을 수 있다며 그 개인병원의 장점들을 칭찬했다. 그녀는 자신이 머물고 있는 114호를 개인적인 방으로 만들려고 작은 병이나 약 등 다양한 물건을 가져오게 했다. 그녀는 방문객을 맞고 선물을 받았다. "방에는 꽃들이, 즉 시크라멘, 진달래, 장미, 아네모네가 가득했다. 머리맡 탁자 위에는 과일 젤리, 초콜릿, 캐러멜 상자가 쌓여 있었다." 사람들은 환자에게 단것을 잔뜩 주는 것이 좋다고 생각했다. 그녀는 "시중을 받고, 보살핌을 받고, 몸치장을 하는 기쁨을 발견했다." 그녀에게 안마를 해주고, 쟁반에 식사를 가져다주었다. 아파트로 돌아갈 생각을 하면 그녀는 두려워졌다. "나는 가고 싶지 않아"라고 그녀는 말했다.

그 후 상황이 바뀌었다. 검사를 통해 암이 발견되었다. 음식물 주입관을 삽입하기로 결정했다. 그 기기에는 장치가 필요했다. 전에 창가에 있던 침대는 "정상적인 위치를 되찾아 침대 머리를 벽에 붙여 방 한가운데 놓였다. 왼쪽에 엄마 팔에 점적주입點滴注入 장치가 연결되어 있었다. 복잡한 기계들을 통해 위에 이르는, 투명한 플라스틱 관이 코에서 나와 있었다." 의사들은 수술을 하기로 결정했다. 방문에는 "면회 금지"라는 안내가 붙여졌다.

"배경이 바뀌었다. 침대는 전날처럼 양쪽이 치워진 상태로 놓여졌다. 과자들은 벽장에 정리했고 책들도 마찬가지였다. 구석의 큰 테이블에 이제 꽃들은 없고 작은 병들, 구球형 유리용기들, 시험관들이 놓여 있었다." 환자는 더 이상 어떤 옷도 입지 않았다. 방과 동시에 몸도 옷을 벗었다. 시몬은 그녀의 모습을 새겨두려는 듯 상세하게 묘사한다. "나는 문 뒤에서 짧은 관을 발견한다. 왼쪽 화장실에는 대야, '강낭콩', 탈지면, 저장용 병이 있고 오른쪽 벽장에는 엄마의 소지품들이 정리되어 있다. 어깨 모양으로 된 옷걸이에 먼지로 더럽혀진 붉은 실내복이 걸려 있다." "전에 나는 그 장소들을 못 보고 지나쳤다. 이제 나는 그 장소들이 영원히 내 삶의 일부가 될 것이라는 것을 안다." 어머니의 모습이 변하면서 동시에 방도 변했다. 어머니는 쪼그라들었고 머리를 자르고는 더 이상 먹지 않고 창문을 가리는 파란 커튼을 열어달라고 부탁했으며, "신선한 공기"를 필요로 했다.

시몬 드 보부아르는 그의 지친 여동생과 교대하면서 어머니 곁에서 나흘 밤을 잤다. "저녁이 되어 머리맡 등만으로 더 이상 방을 밝힐 수 없을 때면 방은 음울해졌다." 그녀는 특히 정적 속에 밤샘을 하며 자신이 담당한 저녁과 낮 동안의 간호에 대해 적었다. "어머니는 마침내 산송장으로 바뀌어버렸다. 세상은 그녀의 방의 규모로 축소되었고" 방은 빈소가 되어버렸다. 보부아르 부인은 6주간의 단말마 후 어느 날 밤 죽었다. "배신으로 변질되어버린 6주간의 친밀함"이라며 진실하다는 것을 연기로라도 나타내고 싶었던 심정을 시몬은 쓰고 있다. 오후에 작가와 그의 여동생은 114호에 다시 가본다. "호텔에서처럼 이 방은 아마 정오 이전에 치워졌을 것이다. 우리는 층계를 올라가서 두 개의 문을 밀어젖혔다. 침대는 비어 있었다. 벽, 창문, 전등, 가구, 각각의 물건이 제자리에 있었고 하얀 시트 위에는 아무것도 없었다." 우리는 다음 주인을 기다리면서 "면회 금지"라는 팻말을 뗐다. 그들은 영안실에 시신을 보러 가지 않았다. 무슨 소용이 있겠는가?

"그녀는 편안한 죽음을 맞았다"고 시몬은 쓰고 있다. "혜택받은 사람의 죽음." 이 삭막한 말이 충격을 주지만 이는 당시 병원의 부족한 여건을 강조한다. 이 "혜택"은 오늘날도 여전히 많은 환자의 바람이고, "호텔 같다는" 과다한 광고에도[47] 불구하고 특별한 예외로 남아 있는, 바로 "혼자 쓰는" 방을 가리킨다. 그러나 광고에서 제시되는 그 방에 대한 이상적인 기준들은 더 열악한 현실과는 거리가 멀 뿐이다. 그럼에도 불구하고 죽음이 임박한 환자들을 받아들이는 "단기 체류 병실 체제를 갖춘 병원들"도 있다. 자클린 엘의 어머니는 한 젊은 의사의 제안 덕분에 응급실에서 독실로 옮겨졌다. "거기서 그녀는 작지만 굉장히 조용한 방에 있었고 이틀 후에 그곳에서 평화롭게 죽었다고 생각한다고 자클린은 썼다. 이 방은 우리 어머니가 정신을 되찾고 (…) 사랑하는 사람들에게 작별 인사를 할 수 있었던 일종의 포근한 고치 같은 것으로 내 기억 속에 남아 있을 것이다. 그 후 별 특징 없는 시체 안치실로 옮겨졌다."[48]

『완벽한 병실』이라는 그녀의 자전적인 이야기에서 오가와 요코는 척수암에 걸린 막내 남동생과의 마지막 만남을 언급한다. 그리고 말기 환자들을 위한 모든 방이 독실로 되어 있는, 일본의 대형 병원의 서쪽 병동 16층에서 나눈 대화를 추억으로 떠올린다. 그 방에서 놀란 것은 우선 "흰 커다란 동물이 그곳에 웅크리고 있는 것처럼, 작달막한" 침대가 한가운데 있고 그 침대의 흰빛이 크림색 벽지로 덮인 이 방에 선명하게 두드러져 보인 것이다. "온갖 종류의 물건이 눈부시게 하얀 이 침대 주위에 놓여 있었다. 보통의 방이나 호텔 방과는 달리 모든 물건이 내게는 훨씬 더 심오한 의미를 띤 듯 보였다. 나는 이 병실이 침대 주위에 펼쳐져 있다는 느낌을 받았다." 그녀는 시설을 묘사했다. "모든 요소가 검소하고 간소하지만 차가운 느낌은 들지 않는다." 그녀를 놀라게 한 것은 바로 그 간소함, 검소함, 청결함, 기능성, 조직적인 것이 없다는 점이다. 그래서 그녀는 기뻤는데, 쓰레기들과 "불결하고 무질서한 생활"의 찌꺼기들을 집에 뿌렸던 미친 어머니에 대한 소름끼치는 기억을 간직하고 있기 때문에 그녀는 더욱 그러했다. 여기는 모든 것이 깨끗하다. "나는 완벽하게 치워진 그의 방만으로도 충분히 행복했다."[49]

낭시 위스통은 퀴리 병원에서 임종을 맞은 그의 친구 아니 르클레르크를 방문했다. "나는 침대 발치에 놓인 의자에 자리잡았다. 완전히 현실이 아닌 것같이 느껴졌다." 그녀 역시 간소한 환경을 강조한다. "푸르스름한 조명, 장식이 없는 방. (…) 최소한의 가구, 어질러진 것이 없고, 방의 직선들이 드러나 보일 정도로 거의 아무것도 없다."[50] 이 검소한 병실에서의 금욕생활은 마지막 날의 검소함을 준비하는 것이다. 우리는 침대 발치의 의자에 앉아 마침내 서로 마주 보았다. 시간이 되었다.

전지 요양소 Sanatorium에서

치료의 장소인 사나토리움 Sanatorium은 장기 체류용 방의 실험 영역이었다.[51] 무일푼의 결핵 환자들은 억누를 수 없는 기침 때문에 견디기 힘든 악몽 같은 공동 침실에 만족해야만 했다. 1920년에 이르러서야 1.9×2.3미터 크기의 격벽으로 공간을 나누는 라에네크 Laennec 같은 예가 출현한다. 레옹 베르나르는 환자로 하여금 다른 환자가 죽는 광경을 보지 않게 하고, 침대나 옷에서 이가 생기지 않도록 방을 개조하는 방안을 적극 지지했다. 그 개조는 미국의 적십자에서 제안한 방식이었다.

반대로 유복한 환자들은 20세기 초부터 스위스와 독일에서 실험적으로 운영되는, 고지의 호화로운 건물들을 사용할 수 있었다. 구획된 베란다와 통하는 방들은 대단히 엄격한 위생 규칙을 따른다. 가구는 둥근 형태로 보존하기 편한 간소한 것이어야 하고, 벽은 빨기 쉬운 리버티* 종류인 채색된 직물로 덮여 있고, 마루는 파라핀을 발라 틈새를 메운 참나무이고, 모든 자질구레한 실내장식품, 벽지, 혐오스러운 먼지의 온상인 커튼, 문에 치는 커튼들을 몰아내야 한다. 주요한 치료 수단인 고지의 추위에다 아무런 장식도 없는 바람에 혹한이 순수한 치료라고 여기게 된다. 죽음의 검은색과 상반되는 흰색은 위생에 자신감이 넘침을 비장하게 주장하는, 전지요양소와 병원의 색깔이다.

토마스 만이 주인공의 경험을 통해서 위엄 있게 묘사했던 『마의 산』(1924)의 베르크호프 요양소는 이러한 역할을 한다. 단순히 그의 사촌 요아킴을 방문하려고 다보스에 온 한스 카스토르프는 그의 병을 발견하고 7년을 머무르며 질병의 모든 단계를 거치면서 치료받고 병과 관련된 장소와 사건들을 경험한다. 그는 발코니에서 무척 안락한 "훌륭한 긴의자"에 이불을 두르고 누워서 많은 시간을 보내는데, 치료의 첨병인 추위를 견디려면 이불을 기술적으로 휘감아야 한다. 산꼭대기의 순수함, 쉬지 않고 내리는 순결한 눈은 병을 쫓아낼 것이다. 카스토르프는 열이 있기 때문에 의사들은 그를 침대에서 벗어나지 못하게 한다. 풍경의 색깔과 똑같은, 침대의 하얀색은 고통을 잊게 하는 위안이며 침대의 베개는 몸을 받쳐주는 데 많은 도움이 되었다. 그가 물건들, 장소들, 몸을 사용하는 방식이 달라졌다. 끊임없이 괴로운 생각이 들게 하는, 하

---

*가구와 의복에 쓰이는 가벼운 면으로 된 천의 일종.

루 수차례씩 이뤄지는 체온 측정, 안성맞춤인 식탁에서의 식사, "경이로운 한발 평형", 의사의 방문, 수수께끼 같은 그의 설명, 안마사의 방문, 그가 없는 동안 베르크호프의 고지에 위치한 식당 소식의 전달자가 되어버린 그의 사촌의 방문이, 그날이 그날 같아 분간되지 않는 날들에 리듬을 더한다. 단조로운 일상적인 의식儀式들은 시간을 분간할 수 없이 비슷하게 흘러가도록 바꿔버린다. 되풀이라기보다 "천편일률, 변함없는 현재 또는 영원이라고 말해야 할 것이다. 어제 당신에게 가지고 왔던 것과 똑같은 점심 스프를 오늘 가져오고 내일도 마찬가지로 가져올 것이다. 그리고 바로 그 순간 바람이 당신을 스쳐 지나간다. 어디서 어떻게 불어오는지 모르지만, 그 스프가 날라져오는 것을 보면 당신은 현기증을 느끼고 시간의 구분이 희미해진다. 그리하여 존재의 진정한 형태로 드러나는 것은 당신에게 영원히 스프를 가져오는 움직이지 않는 현재다."[52] 이처럼 환자의 방의 시간은 흘러가고 아마 인생도 그렇게 지나갈 것이다.

창조와 관련된 병: 조에 부스케의 방

많은 환자의 방들은 창조적이다. 게오르크 그로데크*[53]는 병실이 예술, 적어도 밤의 고독한 행위인 글쓰기의 산실이라는 것을 알았다. 영원한 환자인 프루스트는 자기 침대에서 밤에 글을 썼다. 『잃어버린 시간을 찾아서』는 그 방과 일체인 듯 느껴질 정도로 그의 방에 따리를 틀고 있다.

---

*1866~1934. 신체의 병 치료에 심리학의 원리와 방법을 적용하는 심신의학의 개척자인 독일 작가.

조에 부스케*는 자기 방을 창작의 장소로뿐만 아니라 대단한 사교의 장소로 바꾸었다. 사람들이 의아해할 정도였다. 이것이 정말 환자의 방인가? 대마비 환자인 조에 부스케는 척수에 전쟁 부상을 입어 평생 마비 상태로 지냈다. 1918년 5월 27일, 부아 르프레트르Bois-le-Prêtre에 그는 독일군의 탄알들, 아마도 맞은편 참호에 있었던 막스 에른스트의 탄알들이 날아오는 전선에 서 있었다. 의식적이든 아니든, 그는 마치 영웅적이거나 허세 부리는 모습을 보여주고 싶었던 것처럼 팔을 벌리고, 입술에는 담배를 물고 있었다. 수수께끼다. 그날 실제로 어떤 일이 일어났는가? 그는 무엇을 느꼈고 무엇을 원했나? 그는 무엇을 선택했나? 이것은 전장에서 바로, 그리고 1950년 9월 28일 그의 방에서 그가 죽을 때까지 32년간 줄곧 손상된 그의 신체를, 몸을 굽혀 살펴보는 많은 의사들처럼 프랑수아 베르캥이 제기한 질문이다.|54 신경과 의사, 심리학자, 심리분석가들은 정확하게 알기 위해 아니면 치료를 시도해보기 위해, 부스케가 1924년부터 은신처를 지은 카르카손**의 베르됭 가 53번지에 자주 드나들었다. 어떤 사람들은 전적으로 외상성이라고 보는 해석에 반대하며, 큰 전쟁을 통해 발견되고 밝혀진, 남성에게 일어나는 히스테리라고 추정한다.|55 "당신은 자신도 모르는 사이에 유아적인 상황을 그대로 재현하는 행동을 하기를 좋아합니다"라고 최고 권위자가 진단한다. "사람들이 당신을 간호해주고 여성들이 당신의 침대 가장자리를 에워싸고 당신에게 음식을 줍니다. 심한 부상을 입는 것만으로도 당신의 몸은 유아적인 마음 상태로 전락할 수 있습니다. 당신의 간호사를 시중드는 하인으로 바꾸십시오. 그리고 당신의 무력증에 자발적으로 저항

---

*1897~1950. 제1차 세계대전에 참전했다가 중상을 입고 1950년 숨질 때까지 30년 동안 두 발을 쓸 수 없는 장애를 지닌 채 살았던 프랑스 문인.
**프랑스 동남부 랑그독루시용 지방 오드 도의 수도로, 로마시대부터의 역사를 간직한 요새 도시.

하십시오."[56] 조에 부스케는 어떤 면에서는 자신의 상처를 선택한 것이다. 그는 그 상처를 받아들였다. 그는 그것을 매개로 삼았다. "나는 내 상처 덕분에 모든 사람이 나처럼 상처를 입었다는 것을 알게 되었습니다." 그 자신이 상처"이다." "나는 당신을 동정하지 않습니다"라고 앙드레 지드는 그에게 말했다.

그러나 그렇게 간단하지만은 않다. 부스케는 다리와 방광 때문에 고통스러워했다. 그는 "발기부전"이었던 까닭에 무척 원했던 여성들과의 관계가 어려워져 때로 그의 애무 때문에 여성들을 타락시킨다는 느낌을 받게 된다. 부스케는 건강에 신경을 쓰고 상담을 한다. 그는 자신의 사촌 아드리앵 젤리에게 도움을 청한다. 사촌은 안과의사이고 생명론자 바르테의 제자이며 정신분석에 푹 빠져 있다. 겸손하고 주의 깊은 사람이며 과학적인 어휘와 개념들을 그에게 이야기하면서 전문 용어는 쓰지 않는다. "그는 병적인 상태의 내 애정에 대해 이야기했고 나는 의사처럼 그것에 관한 설명을 늘어놓았다." 아드리앵은 의사들의 진단에 전적으로 찬성하지는 않지만 의사들을 비판하지 않는다. 그는 치유란 상처가 사라지는 것이 아니라 "우리의 육체적인 제약 때문에 설명될 수 없는 삶에 도달하게 되는 것"이라고 생각한다. 그는 마치 질병이 영혼 속에 살고 있는 듯 몸을 보살핀다. 그는 모르핀과 아편으로(하루에 30대까지) 고통을 가라앉힌다. 아편은 공식적으로 금지되어 있는데도 불구하고 의사들은 그것을 나눠주었다.[57] 연기가 어두운 방의 탁한 공기를 뒤덮어 방은 한 작품의 핵심이 그리고 세상의 중심이 된다.

성전에 이르면 좁은 복도로 통해서 무거운 장막을 걷어올리고 그 속에 발을 들여놓는다. 잘 분간할 순 없지만 점차 물건들의 형태와 주인의 실루엣이 식별된다. 피에르 게르는 그것은 거의 수중에서의 입문 여정이라고 묘사한다. "그에게 가기 위해 어두운 복도들과 어두운 층계참들을 지나 어두운 문들을 통과했다. (…) 문을 통해 일종의 내장판을 댄, 잠수함의 커다란 선실 같은 곳으로, 지하 예배당으로 들어갔다. 그곳은 어둠과 정적으로 인해 모퉁이들이 보이지 않아 목소리를 죽여"158 속삭이는 목소리로 변조했다.

그 방은 작고 거기에는 보잘것없는 침대 하나가 놓여 있다. 그리고 전등의 변함없는 불빛은 1930년대의 전등갓 때문에 약해졌다. 덧문은 거의 언제나 닫혀 있다. 길의 어떤 소음도 들리지 않는다. 벽들은 부스케가 구입해 들인 것이거나 그의 화가 친구들인 막스 에른스트, 포트리에, 뒤뷔페, 미로, 벨메르, 달리, 탕기, 마송, 클레, 마그리트……의 기증품인 그림들로 완전히 덮여 있다. 많은 물건, 자기 제품들이 있다. 개, 암탉, 작은 유리말, 늘 깨뜨릴 위험이 있는(그런 일이 일어난다) 깨지기 쉬운 물건들이다. 여기서는 "재로 바닥을 댄 신발을 신고 걸어야 한다." 꽃다발은 꺾이고 시들고 그것을 안고 가는 아가씨들처럼 다시 피어나, 무력한 유혹자인 그는 그 아가씨들과 함께 멋 부린 말투로 말을 주고받고 그녀들에게 사랑의 비밀을 알려준다. 압박받고 짓눌린 성性과 마음은 방의 악몽 속에서 나타난다.

어머니가 돌아가신 후 늘 검은 옷을 입고 있는 상드린은 늙은 문맹의 간호인이며 약간 마귀할멈 같은데, 세면, 식사, 몸단장을 도와주며 그를 보살핀다. 그녀는 그의 불안감을 진정시킨다. 조에 부스케는 랑그도크 사람인 이 프랑수아즈의 임기응변의 재치 있는 응답에 감탄하고 주목한다. 그때는 아직 헌신적인 하녀들의 시대이다. 그녀는 방문자들을 들어오게 한다. 가스통 갈리마르, 앙드레 지드, 장 폴랑, 앙리 미쇼, 클랑시에 형제, 시몬 베유, 그 외 많은 다른 사람이 있다. 절친한 사람들은 뒷계단으로, 그 밖의 사람들은 중앙 계단으로 통과한다. 조에는 혼자 있을 때가 드물다. 그는 누워서, 이불에서 상체를 드러내고, 우아하게 옷을 입고, 미소를 지으면서 "그의 방에 있는 물속의 물고기"처럼 방문자들을 맞는다. 이 놀라운 이야기꾼은 시적이고 철학적인 토론이 활기를 띠게 한다. 그는 "글만큼 말로도 군림했다." 그는 전지요양소에서 치료 중인 엘뤼아르처럼, 부재중인 사람들과도 서신 교환을 한다. 결핵은 이 세대의 "마의 산"을 공고하게 한다.

갤러리, 도서관, 끝없는 독서를 하는 방, 작가 사무실, 아편 흡연실, 게임테이블, 살롱, 서클, 조에 부스케의 방은 "모든 것이 가능하지만 아무 일도 일어나지 않는, 정신을 어지럽게 하는 장소"였다. 아마도 "새로운 인간 개념과 사랑에 대한 새로운 관념이 만들어지는 고상한 장소였던 듯하다."[59] 이 용해된 크리스털 안에서 공간과 시간은 사라졌다. "내 방에 들어오는 어떤 사람도 내 내면의 삶의 빛이 그의 앞을 비추지 않는 경우는 없다"고, "시계의 문자판의 횡포를 의식하지 않았다고" 자부하며 부스케는 말한다. "우리의 행위 중 하나가 그것을 통해 우리보다 더 오래 지속될 수 있다"며 언어의 영원성을 믿었고 『밤의 작품』을 남겼던 사람에 대해 모리스 블랑쇼*는 "밤이 그에게 닥쳐왔지만 그는 그 밤을 정복할 필요가 없었다"고 쓰고 있다.

조에 부스케는 책을 읽고 글을 쓰고 결코 잘 팔리지 않는 성공작을 만드는 데에 많은 시간을 보냈다. "내 대신 카드들을 섞은 비열한 놈이 도대체 누구냐"고 그는 말했다. 그는 게임을 독점하고 싶어했고 그렇

---

*1907~2003. 프랑스 작가이자 사상가로 철학, 문학비평, 소설의 영역에서 방대한 작품을 남겼다.

게 했다. 환자는 습관적인 수동성을 전도시킴으로써 자기 인생의 주역이 되었다. 그의 방은 카프카가 묘사한 방과는 거꾸로인 변신의 근거지였다. 즉 그의 방은 발명, 교환, 창조의 장소였고 방이 피신처 역할을 했던 제2차 세계대전 중 독일이 프랑스 점령하는 동안에는 특히 저항의 장소였다.

"세상은 나를 받아들이지 않았습니다. 나는 세상이 내 것이기를 바랍니다."(카를로스 쉬아레스에게 보낸 편지', 1936) 방이 축이고 도가니가 된 멋진 전복이었다.

예고된 죽음의 일지: 앨리스 제임스*의 일기 |60

앨리스 제임스(1848~1892)는 평생 동안 그녀의 아버지와 오빠들의 그늘에서 살았다. 그녀의 오빠들인 정신과 의사 윌리엄, 작가 헨리는 둘 다 유명했다. 우울하고 만성적인 신경통과 19세기 여성들의 특징인 히스테리 등 신경성의 증상들, 즉 "여성들의 병"에 시달리는 그녀는 글쓰기로 자신의 불안감을 쫓으려고 시도했다. 그녀는 열성적으로 서신 교환을 했고 규칙적으로 일기를 썼다. 그녀의 남매들의 명성 때문에 그녀는 이름이 알려지지 못할 수밖에 없었다. 그 남매들은 다정하고 세심하지만 거만했고, 여성의 신분으로 타고난 한계 때문에 그녀는 영원한 환자로 요컨대 진정한 창작을 하는 것도, 작가라는 사회적 지위를 획득하는 것도 불가능하다고 확신했다. 불치의 암에 걸

---

*미국의 일기작가이자 소설가이며 헨리 제임스의 유일한 여동생. 앨리스가 죽기 직전 큰 오빠인 윌리엄에게 보낸 편지에 그녀는 자신의 병이 어려서부터 오랜 기간에 걸쳐 누적되어온 분노 및 갈등에서 기인한 신경성 장애라고 언급하고 있는 것처럼 자신의 상태를 잘 파악하고 있었다.

린 앨리스는 그녀의 삶의 마지막 3년 동안(1889~1892) 일기를 쓰기로 결심하고 자신의 병과 의사의 진찰, 책과 신문을 읽는 것이 이뤄지는 방에서의 일상생활을 그날그날 기록한다. 그녀는 사건들, 다양한 사실 그리고 작은오빠 헨리(헨리를 지칭), 그의 애인 캐서린 로링과 그녀가 "간호사"라고 부르는 세심하고 민첩한 간호인이 서로 나누는 대화들을 기록한다.

결국 정당화된 이 갇힌 생활은 그녀의 마음에 들었다. "나는 네 개의 벽 안에서 만들어낼 수 있는 가정적인 분위기를 차츰 내 두 개의 방에서 느낄 수 있어서 매우 기쁘다." 그녀는 산책을 할 수 없으며 꼭 필요한 환기만 한 후 창문을 닫을 수밖에 없는 고약한 날씨에도 몹시 기뻐할 정도였다. 낮잠을 자고 틀어박혀 있는 것이 즐거웠다. "긴의자에 걸터앉아 몇 시간 동안 하루의 여러 순간을 생각하고 짧은 메모를 몇 자 급히 적고 관심 있는 책들을 읽는 데 열중한다." 바로 이것이 행복의 절정이다. "밖으로 나간 날들은 칩거생활을 하며 지내는 날보다 두 배나 더 느리게 지나간다."[61] 고통의 정신적인 가치를 주장하거나 사회의 비참한 면을 묘사하려고 하지도 않는다. 하지만 반대로 그녀가 "바리새인 기질"이라며 증오하고 무관심한데다 유머라고는 없다고 영국 사회를 신랄하게 평가한 점은 이 일기를 일종의 걸작으로 만든다. 그러나 일기를 출판하려는 캐서린의 계획은 각종 험담과 사생활이 알려지는 것에 충격을 받은 그녀의 남매들, 윌리엄과 헨리의 강렬한 반대에 부딪힌다. 헨리는 그녀의 개인 소장본을 없애버리기까지 한다. 분명히 그는 누이의 에너지에 감탄한다. "이 개체성과 독립심, 그녀가 세상과 함께 자기 자신과 벌이는 토론에는 영웅적인 정신이 존재한다." 그러나 그는 그 일기를 쓸데없고 진중하지 못하다고 생각한다. "그 방을 지키고 있을 수밖에 없게 된 그녀는 실제 주위의 굉장히 하찮은 요소들에 관해 너무 단순화시키고 놀라울 정도로 신랄하게 판단했다."[62] 『일기』는 1982년에야 비로소 완간되었다. 헨리 제임스의 누이가 되는 것은 셰익스피어의 누이가 되는 것보다 결코 더 쉬운 일이 아니었다. 죽어가는 사람이 그토록 통찰력 있게 자신의 죽음이 다가오는 것을 보는 일은 드물 것이다. "오래 전에 죽은 것이나 다름없는" 그녀 자신에 대한 통찰력이다. 그녀가 "깊은 바다에 빠졌던" 1878년 끔찍한 여름부터였다. 날카로운 고통보다도 시간의 종말을 나타내는 욕망의 위축에 대한 통찰력이다. 이 오래 걸리고 서서히 찾아오는 임종은 그 "자연스러운 과정"이 최고로 잘 드러나 있어 아마 교훈을 주겠지만 강렬한 느낌이 결여되어 실망스럽기도 하다. 여러 달이 지나 이제 결코 소파에 눕지 못할 것이고, 조간을 읽지 못하거나 새 책을 잃어버린 것을 아쉬워하지 않는다는 것을 내가 깨달을 때까지 나는 그 사실을 알아차리지 못한 채 내 활동들을 하나씩 하나씩 그만두었다. 사람들은 귀환 불가능의 지점에 이를 때까지 조금씩 좁아지는 원을 똑같이 만족해하며 돈다고 나는 생각한다." 어쨌든 그녀는 "언제나 그렇듯이 자기 자신을 느끼는"[63] 데에 만족한다. 한 달 후 (3월 4일)의 기록이다. "나는 맷돌이 짓누르는 듯한 지독한 육체적 고통으로 인해 서서히 망가져간다. 그래서 이틀 밤 동안 나는 거의 치사량에 달하는 모르핀을 캐서린에게 부탁했다." 진통제 모르핀의 사용법은 그녀의 오빠인 의사가 조언을 해줬다. 그녀는 고통 없이 품위 있게 죽기를 갈망하고 지나친 불안에 사로잡히지 않기를 바랐다. 그녀는 3월 4일까지 일기를 쓰고 곧 숨을 거둔다.

죽음의 방

서서히 다가오는 죽음, 병실을 방문하고 자주 드나들기에 적합한 긴 병, 가까운 사람이나 사랑하는 사람이 떠나는 것을 와서 지켜볼 수 있는 시간을 주는 임종의 순간은 영원히 사라질 사람들의 흔적을 간직하고픈 욕망을 불러일으킨다. 사람들은 이제 그를 만날 수 없을 것이다. 그의 육신은 땅속으로 또는 불길 속으로 물러가, 자취를 감추고 해체될 것이다. 얼마 후 사람들은 그의 목소리를 잊을 것이고 그의 모습을 다시 생각해내기 힘들 것이다. 그에 대한 어떤 것, 마지막 소중한 추억의 물건이나 머리 타래를 간직해야만 한다. 아직 가능성이 남아 있는 동안 붙잡을 수 없는 그의 모습을 기억해두어야 한다.

사람들은 이야기를 통해 최후의 순간들을 승화시키려는 경향이 있다. 아름답든 끔찍하든 간에 이 죽음들은 아직 생명의 꿈틀거림이다. 죽음에 대해 종교적으로 언급하는 전통은 실존적이고 게다가 임상적인 보고로 바뀌었다. 그래서 가까운 사람들은 죽음을 자기 일기에 적거나 서신으로 알린다. 그들은 친척들에게, 주위 사람들에게 고인의 열정보다 고통을 더 강조하면서 고인이 어떻게 죽었는지 이야기한다. 미국 여성들은 "위로의 책"에서 고인의 마지막 말들과 마지막 순간들을 상세히 기술한다.

더 육체적인 데스마스크*의 모형은 굉장히 오래된 관습으로 군주들에게 영속했고, 사람들은 군주들의 얼굴 또는 예술가들의 손을 본떠서 형상을 만들었다. 수정되고 이상화된 이 마스크들은 후손을 위해 제작된 것으로 횡와상**의 계보와는 무관하다. 이 관행은 20세기까지 정치

---

*고인 생전의 모습을 남기기 위해서 또는 위인의 육체적 기록으로서 죽은 직후에 죽은 사람의 얼굴에서 직접 본을 떠서 만든 안면상이다. 가장 많이 사용되는 재료는 석고이다.
**묘에 사자의 생전의 모습을 재현하고 있는 누워 있는 조각상.

「데스마스크」, 금, 기원전 1550~1500

인들에겐 상당히 체계적으로, 예술가들(프루스트, 지드, 샤를 루이 필리프)에겐 간헐적으로 계속되었다. 그 관행은 개인적으로 확산되었다. 귀스타브 플로베르는 그의 누이 카롤린의 얼굴과 손을 본떠서 형상을 만들게 했다. "나는 거친 남자들의 커다란 손이 그녀를 빚어 회반죽으로 완전히 뒤덮는 것을 보았다. 나는 그녀의 손과 얼굴을 갖게 될 것이다. 나는 프라디에*에게 그녀의 흉상을 제작해달라고 부탁해서 그 흉상을 내 방에 놓을 것이다."|64 에드몽 드 공쿠르(1822~1896)**는 그의 동생 쥘을 위해 똑같이 한다. 어떤 사람들은 그렇게 하기를 거부했다. 들라크루아는 모든 모형뿐만 아니라 모든 소묘도 금지했다. 그는 오르세 미술관의 최근 전시회에서 그 계보를 되새겨보았던 "최후의 초상화"의 관행을 무척 잘 알고 있었다.|65

그것은 아마도 플랑드르에서 1621년부터 이미 어떤 가족이 주문한 것으로 확인되었다. 누가 그렸는지 알려지지 않은 그림에는 입을 벌리고 멍한 눈이며 손은 파란 침대 커버 위에 꼼짝하지 않고 올려놓은, 몸단장을 한 평화로운 모습의 한 젊은 여성이 몸이 아직 굳어지지 않은 채 침대에 누워 있다. 19세기에 화가들은 기꺼이 고인들을 소묘의 대상으로 삼았다. 혼란이 없진 않았다. 모네는 그의 아내 카미유***의 얼굴에 밝은 색채의 붓자국을 남긴 것을 후회한다. 조부의 방을 방치하는 데 충격을 받은 마리Marie Bashkirtseff****는 자신이 조부의 방을 "정돈"하

---

* 1790~1852. 스위스 태생의 조각가이자 화가.
** 동생인 쥘 공쿠르(1830~1870)와 함께 활동한 프랑스의 형제 작가. 19세기 후반 프랑스 사회와 문단의 사정을 생생하게 나타내는 귀중한 자료인 『공쿠르 일기』(1850~1896)가 유명하다. 에드몽이 죽은 뒤 유언에 따라 1903년 '아카데미 공쿠르'가 설립되었으며 해마다 새로 등장하는 우수 산문작품을 선정하여 공쿠르 상을 수여한다.
*** 모네가 그의 첫 부인인 카미유(1847~1879)를 모델로 그린 작품으로는 「초록색 드레스」 「정원의 여인들」 등이 있다. 그는 그녀가 임종한 후 시신을 화폭에 담았다.
**** 1858~1884. 우크라이나 출신의 여성 화가, 조각가, 일기 작가.

고 싶어했다. "나는 침대 주위에 하얀 모슬린 숄을 늘어뜨렸다. 이 흰빛에는 날아가버린 영혼의 정직함과 이제는 뛰지 않는 심장의 순수함이 담겨 있다." 하지만 이 느낌을 어떻게 표현할까? "⋯⋯이 하얀 베개들, 이 하얀 셔츠, 흰머리 그리고 반쯤 감긴 눈은 그리기가 대단히 어렵다." 흰색은 하나의 색깔인가?

개인들이 최후의 초상화를 주문한다. 미슐레는 1839년 7월 24일에 사망한 아내 폴린을 위해서 지방의 한 젊은 화가에게 도움을 청한다. 외모에 신경을 쓴 그는 폴린이 죽기 바로 전 그녀에게 빨간 머플러와 흰 모자를 씌워주었다. "흰 베개를 벤 그녀는 멋지게 (⋯) 돋보였다." 그는 촛불을 끄게 했고 효과는 놀라웠다. 그녀는 그만큼 예쁜 적이 결코 없었다. 열네 시간 동안 그는 지친 것 같은 젊은 화가에게 지침을 알려준다. "그의 마지막 소묘는 정말 비극적이다. 그 소묘에는 죽음을 연상케 하는 이 방에, 그 저녁 시간의 침통한 분위기가 드러나 있다."|66 초상화는 죽은 사람도 그리고 살아 있는 사람도 거쳐가는 이중의 통과의례다.

질서, 평화, 평정, 평온, 밝음을 바라는 연출 규칙들에 대한 강박관념에 사로잡혀 있는 이 재현에 자발적인 것은 아무것도 없다. "최후의 초상화는 모든 것이 순조로울 때 그릴 수 있다." 즉 방은 정돈되어 있고, 시트는 새로 갈았고, 침구는 정돈됐고, 고인은 깨끗하고 품위 있게 옷을 입고, 시체가 경직되기 전에 순간적으로 미소를 짓는 것처럼, 평온하게 베개를 베고 있을 때이다. 단말마의 고통들, 입을 비죽거리는 모습, 사고 아니 오히려 자살의 흔적은 지워져버린다. 가세 박사*는 반 고흐를 적당한 침대로 옮기게 한다. 죽음은 아름다워야 한다. "서양 부르주아들의 가장 평범한 방에서 죽음은 마침내 아름다워진다."|67 이는 죽음

---

*1828~1909. 고흐가 죽기 전 약 70일간 머물렀던 파리 서북부의 조그만 마을 오베르 쉬르 와즈에서 고흐의 마지막 삶을 지켜본 의사. 고흐의 작품 중 「가세 박사의 초상」이 있다.

의 현실을 감추고 있는 아름다움이다. 하얀 아름다움이다. "이 모든 흰색은 몹시 슬프고 색조가 소멸된 것이며, 최후의 종말이다!"[68] 하얀 죽음이다.

에드바르 뭉크와 페르디낭 호들러는 비극적인 표현주의를 도입한다. 그들에게 회화는 진리 탐구이고 애도의 작업이다. 뭉크는 그의 가족의 생명을 앗아간 결핵 때문에 끊임없이 괴로워했다. 그의 수첩은 병석에 누워 있는 성인이나 아이들의 크로키로 가득했다. 그는 그들이 점진적으로 악화되어가는 모습을 포착하려고 시도한다. 파리에 혼자 사는 그는 불 옆에서 묘지가 되어버린 도시를 명상하며 시간을 보냈다. 그는 특히 그의 큰누나인 소피의 질병과 죽음에 마음이 사로잡혀 1885년부터 1896년 사이에 그려진 그의 유화들에는 늘 그녀가 등장한다.[69] 페르디낭 호들러*에게는 발랑틴이라는 여자 친구가 있었다. 그녀는 일곱 달동안 오랜 병을 앓던 끝에 1915년 1월 25일 브베의 개인병원에서 죽었다. 말기에 그가 그녀의 곁을 떠나지 않고 그린 소묘들—200점 이상의 데생, 고무 수채화, 유화들—은 임종 순간의 일기일 뿐만 아니라, 그가 포착한 눈부신 초연한 풍경의 레만Léman을 배경으로 한 암의 피폐에 대한 시각적 증언이 되었다.[70] 이는 전쟁통인 유럽에 둘러싸인 스위스에 『마의 산』의 전조와도 같은 것이었다.

그 후 사진이 등장한다. 19세기 중반부터 나다르**, 디스데리***와 일군의 평범한 사진가들은 자택에서, 더 나아가 스튜디오에서의 "사망

---

* 1853~1918. 크림트와 함께 세기말 예술의 거장인 스위스 화가. 그의 작품에는 뭉크처럼 죽음의 이미지가 자주 등장하는데 이는 불행한 가족사에 기인함. 베른에서 가난한 목수의 장남으로 출생한 그는 결핵으로 동생들과 부모를 잃고 14세 때 고아가 되었음.
** 1820~1910. 프랑스 사진작가, 풍자화가, 기자, 소설가, 비행 기술 연구가로 활약했다. 그의 초상사진들은 19세기 사진 예술의 걸작으로 평가된다.
*** 1819~1889. 프랑스 사진작가. 명함판 사진을 고안해냈다.

「밤」, 페르낭 호들러, 1890

「병든 아이」, 에드바르 뭉크, 1881~1887

후의 초상사진들"을 시도한다.[71] 그런데 후자에서 인위적으로 꾸민 배경에는 경우에 따라 고인의 환경을 생각나게 하는 물건들이 있다. 요람 속이나 어머니의 무릎 위에 있는 죽은 아이들을 재현한 경우는 특히 성공적이었다. 어쨌든 이 "죽은 사람의 생생한 모습"(롤랑 바르트)에 할 말을 잃게 된다. 만 레이*는 자기가 찍은 프루스트 사진을 싫어했다. 지드의 딸인 카트린은 그녀가 바랐던 아버지의 사진들이지만 언론에 사용되지 않도록 부탁했다. 사진은 조작할 수 있고 실제와 차이가 있어, 특히 거북한 느낌을 주는, 거의 외설적일 수도 있는 광고를 만들어낸다.

사람들은 프랑수아 미테랑의 사진 때문에 일어난 스캔들을 기억한다. 1996년 1월 16일, 『파리 매치Paris Match』는 죽어가고 있는 대통령의 사진을 게재한다. 그 스캔들은, 대단히 잘 짜인 사진을 『르 몽드』지가 10년 후(2006년 1월 18일) 기념으로 다시 사용하면서 다음과 같이 서술한 연출에서 비롯된 것이다. "그는 진회색의 양복을 입고, 그의 흰 셔츠와 대조를 이루는 빨강과 검정 줄무늬 넥타이를 맨 채 쉬고 있다. 그의 오른쪽 손은 왼쪽 손 위에 얹혀 있다. 그의 결혼반지만이 빛을 발하고 있다. 장식이 없는 방의 후미진 곳에 지팡이들이 마지막 날에도 산책했던 대통령의 취향을 나타내고 있다. 머리맡 테이블마다 장정된 책이 놓여 있다. 침대 머리 위에는 베네치아의 그림이 있다." 굉장히 낮은 침대 옆에 병원에서 볼 법한 흔한 안락의자가 있다. 신문은 "장식 없는 방에, 역사에 누운 자"라는 제목을 붙이고 그 사진에 대한 논란을 언급하며 프랑수아 미테랑이 오르세의 전시회에서, 작가가 알려지지 않은, 임종의 침상에 있는 레옹 블룸**의 사진을 보며 생각에 잠겼다고 상기시

---

*1890~1976. 현대사진의 선구자로, 처음으로 사진으로써 초현실주의를 선보인 미국인 패션사진작가이자 화가, 예술가다. 동시대 예술가들의 탁월한 초상사진을 남겼다.
**1872~1950. 프랑스의 정치가, 사회당원이며 세 번에 걸쳐 수상을 역임했다. 1936년 성립된 프랑스 인민전선 내각의 수반이 되어 연립정권을 조직했다.

킨다. "저런 얼굴을 갖게 되는 것이 사회주의가 표방하는 것이다"라고 그는 그 사진을 평했을 것이다. 그렇다면 프랑수아 미테랑은 사회주의의 역사에 누운 자인가? 마자린 팽조*는 그의 어머니가 "그 사진이 아름다우며 아빠를 빅토르 위고의 연장선상에서 표현한 19세기의 전통에 어울린다고 생각하셨다고 확언한다." 형상과 기억을 동시에 나타내는 사진의 전통에서 볼 때 그렇다.

이 경우 방은 죽은 자에게 그림의 배경 역할을 한다. 사람들은 방에 "장식이 없고", 병의 흔적과 마찬가지로 삶의 표시가 없기를 요구한다. 실제의 방과는 사정이 다르다. 방은 얼마 동안 고인의 존재를 간직하고 있다. 조모의 장례에서 돌아와 오로르 뒤팽(미래의 상드)은 다시 방으로 간다. "나는 이 버려진 침대에 할머니의 모습이 아직도 보이는 것 같았고, 장례 후 감히 아무도 들어가지 못했고 모든 것이 할머니가 살아 계실 때와 똑같이 놓여 있는 이 텅 빈 방에서, 마침내 눈물이 흘러내리는 것을 느낀다." 그녀는 침대 커튼을 열고 할머니 육체의 흔적이 남아 있는 매트리스를 응시하고 약병들, "반쯤 마신 물약들"을 지켜본다. "그곳엔 아무것도 변한 것이 없다"고 그녀는 오렐리앵 드 세즈에게 1825년 10월 24일에 쓰고 있다. 40년 후 팔레조에서 그녀는 친구 망소의 장례를 마친 후, 그가 죽었고 그리고 그녀가 그를 밤새 지켰던 방으로 똑같이 돌아간다. "이틀 밤 전부터 이제 깨어나지 못할 잠든 이 불쌍한 사람 곁에 나 혼자 있다. 낮과 밤 모든 시간에 조심조심 들어갔던 이 작은 방이 얼마나 고요한지!"[73] 그것은 최고의 설렘이고 사랑하는 사람과의 마지막 만남 같은 것이다.

매장 후 죽은 사람의 방에 다시 가는 것은 기억의 행위이자 의식이

---

*1974~ . 지난 1994년까지 숨겨져 있던 미테랑의 딸이며 작가. 2005년 마자린(마리) 팽조 미테랑으로 개명.

되었다. 플로베르는 그것의 일시적인 감동을 포착한다. 샤를 보바리는 막 어머니의 장례를 치렀다. "묘지에서 모든 것이 끝나자 샤를은 그의 집으로 돌아갔다. 그는 아래층에서 아무도 만나지 못했다. 그는 2층으로 올라갔고 방에 알코브의 아래쪽에 여전히 걸려 있는 어머니의 옷을 보았다. 그래서 그는 서류함과 개폐식 판이 달린 책상에 몸을 기댄 채 고통스러운 몽상에 빠져 저녁까지 머물러 있었다. 어머니는 그를 사랑했었다."

사람들은 그 방을 정리하고 나서 그 방을 변화시키는 것을 망설인다. 사람들은 그 방의 문을 닫아버린다. 때때로 그 방은 비밀이 되고, 영국의 귀신들과 방의 후미진 곳에 가려고 묘지를 떠난 유령들의 소굴이 되며, 이에 강신술사들이 그 유령들의 반투명한 모습을, 있을 법하지 않은 유령의 심령들을 사진으로 찍을 정도다.[74] 사람들은 다시 방으로 간다. "나는 줄곧 추억의 방에 살고 있다"라고 그녀의 남편 알베르의 추억을 음미하는 알렉상드린 드 라 페로네가 말한다. 발자크 작품의 여주인공, 이 경우 부분적으로 그의 할머니에게서 착상을 얻은, 늙은 드 포르탕뒤에르 부인(위르쉴르 미루에)*은 남편이 죽은 방에 그의 추억을 간직한다. "고인이 된 포르탕뒤에르 씨의 방은 그가 죽은 날의 상태 그대로 남아 있었다. 그 방에는 오로지 고인만이 있었다." 후작 부인은 침대 위에 해군대령의 옷을 놓아두었다. 그녀는 그의 흰 머리카락들을 알코브의 성수반 위에 둥글게 말린 단 하나의 타래로 엮었다. 그의 모든 물건은 보존되어 있었다. "없어진 것은 아무것도 없었다. (…) 미망인은 낡은 괘종시계를 그가 죽은 시간에 정지시켜놓고 그 시간을 이처럼 영원히 보여주고 있었다." 그녀는 검정 옷을 입고 제단이자 박물관인 이 방에 들

*1841년에 발표된 발자크의 작품으로 『인간희극』의 '사생활의 정경'에 속한다.

어간다. "그곳에 들어가는 것은 그의 습관을 말해주는 모든 물건을 다시 보면서 그를 다시 만나는 것이었다."[175] 에드몽 공쿠르는 그의 3층 집에 동생 쥘의 방을 손대지 않고 그대로 보존했다. "이것은 내 동생이 공부하기 좋아했던 지붕 밑방이고, 그가 죽으려고 선택한 방이며, 그 방은 그가 죽은 다음 날처럼 그대로 남아 있다. 그 방에는 그가 멋진 글 한 대목을 쓰고 나서 앉아 담배를 피우거나" 『무덤 저편의 추억』*의 한 페이지를 다시 읽기를 "좋아했던 흔들의자가 놓여 있다."[176] 슬픈 날들에 에드몽은 이곳에 올라와 빈 침대 옆 안락의자에 앉는다. 그는 동생의 5일간의 단말마를, 그의 몸짓, 중얼거림, 비명 그리고 다빈치의 얼굴처럼 보이게 하는 가면을 쓰고 얼굴 모습을 바꾼 것을 떠올린다. 나는 "희미한 빛에 잠겨, 사랑하는 고인을 떠올리게 하는 고인 방의 물건들을 보면서 고인을 회상하는 고통스러운 즐거움을 느낀다."[177] 끝없이 회상하게 하는 프루스트의 시간이다. 고인이 만졌던 물건, 그가 앉았던 안락의자, 그가 쳐다보았던 그림을 접촉할 때 육체의 흔적이 느껴진다. 고인의 방을 "그대로" 보존한다는 것은 그가 현존하고 있다는 환상을 간직하는 것이다.

    빅토리아 여왕은 무척 사랑하는 남편 앨버트의 화장실과 사무실이 그가 남겨두었던 그대로의 모습을 간직하고 있기를 바랐다. 반대로 그녀는 그의 방을 개인의 사원寺院보다는 앨버트의 추억이 배어 있는 그림과 흉상들로 장식된 "신성한 방"으로 만들었다.[178] 영광스럽게 하기보다 잊기 쉬운 후손들에게, 그들과 마찬가지로 젊었을 때 고인의 삶의 단편들과 얼굴 모습을 전하기 위해서 몇몇 방의 한구석에 가구, 진열장, 물건, 사진들을 모아 추억의 제단을 세웠다. 방을 "추억의 장소"로 바꾸는

---

* 19세기 프랑스 낭만주의 문학의 선구자인 샤토브리앙(1768~1848)의 자서전.

여러 방법이 있다. 어머니가 죽어 비탄에 빠진 고아 롤랑 바르트는 고인의 자리를 남기고 싶어했다. "어머니가 병석에 있다가 돌아가셨고, 지금 내가 살고 있는 이 방, 어머니의 침대 머리가 기대어 있던 벽에 나는 성상 하나를 놓았다(신앙심에서가 아니다). 그리고 나는 테이블 위에 언제나 꽃을 두었다. 나는 그 방에 있을 수 있고, 그 방의 꽃들이 시들지 않게 하려고 더 이상 여행을 하고 싶지 않게 되었다."[79]

다른 사람들은 반대로 이 병적인 반추를, 박물관을 만들려는 유혹을, 기념물에 대한 하찮은 취향을 두려워한다. 그래서 서둘러서 배치를 바꾸고 고인의 유품들을 흩어버린다. 도미니크 오리는 부아시즈-라-베르트랑의 폴랑의 집에 종이로 뒤덮이고, 몹시 어지러워진 "있는 그대로" 방을 보존했다. 그녀는 그곳에 레진 데포르주를 초대하는데, 그녀는 무덤 같은 곳에서 자는 것을 거부하고 종이와 물건들을 버리기 시작한다. 도미니크는 어리둥절해하며 그녀를 쳐다보지만 곧 이해하고 받아들인다.[80] 17세기의 궁정 사람들은 고인의 옷가지를 하인들에게 나눠주었고, 죽은 후에는 가구를 바꿨다. 현재의 급박함에 사로잡혀 있는 위대한 세기는 상품가치가 없는 고물을 좋아하지 않고 기껏해야 추억하기를 좋아하는 정도였다.

병원은 무관심해서, 또 다음 환자에게 자리를 마련해줘야 할 필요성 때문에 잊어버리도록 강요한다. 병원에서의 죽음은 신속하게 그 흔적들을 없애버리는 것이다. 오로지 번호만이 존재하는 특징 없는, 일시적으로 거쳐가는 이 공간에서 개인은 어떤 자취도 남기지 않을 것이다. 시체 안치실은 육체를 신성하게 여기지 않는다. 시체 처리가 과거 시신의 분장을 대신하게 되었다. 바로 여기서 최종적인 폐기의 욕망이 생겨난다. 왜 매장을 하는가? 사실상 화장이 가장 합리적인 해결책이다. 화장은 끔찍할 만큼 현대적이며 공동 운명의 표상이다. 우리의 시대는 점점 더 물질과 무관한 기억을 통해서 육체의 소멸을 피하려고 시도한다. 우리는 부고란이 길어지고 심포지엄, "특정한 날들", 기념 도서들이 증가하는 것을 본다. 우리는 우리를 떠난 사람들을 어떻게 떠받들어야 할지, 그들에 대한 무엇인가를 어떻게 간직해야 할지 모른다.

닫힌 방, 폐기된 방은 끝나지 않는 작별 의식儀式으로 남아 있다.

10장

닫힌

방

"모든 문은 닫혀 있다." 이것이 방의 정의이고, 음향 실험에 쓰이는 방음실[1]은 극단적인 형태의 닫힌 방을 실현한다. 문을 닫을 수 있고 원하는 사람에게 문을 열어줄 수 있다. 들어가고, 나가고, 몸을 피할 수 있는 네 개의 벽이 있는 어떤 장소의 열쇠를 지니는 것은 방을 갖고 싶어하는 욕망을 만들어낸다. "자기 방에 머무르며 자기 정원을 가꿔야 한다. 바로 그곳에 상상의 꽃들이 자란다"[2]라고 장 도르메송은 글을 쓰는 것이 삶의 가장 좋은 부분이었던 인생의 황혼에 말한다. "너는 네 집에서 나올 필요가 없다. 네 책상에 남아서 들으라"라고 카프카는 말한다. 그들은 위험을 포착하고 불안을 느끼게 될 것을 무릅쓰고 그들의 은둔처를 선택했다. 다른 사람들은 선택하기를 포기했다. 그리하여 그들은 결국 적대적인 세상의 속박들을 감수했다.

우리는 선택과 동의, 속박 사이에 있는 불분명하고 모호하고 희미한 경계들에 주목해야 할 것이다. 여기에, 입당송*으로서 세 명의 자발적으로 갇힌 사람이 있다. 여류시인 에밀리 디킨슨, 조형예술가 장 레노,

*미사 시작 전 사제가 들어올 때 부르는 성가.

정신분열증에 걸린 예술가 자노다.

에밀리 디킨슨(1830~1886)은 생의 많은 부분을 매사추세츠 주 애머스트의 부모님 집, 홈스테드Homestead에서 보냈다. "집은 신에 대해 내가 내린 정의"라고 그녀는 말했다. 엄격했음에도 따뜻했던 집은 아버지의 죽음, 어머니의 중풍, 무언증과도 같은 상태 때문에 침울해졌다. "영원은 내 주위에 바다처럼 밀려왔다." 어머니의 죽음 후 에밀리는 3층의 자기 방에 피신했고, 그 방에서 더 이상 나오지 않았다. 그의 육체적인 시계視界는 그녀가 창문을 통해 보았던 정원의 울타리를 넘어가지 않았다. 그래봤자 무슨 소용이 있나? "눈을 감는 것은 여행하는 것이다." 프루스트처럼 그녀는 고장의 이름들에 대한 몽상에 잠겼다. 그녀는 오빠 오스틴과 그의 아내 수전의 이웃―"나의 무리"―이면 충분했다. 그녀가 그들과 사이가 틀어져 그들을 안 보게 될 때까지. 그녀는 자신을 "신화"라 부르는 마을에 결코 가지 않았다. 그녀의 아버지가 돌아가신 후 그녀는 흰옷을 입었다. 그녀의 자매 비니가 만들었던 옷들을 그녀 대신 입었다. 그녀는 드문드문 찾아오는 방문객들을 맞이하기 위해 바로 내려왔다. 한 죽마고우가 만나러 오자 그녀는 계단 위에서 친구에게 이야기했다. 그녀가 발행인 볼스에게, 그 후에는 판사 로드에게 품고 있던 정신적인(하지만 강렬한) 사랑만이 그녀를 위층의 거처 밖으로 내모는 데 성공했다. 그렇지만 어떠했는지는 모를 일이다. 그녀는 언제나 실망스러운 만남보다 단어들, 문을 닫고 은밀히 읽는 편지들을 선호했다. 그녀는 잠을 아주 조금 자고 밤에 일했다. 어떤 서신 교환자에게 그녀는 "나는 잠자리에서 당신에게 글을 씁니다"라고 말했다. 그녀는 시에서 고독한 잠자리를 찬양한다. "잠자리가 넉넉하다 하더라도/ 공손하게 잠자리를 정

돈하라/ 매트리스가 일직선이라 하더라도/ 베개는 둥글다." 그녀는 부재의 불가사의, 갈라진 틈, 모음 중복 그리고 눈, 하얀 페이지에 사로잡혀 있는 말라르메처럼, 여백에 대한 강박관념을 갖고 있었다. 하지만 그녀는 1700편에 달하는 시를 썼다. 그녀는 그 시들을 20권의 노트로 꿰어 묶어서 서랍에 넣고, 서랍 또한 열쇠로 잠갔다. 그녀는 길을 통과하지 않고 정원을 지나 묘지에 옮겨지기를 바랐다. 그녀는 울타리에 강박관념을 갖고 있었다. 그러나 그녀는, 그녀의 전기작가 클레르 말루가 이야기하기를, "칩거하고 있다기보다 오히려 영원이 바라다 보이는 방"|3에 "몸을 피하고 있었다."

현대 예술가 장 피에르 레이노(1939년생)의 선택은 다르다. 그의 선택은 대상들과 형태를 전복시키는 작가의 방식에 포함된 건축적이고 상징적인 행위다. 화분들, 금지 방향 표시판들, 깃발들로부터 그는 "정신적인 대상"들을 만들어낸다. 침투하는 공격적인 빛에 대항해서, 압박감과 죽음의 근원인 외부에 대항해서, 그는 그의 주거지인 동시에 작업장이고 최소 공간의 실현과 선언이라 할 수 있는 벙커를 건축하기로 결정한다. 그는 성벽의 총안*을 제외한 모든 개구부를 제거한다. 방어 진지 중앙에 타일을 깐 절대적으로 순수한 방을 굉장히 장식이 복잡한 침대가 있는 병원의, 심한 화상 환자의 방처럼 개조한다. "전혀 고독하지 않고 일상에서 죽음을 접하지 않게 되는 이 방은 매트리스가 갖춰진, 타일이 깔린 단순한 큰 통이 된다."|4 그곳은 살기에 편안했을까? 결과적으로 그는 변화하고 아마도 그가 스테인드글라스를 주문받았던 누아르라크(셰르)의 수도원**에서 빛을 재발견한다. 1993년, 그는 1969년에 낙

---

*몸을 숨긴 채로 총을 쏘기 위해 성벽, 보루 따위에 뚫어놓은 구멍.
**프랑스 상트르 지방 셰르 도에 위치한 시토회 수도원. 12세기 중반부터 14세기까지의 긴 시간 동안 건축되었다.

「빅 팟」, 장 피에르 레이노

성식을 한 그의 집을 부숴버리기로 결정한다. 그는 보르도의 현대미술 센터에서 건축물의 잔해로 만들어진, 많은 컨테이너를 전시한다. 이 구조는 무엇을 의미했는가? 예술가의 작품과 방의 계보에 이 구조를 어떻게 위치시켜야 하는가? 그의 후계자는 어떠했는가?

   세 번째 예는 훨씬 더 극적이고 우리를 광기의 경계로 인도한다. 1972년에 자노는 베아른*의 한 농장에서 죽었다. 이 농부의 아들은 연애에 환멸을 느낀 후 알제리 낙하산부대 대원으로 지원했는데, 1959년 아버지의 자살로 인해 정신적으로 불안정해졌다. 정신착란을 일으킬 위험이 있던 그는 어머니, 누이와 함께 점점 더 집에 틀어박힌다. 1971년 어머니가 죽자 그는 어머니의 시신과 떨어지기를 거부하고 계단 아래에 시신을 매장하는 허가를 얻어낸다. 그는 이제 자기 방을 떠나지 않고 침대 주위 마룻바닥에 텍스트를 새기기 시작한다. 그 후 그는 굶어 죽는다(1972). 20년 뒤 그의 누이가 죽은 후 한 골동품상이 그 마룻바닥을 복원한다. 정신병 전문의인 기 루 박사가 그 마룻바닥을 발견하고 다시 사들여 소박파 미술**의 주요 작품으로 전시한다. 새겨진 텍스트는 "인간과 짐승의 두뇌를 조종하는 기계"들을 발명했던 종교에 반대하고, "히틀러로 하여금 유대인들을 죽이게 했고" 두뇌를 조종하는 전자기계를 발명했던 교회에 반대하는 정신착란 상태의 선언이다.[5] 현재 한 제약연구소의 소유인 자노의 마룻바닥은 2010년부터 파리의 생탄 병원 입구에 전시될 예정이다.

   이 갇힌 사람들에게는 칩거를 생활 방식이자 반항의 수단으로 삼으려는 의지와 그들의 자유를 표현한다는 것 외에 어떤 공통점이 있는가? 여러 양상으로 나타나는 그들의 행동의 한계에 대해 모든 의문이

---

*프랑스 서남부 스페인과의 국경에 가까운 피레네 산속의 역사적 지방.
**기교를 부리지 않고 꾸밈없이 표현하는 예술.

제기된다. 그들은 언제 갇혔는가? 벽은 무엇인가? "인간은 안에 갇혀 있고, 그는 항상 그를 에워싸고 있는 이 모든 벽에 구속되어 있고, 그가 갇혀 있다는 것을 언제나 알고 있다. 이 모든 벽은 유일한 감옥을 만들고, 그리고 이 감옥은 유일한 삶이고 유일한 행위다"라고 사르트르는 말한다. 미셸 푸코도 마찬가지로 "내부"와 "외부"의 경계에 몰두했다. 그러나 "새로운 지도 제작 전문가"[6]는 이 질문에 형이상학적이고 추상적인 답을 제시하지 않았다. 그는 규율을 따라야 하는 장소들(학교, 병원, 공장)과 감금의 장소들(정신요양소, 감옥)에 대한 역사적이고 구체적인 "조처들", 계보 그리고 연관성을 고찰했다.

지배와 동의의 경계에 존재하는 이 "극단적인 방들"은 특히 1950~1960년대의 현대 예술가들을 매료시켰다. 『하녀들』(1947)에 파팽 자매가 저지른 범죄의 모호함과 주인/종의 관계를 연출하기 위해 장 주네는 극 행위를 처음에는 역할놀이에, 그다음에는 부인 방의 살인에 집중시킨다. "어두워졌고 내 누이는 길 쪽의 덧문들을 닫았다"고 크리스틴이 자신의 심문 때에 말할 것이다.[7] 해럴드 핀터*의 최초의 희곡인 『방』에는 설계도면 같은 무대장치에 한 부부의 있을 수 없는 대화 장면이 등장한다. "어느 큰 집의 한 방. 오른쪽에는 문이, 왼쪽에는 가스난로가 있다. 왼쪽 구석에 가스버너와 개수대가 있다. 가운데 안쪽에 창문이 하나 있다. 방 가운데 테이블 하나와 의자들이 있다. 좀 더 왼쪽에 흔들의자가 있다. 2인용 침대의 발이 오른쪽 구석 알코브에서 삐져나와 있다."[8] 프랜시스 베이컨**의 뒤틀린 몸이, 원으로 둘러싸인 침대 위에, 원 속

---

* 1930~2008. 영국의 극작가. 현대 연극에 기여한 공로로 2005년 노벨문학상을 수상했다. 최초의 희곡 『방』은 1957년에 간행되었다.
** 1909~1992. 영국의 화가. 고통과 고뇌에 찬, 뒤틀린 자세의 인물상들을 처음 선보인 이래, 그는 거의 반세기 동안 줄곧 관람자의 마음을 불안하게 사로잡는 그림들을 그렸다.

에 끼워 넣어진 고독감 때문에 인상적인, 닫힌 방 속에 누워 있다(참조: 『한 접이침대의 초상화에 대한 연구』(1963)|9). 조르주 페레크*의 『잠자는 남자』 (1967)는 첫머리에 인용된 카프카의 계획을 성취한다. 실패 후 이 이야기의 "너"는 파리 7층의 작고 아무것도 없는 방에, "너의 소굴, 너의 새장, 너의 은둔처"에 틀어박혀 있다. "너는 먹지 않고 읽지도 않고 거의 움직이지도 않고 (…) 너의 방에 머문다." "너는 천정에 꾸불꾸불한 가느다란 균열을, 파리 한 마리의 쓸데없는 움직임을, 희미하게 퍼져가는 어두움을 좇는다. 이것이 너의 삶이다. 이것은 너의 것이다."|10 사람들은 단지 공허감만을 소유할 수 있다.

사랑의 닫힌 방

"사랑, 그것은 마음속에 민감하게 느껴지는 공간과 시간이다."(마르셀 프루스트, 『갇힌 여인』)|11

사랑은 고독, 마주보기, 몸 맞대기를 추구한다. 사랑은 은신처에 민감하지만 사실상 방에는 상당히 무관심하다. 사랑은 침대 하나면 충분하다. 하지만 칩거하게 되는 형태들의 사랑도 존재한다. 사랑에 빠진 연인들이 시의적절하지 않게 자신들의 마음을 산만하게 하고, 그들의 열정에 방해가 되는 세상(사람들)을 피하고 싶어하는 자발적인 칩거다. 마르그리트 뒤라스와 얀 안드레아스**는 그들의 마지막 만남 때, 가장자

---

* 1936~1982. 프랑스 소설가이자 수필가. 1965년 장편 『사물들』로 등단해 1967년부터 문학 그룹 울리포에 가담. 언어 유희적인 작품을 많이 씀. 『잠자는 남자』 『인생사용법』 등이 있음.
** 1952~. 프랑스 작가이며 뒤라스가 83세로 사망하기까지 16년간을 함께 했던 38세 연하의 연인이다.

리를 따라 바다가 뻗어 있는 그의 방에서, 『죽음의 병』에서 속수무책인 주인공들처럼 창문을 닫고 커튼을 쳤다. "무대 한가운데 흰 시트와 검은 문을 통해 들려오는 파도가 부서지는 바다 소리"[12]라고 뒤라스는 이 텍스트의 묘사를 가리킨다. 소유, 지배, 더 나아가 타인을 굴복시키는 만족감이 필요한 감금의 에로티시즘이 존재한다. "예속에서 느끼는 행복"이라고 『O의 이야기』 서문에서 폴랑*은 쓰고 있다.[13] "방종한 사람의 처세술"[14]은 감미로운 비밀을 은폐하는 것과 쾌락을 고조시키는 숨바꼭질 놀이의 계략 속에 포함되어 있다. 18세기의 방종한 사람들은 공간을 교묘하게 사용한다. 그들은 공식적인 저택에서 먼, 외곽으로 도피한다. 아직 시골인 파리의 근교들에는 "작은 집들", 사람들과 경찰의 시선을 피하기 쉬운 "별장들"이 있다. 도시의 주거보다 더 소박한 규모의 이 작은 집들의 방 배치는 안락함과 사생활에 더 관심을 갖게 된 건축가들(예를 들면 블롱델)에 의해 특별히 고안되었다. 복도, 통로, 구석, 알코브, "비밀" 계단들은 겉으로 드러나게 놓여 있지 않고, 그 문들은 벽걸이 천이나 비밀 구조에 의해 감춰져 있다. 그리고 이어지는 복도, 통로, 구석, 알코브, "비밀" 계단들은 비방 드농(1747~1825)**이 『내일은 없다』에 차용한 유혹의 과정을 보여준다. "프레시오지테***는 사랑의 지도 형식으로 애정생활을 표현했다. 다음 세기의 방종한 생활은 욕망의 지도를 암시하는데 그 길들은 구부러지고 또 곡선으로, 아라베스크 장식

---

* 1884~1968. 프랑스 비평가로 몇 편의 소설과 회화론을 포함한 그의 저술로 전집 4권이 있다. 그중에서 특히 낭만주의 이후의 문학에 대한 위기적 상황을 분석하면서 사고와 언어 사이의 조화의 길을 제시한 『타르브의 꽃』(1941)은 현대 비평 중 중요한 것으로 꼽힌다.
** 1747~1825. 프랑스 지브리 출생으로 작가, 외교관, 행정관이었고 루브르 박물관의 최초 관장이었다. 오늘날 박물관학의 선구자로 평가된다.
** 17세기 프랑스 사교계에 유행한 취향과 감정의 섬세함을 과시하는 사고 및 표현의 한 양식.

「포옹」(혹은 「남편과 아내」), 에곤 실레, 캔버스에 유채, 1917

「밤의 계단」, 아돌프 멘첼, 종이에 유채, 1848

으로 다시 구부러지고 그리고 뒤쪽으로 되돌아온다."|15 집에서 정원으로, 정원에서 루이 15세 때 베르사유에 세련된 기술로 만들어놓은 "뒤쪽"에 이르는 길들은 기습적인 사랑을 위해 뚫려 있었다. "욕망의 대상이 되는 사람들은 유혹받는 것이 아니라 기습적으로 당했다." 사람들은 신체 깊숙한 곳으로 침투해 들어가는 동시에 집 안쪽으로 들어간다. 방들의 뒤얽힘은 미로를, 정복의 소용돌이를 나타낸다. 대기실, 거실, 작은방, 규방은 흐트러져 욕망을 자극하는 저항을 하며 몸을 내맡기고 마침내 기절, 졸도, 추락을 감당하도록 반드시 나지막한, 푹신한 소파나 "휴식용 침대"에서 몸을 허락하고 마는 육체의 진행 과정을 표지로 세우고 있다. 어떤 방들에는 거울이 갖춰져 있는데, 이는 침대 주위에 적절하게 배치되어서 보이는 면이 확대된다. 이처럼 헤이그에 있는 남작의 작은 집의, 능란하게 배치된 덫집은 사랑의 놀이가 한눈에 다 보이는 구조물이다.

　침실은 부부 행위와 지나치게 동일시되어 결국 장난삼아 여자를 곯리고 매력적인 여담을 하는 데에는 부차적인 위치를 차지할 뿐이다. 이 경우 몸의 움직임, 거짓 포즈, 상대의 공격을 살짝 피하기, 다가가기, 도망가기, 붙잡기가 행위를 완수하는 것보다 더 중요하다. 이러한 이유 때문에 집에서 정원으로 왕래하는 일이 생겨난다. 이 경우 테라스는 거실과 마찬가지고, 작은 숲은 갈랑트리˚와 비밀이 선호하는 장소인 규방과 마찬가지다. 성적인 것에 점잖은 척하는 19세기 사람은 규방을 부인들 용의 평범한 작은 살롱으로 바꾼다.|16 18세기 말 사드˚˚와 네르시아˚˚˚

˚ 남성이 여성을 대하는 행동의 모든 규칙으로, 예의를 갖춘 정중함과 처세술을 의미하며 유혹의 수단으로 간주되기도 한다.
˚˚ 1740~1814. 프랑스 소설가로 『쥐스틴 또는 미덕의 불행』(1791)을 썼다.
˚˚˚ 1739~1800. 사드와 비슷한 유의 에로틱한 작품들을 썼다. 사드와 네르시아의 소설 유의 '리베르티나주(성적 방종) 소설'은 18세기의 소설 장르 중 하나로, 당시 사회의 문란한 연애 풍속도를 그렸다.

는 "내부와 외부, 저택과 정원의 뒤섞임을 한계까지 밀고 나가는데, 그것은 또한 현실적인 것과 상상적인 것의 뒤섞임이다."[17] 안정되고, 자리 잡히고, 규칙적인 부부의 잠자리는 맥이 빠지게 한다. 사람들은 그 잠자리를 회피한다. 사람들은 부부의 잠자리보다 마차 안에서의, 은밀하고 비밀스러운 사랑을 더 좋아한다. 엠마 보바리의 사륜마차와 커튼을 치고 스완*이 오데트와 함께 "관계를 갖는" 마차가 궁극적으로 이 사랑을 이어갈 것이다. 사람들의 눈에 띄지 않고 비밀이 보장되며 유동적이고 특정 개인과 무관하고 특징 없고 획일적인 떠돌아다니는 교통수단은, 증인도 약속도 아마 내일도 없을 사랑의 결합을 도와준다.

처음에 연인이 O의 옷을 벗기는 것은 택시 안에서다.[18] 그녀가 인도된 "성"에서 그녀는 옛날 감옥의 냄새가 나고 따뜻한 인조 광선이 비치는 "궁륭의, 아주 작고 아주 낮은 둥근 방"으로 안내된다. 검은색과 빨간색의 제한된 공간들. 그녀가 단장을 하고 있는 "붉은색의 규방", 창을 통해 그녀에게 식사를 내미는 "작은 방", 벽에는 책들이 있고 (…) 희미하게 조명이 된 "커다란 방". 그곳에서 사람들은 그녀가 은밀하게 갈망하는, 완전히 자아를 상실한 상태에 빠진 그녀를 기다리고 있는 것이 무엇인지 그녀에게 알려준다. 다음 묘사들 속에는 암흑 고딕소설과 히치콕의 영화가 혼합되어 있다. "붉은 타일이 깔린 복도에는 눈에 띄지 않는 깨끗한 문들이 연이어 있었고, 큰 호텔의 방문들처럼 작은 자물쇠가 채워져 있었다." 그녀가 있는 "작은 방"의 벽은 강렬한 빨간색이고 양탄자는 검은색이며 가구는 하나뿐이었고, 정사각형의 대단히 낮은 커다란 침대가 모피로 덮여 있었다. 침대, 늘 그것은 없어서는 안 되는 간소한 제단이며 O는 그것을 그녀가 보통 연인과 같이 사용하는, 더 장식

---

* 프루스트의 『잃어버린 시간을 찾아서』에 등장하는 인물로 섬세한 예술 애호가이고, 총명하고 유복하며 사교적이다. 그는 화류계 여인인 오데트에게 매혹되어 결혼한다.

이 많은 기둥이 붙어 있는 침대와 비교한다. 장소는 거의 문제가 되지 않고, 물건들 그리고 특히 옷들은 훨씬 더 그렇다. 뿐만 아니라 O는 몸짓 등 부자연스러운 자세들, 말, 어떻게 다루어도, 때리고 모욕해도 남자의 요구대로 하기를 원하며 황홀경에 빠져 지칠 줄 모르고 받아들인다. "그녀는 자신의 연인을 신처럼 맞아들인다." 그런데 그녀는 비천한 행동으로 인해 경치, 그림 같은 아름다움 또는 안락함을 전혀 개의치 않는, 거의 신비주의적인 무아지경에 빠져 쾌락의 감정을 강렬하게 느낀다. 이 텍스트 안에 그리고 이 텍스트 주위에는 여전히 갇힘이 있을 뿐이다. 폴린 레아주 또는 도미니크 오리*는 그 텍스트를 몰래, 부모님 집에 있는 그녀의 방에서 썼다. 곧잘 두통을 일으키곤 하는 그녀는 보통 잠자리에서 일을 했다. 그녀는 레지스탕스** 운동에서 은밀하게 숨기는 취향에 착안한다. 이 은밀함은 장 폴랑에 대한 그녀의 사랑과 여류 작가들이 드문 에로문학에서 파문을 일으킨 소설이라는 그녀의 이중적인 삶을 보호해주었다. 나중에 밝혀지는 익명 속에 그녀는 자신의 삶에 대한 폭로를 감추고 있다. 그녀의 삶은 타오르는 듯한 어두운 그녀의 작품처럼 숨겨져 있다.

갇힌 여인

프루스트 소설의 중요한 동기인 질투가 닫힌 방[19]에 이르다. "나는 그녀를 사랑했던 한 남자가 정말로 감금하기에 이르렀

---

*1907~1998. 본명이 안 데클로이며 폴린 레아주라는 이름으로도 알려져 있는 프랑스의 저널리스트이자 소설가.
**제2차 세계대전 중에 독일 점령군에 대항한 운동, 조직.

던 한 여자를 알았다. 그녀는 결코 아무도 만날 수 없었고, 충성스런 하인들과 함께해야만 외출할 수 있었다"[20]라고 『되찾은 시간』*의 첫머리에 『갇힌 여인』**의 이야기를 요약하고 있다. 화자는 알베르틴을 가두고 그녀의 교제를 통제하며, 그녀의 우정과 동성애에 대해 더 알고 싶어 하며 그녀가 오가는 것을 감시하고, 특히 그녀를 독차지하고 그녀의 내면에 접근하여 그녀의 확고부동한 불투명함을 해소하고 그녀의 뇌리에서 떠나지 않는 과거를 소유하고 싶어한다. 그러한 목적을 위해 화자는 그녀가 결혼을 할 수 있으리라 추측하게 내버려두고, 어머니가 주저하는데도 불구하고 알베르틴에게 파리의 자기 아파트를 같이 쓰자고 권유한다. 어느 겨울의 몇 달 동안 그는 그녀를 복도 끝에 위치한, 부재중인 어머니의 옆방에 유숙시키는데 이는 모독 행위다. 화장실은 그녀의 화장실에 인접해 있다. "우리의 두 화장실을 분리시키는 칸막이벽들은 아주 얇아서 각자의 화장실에서 세수를 하면서 모든 이야기를 할 수 있었다."[21] 보통 호텔에서만 가능한, 육체가 가까이에 맞닿아 있는 상황에서처럼. 프루스트의 전기작가들에 따르면 알베르틴은, 그의 운전기사이고 연인이며 교통사고로 비극적으로 죽은(알베르틴이 그렇게 되는 것처럼) 아고스티넬리일 것이다. 인물과 성별을 다르게 옮겨 이 사건은 더 비극적이었다. 남자인지 여자인지는 상관없다. 문제가 되는 것은 사랑의 대상, 정념의 주체이다.

화자는 그녀가 자는가 보고, 자고 있는 그녀의 몸매를 보기 위해서나, 그녀가 잘 들어왔는지 확인하기 위해서가 아니면 거의 알베르틴의 방에 들어가지 않는다. 그는 밖에서 불이 켜진 그녀의 창문들을 엿본

---

* 프루스트의 『잃어버린 시간을 찾아서』는 전체 일곱 권으로 구성되어 있는데 마지막 권이 『되찾은 시간』이다.
** 제5권.

다. 스완이 예전에 어둡고 시끄러운 곳에 숨어서 오데트에게 그랬던 것처럼, 주인의 과민함과 편집증 때문에 정해진 관례에 따라 그의 방으로 그를 보러 오는 것은 그녀다. 그가 초인종을 누를 때만 가야 하고 문들을 요란하게 닫는 것은 삼가야 하며 바깥 공기가 들어오지 않도록 해야 한다. 프랑수아즈는 자신이 침입자처럼 여기는 알베르틴을 불신하고, 규범을 존중하려고 신경 쓴다. "알베르틴은 어길 생각을 할 수 없는 삶의 규칙에 의해 통제되고, 생소한 관습들이 지배하는 이상한 세계에 자신이 존재한다는 것을 경악하면서 깨달았다."

화자는 잠에서 깨어났지만 그녀를 곧 오라고 하지 않았다. 그는 멀리서 보는 그녀가 더 예쁘다고 생각하기 때문이다. 게다가 그는 그녀를 "방에 들어왔다가 나가는 집에서 기르는 동물"처럼 여긴다. 소녀는 한 마리 고양이처럼 침대에 몸을 던지고 도가 지나친 에로틱한 유희를 한다. 내밀한 애무, 진한 입맞춤이 그것이다. "매일 저녁 매우 늦은 시각에, 나와 헤어지기 전에 매일의 양식처럼 그녀는 내 입 안에 그녀의 혀를 미끄러지듯 들여놓는다." 어쨌든 삽입까지 가지는 않는다. "당신은 내 연인이 아니에요"라고 어느 날 그녀는 그에게 말한다. 그는 그 말을 인정한다.

그녀는 자주 잠들어버리는데 그것은 아마도 쾌락의 절정일 것이다. "나는 알베르틴과 함께 이야기하고 놀면서 멋진 저녁 시간을 보냈다. 하지만 그녀가 자고 있는 것을 내가 볼 때만큼 기분 좋은 것은 결코 아니었다." 어떤 꾸밈도 없는 그녀는 식물, 초목이 되었고, 모던 스타일인 멋진 여성의 장신구 같은 그녀의 긴 머리가 그녀 곁에 있었다. 더 이상 말을 할 필요가 없다. "나는 그녀가 더 이상 나를 쳐다보지 않는 것을 알고 있었다. 나는 이제 표현이 부자연스러운, 내 자신의 표면적인 자아로 살 필요가 없다." 이제 사랑이 다시 가능해진다. 마르셀[22]은 애무하고 소유하고 지배할 수 있다. "내 손으로 그녀의 몸을 잡고 쳐다보면서, 나는 그녀가 깨어 있을 때 갖지 못했던 그녀를 송두리째 소유하고 있다는 느낌을 받았다. 그녀는 내게 순종하는 삶을 살고 있었다." 그는 그녀를 만지고 포옹하며, 자신의 다리를 그녀의 다리 옆에 놓고 그녀를 즐긴다. "더 커진 그녀의 숨소리가 쾌락의 숨가쁨이라는 환상을 줄 수 있다. 그래서 나는 내 쾌락이 막바지에 이르렀을 때 그녀가 잠에서 깨지 않게 그녀를 포옹할 수 있었다." 그는 그녀가 잠에서 깨는 것을 보는 것 또한 좋아한다. "잠에서 깨어나는 어렴풋한, 감미로운 첫 순간에 나는 그녀를 새롭게 더 완전하게 소유하는 것같이 느껴졌다. 그녀를 속박하고 그 안에 가두는 것은 내 방이기 때문에."

"그녀를 속박하고 그녀를 가두고", 그녀를 포로로 둔다. 다른 모든 관계를 갖지 못하게 한다. 그녀를 감시하고, 그가 공범자라고 생각하는 사람들 중 운전기사 앙드레에게 그녀를 감시하게 한다. 그녀와 그녀의 동성애에 대해 알고 있다. 그녀의 약속을 방해한다. 예를 들면 그녀가 이런저런 여자 친구, 에스테르, 뱅퇴유를 만날 우려가 있는 베르뒤랭 가족의 집에서 열리는 저녁 모임을 멀리하도록 한다. 유도심문으로 그녀를 함정에 빠뜨리고, 그녀를 그녀 자신과 모순되게 만들고, 되풀이되는 그녀의 거짓말을 당황스럽게 만든다. 그것은 점점 더 알베르틴을 닫힌 방에 가두는, 화자가 구상하는 스파이 행위와 의혹의 진정한 책략이다.

알베르틴은 "자질구레한 물건들을 좋아한다." 그는 그녀에게 선물을 한껏 안겨준다. 보석들, 드레스들, 특히 실내복에 대해서 그는 그의 이

옷 게르망트 공작 부인에게 조언을 구한다. 그는 더 호화로운 선물들을 그녀에게 약속한다. 당시 호사의 환상들이었고 방 사이를 이동할 수 있는 아이러니한 상징물인 롤스로이스 자동차나 요트까지.•

알베르틴은 화자의 질투와 의혹 때문에 억압을 심하게 받는다. 현장을 목격했지만 어떻게 해석해야 할지 모르는 장면과 반복되는 말, 회상이 그를 괴롭히는 소문과 이미지들로 그 방을 가득 채우면서 중요한 역할을 한다. "뚜껑이 열리는 상자들과 뚜껑이 닫힌 단지들의 논리인 질투의 논리가 있다"[23](질투는 감추어진 것을 열어 들여다보고 그 비밀을 밝히고 싶어 하는 욕망이라고 봄)라고 질 들뢰즈는 말한다. 질투는 감금에 이르게 한다. "가둔다는 것은 정확하게 드러나지 않으면서 볼 수 있는 위치에, 즉 우리가 속한 세상에서 우리를 내몰려고 했던, 타자의 관점에 끌려갈 위험이 없는 위치에 있는 것이다." 알베르틴을 가두는 것은 그녀를 "이해하려고" 하는 것이 아니라 그녀를 이해시키고 더 나아가 그녀를 지배하려고 시도하는 것이다.

그것은 또한 발베크와 피어나는 아가씨들을 그 방에 감금하려고 시도하는 것이다. "파리의 내 난롯가 구석의 알베르틴의 매력적인 모습 속에는 해변가를 따라 펼쳐졌던, 꽃으로 장식한 대단한 행렬이 내게 불러일으켰던 욕망이 아직도 살아 있었다. (…) 내 집에 갇혀 있는 이 알베르틴에게 감동, 사회적 혼란, 충족되지 않는 허영심, 해수욕 물놀이 생활의 종잡을 수 없는 욕망들이 잔존하고 있었다. 그녀는 갇힌 상태로 무척 잘 있어서, 어떤 날은 밤에조차 자기 방에서 나와 내 방으로 오겠다고 부탁하지도 않았다." 그는 그녀가 그의 손이 닿는 곳에 확실하게 칩거해 있다는 것을 아는 것만으로 충분했다. 알베르틴을 방에 가두는 것

• 『잃어버린 시간을 찾아서』의 화자 마르셀은 작가 자신이다. 이 소설을 집필할 당시 신병이 재발해 집 안에 틀어박혀 있을 수밖에 없는 프루스트의 상황을 시사하고 있다.

은 공간, 시간, 기억을 지배하는 것이다. 적어도 그러려고 애썼다.

화자가 알베르틴의 주위에 쳐놓아 그녀와 함께 점차적으로 말려들어가는 거미줄의 한가운데서 방이 거미줄을 이어준다. 그녀를 더 잘 감시하려고 그는 다른 여자들, 여행, 베네치아, 연극, 저녁 모임들을 포기한다. 오데트를 사랑하던 시절의 스완처럼, 그는 사람들이 자신을 비방할까봐 두려워서 그 사람들 앞에 더 이상 "모습을 드러내지 않는다." 예를 들면 블로크 같은 캐내려는 듯한 호기심들을 두려워하면서, 그는 알베르틴을 더 잘 가둬두기 위해 자기 집에의 출입을 금한다. 그래서 마침내 감금되기에 이르는 것은 바로 그다. 게다가 "그 시기 동안 내가 외부생활을 봤던 것은 특히 내 방에서였다." 그는 그곳에서 파리를, 커튼 사이로 아침부터 공기를 들이마시며 날씨와 소문들을, 멋지게 떠오르는 도시의 외침들을 감지했다. "이 공동생활의 습관들, 알베르틴이 아닌 어느 누구도 들어갈 수 없는, 내 생활의 큰 틀은 "외딴 암자" 같은 형상을 만들어냈다. "시간이 계속 흘러가면서 이 습관들은 기계적이 되었다." 그는 "내가 극장에도 더 이상 가지 않을 정도로 갇혀 있는 칩거생활"[24]에 관해 이야기한다. 알베르틴은 무대를 차지하고 있다. 그는 그녀를 소중한 천들로 감싸 안는다. "그녀는 내 방에서 총독 부인이나 패션모델처럼 위풍당당하게 거닐고 있었다. 다만 파리에서 자유롭지 못한 상황에 처해 있는 나는 베네치아를 떠오르게 하는 이 드레스들을 보면서 더 부담스러워졌다. (…) 그러나 차츰, 나는 알베르틴과 함께 사는 것 때문에 내가 내 자신에게 만든 굴레에서 벗어날 수 없게 되었다."[25] "간수는 또 다른 종류의 포로다"[26]라고 네르발*은 말한다.

우선 알베르틴은 그녀의 "사랑하는 사람", 그녀의 "마르셀"을 기쁘게

---

*1808~1855, 19세기 프랑스의 시인, 소설가. 작품으로는 『불의 딸』『오렐리아, 꿈과 인생』, 상징주의의 선구적 작품이라 할 만한 『환상시집』 등이 있다.

하기 위해 복종하고 칩거를 받아들인 것 같다. 그녀는 그가 그녀에게 강요하는 자유를 박탈당한 상황을 쉽게 받아들이고 아무래도 좋은 것처럼 그의 요구에 동의하고 고마워하면서 그의 선물들을 받은 듯하다. 그러나 그 감금은 그녀의 아름다움이 생기를 잃게 만들었다. "알베르틴은 자신의 모든 개성을 상실했다." 잡혀버린 자유로운 새인 이 "멋진 아가씨"는 "생기가 없어져버린 우울한 갇힌 여인"이 되었다. 바닷바람이 더 이상 그녀의 옷들을 부풀어 오르게 하지 않았고, 특히 그가 그녀의 날개들을 잘라놓아 "그녀는 이제 승리의 여신이 아니었으며 내가 쫓아내고 싶었을 듯한 노예였기 때문에"[27] 그는 그녀를 잃는 것을 거부하면서도 더 이상 그녀를 원하지 않았다. 그녀가 갇혀 있는 것은 그 자체가 목적이 되고 지배 속에 도피한 쾌락의 동인이 되었다.

알베르틴은 사실 그에게서 벗어난다. 그녀가 숨기고, 본심을 감추고, 거짓말을 하고, 술책을 쓰고, 모순 속에 얽혀들어서 길을 잃어 그는 그 모순들을 푸느라 시간을 보낸다. 그의 애무는 더 건성이 되고, 그의 입맞춤은 별로 진하지 않게 되고 그녀는 포옹을 피한다. 침울하고 피곤한 그녀는 침묵에 빠진다.

마침내 그녀는 그를 떠난다. "알베르틴 양은 내게 자신의 트렁크를 달라고 했다. (…) 그녀는 떠났다"[28]라고, 하필 주인인 당신이 보통 때보다 더 늦게 일어났다고 한탄하면서 (위선적으로) 프랑수아즈가 그에게 알려준다. 그가 먼저 그녀를 떠나려고 마음먹고 그녀의 손을 다시 잡으려고 생각했을 때 그녀는 가버렸다. 떠나는 것, 감금 상태를 푸는 것, 그것은 언제나 가능하다. 노예는 그의 주인으로부터 달아나 자유의 몸이 되고 노예 상태에서 벗어날 수 있다. 사라진 알베르틴은 자신의 신비와 매력을, 피어나는 아가씨의 영롱한 광채를 되찾는다.[29] "엄청나게 길게 느껴지는 이 여름의 저녁 시간 때문에 하루가 얼마나 더디게 지나가는지!"라며 그가 이제 결코 알베르틴의 초인종 소리를 듣지 못할 것을 알고 있는 화자가 말한다. 이제 결코 그는 아래쪽 방에 불이 켜진 것을 보지 못할 것이다. "그 방의 불은 영원히 꺼졌다."[30] 방은 드라마의 무대이고 연애의, 즉 사랑하는 사람과의 만남과 끝없는 회상의 중심이다. 화자는 방에서 말들, 몸짓들, 거짓말들, 해변의 자전거 타는 사람들 중 알베르틴의 모습을 끝없이 떠올린다. 방은 또한 사물들을 에워싸고 넣어두는 수단이고 이야기의 구조와 마찬가지로 추억들을 저장하는 상자다.[31] 알베르틴을 가두면서 화자는 발베크의 시간과 피어나는 아가씨들을 캡슐에 넣으려고 애쓴다. 잃어버린 시간을 방에 간직하려고 애쓴다.

감금 상태

이 이야기에서 사랑은 어떻게 되었는가? 미친 사랑의 이야기인가? 소유하고자 하는 격렬한 욕망인가? 연인은 갈망하고, 질투하고, 강박관념에 사로잡힌다. 아버지는 그의 아내를 지배하고 싶어하고 딸을 다스리고 싶어한다. 오빠는 누이를 없애는 것을 꿈꾼다. 로데릭 어셔는 "여러 해 전부터 감히 나와본 적이 없었던" 그의 어두운 집의 우울한 방에 틀어박혀 있다. 그는 죽은 누이를(그가 그녀를 죽였다) 깊은 곳에, 성의 벽 아래 위치한 한 지하 납골당에 매장하고 싶어한다. 에드거 앨런 포의 중편에서 공포가 지배하는 감금의 도구들인 검은 관에 집어넣는 것이 구체화된다.[32] 사랑의 감금, 에로틱한 감금, 성적인 감금, 가족의 감금은 지배의 욕망을 은폐하고 있다. 지배자는 사랑하는 사람의 호의를 얻고 자기 외의 다른 어떤 사람과 그가 가질 수 있는 관계를 질투하고 깨버리고, 그를 세상에서 끌어내 자신의 소유로 삼고 싶어한다. 닫힌 공간―방, 지하 저장고, 지하실―에, 보이지 않고, 접근할 수 없고, 그만이 열쇠를 갖고 있는 장소에 그를 가두는 것이다. 감금에는 공간적인 논리가 있다. 숨기고자 한다면 제한된 공간, 대체로 작고 외부에 감춰질 수 있는 가장 좁은 공간이 전제되어야 한다. 숨바꼭질 놀이에서 눈에 띄지 않으려고, 그들이 작다는 것을 무기삼아 구멍들, 울퉁불퉁한 곳, 잡목림, 가장 있을 것 같지 않은 움푹 팬 곳에 몸을 쪼그리고 있는 아이들은 그러한 사실을 잘 알고 있다. 그들 중 식인귀와 맞닥뜨린 프티 푸세Petit Poucet가 바로 이를 상징하는 인물이다. 숨은 장소를 찾아내는 것은, 외관상 그럴듯해 보이지만 폐쇄된 장소들에서 지표와 흔적들을 알아내는 데 노련한 경찰 조사의 주요한 원동력이 된다. "모르그 가의 이중 살인"이나[33] 더 나아가 『노란 방의 불가사의』[34]는 그런 경우 고전적인 본보기를 제공한다.

감금은 사드 문학의 주제다. 피해자들이 강요당하고 감수해야 할 감금인데, 그들을 마음대로 다루고 실추시키고 속박하고 주인의 변덕에 복종시키는 것이 감금하는 쾌락의 동기다. 사드의 성城의 지하는 어두운 미로들인 무한의 세계로 연장된다. 이곳에서 사람들은 길을 잃고, 상상의 세계는 끊임없이 활기를 띠며 두 갈래로 갈라지고 여러 갈래로 나뉘며 팽창한다. 감금은 당하는 것이지만, 때로 자신의 궁극적인 소멸을 전제하는 사랑의 행위에서는 스스로 원하는 것이다(O의 경우처럼). 감금은 또한 무한히 접근하고 소멸되기를 요구하는 육체의 지배를 나타낼 수 있다. 사디즘이 반드시 죄가 되는 것은 아니다. 사디즘은 규칙과 규범으로부터 상상적 해방을 원한다. 그러나 그것이 적합한 것의 경계를 지나치게 많이 벗어나버려 대부분의 약자, 즉 아이들, 여성들, 특히 처녀들에게 행사된다. 그런 이유 때문에 사디즘이 불안을 야기한다.

최근의 다양한 사건이, 거의 언제나, 가두거나 더 나아가 매장과 관련된 몇몇 타락 행위가 얼마나 극단적인 상황에까지 이를 수 있는지 보여주었다. 벨기에의 뒤트루* 사건의 공포 때문에 일어난 "마르슈 블랑" 운동**은 지독하게 흉악한 짓을 추방하고자 했다. 25년 동안 오스트리아 암스테텐에서 딸을 강간하고 감금했던 요제프 프리츨***에 대한 소송이 현재 진행되고 있다.|35 나타샤 캄푸시**** 사건의 희생자의 성격에 대한 또 더 기이한 미스터리가 있다. 열 살에 유괴되어 반지하 방에 감금된 어린 오스트리아 소녀는 자신의 감금을 결코 받아들이지 않았고, 그녀는 그 제한을 점점 줄여나갔다. 그녀는 6개월 후 지하를 떠나 그녀가 억류되어 있던 건물의 위층으로 가도 된다는 허락을 간수에게서 얻어냈다. 신문과 텔레비전을 봐도 된다는 허락을 얻어내는 데에 또 2년이 걸렸다. 그녀에게 세상은 결국 미디어로 귀착되었다. 그런 이유 때문에 그녀는 탈출 후 미디어를 중요하게 생각했다. 그녀는 납치범인 볼프강 프리클로필이 그녀와 함께 "외출"했을 때 늘 도망가려고 생각했다. 그러나 그녀는 그가 자신을 죽일까봐 두려웠다. 열여덟 살 때 그

---

*마르크 뒤트루는 1995년과 1996년에 여섯 명의 여자아이를 납치하여 성적으로 학대하고, 그중 네 명을 사망에 이르게 한 벨기에의 연쇄 살인자.
**뒤트루 사건 이후 1996년 브뤼셀에서 일어난 항의운동.
***오스트리아에서 친딸을 20년 넘도록 지하실에 감금하고 성폭행해 아이를 일곱 명이나 낳은 오스트리아의 '인면수심' 요제프 프리츨은 2009년 3월 19일 종신형을 선고받았다.
****1998년 3월 2일 등굣길에서 납치돼 빈 교외의 마을인 슈트라스호프의 가옥 지하실에 갇혀 지내다가 범인이 전화 통화를 하느라 방심한 사이 탈출에 성공했다.

녀는 이 놀랍도록 위험한 행동을 감행했다. 프리클로필은 곧 기차에 몸을 던져 자살했다. 그리고 그녀는 마치 그 일에 대해 회한을 느꼈던 듯하다.

방은 나타샤가 누릴 수 있는 영역 전부였다. "나는 배터리로 움직이는 닭처럼 느꼈다"라고 그녀는 말한다. "그 방은 끔찍했다. 나는 이 작은 방에서 폐쇄공포증의 발작을 겪었다. 나는 광천수 병들이나 내 주먹으로 벽을 때렸다. 만약 그가 나를 집으로 올라가지 못하게 해서 더 자유롭게 움직일 수 없었다면 나는 미쳤을 것이다." 그러나 그녀는 제2의 피부처럼 되어버린 이 방을 보여주기를 거부한다. "그것이 나를 가장 불쾌하게 하느냐고요? (…) 내가 숨은 장소의 사진들 말입니다. 그것은 아무하고도 상관없습니다. 나는 침실에 있는 사람들을 보지 않을 것입니다. 왜 사람들이 신문을 펼쳤을 때 내 방 속을 들여다봐야 합니까?"|36 무척 긴 은둔에 잇따른 갑작스러운 공개는 그녀가 현기증을 느끼게끔 했다. 그녀는 지나치게 강렬한 빛 앞에서처럼, 모든 것을 알려고 욕심내는 미디어의 빛 앞에서 쇠약해진다. 하지만 그녀는 자신이 침묵을 지키면 외부세계와 단절될 위험이 있다는 것을 의식하고 "친애하는 세계의 여론"에 자신에 대해 말하고 싶어했다. 그러나 그녀는 자신의 방을 향한 영사기가 사생활을 침해하고, 자신을 가둬놓는 동시에 보호해주는 그 방에서 자아를 구축했던 동안의 고독했던 그 많은 세월을 침해하는 것처럼 느낀다. 방은 피난처이고 감옥이며 삶의 겉모습이며 핵심이다.

격리 치료

아이들, 여성들, 특히 젊은 아가씨들은 감금이 육체를 소유하는 한 방식인, 성범죄의 주요한 희생자들이다. 이 경우 환각에 사로잡혀 환각을 일으키는 형태의 남성 지배는 감금을 품격 있는 치료로 격상시킴으로써 저항 꺾기를 은밀하게 꿈꾼다. 이는 샬럿 퍼킨스 길먼(1860~1935)의 자전적인 이야기인, 『누런 벽지』에서 언급하는 이야기다. 『누런 벽지』는 디안 드 마르주리에 의해 『감금된 여인』이라는 더 명확한 제목으로 번역되었다. 그녀는, 받아들이지 않으려다 병들게 되는 운명 속에서 거주지를 지정받은 빅토리아 여왕 시대의 여성들의 처지가 묘사된 것을 『누런 벽지』에서 발견했던 것이다. 19세기 정신의학에서 잘 알려진 "여성들의 질병"인, 샤르코*와 프로이트의 히스테리는 여성들의 불만을 나타낸다는 것을 이 이야기가 잘 보여준다.|37 부부생활, 어머니로서의 생활, 가정생활 등 일상생활 때문에 우울증에 걸린 샬럿은, 문 뒤에서 감시하는 그녀의 의사 남편이 제안하는 격리 치료를 받기로 동의한다. 그녀의 남편은 그녀가 자신의 뜻을 따른다는 조건으로 그녀를 사랑한다. 과학자인 그는 그녀에게 맞는 것이 어떤 것인지 알고 있다. 그녀는 당장은 모성과 글쓰기를 포기해야만 한다. 아기는 보모에게 맡겨졌고 그녀는 잉크와 펜을 빼앗긴다. 그녀는 연필을 감춘다. 그녀의 신경 불안은 절대적인 휴식과 고독을 필요로 한다. 그녀는 혼자 "아름다운" 집에 있고, 원하지 않았지만(그녀는 같은 층에 있는 방을 원했다) 지금 쓰고 있는 그녀의 2층 방의 창문으로만 보이는, 접근할 수 없는 "멋진" 정원이 있는 집에 마음이 사로잡혀 있다고 느낀다.

---

*1825~1893. 프랑스의 신경병리학자로 히스테리를 연구하고 그 증후군을 정밀 조사해 병형을 감별했다.

창살을 친 창문과 반복적인 모티프가 그려져 머리를 맴돌며 괴롭히는 노란 벽지로 미루어 판단하건대, 그녀의 방은 이전의 아이들 방이다. 그녀는 그 벽지의 "혐오스러운 색깔을 (…) 썩어가는 불결한 (…) 노란색"을 싫어했다. 벽지는 군데군데 탁한 오렌지색이고, 다른 부분들은 "들척지근하고 역겨운 냄새, 노란색의 냄새"를 발산하는 "병적인 유황색조다."[38] 벽지는 여러 군데 넓게 찢겨 있었다. "그것은 악착스러움과 증오로 가득 차 있는 아이들이 그랬을 것이다." 그녀는 권태로워져 혼자일 때 울고, 바닥에 놓인 침대 위에서 뒹굴면서 벽지를 해독한다. "나는 꿈쩍도 하지 않는 이 커다란 침대 위에 누워 있다. (…) 그리고 매시간 벽의 무늬를 따라가며 훑어본다." 그녀는 처음에는 "거꾸로 나를 응시하는 잘린 머리의 튀어나온 눈"을 알아본다. "위에, 아래에, 옆에, 도처에 부조리한, 응시하는 눈들이 기어가는 것을 나는 본다." 그러고 나서 그녀는 사람들이 알지 못하는 것을 발견한다. "……어렴풋한 형상들이 날마다 또렷해진다. (…) 마치 한 여자가 바닥까지 몸을 구부리고 그림 뒤에서 기어가는 것 같다." 어느 날 밤 그녀는 그 여자가 움직이고 벽지를 통과하려고 애쓰는 것 같아 벽지 뒤쪽을 보고 그녀가 달아나는 것을 도와주기 위해 벽지를 찢어야 할 필요가 있다고 느낀다. 벽지에 갇힌 여자와 굳게 결속된 그녀 역시 방에서 기어다니고 벽지를 조각조각 벗겨낸다. 그녀는 잠을 이루지 못하는 어느 날 밤 흥분 상태에서 이 일을 끝낸다. 아침에 방에 들어와 몹시 놀란 그녀의 남편에게 그녀는 선언한다. "거의 모든 벽지를 벗겨냈어요. 이제 당신은 나를 가두지 못할 거예요."[39]

샬럿은 자신의 운명을 증오했다. 그녀 자신은 허약했던 까닭에 사랑하지 않는 남자와 결혼을 했다. 그는 그녀를 속였고 그녀의 모성을 잘 용인하지 않았다. 그녀는 열정적인 여성 고유의 애정을 지녔고 그래서 무엇보다 글을 쓰고 싶어했다. 아마도 동성애 성향을 억압당하고,[40] 분명 작가가 되는 것을 저지당한 그녀는 사랑하는 여자와 결혼할 수 있게 남자가 되지 못한 것을 유감스럽게 생각했다. 그녀는 자신이 이야기하는 휴식 치료를 1887년에 받았다. "펜도, 붓도, 연필도 안 됩니다"라고, 감정적인 요인이며 그녀들의 히스테리의 실마리로 추정되는, 여성의 지적인 일에 그의 동료 의사들처럼 단호하게 반대하는 주치의가 그녀에게 엄하게 명했다. 가족으로부터의 격리, 고립, 병석에 눕기, 누워 있기, 마사지, 우유를 주성분으로 한 고영양 요법, 여성성을 보여주는 식품. 이 치료는 대부분의 신경과 의사들, 특히 미국 의사들에 의해 처방되었다. 필라델피아의 사일러스 웨어 미첼*, 보스턴의 찰스 테일러와 헨리의 형제인 윌리엄 제임스가 있다. 이 치료법은 에디스 워튼**과 우울증에 빠진 자매인 앨리스 제임스와 샬럿 퍼킨스 길먼에게 적용되었다.[41] 레너드 울프는 이따금씩 그의 아내 버지니아에 대해 생각했다. 그녀의 글쓰기에 대한 열정, 그녀의 재능 자체가 그에게는 광기처럼 보였다.[42] 그녀들 모두 감금의 한 형태로 광기를 체험했던 것 같다.

은둔생활을 하는 여성들

종교적 은신처의 통상적 형태인 독방은 공동체 생활과 완벽하게 부합되며, 일반적으로 대응되는 균형을 공동체 생활에

---

*1829~1914. 히스테리 증상에 대한 휴식요법으로 유명한 의사.
**1862~1937. 미국 소설가.

제공한다. 그러나 그것으로 충분한가? 특히 초기 기독교나 중세 기독교에는 금욕생활, 고행, 검소함, 신과 만나기 위해 육체와 육욕을 소멸시키려는 의지 등 여러 가지 필요에 부응하는 은둔이라는 이상이 존재한다. 성모 마리아의 뱃속에 그리스도는 아홉 달을 머물지 않았던가? 대단히 위대하고 헤아릴 수 없는 존재인 그는 삼중으로 닫힌 자궁이라는 이 성막—출산 전에도 출산 때도 그리고 그 후에도 신의 입김만이 침투할 수 있는 완전히 닫힌 빈 공간—속에서 휴식의 본보기를 제시하기를 원하지 않았던가?

사람들은 사막으로 도피했다. 후에 장 자크 루소가 그렇게 하는 것처럼. "나는 그때 더 침착한 걸음으로 숲속에, 사람의 발길이 닿지 않은 어떤 장소를 찾으러 갔다."[43] 그러나 이 숲속의 은둔생활은 연약해서, 자연과 마찬가지로 사나운 인간들의 위협을 받는 여성들에겐 적합하지 않다. 은둔생활을 하는 여자들은 도시의 안전과 일상적인 생활을 중요시하는 도시 사람들이었다. 자크 달라룅은 13세기와 14세기의 이탈리아에서 베긴 교단*의 여신도들과 핀초체레의 집단들, 그리고 제3회 재속在俗 수도회**의 가입으로 급증했던 여성들의 헌신을 전체적으로 확장시킨 놀라운 성공을 지적했다.[44] 1320년경 로마에서는 그 집단의 수가 260개, 페루자***에서는 20개에 달했으며, 거의 어디서나 10여 개를 헤아렸다. 지역마다 한 명 또는 여러 명의 은둔생활을 하는 여성이

---

* 세속에 살면서 종교적인 삶에 자신을 헌신한 평신도 여성을 베긴이라 지칭함. 베긴들의 활동은 12세기에 롬바르디, 프랑스 남부, 벨기에와 같은 경제적으로 풍요한 도시를 중심으로 이루어졌다.
** 1221년에 프란체스코는 제3회라고도 불리는 재속 수도회를 설립함. 이 회는 이미 결혼을 했거나 세속생활을 하는 신자들이 "세속 안에 살면서" 프란체스코와 형제들의 생활양식과 정신을 따라 검손한 표양, 사랑의 자선, 가난의 정신을 실천하면서 회칙에 따라 살아가는 단체.
*** 이탈리아 움브리아 주의 도시.

있었다. 다양한 사회적 신분과, 평민보다는 귀족 계층인 이 여성들은 대개 처녀이거나 과부였다. 그들은 교회 가까이에, 가능하다면 미사를 드리기 위해 문이 있는 "은신처"를 열망했다. 파엔차*의 위밀리테의 경우 "그들은 교회 옆에, 교회로 연결되는 작은 창이 있는 아주 작은 독방을 만들었다. 그 창을 통해서 그녀는 지극히 신성한 어머니인 교회의 성사聖事를 볼 수도 있고, 받을 수 있었다. 외부에 있는 다른 독방처럼 그곳에서 그녀는 적선을 받을 수 있었고, 그녀의 요청으로 그녀에게 온 사람들을 마음껏 만족시켜줄 수 있었다."[45] 한 창문에서 또 다른 창문까지의 성상(이콘icon)은 그녀를 표현한 것이다. 위밀리테는 파엔차에 가서 한 수도회를 설립하기 전 그곳에 12년을 머물렀고, 그런 후 피렌체로 갔으며 그곳에서 죽었다. 쥐스틴 다레조(1319년 사망)는 열세 살에 수도원에 들어가, 서 있을 수도 없이 무척 "좁고 낮아서" 무릎을 꿇고 기도해야만 하는 독방에서 뤼시아라는 한 은둔자를 만난다. 얼마 후 그녀는 다른 수녀들과 함께 산탄토니오 교회 측면에 위치한 엉성한 은신처에 은거한다. 그들은 불한당들에게 습격을 당했고 그 때문에 그녀들은 더 안전한 "작은 집"을 지었다. 맹인이 된 그녀는 천국의 환상을 보았다. 클레르 드 리미니(1324~1329년 사이에 사망)는 가장 유명한 사람 중 한 명이다. 성실하지 못한 청춘을 보낸 후 두 번 결혼을 한, 고상하고 아름다운 과부인 그녀는 개종했고 "신랑으로 선택한" 그리스도에게 헌신하기로 결심한다. 그녀는 견디기 힘든 고행을 하고 맨발로 걷고, 아무렇게나 옷을 입고, 빵과 물을 먹고, "마룻바닥에 아무것도 깔지 않은 채 자고", 매사에 극단적이었다. 사순절과 대림절待臨節 기간 동안 그녀는 큰 소리로 자신의 죄를 참회하면서 리미니의 고대 로마 성벽 가에 있었다. 그녀는 리

*이탈리아 에밀리아로마냐 주의 도시.

미니*를 떠나 우르비노로 갔다. 그녀는 밤 미사를 드리기 위해 주교관 탑의 교회 쪽으로 문이 나 있는 누추한 골방을 썼다. 그만큼 이 여성들에게 있어 생명력을 불어넣어주는 성스러운 것에 대한 갈증은 해소되지 않았다. 그러나 밤중의 외침은 수도 참사회원들과 이웃들을 피곤하게 했다. 그들은 불평했고 그래서 그녀는 자신의 거처를 갖지 못해 가슴 아파했다. 그녀는 리미니로 돌아와서 이『무인지대』**에 살고 있는 주변인들 가운데, 무방비 상태로 집도 없이 그 도시의 고대 로마 성벽에 정착할 방도를 마침내 찾아낸다. "주님, 여기에 당신이 계십니다"라며 궁핍한 가운데 영적 구원을 얻을 수 있는 것을 기뻐하며 클레르는 말했다. 수난의 그리스도는 그녀의 귀감이다. 그녀는「요한계시록」을 그린 벽화에서 계시를 받은 환상을 보았다. 그녀는 자기 품안에서 움직이는 아기까지 느꼈다.[46] 그녀는 여성들의 공동체를 설립했고, 그들은 그녀를 붙잡아두고 싶어했다. 그러나 여행을 하는 사이에(이 설립자는 이동하는 일이 많았다) 그녀는 자신의 성벽을 다시 보기를 좋아했다.

집에 또는 공공건물의 부속건물들에 은둔하는 것은, 집단적이든 개인적이든 간에 꽤 널리 알려진, 오히려 여성 고유의 신앙 행위다. 프랑스의 서남부[47] 오베르뉴에서처럼 거의 어디에나 은둔생활을 하는 여성들이 있다. 생플루***에는 은둔생활을 하는 그 지역 여성이 있다.[48] 수도회의 상당수가 폐쇄되어 원하는 여성 모두를 받아들일 수 없었다. 그런 이유 때문에 은둔생활을 하는 여성이 많아졌는데, 이는 고행과 동

---

* 이탈리아 중부 에밀리아 지방의 도시로 아드리아 해에 접한 항구다. 기원전 3세기에 로마제국의 식민지가 되었고, 1509년 이래 로마교황령이 되었으며, 1860년에 이탈리아 왕국에 병합되었다.
** 처음에는 분쟁 중의 영역이나 형장 등 혐오시설의 소재지 등을 가리키는 말이었으나 제1차 세계대전 이후 대치하며 교착상태에 있는 적과 아군의 참호 사이에 위치한 영역(어떤 세력의 지배도 받지 않는 중간지대)을 가리킨다.
*** 프랑스 오베르뉴 지방, 강탈 도에 위치한 읍.

시에 보호받고 싶어하는 욕망을 나타낸다. 그들에 대한 여론은 존경과 의혹 사이에서 주저하고 있었다. 사제단은 그들을 불신했다. 클레르 드 리미니는 이단인 "파타리노 파"*로 비판받았다. 어쨌든 교회는 적극적이고 군집을 이뤄 살고, 활동적이고, 설교를 하는 베긴 교단의 여신도들을 더 두려워했다. 그들은 자신들이 마리아보다 마르다**라고 주장했고, 노동과 구걸 행위를 통해 스스로를 책임진다고 주장하며 그들의 공간을 조성했고, 수녀들처럼 트임이 있는 옷을 입었고 대중 앞에서 말을 했다. 베긴 교단의 여신도를 가리키는 베긴Béguine이라는 단어는 "이야기하다begge"[49]에서 유래했다. 이 수다쟁이들은 눈에 덜 띄고 더욱 고독한, 은둔생활을 하는 여성들보다 더욱 위험한 존재들이었다.

테레즈 다빌라[50] 또는 영혼의 성

여성들은 고독을 타고나는가? 비밀의 정원, 즉 "영혼의 은신처"[51]를 추구하는가? 수녀들의 상상의 세계는 테레즈 다빌라와 더불어 이례적이고 신비주의적인 차원에 이르고, 그녀는 그 예와 의미를 카르멜 수도회의 설립과 그녀의 유명한 저서 『영혼의 성』(1577)에서[52] 제시했다.

테레즈는 자신이 수도원에서 중요하게 생각했던 은둔, 명상, 고행을

*파타리노. 성직자들이 첩을 두거나 결혼하는 것을 허용했던 당시의 교회 제도에 반대해 1058년경 기술자·상인·농민과 같은 평신도들이 밀라노에서 조직한 단체의 회원. 교회로부터 이단으로 낙인찍혔고 각종 종교개혁 운동에 자극제가 되었다.
**베다니 마을에 사는 나사로의 누이가 마리아이며 그 언니가 마르다이다. 마르다는 대접을 잘하려는 마음에서 예수를 육적으로 편안하게 해드리는 일에 지나치게 신경을 쓰는 반면 마리아는 "주의 발치에 앉아 그분의 말씀을 들었다."(「마태복음」 26. 6~13, 「마가복음」 14. 3~9, 「요한복음」 12. 1~8 참조)

권장했다. 독방은 간소하고 협소하고 석회가 발라져 있으며, 단정하고 깨끗하고 초라하며, 고독과 신앙에 전념하는 곳이었다. 카스티야*의 겨울은 혹독했다. 성무일과서 위에 눈이 떨어졌다. 몹시 뜨거운 여름에는 항상 창문들을 닫아야만 한다. 그리고 모든 교제는 금지되었다. 그녀 자신은 독방에 은둔하지 않고 그녀의 공동체들을 위한 여행을 많이 했다. 1577년 그녀는 교황대사 스가Sega에 의해 "부랑자이자 반역자"라고 고발당해 십자가의 요한**처럼 유죄선고를 받았다. 그는 수도회 측으로부터 여러 해 동안 감금을 당해 그곳에서 그녀의 가장 아름다운 텍스트 『어두운 밤』과 『영의 찬가』를 썼다. 이 "신비주의 사상가들"은 그들의 극단주의와 종교적인 개인주의를 통해 반항했다. 그들은 "영혼의 성"에서 신과 직접 만나기를 주장한다. 그들은 "영혼의 성"인 이 "내면"에서, 독방의 정적 속에서 신을 발견할 수 있다고 생각한다. 여기에는 그들이 포옹할 때처럼 사랑하는 사람을 다시 만나는 수면도 포함된다. 고립은 기도, 즉 정신적인 기도의 전제 조건이다. 기도를 통하면 반드시 말들(미사의 말들, 신부의 말들)을 거치지 않더라도 "내면의 성"으로 들어갈 수 있다. 테레즈가 자신의 저서에서 묘사한, 무리를 뚫고 지나가 이르는 내면에 도달하려면 육체뿐만 아니라 영혼이 감금되어야 한다. 때로 글자 그대로의 의미를 따라 시도했던 것처럼, 지형도를 찾아서는 안 된다는 것은 분명하다. 줄리아 크리스테바***는 물이라는 원소를 선호한 테레즈 사상의 액체와 같은 유동성을 강조한다. 샘, 샘물, 눈물, 사랑하는

---

* 스페인의 주.
** 1542~1591. 16세기 스페인 가톨릭 사제이자 신비사상가. 테레즈 다빌라와 함께 카르멜 수도회를 개혁했다.
*** 1941~. 불가리아 태생으로 1965년 프랑스 정부 초청 장학생으로 파리에 유학했고 기호학자 바르트, 언어학자 벵베니스트, 정신분석학자 라캉 밑에서 공부했다. 기호학, 언어학, 심리학, 정신분석학, 철학, 페미니즘 등의 광범위한 지식을 바탕으로 왕성한 활동을 하고 있다. 현재 파리 7대학 교수이자 한 종합병원의 정신분석의로 재직 중이다.

남녀 사이의 관계인 흐르는 물, 순환하는 물은 테레즈의 정념인 글쓰기처럼 내부와 외부의 경계를 없앤다. "기도의 영혼을 속박하지 말라." 반드시 단 하나의 방에 머물러야만 하는 것은 아니다. 그것이 자아 인식의 방이라 하더라도.

모든 여정은, 그것이 완성을 향한 길이라 할지라도, 공간적인 은유를 반드시 거친다. 어떻게 다른 방법으로 묘사하겠는가? 내성內省적인* 여행에서 테레즈는 "우리 영혼을 단 한 개의 다이아몬드나 대단히 맑은 크리스털 한 개로 전체가 만들어져, 하늘에 많은 거처가 있는 것과 마찬가지로 많은 방이 있는, 성처럼 여기라"고 권유한다. 성벽, 그것은 영혼에 침투하려면 떠나야 할 우리의 육체다. "그 성에는 많은 거처가 있다. 어떤 거처들은 높은 곳에, 어떤 거처들은 낮은 곳에, 또 다른 거처들은 측면에 있다. 그리고 중앙에, 모든 거처 한가운데에 신과 영혼 사이에 가장 비밀스러운 사실들이 일어나는 가장 중요한 건물이 위치한다." "그곳에 방이, 왕이 거주하는 왕궁이 위치한다." 그곳에 도달하려면 많은 장애물을 극복해야 하고, 위험수위(한계)들을 넘어야 한다. 벌레와 뱀들이 우글거린다. 첫 번째 거처부터 일곱 번째 거처까지, 사람들은 입문의 단계를 거친다. "나는 일곱 개의 거처에 관해서만 이야기했지만, 그 거처마다의 위아래로 옆으로 많은 거처가 있다. 거기에는 아름다운 정원이며, 샘물이며, 아기자기한 것이 수도 없이 많아서 여러분은 위대한 신을 온 마음을 다해 찬양하기를 원할 것이다." 신은 한가운데를 차지하고 있다. "영혼의 귀들"을 통해, 침묵 속에 오성을 통해 신을 만난다. "사람들은 느끼지만, 그렇다고 해서 육체의 눈으로도 또 영혼의 눈으로도 볼 수는 없다." 법열法悅**은 일종의 유괴다. 기도자는 자신을,

---

* 의식 체험의 자기관찰을 근거로 심리 현상의 본질을 밝히려는.
** 참된 이치를 깨달았을 때 느끼는 황홀한 기쁨.

육체와 생각들을 빼앗긴다. 그는 맑게 흐르는 샘물에 잠긴다. 이는 신의 침공이다. 중요한 것은 사랑하고 소망하는 것이다. "우리는 아마도 사랑하는 것이 어떤 것이지 모를 것이다. (…) 왜냐하면 가장 큰 기쁨을 맛보는 것이 아니라 언제나 소망하겠다는 가장 큰 결심을 해야 하는 것이 중요하기 때문이다"라고 테레즈는 말한다. 사랑은 소유가 아니라 바람이다. 사랑은 상태가 아니라 영속적인 변화이며 내면에, 자신 속에 존재한다. "오, 왕이여, 나를 당신의 방으로 인도해주소서"라고 「아가서」에서 말한다.

영혼의 중심

테레즈의 신비주의적인 경험과 17세기에 싹트는 경험은 직관을 통해 이뤄지는 사랑에 대한 인식이다. 신비주의자는 초월적인 존재의 현존을 직접적으로 느낀다. 신비주의자에게서 영혼의 확장이 일어나 중심으로 퍼진다. "모든 사랑의 결합은 영혼의 중심에서 또는 이 중심의 가장 가까운 부분에서 이루어진다. (…) 결합이 영혼의 중심에서 완성되는 것은 명상에 빠진 사람에게는 매우 확실해서 그의 상태를 묘사하면서 그의 황홀한 사랑을 공간적으로 위치시키려는 생각조차 하지 않는다. 사람들은 영혼의 중심에서, 아니면 적어도 중심의 아주 가까이에 (…) 영혼의 정점에서만 하나가 된다"[153]라며 17세기에 종교 감정에 대한 엄청난 독자이자 역사가인 브르몽 사제는 쓰고 있다. 밤은 계시가 가능한 시간인 만큼이나 시련의 시간이다. 이 시련을 이겨내려면 자신을 버려야만 한다. 그러나 자발적으로, 신에게 자신을 내맡기고 "시련들이 끝나고 신비주의적인 결합이 이루어지고 순수한 사랑이 완성될, 영혼의 행복한 중심"을 다시 찾아야 한다. 많은 신비주의자가 이 밤의 순간에 대해 언급했다. 파스칼은 그의 "황홀한 마음"을 나타내는 "불이라는 징표"를 회상했다. "신을 느끼는 것은 마음이지 이성이 아니다. 마음속에 신을 느끼는 것 그것이 바로 믿음이다."[54] 아그네스 수녀는 신은 존재하지만 아예 "빛이 닿을 수 없는" 어둠 속에 신이 숨어 있는 "밑바닥"에 대해 이야기한다. "그런 이유 때문에 우리 마음 밑바닥에 숨겨진 이 신을 숭배해야 하고, 숨어 있는 것을 이해하려면 신에게 자신을 맡겨야 한다."[55] 우리 마음속에 내재하고 있는 이 신을 만나려면 우선 껍질 안에 고슴도치나 거북이처럼 자신 속에 은둔하고 말들, 이미지들, 외부의 소음들을 마음속에서 몰아내며 우리 마음속에 존재하는 신에게 "넓고 빈 공간"을 제공하는 것이 바람직하다.

브르몽 사제와 미셸 드 세르토*의 뒤를 이어 미노 베르가모는 17세기의 신비주의적인 작품들을 오랫동안 주의 깊게 조사해 "영혼의 구조"를 파악했다.[56] 기독교의 신비주의자들은 언제나, 적어도 어거스틴**과 에크하르트*** 이래로, "가장 고귀한 은총과 지고의 신성한 합일을 위치시킬 장소나 공간"의 성격을 규정하려고 애썼다. 저자는 여러 세기 동안 어렴풋이 나타나는 다양한 형상을 그린다. 대단히 오래된, 내면성의 개념은 어거스틴의 사상에 속하며 17세기에 쉬랭Surin, 카뮈, 올

---

* 1925~1986. 프랑스 역사가이자 철학자. 프로이트 정신분석의 영향을 받아 종교사, 특히 신비주의적 기독교 연구에서 출발했다. 정통 역사에서 배제된 민중문화를 동적인 일상의 실천 속에 파악하려고 노력했다.
** 4세기 알제리 및 이탈리아에서 활동한 신학자로, 서방 교회의 4대 교부 가운데 한 사람인 성 아우구스티누스를 가리킨다.
*** 요하네스 에크하르트(1260년경~1327)는 독일의 로마 가톨릭 신비 사상가로, 마이스터 에크하르트로 통칭된다.

리에•, 베르니에르, 파스칼성, 성 프랑수아 드 살, 페늘롱 그리고 잔 귀용의 정적주의靜寂主義|57에 의해 재해석되고 재평가되었다. "영혼들의 중심에 있는 모든 선線은 단지 한 개의 점일 뿐이라고 장 자크 올리에는 쓰고 있다. 그리고 영혼들은 모두 신 안에서 사라지고 오로지 신 안에서 하나가 된다. 그리고 이 선들이 당연히 한 점에 불과하듯이 신 안의 이 영혼들도 마찬가지로 영혼들 중 하나일 뿐인 듯하다. 의지와 빛 모두의 일체성이 바로 여기서 나온다. 이 일체성은 영혼들이 더 이상 서로에게 말하는 것을 듣는 것이 아니라 신 안에서 같은 것들을 보게 만든다."|58 쉬랭은 마리 바롱의 한 편지를 인용한다. 이 성스러운 여성은 잠에서 깨어났을 때 무척 낯설고 외로웠지만 마치 그곳에 살고 있는 것처럼 느꼈다. "내면이라는 단 하나의 단어가 그녀를 흥분시킬 정도로 황홀하게 했다. 그녀는 영적인 사람들에게 그들의 내면을 끊임없이 성장시키고 확장시켜 내면을 편협하게 하고 제한할 수 있는 어떤 것도 허용하지 않도록 권했다." 왜냐하면 무한한 존재인 신이 내면에 살고 있기 때문이다. 그렇기 때문에 바깥세상은 내버려두고 자신 속에 "들어가 틀어박혀야 한다."|59 "정신의 휴식, 즐거움, 확고한 만족감은 내면세계에, 우리가 우리 자신 안에 지니고 있는 신의 왕국에만 존재한다. (…) 평화는 내면의 삶 속에만 존재한다"고 랄르망 신부는 말한다.

17세기의 영성은 내면성의 문화다. 영성은 내면성과 유사한 영혼의 표상에 포함된다. 내면에서는 높은/낮은, 우수한/열등한이 대립된다. 이 표상은 대부분 두 요소로 이루어졌지만, 세 가지 요소로 변화하면서 마치 더 복잡한 층이 필요한 것처럼 중앙의 "중심"으로 대체된다. 가장 자주 등장하는 용어들은 "영혼의 밑바닥" "중심" "정신의 정점과 뾰족

•1608~1657. 파리의 성 쉴퓌스 성당의 주임사제였다.

한 끝"이며, 성 프랑수아 드 살에 의하면(『신의 사랑에 대한 개론』(1616) 이는 사람들이 때로 신을 느끼는 장소다. 성 프랑수아 드 살은 마이스터 에크하르트 이래로 전통적인 "영혼의 밑바닥"이라는 표현을 전도시켰다. 밑바닥은 반드시 순수하지 않고 반대로 진흙투성이라서 끊임없이 걸러내고 정화해야만 한다. 그러나 수직 방향으로 위상의 전환을 말하는 것만은 아니다. 성 프랑수아 드 살과 페늘롱은 영혼에 대한 존재론적인 분석을 심리적인 인식으로 대체한다. 신과의 합치는 "정적의 기도" "영혼의 즐거운 휴식" 속에서 이루어진다. 이 경험은 반드시 교회에서 무릎을 꿇지 않고도, 그런 경험을 하기에 유리한 방의 정적 속에서가 아니더라도 모든 곳에서 일어난다. 황홀함은 길에서도 갑자기 경험할 수 있고 예배의식, 제식을 집행하는 성직자, 사제들을 필요로 하지 않는다. 신자 개개인은 "정신의 분별력"을 지니고 있다고 잔 귀용은 말한다. 그래서 그녀는 각자가 "자신의 중심에" 도달할 수 있는 "빠른 방법"을 추천한다. 이러한 정신의 자율성은 성직자들에겐 의심스럽게 여겨졌지만, 그녀에겐 7년여 이상 동안 투옥될 만한 가치가 있는 것이었다. 투옥은 명상과 글쓰기의 유익한 시간들이었다. 『감금에 관한 이야기들』에서 그녀는 자신의 고독과 불안을 이야기한다. 『격류』에서 그녀는 자신의 신비주의적인 체험을 전달한다.[60]

미노 베르가모에 따르면, 내면성의 오랜 형성 과정에서 17세기는 정점에 달한다. 영혼의 궁극적인 재연에 작용하는 공간적인 수렴이 도달한 형태는 세속화의 움직임 속에 정신, 뇌, 의식, 무의식이 되어버리는데, 우리에게는 그것에 대한 연구가 부족하다.

형이상학이 심리학으로 대체된다. 자아가 영혼의 중심에 있는 신을

대신하고 명상이 자기성찰로 대체된다. 무의식이 어떻게 형성되었는가? 무의식의 발생은 공간과 별로 관계가 없다.|61 환자들을 환자용 침상에 눕히는 정신분석에는 방에 대한 이야기가 풍부하다. 부모에 관한 정신분석은 리비도의 이론과 심층 심리에서 주요한 역할을 한다. 어린 한스의 경우를 보라.|62 그러나 이드id, 자아ego와 초자아super ego를 포개놓는 어떤 수직성에도 불구하고 그 수직성은 방 자체에 대해 특별한 언급을 하지 않고, 공간적인 은유에 대해서도 언급하지 않는 것 같다.|63

물론 다른 많은, 특히 과학적인 영향들이 우선 법적인 개념인 양심의 심판의 표상에 작용한다.|64 19세기에는 "뇌실腦室"에 관해 이야기하지만 브로카Broca•의 뇌의 위치 지정이 정점을 나타내는 지형학적 표상과 신체를 돌아다니는 유체에 대한 믿음 사이에서 주저하고 있다. 최면술사들과 영매들은 이 유체를 포착하고 지배하며 별로 가두는 "통"인 감방 속에서 모을 수 있다고 믿는다.

카메라의 어둠상자는 더 직접적으로 내면의 이미지에 형상을 부여한다. 리트레에 따르면 "그것은 1인치 직경의, 렌즈가 붙어 있는, 구멍을 통해서만 빛이 침투할 수 있는 장소로 그 렌즈가, 외부의 사물들의 빛이 반대편 벽이나 처놓은 천에 통과하게 함으로써 밖에서 무슨 일이 일어나는지 안에서 보게 해준다." 이 발견은 데카르트에게, 아마도 루소에게 영감을 불러일으켰을 것이다. 루소는 『고백록』의 서두에 "말하자면 암실에서 일하는" 의도를 알려준다. 그러나 사라 코프만••이 지적하는 것처럼, 특히 19세기의 마르크스, 니체, 프로이트와 같은 사상가들이 그렇다.|65 니체에게 카메라의 어둠상자(카메라 옵스큐라)는 망각의 은유

• 말을 하는 기능을 담당하는, 좌반구 전두엽에 존재하는 뇌의 특정 부위를 밝혀낸 프랑스의 인류학자이자 외과의사, 신경해부학자. 그의 이름을 따서 이 부위를 브로카 영역이라 칭했다.

•• 1934~1994. 프랑스 철학자로, 니체와 프로이트를 연구했다.

다. 망각은 지키는 것뿐만 아니라 발전시키는 것이 중요하다. "의식의 방에는 열쇠가 있어서 자물쇠의 구멍을 통해 보고 싶어하는 것은 위험하다. 위험하고 파렴치하다. 호기심 많은 자에게 화 있을진저! 열쇠를 던져버려야 한다." 『도덕의 계보』에서 니체는 "때로 의식의 문과 창문들을 닫기를 (…) 새로운 것들을 위해 다시 자리가 나도록 침묵하고, 조금, 우리의 의식을 백지 상태로 만들기를" 권한다. 정신 치료인 망각은 쇄신에 없어서는 안 될, 꼭 필요한 도구다. 카메라의 선별적인 어둠상자는 지나치게 꽉 찬, 기억의 창고와 대조를 이룬다.

사실상 정신은 추억으로 질식하고 싶지 않으면 치우는 것이 바람직한 방과 유사하며 틀어박히는 것은 삼가야 할 장소이다. "내 영혼은 감옥 같다"라고 장 리슈팽*은 말한다. 마테를링크**에게 있어서 우리의 영적인 삶을 약화시키는 것은, "밤낮으로 너그럽지 못한 우리의 하찮은 생각의 방에 머무는 것이다."|66 반대로 다른 사람들에 대해서는 그 소중한 성막을 지켜야 한다. "우리는 각자 마음속에 왕의 방을 가지고 있습니다. 나는 그 방을 벽을 쌓아 막았습니다. 그러나 그 방은 파괴되지 않았습니다"|67라고 플로베르는 아멜리 보스케에게 쓰고 있다. 그것은 프루스트와 페레크가 지칠 줄 모르고 탐색했던, 기억이라는 가공의 고갈되지 않는 장소다. "나는 기억한다"라고 조르주 페레크는 말한다. 그것은 망각의 검은 물을 몰아내고 그의 가족이 사라져간 화장 가마의 짙은 연기를 일소하는 방식이라고.

망각은 불가능하다. "나는 가스실의 우리 어머니 모습을 떨쳐버릴 수가 없다. 나는 그것을 극복할 수 없다"|68라며 그 기억에서 벗어나고자

---

* 1849~1926. 알제리 출생으로 프랑스 시인이자 소설가, 극작가 첫 시집 『가난뱅이의 노래』(1876)에 실린 상스러운 언어에 대한 제재 조치로 지방관청으로부터 1개월 징역형을 받았다.
** 1862~1949. 벨기에의 상징파 시인이자 극작가. 1911년 노벨상을 수상했다.

그 어느 때보다 더 문명화 과정에 열중했던 노르베르트 엘리아스*가 토로한다.

"네 방으로 가!": 벌 받은 아이들

가족, 국가, 사회 대중, 개인, 모든 사람에게 감금은 특별한 방식의 감시와 처벌이었고 지금도 여전히 그러하다. 감금은 반드시 감옥에 가두는 것이 아니었다. 안전한 방법인 처벌은 상당히 뒤늦게야 형벌의 주요한 형태로 등장했다. 이 역사는 미셸 푸코와 역사학자들에 의해 형성되었다.[69] 내 의도는 권력의 계보와 뒤얽힌, 이 길고 복잡한 계보를 재검토하려는 것이 아니라 오늘날 본격적으로 대두되고 있는, 벌을 주되 안전해야 한다는 고정관념에 의해서 생겨난 방이나 감방의 네 벽의 위치에 관해 자문하려는 것이다. "네 방으로 가!"라며 말을 잘 안 듣는 아이에게 짜증난 어머니가 말한다. 체벌을 거부하는 가정에서 한 아이를 벌준다는 것은 아이를 자기 방으로 보내고 디저트를 주지 않는 것이다. 이는 육체보다 영혼을 겨냥하는, 가정에서 행해지는 "심하지 않은 벌"의 양상이다. 마음 좋은 할아버지인 빅토르 위고는 "잔Jeanne이 캄캄한 작은 방에서 오로지 빵뿐인 식사를 하는 것"은 지나치다고 생각해서 그녀에게 잼을 갖다주었다. 세귀르 백작부인**은 그런 벌을 싫어하지 않았다. 플뢰르빌 부인(『모범 소녀들』[70])은 간단한 가구만 있는 "고해실"에서 소피를 나오지 못하도록 했다. 거기서 그녀는 모

---

*1897~1990. 유대계 독일인 사회학자, 철학자 겸 시인으로, 훗날 영국으로 망명했으며 『문명화의 과정』 등을 남겼다.
**1799~1874. 러시아 귀족의 딸로 태어나 러시아 혁명 때 가족과 함께 프랑스로 망명하여 세귀르 백작과 결혼한 프랑스 동화작가로 아동문학의 선구자이다.

든 것을 부수기 시작했다. 그녀는 '우리 신부님'이라고 열 번을 베껴 쓰고 수프, 빵, 물만으로 식사할 수 있었다. 이것은 진정한 갇힌 자의 "양식"이다. 그것은 그의 젊은 독자들에게 충격을 줄 만한 것이다. 그녀는 마음을 가라앉히고 뉘우친다. 에르베 바쟁*의 무서운 계모인 폴코슈가 내리는 적정선의 벌은 "방에 3일 감금하는 것"이다.[71] 캄캄한 방으로의 격리는, 반드시 어린아이의 격리는 아니지만, 19세기에 널리 행해진다. 감옥의 정의인, 어둠에 파묻혀 있는 것은 성찰하게 하고, 이성을 되찾게 한다고 여겨진다. 어둠은 지옥과 징벌, 고통과 동일시된다. 그래서 어린이들은 암흑을 두려워한다. 작가들은 아이들을 이와 같이 다루는 것에 항의한다. 샬럿 브론테는 갇혔던 방에서 유령을 봤다고 생각했던 한 여자아이를 인용한다. 그 아이는 신경상 심한 충격을 받아 성인이 되어서도 그 영향을 받고 있다고 느꼈다. 당시에는 아직 모호한 개념이었던, 어린이의 권리를 침해하는 용납할 수 없는 관습은 20세기 중반까지 퀘벡에 존속했다. 잡지 『초등교육』(1919년 11월)의 판화에는 냉정하고 단호한 태도로 그의 어린 아들을 가두려고 하는 가정의 한 어머니와, 그와는 대조적인 슬픈 척하는 그의 누이와 단념한 침통한 표정의 할머니가 그려져 있다.[72] 1941년에도 아직 "두려움과 싸울까봐" 염려하는 교육학자들은 "어린이에게 결코 컴컴한 방에 가두는 벌을 주지 말라고" 당부한다.[73] 이 시기에도 여전히 이 방법이 해롭다는 것을 납득시켜야만 했다.

사랑받지 못하는 아이들 또한 존재한다. 당시에 파리의 하녀인, 잔 부비에는 부모가 하루 종일 방에서 나가지 못하게 하고 방으로 식사를 가져다주게 했던 어떤 여자아이의 이야기를 했다. "그 아이는 아주 작

---

* 1911~1996, 프랑스 작가. 첫 장편 소설 『움켜진 독사』(1948)로 이름이 알려졌으며, 자전적 소설로 모성과 가족 및 가톨릭교회를 비난해 물의를 일으키기도 했다.

은 자기 방에서 살아야만 했다."|74 그것은 그녀의 부모들이 꿈꿨던 감금의 서막이었다. 최근의 다양한 사건에서 옷장에 여러 해 동안 거의 감금 상태로 있는 "벽장 속의 어린이들"이 언급되었다. 아주 최근에는 골방에서 계속 살아왔고 게다가 그 방에서 학대를 받았던 일곱 살의 한 어린이가 발견되었다. 어떤 부정적이고 절망적인 생각이 이러한 행동을 하게 했는가? 결국 아이들을 사랑하는 일이 결코 당연한 것은 아니다.

 규율을 지키지 않는 아이들이나 청소년을 교정하기 위해서 구체제의 가족들은 국가의 도움을 받아 왕의 봉인장으로 그들을 감금시켰다.|75 대혁명 시기 이 제도는 폐지되었지만 부모에 의한 교정이 이를 대신했다.|76 부모들은 아이를 바로잡고 질서의식을 심어준다는 생각에 소년원에 자기 자식들을 상당 기간 동안 수용해줄 것을 행정 당국에 요청했다. 19세기에 이중적인 변화가, 즉 사회적인 것과 성에 관한 변화가 일어났다. 아이들의 자율에 관심을 갖는 부르주아 가정들과는 반대로, 서민 가정들은 아들보다 더 자유분방한 단정치 못한 품행이 걱정되는 딸들 때문에 기꺼이 행정 당국에 도움을 청했다. 봉 파스퇴르*와 각종 감화원들은 아들도 딸도 받아들였다. 그들은 거기서 감옥에 갇힌 아이들만큼이나 많은 유죄선고를 받은 아이들을 만났다.|77 모든 시설에서 보통 사람들은 공동 침실에서 잔다. 하지만 반항적인 사람들을 교정하는 데에는 지하 독방의 도움을 받곤 한다. 이 처벌들은 제멋대로였다. 특히 메트레에서 권력 남용, 자살 행위, 사망 사건이 있었다. 지방의 유명한 농업 감화원은 토지와 가족들을 통해 도시의 타락한 젊은이들을 갱생시키고자 독지가들이 1840년에 설립했지만, 줄곧 긴장과 반항의 어두

---

*1835년 프랑스 수녀 마리 외프라지 펠르티에가 설립한 종교단체로, 매춘의 위험이 있거나 사회적 어려움에 처한 미성년 소녀들을 위한 기관.

운 장소로 표류해갔다.|78

아이들은 서로 타락시킨다는 것이 당국의 고정관념이었다. 그들을 떼어놓고, 격리시키고, 타락하게 되는 이 무리를 분리해야만 한다. 주야간의 완전한 독방이 우선 그들의 장소로, 프티트 로케트Petite Roquette에 실험되기까지 했다.|79 1836년 파리에 문을 연 이 감옥은 건축가 루이-이폴리트 르바*에 의해 지어져 절도나 방랑벽으로 유죄선고를 받은 미성년자들과 소년원의 아이들을 수용했다. 벤담**의 팬옵티콘(전체가 한눈에 다 보이는 구조의 건물)이 그 모델이 되었다. 이 감옥은 주야간의 철저한 격리를 바탕으로 한다. 청소년 수감자들은 그들끼리 모든 접촉을 삼가야 하고 간수, 교사 또는 신부만 만나야 했다. 미사는 두려운 시간이어서 형무소 행정기관은 미사를 기꺼이 없애고 싶었을 것이다. 건물 중앙에 위치한 예배당에 가려면 아이들은 "검은 베일"을 쓰고 자신의 얼굴을 가려야 했다. 그 베일은 자신의 발명품을 토크빌***에게 자랑했던 크로즈 부속 사제가 고안했는데, 나중에는 두건으로 대체되었다. 이렇듯 얼굴을 가린 그들은 관을 세워놓은 것처럼 칸막이로 구분된 구획에 자리를 잡았다. 좁은 산책장은 그들의 독방으로 이어져 있었고, 그래서 그들은 단지 그곳에서만 몇 걸음 걸을 수 있었다. 그들은 공부 외에는 하루 종일 자신들의 독방에서 의자다리 모양의 부품을 제조하느라 열심이었다. 물론 서로 연락을 하고 싶어하는 그들의 열망은 사람들이 그들에 대해 갖고 있는 고정관념 때문에 극도로 고조되었다. 그들은 비길 데 없이 기발하게 소리와 신호들을 조작하고 "짤막한 편지"(쪽지)와, 그

---

*1782~1867. 프랑스 건축가로 에콜 데 보자르에서 건축사를 가르침. 1826년부터 1836년까지 프랑스 최초의 원형감옥의 예인 프티트 로케트 감옥을 건축.
**1748~1832. 영국의 철학자, 법학자로 공리주의를 주장함. 감옥 개선의 선구자로 한눈에 다 보여 감시가 가능한 원형감옥을 제안.
***프랑스의 정치학자이자 역사가이며 정치가.

들이 갈망하는 사랑의 고백을 주고받았다. 보잘것없는 음식에 혹한과 불완전한 위생 상태까지 더해진 독방 감금은 급성폐결핵을 낳았다. 이미 건강 상태가 나쁘고, 대부분 구루병자인 감금자들은 연주창에 걸리고 결핵환자가 되어 집단 사망을 하는 큰 피해를 입었다. 의사와 독지가와 정치가들의 여론이 들끓었다. 위고와 토크빌은 독방 수감에 대해 확신하는 지지자임에도 불구하고 프티트 로케트에는 반대했다. 아이들은 여러 차례 반란을 일으켰는데, 특히 황후 외제니가 방문했을 때 그러했다. 이 제도는 곧 폐지되었고 아이들은 여러 농업 감화원으로 흩어졌다.

독방 감금에 대한 실책이 있었고, 확신이 떨어지면서 이는 중지되었으며, 과밀하고 굉장히 더러운 공동 침실로 대체되었다. 그리고 그 후 1950년 무렵에 프레느, 플뢰리-메로지 등의 교도소에서 독방 제도가 다시 도입되었을 때 학생용 "작은 방들"의 규격이 채택되었다. 시대가 바뀐 것이다.[80]

감금당한 아이들의 고통이 어떤 것이었는지 우리는 거의 알지 못한다. 소년원의 수감자들로부터 온 몇몇 편지에는 예상했던바 뉘우침과 체부에서 우러나오는 포기의 심정이 드러나 있다. 열세 살인 필리프는 아버지에게 쓴 편지에 자신의 생활을 묘사했다. "내 생활은 별로 즐겁지 않지만, 나는 사람들이 내게 말했던 것처럼 채찍을 맞지 않아 무척 기뻐요. 나는 하루 종일 독방에 갇혀 있어요. 그 방의 가구로는 짚을 넣은 매트리스가 딸린 침대, 이불 두 개와 시트 두 장, 서랍이 달린 테이블, 팔걸이와 등받이가 없는 의자, 물병, 단지, 요강, 목재 빗자루, 타구唾具가 있어요. 무엇인가 필요할 때 나는 간수들의 주의를 끌기 위해

나무 쐐기를 쪽문에 놓아두어요." 그가 하는 일은 참기 힘들만큼 단조로웠지만 그는 불평하지 않았다. "로케트에서(의 생활은) 별로 나쁘지 않았지만 나를 그곳에 집어넣은 것은 무척 유감스러워요."[81] 한 어린이의 하소연과 눈물을 무마하기는 쉽다. 마르틴 뤼샤는 희귀한 고ㅎ문서 덕분에 솔롱의 이야기를 재구성할 수 있었는데, 라 가랑스la Garance의 스위스 감화원의 독지가들은 "고아원에 맡겨진 아이이자 직업적인 도둑(1840~1896)인"[82] 솔롱을 자신들의 원칙과 감옥의 교정에도 불구하고 고치지 못했다.

이례적인 동시에 전형적인 희생자인 탕플 감옥에 갇힌 아이, 왕세자 루이 17세는 어린이의 불행, 즉 절대적인 희생자의 모습을 형상화한다. 프랑수아즈 샹데르나고르는 『방』이라는 감탄할 만한 사건 소설을 그에게 바쳤다.[83] 왕세자가 갇혀 있는 이 방은 대륙에서 떨어져 있는 한 섬을 나타낸다. 그녀는 그 방의 지리, 배경 그리고 점진적이고 강박적인 폐쇄를 묘사한다. 문, 창문, 벽난로조차 폐쇄되었고 막혀 있다. 그의 누나이자 장차 앙굴렘 공작부인이 될 마리 테레즈가 아마도 받아 적은 듯한, 비난하는 편지를 믿는다면, 아이가 도주하거나 그 아이를 데리고 가는 모든 시도를 막기 위해, 자물쇠와 빗장들이 모든 곳에 채워졌고 그 아이는 실제로 감금되어 점점 더 외톨이가 되고 가까운 사람들로부터조차 버림받았다. 그 아이는 모두에게 잊히고 사라지고 게다가 허물어질 운명에 처해 있었다. 그런데 그 아이는 소리치지도 울지도 않았다. 그는 무언증, 침묵, 어둠, 죽음에 사로잡혀 있었다. "범죄의 시초에는 어떤 일이 있었는가?" 그 아이를 망가뜨렸던 힘(의식적? 맹목적?)이 어떻게 작용했는가? 중심/둘레라는 관계가 이 이야기의 정치적인 지평과 위험한 역학을 형성한다. 에필로그에서 저자는 말한다. 나는 악悪에 대해 이야기하고 그리고 "방들에 대해서, 우리의 벽들, 증오, 고독 그리고 무덤들에 대해서 이야기하고 싶었다." 감히 말할 수 있다면, 역사적인 계획을 위한 왕의 길을.

감옥의 독방들

투옥은 모든 성격의 권력들이 행해온 대단히 오래되고 통상적이기도 한 관행이다. 투옥은 처음에는 정치적인 징벌이었다. 봉건 군주는 그의 적수들, 그의 "전리품들"을 감옥에, 중세 성의 "지하감옥"에 "쳐넣었다." 군주는 그의 적들을 추방하고 격리시키고 감금했다. 그래서 왕권의 역사는 대부분 철과 관련된 투옥 이야기로 가득하다. 루이 11세의 철창, 루이 14세의 철가면이 그렇다. 왕의 봉인장에 의해 요새와 지하감옥에 투옥된 수감자들은 "극도의 궁핍한" 상황에 처해졌다. 시간이 흐르면서 변화가 있었음에도 불구하고 바스티유 감옥은 독재의 상징 그 자체였고, 바스티유의 "점령"은 혁명의 성공적인 출발을 나타냈다. 그러나 이 혁명은 감옥의 벽을 부수기를 열망했지만 감옥을 더욱 보편화시켰다.

법률이 제정됨으로써 혁명은 독재를 종식시켰다. 혁명으로 인해 감옥은 형벌 제도의 핵심이 되었다. "좋은 벌은 적게 주는 벌이다." 이는 형벌과 육체적 고통에 적대적이며 (1982년까지 오랫동안 사형제도가 존속되었음에도 불구하고) 적법성과 일관성을 염두에 두며, 적어도 원칙적으로는 억제와 갱생을 긍정적으로 받아들인 현대의 슬로건이다. 그래서 "바람직한 감옥"의 문제가 중요하다는 것이 밝혀졌고, 독방의 문제 또한 마찬가지였다. 즉각적으로 바람직한 감옥이 실현된 것은 아니다. 많은 부분이 즉흥으로 모색되었다. 팬옵티콘에서 벤담은 격리보다 시선과 의사소통의 효력들을 더 신뢰했다. 독방은 그의 관심사가 아니었다. 르펠르티에 드 생파르조에 의해 규정된(1792) 처벌의 적정선에 대한 결정은 어둠과 격리를 혼합한 단계를 설정했다. 처벌의 적정선을 결정함에 있어서 단계를 지하 독방(어둠 속의 독거), 불편(밝은 방에서의 독거), 감옥(격리와 공동작업)으로 구분했다. 어둠, 즉 빛의 차단은 징벌과 같은 의미다.

독방 제도에는 여러 경험이 적용되었다. 수도원의 전통에서 유래한 가톨릭의 독방 경험이 있다. 어쨌든 공동체 유대관계의 유지에 신경 쓰는 가톨릭은 전적인 독방수감 제도에는 항거했다. 독방수감 제도는 미사성제*에 참여를 제한하는, 위험스러운 프로테스탄트의 혁신이다.[84] 퀘이커교도**들이 필라델피아에서 구상해서 체리 힐에서 보여준 것과 같은, 개인의 도덕적 갱생을 중심으로 하는 청교도의 더욱 엄격한 독방이 있다. 1832년의 콜레라 전염병 때문에 접촉에 대한 공포심이 심해졌던 반전염론자의 의학적 독방이 있다. "가장 좋은 감옥은 오염되지 않는 감옥이다"라고 토크빌은 말한다. 특히 자기磁氣가 "범죄자를 치료하는 장소"인 수감자의 "작은 방"에 집중되면, 효과적인 치료책이 되는 동물자기설에 근거한 독방이 있다. 게다가 사람들은 격리 치료에 대한 정

---

*그리스도의 말씀대로 그리스도의 몸과 피를 신비적으로 봉헌했던 최후 만찬의 재현이며, 십자가상 제사를 새롭게 하며 그리스도 자신을 하느님께 예물로 바치는 신약의 제사.

**1647년 영국인 조지 폭스가 창시한 프로테스탄트의 일파로 프렌드협회라고도 한다. 신비주의적인 '내적인 빛'을 중시하고 의식儀式을 경시하여 성직자도 두지 않고 사회개혁에 노력을 기울인다. 영국 청교도 운동의 극좌파에 해당하는 퀘이커교는 17세기 중반 박해를 피해 아메리카에 정착했고 노예제 철폐, 사형제도 폐지, 여성들의 권리신장, 금주, 정신병자들의 보호 등을 주장했다.

신의학 이론들과 죄인 징벌론들이 19세기에 집중되어 있는 데 충격을 받는다.|85

독방은 바로 모든 치료, 즉 정신, 종교, 건강, 형벌을 치료하는 열쇠다. 독방은 처벌, 사회로부터의 격리, 교화라는 삼중의 역할을 보장한다. 미국에서 두 가지 유형의 실험적인 감옥의 모델이 대립되었다. 오번*의 경우 야간의 격리와 낮이지만 침묵 속에 이뤄지는 공동 작업을 결합시켰고, 필라델피아는 주야간의 항구적인 격리와 성경 독서 그리고 자성自省을 기본으로 삼았다. 퀘이커교도들은 체리 힐에 전체가 독방으로 구성된, 방사형 설계의 거대한 감옥을 지었다. 오늘날 용도가 변경되어 방문객들에게 공개된, 건축가 존 해빌랜드**의 작품이 우리가 볼 수 있는 가장 인상적인 감옥 건축물이다. 1832년 징벌 제도에 대한 조사를 첫 번째 목표로 삼은 미국 여행에서 토크빌은 독방에 매료되었다.|86 그는 광기의 위험을 우려하는 상당수 의사들의 견해를 근거로, 격리의 육체적이고 정신적인 부정적 측면들을 강조하는 유명한 형법학자 샤를 뤼카에 반대했다. 1840년대에 그 논쟁은 맹렬했다.

독방은 그 계획들을 구체화하기 시작했던 국제회의에서와 마찬가지로 프랑스에서 또한 우세했다. 1846년 의회에서 독방 제도가 채택되었다. 설계안들에서 독방이 권장되었다. 건축가 블루에는 모든 감방을 한눈에 볼 수 있는 원형형무소 제도panoptisme와 독방 제도를 "이상적인 독방 제도"의 정점을 이루는 설계 속에 양립시켰다.|87 그러나 1848년의 혁명으로 인해 그 설계들이 중단되었고, 제2제정은 유죄선고를 받은 사람들을 해외 감옥에 강제 이주시키기를 지지하며 "주택가"를 위해서 그 설계들을 포기했다. 제3공화국은 그 계획들을 재론했다. 1875년에 공

---

*야간 공동작업을 인정하는 형식의 형무소가 최초로 세워진 뉴욕 주의 도시.
**1792~1852. 영국인 건축가.

화국은 형장들과 구치소(피의자들과 단기형을 선고받은 사람들)들에 독방 제도를 권장하는 법을 채택했다. 그러나 이사회들이 재정적인 면에서 주저했기 때문에 실행하는 데 제동이 걸렸다. 감옥을 위해 지출하는 것은 언제나 과한 것이었기 때문이다. 징벌에 관한 공화국의 정책은 굉장히 대담한 것은 아니었다.[88] 공화국은 같은 죄를 여러 번 다시 저지르는 범죄자들을 해외 영토로 유형流刑하는 법이 규정했던 것처럼(발데크-루소, 1885) "모든 종류의 작업에 부적격한 자들" "교화 불가능한 자들"을 기안*과 누벨칼레도니**로 보내며 "쫓아버리기"를 선호했다. 그럼에도 공화국은 단기형을 선호하고 집행유예와 조건부 석방을 새로 만들면서 디플레이션의 태세를 갖추는 장점을 지녔다. 실제 인원은 줄었고, 1930년대에는 최저에 이르러 감옥 수감자가 2만 명 이하로 떨어지는 꿈이 실현되었다.[89]

감옥의 건설은 당면 과제가 아니었다. 대혁명 이후 사람들은 몹시 춥고, 악취를 풍기는, 개조되어 국유화된 수도원들(퐁트브로, 클레르보, 믈룅)과 을씨년스런 노인병원들을 감옥으로 사용했다. 19세기 말의 종합평가는 훨씬 보잘것없었다. 그럼에도 불구하고 급진파들은 특히 대도시들에서 독방 제도를 다시 채택했다. 리옹의 1894~1896년의 생폴 감옥은 별 모양의 7각형 구역에 219개의 독방이 갖춰져 있었다. "행정기관에서 사용하는 노란색"으로 칠해지고, 간단하게 선반과 간이침대로 갖춰진 이 독방들에서 수감자는 몇몇 자질구레한 물건을, 즉 물잔, 식기, 족욕조와 빗자루를 마음대로 사용할 수 있다. 독방을 좋은 상태로 유지하는 것은 수감자들의 의무에 속한다. 루이 뤼시피아처럼 이전 파리코뮌 가담자들이 의석을 차지하고 있던 이사회는 파리 만국박람회를 위해

---

*남아메리카 북부에 위치한 프랑스령 기아나.
**뉴칼레도니아. 남태평양 오스트레일리아 동쪽에 위치한 프랑스령인 섬.

수도를 정비하려고 마자스Mazas*를 파괴하고 프레느Fresnes**에 6000자리 이상의 모범 감옥을 만들기로 결정했다. 막심 뒤 캉*** 조차 이에 대해 "무자비한 가혹 행위"라고 비판했다. 복수 동으로 이루어진 새로운 건축의 발안자인 푸생에게 맡겨진 감옥은 1898년에 문을 열었다.|90 중심에서 멀리(20킬로미터 거리에), 공기와 빛을 갖춘 시골에 위치한 이른바 전신주처럼, 장방형의 평면을 지닌 감옥은 가장 현대적인 설비들(물, 전기, 난방설비)을 갖추었고, 또한 완전히 독방식이었다. 수감자는 절대적으로 혼자였고, 철책이 쳐진 좁은 산책장에서 몇 걸음 걷는 것이 전부였으며 특별히 열리는 독방의 문을 통과해서만 주일 미사에 참석했다. "감옥은 무덤이다"|91라고 루이즈는 쓰고 있다. 1906년에 여성 구역에 투옥된 그녀는 감옥에서 몹시 따분해했다.

밝은 색으로 칠해져 있고 바닥이 아스팔트로 포장된 9제곱미터의 각 독방에는 창살이 쳐진 큰 창문과 붙박이 가구들, 철제 침대, 여닫이 상판이 있는 테이블, 의자, 목재 선반, 양복걸이가 있었다. 벽에는 규칙들과 행정에 관한 글들, 전기조명과 세면대를 대신하는 화장실이 있었다. 그것은 인색했다(게다가 혐오스러웠다). 하지만 대다수의 국민이 하수도도 수돗물도 없던 시절에 이것들은 유례없는 것이었다. 어떤 사람들은 "프레느 팔라스Fresnes-Palace"의 과도한 "호사"를 비난했다. "프레느를 개조한 관계자들의 고무된 박애주의는 허용된 한계를 넘지 않았는가?"라고 『르 탕Le Temps』지(1898년 7월 21일)는 질문을 던진다. 여론은, 감옥이 가고 싶은 곳이 되지 않도록 수감자의 생활과 시설 수준이 언제나 가장 가난한 프롤레타리아보다 열등하기를 바라는 "냉혹한 법"에 동조한다. 최소

---

*1845~1850년에 건축된 파리의 옛 감옥으로, 리용역(가르드리용) 근처에 있었다. 이 감옥의 입구가 마자스 대로에 위치해 있어 붙여진 이름이다.
**알 드 프랑스 지방, 발 드 마른에 뒤치한 읍.
***1822~1894. 프랑스의 사진가, 문인으로 여행사진의 선구자였다.

한의 음식과 최소한의 공간이 이곳에서 허용되는, 인색하고 감시받는 생활의 영역을 보여준다. 이런 의미에서 독방은 소비의 국가적인 표준을 예시한다. 프랑스의 노동자는 유럽에서 거주 여건이 가장 좋지 않은 노동자 부류에 속하기 때문에, 죄수 역시 가장 형편없는 환경에서 지내야 한다. 죄수는 과거에도 그러했고 지금도 여전히 그렇다.

국제회의에서 구상된 형무소 독방의 설계는, 감옥의 역사가 다른 러시아와는 관계가 없다. 어느 정도의 편의시설이 바람직하고 허용될 수 있는지가 이 설계에서 토론의 대상이 되었다. 북유럽은 특히 화장실에 관해서 남유럽과 상반되었다. 위생 분야에서 프랑스는 분명히 뒤처져 있었다. 1885년 회의(로마)에서 대표자들은 변소를 철거하는 것은 완전히 포기하며, 받침판이 있고 "마룻바닥에 설치된 작은 레일 위를 회전하게 되어 있어 사람이 감방에 들어가지 않고 복도 쪽으로 빼낼 수 있는, 수압으로 뚜껑이 닫히는 아연 용기"[92]의 장점을 찬양했다. 프랑스의 "요강"은 덴마크인과 벨기에인들의 웃음을 샀다. 편의시설의 부족을 벽보에 글로 붙여놓았기 때문에 더 그러했다. "독방 물건들의 목록, 감독과 지원하는 위원회 위원들의 명단, 감옥 안 제조소의 목록, 건물의 연간 일정표, 탄압에 관한 법, 내부 규칙, 변호사 목록, 감옥에서 판매되는 식품들의 가격들" 등이다. 모든 것이 만족스러운 위생시설보다는 비용이 훨씬 덜 든다. 13년 후 확실한 발전에도 불구하고 형무소 당국은 위생을 갱생의 원칙으로 삼은 데 비해 프레느는 위생 분야에서는 여전히 소극적이었다. "육체의 청결함과 복장을 통해 자존감이 생겨나게 해야 한다"고 교정시설 이사회의 회장이 개회사에서 말했는데도 말이다.

형무소 분야에서 늘 그렇듯이, 말이 그대로 실현되지는 못했다. 1913년에 프랑스의 370개 감옥 중 62개만이 독방식이었다(42개의 새 감옥과 개조한 20개의 감옥). 피의자들(당연한 권리로 주어짐)과 단기 수감자(예비로 배정됨)를 위해 마련된 독방수감 제도는 구치소에 추가되었다. 오번에 있는 감옥 체제의 중앙형무소에서는 "침대가 있는 좁은 공간"에 경계를 이루는 칸막이와 철책을 쳐놓고 야간에는 격리 상태로 틀어박혀 있었다. 이 "침대가 있는 좁은 공간들"에 수감된 이들은 밤 동안 진짜 "닭장"에 갇혀진 것처럼 아주 빽빽이 들어찬 채 그곳에서 빠져나갈 수 없었다.

그럼에도 불구하고 독방은 유럽의 원칙이 되었고, 비교적 일률적인 규범을 따랐다. 1941년에 했던 빅토르 클렘페러의 증언이 남아 있다. 그는 드레스덴에서 나치의 유대인 박해에 결사적으로 저항했다. 얼마간은 "아리아족 여성"과의 결혼이 그 박해로부터 그를 보호해주었지만 그는 방공 조치 위반으로 8일 감금을 선고받는다. 부주의로 전기 불빛이 새어나가게 한 것이 죄였다. 일기에서 그는 1941년 6월 23일부터 7월 1일까지 수감되었던 경찰청의 89호 독방을 정확하게 묘사했다. "왼편 창 쪽으로 침대가 있었다. 접힌 침대는 다리 두 개로 벽에 걸쳐 있었고, 침대 다리는 박쥐처럼 갈고리쇠로 고정되어 있었다. 침대 커버와 모직 이불, 시트가 침대 가장자리에 펼쳐져 있었고, 위에는 검증인 형태로 PPD, Polizeipräsident-Dresden라는 문자들이 스텐실로 새겨진 긴 베개가 있었다. (…) 오른쪽 침대 맞은편에 거친 목재다리 하나가 붙어 있는 소형 접이식 테이블이 벽에 고정되어 있었고, 발 올려놓는 작은 판이 있었다. 테이블 앞과 창문 가까이에 소형 선반이 있었다." 그는 그 선반의 용품들을 상세히 설명한다. 물항아리, 커피포트, 대야, 물컵(어두운 갈색의 테라코타), 소금이 담긴 양철 깡통 등. 갈고리가 세 개 붙어 있는 판자에는 세 번째 갈고리에만 PPD라고 새겨진 화장실 타월이 걸려 있다. 작은 의자 뒤 문 옆에 사람들이 식사하는 곳으로 추정되는 테이블로부터 기껏해야 2미터 떨어진 곳에 변소들이 있었다. "화장실들은 내가 생각했던 독방에 대한 피상적인 이미지에 비해 유일하게 동떨어져 있었다. 현대적이고 위생적인 화장실이 아니라 단순한 오물통이 있었을 것이다. 그러나 변소에서조차 나는 곧 내가 감금되어 있다는 것을 느꼈다. 오로지 외부에서만 수세장치를 작동시킬 수 있었다. 사실 아침에 한 번 저녁에 한 번 작동되었다." 공기는 호흡할 수 있을 정도이지만, "곰팡내가 나고 고약했다." 테이블 위에는 내부의 규칙이 붙어 있었지만, 감옥에서는 필요 없다며 안경을 빼앗겼기 때문에 그는 해독하기 힘들었다. 그에게 견디기 힘들어 보였던 것은 결국 감옥의 환경보다는 체제였다. 심한 식량제한의 궁핍한 시대에 음식은 바깥보다 더 좋다고 해도 될 정도지만, 마음대로 움직일 수 없는 것이 더 견디기 어려웠다. 침대 위에 누울 권리가 없고 하루 종일 앉아 있든가 아니면 독방을 성큼성큼 걸어야만 했다. "그 가장자리를 내가 줄곧 왔다 갔다 했던 침대는 오늘과 내일을 이어주는 가교였다." 감시와 흘러가는 시간, "갇혀 있다는 것과 공허함만을 느꼈다."[93] 적어도 어떤 너그러운 간수가 연필을 그에게 허용할 때까지 글을 쓸 수 있는 수단 역시 박탈당한 클렘페러는 외워서 텍스트를 쓰고 그의 위대한 작품인 "제3라이히*의 언어"에[94] 대한 사전을 만들 계획을 숙고하려고 애쓴다. 그는 출옥 후 곧 자신이 경험한 감옥 이야기를 면밀히 기록했다. 그 모범적인 증인은 그것을 자신의 의무로 여겼다.

*나치를 독일 역사에서 제3의 라이히라 칭한다.

감방의 경험들

우리는 말 많고 옹졸한 형무 행정의 규정들을 통해서 감방의 체제와 생활을 알고 있다. 존 하워드와 루이르네 빌레르메에서부터 현대 사회학자들까지 감옥에서 사회를 폭로하는 요소를 발견하는 조사와, 부분적으로 법치국가에 속하는 국가의 특징들이 드러나 있는 감옥에 관한 많은 문학작품을 통해서 감방의 체제와 생활을 알게 된다. 최근에 에두아르 리모노프*가 예시한, 강제노동 수용소만큼 방대한 수용소와 감옥들에 관한 러시아 문학은 따로 다루어야 할 것이다.|95 문학은 풍요로운 동시에 누락된 것이 많다. 감옥의 특징을 나타내는 성의 불균형 때문에(오늘날 감옥에 수감된 프랑스 여성들은 총인원의 4퍼센트에 해당된다) 특히 남성적인 감옥의 원천은 일반 수감자들보다 정치범들—실비오 펠리코**, 네르발, 블랑키***—이다. 그것이 틀림없는 한계이다. 정치범들(지성인들)은 그들의 저항과 명예를 드러내는 투옥생활 때문에 의기양양해진다. 그들은 고독에 더 잘 적응하며 특히 글쓰기를 통해 고독을 활용할 줄 안다. 일반 수감자는 문자 교육을 덜 받았고 고독에 정신적으로 더욱 취약해서, 피에르 프랑수아 라스네르****처럼 자신의 중죄를 자랑스럽게 여기는 몇몇 범죄 영웅을 제외하고는, 잊히려고 애쓴다. 아마 예전보다는 덜하겠지만 공안정책이 영향력을 넓혔던 것만큼 여론은 자비를 베푼 도둑, 대단한 절도를 한 사기꾼들, 대담한

---

* 1943~. 러시아 정치가, 사상가, 작가, 신문기자로 볼셰비키당의 창설자다. 반체제 활동으로 인해 프랑스에서 망명생활을 했으며, 프랑스 국적도 취득했다.
** 1798~1854. 이탈리아 작가이자 시인.
*** 1805~1881. 프랑스 사회주의 혁명가로 7월 혁명과 2월 혁명에서 지도자적 역할을 담당했으며 30년의 옥중생활을 함.
**** 1800~1836. 프랑스의 범죄자이자 시인. 돈을 빼앗기 위해 노부인과 아들을 살해해 투옥되자 신문에 시를 투고해 주목을 받았고 사형선고를 받아 처형됨.

권총 강도들, 기존의 질서를 무시하는 사람들(메린*처럼)을 좋아한다. 여론은 게다가 "작업 시간 기록계"를 규탄하는 수감자들처럼 성범죄자들을 강하게 배척한다. 알렉상드르 라카사뉴 박사는, 경쟁자 롱브로조와 함께 자신이 발안자였던 범죄인류학의 관점에서 생폴 감옥(리옹)에 수감되어 있던 10여 명 범죄자의 고백을 간청해서 체계적으로 모았다. 최근에 찾아내 필리프 아르티에르**에 의해 간행된 그들의 자서전은 "비열한 삶"과 구금형의 체험에 관한 놀라운 증언을 하고 있다.|96 지난 수십 년은 비교적 평범한 감옥에 관해 자유롭게 말할 수 있었고, 알베르틴 사라쟁***이나 클로드 뤼카**** 같은 이들이 진정한 작가적 재능을 보여주었다.|97

이런저런 사람들의 감옥에서의 체험은 같으면서도 서로 다른 모습을 띠고 있다. 그 체험은 성性, 격리에 굴복하지 않는 기질, 기관들의 제도와 차이에 따라 다르다. 남편의 독살로 종신형을 선고받은 라파르주 부인은 줄곧 감방을 '방chambre'으로 개조해나갔다. "내가 책, 펜, 책상을 갖게 될까요? 거의 아무것도 갖지 못하겠지만 우리 집의 어느 방 같다는 환영을 다시 갖기에는 충분하겠지요?" 그녀는 사람들이 그녀에게 가구들을 약속해준 것을 기뻐했다. "나는 내 철제 침대와 벽난로, 안락의자, 의자 두 개, 책들을 놓기 위한 호두나무 선반, 그리고 그 아래에 작은 글쓰기용 책상을 갖게 될 겁니다. 접었다 폈다 할 수 있는 또 하나의

---

*1936~1979. 강도, 체포, 탈옥을 반복했던 프랑스인이다. 은행을 턴 돈으로 무기를 구입한 뒤 본인이 탈옥한 형무소를 습격해 죄수들을 도주시키기도 했다. 그의 이야기가 드라마화되어 프랑스 국민의 인기를 얻었다.

**1968~. 프랑스 역사가. 현재 국립과학연구센터CNRS에서 연구한다. 파리7대학에서 미셸 페로의 지도 아래에서 범죄자의 글에 대한 연구로 박사학위를 취득했다.

***1937~1967. 8년 동안 옥중생활을 했으며 감옥에서의 삶, 범죄자, 매춘부의 삶을 작품으로 남긴 프랑스 최초의 여성작가다.

****1943~. 프랑스 작가. 여러 차례에 걸쳐 20년의 옥중생활을 경험했으며, 그 경험을 소설에 담았다.

판이 내 식사용 탁자가 될 것입니다. 나는 또 화장대, 거울 그리고 몇 개의 작은 병들을 숨겨놓을 수 있는 서랍상을 가질 것입니다."|98 여성의 우아한 화장대이다. 그것은 그녀에게 위로가 되었다. 그러나 주어진 가구들을 곧 도로 빼앗아갔고(서로 굳게 결속된 여죄수들이 가구들을 내려가는 것을 거부했는데도 불구하고), 이에 그녀에겐 철제 침대와 (팔걸이, 등받이가 없는) 목재 의자만 남았다. 라파르주 부인은 시대를 착각했다. 그녀는 어떤 특권도 누릴 권리도 없었고 "감옥 내의 자비自費 독방"은 더 이상 존재하지 않았다.

정치범들은 우선 더 엄격하게 다루어졌다. 권력을 위협할 수 있는 존재들이었기에 그들은 길고 독단적인 감금에 순응해야만 했다. 그 후에 민주주의는 그들에게 권리를, 특히 오랫동안 일반 수감자들과 그들을 구별짓게 했던 독방을 배정받을 권리를|99 인정했다. 1970년대에 투옥된 좌파 청년들은 바로 이 구별이 없어져 모두가 동일한 권리를 얻기를 바랐다. 그래서 그들의 행동은 그 후 반란의 기폭제가 되었다.

카르보나리* 당원인 실비오 펠리코는 10년 동안 수감되었다. 그중 8년은 카르체로 두로에서, 특히 모라비아**의 평판이 나쁜 스필버그에 있었다. 그는 자신이 사용하는 "방들", 보이는 경치들(베네치아에서 그는 그가 수감되어 있었던 형무소에서 납지붕Plombs***들을 본다), 그의 옆방 남자 수감자들과 여자 수감자들을 대단히 주의 깊게 보았다. 왜냐하면 남성과 여성이 한방에 뒤섞여 있지는 않더라도 옆방에 있었기 때문이다. 그는 벽의 낙서들을 해독했는데, 이 낙서들 때문에 감방은 글자를 지우고 다

* 19세기 초 이탈리아의 비밀결사이며 이 운동의 영향으로 이탈리아인의 민족의식을 일깨운 운동이자 문학운동인 리소르지멘토 운동의 길이 열렸고 이로 인해 이탈리아 통일이 이루어졌다.
** 체코 공화국 동부의 명칭이며 중심지는 브루노이다.
*** 베네치아 총독 관저의 납지붕. 그 아래에 감옥이 있었다.

시 써넣는 양피지가 되어버렸다. 많은 낙서에는 단지 어떤 불행한 사람의 이름과 마을이 그가 체포된 비통한 날의 날짜와 함께 표시되어 있었다. 다른 낙서들에는 판사에게 쏟아 부은 저주가 덧붙여져 있었다. 또 다른 낙서에는 드디어 도덕적인 격언들이 포함되어 있었다. 그는 더러움, 해충, 추위, 운동 부족 같은 육체적으로 가해지는 가혹한 고통에 대해 말했다. 스필버그에서 그는 쇠사슬로 발이 묶인 채 홀로 산책만 할 권리를 가졌다. 감옥의 한 친구인 마종첼리는 괴혈병이 걸려 한쪽 다리를 절단해야 했다. 오로보니라는 또 다른 친구는 죽었다. 그러나 실비오는 감방에서 성경을 읽고 자기 자신뿐 아니라 신을 발견한다. 그의 이야기는 구금형에 관한 것인 동시에 그의 회심과 저항에 관한 것이었다. 이와 같은 이유로 진정한 베스트셀러이자 개인적인 차원의 이탈리아 민족통일 운동의 애독서이며, 매우 스탕달적이고 무척 낭만적인 그의 책 『나의 옥중기』는 놀라운 반향을 일으킨다. 그 책에 따르면 그는 감옥에서 보다 더 자유로운 적이 결코 없었다. 또 다른 감옥의 영웅으로는 오귀스트 블랑키(1804~1881)가 있다. 이 "갇힌 자"는 감옥에서 그 생애의 대부분을, 즉 43년 8개월을 살았다.[100] 그의 인생 역정은 정치가들의 사회적 신분의 성쇠를 보여준다. 몽생미셸(1840~1844)* 감옥에 있는 "거처들loges"의 실태는 스필버그만큼이나 시대에 뒤떨어졌다. 매트리스도 짚도 없고 해충이 들끓는 천으로 짠 거적 하나뿐이다. 빵과 물이 주어지고 발에는 바닥에 쇠를 댄 장화를 신었다. "내 몸 전체가 매우 좋지 못한 상태다. 나는 더 이상 잠을 잘 수 없고 먹지도 못한다." 그는 말이 없어졌고 생각 속에 빠져 있다. 그는 거의 빈사 상태로 내보내져 자유의 몸이 되고 바로 파리에서 1848년의 혁명을 직접 겪고는 거기서 활기를

* 프랑스 바스노르망디 지방 망슈 주에 있는 작은 바위섬으로 나폴레옹(1804~1814 재위) 치하에서 국사범 감옥이 된 이래 계속 감옥으로 쓰였으며 1863년 사적기념물로 분류되어 복원되었다.

되찾는다. 그가 1850년에 투옥된 베릴*의 요새는 더 자유로운 상황이었다. 그의 감방인 14호는 모임과 작업의 장소가 되었다. 탈옥을 시도한 후 지하감옥에 수감된 그는 코르시카로 옮겨졌고, 그 후 알제리로 가 1859년 사면을 받는다. 1863년에 그는 다시 투옥된다. 그러나 생트펠라지**에서 보낸 3년, "군주들의 감옥"은 "내 생애 가장 행복한 시간"을 떠올리게 한다. 서재 겸 응접실인 그의 "방"은 사회주의의 산실이었다. 코뮌의 불길을 책임져야 하는, 회개하지 않는 이 반란 주동자에게 공화국은 더 가혹해질 것이다. 1874년 공화국은 그에게 무기징역을 선고했고 그는 클레르보(오브Aube)***에서 처음에는 1.5×2.5미터의 독방에 격리되어 복역한다. "몹시 추운 날 그는 모자를 쓰고 누워서 창문으로 들어오는 빛을 등지고 글을 쓴다"고 전기작가는 적고 있다. 그리고 나서 창문이 여덟 개인 커다란 방의 한구석을 개조한다. "그는 철제 침대와 의자들, 안락의자가 갖춰진 방 한구석에 살고 있다. 그는 땔감을 스스로 쪼갠다." 그는 산 한가운데의 은둔자, 사막의 수도사처럼 살고 있다. 또한 데카르트처럼 난로로 덥혀진 따뜻한 방에 칩거한 학자로. 그의 테이블 위에는 자매들이 그에게 삿다줄 수 있는 책들, 사전들, 모든 수학 개론서, 대수학, 과학, 역사, 지리책이 있었다. 그는 계산을 하고 정치와 함께 또 다른 열정을 쏟고 있는 천문학에 대한 명상에 빠져 시간을 보냈다. 사면으로 석방된(1879) 그는 친구이자 제자인 그랑제와 함께 이탈리 가에 묵는다. 그런데 "그들은 각자 자기 방을 썼다." 그리하여 그는 테이블과 서류가 있는 그의 "영원한 독방"을 다시 갖게 되었다. 그는 또

---

* 프랑스 브르타뉴 지방 모르비앙 도에 위치한 대서양의 섬으로, 19세기 프랑스 작가 뒤마 페르의 『철가면』에 등장한다.
** 1790년에 문을 열어 1899년에 파괴된 파리의 감옥.
*** 1115년에 설립된 시토회 수도원으로 유명하다. 1804년 이 수도원 건물이 형무소로 바뀌었다.

다시 시골로 떠났고 1881년 갑자기 죽었다. "이제껏 감옥에 있었던 가장 이상한 짐승"이었다고 귀스타브 제프루아*는 쓰고 있다. "감옥은, 그가 어디에 가든 자기 뜻대로 행동을 해도 그의 주위에 다시 만들어지면서, 그를 따라다녔다." 감옥은 제2의 본성인, 존재의 방식이 되어버렸다. "그의 마음속에는 언제나 그의 지하감옥과 무덤이 있었다. 그곳에서 강인하고 즐겁게 살았다"라며 그의 묘비명에 적혀 있다.

루이 프르고와 클로드 뤼카, 재범자이자 이 두 "직업적인" 권총강도는 긴 세월을 보냈던 "일반 수감자"의 감옥에 대해 주목할 만한 증언을 했다.[101] 그들은 같이 쓰거나 혼자 쓰는 감방들, 일반적인 것과 처벌용의 감방들, 모든 형태의 격리를 경험했다. 그래서 그들은 일상의 작은 공간들을 구분하는 섬세한 차이들에 민감했다. 그들은 '특별 감시를 받는 수감자들DPS'의 가혹한 여건과, 감옥 중의 감옥이며 반역자들에게 가해지는 고통 중의 고통인 독방을 경험했다. 독방은 네 벽 이외엔 아무것도 없으며, 예전에는 짚을 넣은 매트가 있었지만 오늘날은 낮은 침대밖에 없고, 최소한의 음식으로 절식하고 혹한의 밤에 완전히 홀로 격리된 감방이다. 자살의 큰 원인이 되는 정신의학적이자 육체적인 장애를 발생시키는 독방은 끊임없이 비난받았지만, 권위에 집착하는 형무 행정기관의 뜻으로 그대로 고수되고 있다. 독방에의 격리 수감은 원칙상 45일을 초과하지 말아야 한다. 그러나 최근에 실제로 60여 개의 감옥에서 거의 13년간 격리되었던 한 수감자의 사례가 알려졌다. 정신과 의사들에 따르면, 그는 "사회적 감각기관의 상실 증후군"을[102] 보였다. 사람들은 그 정도가 아니고 더 작은 일에도 그 증후군을 느낄 수 있을 것이다.

루이 프르고는 특히 일상의 사소한 일들에 주목했다. 영원히 되풀이

*1855~1926. 프랑스의 저널리스트, 예술비평가, 역사가, 소설가.

되는 그 일상의 의식들은 수감자들을 몰두케 하는 것이 목적이다. 클로드 뤼카는, 문자 그대로 시간을 "죽이느라" 애를 쓰는 감옥의 무의미한 하루를 묘사한다. 그 시간은 망각하지 않고 견뎌야 하는 끝없는 것이다. 감옥의 하루는 "따로 떼어놓은 하루다." "그 하루는 사회적 시간에 속하지 않고, 그리고 그런 것처럼 그 하루는 추상적이거나 허구적이며 전적으로 무의미한 시간"이다. "그 하루는 현실과의 근본적인 단절을 불러오고 소외를 만들어낸다. 그 하루는 이 소외를 만들어내는 틀이다. 징벌로 감내할만큼 충분히 무의미하지만, 정상적으로 보일 정도로 충분히 '갖춰진' 그 감방에서의 하루는 자성하거나 현실을 지각하게 해주지 않는다. 사회적 시간의 허울에 불과한 그 하루는 수감자에게 살아 있다는 환상을 불러일으킨다. 이러한 난파의 정점은 저녁에 텔레비전과 마주하는 것이다."[103] 뤼카가 자기 상실의 한 형태로 여기는 텔레비전을 그도 거부한다. 루이 프르고와 클로드 뤼카는 연구를 재개하고 글을 쓰면서 그러한 상태에서 벗어났다.[104] 그들은 특별히 독방을 비난하지는 않는다. 반대로 둘 다 독방은 은둔과 적절한 사생활이 가능하다고 높이 평가했다. 뤼카는 "마침내 감방의 네 벽 안에 혼자 있다는 것이 놀라운 위안이 되었다"며, 호감은 가지만 수다스러운 불면증 환자인 공동 수감자가 떠난 뒤 쓰고 있다. 9제곱미터의 공간에서 끊임없이 괴롭히는 두 가지 요소란 수다와 불면이기 때문이다. 블랑키처럼 뤼카는 그 뒤 자유로운 분위기에서 글을 쓰기 위해 네 벽이 있는 골방을 필요로 했다. 그만큼 습관이 밴다는 것은 중요하다. 이러한 관점에서 문서, 책, 신문에 대한 통찰력과 연구할 수 있는 능력은 그에게 유익했다. 그러나 그와 프르고는 감옥이 아주 보편적으로 야기하는 사회로부터의 고립화를 비난했는데, 그 이유는 악화된 물질적 조건들뿐만 아니라 감옥의 본질 자체와 기본적인 시설의 부족, 최근까지 인정되지 않았던 개인 권리의 부재다.

이와 같은 문제는 대부분 복잡한 기계장치의 부속품과 마찬가지인 감방 차원을 넘어서는 것이지만, 감방은 그 문제의 무대이고 계기가 된다. 왜냐하면 감방은 방이 아니고 방이 되어서도 안 된다는 것을 강조해야만 하기 때문이다. 오늘날의 감옥들에 대한 정확한 조사를 한 안마리 마르셰티|105는 사진, 골동품, 자질구레한 물건들, 특히 렌Rennes의 중앙형무소에 집중되어 있는 여성들에게 "가구 제1번"인 침대 위에 몇 개의 쿠션으로 실내를 새롭게 탄생시키려는, 중앙형무소(장기 수감자들의 건물들) 수감자들의 시도를 보여준다. 이 개조들은 동화의 표시로 격려되기는커녕 감옥의 공간에 완전히 익숙해지고 감옥을 자기 소유로 삼을까봐 두려워하는 형무소 당국에 의해 저지되었다. 정당한 이유가 없는 감방의 갑작스러운 교체, 철저하게 큰 피해를 주는 예상치 못한 수색, 특히 그러한 목적으로 급송된 특별한 무리에 의해 수색이 이뤄질 때,|106 불시에 뚫린 내다보는 문구멍, 이 모든 것이 수감자에게 자기 집에 있는 것이 아니라 감시를 받고 있으며 어떤 사생활도, 자유로운 사람들(또는 정직한 사람들)의 호사도 할 권리가 없다는 것을 환기시켜주기 위해 실행된다. 서신 왕래의 허가, 사적인 담화 장소의 부재, 용의자들에게 되풀이되는 신체 수색으로 인해 재적응이라는 표방하는 목표를 훼손하는 인격을 무시하는 결과가 빚어진다.

독방은 형벌이다. 그 성격이 흡사해 오랫동안 지하감옥과 동일시되어 온 독방은, 본래 독방 제도로 인해 의사소통과 사회성의 수단이 무력화

돼버린 민중 계층의 반항을 일으켰고, 사람들과 함께 있기를 요구했던 정치가들의 거부감을 불러일으켰다. 돌연히 독방에 집어넣는 것은 우울증으로 몰아넣는 것이다. 특히 인격을 유린하는 구금형 초기에 자살이 자주 일어났다. 2008년에는 사망자가 15명에 달했다. 즉 사흘에 한 명꼴이었는데, 대부분 외로운 밤에 침대 시트로 목매어 자살했다.[107] 그렇다고 공동생활이 결코 더 좋은 것도 아니다. 젊은이들, 약한 사람들, 동성애자들, "보통 사람과 다른 사람들"은 간수들이 말썽을 피하려고 시선을 주지 않는, 이 닫힌 문 안에서 가장 오래되고 가장 힘이 강한 사람들의 학대를 받을 우려가 있다. 낭시의 구치소에서 단순 피의자인 26세의 조니 아가쉬시는 그녀를 자신들의 "종"으로[108] 삼았던, 118호 감방에 있던 두 명의 공동 수감자에 의해 살해되었다.

독서와 글쓰기가 탈출, 발견, 대책(방책), 성취로 남아 있는 것은 분명히 소수의 사람들에게지만 다수로 늘어날 가능성도 있다. 도스토옙스키에서부터 라말라*에 투옥되어 그곳에서 『계엄령』을 집필한 팔레스타인의 위대한 시인 마흐무드 다르비시(1941~2008)에[109] 이르기까지, 감옥과 글쓰기는 밀접한 관계가 있다. 펠리코는 자서전을 쓰기로 결심한다. "나는 유년 시절부터 내 안에서 일어났던 좋고 나쁜 모든 것에 대해 이야기했다."[110] 종이가 제한되어 있었기에 그는 청석돌로 하는 것처럼 조금씩 긁어내면서 목재 테이블에 글을 썼다. 빅토르 클렘페러는 간수가 그에게 안경을 돌려주고 연필을 내밀었을 때 다시 태어났다. "그 순간에 모든 것이 다시 더 밝아졌다. 그렇다. 거의 빛을 발했다."[111] 라카사뉴 박사가 환심을 사려고 유리한 조건뿐만 아니라 기만적인 조건까지 제시하면서(대부분 처형될 것이니까) 생폴 감옥의 범죄자들에게 자서전을 써달

---

*요르단 강 서안 지역에 있는 팔레스타인 자치정부의 임시 행정수도.

라고 부탁했고, 그들은 이따금 글을 쓰는 것을 좋아하게 되었다. 850쪽을 28권의 노트에 잔뜩 써댄 젊은 에밀 누기에처럼. "내 손에 펜을 쥐여주었던 악령이 도대체 누구인가? 오늘 저녁에 나는 더 이상 멈출 수 없다. 내가 일어나 침대에 앉은 것이 세 번이고, 그리고 글을 쓰기 위해 다시 앉은 것이 세 번이다."[112] "벨 에포크의 검은 잠바를 입은 불량배 패거리"인, 20세의 이 무뢰한은 감옥에서 글 쓰는 즐거움을 발견한다. 『임종 시에In extremis』를 쓴 그는 1900년 2월 10일 기요틴에서 처형된다. "글을 쓰는 것은 사람들이 나를 부인하는 것에 반항하고 거부하는 것이다"라고 클로드 뤼카는 말한다. "이것이 내 인생이다"라고 그의 텍스트 표지에 생폴 감옥의 유죄 선고를 받은 사람이 쓰고 있다. 글을 쓰는 것은 자신의 삶에 재적응하여 자신의 삶을 영원히 남기는 것이다.

반항하는 것, 그것은 또한 기억하는 것이다. 카뮈의 "이방인" 뫼르소는 자신의 재산 목록을 작성하면서 회상하기를 선택했다. "처음에는 빨리 끝났다. 그러나 내가 되풀이할 때마다 조금씩 더 오래 걸렸다. 왜냐하면 가구 하나하나를 기억해내고 그 가구마다 안에 들어 있는 물건 하나하나를, 물건마다 모든 세부 사항을 떠올려보고, 상감이나 갈라진 틈이나, 이 빠진 가장자리나 그런 것들의 색깔이나 결을 생각했기 때문이다. (…) 나는 오로지 내 방에 있던 것을 열거하면서 여러 시간을 보낼 수 있었다. 이처럼 나는 생각하면 할수록 지나쳐버렸고 잊고 있던 더 많은 물건을 내 기억 속에서 끌어냈다. 그때 나는 단 하루를 살았던 사람이라도 감옥에서 100년을 어렵지 않게 살 수 있을 거라고 생각했다."[113] 시를 통해서, 글쓰기를 통해서, 기억을 통해서, 자유를 다시 얻을 수 있다.

아마도 환영에 지나지 않은 것이겠지만 그래도 다른 사람들에게서 벗

어난 구원의 짧은 순간, 독방은 자신의 방이 된다. 그러나 다른 곳에서 보다 더 그 필요성이 헤아려지는 이 작은 공간은 오늘날 프랑스에서 정점에 다다른 감옥의 인구 과밀 때문에 끊임없이 위협받고 있다(2008년 6만7000명 이상의 수감자). 그 때문에 감옥 특히 구치소들은, 견디기 힘든 고통과 잠재적 반항의 장소가 되어버렸다.|114 감옥의 총통제관인 장마리 들라뤼는 빌프랑슈 쉬르 손의 "모범" 감옥을 방문했다. 그는 많은 비판을 가했다. 그는 외부와의 모든 연락과 특히 "방에서 방으로의 물건 전달"을 막기 위해 "격자", 즉 창살 이외의 독방 창문에 두꺼운 창살 창을 설치한 것을 특히 개탄했다. 격자는 "독방들이 낮 동안에도 거의 암흑 상태에 빠지게 하는" 결과를 낳고, "고립되고 어둡다는 느낌"을 강화시켜 "우울한 감정이나 분노를 불러일으킨다."|115

감금은 그 어느 때보다 오늘날 시급한 문제다. 길에는 더 많은 주거 부정자가 있다. 그들은 분명 추위에 떨고 있다. 그러나 또한 그들의 가난은 무질서를 낳는다. 사람들은, 경우에 따라서는 그들이 원치 않더라도 숙박센터에 보내도 좋으니까 그들을 더 이상 보고 싶지 않을 것이다. 감옥에는 열두 살의 어린이 범죄자들이 있다. 사람들은 그들을 "미성년자"라 부를 것이다. 그만큼 그들은 성장했다. 열두 살 어린아이는 오늘날, 당연히 성인 취급을 받아야 하는 "청소년"이다. 감옥으로! 그 계획은 포기되었다. 그러나 그런 계획이 존재했었다는 것은 위험성에 대한 강박관념을 보여준다. 미치광이들도 감금하자. 엄격하게 격리된 방들이 있는 요양소로 다시 보내야 한다. 소아성애 도착자들과 강간범들은 실제 희생자이거나 잠재적인 희생자일 수 있는 우리를 위협한다. 그들이 복역을 마친 뒤라도 그들을 감옥에 두는 것이 더 신중할 것이다. 그것이 더 안전하다. 그러나 감금은 시대에 뒤떨어진 해결책이다. 게다가 현대의 기술로 감금을 줄일 수 있을 것이다. 정부의 철학과 방식이 된 공안公安에 대한 의지는 녹화와 통제(모든 성격의 파일을 과다 사용하는 것)를 일반화했고 이는 한계의 문제를 예리하게 제기한다.

숨기기와 숨기

사람들은 숨기고 숨으려는 욕망과 필요 역시 느낄 수 있다. 유명한 화가 프리다 칼로는 그의 멕시코의 집, 카사 아쥘Casa Azul의 침실 옆에 위치한, 금고가 되어버린 욕실에 서류, 편지, 연애편지, 물건, 반불구로서 그녀의 칩거생활이 가져다주었던 배신과 비극의 증거물들을 쌓아놓았다. 끔찍한 사고의 희생자로 척수회백질염에 걸려 한쪽 다리를 절단하게 된 그녀는 자신의 장애를 코르셋과 긴 인도 스커트 아래 감추고 있었다. 화려하게 차려입고 서 있는 멋진 그녀를 묘사한 그림 가장자리에 "겉모습은 기만적이다"라고 그녀는 썼다. 벽걸이 장식에 가려진, 밀폐된 문 뒤에 놀라운, 먼지가 덮인 잡동사니들이 쌓여 있었다. 수십 개의 상자, 판지, 신문 더미와 많은 책, 드레스들이 들어 있는 옷장, 프리다의 코르셋, 뚜껑 달린 궤들, 비밀 중의 비밀인 밀봉된 서랍들이 있는 서류함과 개폐식 판이 달린 책상이 있었다. 2만2000개 이상의 자료와 6000장의 사진, 수백 점의 그림이 있었다. 그녀가 죽고(1954) 그녀의 불성실한 동반자, 디에고 리베라가 죽은 지(1957) 반세기 후인 2004년 12월 8일에 공개된 이 금고실에는 고통스러운 창작생활에 대한

기록들이 있었다.|116 그 기록들은 이제 박물관이 된, 그녀가 결코 느껴보지 못했던 우수에 찬 조용해진 그 방에 전시되어 있다.

전쟁들과 종교적이거나 정치적인 탄압들로 인해 박해자들을 피할 수밖에 없다. 조상 대대로 내려오는, 법의 보호를 박탈당한 사람의 은신처인 숲으로 도망가 궤, 벽장, 골방, 고미 다락방 같은, 집 안의 어떤 은신처에 숨어야 한다. 지하실에 피신해야 한다. 벽이나 정원에 파놓은 모든 구덩이에 몸을 숨겨야 한다. 카미자르*들은 굉장한 재능을 입증했는데, 앙뒤즈**의 데제르 박물관은 그러한 사실을 떠올리게 해준다. 제2차 세계대전 중 독일의 프랑스 점령 기간 동안 박해를 당한 많은 사람, 유대인, 프리메이슨 회원***, 레지스탕스 활동가들은 창문을 닫고 커튼을 친 아파트나 방에 갇혀 있었다. 그들의 존재를 감지하게 하는 모든 흔적, 모든 소리를 삼가야 했고, 그러려면 이웃과 수위들이 눈감아주는 도움을 받아야 했으며, 숱한 밀고를 모면해야만 했다. 훗날 유명한 출판업자이자 데팡스 드 라 프랑스Défense de la France**** 지하조직망의 회원인 미셸 베른스텡은 이처럼 전쟁 기간 내내 파리에서 가짜 문서를 제조하며 방에서 나오지 않고 살았다.

전 유럽에 있는 유대인들은 나치의 공포에서 벗어나고자 했다. 숨는 것은 그들의 불확실한 생존의 조건이었다. 암스테르담에서 안네 프랑크와 그 가족들은 1944년까지 성공적으로 숨어 살았지만 발각되어 끌

---

*세벤 지방에서 1685년 루이 14세 때 낭트 칙령 폐지 후 박해 기간 동안 반란을 일으켰다. 카미자르라는 이름은 이들이 동지의 표시로 흰 셔츠를 입은 데서 유래한다.
**랑그도크루시용 지역에 위치. 17세기 중앙 산지 동남부의 산악지대 세벤의 개신교 중심지였다.
***18세기 초에 영국에서 창설되어 세계로 퍼져나간 비밀결사조직으로 자유, 평등, 세계시민적 박애의 실현을 목적으로 한다.
****제2차 세계대전 중 레지스탕스 운동에 붙여진 명칭이며, 1944년 같은 이름의 잡지를 창간했는데, 훗날 '프랑스 수아르'로 발전된다.

려가 집단수용소에서 죽었다. 다니엘 멘델손이 우크라이나의 마을에서 그 자취를 발견했던 "사라진 자들"도 마찬가지다. 우크라이나에서 그의 종조부는 부인과 무척 예쁜 세 딸을 둔, 전쟁 전에 번창했던 푸줏간 주인이었는데 그곳에서 그들 모두 점차 자취를 감추었다. 『사라진 사람들』의 저자는 가족 대부분이 20세기 초에 이주했던 유럽과 미국에서 여러 해 동안 탐구한 것을 이야기한다. 첫 부분에는 몇 통의 편지와 사라진 그의 형제에 대해 말했던 조부의 단편적인 이야기들이 있다. 숲속에서 오랜 추격을 당했던 후라면 종조부는 케셀^{Kessel}에 도피하고 싶었을 것이다. 이디시어*를 모르는 저자는 그것을 캐슬^{castle}이라 생각하고 우크라이나에서 찾았지만 허사였다. 잘못된 실마리였다. 그것은 사실 골방이었다. 나이 많고 때로는 주저하는 증인들에게 수년간 조사를 한 후 마침내 그는 그 마을에 있는 한 집의 정원 구석에서 그 골방을 발견한다. 종조부와 큰딸은 유대인 공동체의 학살로부터 살아남았지만 그의 아내와 나머지 두 딸은 죽었다. 그들은 지하실, 아니 오히려 구멍에 숨어 있었다. 뚜껑 문에 감추어져 거의 보이지 않는 구멍에 말이다. 데생을 가르치는 한 여교수가 그들을 그곳에 숙박시키고 먹여주었고 그 딸에게 사랑을 느낀, 유대인이 아닌 한 우크라이나 청년이 그들에게 도움을 주었다. 그들은 밀고되어 모두 1944년 봄에 학살되었다. 반세기 후 집요하고 완벽한 수색 끝에, 다니엘 멘델손은 마지막 피난처를 찾아냈다. 그는 간신히 그곳에 잠입했다. 그는 그때 조부가 말했던 케셀의 뜻이 "작은 상자"라는 것을 깨달았다. 그렇다, 숨었던 곳이 몹시 비좁아 상자, 작은 상자 같았다.|117

닫힌 문이, 벽조차 통과하는 배신에 견뎌내지 못했던 최후의 방이다.

* 동유럽의 유대인들이 쓰는 독일어와 히브리어의 혼합어.

11장

사라진

방들

과거의 방들에 대해 무엇이 남아 있는가? 방들은 미래가 있는가? 방들은 집 안에 있기 때문에 두 배로 불확실하다. "슬프게도 집들은 곧 사라진다, 세월처럼"이라고 프루스트는 말한다.

아주 작은 자취들

옛날 방들의 자취는 별로 남아 있지 않다. 때로 어떤 단어는 옛 명칭을 나타낸다. "계속 어린아이 방이라 불리는 어떤 방"이라는 장면의 지시는 『벚꽃동산』*의 첫 번째 막을 연다. "흰색, 연보라색의 마님 방들이 마님이 내버려두었던 그대로 남아 있어요, 작은 마님"이라고 바랴는 말한다. "어릴 때 난 여기서 잤어. 나는 다시 어렸을 때로 돌아간 것 같은 느낌이야"라고 외치는 류보비 안드레에브나에게. 그런 말을 할 만큼 방과 자신을 동일시하는 경향은 강하지만 오랫동안 지

---

* 러시아의 소설가이자 극작가인 안톤 체호프의 마지막 작품이자 대표작. 봉건귀족 사회에서 근대사회로 넘어가는 모습이 잘 그려져 있다.

속되지는 못할 것이다. 그 집은 팔렸고 그녀는 떠나야 할 것이다. 마지막 시선을 던진다. "난 이 집의 벽들, 천장을 여태껏 전혀 본 적이 없는 것 같아. 엄마는 이 방에서 왔다 갔다 하기를 좋아하셨어." 그녀는 방에서 나간다. "무대는 비어 있다. 모든 문을 열쇠로 잠그는 소리가 들리고 자동차가 출발한다. 정적이 드리운다."[1] 파괴된 집들, 파묻혀버린 방들, 무너진 삶들에 대한 비유다.

죽음을 몰아내려는 농부의 의지가 흔적들을 지워버린다. 시골에서 사람들은 시트, 게다가 침대도 바꾼다. 비올레 르뒤크는 소독을 한다는 구실로 할머니의 매트리스가 파손되는 것을 보는 게 가슴 아팠다. "그것은 매장 후 우리 정원에서 불태워졌다. 작고 불룩한 리본 매듭들이 타는 강렬한 냄새가 다시 생각났다. 그것은 내게 언제나 진정한 죽음의 냄새일 것이다. (…) 우리 할머니는 두 번째로 사라지셨다. (…) 할머니는 연기가 되어 가버리셨다."[2]

도시에는 인구의 중압감이 공간 점령에 강한 영향을 끼친다. 배치, 자질구레한 비품들, 물건들, 기능들에서 특히 개인적인 이 장소는 거주자가 떠남과 함께 필연적으로 와해된다. 뿐만 아니라 거주자가 남겨놓았던 것은 어떻게 할 것인가? 전쟁(세계대전)에서 살해당해 자콥이 죽은 후, 그의 친구와 어머니는 그의 방에 들어가보고 그가 살던 때 어지럽게 해놓은 것을 보고는 놀란다. "그는 모든 것을 있는 그대로 내버려 두었다. (…) 그런데 그는 무슨 생각을 했을까? 그는 다시 돌아올 것이라고 생각했을까?" "'난 이것을 어떻게 해야 할 것인가?'라고 플랑데르 부인은 말한다. 그녀는 한 켤레의 신발을, 자콥의 낡은 신발을 내밀었다."[3] 버려진 방을 정리하려면 거추장스러운 유산, 쓸데없이 남겨진 물건

들을 버리는 것이 바람직하다. 괴로워하거나 고민스러워할 필요 없이. "부모님과 우리의 과거를 청산하지 않고 어떻게 부모님의 집을 비우겠는가?"|4라고 리디아 플렘은 자문한다. 서랍마다 들어 있는 가장 개인적인 기념품들과 함께 침대 양쪽 면이 그대로 보존되었던 손대지 않은 그들의 침실에 노크도 없이 어떻게 들어가겠는가?

이전 거주자가 떠난 후 다른 거주자들이 그를 대신할 것이고, 가구들을 옮겨놓고 곧바로 괘종시계, 조개껍질, 자질구레한 장식품들이 놓여 있는 벽난로를 없애고 칸막이를 제거하고 방을 다르게 바꿀 것이다. 그들은 유행하던 벽지들이 겹겹이 포개어 발라져 있는 것을 보고 "얼마나 이상한 취향인가"라고 놀라거나 즐거워하면서, 지나간 시간을 층층이 포개놓은 이 모양에 약간 감동하며 칠을 다시 할 것이고 벽지를 바꿀 것이다. 그 자신의 유년 시절 궤적을 다시 찾아온 이들이 갖게 되는 실망을 우리는 알고 있다. 방문자들은 그들이 살았던 집을 다시 보면서 거의 아무것도 알아보지 못한다. 더구나 그들이 잤던 방은 알아보기 더 힘들다. 어쨌든 방은 하나의 상자에 불과하다. 비워진 상자다. 그들이 없다면 비어 있는 상자일 뿐이다. 이번에는 많은 다른 방문자가 영원히 계속되리라 생각하는 그들의 미미한 소리들로 채울 것이다. "인생의 모든 방은 결국/ 뒤집어놓은 서랍들이다"라고 아라공은 말한다. "이제 방은 다시 찾을 수 없을 것이다, 집들은/ 지금처럼 파괴될 것이다/ 집의 아무런 흔적도 잔존하지 않도록 파괴할 것이다/ 한 발로."|5

방들은 오로지 특별한 경우에만 "기억의 장소들"인데, 그러기엔 몹시 내밀하기 때문이다. 슬픔에 잠긴 배우자나 아이들의 경건한 마음은 몇몇 소중한 기념물, 사진, 물건, 머리타래 주위에 임시 제단을 세울 수 있다. 제단들은 그들이 생존해 있는 동안 지속된다. 방의 숭배는 "위대한 남성들", (더 드물게는 여성들) 즉 정치가들, 학자나 작가들에게만 존재하며 스타들의 사생활에 점점 더 관심을 갖는 대중에게 정보를 제공하기 위한 연출이다. 장 폴 카우프만*은 세인트 헬레나에서, 나폴레옹 역시 인질로 잡혀 있던 롱우드**16의 검은 방에 대해 많은 것을 몽상했다. 그는 사실들의 진실성과 수수께끼 같은 그의 죽음에 관해 자문했다. 그는 그 자신이 레바논에서 겪었던 감금 상태에서 버틸 수 있는 힘을 깊이 생각해보았다. 나폴레옹이 잠자리에 상당한 중요성을 부여했던 일이 있다. 제1집정관인 그는 튈르리***에 화려한 침실을 갖추게 했다. 그 침실에는 붉은 벨벳으로 입혀진 단 위에 침대와 신성한 것과 가정적인 것17이 이상하게 혼합된 양식의, 구리로 장식된 영국 서랍장이 있었다. 그 후 그는 출정 중인 군대 우두머리의 기품 있고 준엄한 표시인 금속제의, 간소하고 가볍고 이동식인 주둔지의 침대를 택했고, 이는 그에 대한 기억의 표상이 되었다. 꿈을 갖고 확고하게 소유한 권력을 사랑했을 뿐인 단 한 사람에 대한 기억이다. 백악관 3층에 위치한 존경의 대상인 에이브러햄 링컨의 방은 공화국의 성소이지 결코 그의 방인 적이 없었고 오히려 그의 사무실이자 국무회의실이었다. 그가 1863년 그곳에서 노예해방 선언서에 서명했기 때문이다. 해리 트루먼은 그 방을 "침실"로 공인했다. 로라 부시는 그 방을 추정된 본래 상태로, 빅토리아 여왕 시대의 양식으로 복원했다. 장미목으로 만들어진, 덩치가 큰 머리가 붙어 있는 커다란 2인용 침대가 방의 중심을 이루고 있다. 진품인 그 침대

* 1944~. 프랑스 저널리스트로 베이루트에 억류된 경험이 있다. 말년의 비참한 나폴레옹에 대해 기술한 『롱우드의 검은방』(1997)을 출간했다.
** 세인트 헬레나 섬 중앙에 위치한 저택으로, 나폴레옹이 갇혀 살았던 곳이다.
*** 앙리 2세 사후 왕비 카트린 드 메디시스가 짓게 한 새로운 궁전으로 파리에 1871년까지 있었다. 나폴레옹은 튈르리 궁전을 공식 관저로 격상시키고 황궁으로 꾸몄다.

는 메리 토드 링컨이 훌륭한 안주인으로서 장식을 맡았을 때 샀을 것이다. 아마도 링컨이 그 침대에서 잔 일이 전혀 없을 텐데도 불구하고 암살된 대통령의 망령은 그 방에서 떠나지 않았다. 엘레노어 루스벨트, 윈스턴 처칠, 에이미 카터, 모린 레이건은 그 망령을 보았다고 단언한다. 로널드 레이건의 개는 그 방문에서 짖었지만 그 방에 결코 들어가지 않았고, 그런 까닭에 청소부들만 주저하면서 들어갔다. 현직 대통령은 그 방에서 귀빈을 맞는다.[18] 백악관은 그곳에 살았던 가장 유명한 거주자들에 대한 추억을 간직하고 있는 가족의 집이다. 콜 수상은 링컨의 망령은 보지 못했지만 멋지고, 전설적인, 어떤 면에서는 미래를 예고하는 방에서 잤던 감동을 언급했다.[19]

프랑스 공화국은 더 망각을 잘하는 것일까? 어쨌든 덜 가정적이다. 공화국은 판테온에, 적합한 사원들에서 공화국의 영웅들을 기린다. 공화국의 재산은 일반인에게 완전히 공개된다. 엘리제의 거주자들은 그 재산을 독차지할 수 없을 것이므로 오히려 그들 전임자의 흔적을 지워버리려고 한다. 사람들은 프랑수아 미테랑의 추억을 시농 성의 비외 모르방 호텔에서 만난다. 1959년부터 1986년까지 니에브르 도*의 국회의원이었으며 대통령이 되었던 그는 모든 선거 관련 저녁 모임에 들렀다. 1946년부터 젊은 국회의원은 뵈브레 산에서 멀지 않은 모르방** 지역이 보이는 15호실을 사용했고, 언젠가 그곳에 다니엘과 함께 묻히리라 생각했을 것이다. 1981년 바로 그곳에서 그가 자신의 승리를 알고 선언문을 작성한다. 판에 걸려 있는 커다란 열쇠와 함께, 샤워 시설이 갖춰진 10제곱미터의 호화롭지 않은, 비즈니스맨 여행자들을 위한 숙박지인 이 15호실은 두 번째 임기 초에 지출이 많고 제왕적인 대통령의 생활 방

---

*부르고뉴 지방의 서남쪽에 위치.
**부르고뉴 지방 경계에 위치한 산악지역.

식에 대해 사람들이 의문을 갖기 시작했을 때에도 이 공화국의 긴축재정을 증명해주는 것이었다. "대도시의 주변 마을들이 존재하지 않았던 한 세기 전에 수도원 같은 곳에서 정치적 운명이 만들어졌다"[10]고 아리안 슈맹은 쓰고 있다. 깃털 이불과 노란 꽃무늬 벽지가 사라졌지만, 그 방은 여전히 그대로 남겨져 구시대의 매력을 간직하고 있다. 그 방은 기억을 떠올리려는 여행 전문가들이 기획하는 테마 일주여행(프랑수아 미테랑 일주여행은 솔뤼트레 바위에 올라가기 전에 모르방 호텔을 통과한다)에서 반드시 거쳐가는 곳이다. 상속자들이 후광을 헤아리지 못했던 작가의 집들은 관광객을 끄는, 유행하는 구경거리가 되기 전에[11] 대부분 버려진 채였고, 그 집들의 내부는 돌보아지지 않거나 파괴되어 있었다. 볼테르의 여조카는 페르네 성에 있던 볼테르의 물건들을 모조리 팔아버려서 거기에는 그의 오랜 세월에 관해 남은 것은 거의 아무것도 없다. 애머스트의 에밀리 디킨슨의 경우도, 마지막 생존자인 그의 동생 라비니아가 대단한 것을 남겨두지 않았다.[12] 게다가 복원은 작가를 가깝게 느낄 수도 없게 만든다. 제자리에 그대로 남아 있는 집들과 별로 수리를 하지 않은 내부만큼 가치 있는 것은 아무것도 없다. 사람들은 보주 광장에서보다 오트빌 하우스*에서 빅토르 위고를, 노앙에서 조르주 상드를, 빌렌에서 말라르메를 더 잘 발견할 수 있다는 환상을 가지고 있다. 모리아크는 그 집을 미래를 향해 열려진 케렌시아**이기를 바랐기 때문에 다른 집들보다 별로 변하지 않은"[13], 말라가에 있는 프랑수아 모리아크의 집에는 모든 종류의 방이 남아 있다. 하인 방, 친구들의 방, 필요하면 가

---

*53세의 위고가 나폴레옹 3세의 통치에 항의하기 위해 망명하여 15년 동안 머물러 『레미제라블』 등 수많은 명작을 쓴, 긴지 섬의 집.
**투우장에서 싸우던 황소가 기운을 차리도록 휴식을 취하는 황소만이 아는 자리를 가리키는 스페인어. 인간에게 이 케렌시아는 바로 내면세계의 안식처이다.

까이 갈 수 있도록 레일 위에 침대 두 개가 놓인 놀라운 부부 침실이 있다. 라 발레오루la Vallée-aux-Loups에 열성인 관리자는 무일푼이 된 샤토브리앙의 보잘것없는 가구들을 『사후의 회상』의 저자에게 어울리는 고급 장식품으로 바꿨다. 거기서 그를 떠올리지는 못할 것이다. 아마도 그 세기의 여행자는 샤토브리앙의 거처보다 무덤을 더 중요하게 여겼던 것 같다. 콩부르*에 그의 아버지의 발걸음 소리는 우리 귀에 쟁쟁하게 남아 있다.|14

이 추억의 집들에서 방은 "글 쓰는 방", 즉 창작을 하는 방이 아닌 한 (그런 경우는 잦다), 가장 주목할 만한 것은 아니다. 책상, 잉크병 그리고 재능은 노력의 확실한 결과라는 것을 증명하는, 이리저리 수정한 줄들이 그어져 있는 원고가 감탄을 자아내게 한다. 추방당한 루터를 작센의 프리드리히 3세가 받아주었던(1521~1522) 바르트부르크(튀링겐) 성은 어떤가. 성경을 독일어로 번역했던 그 방의 벽에서는 작업을 방해하고 유혹하는 악마의 머리에 그가 던졌을 잉크병의 흔적을 아직도 볼 수 있다. 더 훗날의 사람들은 졸라의 책상을 숭배한다. 파리 브뤼셀 가의 거대한 책상은 곧잘 사진촬영의 대상이 되곤 했다. 메당**에는 데뷔 시절에 함께 생활했던 학생이 썼던 고미 다락방의 작은 책상과 함께 "신성한 공간"인 서재 한가운데 그가 글을 썼던 큰 책상이 보존되어 있다.|15 침대는 현재에도 과거에도 방해가 될 뿐이었다. 침대는 지나치게 많은 것을 의미하거나 거의 아무것도 의미하지 않는다. 에밀과 알렉상드린의 부부 침실에 있는 커다란 구리 침대는 사라졌고, 일종의 성가족 그림으로 대체되었다. 그 그림에는 프랑수아(잔 로제로의 아들)와 그의 배우자인 에밀

---

* 프랑스의 서북쪽 브르타뉴 지방, 일레빌렌도에 위치한 읍으로 샤토브리앙이 유년 시절을 보낸 곳이다. 『사후의 회상』에 이곳에서 보낸 어린 시절이 감동적으로 서술되어 있다.
** 파리에서 16킬로미터쯤 떨어진 센 강변에 위치하고 있으며, 졸라가 1878년에 사들인 이곳 저택에서 자연주의 문학에 참여했던 작가들이 모였다.

「에밀 졸라의 초상」, 에두아르 마네, 캔버스에 유채, 1867~1868

리가 그들의 아들과 함께 모여 있다. 합법적으로 인정받지 못했던 그 가족이 그곳에서 실제의 가족으로 다시 이루어졌다.|16 베즐레의 제르보˙ 컬렉션이 프랑스 학사원 소유인 로맹 롤랑˙˙의 집에 자리잡았다. 작가는 방(침실)은 "그대로" 보존되어야 한다는 한 가지 조건을 제시했다. 그럼에도 사람들은 침대를 피아노로 바꿔놓았다.|17 박물관의 행위는 본질주의적이어서 주요한 특징을 암시하고 싶어한다. 충실하게 연상시키고자 하는 극단적인 욕구 때문에 사물들을 억지로 고정시키게 된다. 그래서 라 브레드 La Brède˙˙˙에 대해 조르주 푸아송처럼 황홀한 탄성을 지르는 것은 대단히 드문 일이다. "전혀 변하지 않은 몽테스키외의 방을 볼 수 있다니!"|18 위치를 바꾸는 것은 작가가 장소나 풍경과 맺었던 관계를 뒤죽박죽으로 만들어버리기 때문에 특히나 곤란하다. 팔레루아얄에서 생–소뵈르–앙–퓌제˙˙˙˙로 옮겨진 콜레트의 방을 방문하면서 다소 거북함을 느낀다. 그 방은 그녀의 어머니 시도니의 집에 있지 않고 그녀의 박물관 자리인 이웃 성에 있다. 또는 프루스트, 레오토 그리고 안나 드 노아유의 충실하고 완벽한 방들이 카르나발레 박물관˙˙˙˙˙에 있는 것은 더 최악의 경우다.

작가의 방들은 그들의 픽션작품이나 자전적인 작품들에서 만날 수 있다. 방들은 작품의 산실이자 증인이었고, 하나의 동기였다. 커튼을 통해 새들어오는 빛과 어둠, 문과 계단, 길에서 들려오는 소리들, 불안,

---

˙ 2005년 가을 베즐레에 작은 현대예술박물관이 개관했다. 이 계획은 크리스찬 제르보가 죽을 때 베즐레 마을에 기증한 그의 수집품으로 시작되었다.
˙˙ 1866~1944. 프랑스의 소설가, 극작가, 평론가, 대하소설의 선구자다. 『장 크리스토프』로 1915년 노벨문학상을 수상했다.
˙˙˙ 프랑스 아키텐 지방 지롱드 도에 위치한 읍이다. 보르도에서 남쪽으로 18킬로미터 떨어진 곳으로, 몽테스키외 집안의 성이 있다.
˙˙˙˙ 프랑스 부르고뉴 지방 욘 도에 위치한 읍으로, 콜레트가 태어난 곳이며 1995년에 콜레트 박물관이 설립되었다.
˙˙˙˙˙ 파리의 역사박물관으로 3구인 마레 지역에 위치해 있다.

「빌라 메디치의 방에 있는 예술가」, 레옹 코그니에, 1817, 클리블랜드 미술관

불면, 잦은 잠깨기, 사랑하는 사람들의 부재에 대한 느낌 등의 감정을 떠올리면서 밤낮으로 늘 작품을 추구하는 프루스트에게 방은 중요한 장소였다. 고고학자의 상상력으로 그가 쉬었던 약 200개의 방에 대한 정확한 목록을 시도했던 조르주 페레크에게 있어서 방은 거의 실존적이고 형이상학적인 장소였다. "되살아난 방의 공간은 가장 덧없고, 가장 하찮은 추억들을 가장 본질적인 것으로 생생하게 만들고, 다시 가져오고, 활기를 불어넣는 것으로 충분하다."[19] 하지만 그는 알고 있다. "내 공간들은 불안정하고 시간은 공간들을 손상시키고 파괴할 것이다. 이제 과거의 것과 흡사한 것은 아무것도 없을 것이고, 내 추억들은 나를 저버릴 것이고, 망각은 내 기억 속에 스며들 것이다."[20] 공간 자체가 의혹이다. 공간은 정말 존재하는가?

유사한 의혹이 프랑수아 모리아크를 괴롭힌다. 끈기 있는 "현대화 추진자"인 그의 어머니는 이미 가족의 집에 모든 것을 싹 바꿔놓아서 사진이나 벽은 그 집에 대한 기억을 아주 조금 떠올리게 할 뿐이다. "그러나 돌이라는 재료는 사라진 사람들의 손을 본뜬 모형, 비쳐진 얼굴 모습, 형태, 그림자를 간직하고 있는 것이 아니라 그들을 공간적으로 연장시켜 존재하게 하는 것이다. 벽지, 커튼, 장식 융단, 내장재 도료 그리고 그것들의 취향과 기호를 나타내는 사물과 색깔들은 그들이 이 방에서 다른 방으로 지나가고 앉고 자고 담배를 피우고 먹고 꿈꾸고 죽는 것을 보았다. 일상생활의 배경을 없애버리면 우리에게 더 이상 아무것도 토로하는 것이 없는 뼈대만 남는다."[21] 이 황폐해진 장소들에서 그 자신이 인용하는 프루스트처럼 그는 망각에 빠진다. "어떤 모습(이미지)에 대한 추억은 단지 어떤 한순간에 대한 회한일 뿐이다." 기억 속의 무엇인

「나폴리에 있는 화가의 방」, 마시모 다첼리오, 1827

가 존속하기 위해서는 그것을 가정에 관한 이야기나 비극적인 이야기의 유일한 수호자인 글쓰기로 표현해야 한다.

우리는 우리 마음속에서 우리의 방들을 다시 만난다. 우리 경험의 산실인 방들이 우리 기억 속에 살고 있다. 각자가 밤낮으로 기억하고, 방에 대한 자신의 이야기를 글로 써야 한다.

오늘: "용도가 정해지지 않은 방들"

증인이고 조물주인 건축가들의 설계에 따라 가정이나 집단의 공간을 각자의 침대와 각자의 침실을 줄 수 있는 만큼의 "방들pièces"로 분할하면서 방의 특징들이 증가되었다. 생활 방식이 퍼즐처럼 복잡해지고 풍부해졌다. 방들은 꿀벌통의 벌집구멍처럼 급증했다. 방들은 위치를 바꾸어 보전되고 있지만 집의 이층이나 경치도 안 보이는 안뜰 쪽으로 창문이 난 아파트 구석으로 밀려나 내밀해졌고, 비생산적이고 어두우며 불안하고 두렵지만 기다려지는 밤의 공간으로 남겨졌다. 어떤 방들은 지켜야 하는 공기의 용적을 고려해서 규모가 확대되었다. 하지만 대부분 아주 작아졌다. 방들은 다양한 기능을 상실하고 특성화되어 잠자는 데 사용하게 되었는데, 방에서 침실로 바뀌면서 잠을 자는 단순한 작은 공간이 되었다. 그 결과 사람들은 방에 소홀해졌고 언제나 방의 표면적을 축소시켰다. 방은 결국 협소해졌다.

"용도가 정해지지 않은 방들"은 보류된 방들인가?[22] 방들은 어떻게 될 것인가? 이와 같은 관점에 대해서 오늘날의 건축가와 사용자들은 무엇이라고 말하는가? 우선 건축가는 당혹스러움을 털어놓는다. 그들은 괄목할 만한 대가를 얻을 수 있는 별장을 제외하고 방들을 어떻게 해야 할지 잘 알지 못한다. 그들은 때로는 방을 더 개별화하기를, 특히 아이들을 위해서 또 때로는 방들을 와해시킬 정도로 다 보이게 개방하기를 제안한다. 그들은 방들을 공동으로 사용하는 방에 딸린 방이나, 침대를 넣어 "목욕실"을 만들 정도로 건축가들이 한층 더 신경을 쓰는 대상인 욕실에 딸린 방으로 만든다. 또는 창고를 개조해 작업실로 만든 신발공장에 그들은 "캘리포니아의 오두막집"처럼 방을 공중에, 반# 이층에 높이 걸쳐놓았다.[23] 네 벽으로 막아 가둬두는 지난 시대의 격리와는 반대로 어떤 사람들은 시선이 닿을 수 있는 유리로 된 독방을 상상했다. 성인들에게 방은 더 이상 중요하지 않다. 극단적인 경우 그들은 다른 곳에서 잔다. 옛날에 환대하는 친밀함의 상징이었던 사랑방은 오래전에 사라졌다. 여행은 낮에 한다. 초대한 손님들을 호텔이나 거실 한 구석에 숙박시킨다. 그들은 더 자주 출발하는 기차나 비행기를 타고 신속하게 다시 떠난다. 특히 지속적인 출생률 때문에 시장이 확장되고 있는 프랑스에서, 방에 대한 배려의 혜택을 입는 것은 단지 어린아이들뿐이다. 시장에는 점점 더 개인화되고 세련된 모델이 제시된다. 특히 기술적인 쾌거에 관심을 둔 "2012년에 기대할 법한 지능을 갖춘 집"은 어른들의 눈길이 닿는 곳에 침대 위에 몸을 둥글게 감싸고 있는 어린아이가 항상 보살핌을 받으며 안전하게 장난감과 놀고, 텔레비전 화면을 볼 수 있는 일종의 칙서인 "안락한 고치"를 제안한다. "산소를 지속적으로 공급함으로써, (이 고치는) 밤에 아무런 문제가 일어나지 않는 건강한 환경을 보장한다."[24] 할아버지의 방(침실)에는 추락할 경우를 대비한 경보 시스템을 갖춘 침대가 있다. 효과적인 로봇 공학의 지원을 받는, 예방의 기본 원리가 미래의 방을 지배할 것이다.

방은 단출해졌다.[25] 방에서 가구류와 자질구레한 물건들은 자취를 감췄다. 이제 옷장은 없고 벽장들이 있다. 알록달록한 색깔 있는 수건들이 무더기로 쌓여 있고, 셔츠들을 개켜놓았거나 옷들을 옷걸이에 걸어놓은, 말하자면 옷방이다. 변형할 수 있고, 접어 넣을 수 있는 가구들, 서랍이 끼워져 있는 가구가 있다. 기껏해야 침대 하나가 있는데, 고정시키는 닫집도 거추장스러운 침대 머리도 없다. 네 다리는 오히려 깃털이불로 덮여 있고, 그 위에는 잠을 자지는 않지만 지쳤을 때 누울 수 있는 쿠션들이 놓여 있다. 게다가 솜을 넣어 가볍고 쉽게 자리를 옮길 수 있는, 바닥에 까는 쿠션이 있다. 조명은 간접조명이고 부드럽다. 캠핑에서 착상한 접이식 설비는 야영장에서 늘 철수할 대비를 하고 있는 사용자들을 위해 고안되었다. 질문을 받은 사용자들은 대부분 자신의 방에 별로 만족하지 않는다고 밝히지만, 그들 자신이 원하는 것을 분명하게 알지 못한다.[26] 그들의 삶의 모습대로 개조한 창고처럼 오히려 분화되고 유연성 있고, 또 조정할 수 있는 공간을 추구한다. "예전에 사람들은 가구를 소비했다. 오늘날은 칸막이벽을 소비한다."[27] 이동식 칸막이가 있고, 유동적이고, 순환하며 가구류와 커튼이 없고, 품이 넓은 기모노를 입은 몸놀림이 유연한 사람들이 바닥에서 유동적이고 식물성 재료를 이용한 생활을 하기 위해서 양탄자와 다다미만을 갖추고 있는 일본 집은 방의 포스트모던성의 이상을 나타낸다. 이러한 방은 옛날의 젊은 부부가 열망했던, 방에 필수적인, 거울 달린 옷장이 있는, 백화점 카탈로그의 육중하고 딱딱한 "침실"과는 거리가 멀다. 이 실내들은 육체, 인격과 사랑에 대한 또 다른 관점을 시사한다. 서양에 대한 동양의 반격인가?

이 상대적인 "방의 소멸"을 어떻게 설명할 것인가?[28] 우선 도시화, 주택난, 집의 높은 가격과 관련된 경제적인 이유 때문이다. 집의 내부 개조와 분할을 통해서 "벽을 밀쳐내지 않고 공간을 넓히는 것이 필요하다." 방들은 분할의 대가를 치르고 겨우 명맥을 유지하고 있을 정도로 축소되었다. 방들은 이제 새롭게 규정되어야 할 것 같다.

그러나 더 심오한 이유들이 있다. 그 이유들을 찾는다는 것은 방과 관련된 여러 갈래의 길을 거꾸로 거슬러 올라가는 것이다. 가족적이고 사회적이며 정신적이고 물질적인 방의 기반들은 쇠퇴하거나 붕괴되었다. 방은 인류학적인 중요성을 상실했다. 사람들은 이제 자기 집이 아니라 산과병원에서 태어난다. 사람들은 거의 방에 "남아 있지" 않는다. 사람들은 더 이상 집에서 죽지 않는다. 질병과 죽음이 병원으로 이끌고, 오늘날 프랑스인의 4분의 3은 그곳에서 죽는다. 그런 이유 때문에 의연하게 죽기 위해서 며칠, 몇 시간 동안 이 작은 방을 사용하고자 하는 절박한 요구가 생겨난다. 사람들은 이제 반드시 자기 집에서 늙어가지 않는다. 양로원의 이름 없는 방에 놓인 몇몇 물건이 이전 삶의 자취를 겨우 간직하고 있다. 예전에는 프랑수아 미테랑으로 하여금 어머니의 존재와 자르나크의 유년 시절의 집에서의 방이 갖는 전통성을 생각하게 해주었던 부부와 부부 침대는 이제 주거의 기반이 아니다. 가족의 재구성으로 인해 오래 지속되는 방을 기피하고, 아이들 돌보기를 분담해서 자주 문제가 되는 주말에 부부가 공동으로 돌보는 자녀들을 맞이하기 위해 추가로 방들을 만든다. 육체관계를 맺는 방법도 방(침실)이나 침대와는 더 무관해졌다. 육체관계의 상대들은 눈에 띄지 않는 일시적인 육체적 만남을 위한 더 순간적이고 덜 안정된 장소들을 찾는다. 그 만남의 즉흥성, 서두름, 열정 때문에 호텔, 안쪽 방backroom, 자동차, 텐트, 해변이나 숲에 만족한다. 더 낭만적이고 에로틱한 연애 사건은 반드시 판에 박힌 방에서 일어나는 것이 아니고, 그 방을 부부생활에 도사리고 있는 권태의 위기 같은 것으로 두려워하기까지 한다. 성의 탑에서 숲속의 잠자는 미녀가 매력적인 왕자를 100년 동안 기다리지는 않을 것이다.

방의 지성적이고 정신적이기까지 한 근거들은 마찬가지로 약화되었다. "신성함이 존재하는 곳에 울타리가 있다. 그리고 경계―선, 문지방 또는 고저 차―가 사라진 곳에는 신성함도 소멸되었다"[29]고 레지스 드브레는 공공의 공간에 관해 쓰고 있다. 투명함, 한계와 경계선의 폐지가 최고의 가치들이 된 사회에서 커튼들은 찢겨졌다. "속이 드러나 보이거나 몰래 들어가보고 싶어하는, 엿보기를 좋아하는 사회는 나팔들, 보석상자들, 옥새들, 엄숙한 움푹 들어간 방niches에 더 이상 특별한 친근감을 느끼지 않는다고 말하는 것만으로는 충분하지 않다."[30] 그리고 그것은 방에 적용될 수 있을 것이다. 커플인 우리, 나는 더 많이 노출되고 자신을 보여주는 것 까지도 열망한다. 좌익이건 우익이건 국가의 원수들은 그들 사생활의 문을 연다.

옛날의 즐거움이었던, 침대 불빛 아래에서의 독서가 감소하면서 독서가들, 특히 얇고 가벼운, 누워서 책을 읽기 위한 부인용 실내복이 저녁 의상이었던 여성 독서가들의 피난처인 방과 책의 긴밀한 관계는 위태로워졌다. 독서의 경쟁자인, 더 여럿이 함께 보는 공동의 텔레비전은 거실에서 소파와 낮은 테이블 앞에 군림한다. 아직은 사적인 공간에 개별적으로 다 갖고 있지는 않지만 컴퓨터도 마찬가지다. 교육자들은, 잠재적인 약탈자들에 대해 부모가 감시할 수 있도록 아이들 방에 컴퓨터를 두지 않기를 권한다. 청소년들은 유투브, 페이스북, 마이스페이스My Space* 또는 트위터를 하느라 많은 밤시간을 보내기 때문이다.[31]

기도대는 사라졌다. 혼자서 하는 기도는 소멸되었다. 명상은 이제 종교생활의 주요한 모델이 아니다. 도시생활과 긴급한 업무에는 에너지가 필요하다. 인도주의적인 것이 신비주의적인 토로를 대신한다. 피에르 사제, 테레사 수녀, 에마뉘엘 수녀, 조제프 브르신스키는 현대의 영웅들이다. 콜뤼슈**나 프랑스 의사french doctor들과 마찬가지로 그들은 언제나 세계 빈곤 지역의 통로이자 길이었다. 여행자의 오디세이, 인도 대중과 아프리카 주거 밀집지역의 광경, 빈민굴의 증가, 집 없는 사람의 증대로 인해 방은 하찮게 되어버린다. 방은 역시 필요하다. 방은 버티고 있다.

* 우리나라의 싸이월드 같은 미국 미니홈피.
** 1944~1986, 프랑스 희극배우.

에필로그

여러 세기 전부터 서구문화는 휴식처를 방에서 찾고 발견했다. 그리스의 카마라, 로마의 쿠비쿨룸, 수도원의 작은방, 영주의 큰 탑(동종)의 방, 농부의 닫힌 침대, 사교계 여성들의 접견실(규방), 알코브, 움푹 들어간 작은 방, 기숙생들의 간이침대나 일등열차는 발레의 걸음걸이처럼 자주 바뀌는 은신처의 형태를 어렴풋이 나타냈다. 나는 몸을 숨기는 장소로 인도하는 다양한 길을 추적했지만 모든 잠재성을 철저하게 고찰하지 못했다. 나는 목동들의 오두막도, 고등사범학교 기숙사의 공부방이나 다른 학생들의 방도, 수위실도, 특히—내가 후회하는 것 중 하나이지만—에드거 포와 가스통 르루에서부터 레몽 샹들러 또는 폴 오스테르에 이르기까지, 추리문학이 세심하고 징후를 해석하는 데 능숙한 형사의 시선으로 탐구했던 범죄의 방들을 가보지 못했다. 내가 완벽하게 터득하지 못한 문화를 필요로 하는 연구의 한 본보기이다. 역사가는 원전보다 자신이 원전을 바라보는 시선에 더 의존한다. 열어보아야 할 많은 다른 문과, 목록을 작성해야 할 많은 다른 방이 있으므로 그 각각의 방은 책의 주제가 될 수 있었을 것이다. 그 책은 여행에의 초대다.

방은 규범을 만들어내는 창조의 장소인 동시에 경험들의 영역인 문명의 산실이었다. 왕의 방에서 호화호텔의 방까지, 수도승의 독방에서 감옥의 독방까지, 공동의 방에서 개인의 방에 이르는 긴 계보에서 방은 몸과 그 필요에 대해 사람들이 갖는 관념에 대응한다. 조사원들에게는 관찰의 장소인 방은 감시의 수단이고 방을 주관하는 사람들에게는 규제와 규칙을 준수하는 방식이다. 사제들, 도덕가들, 의사들, 위생학자들, 심리학자들은 방의 배치와 일정표, 공기 용적, 점유 유형, 취침 방식들을 방에 규정해놓았다. 건축가와 장식가들은 방의 자리를 정했고 방의 벽에 색을 칠했고 다양한 양식의 장식융단으로 방을 장식하고 가구를 갖췄다. 잠을 자는 은신처이고 사랑의 제단이며 생식의 성막인 침대는 그 물질성과 관습과, 특히 사람들이 거기서 보내야만 하는 시간에 특별한 관심을 불러일으켰다. 닫힌 방에는 한 사회의 근심뿐만 아니라 강박관념들이 요약되어 표현되어 있다. 방의 질서는 그것이 기본 입자인 세상의 질서를 만들어낸다.

그런 이유 때문에 이중적으로 연극에 적합한 방의 모습이 만들어진다. 제한적인 출입 가능성 때문에 수많은 연극의 배경이 되었다. 특히 현대 연극에서는 침대를 보여주는 것도 더 이상 주저하지 않는다.(처음에는 스캔들이었다.) 생활 속에서 잠자리이자 핵심인 방은 권력과 매력, 사랑과 폭력의 만남과 교환의 장소를 이룬다. 부모와 자녀들, 젊은이와 노인들, 부자와 가난한 자들, 남자와 여자들이 그 방에서 서로 만나고 사랑하고 때로는 대결했다. 개인은 방으로 물러가 방에 남겨진다.

방은 유사하지만 다르고 보편적이지만 개별적인 경험의 장소였다. 보편적인 필요 때문에 시간을 초월하는 방은 또한 그 형태와 용도에서는 대단히 역사적이다. 방의 각 구석에 스며들어, 방의 물건들에 낙인을 찍고 우리 기억을 만드는 시간이 흔적을 남겨놓은 방은 또한 모든 연령과 모든 조건의 사람들에게 영원히 반복되는 "지나가버리지 않는 시간"의 부동성 속에 새겨져 있다. 유년기와 잠, 질병, 죽음의 시기인 노년이 다른 것들보다 언제나 더 그곳에(방에) 도사리고 있다. 청소년, 여성, 작가들은 방과 깊은 관계를 유지한다. 그러나 젊은이들은 오늘날 망명자·이주자들과 함께 방을 가장 원하는 사람들이다. 그들에게 방은 "용도가 정해지지 않은" 것이 아니다. 그들은 방을 갖지 못해 고통스러워한다.

　방은 자율을 보호하고 그 토대가 되는 은신처의 기능을 담당하는 동시에 공동체에 접근하는 길이며 거기 속하는 첫걸음이고 최소한의 민주주의적 체제를 나타낸다. "문은 열려 있거나 닫혀 있어야 한다"[1]라고 후작부인이 말한다. 그녀는 자신이 세상과 바깥 바람으로부터 지키고 싶은 거실에 대해 이야기한다. 문에는 받아들이고 선별할 수 있는 기능이 있다. 방은 훨씬 더 많이 보호받고 있다. 내부로부터 보호를 받는다. 두드리지 않고는 들어갈 수 없고 몰래 들어가는 것은 용납할 수 없는 사생활 침해다. 그리고 덧창, 덧문, 커튼이 여과하는 역할을 하므로 외부로부터 보호를 받는다. "햇빛에서 볼 수 있는 것은 유리창 뒤에서 일어나는 것보다 언제나 덜 흥미롭다"[2]고 한 보들레르에 따르면, 불이 켜진 창문들은 단순히 열려 있는 창문보다 더 많은 것을 내비친다 할지라도.

　점점 더 소단위로 나뉘어 경비되고 통제되는 사회에서 방은 비밀에 대한 최후의 권리를 유지하고 있다. 방은 고립된 장소가 될 수 있을 것이다. 그러한 가능성은 세계를 컴퓨터 화면에 보여주는 커뮤니케이션 기술로 더 증가한다. 방에서의 여행이 세계를 둘러보는 여행이 되었다.

이처럼 접속되고 활기를 되찾은 방은 앞으로 좋은 시절을 누리게 될 것이고 무한한 탐험을 할 것이다. 욕망과 타인들과 세계로 열린 문은 그것들을 발견하도록 부추긴다. 밖으로 나가라고.

나는 많은, 수수께끼 같은 이 방들을, 방의 벽들에 남아 있는 흔적들, 소리를 죽인 속삭임들, 억제된 감정들, 음모들, 밀도 있는 풍부한 삶과 상상의 숲속 오솔길들 때문에 좋아했다. 비밀들과 "소설의 고백들"에 영향을 받고 그 방들이 암시하고, 더 나아가 우리 각자에게 고백하는 힘에 놀란 나는 때때로 조심성이 없다고 느꼈다. 그러나 덧없는 것과 알 수 없는 것에 부딪혔다고 더 많이 느꼈다. 방의 거주자들을 감쌌던 은밀한 보호자, 그들의 침묵 역시 역사가의 침입과 대조를 이룬다. 방은 권력에 대한 호기심처럼 그 불투명함이 탐구자의 호기심을 좌절시키는 제한된 대상이다.

아마도 그것은 방이 매력적인 이유 중 하나일 것이다.

주註

제1장 방들의 실내악

1| Michel Foucault, *Dits et Ecrits*, Paris, Gallimard, 1994, t. 3, n° 195, p. 192 (Jeremy Bentham, *Le Panoptique ou l'œil du pouvoir*, Paris, Belfond, 1977에 수록된 장 피에르 바루 및 미셸 페로와의 대담 ≪L'œil du pouvoir≫에서 발췌).

2| Blaise Pascal, *Pensees*, VIII: ≪Divertissement≫, 126, in *Œuvres complètes*, éd. Michel Le Guern, Paris, Gallimard, coll. ≪Bibliothèque de la Pléiade≫, 2000, t. 2, p. 583.

3| Philippe Hamon, *Imageries. Littérature et image au XIXe siècle* (2001), Paris, José Corti, 2007.

4| Xavier de Maistre, *Voyage autour de ma chambre* (1794), 2e éd., Paris, Dufort, 1797; rééd. Paris, José Corti, 1984.

5| Edmond de Goncourt, *La Maison de l'artiste* (1881), Dijon, L'Échelle de Jacob, 2003 참조.

6| Walter Benjamin, *Paris, capitale du XIXe siècle. Le livre des passages*, Paris, Le Cerf, 1989, p. 230.

7| 여기서 밤은 도시라는 공간 안에서의 밤을 의미한다. "La Nuit", *Sociétés et Représentations*, n° 4, mai 1997; Simone Delattre, *Les Douze Heures noires. La nuit à Paris au XIXe siècle*, préface d'Alain Corbin, Paris, Albin Michel,

2000; Alain Cabantous, *Histoire de la nuit, XVIIe-XVIIIe siècle*, Paris, Fayard, 2009.

8| *camara*, 혹은 더 일반적으로는 *camera*에 관해서는 Léon Heuzey, *in* Charles Daremberg et Edmond Saglio, *Dictionnaire des antiquités grecques et romaines*, 1887, t. 1, 2e partie 참조.

9| Florence Dupont, ≪Des chambres avant la chambre≫, in *Rêves d'alcôves. La chambre au cours des siècles*, catalogue de l'exposition du musée des Arts décoratifs, Paris, Réunion des musées nationaux, 1995 (풍성한 삽화), p. 13-25.

10| Léon Heuzey, *in* Charles Daremberg et Edmond Saglio, *Dictionnaire des antiquités grecques et romaines, op. cit.*

11| Gustave Flaubert, *L'Éducation sentimentale. Histoire d'un jeune homme* (1869), in *Œuvres*, Paris, Gallimard, coll. ≪Bibliothèque de la Pléiade≫, 1948, t. 2, 1re partie, V, p. 100.

12| 이뿐만 아니라 19세기 제도사 사전에도 침실에 관한 수많은 행정적, 사법적 정의가 담겨 있다. Louis Charles Dezobry와 Théodore Bachelet, *Dictionnaire général de biographie et d'histoire*는 주로 집회에 관해 언급한다. Grande Encyclopedie, *Inventaire raisonné des sciences, des lettres et des arts* d' Henri Lamirault *et al.* (31 vol., 1886-1902, t. 10, p. 320-394)가 훨씬 더 포괄적이다.

13| 이른바 "양주의 방"이라는 별칭으로 불리기도 했다. 왜냐하면 회계 법원에는 앙주, 노르망디 등 각 지방별로 등기 장부를 정리해놓은 거대한 장롱이 있었는데, 그 장롱에 각 지방의 명칭이 붙여졌기 때문이다.

14| 동업조합실은 "각 업종의 대표들이 모여 장인으로 인정받기 위한 작품을 만든 수공업자들을 심사하던 방"이다. "고용주조합"은 여기에서 유래한 것이다.

15| 풍부하고 섬세한 Henry Havard, *Dictionnaire de l'ameublement et de la* décoration depuis le XIIIe siècle jusqu'à nos jours, Paris, Maison Quantin, s.d., t. 1, p. 666-714 참조.

16| 그에 관한 설명으로는 Jean-Philippe Heurtin, L'Espace public parlementaire. Essai sur les raisons du législateur, Paris, PUF, 1999 참조. 그는 주로 반원형의 공간으로 이루어진 국민의회를 다루었으며 그 주변에 관한 후속 연구가 기대된다. 또한 Jean Starobinski, ≪La chaire, la tribune, le barreau≫, in Pierre Nora (dir.), Les Lieux de mémoire, t. 2: La Nation, 3: ≪Les mots≫, Paris, Gallimard, 1986, p. 425-487 참조. 둘 다 여기서 우리가 다루고 있는 문제인 방에 관해서는 거의 언급하지 않는다.

17| 1839년 1월 22일 회기 중 발언으로 Jean-Philippe Heurtin, L'Espace public parlementaire, op. cit., p. 129 sq에서 인용.

18| Timon, 1842, ibid., p. 125에서 인용.

19| Marc Fumaroli, L'Âge de l'eloquence, Genève, Droz, 1980; ≪La conversation≫, in Pierre Nora (dir.), Les Lieux de mémoire, t. 3: Les France, 2: ≪Traditions≫, Paris, Gallimard, 1992, p. 679-743 참조.

20| 이에 관해서는 Lucienne Roubin과 Maurice Agulhon의 연구를 언급한 이 책의 '노동자의 방' 참조.

21| "Chambre étofée"는 남편의 사망 후 아내에게 상속된 가구들을 가리키는 법률 용어다.

22| 다른 명칭 중 몇몇에 관해서는 Prosper Mérimée, La Chambre bleue, 1872; Georges Simenon, La Chambre bleue, 1964. August Strindberg, La Chambre rouge, 1879; Gaston Leroux, Le Mystère de la chambre jaune, 1907; Nicolas Bouvier, La Chambre rouge, Genève, 1998; Christine Jordis, La Chambre blanche, Paris, Seuil, 2002 참조.

23| Pascal Dibie, Ethnologie de la chambre à coucher, Paris, Métailié, 2000.

24| Philippe Ariès et Georges Duby, *Histoire de la vie privée. De l'Antiquité à nos jours*, Paris, Seuil, 5 vol., 1985-1987.

25| "영어의 *room*은 우리가 차지한 물질적 방과 공간을 의미하는 동시에 우리가 타인에 대해 생각하며 유지하는 정신적 공간을 의미한다. 다시 말해 영어의 *room*은 프랑스어로 번역 불가능한 이중적 의미를 내포한다." (Pierre Nordon, préface à Virginia Woolf, *La Chambre de Jacob [Jacob's Room]*, in *Romans et Nouvelles*, Paris, LGF, coll. ≪La Pochothèque≫, 1993, p. 22.)

26| 특히 이 책에서 자주 참조된 Monique Eleb와 Anne Debarre.

27| *Reves d'alcoves, op. cit.* 참조.

28| Daniel Roche et d'Annick Pardailhé-Galabrun의 연구 근거. *La Naissance de l'intime. 3000 foyers parisiens, XVIIe-XVIIIe siècles*, Paris, PUF, 1988.

29| Virginie Berger, *Sociétés et Représentations*, n° 18, octobre 2004. 저자는 19세기 되세브르에서 일어난 일련의 범죄 사건에 관해 조사관들이 작성한 기록을 연구했다. 초고에는 집기류의 배치 상태가 잘 드러나 있다. 저자의 지적에 의하면 공동 침실에 침대가 두 개 놓여 있는 경우가 빈번하다.

30| "어린이 방에서 발견된 피의 감정 결과에 따라 조사 방향이 새롭게 전개될 수 있다." 여자 어린이 Maddie McCann의 방 벽에 자외선을 투사해본 결과 한쪽 벽면 일부에서 혈색소가 검출되었다.

31| Michelle Perrot, ≪Espaces privés≫, in Franco Moretti (dir.), *Il Romanzo*, Milan, Einaudi, t. 4, 2003.

32| 이 낡은 용어는 19세기에 얼굴에 관한 학문을 가리키는 데 사용되었다. Jean-Jacques Courtine et Claudine Haroche, *Histoire du visage. Exprimer et taire ses émotions du XVIe siècle au début du XIXe siècle*, Paris, Payot-Rivages, 1988 참조.

33| "관찰자의 대부분은 공적 기념물의 흔적들이나 가족 유물의 검토를 통해 습

관적으로 민족 혹은 개인을 떠올릴 수 있다. 고고학이 사회적 성격을 띤다면 비교해부학은 조직적 성격을 띤다." (Honoré de Balzac, *La Recherche de l'absolu* [1834], in *Œuvres complètes*, Paris, Gallimard, coll. ≪ Bibliothèque de la Pléiade≫, t. 10, p. 658.)

34| *César Birotteau* (1833), *ibid.*, t. 6, p. 120. 너그러운 공화주의자이자 이상주의자인 필레로는 온갖 고난을 겪던 향수 제조인을 후원해주었다.

35| *Ursule Mirouët* (1841), *ibid.*, t. 3, p. 836. 이 소설은 마들렌 앙브리에르가 그 기능을 분석한 장소의 상징체계를 토대로 쓰였다(*ibid.*, p. 766 sq.).

36| Pierre-Marc de Biasi (éd.), *Les Carnets de travail de Gustave Flaubert*, Paris, Balland, 1988, p. 238 (이 글은 *Bouvard et Pecuchet*의 집필을 준비하는 과정에서 쓰인 것임).

37| Altan Gokalp, *Harems. Mythe et réalité*, Rennes, Ouest-France, 2009.

38| Mario Praz, *Histoire de la decoration d'interieur. La philosophie de l'ameublement*, Paris, Tisné, 1990.

39| Id., *La Maison de la vie* (1979), préface de Pietro Citati, Paris, Gallimard-L'Arpenteur, 1993, p. 379. "이 수채화들에는 그 시대의 취향이 상당히 많이 담겨 있다. 그림에서 묘사된 문들과 창문들은 그 이후 더 이상 열려 있지 않았던 것처럼 보이며, 우리는 그 안에 갇힌 영혼을 느낀다."

40| Roland Barthes, *La Chambre claire*, Paris, Gallimard-Seuil, 1980. 새로운 해석의 시도로 Arlette Farge, *La Chambre à deux lits et le Cordonnier de Tel-Aviv*, Paris, Seuil, 2000 참조 (이 경우에는 Sophie Ristelhueber의 사진들).

41| Eugène Atget, *Intérieurs parisiens*, Bernard de Montgolfier가 서문을 쓴 1982년 카르나발레 박물관 전시회 목록, Atget, Une rétrospective, 2007년 프랑스 국립도서관 리슐리외 관 전시회 목록.

42| Claude Dauphiné, ≪Les chambres du narrateur dans la *Recherche*≫,

       Bulletin des amis de Marcel Proust, 1981, n° 31, p. 339-356.

43| Franz Kafka, ≪La métamorphose≫ (1915), ≪Le terrier≫ (1931), in *Œuvres complètes*, t. 2: *Récits et fragments narratifs*, éd. Claude David, Paris, Gallimard, coll. ≪Bibliothèque de la Pléiade≫, 1980.

44| Georges Perec, *Espèces d'espaces* (1974), Paris, Galilée, 2000.

제2장 왕의 침실

1| Joël Cornette (dir.), *Versailles. Le pouvoir de la pierre*, Paris, Tallandier, 2006, p. 14.

2| André Félibien, *Description sommaire du chasteau de Versailles*, Paris, Desprez, 1674. Louis Marin, *Le Portrait du roi*, Paris, Minuit, 1981. 특히 p. 221-235, ≪Le palais du prince≫ 참조.

3| Julien Green, 12 décembre 1935, *Journal*, in *Œuvres complètes*, t. 5, Paris, Gallimard, coll. ≪Bibliothèque de la Pléiade≫, 1977, p. 394. 자신의 견해를 뒷받침하기 위해 그는 친구인 Rolland de Renneville의 말을 인용한다.

4| Hélène Himelfarb, ≪Versailles, fonctions et légendes≫, *in* Pierre Nora (dir.), *Les Lieux de mémoire*, t. 2: *La Nation, op. cit.*, 2, p. 235-292.

5| William R. Newton, *L'Espace du roi. La cour de France au château de Versailles, 1682-1789*, Paris, Fayard, 2000; Id., *La Petite Cour. Services et serviteurs à la cour de Versailles au XVIIIe siècle*, Paris, Fayard, 2006; Emmanuel Le Roy Ladurie, *Saint-Simon ou le Système de la cour*, Paris, Fayard, 1997.

6| Édouard Pommier, ≪Versailles, l'image du souverain≫, *in* Pierre Nora (dir.), *Les Lieux de mémoire*, t. 2: *La Nation, op. cit.*, 2, p. 193-234.

7| Lucien Bély, *La Sociétédes princes, XVIe-XVIIIe siècle*, Paris, Fayard,

2000; Monique Chatenet, *La Cour de France au XVIe siècle. Vie sociale et architecture*, Paris, Picard, 2002, 특히 『왕의 침실』 p. 147-150과 16세기의 공적, 사적인 용도 참조.

8| William R. Newton, *L'Espace du roi, op. cit.*, p. 124.

9| Régis Debray, *Le Moment fraternité*, Paris, Gallimard, 2009, p. 42.

10| Joël Cornette, ≪La réception des ambassadeurs≫, *in* Id. (dir.), *Versailles, op. cit.*, p. 199.

11| Saint-Simon, *in* Daniel Dessert, *Saint-Simon. Louis XIV et sa cour* (1994), Paris, Complexe, 2005, p. 69 (생시몽『회고록』의 발췌본).

12| Édouard Pommier, ≪Versailles, l'image du souverain≫, art. cit., p. 225.

13| Saint-Simon, *in* Daniel Dessert, *Saint-Simon, op. cit.*, p. 337. 좌석의 '세부적인 사항'들이 활용된 예로는 Emmanuel Le Roy Ladurie, ≪Saint-Simon: Mémoires d'un Petit Duc≫, *in* Joël Cornette (dir.), *Versailles, op. cit.*, p. 185 참조.

14| Béatrix Saule, *La Journée de Louis XIV. 16 novembre 1700*, Arles, Actes Sud, 2003.

15| Saint-Simon, *in* Daniel Dessert, *Saint-Simon, op. cit.*, p. 69.

16| William R. Newton, *La Petite Cour, op. cit.*, ≪La chambre du roi≫, p. 33 sq.

17| Norbert Elias, *La Civilisation des mœurs* (1939), Paris, Calmann-Lévy, 1976.

18| Mathieu Da Vinha, *Les Valets de chambre de Louis XIV*, Paris, Perrin, 2004.

19| Joël Cornette, *in* Id. (dir.), *Versailles, op. cit.*, p. 22에서 인용.

20| Saint-Simon, *in* Daniel Dessert, *Saint-Simon, op. cit.*, p. 346.

21| Id., Mathieu Da Vinha, *Les Valets de chambre de Louis XIV, op. cit.*, p. 233에

서 인용.

22| Id., Versailles, 29 mars 1699, Daniel Dessert, *Saint-Simon, op. cit.*, p. 33에서 인용된 편지.

23| *Ibid.*, p. 262.

24| *Ibid.*, p. 300.

25| *Ibid.*, p. 201-205.

26| Guy Chaussinand-Nogaret, ≪Les familles du roi≫, *in* Joël Cornette (dir.), *Versailles, op. cit.*, p. 107-115. 저자는 적어도 맹트농 부인과 결혼할 때까지 존재하던 '베르사유의 하렘'에 관해 언급하고 있다.

27| Saint-Simon, *in* Daniel Dessert, *Saint-Simon, op. cit.*, p. 366-367 sq.

28| *Ibid.*, p. 377.

29| Hélène Himelfarb, ≪Les logements versaillais de Mme de Maintenon. Essai d'interprétation≫, *Saint-Simon, Versailles, les arts de la cour*, Paris, Perrin, 2006, p. 208.

30| 여기서 'Privance'는 'familiarité'를 의미한다. Alain Rey에 의하면 이 중세 용어는 17세기 이후 사라졌다. 생시몽은 흔히 이 단어를 왕과 관련해서 사용했다.

31| Elisabeth-Charlotte d'Orléans, *Lettres de la princesse Palatine*, Paris, Mercure de France, 1999, p. 111 et 52. Arlette Lebigre, ≪La Palatine, une Allemande à Versailles≫, *in* Joël Cornette (dir.), *Versailles, op. cit.*, p. 223-232.

32| Saint-Simon, *in* Daniel Dessert, *Saint-Simon, op. cit.*, p. 399.

33| *Ibid.*, p. 122.

34| *Ibid.*, p. 359.

35| 이 주제에 관해서는 Pierre Birnbaum, *Un récit de meurtre rituel au Grand*

Siècle. L'affaire Raphaël Lévy, 1669, Paris, Fayard, 2008. 저자는 이 경우 왕권의 보호자 역할을 강조한다.

36| Antoine Vallot, Antoine Daquin, Guy-Crescent Fagon, *Journal de santéde Louis XIV*, éd. Stanis Perez, Grenoble, Jérôme Millon, 2004; Stanis Perez, *La Santéde Louis XIV. Une biohistoire du Roi-Soleil*, Seyssel, ChampVallon, 2007.

37| *Ibid.*, p. 239, 7장 ≪Les nouvelles de la santédu roi en tant qu'informations stratégiques≫.

38| *Ibid.*, p. 308.

39| Saint-Simon, *in* Daniel Dessert, *Saint-Simon, op. cit.*, p. 245-270, 계속되는 인용문들도 마찬가지이다.

40| 팔츠 대공비에 의해 사용된 야유로 "병의 밑바닥, 오래된 포도주들의 혼합, 진흙 덩어리" 등을 의미한다.

제3장 잠자는 방

1| Pascal Dibie, *Ethnologie de la chambre à coucher, op. cit. Rêves d'alcôves, op. cit.*

2| Aurélien Sauvageot, *Découverte de la Hongrie*, Paris, Alcan, 1937.

3| Louis Lépecq de La Clôture, *Collection d'observations sur les maladies et constitutions épidémiques. Années 1763 à 1770 et 1771 à 1773*, Rouen, Imprimerie privilégiée, 1778.

4| Prosper Mérimée, *La Chambre bleue*, 1872 (황후 외제니를 위해 새로 쓰인 것이다).

5| 1875년 10월 18일 기사로 Jacques Léonard, *Archives du corps. La santé au XIXe siècle*, Rennes, Ouest-France, 1986에 인용되었는데 이 책에서는 또

다른 예들이 제시되었다.

6| *Ibid.*

7| Jules Renard의 1905년 『일기』(*Jacques Leonard, Médecins, malades et sociétédans la France du XIXe siècle*, Paris, Sciences en situation, 1992에서 재인용).

8| Émile Guillaumin, *La Vie d'un simple. Mémoires d'un métayer*, Paris, Stock, 1979, p. 98.

9| Françoise Zonabend, *La Mémoire longue. Temps et histoire au village*, Paris, PUF, 1980, p. 27 *sq.*, ≪Manières d'habiter≫.

10| Daniel Roche, *Histoire des choses banales. Naissance de la consommation dans les sociétés traditionnelles, XVIIe-XVXe siècle*, Paris, Fayard, 1997, p. 183-208, ≪Meubles et objets≫.

11| Jean Guéhenno, *Journal d'un homme de quarante ans*, Paris, Grasset, 1934, p. 57-58.

12| '노동자의 방' 참조.

13| Katerina Azarova, *L'Appartement communautaire. L'histoire cachée du logement soviétique*, Paris, Sextant, 2007. 박사 학위논문을 토대로 한 이 책은 1996-2003년에 행해진 다세대 가정 20가구에 대한 현장 조사에서 얻은 다양한 자료를 토대로 한 것이다. 이 책에는 다수의 사진과 평면도가 포함되어 있다.

14| *Ibid.*, p. 272. 4부 '공동생활'에서는 여러 증거가 제시된다.

15| Viktor Borisovitch, *ibid.*, p. 270.

16| Françoise Huguier, *Kommunalki*, Arles, Actes Sud, 2008. 2008년 4월 19일 *Le Monde 2*, 참조.

17| 참고문헌은 상당히 많다. André Burguière, Christiane Klapisch-Zuber,

Martine Segalen, Françoise Zonabend, *Histoire de la famille*, Paris, Armand Colin, 2 vol., 1986. 최근의 시각으로는 Agnès Walch, *Histoire du couple en France de la Renaissance à nos jours*, Rennes, Ouest-France, 2003 참조.

18 | Odile Nouvel-Kammerer, ≪La création de la chambre conjugale≫, in *Rêves d'alcôves, op. cit.*, p. 104-127 참조.

19 | Louis-Georges Tin, *L'Invention de la culture hétérosexuelle*, Paris, Autrement, 2008.

20 | Émile Littré, *Dictionnaire de la langue française*, 1863-1872, t. 3, ≪Privé≫. '사생활의 벽'이라는 표현은 1820년대에 구체화되었다.

21 | Florence Dupont, ≪Des chambres avant la chambre≫, art. cit., p. 13-25.

22 | Françoise Collin, Évelyne Pisier, Eleni Varikas (dir.), *Les Femmes de Platon à Derrida*, Paris, Plon, 2000, p. 96에서 인용.

23 | Sylviane Agacinski, Métaphysique des sexes. *Masculin / feminin aux sources du christianisme*, Paris, Seuil, 2005.

24 | Père Feline, *Catéchisme des gens mariés*, Caen, Gille Le Roy, 1782, p. 31.

25 | Anne-Claire Rebreyend, *Intimités amoureuses. France, 1920-1975*, Toulouse, Presses universitaires du Mirail, 2008.

26 | Louis Aragon, *Les Chambres. Poème du temps qui ne passe pas*, Paris, Éditeurs français réunis, 1969, p. 105.

27 | Honoré de Balzac, ≪Code conjugal≫, note de la *Physiologie du mariage* (vers 1830), in *Œuvres complètes, op. cit.*, t. 11, p. 1892, note 1.

28 | Anne Debarre-Blanchard et Monique Eleb-Vidal, *Architectures de la vie privée. Maisons et mentalités, XVIIe-XVXe siècles*, Bruxelles, Archives de l'architecture moderne, 1989; Id., *Invention de l'habitation moderne*.

Paris, 1880-1914, Paris, Hazan, 1995; Id., ≪Architecture domestique et mentalités. Les traités et les pratiques, XVIᵉ-XIXᵉ siècles≫, *In extenso*, n° 5, avril 1985 (건축가들의 평면도 분석).

29 | Nicolas Le Camus de Mézières, *Le Génie de l'architecture ou l'analogie de cet art avec nos sensations*, Paris, chez l'auteur, 1780.

30 | 이런 상황은 모니크 엘브비달에 의해 지적되었다. Monique Eleb-Vidal, *Invention de l'habitation moderne, op. cit.*, chap. 6, ≪La chambre≫, p. 139-160. '여인들의 방' 참조.

31 | Julien Guadet, *Éléments de composition dans l'habitation* (1902), cite *in* Anne Debarre-Blanchard et Monique Eleb-Vidal, *Architectures de la vie privée, op. cit.*, p. 145.

32 | Dr P. de Bourgogne, *Le Mariage. Conseils médicaux d'hygiène pratique*, Paris, Vigot, 5ᵉ éd., 1923, chap. 7, p. 88-110, ≪La chambre à coucher et le cabinet de toilette≫. 이 텍스트에 관해 지적해준 필리프 아리에스에게 감사를 표한다.

33 | Marion Segaud, Sandrine Bonvalet et Jacques Brun (dir.), *Logement et Habitat. L'état des savoirs*, Paris, La Découverte, 1998, 특히 Monique Eleb, ≪L'habitation entre vie privée et vie publique≫, p. 68-74; Monique Eleb et Anne-Marie Châtelet, *Urbanité, sociabilitéet intimité. Des logements d'aujourd'hui*, Paris, L'Épure, 1997, ≪Les chambres en souffrance≫, p. 175-191.

34 | 런던 켄싱턴에 있는 빅토리아 앤드 앨버트 박물관은 가구와 공예품들로 가득 찬 장식미술 박물관이다.

35 | Dr Michel Lévy, *Traité d'hygiène publique et privée*, Paris, Hachette, 3ᵉ éd., 1862, t. 1, article VI, ≪Des habitations privées et de l'air confiné≫,

p. 549-628. Jacques Léonard, *Archives du corps, op. cit.*, chap. 2, ≪L'air vicié≫ 참조.

36| Jean-Pierre Goubert, *La Conquête de l'eau. L'avènement de la santé à l'âge industriel*, introduction d'Emmanuel Le Roy Ladurie, Paris, Laffont, 1986 참조.

37| Dr P. de Bourgogne, *Le Mariage, op. cit.*

38| Michela de Giorgio, ≪La bonne catholique≫, *in* Georges Duby et Michelle Perrot (dir.), *Histoire des femmes en Occident*, Paris, Plon, 5 vol., 1990-1991, t. 4, p. 187.

39| Henry Havard, *Dictionnaire de l'ameublement et de la décoration, op. cit.*, t. 1.

40| Rivka Bercovici, ≪La privatisation de l'espace familial: chambre à coucher conjugale au XIXe siècle≫, *in* Anne Debarre-Blanchard et Monique Eleb-Vidal, *La Maison. Espaces et intimités, In extenso*, n° 9, 1986, p. 345-368. 그녀는 1840-1880년에 24회에 걸친 파리 연구 과정에서 수천 건의 문서를 면밀히 분석했다.

41| Jean-Pierre Chaline, *Les Bourgeois de Rouen. Une élite urbaine du XIXe siècle*, Paris, Fondation nationale des sciences politiques, 1982.

42| Marcel Proust, ≪Journées de lecture≫ (1905), *Pastiches et Mélanges*, in *Contre Sainte-Beuve*, Paris, Gallimard, coll. ≪Bibliothèque de la Pléiade≫, 1971, p. 164.

43| Claude Mossé, *La Femme dans la Grèce antique*, Paris, Albin Michel, 1983, p. 28.

44| Françoise Frontisi-Ducroux, *Ouvrages de dames. Ariane, Hélène, Pénélope*, Paris, Seuil, coll. ≪La Librairie du xxie siècle≫, 2009, p. 103 (페넬로페와 "기묘한 일련의 침대 판화들에 관하여").

45| Michel Rouche, *in* Philippe Ariès et Georges Duby, *Histoire de la vie privée, op. cit.*, t. 1, p. 465.

46| Évelyne Patlagean, *ibid.*, t. 2, p. 555.

47| Georges Duby, *Le Chevalier, la Femme et le Prêtre*, Paris, Hachette, 1981.

48| Id., ≪L'amour en France au XIIe siècle≫ (1983), in *Féodalité*, Paris, Gallimard, 1996, p. 1405.

49| Philippe Ariès, *L'Homme devant la mort*, Paris, Seuil, coll. ≪Points Histoire≫, 1977, t. 1, p. 224에서 인용.

50| Henry Havard, *Dictionnaire de l'ameublement et de la décoration, op. cit.*, t. 3, p. 374에서 인용.

51| Daniel Roche, *Histoire des choses banales, op. cit.* 참조.

52| Anne Fillon, *Fruits d'écritoire. Sociétéet mentalités aux XVIIe et XVIIIe siècles*, Le Mans, Laboratoire d'histoire anthropologique du Mans, 2000, ≪Comme on fait son lit on se couche. Trois cents ans d'histoire du lit villageois, population et cultures≫, p. 109-127; Agnès Fine, ≪À propos du trousseau: une culture féminine?≫ *in* Michelle Perrot (dir.), *Une histoire des femmes est-elle possible?*, Marseille, Rivages, 1984, p. 155-189.

53| Joëlle Guillais, *La Chair de l'autre. Le crime passionnel au XIXe siècle*, Paris, Olivier Orban, 1986.

54| Honoré de Balzac, *Physiologie du mariage. Méditation XVII*, ≪Théorie du lit≫, in *Œuvres complètes, op. cit.*, t. 11, p. 1060 *sq.*; *Méditation XIV*, ≪Des appartements≫, p. 1038 *sq.*

55| Henry Havard, *Dictionnaire de l'ameublement et de la décoration, op. cit.*, t. 3에 있는 '침대'에 관한 항목은 매우 상세하다. Nicole de Reyniès, *Le Mobilier domestique. Vocabulaire typologique*, Paris, Imprimerie nationale, 2 vol., 1987 참조; Alecia Beldegreen, *Le Lit*, Paris, Flammarion, 1992.

56ㅣ Diane de Furstenberg, *Lits de rêve*, Boulogne-Billancourt, Éd. du May, 1991.

57ㅣ Claude Langlois, *Le Crime d'Onan. Le discours catholique sur la limitation des naissances, 1816-1930*, Paris, Les Belles Lettres, 2005; Agnès Walch, *La Spiritualité conjugale dans le catholicisme français, XVIe-XXe siècle*, Paris, Le Cerf, 2002.

58ㅣ Catherine Levesque (XVIIe siècle), *ibid.*, p. 279에서 인용.

59ㅣ Alain Corbin, *L'Harmonie des plaisirs. Les manières de jouir du siècle des Lumières à l'avènement de la sexologie*, Paris, Perrin, 2008, chap. 8, ≪Le lit conjugal; ses interdits et ses plaisirs≫, p. 255-290.

60ㅣ Martine Sèvegrand, *Les Enfants du Bon Dieu. Les catholiques français et la procréation (1919-1969)*, Paris, Albin Michel, 1995; Id., *L'Amour en toutes lettres. Questions à l'abbé Viollet sur la sexualité (1924-1943)*, Paris, Albin Michel, 1996 참조.

61ㅣ *Ibid.*, p. 256.

62ㅣ ≪Débat autour du lit conjugal≫, *ibid.*, p. 201-205 (1926년에 출판된 기독교적 결혼을 위한 협회 보고서에 수록된 편지들).

63ㅣ Dr Charles Montalban, *La Petite Bible des jeunes époux* (1855), présentée par Alain Corbin, Grenoble, Jérôme Millon, 2008.

64ㅣ Évelyne Bloch-Dano, *Madame Zola*, Paris, Grasset, 1997, p. 272; 바로 *Fécondité*가 발표된 1899년 3월 무렵의 일이다.

65ㅣ Id., *Chez les Zola. Le roman d'une maison*, Paris, Payot, 2006, p. 113. Émile Zola, *Lettres à Jeanne Rozerot, 1892-1902*, édition établie par Brigitte Émile-Zola et Alain Pagès, Paris, Gallimard, 2004 참조.

66| Anne Martin-Fugier, *Une nymphomane vertueuse. L'assassinat de la duchesse de Choiseul-Praslin*, Paris, Fayard, 2009에서 인용.

67| Alexis de Tocqueville, *Œuvres complètes*, Paris, Gallimard, t. 8: *Correspondance avec Gustave de Beaumont*, 1967, p. 277, lettre du 18 janvier 1838.

68| Lettre à Mary Motley, 28 octobre 1837, archives de la Beinecke Library, Yale.

69| Anne-Claire Rebreyend, *Intimités amoureuses, op. cit.*, p. 122-135. L'APA는 필립 르쥔이 개인적인 문서들을 수집하기 위해 설립한 것으로 오늘날 2000건 이상의 문서를 보유하고 있다. 이 협회는 앙베리외앙뷔제 도서관 Ain에 위치해 있다.

70| Agnès Varda, *Quelques Veuves de Noirmoutier*, 2006년 10월 17일 유럽 TV 관련협회 (ARTE: Association Relative à la Télévision Européenne는 프랑스·독일 TV 방송—옮긴이)에서 방영되었다.

71| Jean-Pierre Bois, *Les Vieux*, Paris, Fayard, 1989 참조.

72| Élisabeth Claverie et Pierre Lamaison, *L'Impossible Mariage. Violence et parenté en Gévaudan XVIIe-XIXe siècles*, Paris, Hachette, 1982. 이 연구는 소송기록을 통해 우스탈의 공동생활이 쉽게 소송을 제기하는 개인주의의 압력에 밀려 극도의 긴장관계에 처하게 되었음을 잘 보여준다.

73| Sylvie Lapallus, *La Mort du vieux. Une histoire du parricide au XIXe siècle*, Paris, Tallandier, 2004.

74| Vincent Gourdon, *Histoire des grands-parents*, Paris, Perrin, 2001, p. 60.

75| Irène Théry, *Le Démariage. Justice et vie privée*, Paris, Odile Jacob, 1996.

76| *Le Monde*, 7 février 2004, Pascal Dibie가 논평한 조사 참조.

제4장 사적인 방

1| Jules Vallès, *L'Insurgé*(1871), in *Œuvres*, t. 2: 1871-1885, éd. Roger Bellet, Paris, Gallimard, coll. ≪Bibliothèque de la Pléiade≫, 1990, p. 879.

2| Marie-Claire Hoock-Demarle, *La République des lettres. Réseaux épistolaires et construction de l'espace européen*, Paris, Albin Michel, 2008, p. 78 (1789년 8월 4일 편지)에서 인용.

3| *Ibid.*, p. 83 (1793년 11월 9일).

4| Joris-Karl Huysmans, *En ménage* (Victor Brombert, *La Prison romantique. Essai sur l'imaginaire*, Paris, José Corti, 1975, p. 160에서 재인용).

5| Michel Foucault, *Surveiller et Punir. Naissance de la prison*, Paris, Gallimard, 1975.

6| Michel de Certeau, *La Prise de parole*, Paris, Seuil, 1994, p. 247.

7| *Rêves d'alcôves, op. cit.*, p. 115.

8| Philip Roth, *La Tache*, Paris, Gallimard, 2002, p. 292.

9| Henry Havard, *Dictionnaire de l'ameublement et de la décoration, op. cit.*, t. 1, p. 678에서 인용.

10| Pascal Dibie, *Rêves d'alcôves, op. cit.*, p. 31에서 재인용.

11| Georges Perec, *Espèces d'espaces, op. cit.*, p. 25.

12| Danièle Régnier-Bohler, *in* Philippe Ariès et Georges Duby, *Histoire de la vie privée, op. cit.*, t. 2, p. 325-328.

13| Maria Bakhmeteva, Journal, 1805, *in* Elena Gretchanaia et Catherine Viollet, ≪*Si tu lis jamais ce journal.*≫ *Diaristes russes francophones, 1780-1854*, Paris, CNRS, 2008, p. 170.

14| Daniel Roche, *Histoire des choses banales, op. cit.*, p. 199에 의하면 "민중조차 진정한 의미의 침대를 소유했다. 이러한 안락함은 17세기 말부터 가능해

졌다." 전형적인 모델은 기둥과 커튼이 달린 침대였다.

15 | Joëlle Guillais, *La Chair de l'autre, op. cit.*, p. 124.

16 | Georges Perec, *Espèces d'espaces, op. cit.*, ≪Le lit≫, p. 33-39.

17 | George Sand, *Histoire de ma vie* (1847), Paris, Gallimard coll. ≪Quarto≫, 2004, p. 770.

18 | Franz Kafka, ≪Un célibataire entre deux âges≫, in *Œuvres complètes, op. cit.*, t. 2, p. 355와 관련 각주 p. 993, 1915년 2월 11일 Felice Bauer에게 보낸 편지.

19 | Marcel Mauss, *Manuel d'ethnographie*, Paris, Payot, 1967.

20 | Dr Michel Lévy, *Traité d'hygiène publique et privée, op. cit.*, t. 2, ≪Hygiène du sommeil≫, p. 409-415.

21 | Stéphane Audouin-Rouzeau, *Combattre. Une anthropologie historique de la guerre moderne (XIXe-XXIe siècle)*, Paris, Seuil, 2008, p. 89 참조.

22 | Violette Leduc, *Je hais les dormeurs* (1948), Rigny, Éd. du Chemin de fer, 2006.

23 | Paul Fluchaire, *La Révolution du lit. Pour un sommeil de rêve*, Paris, Artylen, 1991.

24 | Michel Pastoureau, *Noir. Histoire d'une couleur*, Paris, Seuil, 2008, p. 160.

25 | Mona Ozouf, *Composition francaise. Retour sur une enfance bretonne*, Paris, Gallimard, 2009, p. 46.

26 | Henri Michaux, ≪Dormir≫, *La nuit remue* (1967), in *Œuvres complètes*, Paris, Gallimard, coll. ≪Bibliothèque de la Pléiade≫, 1998, t. 1, p. 472; *Plume, ibid*.

27 | William C. Dement et Christopher Vaughan, *Avoir un bon sommeil*, Paris, Odile Jacob, 2000; Paul Fluchaire, *Guide du sommeil*, Paris, Ramsay, 1987

참조.

28 | Michel Covin, *Une esthétique du sommeil*, Paris, Beauchesne, 1990. 미술은 이 주제에 관해 별다른 언급을 하지 않고 있으며 문학은 미술보다 약간 명료하다.

29 | Jeremy Bentham, *Esquisse d'un ouvrage en faveur des pauvres* (1797), *in* Adrien Duquesnoy, *Recueil sur les établissements d'humanité*, Paris, 1802, p. 112. 팬옵티콘은 감시 문제를 가장 저렴한 비용으로 해결하기 위한 목적에서 만들어진 유명한 원형 감옥의 설계도다. Michelle Perrot, ≪L'inspecteur Bentham≫, in *Les Ombres de l'histoire*, Paris, Flammarion, coll. ≪Champs≫, 2001, p. 65-108 참조.

30 | Elena Gretchanaia et Catherine Viollet, ≪*Si tu lis jamais ce journal*≫, *op. cit.*, p. 163에서 재인용.

31 | Yannick Ripa, *Histoire du rêve. Regards sur l'imaginaire des Francais au XIXe siecle*, Paris, Hachette, coll. ≪Pluriel≫, 1988 참조.

32 | Fanny Déchanet-Platz, *L'Écrivain, le sommeil et les rêves, 1800-1945*, Paris, Gallimard, 2008 참조.

33 | Max Milner, *L'Imaginaire des drogues. De Thomas de Quincey à Henri Michaux*, Paris, Gallimard, 2000 참조.

34 | *ibid.*, p. 148에서 인용.

35 | Fanny Déchanet-Platz, *L'Écrivain, le sommeil et les rêves, op. cit.*, p. 170에서 재인용.

36 | *Un lit défait* (vers 1827), 외젠 들라크루아 박물관, 파리 퓌르스텐베르그 광장.

37 | 이 주제에 관해서는 *Histoire d'O*에서 Pauline Réage가 털어놓은 독특한 비밀 이야기와 성행위에 관한 조사 결과 참조.

38 | Marie Chaix, *L'Âge du tendre*, Paris, Seuil, 1979, ≪La chambre de jeune

fille》, p. 89.

39| Louis-Georges Tin, *L'invention de la culture hétérosexuelle, op. cit.*

40| Jules Renard, *Journal*, Paris, Gallimard, coll. ≪Bibliothèque de la Pléiade≫, 1960, p. 27, 25 juillet 1889.

41| James Baldwin, *La Chambre de Giovanni*, Paris, Rivages, 1997 (동성애 문학의 고전적인 작품이다).

42| Lytton Strachey, ≪Lancaster Gate≫ (1922), trad. Philippe Blanchard, *Urbi*, IX, 1984. 비평가이자 출판업자인 리턴 스트레이치 (1880-1932)는 버지니아 울프의 친구로 블룸즈버리그룹에서 두드러진 역할을 한 인물 중 하나이다. 또한 그는 *Eminent Victorians, Queen Victoria* 등의 전기 작품으로도 유명하다. 랭커스터 게이트에 대한 묘사는 단란한 주택을 상기시킨다. 그는 뒷날 블룸즈버리그룹의 핵심 인물인 던컨 그랜트의 정부가 되었다.

43| *L'Astrée*, Cécile Dauphin et Arlette Farge (dir.), *Séduction et Sociétés*, Paris, Seuil, 2001, p. 61에서 Daniele Haase-Dubosc에 의해 인용.

44| Charles Baudelaire, ≪La mort des amants≫, *Les Fleurs du mal*.

45| Sainte-Beuve, *Port-Royal*, Paris, Robert Laffont, coll. ≪Bouquins≫, 2004, t. 1, p. 443.

46| Mary Carruthers, *Machina memorialis. Méditation, rhétorique et fabrication des images au Moyen Âge* (1998), Paris, Gallimard, 2002.

47| '닫힌 방' 참조.

48| Motin의 애가, Henri Bremond, *Histoire du sentiment religieux en France depuis la fin des guerres de Religion jusqu'a nos jours* (1916-1933), Grenoble, Jérôme Millon, 2006, t. 1, p. 392에서 인용.

49| Antoine de Nervèze, *Le Jardin sacréde l'âme solitaire* (fin XVIe siècle), *ibid.*, p. 295에서 인용.

50| Jacques-Joseph Duguet, 1731, *ibid.*, t. 4, p. 487에서 인용.

51| Julia Kristeva, *Thérèse mon amour*, Paris, Fayard, 2008, p. 375에서 인용.

52| *Ibid.*, p. 384.

53| Henri Bremond, *Histoire du sentiment religieux en France*, op. cit., t. 1, p. 718.

54| *Ibid.*, t. 6, p. 830. 그는 마리 마르탱 기야르의 아들이다. 마리 드 랭카르나시옹이 된 그녀는 퀘벡에서 자신과 같은 이름의 복음주의 수녀회를 창설했다.

55| Julia Kristeva, *Thérèse mon amour, op. cit.*, p. 377.

56| Henri Bremond, *Histoire du sentiment religieux en France, op. cit.*, t. 1, p. 513.

57| *Ibid.*, t. 6, p. 735.

58| *Ibid.*, t. 8, p. 459. 묵상은 영적인 은둔이며 성 프란체스코회 수사들은 이를 실천한 명상가다.

59| Alberto Manguel, *Une histoire de la lecture*, Arles, Actes Sud, 1998. 내가 참고한 것은 2001년에 재간행된 문고판이다.

60| *Ibid.*, p. 81.

61| *Ibid.*, p. 211.

62| Jean-Paul Sartre, *L'Idiot de la famille. Gustave Flaubert de 1821 à 1857*, Paris, Gallimard, 1971, t. 2, p. 1363.

63| Laure Adler et Stefan Bollmann, *Les femmes qui lisent sont dangereuses*, Paris, Flammarion, 2006 (삽화가 풍성하다).

64| *Delacroix et ses amis de jeunesse*, 파리 들라크루아 박물관의 전시회, 2008년 1월.

65| Marcel Proust, *À l'ombre des jeunes filles en fleurs*, in *À la recherche du temps perdu*, Paris, Gallimard, coll. ≪Bibliothèque de la Pléiade≫, t. I, 1973, p.

607.

66| Jean-Marie Goulemot, *Ces livres qu'on ne lit que d'une main. Lecture et lecteurs de livres pornographiques au XVIIIe siècle*, Paris, Minerve, 1994.

67| Marcel Proust, ≪Journées de lecture≫, *Pastiches et Mélanges, op. cit.* p. 161-194.

68| ≪Les déchiffreurs. Voyages en mathématiques≫, *Le Monde 2*, 24 janvier 2009, p. 29.

69| Elena Gretchanaia et Catherine Viollet, ≪*Si tu lis jamaisce journal*≫, *op. cit.*, p. 204 (17 septembre 1821)에서 인용.

70| Philippe Lejeune, *Le Journal intime. Histoire et anthologie*, Paris, Textuel, 2006 참조. 저자는 일기의 종교적 기원을 부정한다.

71| Marie-Claire Hoock-Demarle, *La République des lettres, op. cit.*, p. 420 (30 decembre 1879)에서 인용.

72| *Ibid.*, p. 271.

73| *Ibid.*, p. 14.

74| Marcel Proust, *La Fugitive*, in *À la recherche du temps perdu*, Paris, Gallimard, coll. ≪Bibliothèque de la Pléiade≫, t. I, 1977, p. 571.

75| Felice Bauer에게 보낸 편지, 14-15 janvier 1913, *in* Franz Kafka, *Œuvres complètes*, Paris, Gallimard, coll. ≪Bibliothèque de la Pléiade≫, t. 4, 1989, p. 232.

76| Felice Bauer에게 보낸 편지, 11 février 1915, *ibid*.

77| Ernst Jünger, *Journaux de guerre*, Paris, Gallimard, coll. ≪Bibliothèque de la Pléiade≫, 2008, t. 2, p. 34 (4 mai 1939).

78| Simone de Beauvoir, *La Force des choses* (1963), Paris, Gallimard, coll. ≪Folio≫, 1977, t. 1, p. 123 (16 mai 1945).

79| Francis David, *Intérieurs d'ecrivains*, Paris, Le Terrain vague, 1982.

80| '여인들의 방' 참조.

81| 1844년 12월 그를 방문한 Karl Grün은 "그의 주변은 바로 그런 모습이었다"고 말했다. 1844, Michel Winock, *Les Voix de la liberté*, Paris, Seuil, 2001, p. 270에서 인용.

82| Edmond et Jules de Goncourt, *Journal*, éd. Ricatte, Monaco, Imprimerie nationale de Monaco, 1956, t. 8, p. 44 (4 août 1867). 일기 속의 텍스트는 단순히 여자들에 대한 비난뿐 아니라 공쿠르 형제가 멍청한 말을 늘어놓는 사람으로 여기던 비서 트루바에 대한 비난도 포함되어 있다.

83| Louis Chauvin, Manuel de l'instituteur, 1889 (Francine Muel-Dreyfus, *Le Métier d'éducateur. Les instituteurs de 1900, les éducateurs spécialisés de 1968*, Paris, Minuit, 1983)에서 인용.

84| Honoré de Balzac, *Les Proscrits*, in *La Comédie humaine*, Paris, Gallimard, coll. ≪Bibliothèque de la Pléiade≫, t. 1, 1976, LXXII (단테에 관하여).

85| Lettre à Ernest Delahaye, *in* Arthur Rimbaud, *Œuvres complètes*, Paris, Gallimard, coll. ≪Bibliothèque de la Pléiade≫, 1946, ≪Parmerde, Juinphe 72≫, p. 269-271. 빅토르쿠쟁 가 8번지에는 'les Amis d'Arthur Rimbaud'에 의해 붙여진 금속판이 있다. 그 안에는 다음과 같은 글귀가 새겨져 있다. " '이 순간 나는 아름다운 침실에 있다네' 1872년 6월 클뤼니 호텔에서 아르튀르 랭보." 이 금속판의 존재를 내게 알려준 것은 모리스 올랑데이다.

86| Marcel Proust, *La Prisonnière*, in *À la recherche du temps perdu*, t. III , *op. cit.*, p. 18. 이 인용문은 『잃어버린 시간을 찾아서』 중에서 화자가 실제 이름을 사용한 아주 드문 구절들 중 하나다. 예를 들어 프랑수아즈는 셀레스트, 프루스트 자신의 경우는 마르셀이라는 이름이 그대로 사용되었다.

87 | Id., *À l'ombre des jeunes filles en fleurs, op. cit.*, p. 872.

88 | Ohran Pamuk, ≪La valise de mon père≫, 수상 소감, 2006년 스톡홀름 왕실 아카데미, 2006년 12월 15일 *Le Monde*에서 인용.

89 | Olivier Nora, ≪La visite au grand écrivain≫, in Pierre Nora (dir.), *Les Lieux de mémoire*, t. 2: *La Nation*, 3: ≪Les mots≫, *op. cit.*, p. 563-587.

90 | 페르네-볼테르의 성에는 기념물들이 남아 있지 않다.

91 | Jean-Claude Bonnet, *Naissance du Panthéon. Essai sur le culte des grands hommes*, Paris, Fayard, 1998, p. 243-251.

92 | Mme de Flesselles, *Les Jeunes Voyageurs en France*, 1822 (Patrick Cabanel, *Le Tour de la nation par des enfants*, Paris, Belin, 2008, p. 123에서 인용).

93 | Victor Brombert, *La Prison romantique, op. cit.*, ≪Baudelaire: claustration et infini≫, p. 139-152; sur ≪Huysmans et la Thébaïde raffinée≫, p. 153-174.

94 | Séverine Jouve, *Obsessions et perversions dans la littérature et les demeures à la fin du XIXe siècle*, Paris, Hermann, 1996.

95 | Edmond de Goncourt, *La Maison de l'artiste*, (1881), Dijon, L'Échelle de Jacob, 2003.

96 | Robert de Montesquiou, *Les Pas effacés. Mémoires et souvenirs*, Paris, Émile-Paul Frères, 1923, t. 3, p. 246.

97 | 오렌지색을 선택한 이유에 관해서는 Huysmans, *op. cit.*, p. 92-93 참조. 색깔에 관한 연구로는 Michel Pastoureau를 참조하라.

98 | Patricia Falguières, *Les Chambres des merveilles*, Paris, Bayard, 2003. 저자는 Wunderkammern의 역사성을 강조한다. Wunderkammern은 박물관과는 거리가 멀고 오히려 '국가의 비밀'과 미묘한 관련성을 지닌다.

99 | Robert de Montesquiou, *Les Pas effacés, op. cit.*, p. 126.

100 | Mario Praz, *L'Ameublement. Psychologie et évolution de la décoration intérieure*, Paris, Tisné, 1964; *Histoire de la décoration d'intérieur, op. cit.*, 화려한 삽화가 있는 제 2판.

101 | Id., *La Maison de la vie, op. cit.*, p. 483.

102 | *Ibid.*, p. 157.

103 | 아파트는 현관과 식당, 통로, 응접실, 규방으로 이루어졌다. 저자는 응접실에서 일했는데 그의 친구들 중 일부는 그런 그를 보고 놀랐다. "괴테는 아무 것도 없는 간결한 실내에서만 일을 할 수 있었는데" (p. 410) 그토록 화려한 방에서 어떻게 일을 할까? 여기서 우리는 수사들의 글쓰기에 대한 이상을 엿볼 수 있다.

104 | '어린이의 방' 참조.

105 | 2009년 2월에 평범하지 않았던 두 사람의 삶의 흔적인 독특한 수집품을 위한 특별 경매가 열렸다.

106 | 그자비에 드 메스트르와 그를 모방한 수많은 사람들에 관한 연구로는 Daniel Roche, *Humeurs vagabondes*, Paris, Fayard, 2003, chap. 3, ≪Le voyageur en chambre≫, p. 95-136.

107 | 위의 책에서 인용된 *Lettre sur les voyages*.

108 | Xavier de Maistre, *Voyage autour de ma chambre, op. cit.; Expédition nocturne autour de ma chambre* (1825), présentation de Michel Covin, Paris, Le Castor astral, 1990.

109 | 필수적인 복장인 실내복에 관해서는 Daniel Roche, *Le Culte des apparences. Une histoire du vêtement, XVIIe-XVIIIe siècles*, Paris, Fayard, 1989, p. 486 참조. 그의 목록에 의하면 나폴레옹의 실내복은 12벌이다. Frederic Masson, *Napoléon chez lui. La journée de l'empereur aux Tuileries*, Paris, Ollendorf, 1906 참조.

110 | Marcel Proust, *Du côté de chez Swann*, in *À la recherche du temps perdu*, t. I, *op. cit.*, ≪Combray≫, p. 9.

111 | ≪À mon ami Willie Heath≫, juillet 1894, *Les Plaisirs et les Jours*, Paris, Gallimard, coll. ≪Bibliothèque de la Pléiade≫, 1971, p. 6.

112 | *Libération*, 9 septembre 2001.

113 | 이러한 "침실에서의 혁명"의 거부는 1968년 전후 공장에서 일하기를 선택한 "상류층", 학생들, 지식인들이 보인 변화무쌍한 주요 현상 중 하나였다. 그들은 부르주아 주택의 실내에 틀어박히기를 회피했다. 그들은 오직 직접적인 대면, 즉 노동에 뛰어드는 것만이 노동을 이해하고 또 변화시킬 수 있다고 믿었다.

114 | Ivan Gontcharov, *Oblomov* (1859), trad. Luba Jurgenson, Jacques Catteau의 서문, Lausanne, L'Âge d'homme, 1988.

115 | *Ibid.*, p. 199.

116 | *Ibid.*, p. 14.

117 | *Ibid.*, p. 166.

118 | *Ibid.*, p. 167.

119 | *Ibid.*, p. 456-457.

120 | Paul Lafargue, *Le Droit a la paresse*, 1880.

121 | André Gide, *Les Nourritures terrestres*, Michel Covin, *Une esthétique du sommeil, op. cit.*, p. 108에서 인용.

제5장 어린이의 방

1 | Laurence Egill, *Chambre d'enfant. Histoire, anecdotes, décoration, mobilier, conseils pratiques*, Paris, Le Cherche-Midi, 2002. 다음에 인용된 저서들은 내가 중요하게 여기는 것이다.

2| Daniel Féau, *Le Magazine*, 2008, ≪Des chambres de rêve≫, p. 68-69. 철저하게 개인의 기호에 맞추어 만들어진 작품은 부모 및 자녀들과 함께 사전 모임을 필요로 한다.

3| Corinne Bullat, *Une chambre d'enfant saine et écologique*, Paris, Ulmer, 2009; ≪Maison bio. La chambre d'enfant: la pièce prototype≫, *Le Nouvel Observateur*, mars 2009.

4| Daniel Roche, *Histoire des choses banales, op. cit.*, chap. ≪Meubles et objets≫. 어린이 침대에 관한 언급은 뒤늦은 편이며 일반적이지 않다. 요람의 경우에도 거의 마찬가지이다. 요람은 "백생 프랑세의 공증인들에게는 실질적으로 알려지지 않은 가구이다." 그럼에도 불구하고 그보다 훨씬 부유하고 진보된 알자스에서 어린이의 침대는 두 번에 한 번꼴로 언급된다.

5| Jean-Jacques Rousseau, *Émile*, in *Œuvres complètes*, Paris, Gallimard, coll. ≪Bibliothèque de la Pléiade≫, 1964, t. 4, livre I , p. 278. 그는 "어린이가 아무런 위험 없이 마음대로 움직일 수 있도록 푹신한 큰 요람에서 재울 것"을 권유했다. 그러나 "내가 말하는 요람은 다름 아닌 흔히 사용되는 것을 가리킨다"고 덧붙였다.

6| *Nouveau Larousse illustré*, article ≪Berceau≫: "어린이에게 누군가가 흔들어주어야 잠을 자는 습관을 들이는 것은 옳지 않다. 또한 가능한 한 요람을 흔드는 기구가 아니라 침대로 여겨야 한다."

7| Michel Foucault, *La Volonté de savoir*, Paris, Gallimard, 1976 참조.

8| François Furet et Jacques Ozouf, in *Lire et Ecrire*, Paris, Minuit, 1977, t. 1, p. 87에서 인용.

9| Marc Soriano에 의해 재해석된 *Les Contes de Perrault. Culture savante et traditions populaires* (1968), Paris, Gallimard, 1989 참조. 이 책의 서문에 Annales에 수록된 인터뷰가 첨부되어 있다.

10| George Sand, *Histoire de ma vie*, éd. Georges Lubin, Paris, Gallimard, coll. ≪Bibliothèque de la Pléiade≫, 1971, t. 1, p. 743.

11| Nancy Huston, *Passions d'Annie Leclerc*, Arles, Actes Sud, 2007, p. 285에서 인용. Annie Leclerc는 침대 한가운데에 관한 책을 집필했다.

12| Françoise Barret-Ducrocq, *L'Amour sous Victoria. Sexualitéet classes populaires à Londres au XIXe siècle*, Paris, Plon, 1989 참조.

13| Jean-Marie de Gérando (1772-1842), *Le Visiteur du pauvre*, Paris, Colas, 1820. Michelle Perrot, ≪L'œil du baron ou le visiteur du pauvre≫, in Stéphane Michaud (dir.), *Du visible à l'invisible. Pour Max Milner*, Paris, José Corti, 1988, t. 1, p. 63-70 참조.

14| *L'Architecture d'aujourd'hui*, n° spécial 204-206, 1979.

15| William R. Newton, *L'Espace du roi, op. cit.*, p. 246.

16| Lettre du 12 juin 1778, *ibid.*, p. 220.

17| Anne Debarre-Blanchard et Monique Eleb-Vidal, ≪Architecture domestique et mentalités. Les traités et les pratiques, XVIe-XIXe siècles≫, art. cit. 참조.

18| Nicolas Le Camus de Mezières, *Le Génie de l'architecture, op. cit.*

19| *Ibid.*, p. 220.

20| Cars Larsson, in *Das Haus in der Sonne*, 1908. 그는 소녀들의 방에 관해 화사하고 에로틱한 수준에 가까운 이미지를 제시하고 있다.

21| Jean-Jacques Rousseau, *Émile, op. cit.*, livre I, p. 252.

22| *Ibid.*, p. 301.

23| *Ibid.*, p. 323. "거울도 도자기도 화려한 물건도 없다." 그 자신이 직접 만들 물건들은 그의 생업의 결실이다.

24| Anne Debarre-Blanchard et Monique Eleb-Vidal, *Invention de l'habitation* moderne, op. cit., chap. VII, ≪La place des enfants≫, p. 161-187에서 인용.

25 | Roger Perrinjaquet, ≪La genèse de la chambre d'enfant dans la pensée architecturale≫, L'Architecture d'aujourd'hui, n° 204-206, 1979, p. 89-93 (Marie-Jose Chombart de Lauwe의 지도 아래에 작성된 논문의 요약문).

26 | ≪La maison Jaoul≫, ibid.

27 | Comtesse de Ségur, La Santé des enfants, Paris, Hachette, 1857, repris in Colette Misrahi, La Comtesse de Ségur ou la mère médecin, Paris, Denoël, 1991.

28 | L'Art au foyer domestique, Paris, 1884.

29 | Francis Marcoin, La Comtesse de Ségur ou le bonheur immobile, Arras, Presses universitaires de l'Artois, 1999.

30 | 이 주에 관해서는 Martine Sèvegrand의 연구 참조. Les Enfants du Bon Dieu, op. cit. L'Amour en toutes lettres, op. cit.; L'Affaire Humanae Vitae. L'Église catholique et la contraception, Paris, Karthala, 2008.

31 | Berthe Bernage, Brigitte maman, Paris, Gautier-Languereau, 1931 (1951년까지 수차례 반복해서 출판되었다).

32 | George Sand, Histoire de ma vie, op. cit., t. 1, p. 530. 그녀는 파리가 날고 윙윙거리는 소리, 그리고 촛불, 둘로 겹쳐 보이던 물건들을 기억했다. "요람에 갇혀 있는 나의 보잘것없는 심심풀이들, 그리고 이처럼 요람에서 지내는 생활은 내게 특히 길고 무기력하게 느껴졌다."

33 | Ibid., p. 618-619.

34 | Lettre du 7 octobre 1847, in Id., Correspondance, éd. Georges Lubin, t. 8: Juillet 1847-décembre 1848, Paris, Garnier, coll. ≪Classiques Garnier≫, 1985, t. 8, p. 98.

35 | Anatole France, Le Livre de mon ami, Paris, Calmann-Lévy, 1885; repris

in *Œuvres*, Paris, Gallimard, coll. ≪Bibliothèque de la Pléiade≫, 1984, t. 1, p. 437-438.

36| Mario Praz, *La Maison de la vie, op. cit.*, p. 378.

37| 루앙 교육박물관의 실질적인 책임자인 아니 르농시아는 주제를 일신하여 어린이 방의 장식에 관한 책을 준비했다. 자신의 연구를 참조하도록 해준 그녀에게 감사를 표한다.

38| Émile Cardon, *L'Art au foyer domestique, op. cit.* Annie Renonciat, "Quatre murs à la page: le livre et la chambre d'enfant", in *Livres d'enfants livres d'images, 1848-1914*, Paris, Dossiers du musée d'Orsay, n° 35, 1989 참조.

39| 우리는 『에밀』의 전체를 '사춘기에 관하여'에 할애한 장 자크 루소를 기억해야 할 것이다. 여기서는 교육이 아닌 공간에 관한 문제이다.

40| 그럼에도 불구하고 그 주제에 관해서는 Rebecca Rogers, *Les Bourgeoises au pensionnat. L'éducation féminine au XIXe siècle*, Rennes, PUR, 2007 참조.

41| Agnès Thiercé, *Histoire de l'adolescence (1850-1914)*, Paris, Belin, 1999 참조.

42| Daniel Roche, *Le Peuple de Paris*, Paris, Aubier, 1981, p. 120에서 인용.

43| *Journal de Clotilde. Pages sérieuses commandées à son retour de pension par Mlle S. W.*, 7e éd., Lille-Paris, 1864, cité par Agnès Thiercé, *Histoire de l'adolescence (1850-1914), op. cit.*

44| Honoré de Balzac, *César Birotteau*, in *Œuvres complètes, op. cit.*, t. 6, p. 169.

45| *Ursule Mirouët, ibid.*, t. 3, p. 836.

46| Johann Wolfgang von Goethe, *Faust*, trad. Gérard de Nerval, in *Théâtre complet*, Pais, Gallimard, coll. ≪Bibliothèque de la Pléiade≫, 1951, p. 1020.

47| Hélène Cixous, ≪Le rire de la Méduse≫, *L'Arc*, n° 61, 1975.

48| Marie Chaix, *L'Âge du tendre, op. cit.*, ≪La chambre de jeune fille≫, p.

83-91. 그런 "척박한 풍경"을 묘사한 가장 아름다운 텍스트들 중 하나이다.

49| *Journal*, 1912, Loukia Efthimiou, *Les Femmes professeurs dans l'enseignement secondaire public en France*, thèse, Paris-VII, 2002, t. 1, p. 160에서 인용.

50| Mario Praz, *La Maison de la vie, op. cit.*, ≪La chambre de Lucia≫, p. 231-342.

51| *Ibid.*, p. 236. 침대에 관한 언급은 La Mésengère의 책 *Meubles et objets de goût*에서 발췌했고 특히 빈 장식미술관에서 소재를 얻은 제국 양식 침대의 다양한 모델이 상세하게 설명되어 있다.

52| 이런 점에서 마리오 프라츠는 이탈리아에 장난감 박물관이 하나도 없는 것을 유감스럽게 여기며 인형의 집들과 축소형에 담긴 의미에 관한 영·미의 주요 업적을 인용하고 있다.

53| 마리오 프라츠는 아내 비비안을 회상하며 다음과 같이 그녀를 묘사했다. "그 목가적인 그 시기에 북유럽 출신인 비비안은 남유럽 생활의 매력에 흠뻑 빠졌다. 그녀는 순종을 가볍게 여겼고 열정은 순종의 외적인 상징이라고 미화했다." 그러나 그는 "마치 내 안에서 차마 고백할 수 없는 기질을 발견한 것 같았다"고 과장하면서 남자의 위신을 완전히 손상시켰다. (*La Maison de la vie, op. cit.*, p. 363)

54| *Ibid.*, p. 295.

55| Anatole France, *Le Petit Pierre*, Paris, Calmann-Lévy, 1919, repris in *Œuvres, op. cit.*, t. 4, p. 1000 *sq.*, ≪Ma chambre≫. 이는 1855~1860년경의 장면이다.

56| François Mauriac, *Commencement d'une vie*, Paris, Grasset, 1932, repris in *Œuvres autobiographiques*, Paris, Gallimard, coll. ≪Bibliothèque de la Pléiade≫, 1990, p. 78, 91.

57| *Id.*, *La Robe prétexte*, in *Œuvres romanesques et théâtrales complètes*, Paris,

Gallimard, coll. ≪Bibliothèque de la Pléiade≫, t. 1, 1978, p. 99.

58| Anne-Marie Sohn, *Âge tendre et tête de bois. Histoire des jeunes des années 1960*, Paris, Hachette, 2001 참조.

59| Catherine Rollet, ≪Le journal d'un père pendant la Première Guerre mondiale≫, in Jean-Pierre Poussou et Isabelle Robin-Romero (dir.), *Histoire des familles, de la démographie et des comportements. En hommage à Jean-Pierre Bardet*, Paris, PUPS, 2007, p. 687.

60| *Libération*, 2 février 2007에서 인용된 Emmanuelle Maunaye, ≪Quitter ses parents≫, *Terrain*, n° 36, mars 2001 참조. "출발 시간에 어린이의 방은 과거의 유물처럼 재정리되거나 보존되었다."

61| Lydia Flem, *Comment je me suis separée de ma fille et de mon quasi-fils*, Paris, Seuil, 2009.

62| Pietro Citati, *Le Monde*, 11 mai 2007.

63| *Francs Camarades*, n° 36, 15 novembre 1945. 침대 커버, 쿠션, 양탄자, 커튼, 전등갓, 꽃병, 벽화 등을 완성하는 방법에 관한 구체적인 설명이 이어진다. 이 정보는 자클린 랄루에트가 제공한 것이다.

64| Marcel Proust, ≪Journées de lecture≫, *Pastiches et Mélanges, op. cit.*, p. 172. 독서의 즐거움에 관해서는 François Mauriac, *La Robe pretexte, op. cit.* 참조. 그는 침실에 처박혀서 "말로 표현할 수 없는 독서의 쾌감"에 빠졌다. 그러면 "이 세상은 사라졌다."

65| Marcel Proust, *Jean Santeuil*, Paris, Gallimard, coll. ≪Bibliothèque de la Pléiade≫, 1971, ≪Le baiser du soir≫, p. 205. 『잃어버린 시간을 찾아서』의 이 원고가 더욱 명료하다.

66| François Mauriac, *Les Maisons fugitives*, Paris, Grasset, 1939, repris in *Œuvres romanesques et theatrales completes*, Paris, Gallimard, coll.

≪Bibliothèque de la Pléiade≫, t. 3, 1981, p. 909.

67| Jean-Jacques Rousseau, *La Nouvelle Héloïse*, in *Œuvres complètes, op. cit.*, t. 2, ≪Inscription de la 11ᵉ planche≫, p. 770. 구체적이지는 않지만 아마도 그것은 쥘리가 사촌인 클레르 도르브에게 표현한 감탄사일 것이다.

68| Sigmund Freud, *Trois Essais sur la théorie sexuelle*, Paris, Gallimard, 1987, p. 168, note 1. 이 텍스트를 내게 알려준 리디아 플렘에게 감사를 표한다.

69| Pierrette Fleutiaux는 *Nous sommes tous éternels* (Paris, Gallimard, 1990)에서 에스텔과 그녀의 남동생 당을 중심으로 유사한 오페라 주제를 고유의 음색으로 작곡했다.

70| Robert Musil, *L'Homme sans qualités*, Paris, Gallimard, coll. ≪Quarto≫, 2007, t. 1, p. 90.

71| Virginia Woolf, *La Promenade au phare*, Paris, LGF, coll. ≪Le Livre de Poche≫, 1983, p. 21-22.

72| Louis-Renédes Forêts, *La Chambre des enfants* (1960), Paris, Gallimard, coll. ≪Folio≫, 1983. *Nouvelle Revue de psychanalyse*, n° 19, ≪L'Enfant≫, printemps 1979에 실린 Jean-Bertrand Pontalis의 명확한 논평. "무엇보다 먼저 어린이들의 침실 문에 멈추어 서거나 방 안에 잠입해서 무슨 일어나는지 망을 보는 것은 단지 우리 자신의 내면의 목소리를 듣는 데 그칠 우려가 있다."

제6장 여인들의 방

1| Virginia Woolf, *Une chambre à soi*, trad. Clara Malraux, Paris, Denoël, 1977; rééd. Paris, UGE, coll. ≪10/18≫, 1992, p. 131.

2| Pierre Bonte, *Le Monde*, juillet 2007 참조.

3| Bernard Edelman, *La Maison de Kant*, Paris, Payot, 1984, chap. 2, ≪La femme apprivoisée».

4| Sigmund Freud, *L'Interprétation des rêves*, Paris, PUF, p. 302, note 3. "프랑스인들과 라틴족 출신 사람들은 여자를 가리키는 단어로 Frauenzimmer 라는 표현을 사용하지 않지만 침실을 꿈꾸는 여자를 상징적으로 표현할 때는 그 단어를 사용한다."

5| Emmanuel Levinas, *Totalitéet Infini. Essai sur l'intériorité* (1971), Paris, LGF, 1990, p. 319; «La demeure», p. 162-203.

6| Danièle Régnier-Bohler, in Philippe Ariès et Georges Duby, *Histoire de la vie privée, op. cit.*, t. 2, p. 357.

7| Mgr Dupanloup, *Femmes savantes et femmes studieuses*, 5ᵉ éd., Paris, Douniol, 1863, p. 76.

8| Véronique Leroux-Hugon, *Infirmières des hôpitaux parisiens. Ébauche d'une profession (1871-1914)*, thèse d'histoire, université Paris-VII, 1981 참조.

9| '닫힌 방' 참조.

10| Françoise Flammant, *À tire d'elles. Itinéraires de féministes radicales des années 1970*, Rennes, PUR, 2007.

11| Paul Veyne (dir.), *Les Mystères du gynécée*, Paris, Gallimard, 1998, p. 10.

12| François Lissarague, «Images du gynécée», *ibid.*, p. 157 *sq.*; Françoise Frontisi-Ducroux, *Ouvrages de dames, op. cit.* 참조.

13| Rétif de La Bretonne, *Les Gynographes, ou idées de deux honnêtes femmes sur un projet de règlement proposé à toute l'Europe pour mettre les femmes à leur place, et opérer le bonheur des deux sexes*, La Haye, 1777.

14| Altan Gokalp, *Harems. Mythe et réalité, op. cit.* 참조. 이 분야 최고의 전문가 중 한 명에 의해 쓰였으며 훌륭한 삽화가 곁들여진 이 종합적인 저술은 이 장의 집필이 끝난 다음에 출판되었다.

15| Alain Grosrichard, *Structure du sérail. La fiction du despotisme asiatique dans l'Occident classique*, Paris, Seuil, 1979. 특히 3부 '술탄 궁전의 어둠'은 우리에게 핵심적인 정보를 제공해주었다. Malek Chebel, *L'Esprit du sérail*, 2ᵉ éd., Paris, Payot, coll. ≪Payot Poche≫, 1995 참조.

16| Alain Grosrichard, *Structure du sérail, op. cit.*, p. 178

17| Jocelyne Daklia, ≪Harem: ce que les femmes font entre elles≫, in *Clio*, n° 26: ≪Clôtures≫, 2007, p. 61-87.

18| Fatima Mernissi, *Le Harem et l'Occident*, Paris, Albin Michel, 2001.

19| Id., *Rêves de femmes. Une enfance au harem*, Paris, Albin Michel, 1996, p. 71.

20| Louis-Georges Tin, *L'invention de la culture hétérosexuelle, op. cit.* 참조.

21| Jeanne Bourin, *La Chambre des dames*, Paris, La Table ronde, 1979, p. 316.

22| Philippe Ariès et Georges Duby, *Histoire de la vie privée, op. cit.*, t. 2, p. 88 *sq*. 잔 부랭의 저작들이 초래한 사학사적이고 이데올로기적인 격렬한 논쟁, 특히 소르본 대학 교수 로베르 포시에와의 논쟁에 관해서는 Delphine Naudier, ≪Jeanne Bourin: une romancière historique aux prises avec les universitaires en 1985≫, in Nicole Pellegrin (dir.), Histoires d'historiennes, Publications de l'universitéde Saint-Étienne, 2006 참조.

23| Alain Corbin, *L'Harmonie des plaisirs, op. cit.*, p. 352 *sq.*; Jean-Marie Goulemot, *Ces livres qu'on ne lit que d'une main, op. cit.* 참조.

24| Marcel Bernos, *Femmes et gens d'Église dans la France classique (XVIIᵉ-XVIIIᵉ siècles)*, Paris, Le Cerf, 2003 참조.

25| Nicole Pellegrin, ≪La clôture en voyage (fin XVIᵉ-début XVIIIᵉ siècle)≫, *Clio*, n° 28: ≪Voyageuses≫, 2008, p. 76-98 참조.

26| Geneviève Reynes, *Couvent de femmes. La vie des religieuses clôitrées dans la France des XVIIᵉ et XVIIIᵉ siècles*, Paris, Fayard, 1987; Nicole Pellegrin,

≪De la clôture et de ses porosités. Les couvents de femmes sous l'Ancien Régime≫, *in* Christine Bard (dir.), Le Genre des territoires, Rennes, PUR, 2004; Odile Arnold, *Le Corps et l'Âme. La vie des religieuses au XIXe siècle*, Paris, Seuil, 1984 참조.

27| Colette, *La Maison de Claudine* (1922), in *Œuvres*, éd. Claude Pichois, Paris, Gallimard, coll. ≪Bibliothèque de la Pléiade≫, 1986, t. 2, p. 1012.

28| Anne-Claire Rebreyend, *Intimités amoureuses, op. cit.* 참조. 저자는 앙베리 외앙뷔제에 위치한 자서전 협회(APA: Association pou l'Autobiographie)의 본부에 제출된 자서전들을 활용했다.

29| 2008년 봄에 사회를 짓누르고 있는 처녀성의 강박관념에 우리는 놀라움을 금할 수 없을 뿐이다. 그의 아내가 일종의 의무처럼 그에게 헌신적으로 제공한 처녀들에 굶주린 '괴물 푸르니레 사건, 약혼녀가 처녀가 아니고 자신이 보기에 결혼 계약이 결렬되었다는 이유로 신랑이 법원에 결혼 무효를 요구한 릴의 결혼 사건 등이 그 예이다. 재판부는 결혼의 내밀성을 존중하면서 사적인 문제에 개입하기를 거부하고 그의 요구를 따르지 않았다.

30| Jacques Géelis, Mireille Laget, Marie-France Morel, Scarlett Beauvalet-Boutouyrie, Francoise Thébaud, 특히 Yvonne Knibiehler의 연구 참조. Yvonne Knibiehler, *Accoucher. Femmes, sages-femmes et médecins depuis le milieu du XXe siécle*, Rennes, ENSP, 2007 인용. 이 책에서 저자는 산파라는 직업의 쇠퇴와 오늘날의 변화를 잘 보여주고 있다. 특히 1장 ≪L'accouchement: affaire privée, affaire de femmes≫ 참조.

31| Nicole Aronson, *Madame de Rambouillet ou la magicienne de la chambre bleue*, Paris, Fayard, 1988 참조; Myriam Dufour-Maître, *Les Précieuses. Naissance des femmes de lettres en France au XVIIe siècle*, Paris, Honore Champion, 1999. Marc Fumaroli에 의하면 이상화된 푸른색 침실에 읽

한 아름다운 전설은 19세기에 만들어진 것이다. La Diplomatie de l'esprit, Paris, Hermann, 1994 참조.

32| Comtesse de Bassanville, *L'Art de bien tenir une maison*, Paris, Broussois, 1878.

33| Paul Reboux, *Le Nouveau Savoir-Vivre*, Paris, Flammarion, 1948, p. 191.

34| Annick Tillier, *Des criminelles au village. Femmes infanticides en Bretagne (1825-1865)*, préface d'Alain Corbin, Rennes, PUR, 2001, p. 175 sq.

35| Gustave Flaubert, *Un cœur simple* (1877), *Trois Contes*, in *Œuvres, op. cit.*, t. 2, p. 573.

36| 플로베르의 소설에서 집은 팔리지 않았다. 펠리시테는 룰루를 종교 행렬의 제단을 장식하도록 넘겨주었다. 그녀는 자신의 침실에서 죽었다. 요컨대 사라진 가족의 지속성을 구현한 것이다.

37| Anne Martin-Fugier, *La Place des bonnes. La domesticité féminine en 1900*, Paris, Grasset, 1979; rééd. Le Livre de Poche, 1985. 특히 1권 4장 ≪Le logement≫ 참조. 개인 상호간의 관계에 관해서는 Geneviève Fraisse, *Femmes toutes mains. Essai sur le service domestique*, Paris, Seuil, 1979 참조.

38| Katarina Azarova, *L'Appartement communautaire, op. cit.* 공동주택에서 가정부들의 침실들은 흔히 광으로 사용되었다.

39| 베카신은 20세기 초 고티에 랑그로가 어린 소녀들을 대상으로 출판한 잡지 『쉬제트의 주일』에 의해 창조된 인물이다.

40| 적극적인 광고 덕분에 독일 상표와 나란히 가장 널리 보급된 상표 이름. 오늘날에도 도시의 벽 위에서는 여전히 그 광고 흔적을 찾아볼 수 있다.

41| Ministère du Travail, Office du travail, *Enquête sur le travail à domicile dans l'industrie de la lingerie*, Paris, Imprimerie nationale, 5 vol., 1911; Id., *Enquête sur le travail à domicile dans l'industrie de la fleur artificielle*,

Paris, Imprimerie nationale, 1913. 노동사무소에 관해서는 Isabelle Moret-Lespinet, L'Office du travail, 1891-1914, *La République et la réforme sociale*, Rennes, PUR, 2007 참조.

42| Anne Lhuissier, *Alimentation populaire et réforme sociale au XIXe siècle*, Paris, Maison des sciences de l'homme, 2007 참조. 임대료 문제에 관해서는 Michelle Perrot, *Les Ouvriers en grève*, Paris, Mouton, 2 vol., 1974, t. 1, ≪L'ouvrier consommateur≫, p. 216 참조.

43| Office du travail, *Enquête sur le travail à domicile dans l'industrie de la fleur artificielle, op. cit.*, XLIII, p. 204. 그녀는 오전 시간을 가사노동에 할애했다. 그녀는 고기를 먹지 않고 포도주를 마시지 않았으며 사람들이 준 옷을 입었다.

44| Id., *Enquête sur le travail à domicile dans l'industrie de la lingerie, op. cit.*, t. 1, XLV, p. 329.

45| *Ibid.*, XVII, p. 661.

46| Id., *Enquête sur le travail à domicile dans l'industrie de la fleur artificielle, op. cit.*, XXIV, p. 175

47| *Ibid.*, XXX et XXXI, p. 187-189.

48| *Les Ouvriers des Deux Mondes*, 3e série, t. 1, n° 98, 1903년 L. de Maillard 에 의해 이루어진 관찰.

49| Alexandre Parent-Duchatelet, *De la prostitution dans la ville de Paris*, Paris, Jean-Baptiste Baillière, 1836, I, p. 285-287.

50| Danièle Poublan, ≪Clôture et maison close: les mots des écrivains≫, *Clio*, n° 26, 2007, p. 133-144 참조. 그녀는 이 표현이 20세기 초에 나타났으며 1930년대에 흔히 반복적인 형태로 확산되었음을 보여준다. 프루스트의 *La Prisonniere, op. cit.*에는 "과거에 창녀촌이라 불리던 곳의 여성들"이라는 표현

이 나온다.

51| Christelle Taraud, *La Prostitution coloniale. Algérie, Tunisie, Maroc, 1830-1962*, Paris, Payot, 2003 참조.

52| Germaine Aziz, *Les Chambres closes. Histoire d'une prostituée juive d'Algérie*, préface de Christelle Taraud, Paris, Stock, 1980, rééd. Paris, Payot, 2007. Germaine Aziz (1926-2003)는 매춘에서 벗어나 『리베라시옹』의 기자가 되었다.

53| *Ibid.*, p. 77.

54| Alain Corbin, *Les Filles de noce. Misère sexuelle et prostitution au XIXe siècle*, Paris, Aubier, 1978.

55| Émile Zola, *Nana* (1880), in *Les Rougon-Macquart*, Paris, Gallimard, coll. ≪Bibliothèque de la Pléiade≫, 1977, t. 2, p. 1347. 이 저택은 아마도 말제르브 가에 있는 유명한 화류계 여성 발테스 드 라 비뉴의 것으로 추측된다. 졸라는 화가 기유메의 안내로 그곳을 방문한 적이 있다. 리볼리 가에 있는 장식미술 박물관에서 이 저택의 일부를 관람할 수 있다.

56| *Ibid.*, p. 1287.

57| Plan reproduit *ibid.*, p. 1730.

58| Marcel Proust, *À l'ombre des jeunes filles en fleurs*, op. cit., p. 615-616. 극동풍에 심취했던 시절 오데트의 살롱에 관한 묘사를 살펴보려면 p. 220 참조.

59| Anne Martin-Fugier, *Comédienne. De Mlle Mars à Sarah Bernhardt*, Paris, Seuil, 2001. 여배우들의 침실에 관해서는 Séverine Jouve, *Obsessions et perversions dans la littérature et les demeures à la fin du XIXe siècle*, op. cit., p. 181 *sq.* 참조.

60| Émile Zola, *La Curée* (1872), in *Les Rougon-Macquart*, op. cit., t. 1, p. 477.

61| 자클린 랄루에트의 증언을 보자. 가족이 이사해서 자매가 각자의 침실을 가

질 수 있게 될 때까지 "나는 여동생과 얼마나 자주, 그리고 얼마나 심하게 말다툼을 벌이게 되었는지 모릅니다. 마지막 몇 년 동안 부모님은 제게 우리가 사는 구역 내에 이혼하고 홀로 사는 부인의 집 침실 하나를 구해주셨답니다. 그렇게 해서 나는 저녁 식사 후 매일 밤 가족이 사는 집을 떠났습니다." (2009년 2월 21일의 편지)

62| Simone de Beauvoir, *La Force de l'âge* (1960), Paris, Gallimard, coll. ≪Folio≫, 1986, p. 17. 주목할 점은 이사에 대한 언급을 계기로 그녀의 글쓰기가 시작되었다는 사실이다.

63| Jeanne Bouvier, *Mémoires*, Paris, Maspero, 1983.

64| Marguerite Audoux, *Marie-Claire* (1910), Paris, Grasset, 1987; 이 소설은 페미나 상을 수상했다.

65| Id., *L'Atelier de Marie-Claire* (1920), Paris, Grasset, 1987.

66| Perla Serfaty-Garzon, *Enfin chez soi? Récits féminins de vie et de migration*, Paris, Bayard, 2006. 이 이주자들은 캐나다에 정착하기 이전에 우선 프랑스를 경유했다.

67| 『댈러웨이 부인』이나 『등대로』와 같은 버지니아 울프의 소설들은 집과 침실에 관한 소설이며 침실은 묘사된 것보다 더 많은 것을 연상시킨다.

68| Virginia Woolf, *Journal intégral, 1915-1941*, Paris, Stock, 2008, p. 190, 10 septembre 1918. 시드니 웹과 베아트리스 웹 부부는 유명한 사회주의 선구자로, 울프는 정기적으로 그들을 만났다.

69| Christine de Pizan, La Cité des dames (1404-1405), trad. et présentation de Thérèse Moreau et Éric Hicks, Paris, Stock, 1986, p. 19.

70 Sylvain Maréchal, *Projet de loi portant défense d'apprendre à lire aux femmes*, Paris, 1801; rééd. Paris, Fayard, 2007 참조.

71| Anne-Marie Thiesse, *Le Roman du quotidien. Lecteurs et lectures populaires* à la Belle époque, Paris, Chemin vert, 1984 참조.

72| Séverine Auffret는 그녀의 텍스트를 여러 차례 재출판했다. *Traité de la morale et de la politique* (1693), Paris, Éd. des femmes, 1988; *Petit Traité de la faiblesse, de la légèreté et de l'inconstance qu'on attribue aux femmes mal à propos* (1693), Paris, Arléa, 2002.

73| Christine Planté, *La Petite Sœur de Balzac. Essai sur la femme auteur*, Paris, Seuil, 1989 참조.

74| Alberto Manguel, *Histoire de la lecture, op. cit.*, p. 219.

75| Simone de Beauvoir, *La Force de l'âge, op. cit.*, p. 105 (1931년 마르세유).

76| *Ibid.*, p. 140 (rentrée 1932). "나는 파리에서 생활하지만 내 거처는 먼 교외 지역에 있는 것 같은 느낌이 들었다."

77| *Ibid.*, p. 576.

78| *Ibid.*, p. 319.

79| *Ibid.*, p. 219.

80| *Ibid.*, p. 125.

81| *Ibid.*, p. 231.

82| *Ibid.*, p. 321.

83| Claude Lanzmann, *Le Lièvre de Patagonie*, Paris, Gallimard, 2009, p. 218.

84| *Ibid.*, p. 250.

85| Francis David, *Intérieurs d'écrivains, op. cit.*

86| Alberto Manguel, *Histoire de la lecture, op. cit.*, p. 219.

87| Francis David, *Intérieurs d'écrivains, op. cit.*, p. 176-177. 19세기

88| Simone de Beauvoir, *Le Deuxième Sexe* (1949), Paris, Gallimard, coll. ≪Folio≫, 1998, t. 1, p. 139.

89| 그런 여성들이 아주 적었던 시기이다. Catherine Nesci, *Le Flâneur et les*

Flâneuses. Les femmes et la ville à l'époque romantique, Grenoble, Ellug, 2007 참조.

90| Rosi Braidotti, *Nomadic Subjects. Embodiment and Sexual Difference in Contemporary Feminist Theory*, New York, Columbia University Press, 1994 참조.

91| Gustave Flaubert가 쓴 1857년 6월 6일 편지, *Correspondance*, t. 2: 1851-1858, Paris, Gallimard, coll. ≪Bibliothèque de la Pléiade≫, 1980, p. 732.

제7장 호텔 방

1| 이와 같은 이유로 몇몇 호화 호텔들은 일반적으로 지역의 역사와 문화에서 차용한 요소로 이루어진 개성 있는 방을 만들어내려고 노력한다.

2| Daniel Roche, *Humeurs vagabondes, op. cit.*, 특히 chap. 3, ≪Le voyageur en chambre≫; Catherine Bertho-Lavenir, *La Roue et le Stylo. Comment nous sommes devenus touristes*, Paris, Odile Jacob, 1999.

3| Francisque-René Michel et Edouard Fournier, *Le livre d'or des métiers. Histoire des hôtelleries, cabarets et courtilles et des anciennes communautés et confréries d'hôteliers, de taverniers et de marchands de vin*, Paris, Adolphe Delahaye, évol. in-quarto, 1859.

4| Arthur Young, *Voyages en France*, Paris, UGE, 1989, t. 1 (1787), p. 112-113, ≪Observations générales≫

5| *Ibid.*, t. 2, p. 485 *sq*. 비데의 사용에 관해서, Roger-Henri Guerrand et Julia Csergo, *Le Confident des dames. Le bidet du XVIIIe au XXe siècle. Histoire d'une intimité* (1997), Paris, La Découverte, 2009 참조.

6| Arthur Young, *Voyages en France, op. cit.*, t. 1, p. 114-115.

7| Stendhal, *Mémoires d'un touriste* (1838), in *Voyages en France*, éd. V. Del

Litto, Paris, Gallimard, coll. ≪Bibliothèque de la Pléiade≫, 1992.

8| Alain Corbin, *Le territoire du vide, L'Occident et le désir du rivage, 1750-1840*, Paris, Aubier, 1988

9| Stendhal, *Mémoires d'un touriste, op. cit.*, p. 337 (juillet 1837)

10| *Ibid.*, p. 189 (20 juin 1837)

11| Catherine Bertho-Lavenir, *La Roue et le Stylo, op. cit.*, 특히 ≪Réformer l'hôtellerie≫, p. 217-239 참조. 그녀는 분명히 방 자체가 달려 있는 이 변화들을 상세하게 기술한다.

12| Roger-Henri Guerrand, *Les Lieux. Histoire des commodités*, Paris, La Découverte, 1985; réédition 2009 참조.

13| Catherine Bertho-Lavenir, *La Roue et le Stylo, op. cit.*, p. 228.

14| *Chambres à coucher et cabinets de toilette*, concours organisépar l'Automobile Club de France, Paris, P. Schmid, s.d., 24 planches.

15| Émile Zola, *Lourdes* (1894), éd. établie et présentée par Henri Mitterand, Paris, Stock, 1998.

16| *Palaces et grand hôtels d'Europe*, préface de Jean d'Ormesson, Paris, Flammarion, 1984 (화려하게 삽화가 들어가 있는 저서).

17| *Du palais au palace*, catalogue d'exposition, musée Carnavalet, 1998 (이 문제에 관한 가장 완벽한 저서) 참조.

18| 리츠는 많은 문학을 탄생시켰다. 앞서 인용한 목록 이외에 Stephen Watts, *Le Ritz, La vie intime du plus prestigieux hôtel du monde*, Paris, Trévise, 1968 참조.

19| Marcel Proust, ≪Journées de lecture≫, *Pastiches et Mélanges, op. cit.*, p. 164.

20| Émile Litschgy, *La Vie des palaces. Hôtel de séjour d'autrefois*, Paris, Tac Motifs, 1977 참조.

21| Henri Michaux, ≪La chambre≫, *Un certain Plume* (1930), in *Œuvres copmplètes, op. cit.*, t. 1, p. 675.

22| 그들의 전기에 의하면, Angie David, *Dominique Aury*, Paris, Léo Scheer, 2006, p. 313. "사랑의 밤들은 호텔 방에서 흘러간다. 여러 번 계속 같은 방에서, 슈발블랑 여인숙에서 자주, 또는 우연에 의해서 다른 곳에서" 더 정확하게는, 센에마른 역 호텔의 빌린 방에서.

23| Louis Aragon, *Les Chambres, op. cit.*, p. 13.

24| Alice James, *Journal*, trad. Marie Tadié, Paris, Éd. des femmes, 1983, p. 180 (7 novembre 1891)

25| Diane de Furstenberg, *Lits de rêve, op. cit.*, p. 51. 문제의 방 사진과 함께. 2009년 봄에, 16호 방은 실내장식가 자크 가르시아에 의해 새롭게 보수되었다. 그는 "시인의 생활환경과 동일하게 복원했다. 그는 추억의 장소인 다른 20개의 방들과 연이은 방들을 다시 방문했다." (*Le Monde*, supplément du 5 mars, 2009)

26| *Ibid.*, 17 août 2006.

27| Victor Klemperer, *Mes soldats de papier. Journal, 1933-1941*, Paris, Seuil, 2000, t. 1, p. 696, 주 35 (1934년 3월 25일). 저자는 노벨상을 수상한 이 치명적인 독, 베로날의 발명자인 Emil Fischer (1852-1919)가 다음의 짜증난 독설로 그를 수상자로 지명한 것과 관련된 논쟁을 끝낸 것을 상시시킨다. "내가 탄 기차는 30분 후에 출발한다. 나는 이미 베로나에 방을 예약했다."

28| Lorenzo Mondo, *Cesare Pavese, Une vie*, Paris, Alésia, 2009 (cité dans *Le Mondes des livres*, 2 mai 2009)

29| Valéry Larbaud, *A. O. Barnabooth. Journal* (1913), in *Œuvres*, Paris, Gallimard, coll. ≪Bibliothèque de la Pléiade≫, 1957, p. 129. "부동산 소유라니 웬 오점인가! 집의 형세, 호화스러움, 사회적 권위라니 독신인 젊은

남자에게 얼마나 우스꽝스러운 일인가!"

30| *Ibid.*, p. 117.

31| *Ibid.*, p. 156. 해방되는 유일한 방법은 가난한 서민 아가씨, 아마도 여배우와 결혼하는 것일 것이다. 그가 환심을 사려고 애쓰는 여자는 자신의 자유를 포기하기를 거절한다. "나는 부자이고 매인 것보다 가난하지만 자유로운 것을 더 좋아한다"고 그녀는 그에게 말한다. 그는 그 입장을 전적으로 이해한다.

32| *Ibid.*, p. 277.

33| *Ibid.*, p. 891-907.

34| Marcel Proust, *Du côté de chez Swann, op. cit.*, p. 4.

35| Id., *À l'ombre des jeunes filles en fleurs, op. cit.*, p. 666.

36| Id., *Le Côté de Guermantes*, in *À la recherche du temps perdu, op. cit.*, t. II, 1978, p. 82 *sq*.

37| Id., *Jean Santeuil, op. cit.*, ≪Une chambre d'hôtel≫, p. 554. 저자에게 이 묘사에 대한 영감을 주었을 원래 방은 그가 1896년 10월, 퐁텐블로의 프랑스 호텔과 영국 호텔에서 차지했었던 것이다.

38| Id., ≪Journées de lecture≫, *Pastiches et Mélanges, op. cit.*, p. 167.

39| 로제 트루아퐁텐의 표현에 의하면, 1945. texte et interview de Sartre in *Œuvres romanesques*, Paris, Gallimard, coll. ≪Bibliothèque de la Pléiade≫, 1980, note p. 1745 참조.

40| Entretien de 1972 avec John Gerassi, cité *ibid.*, introduction, p. LXIV. "아파트를 갖는다는 것은 내 눈에는 잘못된 것으로 보인다. 그리고 그 이유 때문에 [철이 들 나이인] 마티외에게 아파트를 주었다. 그것은 자유를 제한하기 때문이다."

41| 사르트르가 르 아브르 고등학교 선생이었을 때 묵었던 호텔의 이름이다.

42| *Œuvres romanesques, op. cit.*, p. 1736. ≪Dans la nuit de mercredi à jeudi(수요일부터 목요일까지 밤에)≫라는 제목의 p. 1732-1740에 실린 긴 주. 소설에서 인용한 것은 아니지만 로캉탱과 방(들)의 관계에 있어서, 그리고 사르트르의 방에 대한 철학에서 중요하다.

43| *Ibid.*, 1738.

44| 이 점에 관해서는 Michèle Le Dœuff, *L'Etude et le Rouet*, Paris, Seuil, 2008을 보라. 사르트르의 작품에는 떨어져 있는, 사람이 없는 자신의 방에 대한 깊은 욕망이 존재한다. 그는 뒤섞이는 것에 대해 병적인 공포를 지니고 있다. 그는 가정과 인접한 곳에서 사유하는 것을 두려워한다.

45| 14구의 미스트랄 호텔, 센 가의 웰컴 호텔, 보나파르트 가의 그랑 호텔 드 파리, 전쟁 동안 쥘-샤플랭 가의 샤플랭 호텔. 1944년부터 1946년까지 센 가의 루이지안 호텔.

46| 2008년 6월 말, 그는 호텔 방에서 죽은 채 발견되었다. *Libération*, 23 juin 2008 참조.

47| Edmund White, *Jean Genet*, Paris, Gallimard, 1993. 또한 Ivan Jablonka, *Les Vérités inavouables de Jean Genet*, Paris, Seuil, 2004; Albert Dichy et Pascal Fouché, *Jean Genet, Essai de chronologie, 1910-1944*, Paris, Bibliothèque de littérature française comtemporaine, 1988 참조.

48| Cité par Edmund White, *Jean Genet, op. cit.*, p. 564-567.

49| Nicole Pellegrin, ≪Voyageuses≫, art. cit. 참조; Nicolas Bourguinat (dir.), *Le Voyage au féminin. Perspectives historiques et littéraires*, Strasbourg, PUS, 2008. 저자는 리스트와 마리 다구의 1835년 스위스 여행에 관한 글을 쓴다.

50| Émile Zola, *Nana, op. cit.*, p. 1485. 가브리엘 우브르에 따르면, in *Le Livre des courtisanes. Archives secrètes de la police des mœurs*, Paris, Tallandier, 2007. 품행이 좋지 않은 여자는 그랑 호텔에 익숙하다.

51| Véronique Olmi, *Sa passion*, Paris, Grasset, 2006 참조. 여성 작가는 솔로뉴에 초라한 호텔 방에 홀로 있고 그곳에서 사랑과 결별의 하룻밤을 보낸다.

52| Colette, *L'Entrave* (1913), in *Œuvres complètes, op. cit.*, t. 2, p. 355. 이 소설의 결말은 다른 관점에서 대단히 인습적이다. 르네 네레는 독립하려는 우유부단한 시도 후에 그 애인의 욕망에 굴복하고, 그녀 자신 대신 그에게 방랑자의 역할을 맡긴다. 콜레트는 후에 이 결말을 철회하게 된다.

53| 이 세미나의 텍스트를 내게 넘겨준, 이 논의에 정통한, 엘리자베트 루디네스코에게 감사한다. Lydia Flem, *La Vie quotidienne de Freud et de ses parents*, Hachette, 1986; coll. ≪Pluriel≫, 2002 참조.

54| Sigmund Freud, ≪*Notre cœur tend vers le Sud.*≫ *Correspondance de voyage, 1895-1923*, présntépar Christfried Tögel, préface d'Elisabeth Roudinesco, Paris, Fayard, 2005.

55| Julien Gracq, *Un beau ténébreux*, Paris, Corti, 1945.

56| Olivier Rolin, *Suite à l'hôtel Crystal*, Paris, Seuil, coll. ≪La Librairie du XXIᵉ siècle≫, 2004; rééd. coll. ≪Points≫, 2006. 같은 총서에 올리비에 롤랭의 이름으로 『스위트룸』의 속편이 2006년 『방들』이라는 제목으로 간행되었다. 28명의 작가들이 이 책에서 "그들의" 호텔 방에 관한 이야기를 한다.

57| Lettre à Felice Bauer, 21 novembre 1912, in Franz Kafka, *Œuvres complètes*, t. 4, *op. cit.*, p. 76.

58| Lettre à Felice Bauer, 26 juin 1913, *ibid.*, p. 423.

59| Lettre à Felice Bauer, 3 novembre 1912, *ibid.*, p. 34.

제8장 노동자의 방

1| Jacques Rancière의 *La Nuit des prolétaires. Archives du rêve ouvrier*, Paris, Fayard, 1981에 잘 드러나 있다.

2| Barrie M. Ratcliffe와 Christine Piette (*Vivre la ville*, Paris, La Boutique de l'histoire, 2007)는 루이 슈발리에의 지나치게 극적인 관점에 이의를 제기한다. 그들은 도시의 통합 능력을 강조하는 관점에서 이주자들과 그들이 남긴 실제 행동의 흔적을 찾아내려고 시도한다.

3| Louis Lépecq de la Clôture, *Collection d'observations sur les maladies et constitutions épidémiques, op. cit.*, année 1770, p. 228 et 252.

4| Ange Guépin et Eugène Bonamy, *Nantes au XIXe siècle. Statistique topographique, industrielle et morale*, Nantes, Sébire, 1835, p. 475.

5| Louis-René Villermé, *Tableau de l'état physique et moral des ouvriers employés dans les manufactures de coton, de laine et de soie*, Paris, Renouard, 1840, t. 1, p. 270.

6| *La Condition des Noirs. Essai sur une minorité française*, Paris, Calmann-Lévy, 2008의 흑색인종에 대한 인종차별적인 처우에 대한 Pap Ndiaye의 지적을 보라.

7| Louis-René Villermé, *Tableau de l'état physique et moral des ouvriers, op. cit.*, t. 1, p. 83.

8| *Ibid.*, p. 287.

9| Cité par Judith Lyon-Caen, ≪Une histoire de l'imaginaire social par le livre≫, *Revue de synthèse*, n°1-2, 2007, p. 172. Ernestine Duval이 Eugène Sue에게 1843년 7월 13일에 보낸 편지. 작가는 독자들이 발자크와 외젠 쉬 같은 연재 소설가들에게 보낸, 대중적인 견해의 반응에 관한 생생한 증거인 서신들을 연구했다.

10| Michel Pastoureau, *Noir, op. cit.* 참조.

11| Émile Zola, *Pot-Bouille*, in *Œuvres complètes, op. cit.*, t. 3, p. 65. 비욤 부인의 말.

12| 1832년의 이 전염병은 *Rapport sur la marche et les effets du choléra-morbus dans Paris et le département de la Seine. Année 1832*, Paris, Imprimerie royale, 1834, in-quarto, 51 plans라는 선구적인 조사의 원인이 되었다.

13| Alain Cottereau, ≪결핵: 도시의 질병 아니면 직업으로 인한 건강 악화의 질병? 공식적인 역학에 대한 비판: 파리의 경우≫, *Sociologie du travail*, avril-juin 1978

14| Dr Octave du Mesnil, ≪Les garnis insalubres de la ville de Paris≫, *Annales d'hygiène publique et de médecine légale*, 1878, brochure BHVP 928027.

15| Lion Murard와 Patrick Zylbermann은 정책을 세우는데, 그들은 그 정책들의 계보와 함축적인 종합 평가를 제시한다. *L'Hygiène dans la République. La santépublique en France ou l'utopie contrariée, 1870-1918*, Paris, Gallimard, 1996.

16| Louis Rivière, "L'habitation, le mobilier et le jardin de l'ouvrier", *La Réforme sociale*, 1er octobre 1907. Lemire사제는 근로자의 정원협회를 창설했다.

17| *Livre du compagnonnage* (1839)의 저자인 Agricol Perdiguier (1805-1875)는 그의 친구가 된, 조르주 상드의 *Compagnon du tour de France* (1840)의 모델 역할을 했다. 그는 프랑스에서 근로자의 자서전의 비교적 예외적 본보기인 *Mémoires d'un compagnon* (1855)를 남겼다.

18| Jean-Paul Flamand (dir), *La Question du logement et le mouvement ouvrier français*, Paris, La Villette, 1981.

19| Alain Faure et Claire Lévy-Vroelant, *Une chambre en ville. Hôtels meublés et garnis à Paris, 1860-1990*, préface d'Andrée Michek, Paris, Créaphis, 2007. 인상적인 총망라다. 알랭 포르는 19세기 파리 대중의 주거 역사에 관

한 저서를 준비하고 있고 클레르 레비 브륄랑은 오늘날 임시 주거 형태의 전문가이다.

20| Michel de Certeau, *L'invention du quotidien*, t. 2: *Habiter, cuisiner*, en collaboration avec Luce Giard, Paris, UGE, coll. ≪10/18≫, 1980.

21| Maurizio Gribaudi는 1880-1920년에 튀랭(Turin; 토리노; 이탈리아 북서부 피에몬테 주의 수도-옮긴이)에 대해 이 과정을 확인했다.

22| Louis-René Villermé, *Tableau de l'état physique et moral des ouvriers, op. cit.*, t. 1, p. 269-270.

23| *Ibid.*, p. 346.

24| Lucienne Roubin, *Chambrettes des Provençaux. Une maison des hommes en Méditerranée septentrionale*, préface de Roger Bastide, Paris, Plon, 1970; Maurice Agulhon, *La République au village. Les populations du Var de la Révolution à la Seconde République*, Paris, Seuil, 1971; Id., ≪Les chambrées en Haute-Provence: histoire et ethnologie≫, *Revue historique*, avril-juin 1971, repris dans *Histoire vagabonde*, Paris, Gallimard, 1988, t. 1, p. 17-59. 또한 Pierre Chabert, *Les Cercles. Une sociabilitéen Provence*, Aix-en-Provence, Publications de l'universitéde Provence, 2007 참조.

25| Texte de 1957, cité dans *Trésor de la langue française. Dictionnaire de la langue du XIXe et XXe siècle*, Paris, CNRS, 1977, t. 5.

26| Pierre Vinçard, *Les Ouvriers de Paris* (vers 1850), cité *in* Alain Faure et Claude Lévy-Vroelant, *Une chambre en ville, op. cit.*, p. 98.

27| Michel Cordillot, *Eugène Varlin*, Paris, Éd. ouvrières, 1991, p. 120. 이 여성의 자유는 어느 정도였는가?

28| 쥐쥐리외라는 모자 제조업자에 의해 도입된 이 프랑스의 제도는 전혀 다른 야심을 품은, 보스톤 근처의 로웰이라는 면직 산업 도시에 대한 범용한 흉내

에 불과하다.

29ㅣ Alain Faure et Claire Lévy-Vroelant, *Une chambre en ville, op. cit.*, p. 94-101. 포르는 노동자의 공동 침실의 도시 파리에 대한 시각이 극단적이라고 평가한다. 그는 가구 딸린 셋방과 공동 침실 사이의 경계선이 불분명함을 지적한다.

30ㅣ *Ibid.*, p. 98 (texte de 1852)

31ㅣ Alain Faure, *ibid.*, 30여 장을 다시 만들었다.

32ㅣ *Ibid.*, p. 66 *sq.*

33ㅣ *Ibid.*, p. 68.

34ㅣ *Ibid.*, p. 71 *sq.*

35ㅣ 알랭 포르가 제시한 사진들을 보라, *ibid.*, p. 89.

36ㅣ Jean-Claude Caron, *Générations romantiques. Les étudiants de Paris et le Quartier latin, 1814-1851*, Paris, Armand Colin, 1991, ≪se loger≫, p. 131-135.

37ㅣ Jules Vallès, *Le Bachelier* (1881), in *Œuvres*, t. 2: *1871-1885, op. cit.*, chap. 18, ≪Le garni≫, p. 567-574.

38ㅣ Andrée Michel, *Famille, industrisation, logement*, Paris, CNRS, 1959, 특히 5장, "조사 임차인들의 주거 환경 조건들"

39ㅣ Alain Faure et Claire Lévy-Vroelant, *Une chambre en ville, op. cit.*, 3e partie, ≪1920년대부터 1990년대까지: 파리의 가구 딸린 셋방의 영화와 쇠퇴≫. 이 사회학자는 또한 파리 시청이 창설한 호텔의 관측소 회원이다. Claire Lévy-Vroelant, Logement, accueil et mobilité. *Contribution à l'étude des statuts d'occupation incertaine en France (1831-1999)*, Paris, s. l., 2002 참조.

40ㅣ cité in Alain Faure et Claire Lévy-Vroelant, *Une chambre en ville, op. cit.*, p.

156.

41| *Ibid.*, p. 157.

42| Georges Navel, *Travaux* (1945), Paris, Gallimard, coll., ≪Folio≫, 1979, p. 104.

43| Edouard Ducpétiaux, *De la condition physique et morale des jeunes ouvriers et des moyens de l'améliorer*, Bruxelles, Meline, 1843, t. 1, p. 337.

44| Michel Frey, ≪Du mariage et du concubinage dans les classes populaires à Paris (1846-1847)≫, *Annales ESC*, n°4, juillet-août 1978 참조.

45| Sur Le Play, Antoine Savoye, *Les Débuts de la sociologie empirique. Études socio-historiques (1830-1930)*, Paris, Méridiens-Klincksieck, 1994; Anne Lhuissier, *Alimentation populaire et réforme sociale au XIXe siècle, op. cit* 참조.

46| Isabelle Moret-Lespinet, *L'Office du travail, op. cit.* 참조.

47| "여인들의 방" 참조.

48| Société d'économie sociale, *Les Ouvriers des Deux Mondes*, t.1, n°1, ≪Le charpentier de Paris≫, observations recueillies en 1857 par Le Play et Focillon, p. 27-68. 이 최초의 전문적 저술이 고전이 되었다. 약 100권의 저술이 노동자 가정에 관한 것이다.

49| Jean-Louis Deaucourt, *Premières Loges. Paris et ses concierges au XIXe siècle*, Paris, Aubier, 1992; Jean-François Laé, *Les Nuits de la main courante. Ecritures au travail*, Paris, Stock, 2008 (chapitre sur le gardien d'immeuble, à la fois contrôleur et témoin de la souffrance sociale).

50| Société d'économie sociale, *Les Ouvriers des Deux Mondes, op. cit.*, t. 1, n°7, observations recueillies en 1857 par E.-F. Hébert et E. Delbet, p. 299-372.

51| *Ibid.*, t. 2, n°11, observations recueillies en 1856 par E. Avalle et A.

Focillon, p. 63-104.

52| *Ibid.*, n°17, observations recueillies en 1858 par E. Avalle, p. 321-362.

53| *Ibid.*, n°13, observations recueillies en 1856 par E. Focillon, p. 145-192.

54| Lingère: *ibid.*, t. 3, observations recueillies en 1861 par L. Auvray, p. 247-284. Mouleuse: *ibid.*, 2e série, n°73, 1893.

55| 특히 드니 뿔로가 알코올중독인 노동자들에게 붙여준 명칭, *Question sociale. Le sublime ou le travailleur comme il est en 1870 et ce qu'il peut être (1870)*, 2e éd., Paris, Lacroix, 1872.

56| Société d'économie sociale, *Les Ouvriers des Deux Mondes, op. cit.*, t. 5, n° 42, observations recueillies en 1878 par Jacques de Reviers, p. 201-259.

57| *Ibid.*, 2e série, t. 4, n° 74, observations recueillies par Pierre du Maroussem, qui a consacré plusieurs enquêtes aux ouvriers de l'industrie du meuble, p. 53-100.

58| *Ibid.*, n° 73, observations recueillies en 1884 et 1890 par Urbain Guérin, p. 1-53.

59| Michel Lallement, *Le Travail de l'utopie. Godin et le familistère de Guise*, Paris, Les Belles Lettres, 2009. 참고 도서가 풍부한 가장 최근의 연구. 생산협동조합의 대부분의 주거 형태는 방 2개와 작은 방 하나이다.

60| Anne Lhuissier, *Alimentation populaire et réforme sociale au XIXe siècle, op. cit.* 참조.

61| 주거에 대한 노동자의 무관심 속에서 사무원들과 큰 차이를 발견하는 모리스를 따라 나는 최근에 그렇게 하는 경향이 있었기 때문이다. 그의 기본적인 책을 참조하라. *La Classe ouvrière et les niveaux de vie. Recherches sur la hiérarchie des besoins dans les sociétés industrielles contemporaines*, Paris, Alcan, 1912. Michelle Perrot, *Les Ouvriers en grève, op. cit.*, t. 1,

《Logement: un poste modeste》, p. 216-224; Id., 《Les ouvriers, l'habitat et la ville》, in Jean-Paul Flamand (dir.), *La Question du logement et le mouvement ouvrier français, op. cit.*, p. 19-39.

62| Suzanna Magri, 《L'intérieur domestique. Pour une analyse du changement dans les manières d'habiter》, *Genèses*, n° 28, 1997, p. 146-164; Alain Faure, 《Comment se logeait le peuple parisien à la Belle époque》, *Vingtième Siècle*, n° 64, 1999, p. 41-61.

63| Anne Lhuissier, *Alimentation populaire et réforme sociale au XIXe siècle, op. cit.*, 《Cuisines et cuisinières: la préparation des repas au quotidien》, p. 65-68.

64| Roger-Henri Guerrand, *Les Lieux, op. cit.* 참조.

65| Charles Garnier et Auguste Amman, *L'Habitation humaine*, Paris, Hachette, 1892, cité *in* Anne Debarre-Blanchard et Monique Eleb-Vidal, *Invention de l'habitation moderne, op. cit.*, p. 69.

66| Émile Zola, *L'Assomoir*, in *Œuvres complètes, op. cit.*, t. 2, p. 472.

67| Charles Blanc, *La Grammaire des arts décoratifs*, 1880, cité *in* Joëlle Deniot, *Ethnologie du décor en milieu ouvrier. Le bel ordinaire*, préface de Michel Verret, Paris, L'Harmattan, 1995, p. 90.

68| *Atget. Une rétrospective, op. cit.*, p. 212. Molly Nesbit et Françoise Reynaud, *Eugène Atget. Intérieurs parisiens: un album du musée Carnavalet*, Paris, Carré, 1992 참조.

69| 엑스 레 뱅의 땜장이는 (Société d'économie sociale, *Les Ouvriers des Deux Mondes, op. cit.*, t. 2, n° 10, 1857, p. 1-53) "밀밭에서의 놀라운 일"을 묘사한 판화를 걸어 놓았는데 조사원들은 "외설적"이라고 생각했다.

70| Émile Zola, *L'Assomoir, op. cit.*, p. 472.

71| Gauny à Ponty, 1856, cité *in* Jacques Rancière, *La Nuit des prolétaires, op. cit.*, p. 91.

72| Société d'économie sociale, *Les Ouvriers des Deux Mondes, op. cit.*, 2e série, t. 3, n° 70, ≪Charpentier indépendant de Paris≫, observations recueillies en 1889 par Pierre du Maroussem, qui souligne sa politisation, p. 325-368.

73| Pascale Marie, "La bibliothèque des Amis de l'instruction du IIIe arrondissement. Un temple, quartier du Temple", *in* Pierre Nora (dir), *Les Lieux de mémoire*, t. 1: *La République*, Paris, Gallimard, 1984, p. 323-351.

74| 파리 역사 도서관에 보관되어 있는 이 사진들은 1980년 봄, 파리 13구 구청에서 전시되었다.

75| Jérome-Pierre Gilland, cité *in* Jacques Rancière, *La Nuit des prolétaires, op. cit.*, p. 42.

76| Virginia Woolf, *Journal intégral, 1915-1941, op. cit.*, p. 28, 2 janvier 1915.

77| 기본적인 연구는 로제 앙리 게랑의 것이다. *Les Origines du logement social en France*, Paris, Éd. ouvrières, 1966; *Le Logement populaire en France. Sources documentaires et bibliographie*, Paris, Ecole nationale supérieure des beaux-arts, 1979.

78| les travaux du CERFI: Lion Murand et Patrick Zylbermann, *Recherches*, n° 25, novembre 1976 참조.

79| Rolande Trempé, *Les Mineurs de Carmaux de 1848 à 1914*, Paris, Éd. ouvrières, 1971, t. 1, p. 259 *sq*. 그녀는 광산이 있는 지역 전체 노동자의 주거 형태와 규모를 분석한다.

80| Émile Zola, *Germinal*, in *Les Rougon-Macquart, op. cit.*, t. 3, p. 1444-1445.

81| Émile Cacheux, *État des habitations ouvrières à la fin du XIXe siècle*, Paris, Baudry, 1891 참조. 노동자 주거지에 대한 많은 도판과 설계도가 있다.

82| Christian Devillers et Bernard Huet, *Le Creusot. Naissance et développement d'une ville industrielle, 1872-1914*, Seyssel, Champ Vallon, 1981; *Les Schneider, Le Creusot. Une famille, une entreprise, une ville (1856-1960)*, catalogue de l'exposition du musée d'Orsay, Paris, Fayard, 1995, notamment Yves Lequin, ≪De l'unsine à la ville: une politique de l'espace≫, p. 342-352. 저자는 부동산이 적은데도 불구하고 이 시스템의 전체적인 성공을 강조한다.

83| Frédéric Moret, *Les Socialistes et la Ville. Grande-Bretagne, France, 1820-1850*, Fontenay-aux-Roses, ENS, 1999 참조.

84| Michel Verret, *L'Ouvrier français. L'espace ouvrier*, Paris, Armand Colin, 1979.

85| Joëlle Deniot, *Ethnologie du décor en milieu ouvrier, op. cit.* 저자는 낭트 지역의 노동자 가정 70곳을 방문하고 4000장의 사진을 만들었다. 그녀는 공간 그 자체보다 대상을 더 강조한다.

86| Jean-François Laé et Numa Murard, *Mémoires des lieux. Une histoire des taudis*, séminaire 1986-1988, polycopié, bibliothèque du CEDIAS, 46336 V4. "이제 노동자는 더 이상 가난한 자가 아니다. 많은 지표가 그것을 증명해준다. 가난한 자는 이제 노동자가 아니다. 많은 글이 이 진실을 외쳐대고 있다. 왜냐하면 노동자라는 것은 이제 운명이 아니라 자격증과 사회적 지위와 일자리를 가진 직업이기 때문이다. 반면 가난하다는 것은 운명일 뿐이다."

87| 국립인구문제연구소(L'INED)는 1980년대에 최초의 인구조사를 시도했다. 가장 최근의 조사는 국립통계경제연구소(L'INSEE)의 것이다. Marie-Thérèse Jouin-Lambert, "Une enquête d'exception. Sans-abri, sans-domicile: des interrogations renouvelées", *Economie et Statistique*, n° 391-

392, octobre 2006.

88 | Lydia Perreal, *J'ai vingt ans et je couche dehors. Le combat quotidian d'une jeune SDF*, Paris, J'ai lu, 2002.

89 | Robert Castel, *Les Métamorphoses de la question sociale. Une chronique du salariat*, Paris, Fayard, 1955.

90 | Colette Pétonnet, *Espaces habités. Ethnologie des banlieus*, Paris, Galilée, 1982, p. 25.

91 | Crépin-Massy, *L'Identité sociale*, 1980, p. 268.

92 | *Ouest-France*, 12 janvier 2009.

93 | 2007년 10월 10일, 상원 의사당에서 부슈뒤론의 상원의원인 장 노엘 게리니가 발언했다.

94 | 불우한 이들을 위해 평생을 바친 인권운동가 조셉 레신스키 신부가 모두의 번영된 삶을 건설하기 위해 설립한 국제 단체. 1987년 10월 17일 레신스키 신부는 파리의 트로카데로 인권 광장에서 10만 여 시민과 함께 사회 소외 분야에 대한 경의의 표시인 기념 대리석을 제막했다. 1991년 유엔은 10월 17일을 세계빈곤퇴치의 날로 선언했다.—옮긴이

95 | Xavier Godinot, *Éradiquer la misère. Démocratie, mondialisation et droits de l'homme*, Paris, PUF, 2008. 이 현장 조사는 가장 가난한 사람들에 대한, 그들의 감독 하에 재현된 이야기 모음집에 근거한 것이다.

96 | *Ibid.*, chap. 3, "존재하려면 맞서야 한다. 알제리와 프랑스 사이에 파리드, 셀린 그리고 카림의 이야기", p. 141-191.

97 | 『밀항자들의 오두막들』, *Le Monde 2*, 19 juillet 2008. 이 현장 보도는 2008년 세계 언론 사진상을 획득했다. 루이 메스플레가 가난을 미적으로 표현했다고 비판했다. 사람들은 그가 가난을 포착한 것을 기뻐할 것이다. 필리프 리오레의 영화 웰컴(*Welcome*, 2008)은 또 다른 형태의 기억 작용이다.

98| Mike Davis, *De l'explosion des villes au bidonville global*, Paris, La Découverte, 2006. aussi l'interview de l'auteur par Olivier Pascal-Mousselard, *Télérama*, janvier 2008 참조.

제9장 임종과 병자의 방

1| Georges Sand, *Correspondance*, éd. Georges Lubin, t. 24: *Avril 1874-mai 1876*, Paris, Garnier, coll. ≪Classiques Garnier≫, 1990.

2| Id., *Agendas* (1852-1876), éd. Anne Chevereau, Paris, Touzot, 5vol.+index des patronymes, 1990.

3| 조르주 뤼뱅은 *Correspondances* 24권의 부록 III, IV에서 의사 파브르(공개되지 않음)와 앙리 아리스 (1904)의 보고서를 출간했다. *op. cit*, p. 654-672. 그는 블라디미르 카레니가 그의 전기에서 제시한 증언의 요약은 이론의 여지가 있다고 평가한다. 마찬가지로 그녀 어머니의 마지막 순간을 일기에 쓴 솔랑주의 공개되지 않은 진술도 존재한다. 마르틴 레가, 최근에 사망한 디나 비에르니 상드 총서에 보관되어 있는 이 자료를 내게 알려주었다.

4| 조르주 뤼뱅은 그 점에 관해서 모리스와 리나가 교환한 편지들을 제시한다 (*ibid.*, p. 650, 주 1). 모리스는 "뒤드방 남작"으로 적혀 있고 리나만 "모리스 상드 뒤드방 부인"이라고 적혀 있다.

5| 조르주 뤼뱅은 주요한 관계 자료들을 제시한다. 상드와 종교에 관해서는 Bernard Hamon, *George Sand face aux Églises*, Paris, L'Harmattan, 2005 참조. 이 시대의 자유 사상과 종교적 의식에 따르지 않는 장례의 문제에 관해서는 Jacqueline Lalouette, *La Libre Pensée en France*, 1848-1940, Paris, Albin Michel, 1997 참조.

6| Philippe Ariès, *Essais sur l'histoire de la mort en Occident du Moyen Age à nos jours*, Paris, Seuil, 1975; Id., *L'Homme devant la mort, op. cit.*; Michel

Vovelle, *La Mort et l'Occident de 1300 à nos jours*, Paris, Gallimard, 2000.

7| Joan Didion, *L'Année de la pensée magique*, trad. Pierre Demarty, Paris, Grasset, 2007.

8| 협회의 증언에 따르면 길에서 죽은 사람들, 주거지가 없는 사람들의 평균 수명은 40세이고 주거지가 있는 사람들은 그 배다.

9| Émile Zola, *L'Assommoir, op. cit.*, p. 410.

10| Odile Arnold, *Le Corps et l'Âme, op. cit.*, 3ᵉ partie, ≪Devant la souffrance et la mort≫ 참조.

11| Jean-Pierre Peter, *Annales*, 1867, p. 712.

12| Jacques Léonard, *La Vie quotidienne des médecines de province au XIXᵉ siècle*, Paris, Hachette, 1977, p. 198.

13| *Mémoires de la Grande Mademoiselle* (1ʳᵉ éd, Chéruel, 4권, 1858-1859), éd. présentée et annotée par Bernard Quilliet, Paris, Mercure de France, 2005, p. 371. 그녀는 죽어가는 백작의 방에 머물고 싶어하지 않는다 "왜냐하면 그 방에서는 아주 고약한 냄새가 났고 그 이유 때문에 나는 그다음 날 그 방에 들어가지 못했다."

14| Jean-Jacques Rousseau, *La Nouvelle Héloïse, op. cit.*, 6ᵉ partie, lettre XI, de M. de Wolmar, p. 703-740. 쥘리의 죽음에 관한 이 이야기에는 그녀가 차분하고 꽃으로 장식되기를 바랐던 임종의 방에 대해 많은 상세한 서술이 포함되어 있다.

15| Anne Vincent-Buffault, *Histoire des larmes, XVIIIᵉ-XIXᵉ siècle*, Marseille, Rivage, 1986; rééd. Paris, Payot-Rivages, 2001.

16| Jules Renard, *Journal, op. cit.*, p. 418-419, 19 juin 1897.

17| Jean-Jacques Rousseau, *La Nouvelle Héloïse, op. cit.*, p. 711. 쥘리가 그녀의 사촌 클레르에게 아이들을 맡긴 후 볼마르는 쥘리의 방에서 아이들을 나가

게 한다.

18| Marie d'Agoult, *Mémoires, souvenirs et journaux*, Paris, Mercure de France, 1990 (souvenirs rédigés sous le Second Empire); cité dans *Le Dernier Portrait*, catalogue de l'exposition du musée d'Orsay, mars-mai 2002, Paris, Réunion des musées nationaux, 2002, p. 198.

19| Pierre Loti, *Le Roman d'un enfant*, 1890, cité *ibid.*, p. 199. "우리를 떨어져 있게 했다"고 폴 클레는 그의 할머니에 관해 말한다.

20| Mona Ozouf, *Composition française, op. cit.*, p. 17.

21| 귀스타브 플로베르가 18446 3월 25일 막심 뒤 캉에게 보낸 편지(그의 누이는 1846년 출산하다가 죽었다), *Correspondance*, t. 1: 1830-1851, éd. Jean Bruneau, Paris, Gallimard, coll. ≪Bibliothèque de la Pléiade≫, 1973, p. 258.

22| Honoré de Balzac, *Mémoires de deux jeunes mariées*, 1841-1842.

23| Louis-Vincent Thomas, *Anthropologie de la mort*, 3ᵉ éd., Paris, Payot, 1980, p. 195.

24| Philippe Ariès et Georges Duby, *Histoire de la vie privée, op. cit.*, t. 2, p. 94. 조르주 뒤비는 기사에 관한 보고도 간행했다. *Guillaume le Maréchal ou le meilleur chevalier du monde*, Paris, Fayard, 1984.

25| Cité par Michelle Vovelle, *La Mort et l'Occident de 1300 à nos jours, op. cit.*, p. 325.

26| Stendhal, *Mémoires d'un touriste, op. cit.*

27| Cité par Olivier Faure, *Genèse de l'hôpital moderne. Les hospices civils de Lyon de 1802 à 1845*, Lyon, PUL, 1982, p. 175.

28| 블롱델이 서명한 파리 민간 병원과 호스피스의 이사회에 제출된 보고서, BHVP 132594.

29 | Charles Coquelin et Gilbert Guillaumin, *Dictionnaire de l'économie politique*, Paris, Guillaumin, 4ᵉ tirage, 1873, article "Hospices".

30 | *L'architecture hospitalière au XIXᵉ siècle. L'exemple parisien*, exposition au musée d'Orsay, Paris, Réunion des musées nationaux, 1988. Voir aussi Yannick Marec (dir.), *Acueillir ou soigner? L'hôpital et ses alternatives du Moyen Âge à nos jours*, Rouen, Publications des universités de Rouen et du Havre, 2007. Le livre de Marie-Christine Pouchelle, *L'Hôpital corps et âme. Essais d'anthropologie hospitalière*, Paris, Seli Arslan, 2003, 참조. 개인 상호간의 관계에 집중되어 있고 엄밀한 의미에서 공간에 관한 요소들에 관해서는 별로 언급이 없다.

31 | Michel Lévy, *Traité d'hygiène publique et privée, op. cit.*, t. 2, p. 531-535.

32 | Nicole Edelman, *Les Métamorphoses de l'hystérique. Du début du XIXᵉ siècle à la Grande Guerre*, Paris, La Découverte, 2003, p. 254 참조. 듣기, 가정으로부터의 분리, 게다가 설득은 대단히 권위적인 치료의 양상들이다.

33 | Lettre du 17 août 1767, citée *in* Émile Littré, *Dictionnaire de la Langue française, op. cit.*

34 | Marcel Proust, *La Prisonnière, op. cit.*, p. 182-183.

35 | 엘리즈 펠레는 개별화가 얼마나 늦었는지 지적한다. 1926년의 규정은, 1에서 1.5미터 떨어져 있고, 커튼이 없는 철 침대, 약 20개의 침대가 갖춰진 공동 침실을 계획한다. 물건을 정리할 수 있는 어떤 공간도 없다. 5명에 세면대 1개, 10명에 화장실 1개. *Histoire de la vieillesse en France. 1900-1960: du vieillard au retraité*, Paris, S. Arslan, 2005 참조.

36 | Jean-Jacques Rousseau, *La Nouvelle Héloïse, op. cit.*, p. 735.

37 | Philippe Ariès, *L'Homme devant la mort, op. cit.* 참조

38 | Susan Sontag, *Illness as Metaphor*, cité *in* Jean Strouse, *Alice James. Une*

biographie, Paris, Éd. des femmes, 1985, p. 163.

39| Louis Lépecq de La Clôture, *Collection d'observations sur les maladies et constitutions épidémiques, op. cit.*, année 1770.

40| Florence Nightingale, *Des soins à donner aux malades*, 2ᵉ éd. française, 1869; 여러 번 재판을 발행했다. 1851년 영국에 전문 간호인이 2만2466명, 가정 간호인이 3만9139명이었고, 이 저자는 특히 그들의 교육에 몰두했다.

41| Elise et Michaëlle Gagnet, *La Mort apaisée*, Paris, La Martinière, 2007. 엘리즈는 일시적인 효력밖에 없는 간호 업무를 담당하는 야간 간호사이고 그녀는 기자인 자매 미카엘에게 속내 이야기를 했다.

42| Alice James, *Journal, op. cit.*, 특히 p. 188-189.

43| Michel Lévy, *Traité d'hygiène publique et privée, op. cit.*, t. 1, p. 249-260.

44| Gérald Aubert, *Chambre 108*, Arles, Actes Sud, 2003.

45| Noëlle Châtelet, *Le Baiser d'Isabelle. L'aventure de la première greffe du visage*, Paris, Seuil, 2007.

46| Simone de Beauvoir, *Une mort très douce*, Paris, Gallimard, 1964.

47| 예를 들면 인터넷에서 경쟁 업체들이 병실의 시설을 선전한다.

48| "나는 이런 식으로 방과 죽음에 대한 경험을 한 일이 전혀 없었다. 그래서 내 마음속으로는 어머니가 그의 처치를 받지 않고 아주 과밀한 상태의 장소를 떠나 작은 안식처에서 죽게 허락해준 젊은 응급실 의사에게 결코 충분한 감사를 할 수는 없을 것이다"라고 자크린 랄루에트는 내게 썼다(2009년 1월 31일). 나는 그녀의 경험을 보고하고 그녀의 말을 인용하도록 허락해준 그녀에게 감사한다.

49| Yoko Ogawa, *Une parfaite chambre de malade*, Arles, Actes Sud, 2003.

50| Nancy Huston, *Passions d'Annie Leclerc, op. cit.* (février 2006).

51| Pierre Guillaume, *Du désespoir au salut. Les tuberculeux aux XIXᵉ et XXᵉ siècles*, Paris, Aubier, 1986.

52| Thomas Mann, *La Montagne magique* (1924), Paris, Fayard, 1985, p. 212.

53| Georg Groddeck, *Conférences psychanalytiques à l'usage des malades prononcées au sanatorium de Baden-Baden, 1916-1919*, Paris, UGE, coll. ≪10/18≫, 3 vol., 1993.

54| François Berquin, *Hypocrisies de Joë Bousquet*, Lille, Presses universitaires du Septentrion, 2000 (importante bibliographie). Édith de La Héronnière, *Joë Bousquet. Une vie à corps perdu*, Paris, Albin Michel, 2006, notamment chap. 6, ≪Camera obscura≫; Pierre Cabanne, *La Chambre de Joë Bousquet. Enquêtes et écrits sur une collection*, préfaces de Pierre Guerre et Louis Pons, Marseille, André Dimanche, 2005 참조.

55| Nicole Edelman, *Les Métamorphoses de l'hystérique, op. cit.* 참조.

56| Joë Bosquet, *Exploration de mon médecin* (article de 1943), préface de Pierre Nouihan, Toulouse, Sables, 1988.

57| Jean-Jacques Yvorel, *Les Poisons de l'esprit. Drogues et drogués au XIXe siècle*, Paris, Quai Voltaire, 1992.

58| *In* Pierre Cabanne, *La Chambre de Joë Bousquet, op. cit.*

59| Edith de La Héronnière, *Joë Bousquet, op. cit.*, p. 96.

60| Alice James, *Journal, op. cit.*, 참조. Jean Strouse, *Alice James. Une biographie*, Paris, Éd. des femmes, 1985.

61| Alice James, *Journal, op. cit.*, p. 73 (16 décembre 1889).

62| *Ibid.*, 이 어려운 출판에 관한 이야기의 모든 요소를 제공한 레옹 에델의 서문이다.

63| *Ibid.*, p. 284 (2. février 1892).

64| Gustave Flaubert à Maxime Du Camp, 25 mars 1846, *Correspondance*, t. 1,

op. cit., p. 258.
65| *Le dernier Portrait, op. cit.*
66| Extrait du *Journal* de Michelet, Paris, Gallimard, 1959, cités *ibid.*, p. 208.
67| Philippe Ariès, *L'Homme devant la mort, op. cit.*, t. 2, p. 182.
68| Émile Zola, *L'Œuvre*, cité dans *Le Dernier Portrait, op. cit.*, p. 207. 화가 클로드 랑티에가 그린 죽은 아이의 마지막 초상화에 관한 것이다.
69| *Étude pour l'enfant malade*, 1885-1886; *La Mort dans la chambre de la malade*, 1893; *Fièvre ou lit de mort*, 1896.
70| *Ferdinand Hodler, 1853-1918*, exposition au musée d'Orsay, Paris, 2007.
71| Joëlle Bolloch, «Photographie après décès: pratiques, usages et fonctions», in *Le Dernier Portrait, op. cit.*, p. 112-145.
72| Georges Sand, *Correspondance, op. cit.*, t. 1, n°89, p. 217.
73| *Ibid.*, t. 29, p. 371, 1865년 8월 22일의 편지.
74| Nicole Edelman, *Voyances*, Paris, Seuil, 2008 참조.
75| Honoré de Balzac, *La Comédie humaine, op. cit.*, t. 3, p. 881.
76| Edmond de Goncourt, *La Maison de l'artiste, op. cit.*, t. 2, p. 369.
77| *Ibid.*
78| Ginette Raimbaut, *Parlons de deuil*, Paris, Payot, 2004, p. 35 참조.
79| Roland Barthes, *Journal de deuil*, texte établi par Nathalie Léger, Paris, Seuil, 2009, p. 204, 18 août 1978.
80| Angie David, *Dominique Aury, op. cit.*, p. 56 참조.

제10장 닫힌 방

1| 방음장치가 된 방은 음향의 효과를 측정하기 위해 만들어진 완전한 고립 장치이다.

2| Jean d'Ormesson, *Qu'ai-je donc fait?*, Paris, Laffont, 2008.

3| Claire Malroux, *Chambre avec vue sur l'éternité*, Paris, Gallimard, 2005. 클레르 말루는 많은 시를 주로 조제 코르티 출판사에서 간행했다. Christian Bobin, *La Dame blanche*, Paris, Gallimard, 2007 참조.

4| *In* Monique Eleb (dir), *La Maison, Espaces et intimités* (colloque, Paris, 1985), *In extenso*, n°9, 1986, p. 104.

5| Emmanuel de Roux, "미치광이에 의해 새겨진, 소박파 예술의 보석" *Le Monde*, 21 juillet 2007. 이 발췌문을 제시한 에마뉘엘 드 루는 다음과 같이 쓰고 있다. "정신착란 상태의 텍스트는 독자를 불편하게 한다. 그만큼 억양도 구두점도 없는 이 문장들이 드러나지 않는 고통을 준다."

6| 질 들뢰즈의 표현에 따라.

7| Cité *in* Muriel Carduner-Loosefelt, ≪Une affaire ténébreuse≫, *Sociétés et Représentations*, n°4, mai 1997, p. 240-249.

8| Harold Pinter, ≪La chambre≫ (1957), in *Célébration. La Chambre*, Paris, Gallimard, 2003, p. 102.

9| 2008년 가을, 런던의 테이트 모던에 전시된 그림.

10| Georges Perec, *Un homme qui dort*, Paris, Denoël, 1967; Bernard Magné가 간행한 *Romans et Récits*에 다시 수록됨, Paris, Le Livre de Poche, 2002, p. 211-305.

11| *op. cit.*, p. 385. 파스칼의 메아리처럼 들린다. 신앙, 그것은 "마음속에 민감하게 느껴지는 신이다."

12| Marguerite Duras, *La Maladie de la mort*, Paris, Minuit, 1982, p. 61.

13| Pauline Réage, *Histoire d'O*, 장 폴랑의 『예속 상태의 행복 Le bonheur dans l'esclavage』이 앞에 실린 개정판, Paris, Pauvert, 1974. 이 텍스트의 저자가 도미니크 오리라는 사실은 알려져 있다.

14| Michel Delon, *Le Savoir-Vivre libertin*, Paris, Hachette Littératures, 2000, 특히 chap. 6, ≪Lieux et décors≫, p. 115-144.

15| *Ibid.*, p. 126.

16| Id., *L'Invention du boudoir*, Toulouse, Zulma, 1999.

17| Id., *Le Savoir-Vivre libertin, op. cit.*, p. 135.

18| Sur l'écriture *d'Histoire d'O*, Angie David, *Dominique Aury, op. cit.* 참조.

19| Nicolas Grimaldi, *La Jalousie. Étude sur l'imaginaire proustien*, Arles, Actes Sud, 1993.

20| Marcel Proust, *Le Temps retrouvé, in À la recherche du temps perdu, op. cit.*, t. 3, p. 706.

21| 이 인용과 다음 인용은 『갇힌 여인』의 여러 곳에서.

22| 이상하게 이 텍스트에서는 이런 이름들이 때때로 "명확하게" 사용된다. 마르셀, 셀레스트 알바레.

23| Gilles Deleuze, *Proust et les signes*, 2ᵉ éd., Paris, PUF, 1970.

24| Marcel Proust, *La Prisonnière, op. cit.*, p. 81.

25| *Ibid.*, p. 370 *sq.*

26| Victor Brombert에 의해 인용됨, *La Prison romantique, op. cit.*, p. 136.

27| Marcel Proust, *La Prisonnière, op. cit.*, p. 370-371.

28| *Ibid.*, p. 414-415, et *La Fugitive, op. cit.*, p. 419.

29| 그러나 그녀는 곧 흔한 사고(그 후에 번복되는)로 죽는다, 마치 그녀와 화자에게 다른 해결책이 존재하지 않는 것처럼. 그리고 *La Fugitive*의 골조를 이루는 긴 추적 이야기가 시작된다.

30| Marcel Proust, *La Fugitive, op. cit.*

31| Gilles Deleuze, *Proust et les signes, op. cit.*, chap. 2 "Les boîtes et les vases" comme structures du récit proustien. 참조.

32| Edgar Poe, ≪La chute de la maison Usher≫, *Nouvelle Histoires extraordinaires*, in *Œuvres en prose*, trad. Charles Baudelaire, Paris, Gallimard, coll. ≪Bibliothèque de la Pléiade≫, 1951, p. 349.

33| ≪Double assassinat dans la rue Morgue≫, *Histoires extraordinaires, ibid.*, p. 19-56.

34| Gaston Leroux, *Le Mystère de la chambre jaune*, 1908.

35| 2009년 3월 17일, 르 몽드는, 비엔나 남쪽 암스테텐 40번지에 만들어진 벙커를 묘사하면서 그것이 환각을 일으킨다고 표현했다.

36| *Ibid.*, 2 septembre 2006.

37| Nicole Edelman, *Les Métamorphoses de l'hystérique, op. cit.*

38| Charlotte Perkins Gilman, *The Yellow Wallpaper*, 1890; trad. française: *La Séquestrée*, trad. Diane de Margerie, Paris, Phébus, 2002, p. 17.

39| *Ibid.*

40| 결국 양성애자였다. 그녀의 두 번째 결혼은 매우 행복했다.

41| 디안 드 마르주리의 『감금된 여인』의 후기에 "글을 쓰거나 긴다"라는 것 이외에도 샬럿에 대해서는 Mary A. Hill, *Charlotte Perkins Gilman. The Making of a radical Feminist, 1860-1896*, Philadelphie, 1980 참조. Alice에 대해서 Jean Strouse, *Alice James, op. cit.* 참조. Edith Wharton에 관해서 Diane de Margerie, *Edith Wharton. Lecture d'une vie*, Paris, Flammarion, 2000 참조.

42| Viviane Forrester, *Virginia Woolf*, Paris, Albin Michel, 2009 참조. 떠나지 않는 광기에 대항하는 데에는, "우유, 음식, 잠"이 필요하다. 그리고 글쓰기를 포기해야 한다. (p. 308); 이는 정신과 의사 옥타비아 윌버포스가 추천하는 요법이다.

43| Jean Starobinski에 의해 인용됨, *La Transparence et l'Obstacle*, Paris, Gallimard, coll. ≪Tel≫, 1971, p. 59.

44| Jacques Dalarun, *Dieu changea de sexe "pour ainsi dire". La religion faite femme, XIe-XVe siècles*, Paris, Fayard, 2008. 특히 chap. 7, "상투적 수단을 벗어난, 13~14세기 이탈리아의 여성 성인들", p. 211-240.

45| *Ibid.*, p. 217.

46| *Ibid.*, p. 285. "모든 허영심 많은 부인에게" 그녀를 본보기로 제시하고 싶었던 수도원 한 수사의 이야기 덕분에 그녀에 관해서는 특별히 잘 알려져 있다.

47| Paulette L'Hermite-Leclercq, "프랑스 서남부의 은둔 생활자들", in *La Femme dans la vie religieuse du Languedoc (XIIIe-XIVe siècle)*, Toulouse, Privat, 1988.

48| 몇 년 전에 생-플루의 시청은 오래된 다리 위에 가상 은둔자들의 닫힌 작은 집을 재건축했다.

49| Jean-Claude Schmitt, *Mort d'une hérésie*, Paris, Mouton-EHESS, 1978 참조. 가장 가난한 사람들은 유동적이었다. 베긴 교단의 여신도 수도원들은 자주, 가장 자연스럽게 친척들, 어머니들과 딸들을 함께 연합시켰다.

50| 스페인 카르멜 수녀이며, 신비주의자다. 그녀는 1535년 카르멜 수녀원에서 신비 체험을 하였다. 1562년 성 조셉 수도원을 세웠고 다른 수도원을 개혁하려 하였으며, 장 드 라크루아에게 남성 카르멜 수도사를 위한 임무를 맡겼다고 한다. 자서전 『생명의 책 Le livre de la vie』을 남겼으며, 영혼의 7방 demeures에 이르는 신비의 길을 다룬 『내면의 성 Le Château intérieur』이 있다.—옮긴이

51| Paul Vandenbroeck (dir.), *Le Jardin clos de l'âme. L'imaginaire des religieuses dans les Pays-Bas depuis le XIIe siècle*, catalogue d'exposition, Bruxelles, Martial-Snoeck, 1994.

52| Thérèse d'Ávila, *Le Château intérieur ou les demeures*, cité in Julia Kristeva, *Thérèse mon amour, op. cit.*

53| Henri Bremond, *Histoire du sentiment religieux en France, op. cit.*, t. 1, p. 811 *sq*.

54| Cité *ibid.*, t. 2, chap. 9; sur Pascal, p. 241-296.

55| *Idid.*, p. 170.

56| Mino Bergamo, *L'Anatomie de l'âme. De François de Sales à Fénelon*, Grenoble, Jérôme Millon, 1994; 특히 2부, "La Topologie mystique", p. 137 *sq*. 참조.

57| 대개 영혼의 소극적 상태, 즉 인간의 노력을 억제하여 신의 활동이 온전하게 펼쳐질 수 있는 상태에서 완전함에 이를 수 있다고 주장한다. 정적주의의 요소는 그리스도교와 비그리스도교 운동을 망라하여 여러 종교 운동에서 찾아볼 수 있으나, 정적주의라는 용어는 보통 미겔 데 몰리노스의 교리를 말한다. 스페인의 사제였던 몰리노스는 17세기 후반에 로마에서 존경받는 영적 지도자였으나 로마 가톨릭 교회는 그의 가르침을 이단으로 정죄했다.-옮긴이

58| Jean-Jacques Olier (1608-1657), *L'Âme cristal. Des attributs divins en nous*, édité, présentéet annotépar Mariel Mazzocco, préface de Jacques Le Brun, Paris, Seuil, 2008, p. 178. Maurice Olender는 그가 편집했고, 단 하나의 내면성 개론인 생 쉴피스 협회 창설자의 이 텍스트를 내게 알려주었다.

59| Mino Bergamo, *L'Anatomie de l'âme, op. cit.*, p. 9.

60| Jeanne Guyon, *Récits de captivité*, inédit, texte établi par Marie-Louise Gondal, Grenoble, Jérôme Millon, 1992; *Les Torrents* (1683), texte établi et présentépar Claude Morali, Grenoble, Jérôme Millon, 1992; *Le Moyen court et autres écrits spirituels* (1685), Grenoble, Jérôme Millon, 1995.

61| Henri-Frédéric Ellenberger, *Histoire de la découverte de l'inconscient*, Paris, Fayard, 1994.

62| *In* Sigmund Freud, *Cinq Psychanalyses*, Paris, PUF, 1979; résumépar Henri-Frédéric Ellenberger, *Histoire de la découverte de l'inconscient, op. cit.*, p. 543 *sq.*

63| "방"이라는 단어는 내가 찾아볼 수 있었던 다양한 정신분석 사전에는 실려 있지 않고, 인용된 엘랑베르제의 책도 마찬가지다. 하지만 이것은 내가 무능한 탓이다.

64| 나는 여기서 양심의 판단을 내포하는 법적인 개념을 비유적인 의미로 사용한다. Claudine Haroche (dir), *Le For intérieur*, Paris, PUF, 1995 참조.

65| Sarah Kofman, *Camera obscura. De l'idéologie*, Paris, Galilée, 1973; 그녀는 부록으로 Willem Jacob S'Gravesande의 텍스트를 제시한다. Usage de la chambre obscure.

66| Maurice Maeterlinck, *La Sagesse et la Destinée*, 1898, cité dans *Trésor de la langue française, op. cit.*

67| Gustave Flaubert, *Correspondance*, t. 3: *1859-1868*, Paris, Gallimard, coll. ≪Bibliothèque de la Pléiade≫, 1991, p. 61, novembre 1859.

68| Cité *in* Stéphane Audouin-Rouzeau, *Combattre, op. cit.*, p. 51. "Eviter tout conflit, tel aurait été mon choix", écrit le père de *La Civilisation des mœurs*, ouvrage publié dès 1939.

69| Michel Foucault, *Surveiller et Punir, op. cit.*; Jacques-Guy Petit, *Ces peines obscures. La prison pénale en France, 1780-1875*, Paris, Fayard, 1989; Id. (dir.), *Histoire des galères, bagnes, prisons, XIIIe-XXe siècles*, Toulouse, Privat, 1991.

70| 1858년에 간행된 세귀르 백작부인의 작품으로 소피를 주인공으로 한, 그녀의 작품 중 가장 잘 알려진 사실주의 풍의 걸작 『소피의 불행Les Malheurs de Sophie』(1864)과 『휴가les Vacances』(1859)와 함께 3부작으로 알려져 있

다.—옮긴이

71ㅣ Hervé Bazin, *Vipère au poing*, Paris, Grasset, 1948.

72ㅣ Cité par Marie-Aimée Cliche, *Maltraiter ou punir? La violence envers les enfants dans les familles québécoises, 1850-1969*, Québec, Boréal, 2007.

73ㅣ *Nos enfants*, n°8, août 1941; cité par Marie-Aimée Cliche, *Maltraiter ou punir?, op. cit.*, p. 169.

74ㅣ Jeanne Bouvier, *Mémoires, op. cit.*, p. 79.

75ㅣ Arlette Farge et Michel Foucault, *Le Désordre des familles. Lettres de cachet des archives de la Bastille*, Paris, Gallimard, 1982.

76ㅣ Bernard Schnapper, "La correction paternelle", *Revue historique*, avril-juin 1980.

77ㅣ Élise Yvorel, *Les Enfants de l'ombre. La vie quotidienne des jeunes détenus au XXe siècle en France métropolitaine*, Rennes, PUR, 2007.

78ㅣ Frédéric Chauvaud, *Justice et déviance à l'époque contemporaine*, Rennes, PUR, 2007, p. 362 *sq.*

79ㅣ Michelle Perrot, "Les enfants de la Petite Roquette", *L'Histoire*, n°100, mai 1987; repris *in* Id., *Les Ombres de l'histoire, op. cit.*

80ㅣ 프렌의 "작은 방들"은 폭 4미터에 길이가 5미터였고 화장실과 간단하지만 품위 있는 가구류가 있었다. 게다가 "자기 방을 청소해야 한다"는 것이 규칙의 한 항목이었다. 플뢰리-메로지에서 부과된 규범들은 대학 기숙사 학생 방의 것이다. 10평방미터, 참나무 원목 벽장 그리고 "창살들과 벽들은 더 이상 존재하지 않았다."

81ㅣ 1891년 5월 17일 로케트 수감자의 편지. 이 훌륭한 학생은 상습적인 가출벽이 있었다. 그 때문에 파리의 상인인 그의 아버지가 그를 소년원에 넣었다.

82ㅣ Martine Ruchat, *Le Roman de Solon, Enfant placé, voleur de métier (1840-*

1896), Lausanne, Antipodes, 2008.

83│ Françoise Chandernagor, *La Chambre. Roman*, Paris, Gallmard, 2002.

84│ Jacques-Guy Petit, *Ces peines obscures, op. cit.*, p. 53 *sq.* 참조. 마비용 (1632-1707)은 수도회들이 사용하는 엄격한 격리를 비판했고 공동 작업이나 정원 작업의 중요성을 강조했다. *Réflexion sur les prisons des ordres religieux*, 1690 참조.

85│ Marcel Gauchet et Gladys Swain, *La Pratique de l'esprit humain. L'institution asilaire et la révolution démocratique*, Paris, Gallimard, 1980 참조.

86│ 즉시 그런 것은 아니다. 처음에는 어번식 형무소에 매료되었으나 그 후 전체적으로 독방 제도 쪽으로 견해가 바뀌었다. Alexis de Tocqueville, *Œuvres complètes*, t. 4: *Ecrits sur le système pénitentiaire en France et à l'étranger*, éd. établie et présentée par Michelle Perrot, Paris, Gallimard, 2 vol., 1984 참조.

87│ Jacques-Guy Petit, *Ces peines obscures, op. cit.*, p. 244-245 참조.

88│ Robert Badinter, *La Prison républicaine (1871-1914)*, Paris, Fayard, 1992 참조.

89│ 갑자기 이 수에 현혹되지 말아야 한다. 단기형으로 감옥에 가는 사람들이 많아서 추구되는 목표였다.

90│ Christian Carlier, *Histoire de Fresnes, prison "moderne". De la genèse aux premières années*, Paris, Syros, 1998.

91│ "Le journal de Louise", *ibid.*, annexe, p. 255.

92│ *Congrès pénitentiaire de Rome*, 1885, t. 3, p. 51, 네 개의 판자를 모은 것.

93│ Victor Klemperer, *Mes soldats de papier, op. cit.*, t. 1, p. 582-618, "Cellule 89. 23 juin-1ᵉʳ juillet 1941". 저항 행위임과 동시에 전쟁동안 나치즘에 대항한 독일의 유대인들의 일상에 관한 가장 강력한 증언들 중 하나인 일기의 걸작이다. 클렘페러와 그의 아내 에바가 막 강제 수용소에 보내지려는 순간에 드레스덴의 폭격으로 풀려났다. 이 폭격으로 인해 신분에 관한 모든 흔적이

소멸되어 그들은 이름을 상실해 죽음을 모면했다.

94| Id., *LTI. La langue du IIIe Reich* (1947), trad. et annoté par Élisabeth Guillot, Paris, Albin Michel, 1996; rééd. Paris, Pocket, coll. "Agora", 1998.

95| Édouad Limonov, *Mes prisons* (1990), trad. A. Roubichou-Stretz, avant-propos de Ludmila Oulitskaia, Arles, Actes Sud, 2008.

96| Philippe Artières, *Le Livre des vies coupables. Autobiographies de criminels (1896-1909)*, Paris, Albin Michel, 2000.

97| Albertine Sarrazin, *L'Astragale*, Paris, Jean-Jacques Pauvert, 1965; Claude Lucas, *Suerte. L'exclusion volontaire*, Paris, Plon, coll. "Terre humaine", 1995.

98| Marie Lafarge, *Heures de prison*, Paris, Librairie nouvelle, 2 vol., 1854, t. 1, p. 199.

99| Jean-Claude Vimont, *La Prison politique en France. Genèse d'un mode d'incarcération spécifique, XVIIIe-XXe siècles*, Paris, Anthropos-Economica, 1993. "불복종의 권리"가 결코 존재하지 않은 것은 분명하다. 그런 이유 때문에 1848년 6월의 반란자, 파리코뮌 그리고 그 뒤의 무정부주의자들을 집단 강제수용하는 방책을 사용한다.

100| Silvio Pellico, *Mes prisons* (trad. française 1843); 계속 재판, 예를 들면 Éd. de Septembre en 1990 par Alain Vuyet. Sur la prison romantique, Victor Brombert, *La Prison romantique, op. cit* 참조.

101| Louis Perego, *Retour à la case prison*, postface de Christian Carlier, Paris, Éd. ouvrières, 1990; Claude Lucas, *Suerte, op. cit*.

102| *Le Monde*, 13 décembre 2008; avis de la Commission nationale de déontologie de la sécurité (CNDS)

103| Claude Lucas, *Suerte, op. cit.*, "La journée carcéale", p. 452-458.

104| 그럼에도 불구하고 즉시 그렇게 된 것은 아니다. 그의 이야기의 끝에서 루이 프르고는 많은 환멸을 드러내며 사회 복귀 시도를 한 뒤 감옥으로 다시 돌아가기 때문이다.

105| Anne-Marie Marchetti, *Perpétuités, Le temps infini des longues peines*, Paris, Plon, coll. "Terre humaine", 2001; *Pauvretés en prison*, Paris, Érès, 1997. 최근에 사라진 이 사회학자는 수많은 현장 조사를 행했다.

106| Louis Perego, *Retour à la case prison, op. cit.*, p. 33. 그는 리옹의 생폴 감옥에서 벌어진, 파리에서 일부러 온 특별한 분대가 개인이 장식할 수 있는 모든 것을 철저하게 파괴하면서 행한 독방의 수색을 묘사했다.

107| *Le Monde*, 16 janvier 2009, p. 3.

108| *Ibid.*, 14 janvier 2008. "낭시의 감옥에서, 몇 시간만에 조니 아가쉬시가 살해당했지만 간수들은 아무것도 알아차리지 못했다."

109| Mahmoud Darwich, *État de siège*, Arles, Actes Sud, 2008.

110| Silvio Pellico, *Mes prisons, op. cit.*, p. 58.

111| Victor Klemperer, *Mes soldats de papier, op. cit.*, t. 1, p. 612.

112| Philippe Artières에 의해 인용; *Le Livre des vies coupables, op. cit.*, p. 377. 감옥의 글쓰기에 관해 더 폭넓게 연구한 저자는 어떻게 감옥이 "글 쓰는 작업의 장소"가 되었는지 보여준다, p. 380-398.

113| Albert Camus, *L'Etranger*, in *Théâtre, récits, nouvelles*, Paris, Gallimard, coll. ≪Bibliothèque de la Pléiade≫, 1967, p. 1181.

114| 인구 과밀의 비율은 구치소가 141%이다. *Le Monde*, 19 décembre 2008 참조. 플뢰리-메로지의 감방들은 언제나 가능한 인원의 2배를 수용했고, 형편없는 상태이다. 깨진 창유리는 종이로 대체되었다. 사람들은 추위에 떨었다. Jean Bérard et Gilles Chantraine, *80000 détenus en 2017? La dérive et l'impossible réforme de l'institution pénitentiaire*, Paris, Éd. Amsterdam,

2008 참조.

115| Jean-Marie Delarue, "Recommandations sur Villefranche-sur-Saône", *Dedans, dehors*, revue de l'Observatoire international des prisons, section française, n°67-68, avril 2009, p. 11. 이 텍스트는 2009년 4월 초의 일반 에게 개방한 보고에 선행한다. 이 텍스트는 52개의 건물을 대상으로 했고 그중에는 16개의 감옥과 11개의 외국인을 위한 유치 센터들이 있다. 대단히 비판적인 그는 지배적인 독단과 특히 참기 어려운 사생활 침해들을 밝히고 있다. *Le Nouvel Observateur*, 25-28 avril 2009 참조. 나는 아직 그 보고서 를 입수하지 못했다.

116| Babette Stern, "La chambre secrète de Frida", *Libération*, 6 juillet 2007 참조.

117| Daniel Mendelsohn, *Les Disparus*, Paris, Flammarion, 2007.

제11장 사라진 방들

1| Anton Tchekhov, *La Cerisaie* (1904), in *Œuvres*, Paris, Gallimard, coll. ≪Bibliothèque de la Pléiade≫, 1967, t. 1.

2| Violette Leduc, *Je hais les dormeurs, op. cit.*, p. 43.

3| Virginia Woolf, *La Chambre de Jacob, op. cit.*, p. 197-198.

4| Lydia Flem, *Comment j'ai vidé la maison de mes parents*, Paris, Seuil, 2004, p. 67, "Au bord du lit."

5| Louis Aragon, *Les Chambres, op. cit.*, p. 99와 101.

6| Jean-Paul Kauffmann, *La Chambre noire de Longwood. Le voyage à Sainte-Hélène*, Paris, La Table ronde, 1997.

7| Frédéric Masson, *Napoléon chez lui, op. cit.* 참조.

8| 위키피디아가 제공한 자료에 의한 개요(2009년 1월 10일)에서 얻은 정보.

9| 백악관에 관한 아르테 방송, 2008년 5월 17일.

10| Ariane Chemin, "Hôtel du Vieux Morvan. Chambre 15", *Le Monde*, 3 janvier 2006.

11| 작가들의 집에 대한 지역적·국가적인 참고도서는 인상적이다. 특히 Georges Poisson, *Guide des maisons d'hommes et de femmes célèbreq en France. 600 lieux: écrivains, artistes, savants, hommes d'Etat*, 7 éd., Paris, Horay, 2003; Aliette Armel, *Marguerite Duras. Les trois lieux de l'écrit*, Saint-Cyr-sur-Loire, Pirot, coll. "Maisons d'écrivains", 1998; Evelyne Bloch-Dano, *Mes maisons d'écrivains*, Paris, Tallandier, 2005 참조.

12| 그의 전기작가 클레르 말루에게 피해를 줬다. *Chambre avec vue sur l'éternité, op. cit.*, p. 131.

13| François Mauriac, *Les Maisons fugitives, op. cit.*, p. 889.

14| François-Renéde Chateaubriand, *Mémoires d'outre-tombe, Pléiade*, 1946, I, p. 82 "남은 저녁 시간에 귀에 들려온 것은 일정한 그의 발걸음 소리와 우리 어머니의 한숨 소리 그리고 살랑거리는 바람 소리였다."

15| Evelyne Bloch-Dano, *Chez les Zola, op. cit.*, p. 78. 그녀는 똑같이 인용한다, p. 54. 메당에 대해 대단히 비판적인 에드몽 공쿠르의 묘사, "서재는 높고 넓지만 형편없는 실내 장식품들 때문에 흉하다."

16| *Ibid.*, p. 113-114.

17| Dominique Pety, "Maisons d'écrivains du XIXe siècle: habitations d'hier et musées d'aujourd'hui", *Dix-Neuvième Siècle*, n° 25, juin 1977 참조.

18| Georges Poisson, *Guide des maisons d'hommes et de femmes célèbres en France, op. cit.*

19| Georges Perec, *Espèces d'espaces, op. cit.*, p. 46.

20| *Ibid.*, p. 179.

21| François Mauriac, *Les Maisons fugitives, op. cit.*, p. 888.

22| Monique Eleb et Anne-Marie Châtelet, *Urbanité, sociabilitéet intimité*, *op. cit.*, "Les chambres en souffrance", p. 175-191. 방의 변화에 대한 도면과 삽화가 실린 아주 훌륭한 요약이다. Monique Eleb, "L'habitation entre vie privéet vie publique", *in* Marion Segaud, Sandrine Bonvalet et Jacques Brun (dir), *Logement et Habitat, op. cit.*, p. 68-74.

23| *Journal du dimanche*, 3 mai, 2009.

24| "Visite de la maison intelligente telle qu'on l'attend pour 2012. Près de Bruxelle, une bâtisse témoin fonctionne avec les technologies de demain", *Le Monde*, 8 août 2008.

25| Marie-Pierre Dubois-Perroff, *La Chambre. Recette d'architecture*, Paris, Massin, 2004. 이 신성한 공간, "활용해야 할 공간"을 개성화하기 위해 저자는 "동화에서 바로 나온 것 같은" 침대 머리와 닫집이 사용되었다는 것을 시사한다.

26| SREP, *Histoire de cellules, Étude d'anthropologie sur le vécu de certains logements*, Paris, 1975. 파리의 6개의 주택단지에 대해 밝히고 있는 이 연구는 이미 오래된 조사로 방의 크기와 배치에 대한 가족들의 불만족을 나타내고 있다.

27| Philippe Demougeot, *SOS Maison. Libérons l'espace*, Paris, Hoëbeke, 2007; cité dans *Le Monde*, 30 mai, 2008. "벽들을 밀어버리지 않고 공간을 확장하다"(2008년 5월 30일 『르몽드』에서 인용). 저자는 2009년 2월 18일 5번 채널에 집문제Question maison라는 방송에서 "SOS maison은 한 칸의 방을 어린이와 청소년에게 맞게 바꾸는 것이다"라고 말했다.(SOS maison은 2003년부터 2010년까지 7년 동안 TV에서 방송된 Question Maison이라는 프로그램의 한 코너로 공인건축가 필리프 드무조가 출연해 시청자들이 제시하는 주거에 관한 문제들에 대해 해결책을 제시했다.-옮긴이)

28│ François Jollant-Kneebone, "La chambre contemporaine ou la disparition", in *Rêves d'alcôves, op. cit.*, p. 154-174.

29│ Régis Debry, *Le Moment fraternité, op. cit.*, p. 41, "Enclore"

30│ *Ibid.*, p. 50.

31│ 그 때문에 "청소년들은 만성적 수면 부족이다(화면의 탓이다)", *Le Monde*, 7 avril 2009.

에필로그

1│ Alfred de Musset, *Il faut qu'une porte soit ouverte ou fermée*, comédie-proverbe (1845), in *Théâtre complet*, Paris, Galliamrd, coll., ≪Bibliothèque de la Pléiade≫, 1947.

2│ Charles Baudelaire, "Les fenêtres", *Le Spleen de Paris* (1869), XXXV, in *Œuvres complètes*, Paris, Gallimard, coll. ≪Bibliothèque de la Pléiade≫, 1976, t. 1, p. 470.

참고문헌

Sylviane Agacinski, *Le Passeur de temps. Modernité et nostalgie.*
Sylviane Agacinski, *Métaphysique des sexes. Masculin/féminin aux sources du christianisme.*
Sylviane Agacinski, *Drame des sexes. Ibsen, Strindberg, Bergman.*
Giorgio Agamben, *La Communauté qui vient. Théorie de la singularité quelconque.*
Henri Atlan, *Tout, non, peut-être. Éducation et vérité.*
Henri Atlan, *Les Étincelles de hasard I. Connaissance spermatique.*
Henri Atlan, *Les Étincelles de hasard II. Athéisme de l'Écriture.*
Henri Atlan, *L'Utérus artificiel.*
Henri Atlan, *L'Organisation biologique et la Théorie de l'information.*
Marc Augé, *Domaines et Châteaux.*
Marc Augé, *Non-lieux. Introduction à une anthropologie de la surmodernité.*
Marc Augé, *La Guerre des rêves. Exercices d'ethno-fiction.*
Marc Augé, *Casablanca.*
Marc Augé, *Le Métro revisité.*
Marc Augé, *Quelqu'un cherche à vous retrouver.*
Jean-Christophe Bailly, *Le Propre du langage. Voyages au pays des noms communs.*
Jean-Christophe Bailly, *Le Champ mimétique.*
Marcel Bénabou, *Jacob, Ménahem et Mimoun. Une épopée familiale.*
R. Howard Bloch, *Le Plagiaire de Dieu. La fabuleuse industrie de l'abbé Migne.*
Remo Bodei, *La Sensation de déjà vu.*
Ginevra Bompiani, *Le Portrait de Sarah Malcolm.*
Yves Bonnefoy, *Lieux et destins de l'image. Un cours de poétique au Collège de France (1981-1993).*

Yves Bonnefoy, *L'Imaginaire métaphysique.*
Yves Bonnefoy, *Notre besoin de Rimbaud.*
Philippe Borgeaud, *La Mère des Dieux. De Cybèle à la Vierge Marie.*
Philippe Borgeaud, *Aux origines de l'histoire des religions.*
Jorge Luis Borges, *Cours de littérature anglaise.*
Italo Calvino, *Pourquoi lire les classiques.*
Italo Calvino, *La Machine littérature.*
Paul Celan, *Le Méridien & autres proses.*
Paul Celan, *Renverse du souffle.*
Paul Celan, *Partie de neige.*
Paul Celan et Gisèle Celan-Lestrange, *Correspondance.*
Paul Celan et Ilana Shmueli, *Correspondance.*
Michel Chodkiewicz, *Un océan sans rivage. Ibn Arabî, le Livre et la Loi.*
Antoine Compagnon, *Chat en poche. Montaigne et l'allégorie.*
Hubert Damisch, *Un souvenir d'enfance par Piero della Francesca.*
Hubert Damisch, *CINÉ FIL.*
Luc Dardenne, *Au dos de nos images,* suivi de *Le Fils* et *L'Enfant,* par Jean-Pierre et Luc Dardenne.
Michel Deguy, *À ce qui n'en finit pas.*
Daniele Del Giudice, *Quand l'ombre se détache du sol.*
Daniele Del Giudice, *L'Oreille absolue.*
Daniele Del Giudice, *Dans le musée de Reims.*
Mireille Delmas-Marty, *Pour un droit commun.*
Marcel Detienne, *Comparer l'incomparable.*
Marcel Detienne, *Comment être autochtone. Du pur Athénien au Français raciné.*
Milad Doueihi, *Histoire perverse du cœur humain.*
Milad Doueihi, *Le Paradis terrestre. Mythes et philosophies.*
Milad Doueihi, *La Grande Conversion numérique.*
Milad Doueihi, *Solitude de l'incomparable. Augustin et Spinoza.*
Jean-Pierre Dozon, *La Cause des prophètes. Politique et religion en Afrique contemporaine,* suivi de *La Leçon des prophètes* par Marc Augé.
Pascal Dusapin, *Une musique en train de se faire.*
Norbert Elias, *Mozart. Sociologie d'un génie.*
Rachel Ertel, *Dans la langue de personne. Poésie yiddish de l'anéantissement.*
Arlette Farge, *Le Goût de l'archive.*
Arlette Farge, *Dire et mal dire. L'opinion publique au XVIIIe siècle.*
Arlette Farge, *Le Cours ordinaire des choses dans la cité au XVIIIe siècle.*
Arlette Farge, *Des lieux pour l'histoire.*
Arlette Farge, *La Nuit blanche.*
Alain Fleischer, *L'Accent, une langue fantôme.*

Alain Fleischer, *Le Carnet d'adresses*.
Lydia Flem, *L'Homme Freud*.
Lydia Flem, *Casanova ou l'Exercice du bonheur*.
Lydia Flem, *La Voix des amants*.
Lydia Flem, *Comment j'ai vidé la maison de mes parents*.
Lydia Flem, *Panique*.
Lydia Flem, *Lettres d'amour en héritage*.
Lydia Flem, *Comment je me suis séparée de ma fille et de mon quasi-fils*.
Nadine Fresco, *Fabrication d'un antisémite*.
Nadine Fresco, *La mort des juifs*.
Françoise Frontisi-Ducroux, *Ouvrages de dames. Ariane, Hélène, Pénélope...*
Marcel Gauchet, *L'Inconscient cérébral*.
Jack Goody, *La Culture des fleurs*.
Jack Goody, *L'Orient en Occident*.
Anthony Grafton, *Les Origines tragiques de l'érudition. Une histoire de la note en bas de page*.
Jean-Claude Grumberg, *Mon père. Inventaire*, suivi d'*Une leçon de savoir-vivre*.
François Hartog, *Régimes d'historicité. Présentisme et expériences du temps*.
Daniel Heller-Roazen, *Écholalies. Essai sur l'oubli des langues*.
Jean Kellens, *La Quatrième Naissance de Zarathushtra. Zoroastre dans l'imaginaire occidental*.
Jacques Le Brun, *Le Pur Amour de Platon à Lacan*.
Jean Levi, *Les Fonctionnaires divins. Politique, despotisme et mystique en Chine ancienne*.
Jean Levi, *La Chine romanesque. Fictions d'Orient et d'Occident*.
Nicole Loraux, *Les Mères en deuil*.
Nicole Loraux, *Né de la Terre. Mythe et politique à Athènes*.
Nicole Loraux, *La Tragédie d'Athènes. La politique entre l'ombre et l'utopie*.
Patrice Loraux, *Le Tempo de la pensée*.
Charles Malamoud, *Le Jumeau solaire*.
Charles Malamoud, *La Danse des pierres. Études sur la scène sacrificielle dans l'Inde ancienne*.
François Maspero, *Des saisons au bord de la mer*.
Marie Moscovici, *L'Ombre de l'objet. Sur l'inactualité de la psychanalyse*.
Michel Pastoureau, *L'Étoffe du diable. Une histoire des rayures et des tissus rayés*.
Michel Pastoureau, *Une histoire symbolique du Moyen Âge occidental*.

Michel Pastoureau, *L'Ours. Histoire d'un roi déchu*.
Georges Perec, *L'infra-ordinaire*.
Georges Perec, *Vœux*.
Georges Perec, *Je suis né*.
Georges Perec, *Cantatrix sopranica L. et autres écrits scientifiques*.
Georges Perec, *L. G. Une aventure des années soixante*.
Georges Perec, *Le Voyage d'hiver*.
Georges Perec, *Un cabinet d'amateur*.
Georges Perec, *Beaux présents, belles absentes*.
Georges Perec, *Penser/Classer*.
Michelle Perrot, *Histoire de chambres*.
J.-B. Pontalis, *La Force d'attraction*.
Jean Pouillon, *Le Cru et le Su*.
Jérôme Prieur, *Roman noir*.
Jacques Rancière, *Courts Voyages au pays du peuple*.
Jacques Rancière, *Les Noms de l'histoire. Essai de poétique du savoir*.
Jacques Rancière, *La Fable cinématographique*.
Jacques Rancière, *Chroniques des temps consensuels*.
Jean-Michel Rey, *Paul Valéry. L'aventure d'une œuvre*.
Jacqueline Risset, *Puissances du sommeil*.
Denis Roche, *Dans la maison du Sphinx. Essais sur la matière littéraire*.
Olivier Rolin, *Suite à l'hôtel Crystal*.
Olivier Rolin & Cie, *Rooms*.
Charles Rosen, *Aux confins du sens. Propos sur la musique*.
Israel Rosenfield, *« La Mégalomanie » de Freud*.
Jean-Frédéric Schaub, *Oroonoko, prince et esclave. Roman colonial de l'incertitude*.
Francis Schmidt, *La Pensée du Temple. De Jérusalem à Qoumrân*.
Jean-Claude Schmitt, *La Conversion d'Hermann le Juif. Autobiographie, histoire et fiction*.
Michel Schneider, *La Tombée du jour. Schumann*.
Michel Schneider, *Baudelaire. Les années profondes*.
David Shulman, Velcheru Narayana Rao et Sanjay Subrahmanyam, *Textures du temps. Écrire l'histoire en Inde*.
David Shulman, *Ta'ayush. Journal d'un combat pour la paix. Israël/Palestine, 2002-2005*.
Jean Starobinski, *Action et Réaction. Vie et aventures d'un couple*.
Jean Starobinski, *Les Enchanteresses*.
Anne-Lise Stern, *Le Savoir-déporté. Camps, histoire, psychanalyse*.
Antonio Tabucchi, *Les Trois Derniers Jours de Fernando Pessoa. Un délire*.
Antonio Tabucchi, *La Nostalgie, l'Automobile et l'Infini. Lectures de Pessoa*.

Antonio Tabucchi, *Autobiographies d'autrui. Poétiques a posteriori.*
Emmanuel Terray, *La Politique dans la caverne.*
Emmanuel Terray, *Une passion allemande. Luther, Kant, Schiller, Hölderlin, Kleist.*
Camille de Toledo, *Le Hêtre et le Bouleau. Essai sur la tristesse européenne.*
Jean-Pierre Vernant, *Mythe et Religion en Grèce ancienne.*
Jean-Pierre Vernant, *Entre mythe et politique.*
Jean-Pierre Vernant, *L'Univers, les dieux, les hommes. Récits grecs des origines.*
Jean-Pierre Vernant, *La Traversée des frontières. Entre mythe et politique II.*
Nathan Wachtel, *Dieux et Vampires. Retour à Chipaya.*
Nathan Wachtel, *La Foi du souvenir. Labyrinthes marranes.*
Nathan Wachtel, *La Logique des bûchers.*
Catherine Weinberger-Thomas, *Cendres d'immortalité. La crémation des veuves en Inde.*
Natalie Zemon Davis, *Juive, catholique, protestante. Trois femmes en marge au XVIIe siècle.*

옮긴이 해제

방, 내밀한 그 공간의 역사

　방의 역사는 새로운 주제가 아니다. 방은 이미 다양한 역사에서 무수히 다루어졌다. 그러나 방이 주인공을 부각시키기 위한 장식이나 배경이 아니라 주인공으로 당당하게 역사 무대 한가운데에 등장한 것은 미셸 페로의 『방의 역사 Histoire de Chambres』가 처음이다.

　방은 삶의 공간이다. 인간이 태어나서 죽을 때까지 방은 인간 존재의 무대다. 그중에서도 이 책이 궁극적으로 겨냥한 방은 사적인 공간으로서의 방이다. 개인의 방이나 부부 침실은 단순히 여러 개의 방 가운데 하나가 아니라 인간 삶의 가장 기본적이고 독자적인 단위다. 다른 사람들의 시선에서 벗어난 그곳에서 우리는 잠을 자고 사랑을 하고 자신과 맞닥뜨리며 삶을 재구성한다. 그런 점에서 방의 첫 번째 원칙은 격리다. 격리의 원칙이 보편적으로 정착한 것은 비교적 최근의 일이다. 가난한 농민들은 20세기까지도 하나의 공간에서 공동생활을 하고 바로 그곳에서 함께 잠을 잤다. 도시 노동 계층 역시 하나의 공간을 일과 거주의 다용도 공간으로 활용했다.

　중세의 성에서 르네상스기의 궁전까지 귀족이나 왕이 건축한 거대한 공간에서도 독자적인 공간은 허용되지 않았다. 다른 방을 통과하지 않고 각자의 방으로 갈 수 있는 공간, 이른바 복도가 탄생한 것은 17세기 영국의 대저택에서다. 로런스 스톤은 바로 이 점에서 개인주의의 기원을 영국 엘리트층에서 찾았다.(L Stone, *The Family, Sex and Marriage in England, 1500-1800*(Harper & Row, Publishers) 1977)

복도의 탄생이 내밀성의 욕구라는 새로운 감수성의 출현으로 해석되고 이러한 감수성이 사회적 사다리를 타고 확산되었다는 것이다. 그렇다면 3세기 뒤 런던의 넓은 저택에 거주하던 버지니아 울프가 자신의 방을 가질 권리를 외친 이유는 무엇일까?

이 책의 저자 미셸 페로는 방의 역사를 로런스처럼 직선적으로 그리고 계층적으로 설명하는 방식에 만족하지 않는다. 그녀가 방들의 역사를 내밀성의 역사와 연결시킨 것은 바로 그 때문이다. 다시 말해 이 책에서는 사생활의 역사가 공간적으로 재현되어 있다. 여러 사람이 공동으로 사용하던 방에서 자기만의 방을 소유하게 되는 과정 중 나타나는 삶의 방식의 변화가 시간과 공간의 변화라는 장기적이고 거대한 흐름 속에서 펼쳐진다. 방대하고도 미세한 이 연구에는 50년에 걸친 저자의 연구 이력이 고스란히 녹아 있다.

파리 7대학 명예교수인 페로는 우리나라에서 여성사 연구자들의 대모 격으로 널리 알려진 인물이다. 실제로 그녀는 오늘날에도 여성사에 관한 활발한 학문활동을 펼치고 있을 뿐 아니라 여성운동의 실천에도 앞장서고 있다. 그러나 그녀를 여성사 연구자로 단정짓는 것은 그녀의 학문세계를 지나치게 좁은 틀에 가두는 것이다. 무엇보다 먼저 그녀는 1971년 계량화 작업을 토대로 파업과 경제 주기의 상관관계를 분석한 국가박사학위 논문 『파업하는 노동자들』을 통해 사회사가로 우뚝 섰다. 조르주 뒤비와 함께 『사생활의 역사』(1985~1987) 총서 작업을 주도하면서 그녀의 학문세계는 넓고 깊어졌으며 섬세해졌다. 이후 그녀는 여성사 연구에 천착하며 『서구의 여성사』(1991~1992), 『공적 여성들』(1997), 『여성들 혹은 역사의 침묵』(1998)을 발표했고 특히 조르주 상드에 관심을 보였다. 2001년에는 『역사의 그늘』을 통해 감옥의 역사를 선보였다. 이렇듯 계급 문제에서 성의 문제로, 그리고 감옥 문제로 옮겨가며 그녀가 추적한 것은 오랫동안 어둠 속에 파묻혀온 존재들의 역사다. 노동사, 사생활의 역사, 여성사, 감옥의 역사를 관통하는 이러한 문제의식을 토대로 그녀는 좁은 공간인 방을 창으로 삼아 세상을 바라보고 그들의 삶을 생생하게 재현하고자 했다.

방은 공간과 시간의 관계를 구체화한다. 방의 공간적 배치는 사회적 지위, 세대, 남녀에 따라 다르며 시대에 따라 바뀐다. "방들의 질서는 세상의 질서를 재현한다." 한마디로 페로는 이 책에서 방이라는 소우주를 통해 대우주를 조망한다. 방의 여러 모습을 통해 공과 사, 가정과 정치, 남자와 여자, 어른과 어린이 사이의 관계를 읽어내고 죽음과 출생, 사랑, 노동, 여행, 벌의 의미를 재해석한다.

　문제는 작고 밀폐된 그러한 공간들이 거의 문서화된 증거를 남기지 않았다는 점이다. 실제로 방의 역사에 관한 자료들은 매우 드물고 분산되어 있으며 미세하다. 통상적으로 행정 기구와 경찰은 이 사생활의 성역에 침투하지 못했다. 그럼에도 불구하고 두 가지 예외가 있다. 첫 번째 예외는 사후 유산 목록들이다. 또 다른 예외는 범죄 조사 보고서들이다. 방은 종종 범죄의 공간이 되었으며 그럴 경우 범죄 조사관들의 관심과 추적에서 벗어나지 못했다. 저자가 의존한 증거물들은 그 밖에도 많다. 무엇보다 먼저 건축가들의 평면도는 방에 관해 많은 것을 설명해준다. 장식미술 개론서, 실내장식에 관한 잡지, 예의범절과 위생학 입문서, 주거지에 관한 의학적·사회적 설문지 등에서도 방의 흔적들이 발견된다. 성모 마리아의 침실을 묘사한 그림이나 사진과 같은 도상 자료들 역시 저자에게 풍성한 이야깃거리를 제공해준 중요한 자료들이다.

　그러나 저자가 방의 형태와 용도에 관한 무궁무진하고 생생한 목소리를 발견한 것은 구체적인 경험이 강하게 배어 있는 개인의 편지와 일기, 문학작품들이다. 그중에서도 가장 적극적으로 활용된 자료는 문학작품이다. 그녀는 문학적 증언에 대한 사회사가와 구조사가들의 불신 및 편견에서 벗어나 허구인 소설을 역사적 주인공들과 그 시대의 삶을 전달하는 최우선적인 증언으로 삼았다. 발자크, 플로베르, 졸라, 모파상처럼 주인공들의 성격과 품행, 운명뿐 아니라 그들이 등장하는 침실을 그림처럼 생생하고 섬세하게 묘사한 19세기 소설가들의 작품이 대표적인 예다. 실제로 그들의 작품에서 얼굴 생김에 대한 묘사가 그 사람의 기질을 말해주듯이, 침실에 관한 구체적인 묘사들은 방 주인의 사회적 지위, 성격, 불행, 야망과 일치한다. 따라서 침실에 대한 그들의 사실적 묘사와 은유적, 이데올로기적, 사회적, 심리적 해석은 사교계와 가정을 무대로 한 사적 영역의 역사에서 의미심장하지 않을 수 없다. 더구나 그런 책들은 침실에서 읽히며 방의 의미를 넓혀놓았다. 페로 역시 그러한 방에서 방의 이야기를 읽으며 성장하고 생활했다. 여기서 이 책의 가장 중요한 자료는 페로 자신의 개인적인 경험에서 비롯된 것임을 알 수 있다. 나아가 우리 모두 저마다 침실에 관한 경험과 기억을 갖고 있기에 그녀의 방에 관한 이야기는 우리 기억을 일깨워주기에 충분하다.

이제 페로가 차례차례 문을 열어가며 소개하는 방들을 쫓아가보자. 고대부터 오늘날까지 관행과 상황에 따라 변화하는 방들 가운데 제일 먼저 등장한 것은 왕의 침실이다. 그녀는 왕의 침실을 푸코의 시선으로 바라본다. 왕의 침실은 신성하다. 왕권신수설에서 유래한 이러한 원칙은 베르사유의 루이 14세 침실에서 극대화되었다. 교회에서 성가대석이 제단과 신자석을 구분짓듯, 난간은 성역의 경계를 분명히 한다. 국왕 권력의 가시화를 위해 왕의 침실은 태양의 상징체계로 장식되고 침대에서 일어나는 순간부터 왕의 일거수일투족은 다른 사람들의 시선에 노출되었다. 궁정 신하들에게 왕의 침실 출입이 허용된 것은 이러한 투명성의 원칙에 따라서다. 왕은 그곳에서 일어나고 잠자리에 들었지만 정작 잠을 자지는 않았다. 왕의 침실은 결코 잠을 자기 위한 비밀스런 공간이 아니었으며 내밀한 역할을 하지도 못했다.

왕의 침실을 지배한 것은 엄격한 궁정 의례다. 침실의 공간과 시간, 왕의 일거수일투족, 시종과 방문자들의 움직임 등 모든 것이 에티켓에 따라 조직화되었다. 왕의 침실에서는 육신의 몸과 신비스런 몸, 비밀스런 것과 보이는 것, 사적 영역과 공적 영역 사이의 미묘한 게임의 법칙이 작동했던 것이다. 실제로 왕의 침실은 볼거리가 행해지는 곳이자 무대이고 권력의 핵심이자 도구였다. 궁정 전체가 한눈에 보이는 곳에 자리잡은 이곳에서 왕은 시선과 말의 이중 방식으로 궁정을 지배했다. 이렇게 해서 왕의 사적인 영역은 공적 영역인 궁정 전체를 삼켜버렸다.

왕의 침실에 이어 저자는 방이 개인용 잠자리로서의 침실로 자리매김되는 점진적인 과정을 관찰한다. 고대 그리스에서 남자들은 카마라camara에서 함께 잠을 잤다. 카마라는 동료들과 공유하는 휴식의 공간을 의미하는 그리스 단어다. 동료를 뜻하는 camarade는 바로 이 단어에서 유래한 것이다. 침실의 가장 오래된 단어인 '잠자는 방chambre à coucher'이 사전에 등장한 것은 18세기 중엽이다. 중간계급의 거처에서는 그보다 1세기가 더 지난 19세기 중엽 이후에야 비로소 침대를 갖춘 별도의 침실이 나타났다. 이러한 잠자리의 분리 과정에는 여러 요인이 작용했다. 우선 도덕과 보건위생학의 시각에서 강요된 강력한 규범을 꼽을 수 있다. 그보다 훨씬 결정적인 역할을 한 것은 근대적 결혼관이다. 결혼이 사랑과 일치하게 되고 동의와 개인의 자유의사, 그리고 더 나은 성생활의 공유에 대한 열망에 의존하게 되면서 두 사람을 위한 침실의 내밀성이 요구되었다. 그때부터 잠자리의 분리는 모든 사회 계층에 확산되고 도덕적 차원에서 합리화되었다. 이러한 경향은 나라마다 달리 나타났는데 부르주아, 특히 사생활에 민감한 반응을 보인 영국의 부르주아층에서 가장 빨리 나타났다.

그러나 침실이 사적 영역화의 고지를 확실하게 점유한 그 순간 역설적인 현상이 펼쳐지기 시작했다. 공과 사의 구분이 확연해지면서 공간의 배치는 그러한 양분 상태에 의해 지배되었다. 낮과 밤의 구분도 한몫되었다. 거처는 낮과 밤, 전면과 뒷면의 두 영역으로 나뉘었다. 가장 크고 가장 화려한 방들은 낮의 공적 생활에 할당되고 부부생활을 위한 밤의 내밀하고 안락한 방은 실내 깊숙한 곳에 자리잡았다. 다층집에서는 대부분 침실이 2층으로 올라가고 경우에 따라서는 북향 혹은 거처 끝의 안뜰을 향한 곳으로 밀려났다. 밤의 영역이자 겉으로 드러나지 않는 공간인 침실은 거처에서 가장 좋은 위치를 차지할 필요가 없었던 것이다. 그럴수록 침실의 크기도 작아지고 장식도 간결해졌다. 20세기에 들어서도 규모가 축소된 것은 항상 침실이었다. 현대사회에서는 결혼의 위기, 즉 이혼과 더불어 더 자유롭고 덜 '순응주의적'이며 더 안락함, 이를테면 편안함에 신경을 쓰는 침실의 또 다른 개념이 제기되었다. 오늘날 별도의 침실 사용하기, 적어도 분리된 침대를 사용하는 관행이 널리 파급된 것은 이런 맥락에서다.

부부 침실은 방의 역사에서 결정적인 분기점을 이룬다. 침실은 잠을 자기 위한 공간이지만 반드시 그런 것만은 아니다. 그러한 별도의 공간은 다양한 경험의 영역이자 창조의 공간이었다. 실제로 침실은 부부생활 외에도 고독과 다양한 사색의 관행, 독서와 글쓰기 공간으로 활용되었다. 모두가 함께 생활하던 공동의 방에서 부부의 공간을 거쳐 이 책의 긴 여정이 도달할 지점은 바로 그러한 공간이다. 그것은 혼자만의 방이다. 다시 말해 작고 밀폐되었으며 내밀성을 간직한 사적인 방이다. 로마 시대에는 부부의 공간이 생겨났지만 그럼에도 불구하고 남자들은 작은 방에서 자신이 하고 싶은 일을 했다. 이는 남자들의 독립을 의미한다. 성, 사랑, 병, 생리 현상뿐 아니라 기도하고 명상하고 읽고 쓰고자 하는 영혼의 욕구가 고립과 은둔을 부추겼다. 이미 고대부터 인간의 독립성과 자기 존중의 욕망은 다양한 형태의 사적 공간을 꿈꾸게 했던 것이다.

  16세기 이전에 유럽에서 그러한 의미의 방을 지닐 수 있는 사람들은 영주층에 국한되었다. 자기만의 방 갖기는 경제적 여유와 가정생활의 변화, 예절과 사적 영역의 발달의 역사적 흐름 속에서 다양하고 꾸준하게 이루어졌다. 그러나 그러한 욕망이 실현된 것은 비교적 최근의 일이며 여전히 경제적 조건의 문제가 뒤따른다. 버지니아 울프가 간절히 소망했듯이 남성 지배의 유구한 역사 속에 갇혀온 여성에게는 더욱 어려운 일이었다. 성에 관한 인식 수준을 한 단계 높인 여성 역사가답게 저자는 이 책에서 사적 공간을 차지하려고 애쓰는 여성들을 주목한다. 근대 이후 방이 전문화되면서 남성은 대부분의 시간을 사무실, 흡연실, 서재 등 고유의 공간에서 보낸 반면 여성은 부부 침실을 자기만으로 것으로 만들려는 경향을 보였다. 사회의 모든 수준에서 여성들은 일하고 공상하고 글을 쓰고 기도하고 사랑받기 위해 남자들보다 훨씬 더 자신들만을 위한 사적인 공간을 원했다. 침실 창문에 앉아 있는 여자 몽상가들이나 거의 벌거벗은 채로 카나페, 소파, 침대 위에 길게 누워 있는 여자 독서가들에 관한 에로틱한 상상 역시 그런 갈망을 부추겼다. 침실은 여성의 공간이었고 여성은 그곳의 지배자였다. 다른 한편 종교, 가족질서, 도덕, 품위, 정숙함 역시 여성을 침실에 붙들어놓는 데 기여했다. 이런 경우 종종 여성들은 원하던 자신만의 공간을 얻기는커녕 감금과 고독의 상태에 처했다.

여성이 내밀성과 내면성의 세계에 참여하게 되는 과정은 각각의 문명마다 장기지속적인 고유의 문화적 특성과 더불어 전개되었다. 페로는 프랑스에서 발달한 살롱에서의 여성의 역할을 강조한다. 병약한 랑부예 후작부인은 궁정에서 멀리 떨어진 자신의 침실에 친구들을 초대해 새로운 예절의 모델을 선보였다. 이렇듯 귀족 부인들은 자신들의 침실을 살롱으로 활용하고 가정 안에서의 여성의 권력과 지위에 힘입어 외부세계와 사회성을 비판함으로써 자신만의 독자적인 세계를 구축할 수 있었다. 이러한 새로운 존재 방식은 마침내 궁정을 식민화하고 나아가 예절서를 통해 부르주아층을 거쳐 사회 전체에 파급되고 강요되었다. 그러나 역사 속에서 사적 영역을 확보하려는 여성들의 여정이 모두 동일한 것은 아니다. 19세기 프랑스 노동자층에서 여성에게 부여된 역할은 모순된 형태를 취한다. 흔히 사람들이 인식하는 것과는 달리 노동자들은 가정의 안락함과 내밀성에 무관심하지 않았다. 그들은 부르주아적 삶의 방식과 여성이 가정 안에서 가사에 헌신하기를 갈구했다. 그러나 프랑스의 노동자층이 부르주아적 방식으로 여성을 가정에 머물게 하는 특권을 누리게 하기 위해서는 영국이나 미국의 노동자층보다 훨씬 더 오랜 세월을 기다려야 했다. 반면 여성 노동자들은 가사를 위해 방 안에 머무르기보다는 스스로를 위해 분리된 방에서의 사생활을 원했다. 그러나 여성 노동자층에게 방은 단순한 사생활의 독점물이 아니다. 그녀들에게 방은 노동력이 쇄신되고 재생산되기 위한 필수적인 공간이었기 때문이다. 여성 노동자건 남성 노동자건 노동자 가정에서 안락함과 깔끔한 방의 존재는 여성의 영향력보다는 가정의 수입 수준에 달려 있었다.

자기만의 방은 단순히 공간의 할당이나 점유를 의미하지도 한곳에서의 정착에 국한되지도 않았다. 여행의 오랜 전통 속에서 호텔 방이 서서히 안락하고 안전한 사적 공간으로 인정받아간 것이다. 여행의 역사가이기도 한 페로는 아서 영이 "형편없는 소굴"이라고 묘사한 18세기 프랑스의 호텔 방부터 19세기 후반 귀족들의 저택을 개조한 호화호텔까지 호텔의 다양한 관행과 실제를 추적한다. 그녀의 탐험은 호텔을 생활양식이나 문학적 소재로 선택한 스탕달, 조르주 상드, 플로라 트리스탕, 앙리 미쇼, 발레리 라르보, 장 폴 사르트르, 장 주네, 마르셀 프루스트의 독특한 경험을 상기시킨다. 그중에서도 호텔 방에서 영감을 얻은 프루스트는 호텔 방의 문인이라 할 만하다. 그는 바로 그 공간에서 집중적으로 이루어진 창조적이고 감성적인 작업의 상징 그 자체다.

이렇듯 공동의 방에서 개인의 사적 공간, 그리고 여인들의 방에 이어 호텔 방과 여성 노동자들의 방 깊숙이 독자를 안내한 페로는 환자의 침상도 빠뜨리지 않았다. 그녀는 페미니즘의 선구자인 조르주 상드의 방을 무대로 죽음을 맞이하는 방에서의 마지막 장면을 세밀히 묘사했다. 죽음의 순간 그녀는 마지막 여행을 떠나기 위한 준비를 하고 그녀의 가족은 그런 그녀의 침대 머리맡을 지켰다. 그녀는 자신에게 최후의 인사를 하기 위해 찾아온 문인들과 정치가들을 침대 주변에 불러들임으로써 마치 태양왕 루이 14세처럼 자신의 육체적 쇠락과 고통의 순간을 공개했다. 하지만 그것은 이제 어렴풋한 회상에 지나지 않는다. 병원에서 죽음을 맞이하는 관행이 지배적이 되었기 때문이다. 오늘날 임종의 방을 지키는 것은 친지의 기도가 아니라 의사의 치료와 기계장치다. 이렇게 해서 죽어가는 사람은 고통과 불안을 홀로 간직할 권리를 쟁취한 셈이다. 고독의 쓰라린 승리여!

내밀성의 피난처로 구축된 방이 고독의 공간이 되고 자아 발견을 위해 갈구했던 격리된 장소가 감옥이 된 것이다. 계급이나 나이, 성의 구분에 따른 획일적인 방의 역사를 거부하고 내밀성의 역사를 추적함으로써 페로는 도처에서 이러한 방의 양면성을 드러낸다. 한마디로 사적인 방은 두 가지 극단적인 측면을 지닌다. 그것은 때로 주위 시선으로부터 벗어나려는 욕구의 결과이지만 때로는 여성을 가두는 감옥이자 어린이들이나 죄를 지은 사람에게 일종의 벌을 의미한다.

페로의 『방의 역사』는 한 편의 대하소설 같다. 그녀는 그리스의 카마라부터 점차 불확실해지고 소멸해가는 현대의 방들까지 끊임없이 개조된 공간의 장기지속적 흐름을 유년 시절부터 죽음에 이르는 개인적 삶의 시간, 그리고 노동과 여행, 여가에 맞추어 움직여지는 사회적 시간과 결합시킴으로써 방대한 대서사를 완성한 셈이다. 물론 저자가 첫 부분에서 고백했듯이 이 책에서 제시한 방은 서구 문화의 산실에 국한되어 있지만, 독자는 왕의 침실에서 스쳐 지나가는 방까지 온갖 종류의 방의 모습을 통해 내밀성을 추구하는 인간의 여러 유형을 일별할 수 있다. 잠, 휴식, 출생, 욕망, 사랑, 사색, 독서, 글쓰기, 자아 추구, 신, 은둔, 병 등 인생의 모든 길이 결국은 방으로 이어진다. 이러한 인생의 여러 실마리를 발췌하고 추적함으로써 페로는 탁월한 솜씨로 무의식적인 기억 속에 갇힌 집단적 변화와 그 뒤엉킴을 밝혀내고, 오늘날 우리의 관행과 습관을 이루고 있는 것들이 어떻게 형성되었는지를 보여준다. 이러한 시도는 오늘날 유행하는 집단 기억의 신성화 작업과는 다르다. 이런 점에서 이 책은 사적 공간에 대한 미시적 추적에 그칠 뿐 집단 기억의 진술을 풍성하게 하는 데 도움이 되지 못한다는 역사가들의 비판을 피할 수 없다. 사회경제적 구조의 변화와 영향관계가 포함되지 못한 점 또한 이 책의 아쉬움으로 남는다.

오늘날 사람들은 더 이상 자신의 집에서 태어나지도 죽지도 않는다. 부부도 영속적인 관계가 아니다. 이처럼 우리는 오랫동안 역사 속에서 지탱해온 인류학적인 토대가 붕괴되는 시점에 살고 있다. 그럼에도 불구하고 계속 유지되는 요소들이 있다. 그것은 삶의 지속과 거처에 대한 관심, 비밀과 은밀함에 대한 욕망, 혼자만의 시간에 대한 사춘기 청소년들의 갈망 등등이다. 이러한 인간의 영구불변한 바람이 존재하는 한 자신만의 공간에 대한 욕구도 지속될 것이다.

2013년 5월 21일
옮긴이

찾아보기

ㄱ

가브리엘 쉬숑Suchon, Gabrielle 347
가브리엘(천사)Gabriel, ange 31
가셰(박사)Gachet, Paul 540
가스통 갈리마르Gallimard, Gaston 532
게오르크 그로데크Groddeck, Georg 529
게오르크 포르스테르Forster, Georg 141
게팽(박사)Guépin, Ange 416
고댕Godin, Jean Baptiste André 428, 453
괴테Goethe, Johann Wolfgang von 155
귀스타브 드 보몽Beaumont, Gustave de 135
귀스타브 모로Moreau, Gustave 220
귀스타브 제프루아Geffroy, Gustave 608
귀스타브 플로베르Flaubert, Gustave 29, 30, 190, 192, 211, 213, 323, 353, 482, 539, 546, 589
그랑제Granger, Ernest 608
그뢰즈Greuze, Jean-Baptiste 497
그림Grimm, Jacob et Wilhelm 130, 267
그자비에 고디노Godinot, Xavier 469
그자비에 드 메스트르Maistre, Xavier de 9, 127, 129, 225~226
기욤(원수)Guillaume le Marechal 503

ㄴ

나농 발비앵Balbien, Nanon 72
나다르 디스데리Nadar(Félix Tournachon, dit) 541
나벨Navel, Georges 445
나이팅게일Nightingale, Florence 516, 518~520
나타샤 캄푸시Kampusch, Natascha 574
나폴레옹Napoléon Iᵉʳ 225, 276, 364, 402, 607, 623, 625
나폴레옹-제롬Napoléon-Jérôme 482
난니 모레티Moretti, Nanni 279
낸시 위스통Huston, Nancy 527
네르발Nerval(Gérard Labrunie, dit Gérard de) 570, 604
노르베르 트뤼캥Truquin, Norbert 147
노르베르트 엘리아스Elias, Norbert 590
노엘 샤틀레Châtelet, Noëlle 523

니체Nietzsche, Friedrich 203, 589

|ㄷ|

다니엘 로슈Roche, Daniel 100, 241, 358
다니엘 멘델손Mendelsohn, Daniel 616~617
다니엘 살나브Sallenave, Danièle 351
다이앤 본 퍼스텐버그Furstenberg, Diane de 382
다캥Daquin, Antoine 73, 77
달랑베르Alembert, Jean Le Rond d' 22
달리Dali, Salvador 532
데무소 드 지브레Desmousseaux de Givré, Antoine 24
데카르트Descartes, René 588
델랑드Deslandes 133
도미니크 오리Aury, Dominique 379, 549, 565
도미니크 페르낭드Fernandez, Dominique 208
도미티우스Domitius 153
도스토옙스키Dostoïevski, Fedor Mikhaïlovitch 612
돌퓌스Dollfuss, famille 428
뒤 메닐(박사)Mesnil, Octave du 422
뒤뷔페Dubuffet, Jean 532
드 라투르 도베르뉴(예하)La Tour d'Auvergne, Mgr de 482
드바르Debarre(Debarre-Blanchard) Anne 109
디노 부차티Buzzati, Dino 522
디드로Diderot, Denis 22, 24, 203, 215, 224, 309, 360, 497
디스데리Disdéri, André Adolphe Eugène 541
디에고 리베라Rivera, Diego 615

|ㄹ|

라스파유Raspail, Jean 288
라신Racine, Jean 62
라파르주 부 인Lafarge, Marie 605~606
라퐁텐La Fontaine, Jean de 261, 267, 500
라흐마니노프Rachmaninov, Sergueï Vassilievitch 382
랄르망(신부)Lallemant, père Louis 586
랑부예(후작부인)Rambouillet, Catherine de Vivonne, marquise de 318
랑세(트라피스트 수도원의 원장 신부)Le Bouthillier de Rancé, Armand Jean(dit abbé de la Trappe) 62
러스킨Ruskin, Georges 265
레너드 울프Woolf, Leonard 578
레닌Lénine(Vladimir Ilitch Oulianov, dit) 439

레비브륄랑Levy-Vroelant, Claire 429, 442

레오 클라르티Claretie, Léo 268

레오토Leautaud, Paul 628

레옹 베르나르Bernard, Léon 527

레옹 블룸Blum, Léon 545

레옹 외제Heuzey, Léon 19

레옹 프라피에Frappié, Léon 326

레이먼드 챈들러Chandler, Raymond 407

레지스 드브레Debray, Régis 636

레진 데포르주Desforges, Régine 549

레진 페르누Pernoud, Régine 308

레티프 드 라 브르톤Rétif de La Bretonne(Nicolas Restif, dit) 269, 298, 322

로널드 레이건Reagan, Ronald 624

로라 부시Bush, Laura 623

로랑스 에질Egill, Laurence 238

로랭스Laureince, Nicolas 36

로맹 롤랑Rolland, Romain 626

로베르 드 몽테스키외Montesquiou, Robert de 218, 219, 221

로베르 앙텔므Antelme, Robert 171

로베르트 무질Musil, Robert 285

로제 트루아퐁텐Troisfontaines, Roger 391

로제 페랭자케Perrinjaquet, Jacques 258

롤랑 바르트Barthes, Roland 44, 540, 548

롱브로조Lombroso, Cesare 605

루보Roubaud 133

루부아Louvois, François Michel Le Tellier, marquis de 65, 71

루셀Roussel, Louis 133

루소Rousseau, Jean-Jacques 184, 241, 247, 257, 290, 497, 500, 578, 589

루시 보Baud, Lucie 435

루이 11세Louis XI 596

루이 12세Louis XII 23

루이 13세Louis XIII 78, 120

루이 14세Louis XIV 48~50, 52, 58, 60, 65~66, 69, 72~73, 77~78, 80~81, 89, 182, 252, 372, 376, 481, 492, 496, 512, 596, 616

루이 15세Louis XV 55, 69, 73, 80, 89, 220, 252, 519, 559

루이 16세Louis XVI 52, 120, 342

루이 17세Louis XVII 595

루이 18세Louis XVIII 459

루이 레페크 드 라 클로튀르Lépecq de La Clôture, Louis 93, 416

루이 뤼시피아Lucipia, Louis 600
루이 리비에르Rivière, Louis 425
루이 블랑Blanc, Louis 458, 460
루이 블루앵Blouin, Louis 58
루이 쇼뱅Chauvin, Louis 210
루이 슈발리에Chevalier, Louis 415
루이 아라공Aragon, Louis 108, 622
루이 프르고Perego, Louis 609~610
루이르네 데 포레Forêts, Louis-René des 285
루이르네 빌레르메Villermé, Louis René 334, 419~420, 431, 604
루이즈 드 빌모랭Vilmorin, Louise de 488
루이즈 드 쇼리외Chaulieu, Louise de 502
루이필리프Louis-Philippe Iᵉʳ 115
루키노 비스콘티Visconti, Luchino 222
루터Luther, Martin 626
뤼시앵 루뱅Roubin, Lucienne 432
르 루아예 드 샹트피Leroyer de Chantepie, Marie-Sophie 353
르네 드 모콩브Maucombe, Renée de 502
르네 시모네Simonnet, René 480
르클레르Leclerc, Annie 250, 527
르펠르티에 드 생파르조Lepelletier de Saint-Fargeau, Louis-Michel 597
리디아 플렘Flem, Lydia 622
리브카 베르코비치Bercovici, Rivka 119
리슐리외 공Richelieu, Armand Emmanuel du Plessis, duc de 512
리스트Liszt, Franz 399
리턴 스트레이치Strachey, Lytton 180

|ㅁ|

마그리트Magritte, René 532
마네Manet, Édouard 343
마레샬Mareschal, Georges 80
마르그리트 뒤라스Duras, Margueritev 381, 558
마르그리트 뒤랑Durand, Marguerite 326
마르그리트 아롱Aron, Marguerite 274
마르그리트 오두Audoux, Marguerite 207, 345
마르그리트 튈리에Thuillier, Marguerite 477
마르셀 브라운슈비히Braunschvig, Marcel 268
마르셀 프루스트Proust, Marcel 44, 122, 152, 161, 199, 213, 215, 218, 226~227, 266, 281, 283, 323, 351, 376, 387, 390~391, 514, 529, 539, 541, 548, 558, 565~566, 589, 620, 628, 630

마르크 샤브나Chabenat, Marc 479
마르크스Marx, Karl 132, 262, 294, 386
마르타 아르헤리치Argerich, Martha 382
마르타 프로이트Freud, Martha 404
마르탱 나도Nadaud, Martin 433, 435
마르탱(경)Martin, dom Claude 188
마르틴 뤼샤Ruchat, Martine 595
마르틴 카롤Carol, Martine 502
마리Bashkirtseff, Marie 539
마리 다구Agoult, Marie d' 399, 501
마리 뒤부아Dubois, Marie 58
마리 드 랭카르나시옹Marie de l'Incarnation(Marie Martin-Guyard, dite) 188~189
마리 레슈친스카Leszczynska, Marie 69
마리 모틀레Motley, Mary 136
마리 바롱Baron, Marie 586
마리 셰Chaix, Marie 171, 274
마리 앙투아네트Marie-Antoinette 66, 134, 240, 254, 492
마리 카르디날Cardinal, Marie 351
마리 테레즈Marie-Thérèse d'Autriche 595
마리보Marivaux, Pierre Carlet de Chamblain de 322, 360
마리오 프라츠Praz, Mario 36, 222, 266, 275
마송Masson, Yves 532
마이크 데이비스Davis, Mike 471
마이클 왈처Walzer, Michael 412
마자린 팽조Pingeot, Mazarine 545
마티외 다 비냐Da Vinha, Mathieu 58
마흐무드 다르비시Darwich, Mahmoud 612
막스 에른스트Ernst, Max 532
만 레이Man Ray(Emmanuel Rudnitsky, dit) 541
만테냐Mantegna, Andrea 109
말라르메Mallarmé, Stephané 218, 554, 625
말비다 폰 마이젠부크Meysenbug, Malwida von 203
망소Manceau, Alexandre 546
맬서스Malthus, Thomas Robert 421
맹트농 부인Maintenon, Françoise d'Aubigné, marquise de 50, 66~72, 77, 79~82, 512
메리 토드 링컨Lincoln, Mary Todd 623
멘(공작)Maine, Louis Auguste de Bourbon, duc du 66
모나 소이에Sohier, Mona(voir Mona Ozouf) 158, 501
모니크 엘브Eleb-Vidal, Monique 109

모리스 블랑쇼Blanchot, Maurice 533
모리스 아귈롱Agulhon, Maurice 432
모리스 알베르Albert, Maurice 476
모린 레이건Reagan, Maureen 624
모파상Maupassant, Guy de 29
몽탈방(박사)Montalban, Charles 134
몽테뉴Montaigne, Michel de 144
몽테스키외Montesquieu, Charles de Secondat, baron de La Brède et de 215, 298, 628
몽토지에 부인(쥘리 당젠)Montausier, Jule d'Angennes, du chesse de 318
뭉크Munch, Edvard 519, 541
미나Bernays, Minna 404, 406
미노 베르가모Bergamo, Mino 585, 587
미라보Mirabeau, Honoré Gabriel Riqueti, comte de 25
미로Miró, Joan 532
미셸 드 세르토Certeau, Michel de 142, 431, 585
미셸 레비(박사)Levy, Michel 153, 510~511, 519
미셸 베레Verret, Michel 463
미셸 베른Vernes, Michel 118
미셸 베른스텡Bernstein, Michel 616
미셸 보벨Vovelle, Michel 483, 493, 703, 705
미셸 푸코Foucault, Michel 10, 60, 142, 557, 590
미슐레Michelet, Jules 540
밀레Millet, Jean-François 119

|ㅂ|

바그니에르Wagnière, Jean-Louis 215
바르테Barthez, Paul Joseph 531
바상빌(백작부인)Bassanville, Anaïs, comtesse de 321
발데크-루소Waldeck-Rousseau, Pierre 599
발레리 라르보Larbaud, Valery 370
발자크Balzac, Honoréde 29, 109, 128, 210, 271, 547
발터 벤야민Benjamin, Walter 141, 383
뱅사르Vinçard, Pierre 433
버지니아 울프Woolf, Virginia 92, 290, 294, 346, 460, 663, 684
베라르Bérard, Jean 350
베르그송Bergson, Henri 160
베르니에르Bernières, Jean de 586
베르메르Vermeer, Johannes 513
베르트 모리조Morisot, Berthe 241

베르트 베르나주Bernage, Berthe 261
베리(공작부인)Berry, Marie Louise Élisabeth d'Orléans, duchesse de 80
벤담Bentham, Jeremy 60, 593, 597
벨메르Bellmer, Hans 352
벵자맹 라비에Rabier, Benjamin 268
보나르Bonnard, Pierre 36
보들레르Baudelaire, Charles 29, 168, 181, 218, 642
보디에Baudier, Michel 298
보마르셰Beaumarchais, Pierre Augustin Caron de 53
보부아르 부인Beauvoir, Françoise de 523, 525
보빌리에Beauvilliers, Marguerite de 63
보쉬에Bossuet, Jacques Bénigne 490
보티첼리Botticelli, Sandro 122, 266
볼테르Voltaire(François Marie Arouet, dit) 215, 298, 433, 512, 625
볼프강 프리클로필Priklopil, Wolfgang 574
부르고뉴 공작Bourgogne, duc de 65~66
부르고뉴 박사Bourgogne, Dr P. de 114, 116
부알리Boilly, Louis Léopold 36
뷔퐁 비레Buffon, Georges Louis Leclerc, comte de 133
뷜로Buloz, François 476
브로카Broca, Paul 588
브르몽(사제)Bremond, abbé Henri 184, 585
브르퇴유 남작Breteuil, Louis Auguste Le Tonnelier, baron de 52
블루에Blouet, Guillaume Abel 598
비방 드농Denon, Vivant 559
비올레 르뒤크Leduc, Violette 113, 621
비올레 르뒤크Viollet-le-Duc, Eugène 113, 155, 258, 621
비올레 신부Viollet, abbé 132, 264
비크 다지르Vicq d'Azyr, Félix 492
비키 바움Baum, Vicky 407
빅토르 데자미Dézamy, Victor 142
빅토르 위고Hugo, Victor 271, 325, 460, 482, 545, 590, 594, 625
빅토르 클렘페러Klemperer, Victor 383, 602~603, 612
빅토리아Victoria Iʳᵉ 114, 548
빈 아이샤Bin Aycha, Abdallah 52
빈센트 반 고흐Van Gogh, Vincent 31, 540
빌레트(후작)Villette, Charles de 215
빌헬름 뒹켈Dünckel, Wilhelm 36

[ㅅ]

사드Sade, Donatien Alphonse François, comte de(dit le marquis de) 563, 573
사드와 네르시아Nerciat, André-Robert Andréa de 563
사라 베른하르트Bernhardt, Sarah(Rosine Bernard, dite) 342
사라 코프만Kofman, Sarah 589
사바리 데 브륄롱Savary des Bruslons, Jacques 116
생시몽Saint-Simon, Louis de Rouvroy, duc de 50, 58, 60~66, 70, 79, 81, 82, 490
생트뵈브Sainte-Beuve, Charles Augustin 182, 209
샤르댕Chardin, Jean 298
샤르댕Chardin, Jean Siméon 36
샤를 5세Charles V 23
샤를 가르니Garnier, Charles 456
샤를 루이 필리프Philippe, Charles-Louis 115, 443, 539
샤를 뤼카Lucas, Charles 598
샤를 블랑Blanc, Charles 458
샬럿 브론테Brontë, Charlotte 515, 591
샬럿 퍼킨스 길먼Perkins Gilman, Charlotte 294, 575, 577
샹플뢰리Champfleury(Jules Husson, dit Fleury, puis) 267
성 브누아Benoît, saint 183, 311
성 아우구스티누스Augustin, saint 59, 106, 313
성 앙투안Antonin, Saint 292
성 요한Jérôme, saint 182
성 프랑수아 드 살François de Sales, saint 132, 586~587
세귀르(백작부인)Ségur, Sophie Rostopchine, comtesse de 260~261, 284, 591
세비녜Sévigné, Marie de Rabutin-Chantal, marquise de 184, 504
세실 소렐Sorel, Cécile 342
세자르 달리Daly, César 113
세자르 리츠Ritz, César 370, 372
소메즈Sommaize 319
소피 볼랑Volland, Sophie 203
솔랑주Marier, Solange 480~481, 483
수아예 신부Soyer, pére 189
수전 손택Sontag, Susan 515
쉬랭Surin, Jean Joseph 586
쉴리(공작부인)Sully, Charlotte Séguier, duchesse de 63
슈나이데르Schneider, famille 428
슈아죌프라슬랭(공작부인)Choiseul-Praslin, duchesse de 135
스카롱Scarron, Paul 50, 72, 327
스타니스 페레Perez, Stanis 77

스탕달Stendhal(Henri Beyle, dit) 179, 363~365, 504
스테판 타르니에Tarnier, Stéphane 316
스트린드베리Strindberg, August 382
시몬 드 보부아르Beauvoir, Simone de 208, 275, 344, 348~350, 352, 394~395, 523, 525
시몬 베유Weil, Simone 532
실비오 펠리코Pellico, Silvio 604, 606, 612

|ㅇ|

아그리콜 페르디기에Perdiguier, Agricol 427, 458, 460
아나톨 프랑스France, Anatole 266, 278
아녜스 바르다Varda, Agnès 137
아드리앵 젤리Gelly, Adrien 531
아리안 슈맹Chemin, Arianne 625
아멜리 보스케Bosquet, Amélie 589
아미엘Amiel, Hénri-Fréderic 202
아브라함 보스Bosse, Abraham 36, 318
아서 수스만Sussmann, Arthur 383
아서 영Young, Arthur 361
아지즈(독일 여성)Aziz, Germaine 339
안 도트리슈Anne d'Autriche 78
안 마르탱퓌지에Martin-Fugier, Anne 324
안(성녀)Anne, sainte 314
안나 드 노아유Noailles, Anna, princesse Brancovan, comtesse Mathieu de 351, 628
안네 프랑크Frank, Anne 616
안데르센Andersen, Hans Christian 267
안마리 마르셰티Marchetti, Anne-Marie 611
안클레르 르브레양Rebreyend, Anne-Claire 136
안토니우스Marc-Antoine 155
알랭 그로리샤르Grosrichard, Alain 298
알랭 코르뱅Corbin, Alain 133, 365
알랭 콘Connes, Alain 201
알랭 포르Faure, Alain 429, 438
알랭 푸르니에Alain-Fournier(Henri Alban Fournier, dit) 207
알렉상드르 뒤마(아들)Dumas(fils), Alexandre 481
알렉상드르 라카사뉴(박사)Lacassagne, Alexandre 605, 612
알렉상드르 봉탕Bontemps, Alexandre 58, 62,
알렉상드르 파랑뒤샤틀레(박사)Parent-Duchatelet, Alexandre 336
알렉상드린 드 라 페로네La Ferronays, Alexandrine de 547
알렉상드린 졸라Zola, Alexandrine 135

알리에노르 다키텐Aliénor d'Aquitaine 190
알베르 카뮈Camus, Albert 433, 613
알베르 코스리Cossery, Albert 395
알베르토 망겔Manguel, Alberto 190, 199
알베르틴 사라쟁Sarrazin, Albertine 605
알퐁스 리구오리Liguori, Alphonse de 132
앙드레 엘레Hellé, André 268
앙드레 지드Gide, André 160, 235, 532, 539, 541
앙드레 펠리비앵Félibien, André 49
앙리 달마뉴Allemagne, Henri d' 268
앙리 미쇼Michaux, Henri 158, 378, 532
앙리 세아르Céard, Henry 342
앙리 아리스Harrisse, Henry 478, 480
앙리 아바르Havard, Henry 119, 130
앙투안 베누아Vallot, Antoine 652
애거사 크리스티Christie, Agatha 406
애덤 스미스Smith, Adam 361
앨리스 제임스James, Alice 294, 381, 519, 534, 577
앨버트Albert(Albert de Saxe-Cobourg-Gotha, dit prince) 114, 548
앵그르Ingres, Jean Auguste 300
얀 안드레아스Andreas, Yann 558
에두아르 리모노프Limonov, Édouard 604
에드거 앨런 포Poe, Edgar Allan 572, 640
에드먼드 화이트White, Edmund 395, 690
에드몽 드 공쿠르Goncourt, Edmond de 29, 120, 218, 350, 372, 539, 547
에디스 워튼Wharton, Edith 294, 347, 577, 712
에르베 바쟁Bazin, Hervé 591
에른스트 윙거Junger, Ernst 207
에마뉘엘 르비나Levinas, Emmanuel 291
에마뉘엘(수녀)Emmanuelle(Madeleine Cinquin, dite sœur) 637
에밀 기요맹Guillaumin, Émile 96
에밀 뮐레Muller, Émile 462
에밀 수베스트르Souvestre, Émile 435
에밀 졸라Zola, Émile 29~30, 134~135, 283, 325, 340, 343, 368, 399, 421, 427, 457, 462, 469
에밀 카르동Cardon, Émile 260, 267
에밀리 디킨슨Dickinson, Emily 213, 294, 347, 553, 625
에블린 블로크 다노Bloch-Dano, Évelyne 135
에이미 카터Carter, Amy 624
에이브러햄 링컨Lincoln, Abraham 623

에크하르트Eckart, Johann(dit Maitre) 586
엘레노어 루스벨트Roosevelt, Eleanor 624
엘렌 시쿠스Cixous, Hélène 274
엘렌 이멜파르Himelfarb, Hélène 49
엘뤼아르Éluard, Paul 533
엘리아스 카네티Canetti, Elias 250
엘리자베스 루디네스코Roudinesco, Élisabeth 404
엘리자베트Élisabeth Ire 31
엘리제 르클뤼Reclus, Élisée 94
엘자Triolet, Elsa 108, 381
예수Jésus-Christ 488
예카테리나 밧콥스카야Vadkovskaia, Ekaterina 202
오가와 요코Ogawa, Yoko 526
오귀스타 몰바이스Moll-Weiss, Augusta 327
오귀스트 블랑키Blanqui, Auguste 604, 607, 610
오딜롱 르동Redon, Odilon 220
오렐리앵 드 세즈Sèze, Aurélien de 546
오르한 파무크Pamuk, Ohran 213~214
오스카 와일드Wilde, Oscar 382
오스카 카자마주Cazamajou, Oscar 477, 480
올리비에 롤랭Rolin, Olivier 408~409
외스타슈 데샹Deschamps, Eustache 144
외제니(황후)Eugénie, Eugenia María de Montijo de Guzmán, impératrice 594
외젠 들라크루아Delacroix, Eugène 171, 192, 539
외젠 바이드만Weidmann, Eugène 396
외젠 발랭Varlin, Eugène 434
외젠 쉬Sue, Eugène 142, 420, 460
외젠 아제Atget, Eugène 44, 454, 459
요아힘 하인리히 캄페Kampe, Joachim Heinrich 141
요제프 로트Roth, Joseph 382~383
요제프 프리츨Fritzl, Josef 574
월터 크레인Crane, Walter 267
웨어 미첼Weir Mitchell, Silas 577
웹 부부Webb, Sydney et Beatrice 346, 684
위스망스Huysmans, Joris-Karl 142, 218, 219
윈스턴 처칠Churchill, Winston 624
윌리엄 뉴턴Newton, William R. 54, 66, 252
윌리엄 모리스Morris, William 265~266, 376
윌리엄 셰익스피어Shakespeare, William 346, 535

윌리엄 제임스James, William 577
이반 곤차로프Gontcharov, Ivan 227
이브 생 로랑Saint Laurent, Yves 224

ㅈ

자코메티Giacometti, Diego 305
자크 달라룅Dalarun, Jacques 578
자크 르비야르Revillard, Jacques 471
자크 바셰Vaché, Jacques 383
자크 샤방델마스Chaban-Delmas, Jacques 468
자크 카토Catteau, Jacques 234
잔 갈지Galzy, Jeanne 275
잔 귀용Guyon, Jeanne 586
잔 로제로Rozerot, Jeanne 135, 626
잔 부랭Bourin, Jeanne 307
잔 부비에Bouvier, Jeanne 344, 437, 444, 592
잔 슈말Schmahl, Jeanne 326, 380
장 게에노Guéhenno, Jean 100
장 그라브Grave, Jean 444
장 드카르냉Decarnin, Jean 397
장 레노Raynaud, Jean 552
장 리슈팽Richepin, Jean 589
장 자크 올리에Olier, Jean-Jacques 586
장 주네Genet, Jean 207, 395, 397~398, 557
장 코Cau, Jean 396
장 콕토Cocteau, Jean 283
장 폴 사르트르Sartre, Jean-Paul 192, 208, 348~351, 391~394, 557
장 폴랑Paulhan, Jean 379, 385, 533, 565
장 피에르 카뮈Camus, Jean-Pierre 586
장마리 들라뤼Delarue, Jean-Marie 256, 614
장바티스트 모오Moheau, Jean-Baptiste 131
장폴 카우프만Kauffmann, Jean-Paul 623
장프랑수아 블롱델Blondel, Jean-François 22, 317, 559
제라르 오베르Aubert, Gérard 522
제랑도(남작)Gérando, Jean-Marie, baron de 251
제인 오스틴Austen, Jane 147, 273, 348
제임스 볼드윈Baldwin, James 180
조니 아가쉬시Agasucci, Johnny 612
조루주 심농Simenon, Georges 406

조르주 뒤비Duby, Georges 123, 308, 483
조르주 뤼뱅Lubin, Georges 211
조르주 상드(오로르 뒤팽)Sand(Aurore Dupin, baronne Dudevant, dite George) 152, 203, 211, 250, 265, 310, 323, 348, 363, 399, 460, 476~483, 496~497, 502, 546, 625
조르주 페레크Perec, Georges 44, 46, 144, 409, 557, 589, 628
조르주 푸아송Poisson, Georges 628
조앙 디디옹Didion, Joan 488
조에 부스케Bousquet, Joë 497, 529~530, 532~533
조제프 부아쟁Voisin, Joseph 437
조제프 브르신스키Wresinski, père Joseph 637
존 제라시Gerassi, John 391
존 하워드Howard, John 604
존 해빌랜드Haviland, John 598
주베르Joubert, Joseph 351
주세페 토마시 디 람페두사Tomasi di Lampedusa, Giuseppe 280
줄리아 크리스테바Kristeva, Julia 583
쥐스틴 다레조Arezzo, Justine 579
쥘 공쿠르Goncourt, Jules de 29, 218, 372, 539
쥘 르나르Renard, Jules 96, 176, 500
쥘 발레스Vallès, Jules 140, 439, 444
쥘 시몽Simon, Jules 241, 425
쥘리앵 귀아데Guadet, Julien 114
쥘리앵 그라크Gracq, Julien(Louis Poirier dit) 407
쥘리앵 그린Green, Julien 49
쥘리에트 그레코Gréco, Juliette 176
질 들뢰즈Deleuze, Gilles 568
질 코로제Corrozet, Gilles 123

|ㅊ|

찰스 테일러Fayette Taylor, Charles 577
체사레 파베세Pavese, Cesar 383

|ㅋ|

카를로스 쉬아레스Suarès, Carlos 534
카미유 모네Monet, Camille 539
카바니Cabanis, Pierre Jean Georges 133
카테리나 아자로바Azarova, Katerina 102
카트린 롤레Rollet, Catherine 279
카트린 베르토라브니르Bertho-Lavenir, Catherine 358, 367

카트린 지드Gide, Catherine 545
칸트Kant, Emmanuel 10, 224, 290
캐서린 로링Loring, Katharine 534
케이트 그린어웨이Greenaway, Kate 267
케클랭Kœchlin, famille 428
콜(수상)Kohl, Helmut 624
콜레트Colette(Sidonie Gabrielle Colette, dite) 199, 257, 275, 351, 402, 467, 628
콜레트 오드리Audry, Colette 275
콜레트 페토네Petonnet, Colette 467
콜뤼슈Coluche(Michel Colucci, dit) 637
쿠르베Courbet, Gustave 343
크레키(후작)Créqui, Charles Marie, marquis de 52
크로즈(부속 사제)Crozes, abbé Abraham Sébastien 593
크뤼데너Krüdener, Barbara Juliane von 161
크리스텔 타로Taraud, Christelle 339
크리스틴 드 피상Pisan, Christine de 346
클랑시에Clancier, Georges-Emmanuel 532
클레Klee, Paul 532
클레르 드 리미니Rimini, Claire de 580~581
클레르 말루Malroux, Claire 554
클레르 에세렐리Etcherelli, Claire 351
클레오파트라Cléopâtre 155
클로드 랑즈만Lanzmann, Claude 350
클로드 뤼카Lucas, Claude 605, 609~610, 613
클로드 모네Monet, Claude 539

|ㅌ|

타베르니에Tavernier, Jean-Baptiste 298
탕기Tanguy, Yves 532
터너Turner, William 365
테레사Teresa(Agnes Gonxha Bajaxhiu, dite mère) 637
테레즈 다빌라Thérèse d'Ávila 188, 582~584
테레즈 드리지외Thérèse de Lisieux 264, 492
토르시Torcy 71
토마스 만Mann, Thomas 371, 528
토크빌Tocqueville, Alexis de 135, 593~594, 598
툴루즈(백작)Toulouse, comte de 66, 81
트루소Trousseau, Armand 510

|ㅍ|

파공Fagon, Guy-Crescent 73, 77, 80
파브르(박사)Favre, Henri 477~481
파스칼Pascal, Blaise 11, 213, 224~226, 234, 458, 503, 585~586
파엔차Faenza, Humilité de 579
파테Pater, Jean-Baptiste 36
파티마 메르니시Mernissi, Fatima 301
파팽(자매)Papin, Christine et Léa(dites les sœurs Papin) 328, 557
페늘롱Fénelon, Francois de Salignac de La Mothe- 586
페로Perrault, Charles 250, 267
페르낭 펠레Pelez, Fernand 36
페르디낭 호들러Hodler, Ferdinand 541
페를라 세르파티가르종Serfaty-Garzon, Perla 345
펠리체 바우어Bauer, Felice 207
펠릭스 포르Faure, Félix 376
펠린(신부)Féline, père 106
포트리에Fautrier, Jean 532
포틀렌드(공작)Portland, Guillaume Bentick, duc de 52~53
폴 라파르그Lafargue, Paul 234
폴 르부Reboux, Paul 321
폴 모랑Morand, Paul 215
폴 벤Veyne, Paul 295
폴 오스터Auster, Paul 407
폴 쥐이라Juillerat, Paul 438
폴 체메토프Chemetov, Paul 259
폴리냐크 공주Polignac, Singer Winnaretta, princesse de 351
폴린 레아주Réage, Pauline(voir Dominique Aury) 565
폴린 미슐레Michelet, Pauline 540
폴린 보르게즈Borghèse, Pauline 276
푸리에Fourier, Charles 421
푸시킨Pouchkine, Alexander Sergeïevitch 351
프라고나르Fragonard, Jean Honoré 179
프란츠 카프카Kafka, Franz 44, 142, 153, 207~208, 213, 235, 275, 410, 522, 533, 552, 558
프랑수아 모리아크Chateaubriand, François René, vicomte de 625
프랑수아 모리아크Mauriac, François 282, 321, 625, 630
프랑수아 미테랑Mitterrand, François 545, 624, 635
프랑수아 베르캥Berquin, Francois 530
프랑수아 봉Bon, François 227
프랑수아 쿠프리Coupry, François 209

프랑수아즈 사강Sagan, Françoise 351
프랑수아즈 샹데르나고르Chandernagor, Françoise 595
프랑수아즈 위기에Huguier, Françoise 105
프랑수아즈 조나방Zonabend, Françoise 97
프랑수아즈 플라망Flammant, Françoise 294
프랜시스 베이컨Bacon, Francis 557
프레데리크 르플레Le Play, Frédéric 44, 251, 329, 425, 446~447, 458~460
프로스페 메리메Mérimée, Prosper 94, 135
프로이트Freud, Sigmund 168, 250, 264, 282~283, 404, 406, 575, 585, 589
프루동Proudhon, Pierre Joseph 209
프리다 칼로Kahlo, Frida 615
프리드리히 3세Frédéric III de Saxe 626
플라톤Platon 190
플레셀 부인Flesselles, Mme de 215
플로라 트리스탕Tristan, Flora 399
플로랑스 뒤퐁Dupont, Florence 18
플로베르Flaubert, Caroline 502, 546, 589
플로쉬Plauchut, Edmond 419
피라네시Piranèse(Giovanni Batttista Piranesi, dit) 168
피스크(백작부인)Fiesque, Marie de Gilonne d'Harcourt, comtesse de 497
피에르 뒤마루생Maroussem, Pierre du 453
피에르 로티Loti, Pierre 219, 501
피에르 베르제Bergé, Pierre 224
피에르 부르자드Bourgeade, Pierre 209
피에르 자케 엘리아스Hélias, Pierre Jakez 99
피에르 프랑수아 라스네르Lacenaire, Pierre Francois 604
피에르(신부)Pierre(Henri Grouès, dit l'abbé) 468
피타고라스Pythagore 290
피터스Peters, P.F. 36
필딩Fielding, Henry 360
필리프 아르티에르Artières, Philippe 605
필리프 아리에스Ariès, Philippe 11, 483, 497
필립 로스Roth, Philip 144

[ㅎ]

해리 트루먼Truman, Harry 623
헤럴드 핀터Pinter, Harold 557
헤로도토스Hérodote 18
헨리 제임스James, Henry 265, 534~535

방의 역사

1판 1쇄 | 2013년 6월 17일
1판 4쇄 | 2023년 1월 27일

지은이 | 미셸 페로
옮긴이 | 이영림 이은주
펴낸이 | 강성민
편집장 | 이은혜
마케팅 | 정민호 이숙재 김도윤 한민아 정진아 이민경 정유선 김수인
브랜딩 | 함유지 함근아 김희숙 고보미 박민재 박진희 정승민
제 작 | 강신은 김동욱 임현식
독자모니터링 | 황치영

펴낸곳 | (주)글항아리 출판등록 | 2009년 1월 19일 제406-2009-000002호

주 소 | 10881 경기도 파주시 회동길 210
전자우편 | bookpot@hanmail.net
전화번호 | 031-955-2696(마케팅) 031-955-8897(편집부)
팩 스 | 031-955-2557

ISBN | 978-89-6735-053-6 03900

· 잘못된 책은 구입하신 서점에서 교환해드립니다.
· 기타 교환 문의 031-955-2661, 3580

www.geulhangari.com